BEETHOVEN

ベートーヴェン像
再構築
3

大崎滋生
Ohsaki Shigemi

春秋社

ベートーヴェン像
再構築
3

目　次

第28章	1813年後半～14年春　連合軍の反撃と戦況の落ち着き	833
第29章	1814年春～15年秋　《フィデリオ》改訂・相次ぐ上演	857
第30章	1803年7月～20年6月	
	トムソンからの接触とその行路、その破綻、その意味	889
第31章	1813～17年　生涯全開期はなぜ	
	"沈黙の時代"と呼ばれたのか	915
第32章	イギリス音楽界との関係　とくに1816～25年	929
第33章	1819～23年　《ミサ・ソレムニス》作曲　その遅延はなぜ？	959
第34章	1819～23年　会話帖　メッテルニヒ体制　甥問題その後	991
第35章	1824年　《第9》の完成	1023
第36章	1824～27年　最後の創作　死去8ヵ月前に起こった事件	1081

終　章	ベートーヴェンの経済生活について	1135

出版作品一覧表	1187
索　引	1207
ベートーヴェン像／作品／人名／一般事項／キーワード	
あとがき	1301

ベートーヴェン像
再構築

第28章

1813年後半～14年春

連合軍の反撃と戦況の落ち着き

《ウェリントンの勝利》作曲とシンフォニー第7、8番の公開初演へ／
メルツェルとの協働と反目／《ウェリントンの勝利》とは何か

1. 《ウェリントンの勝利》作曲のきっかけ
2. パンハルモニコンのために《勝利のシンフォニー》
3. オーケストラ作品《ウェリントンの勝利》に転化
4. 4連続大コンサート
5. メルツェルとの反目　補聴器製作
6. その後の経過　和解？
7. 《ウェリントンの勝利》とは何か

第II部　歴史的考察

　休戦協定が終わった2日後、1813年8月12日、直ちにオーストリアは、皇妃の出身国であるにも拘わらず、フランスに宣戦布告した。第6次対仏同盟（連合国）は、第5次までと同様に、ついにオーストリアをも巻き込んだ対ナポレオン全面戦争に突入したのである。休戦期間中にナポレオン軍は44万人を編成、連合軍は51万人の兵力となったとされる。10月8日にはバイエルン王国がオーストリアと同盟を結んだことで、ライン連邦にも亀裂が入った。そして10月16日から18日にかけての"ライプツィヒの戦い"に突入していく。ナポレオン軍は戦場では優位だったとされるが、砲弾の不足により退却のやむなきに追い込まれた。ライプツィヒに残されたフランス軍兵士13,000人が虐殺されたと言われ、捕虜は25,000人に達した。ライン連邦内の陣地マインツに辿り着いたナポレオン軍兵士30,000人は武器なしの裸同然であった［本池: 前掲書177ページ］。これによりライン連邦の他の国にも衝撃が走り、11月2日にヘッセンが連合国と同盟条約を結ぶと、翌3日にはヴュルテンベルクが、20日にはバーデンもと、ライン連邦は瓦解した。12月21日にオーストリア軍は1797年以来フランスの支配下にあったライン河をついに回復し、1814年1月1日にはプロイセン軍もマンハイム、マインツでライン河を渡る。

　休戦期間中にメルツェルから《ウェリントンの勝利》［Op.91］の作曲依頼があり、それに応えることでベートーヴェンの作曲活動は再開される。作曲を続けていくなかで起こった"ライプツィヒの戦い"はその依頼の主旨を転化させた。《ウェリントンの勝利》は戦勝祝賀のコンサートの中心演目として上演されることとなり、付随して、永らく作曲しただけで終わっていたシンフォニー第7番も初演される運びとなる。同じ状況にあったシンフォニー第8番の初演にはまだ時間を要したが、それもこの期に連続した4回のコンサートの最終回で日の目を見た。

　その間に《ウェリントンの勝利》の著作権をめぐってメルツェルとの間で争いが起きた。その経過については文書資料が十分ではなく、これまでの推量には誤読もあるが、さりとて今日、明快に解けるわけでもない。ただし、ベートーヴェンが訴訟のためにしたためた覚え書きを詳しく検討することは

834

第28章　1813年後半〜14年春　連合軍の反撃と戦況の落ち着き

この作品の性格を見極めることにつながり、少なくともその点に関しては以下で新たな議論を展開する。それによって見えてくるのは、後世からベートーヴェンらしからぬ作品と継子呼ばわりされてきた《ウェリントンの勝利》を彼が作曲した真の理由である。

1 │《ウェリントンの勝利》作曲のきっかけ

　西部戦線で6月21日にイギリス軍が勝利したとの報がヴィーンに届いたのは7月27日とされる［新カタログ］。セイヤーはその日を特定しておらず［TDR III, 385ページ］、フォーブズも手を加えていないが、日本語訳ではカッコ付きでなぜか「7月21日」となっている。旧カタログで示された日付が定説となり、校訂報告書（1991年）も新カタログもそれを追認したが、信じてよいものか。これほど重要な戦局の変化について、ナポレオンへの対応をめぐって重大な判断を迫られていたオーストリアの情報当局が35日も後にその情報を得た、というのは常識的にいってあり得ないように思われる。ヴィーンとは特定されていないが、「7月初め、…［中略］ヴィットリアで大敗北した知らせが伝わった」［本池: 前掲書175ページ］との見解もある。

　ベートーヴェンはこの年、5月27日にバーデンに赴き、温泉客リストへの登録は6月1日であった［BGA 656注3］。同地で7月4日にヴァレーナ宛書簡［BGA 661］を書いた後、月末にかけての4週間近く、裁判の打ち合わせや出廷のためヴィーンに居なければならなかった。またバーデンに戻って9月15〜20日頃まで、通算して約3ヵ月弱の長きにわたって同地に過ごした。前年のボヘミア温泉地滞在が病状改善に大した効果をもたらさず、費用も掛かる遠隔地滞在を3年も続ける気にはならなかったのであろう。バーデンに関しては、前年の義援コンサートで上げた収益による貢献もあり、その年は改めて同地で、それも異例の長期滞在によって、真の保養をと考えたのかもしれない。「1813年6月3日」と自筆譜に書き込まれている17小節のピアノ伴奏歌曲《ナイチンゲールの歌》［WoO 141］以外には、春から7月末にかけての時期に由来するスケッチもまったく遺されておらず、作曲をする気分ではなかったかもしれない［第31章2で再度、論ずる］。作曲をほとんどしない時期はこれまでにもあったが、それは、大量の完成作品を出版する準備作業に明け暮れたためであった。しかしこの年は出版作業が新たな創作に向かう時

第II部　歴史的考察

間を奪ったわけではない。シンフォニー第7番および第8番は、完成はしたが試演だけに終り、公開コンサートを行なって収益に結びつける展望は開けないままであった。相当の経済的出費を伴ったボヘミア温泉治療の成果もはかばかしくなく体調不良は相変わらずで、耳の調子は補聴器の製作を注文するほどであり、"不滅の恋人"との決別の精神的打撃も大きく、心身共に窮状にあったことは前後の伝記的状況から判断できよう。2ヵ月にわたる"貴族的な"温泉保養後の経済的見通しは、裁判に訴えてしか打開のきっかけもなく、その上に弟の窮状にも手を差し延べなければならなくなった。たしかにこの頃は、1802年春と同様、半年ほどのデプレッションの時期であった。

　7月24日にヴィーンから、バーデンで保養していたルドルフ大公に宛てて「私を当地に引き留めているごたごたでたぶん来週末まで遠ざかっています、夏の時期を街中に滞在するのはつらいのですが」[BGA 662] と書いている。土曜日の同日に「来週末」といえば31日土曜日頃までの滞在予定であると思われる［BGA 662注1］。7月27日は、「ナポレオン大敗北」の情報がヴィーンにようやく届いたというよりも、ベートーヴェンがそれを初めて知ったのがその日ということではないだろうか。月末まで街中に足止めを食っている間にシュタインのピアノ工房を訪れたか、いずれにしてもそのような関係により、当時補聴器の製作を依頼していたメルツェルから、"ウェリントンの勝利"をネタにした作品の依頼を受けたと思われる。というのはバーデンに戻ってからその作曲が突然始まるからであり、また、それから約1年後（1814年7月25日以前）に完成作品の版権をめぐって訴訟を起こそうと、ベートーヴェンが訴訟準備をするべくアドラースブルク弁護士に宛てた覚書において「私はメルツェルのために自発的に彼のパンハルモニコン用に〈勝利のシンフォニー〉［引用者注：《ウェリントンの勝利》の第2部］を無料で書きました」[BGA 728] と述べているからである。メルツェルはパンハルモニコンのための新作を高名なベートーヴェンに書いてもらい、彼とともにロンドンに行って、イギリスの英雄となったウェリントン将軍の勝利を讃え、イギリス国歌を採り入れるなどナショナルな感情に訴えて一儲けを、という計画を練ったのである［TDR III, 385ページ］。

　ベートーヴェンは、そもそもパンハルモニコンの性能を理解するためにメルツェルの指導を受けなければならず、イギリス国歌"ゴッド・セイブ・ザ・キング"の使用を含めて、事細かな指示を同人から与えられたと思われる。その機会は、両人の接触可能な期間を考えれば、ヴィーンにおいて7月

836

第 28 章　1813 年後半〜14 年春　連合軍の反撃と戦況の落ち着き

31 日以前の 1 週間ほどの間であったことは疑いない。ウェリントン将軍勝利の報が 7 月 27 日にヴィーンに届いたとする説は、たまたまそのときヴィーンに居たメルツェルが即刻、アイディアを固めてベートーヴェンに持ちかけたということになり、その点でも腑に落ちない。

2 │ パンハルモニコンのために〈勝利のシンフォニー〉

「ペッター」スケッチ帖が 1813 年 12 月にロードのためのヴァイオリン・ソナタ第 10 番［Op.96］で一杯になった後、新しいスケッチ帖がすぐ続いたのかどうか定かではないことは前述した。この作品のスケッチを始めるにあたっても、新しいスケッチ帖の用意は確認できず、スケッチ片のきわめて個別的な伝承が、"再編合本スケッチ帖" である「ランツベルク 10」および「ランツベルク 12」、「アルタリア 197」、さらにそれらとの関係も不明な 1 〜 2 枚の紙に書き付けられている。いずれにしても 8 月から 10 月の間にスケッチ［Quelle I, 1,（1）および（2）］が始まった。ベートーヴェンはヴィーンに帰還後しばらくして、〈勝利のシンフォニー〉のパンハルモニコン用校閲筆写スコア譜［Quelle II］をメルツェルに渡したと思われる。ハンス・ヴェルナー・キューテン［校訂報告書執筆者］の現存楽譜・スケッチ資料の分析［Küthen/Op 91］によると、ベートーヴェンはメルツェルのパンハルモニコンのために〈勝利のシンフォニー〉（冒頭のイントラーダなし）だけを書き、〈戦い〉と題された《ウェリントンの勝利》の第 1 部はオーケストラ版を作成するときに新たに作曲した。そしてメルツェルは受け取ったスコアからパンハルモニコンのドラムを完全に作成することはなかったと思われ、また 2 人のイギリス行きも中止となった。というのは、この作品の成立に関する事情が大きく変わったからである［後述］。

　ちなみにこの頃、10 月 13 日付の『ヴィーン祖国新聞』にメルツェルの音楽拍節器の完成が報道された。同様の記事としては 12 月 1 日付『総合音楽新聞』に 11 月 16 日付の通信として「同地の有名な宮廷器械家メルツェルが発明した」［AmZ XV（1813）, 785 ページ］とある。これが "メトロノーム" として製品化されるのは 1816 年のことである。

837

第II部　歴史的考察

3 ┃ オーケストラ作品《ウェリントンの勝利》に転化

　"ライプツィヒの戦い"はヨーロッパ全体の空気を決定的に変えた。ヴィーンも例外ではなく10月に、ナポレオン戦争により遺族となったオーストリアおよびバイエルンの寡婦・孤児を救援するため、ヘンデルの《ティモテウス（アレクサンダーの饗宴）》を11月11日と14日に帝国・王国冬期騎馬協会で上演する準備が進行していた。これを伝え聞いたメルツェルが、ドラム化作業中であった〈勝利のシンフォニー〉をオーケストラ用に作り替えるようベートーヴェンに提案した。この経過について、前述した弁護士提出文書［BGA 728］のなかでベートーヴェンが次のように述べている。

> 私たちは負傷者たちのために、この作品およびさらにほかのいろいろな私の作品を上演することで一致しました。この件が起ったとき私は最悪の金欠状態にありました——当地ヴィーンで全世界から見放されており、もろもろの対価を期待してメルツェルが私に50ドゥカーテン金貨を提供しました。——私はそれを受け入れ、そして彼に言いました、私はそれを彼に当地で返済するか、もしくはこの作品をロンドンに持って行って欲しいと、私自身が彼と一緒に旅行しない場合はですが——その際、彼に支払ってくれるイギリスの出版社については、私は彼に任せると。

　ベートーヴェンが1813年春に漏らした「おそらく生涯最大に具合が悪いその他の状況」には経済状態も含まれ、それは半年後も好転の兆しはなく、メルツェルとの協働作業が始まったことにより彼から50ドゥカーテンを一時的に融通してもらった、ということである。すなわち、作品を担保に借金をしたのである［終章］。
　メルツェルが計画したコンサートは、10月30/31日にヘッセンで展開された"ハーナウの戦い"で負傷したオーストリアおよびバイエルンの傷病兵のために、という慈善事業として企画された。メルツェルは当時のヴィーンでも音楽界全体の注目を集める人物であったが、敗北の連続で永らくどん底の気分にあったオーストリアには快哉を叫びたくなる戦勝が続いて、屈辱の季節はもはや終わったという解放感も手伝って、身を挺した戦傷兵の救援という大義名分は十分であった。
　ヴィーンはいわばそうした一種の興奮状態にあって、もちろんベートーヴ

838

ェンの新作が目玉となるという点も貢献したであろうが、メルツェルの企画
への協力は大きな広がりを呼んだ。ヴィーンの生粋の音楽家ばかりでなく、
当時滞在していた有名な演奏家たちもこぞって《ウェリントンの勝利》の上
演に参加する手はずが調えられていく。指揮はベートーヴェンが執り、12
月20日付『ヴィーン新聞』の報道によれば［TDR III, 393ページ］、100人以上
の当地第一級の巨匠が参加し、コンサートマスターはシュッパンツィク、空
砲一斉射撃・場外太鼓の指揮がサリエリ、場外大太鼓がフンメルとマイアー
ベア、ほかに、シュポア、マイセーダー、ドラゴネッティ、ロンベルク、シ
ボーニ、ジュリアーニ、モシェレスらが無償で出演した。当時のヴィーン音
楽界の総力を挙げて協力体制が取られたというべきで、ことに宮廷楽長サリ
エリは63歳で現役の大長老であった。ここに挙げられた弦楽器奏者たちは
それぞれの持ち場での出演であったが、ピアニストたちは多人数が求められ
た打楽器を分担した。

　メルツェルの当初の意図は、フランス軍に対するイギリス軍の戦勝を讃え
るというストーリーの出し物を引っ提げてイギリスに赴く、というオースト
リアとは何の関係もないものであった。ところがその制作中に、オーストリ
アはフランスに反旗を翻し、さらに"ライプツィヒの戦い"で連合軍が勝利す
るという思いも掛けない事態となり、彼は自分のアイディアをベートーヴェ
ンに、膨らませて、託した。その結果、自動演奏楽器を携えたイギリス行脚
というメルツェルの企画は、"ウェリントン将軍の勝利"、すなわちイギリス
軍対フランス軍という構図は残ったまま、ベートーヴェンのオーケストラ作
品というまったく別の形に姿を変えて現実化、そしてオーストリアの祝勝コ
ンサートの出し物に転化された。

　作品成立のこうした変容はさまざまな誤解、そしてメルツェルとベートー
ヴェンの間で起こる著作権の争いの火種となった。たとえば、ずっとあとの
後日談の部類だが、ベートーヴェンがこの作品をイギリスの皇太子ジョージ
に献げようといろいろと手を尽くしていた最中の1815年2月10日に、ロン
ドンのドゥルリ・レイン劇場でスマート卿の指揮によって同地での初演が行な
われたとき、それを報じた4月12日付の『総合音楽新聞』には次のように
ある［AmZ XVII（1815）, 262ページ］。

　　これは作曲者より、イギリス摂政殿下に献げられた。そしてイギリスの新聞は満悦
　　げに次のように記した。この作品はヴィーンで書かれ、まだオーストリアがフラン

第II部　歴史的考察

スと組んでイギリスに対して戦っていたときに、摂政に向けられた［後述］。

　ここには時間差によって生じた興味深い誤解がある。作曲の開始が休戦中であれば、そのときまでオーストリアはナポレオンに妃を差し出したフランスの同盟国であって、この報道の枠組み内となる。そうであるのか、着手は8月12日の対仏宣戦布告以後なのか、は微妙なところだが、いずれにしてもその事実は作品成立と関係はなく、つまりメルツェルはイギリスでの興行を考えていたのであって、オーストリアで披露する考えは持っていなかった。しかし出来上がった作品はまずヴィーンで熱狂的支持を得たとなれば、オーストリア帝国それ自体の親フランスから親イギリスへの変化を前提にこの作品を位置づけるという構図が出来上がる。

　またメルツェルが、自分の企画であったものから自分は抜け落ちて、ベートーヴェンが前面に出るという事態の変化に戸惑ったのは当然であろう。メルツェルが告知したコンサートのチラシにはこの作品は彼のものであることが示されていたが、ベートーヴェンの異議申立てにより「友情から彼のロンドンへの旅行のために」作曲されたと直され、メルツェルの関与には触れられなかった［TDR III, 393 ページ］。

　コンサートが大成功であったばかりか、ヴィーン音楽界の全面的な協力を得ることができたというおまけまで付いて、それには興行師ぶりを全面的に発揮したメルツェルの活躍があってこそと事後に気づいたベートーヴェンは『ヴィーン新聞』に"感謝の言葉"を寄稿しようとした。その自筆の案文が残存しており［ベルリン国立図書館蔵］、書簡交換全集において新聞編集者宛書簡［BGA 680］の後に4ページにわたって写真が掲載されている。おそらくこの活字転写も補巻の第8巻で実現されるのであろう。ここではセイヤーによる掲載［TDR III, 396 ～ 397 ページ］を参照する。当日の演奏に参加した音楽家たちへの感謝が綴られ、「すぐれた音楽家たちの稀なる協同であり」と続いて、その後、主要なメンバーひとりひとりを挙げてその協力を讃えている。最後の段落はそのまま引用する。

　　最大の感謝に値するのはメルツェル氏で、彼は企画者としてこのコンサートを最初
　　に考えついたのであり、その後は必要な準備、手配、管理という、全体の最も労の
　　多い任にあたりました。私は彼になお格別に感謝しなければならず、というのも、
　　こうした公益目的のためだけに完成させ彼に無償で渡した作品によって、すでに久

第 28 章　1813 年後半〜14 年春　連合軍の反撃と戦況の落ち着き

しく抱き渇望していた願いが実現するのを見る機会を、現下の時局にあって私の大きな労作もまた祖国の祭壇に収めることができる機会を、私に与えてくれたのは彼だからです。

　このコンサートに対する万感の思いがここに素直に表現されているようにも思われるが、これは記事にはならなかった。それがなぜだかについては、これを書いた直後からメルツェルとの闘争が始まったか、ベートーヴェンがこの機会に自力で主催コンサートに打って出る決意を固めて、そのためには他者への依存を強く印象づけるのはマイナスと考えたか、推理してみる［842ページ］。

4 │ 4 連続大コンサート

　この作品が初演されたのは 1813 年 12 月 8 日にヴィーン大学新館ホールで催された大コンサートの最後を飾る曲目としてで、当日の演目全容は、新聞により紹介の仕方はさまざまだが、セイヤーによれば以下であった。

1) L. ヴァン・ベートーヴェン氏のまったく新しいシンフォニー、第 7 番イ長調
2) 2 つの行進曲　メルツェル氏の有名な器械の戦場トランペットによって演奏される　完全なオーケストラの伴奏付き、ひとつはドゥシェック、他はプレイエルによる
3) ヴィットリアでの戦いにおけるウェリントンの勝利

　コンサートは大成功で、4 日後の 12 月 12 日に同じ場所で再演された。この 2 回はメルツェルが主導した戦勝記念慈善コンサートであり、その事実は真ん中に位置する作品によって強く印象づけられている。一般の受け止めもまたそのようであって、12 月 20 日付の『ヴィーン新聞』は最初にコンサートの主旨とメルツェルの紹介を長々と行ない、冒頭に演奏されたベートーヴェンの新作シンフォニーにはわずか 1 行のコメントで、大半を 3 曲目に費やしている。前述した当日の分担はそれによって明らかになるのであるが、経費を除いた両日の純益が 4006 グルデンであったことも記されている。翌日の再演を告知した『オーストリアの観察者』12 月 11 日付からは、両日とも

841

第II部　歴史的考察

入場料が 10 グルデンおよび 5 グルデンと、慈善コンサート相場であったことが見て取れる。両紙ともにコンサートが愛国的な興奮に包まれたことを記している［TDR III, 393 ～ 395 ページ］。『総合音楽新聞』の扱いはそれらとはいささか違って、1814 年 1 月 26 日付で 1 月 7 日のヴィーンからの報告として、新作シンフォニーについての批評にも行数を費やし、「第 2 楽章が 2 日間とも繰り返され、玄人も素人も虜にした」と締めくくられている［AmZ XVI (1814), 70 ～ 71 ページ］。

　『ヴィーン新聞』報道の前にメルツェルから新聞社に対して情報提供があったらしく、それをめぐってベートーヴェンの方からの接触の跡が遺っている［BGA 680］。「彼［メルツェル］があなたに提出したものに関してですが、私自身が彼と一緒にあなたのところへ行く前に、掲載させないようお願いします」と始まり、「あのような素晴らしい事柄には誰も 1 番ではないし誰も最後でもなく、みんなが同じです」と続き、「きょうかあす私があなたとお話しするまで」と掲載ストップの要望を繰り返している。ここから判断するに、新聞報道をコントロールすべくメルツェルが敏腕の興行師らしく自分に有利な情報提供をし、それにベートーヴェンが抵抗するという構図が出来上がっていたと思われる。すると、前述の"感謝の言葉"が掲載されなかった理由として、ベートーヴェンが撤回して感謝の表明を取り止めたか、そもそも起草しただけで新聞社に提出しなかったのではないか、という線が出てくる。少なくとも 2 度の大コンサートの直後から両者の間にはそれに対する貢献をめぐって亀裂が入り、ベートーヴェンの素直な気持ちもかき消されていったというところであろうか。この新聞社宛書簡は従来 1817 年 12 月に『オーストリアの観察者』の編集者ヨーゼフ・アントン・ピラートに宛てて書かれたものとする見方が多く、書簡交換全集で初めて、メルツェルとの関連で 1813 年 12 月 12 日から 20 日の間に書かれたと位置づけられた。つまり、メルツェルとの間に起った亀裂の最初の証言であり、そして 12 月末にいったんは起草された"感謝の言葉"がなぜ撤回されたのかの理由を明らかにする。さらにこれは 1 月 2 日の自主コンサート開催を強く後押しもしたであろう。

　ここ 5 年間、何度か画策してはみたものの、占領下と不況下にあって実現は不可能であったコンサートに向けて、戦況の好転による愛国的な興奮のなかでこの機を逃す手はない、客観的な状況が調ったことは確かであった。このコンサート計画の相談役となってくれたのがベートーヴェンの住むビルの所有者ヨハン・バプティスト・パスクァラーティ男爵で、母方の親戚ハッゲ

842

第28章　1813年後半〜14年春　連合軍の反撃と戦況の落ち着き

ンミュラー男爵が所有する街中のビルの一角を前売り場に提供もしてくれた。入場料について「価格は1グルデンおよび2グルデンに設定すべしということですが、なぜならこれはすでに2度やられていますから」[BGA 681]という12月末頃に彼に宛てたメモが伝えられている。しかし1813年12月31日付『ヴィーン新聞』に掲載されたベートーヴェンの署名入りの開催予告は次のようであった。

> 尊敬すべきたくさんの音楽愛好の方々の、ヴィットリアでのウェリントンの勝利にまつわる私の大器楽作品をいまいちどお聴きになりたいとのご要望は、たいせつな公衆のみなさまにここに告知することを、私にとりましてうれしい責務にしております。すなわち、私は日曜日、1月2日に、ヴィーンのきわめてすぐれた演奏家のご助力を得て、標記作品に新しい声楽作品、合唱曲を加えて、帝国・王国大舞踏会場_{レドゥーテンザール}にて、私の収益として、上演いたします。
> 入場券は連日、コールマルクト、ハッゲンミュラー男爵の持ち家、中庭右の1階、パスクァラーティ男爵のカウンターにおいて、平土間席2および桟敷席3グルデン・ヴィーン価にてお求めいただけます。

慈善公演ではないので入場料はそれほど高くはできない、しかし収益も上げたい、というのが、最後の決断としての入場料設定であったろう。オーケストラは2度のコンサートに出演した人々の協力を仰げば練習の経費が節約できるので、それを使わない手はなかったし、その点からも、また写譜代の関係でも、リスクを避けるばかりか、少しでも収益を上げるためには、曲目の変更は最小限にする必要があった。それで、前回のメルツェル特有の出し物の代りに、予告にあるようにアリアと合唱曲が《アテネの廃墟》[Op.113]から選ばれて上演された。その特定を新カタログは第7〜9曲としているが、1814年2月23日付『総合音楽新聞』は2月1日の通信員報告として、「厳かな行進曲、合唱付き」も挙げているので第6曲の「行進曲と僧侶たちの合唱」も歌われたと思われる。「聴衆はたくさんで、期待は今回も完全に叶えられた。少なからず美しく効果があったのは新しい……[略]であった」と差し替え作品への寸評もあった [AmZ XVI (1814), 132〜133 ページ]。

バス独唱は1798年以来、宮廷楽団に所属しているベテラン歌手カール・フリードリヒ・ヴァインミュラー（1764-1828）で、これをきっかけに以後ベートーヴェン作品の重要な創唱役を務めるようになるだけではなく、《フィデリオ》改作上演に一役買うことになる[後述]。もしかしたら、ヴァイン

843

第II部　歴史的考察

ミュラーは 1812 年 2 月にペシュトでのドイツ劇場開場記念公演で祭司長役を創唱したのではないか。皇帝下命による新劇場の開場式典に宮廷楽団総出の体制が採られ、また宮廷楽団の主役級歌手としてザラストロ役などもこなした同人が《アテネの廃墟》で唯一の独唱役を担った可能性はあるのではないか。

　こうした想定がかつて為されたことはないが、ヴィーンの主要音楽家が協賛した慈善公演であれば、オーケストラにも 2 年前のペシュト公演を体験した者も居たに違いなく、そうだとすると、譜読みや練習が少なくて済む。声楽とオーケストラのためのベートーヴェン作品として直近の《アテネの廃墟》は最適のものとして選択されたと言えよう。収益の報告はどこにもないが、前 2 回の 4000 グルデン強を鑑みると、入場者数の比較は難しいとしても、入場料収入が 3 分の 1 とすると、純益は数百グルデンに達したのではないか。前 2 回は慈善事業であって、出演者も含めて関係者に実収入はなく、3 回目でようやくベートーヴェンに幾ばくかの収益をもたらした。その傍証として、4 回目のコンサートに来て欲しいと誘うブルンスヴィック伯宛の 2 月 13 日付書簡［BGA 696］のなかで、「こうして私は自分を少しずつ悲惨から救い出しています、給与［ルドルフ大公宛書簡以外の 2 者からの年金支給］はまだ一銭も受け取っていないのではありますが」と書いている。

　1814 年 1 月 9 日付『ヴィーン新聞』は「拍手はいきわたり、陶酔の極みまで達した。多くの部分が繰り返されなければならず、この諸作品をもっと頻繁に聴き、我ら祖国の芸術家たちをその才気溢れる創意の仕事においてもっと頻繁に褒めそやし称賛することができるよう、という願いが異口同音、すべての聴衆から表明された」［TDR III, 409 ページ］と絶賛した。それを受けてか、1 月 24 日付でベートーヴェンからの"感謝の言葉"が今度こそ公開された。「私は、…［略］において、当地の最もすぐれた最も有名な芸術家諸氏多数に支えられて、公衆に私の作品を、そうした名手たちの手によってこれほどに素晴らしく知らしめることができる、という幸運を得ました」云々、協力を賜った演奏家たちに対する謝辞であった［同］。

　ベートーヴェンとしては、メルツェルの企画に便乗して、《ウェリントンの勝利》が大歓喜をもって受け入れられただけではなく、1 年半以上前に完成したシンフォニー第 7 番の公開初演にようやくこぎ着けたわけだが、半年前完成の第 8 番の方はまだその機会を見い出せていなかった。そしてもう一回コンサートを計画し、それに添えようとカンタータ《ヨーロッパ解放の

第28章　1813年後半〜14年春　連合軍の反撃と戦況の落ち着き

時》[Unv 17] の作曲に取りかかった。スケッチが6枚ほど残っているが、2月17日に検閲当局はこれを上演禁止とした。再度の申請も9月10日に却下されることになる。ヨーゼフ・カール・ベルナルト（1815年から47年まで『ヴィーン新聞』主筆）の台本があからさまなフランス敵視であり報復主義的であって、少なくとも2度目の却下の際にはヴィーン会議への影響が考慮された可能性がある。2月の上演禁止が決定された直後、24日付『ヴィーン新聞』に「来週の日曜日、大舞踏会場にて」「新しい、未だ聴かれたことのないシンフォニー1作、およびまったく新しい、未だ聴かれたことのない三重唱」という公告が出た [TDR III, 413ページ]。事後の3月23日付『総合音楽新聞』[AmZ XVI（1814), 201〜202ページ] によれば当日は次のようであった。

　　2月27日にルイ・ヴァン・ベートーヴェン氏は2度目の自主［引用者注：直訳は「彼の利益のための」］コンサートを大舞踏会場で催した。すべての曲目は彼の作品から成っていた。
　　1) 新しい、多くの喝采をもって受け入れられたシンフォニー（イ長調）をもう一度
　　2) まったく新しいイタリア語三重唱（変ホ長調）
　　3) まったく新しい、未だ聴かれたことのないシンフォニー（ヘ長調、3/4拍子）
　　4) 最後にいま一度、ヴィットリアでの戦いにおけるウェリントンの勝利

　各曲目ごとに寸評［ここでは略］が付いている。4度目でようやくコンサートは彼本来の、と言うべきか、ベートーヴェンが開きたかった形に調った印象である。シンフォニー第7番と第8番が未発表の三重唱を挟んで上演され、最初と最後が再演、間の2曲が初演という配置であった。

　三重唱《おののけ、不信心な者ども [Tremate, empi]》[Op.116] は、永年、何度もの初演機会を逸してきた、因縁の作品である。元々、ハイリゲンシュタットに籠もる直前、1802年末から03年初めにかけて、当時、シンフォニー第2番を中心としたコンサートを企画したときに作曲されたが、コンサートは中止となり、翌1803年4月にようやく実現した第2回自主コンサートの折にも上演するつもりでいたところ、《オリーブ山のキリスト》との絡みで演目から外され［第18章2]、1808年12月の第3回自主コンサートでは、同じく長年のストック作品であった《おお、不実な人》["Op.65"] の方が選ばれて［第23章8]、そこでも行き場を失っていた。ちなみに、1824年5月23日のシンフォニー第9番再演時が2度目の上演である。歌手陣は同記事によれば、ミルダー＝ハウプトマン夫人、シボーニ氏、ヴァインミュラー氏であっ

845

第Ⅱ部　歴史的考察

た。このソプラノ歌手はミルダー嬢として 1805 年にレオノーレ役を創唱して以来、ベートーヴェンのお気に入りであり、このとき当初は彼女のために新曲を書くつもりであった。ルドルフ大公に宛てたコンサート前の書簡［BGA 701］に、「第 2 回コンサートについてはすでに部分的に準備が調っていますが、私はミルダーのために新しいものをさらに書かなければなりません」と言っていたからである。「ミルダーのための新しいもの」の痕跡はスケッチ帖にないが、それが《ヨーロッパ解放の時》とは別ものだとすれば、2 作品に取り組む計画であったことになる。それに関しては書簡交換全集においても新カタログにおいてもまったく言及されていない。いずれにしてもこのときすでに《レオノーレ／フィデリオ》の改訂に取り組んでおり［次章］、結局、新作の作曲は放棄することになって、往年の置き忘れ作品が登場するに至ったというわけである。バス歌手についてはすでに述べた。唯一のイタリア人テノール歌手であるジュゼッペ・シボーニ（1780-1839）は 1810 年から 14 年にかけてケルンテン門劇場と契約していて、14 年夏にナポリのサン・カルロ劇場に去った。

　例の"日記"の第 18 段落に「私の最近の大舞踏会場での音楽の際、編成は第 1 ヴァイオリン 18、第 2 ヴァイオリン 18、ヴィオラ 14、チェロ 12, コントラバス 7、コントラファゴット 2」と書かれているが、会場の特定からこの日の陣容であることが判る。弦楽器だけで計 69 と大編成で、その他の管楽器について記載がないのはパートの数から自ずと分かるからであろう。スコアにはないコントラファゴット 2 が低音増強のために確保されているのを考えると、この編成に応じた管楽器は二重編成（倍管）であったことは確実で、6 種 2 パートを重ねて 24、ティンパニ 1 を加えて、総勢 96 という、20 世紀並みの大編成となる。大舞踏会場の収容限界は 6000 人という説を鑑みて［後述］シンドラーが 5000 人という数字を出し［Schindler/Beethoven1860, I, 195 ページ］、それに対してセイヤーは 3000 人程度の可能性を示唆したが［TDR III, 415 ページ］、いずれにしても大会場と大オーケストラが設定された。練習はシンフォニー第 8 番と三重唱だけで済み、第 8 番の試演は極小編成であったから増強パートの写譜代はある程度かかったであろうが、経費として大したことはなく、収益は何千グルデンかになったであろう。

846

第 28 章　1813 年後半～ 14 年春　連合軍の反撃と戦況の落ち着き

5 | メルツェルとの反目　補聴器製作

　こうして、1813 年 12 月から 14 年 2 月にかけての 4 回のコンサートによって、ベートーヴェンは活力を取り戻し、経済状況もかなり回復した。著作権をめぐってメルツェルとの間に芽生えた争いも、自ら主催した第 3 回コンサートが大成功であったことにより、両者は一時的には和解したと思われる。1814 年 1 月 11 日受信のヅメスカル宛書簡 [BGA 691] には、「メルツェルとの事柄はまったく平和的になっている」とある。それに続けて、言葉足らずだが、「しかし私は、ウェリントンの勝利で何かをしたければ、いまもうロンドンへ…… [引用者注：動詞なし] しなければならず、というのはもしかしたらすでに平和の何週間かになるので」と、メルツェルと一緒にイギリスで《ウェリントンの勝利》を上演する計画が再び立ち上がっていることをほのめかしている。しかしこのプロジェクトはまもなく頓挫する [BGA 691 注 3]。

　メルツェルが内密にパート譜を手に入れて、ベートーヴェンの許可を取らずに、1814 年 3 月 16 日と 17 日に《ウェリントンの勝利》をミュンヒェンで演奏させたことから、両者の争いは本格化した。前述した弁護士アドラースブルクに宛自筆スケッチ [BGA 728] で述べられている事柄の全事項を箇条書きに整理してみよう。

　① 私はメルツェルに対して自発的に彼のパンハルモニコンのために S. S. [原注：Sieges Sinfonie〈勝利のシンフォニー〉][注：《ウェリントンの勝利》第 2 部の原型] を無償で書きました。

　② 彼はこれをしばらくの間、手にしていましたが、すでに [引用者補：ドラムの] 版刻を開始した後に、それをフル・オーケストラのために改作するよう望み、私のところにスコアを持ってきました。

　③ 私は戦い [引用者注：《ウェリントンの勝利》第 1 部の"ヴィットリアの戦い"] について、すでに持ってはいたけれども彼のパンハルモニコンのためには使わなかったアイディア（楽想）がありまして、私たちは負傷者たちのために…… [以下、前出 838 ページ]

　④ 彼のパンハルモニコンのために書かれたスコア [校閲筆写譜スコア譜 Quelle II] は私に返却されました。いまやコンサートが目前に迫り、第一にメルツ

847

第Ⅱ部　歴史的考察

ェル氏が［引用者補：その］計画と性格づけを発展させたのです。

⑤　彼は私の同意なしにポスターにこれは彼の所有であると記させて、私に不快の念を抱かせることになり、彼はこれを再び剥がさせるに至りました。

⑥　その後、彼は好意からロンドンへの旅を設定し、これを私は認めました。私が彼にこの作品をどんな条件なら与えるかは、いつでも私の自由だと考えていましたから。

⑦　ポスターの印刷中に烈しく口論することとなり、私は、まだ作業中であったポスターに、着想の大元において完全に私の作品だと書きました。

⑧　大学ホールでの最初のコンサートの後、私は各方面から、信頼できる人たちから、言われたのですが、彼がいろんなところで噂を広めているそうです、彼が私に400ドゥカーテン金貨を支払ったと。

⑨　私はこれに続いて新聞［引用者補：社］に押しかけましたが、メルツェルがうまく立ち回り、新聞編集者はそれを掲載しませんでした［原注：これに関する文書は跡づけられない］［引用者注：この新聞掲載文は上述の"感謝の言葉"とは別物であると考えられる。というのは、ここで述べられているのは、彼に400ドゥカーテン金貨が支払われたという噂に反論する文書のはずだからである］。

⑩　第1回コンサートの後すぐに私はメルツェルに50ドゥカーテンを返し、彼に言いました、私は彼の性格を当地で知った以上、私は決して彼とは旅行しませんと。

⑪　私は、私が告知する条件を付けてならともかく、それをせずに彼にこの作品をロンドンに持たせることはありません。しかるに彼はそれが友情からの贈り物であると主張し、第2回コンサートの後には、私に少しも問い合わせずに、新聞にそのように書かせました［原注：1813年12月20日『ヴィーン新聞』批評］。この間、彼は私に敵対的にふるまい、それによって私を再三にわたって憤らせました。そのような人に友情からの贈り物を誰がしようとするでしょうか。

⑫　そのとき私に、この作品を摂政皇太子に送ってはどうかという提案がありました。つまりこの時点ですでに、この作品を彼に無条件で与える可能性はまったくありませんでした。いつの日か、回答をもらうために出向くよう彼に言ったら、という提案がありましたが、彼は来ませんで、すぐに旅立ち、ミュンヒェンでこの作品を聴かせてしまいました［原注：メルツェルはOp.91を1814年3月16日と17日に上演させた］［引用者注：4月27日付『総合音楽新聞』［AmZ XVI (1814), 291ページ］に批評あり］。彼はそれをどのようにして手に入れたのでし

848

ょうか

⑬　盗むことは不可能で、つまりメルツェル氏はいくつかのパート譜を何日か家に持っていました。そしてそこから彼は下級音楽職人に全体をまとめさせたのでしょう、そして全世界に広めたのです。

⑭　メルツェル氏は私に補聴器を約束しまして、彼を鼓舞するために私は彼に勝利のシンフォニーを彼のプランで作りました。

⑮　彼の器具は遂に完成しましたが、私には十分使えるというものではありませんでした。このささやかな労苦に対してメルツェル氏は考えたのです、私が大オーケストラのための勝利のシンフォニーを作り、戦闘部分を追加で作曲した後、自分をこの作品の排他的所有者にするべきと。

⑯　補聴器のことを鑑みて、彼にいささかの恩義を感じているという前提に立とうではありませんか。とすれば、彼がミュンヒェンで、盗んだか切り取ったかして編纂した〈戦い〉［《ヴィットリアの戦い》］によって、約定価で少なくとも500グルデンを成した、ということは不問とします。つまり彼は自分で支払って［引用者注：恩義を感じさせたということにおいて］成したのですから。

⑰　彼は当地に居たときにも、戦いは自分のものだと凄いことを言っていました。すべてが私によるというのではなくある他者の介在があったとしても、私は権利を持っています。

⑱　私が自分自身のために催したコンサートの折にも栄誉は自分だけにあると要求しましたが、2つのコンサートが成したすべては私によるものであります。メルツェル氏が口外しているように、彼が〈戦い〉のために彼のロンドン行きを先延ばしに［引用者注：そのヴィーンでのコンサートが終わるまで？］したのだということなら、それはもう悪ふざけです。

　以上から、少なくともベートーヴェンの認識におけるこの事件の問題点を列挙する。

　1．コンサートそれ自体に対するメルツェルの貢献は大であると認識している（④）。

　2．コンサート開催前のポスター作成の段階ですでにベートーヴェンとメルツェルの間にオーケストラ作品《ウェリントンの勝利》の著作権について争いが始まった（⑤⑦）。

　3．ことにオーケストラのために追加作曲した第1部"ヴィットリアの戦い"は自分独自のものである（③⑦）。

第Ⅱ部　歴史的考察

　4．第2部〈勝利のシンフォニー〉は補聴器の製作に対する感謝としてメルツェルのプランに従って無償で書いた（①⑭）。

　5．万全ではない補聴器というささやかな貢献をもって作品全体の排他的所有者とするという要求は不当である（⑤⑮）。

　6．第1回コンサートの直後からメルツェルはベートーヴェンに400ドゥカーテン金貨を支払ったなどというデマを飛ばしているのは許しがたい（⑧⑨）。

　7．金銭的にはコンサート前に50ドゥカーテンを借りたが第3回コンサートの収益でそれは返済した（③⑩）。

　8．メルツェルが《ウェリントンの勝利》をロンドンに持って行くことは認めるが、その条件（上演著作権）はベートーヴェンが定める（⑥⑪）。

　9．メルツェルの性格を知った以上、彼と一緒にロンドンへ行くことはしない（⑩）。

　10．この作品をイギリスの摂政皇太子に献げることを決意した［引用者注：いつ送ったかは確認できないが、1814年1月2日のコンサートの後、2月13日にバルテンシュタイン館に引っ越す以前、である可能性は高い（BGA 692注1）。だとすれば、セイヤーが想定した、ロンドンへの途上のミュンヒェンで上演したという情報が入って急いで送った［TDR III, 422ページ］、のではないことになり、イギリスでの上演を無効にする狙いを持っていたということにはつながらない］。

　11．解決のための話し合いを提案したが、メルツェルはそれを無視してミュンヒェンに旅立ち、同地で上演を強行した（⑫）。

　12．それによってメルツェルが少なくとも500グルデン・ヴィーン価を得たとしても、補聴器を（無償で）作ってくれたということを鑑みて、その件は問わないことにする（⑯）。

　13．すべてを振り返って、自分がこの作品をメルツェルへの贈り物とすることはあり得ず、たとえ他人が介在した作品であってもその権利は自分にある（⑪⑰）。

　14．2回の自主コンサートは完全に自分のもので、メルツェルとは関係がなく、彼がそれをロンドン行き遅延の理由にするのはもってのほかである（⑱）。

第 28 章　1813 年後半〜 14 年春　連合軍の反撃と戦況の落ち着き

6 │ その後の経過　和解？

　この一件がその後どうなったかというと、1814 年 9 月末にベートーヴェ
ンがロンドン在住のリースに宛てた、「メルツェルがこの作品で登場しよう
という兆候が少しでもあったら」同封文書を同地で公刊する代理人になって
欲しいと書いた短い書簡［BGA 742］がある。その文書もまた書簡交換全集で
は未刊第 8 巻で刊行されるのだろうか。ここではセイヤー第 3 巻付録 II
［TDR III, 603 〜 604 ページ］を参照して概容を記す。「ロンドンの音楽家に宛てた
ルートヴィヒ・ヴァン・ベートーヴェンによる説明と要請」と題されている。

　　　現在ロンドンに居るメルツェル氏は彼の地への途次に私の〈勝利のシンフォニー〉
　　　と〈ヴィットリアでのウェリントンの戦い〉をミュンヒェンで上演し、ロンドンで
　　　もそのコンサートを催す企図を持っており、フランクフルトでもそのつもりであり
　　　ました。この機会に以下を公的に宣言します。すなわち、私はメルツェル氏に決し
　　　て上記作品を委ねたり譲渡したことはなく、誰もその作品の写本を持っておらず、
　　　私から外部に出された唯ひとつはイギリス摂政皇太子殿下に送られました。

　以下、もしメルツェルがそれを強行するなら、それは聴衆に対する欺瞞で
あり、私に対する権利の侵害である、よってロンドンの音楽家諸氏にはその
ような侵害行為を許さないようお願いする、という主旨が続く。
　一方ヴィーンでは、すでに旅立ってしまった者に対する裁判を提起しよう
という動きが起こった。1814 年 10 月 20 日付でパスクァラーティ男爵と弁
護士アドラースブルクが連名で"証言"を書いている。これもセイヤーが付録
に載せているだけで、書簡交換全集にはまだ所収されていない。その主旨は、
2 人が「アドラースブルクのところで何度も話し合いを行ない、メルツェル
氏はこの件に関し、当該の作品を、あるいは少なくとも初演の権利を、自分
のものとするためにベートーヴェン氏にさまざまな提案をした、しかしメル
ツェル氏は最後の話し合いに現れなかったので、それについて何も実現しな
かった、つまり彼［メルツェル］は前者［ベートーヴェン］が彼に成した提案を受
け入れなかった」というものである。この後セイヤーのコメントが続くが、
本文においても「訴訟は何年も係争中であったが、両者は合意して和解し、
ベートーヴェンは訴えを取り下げ、両者はそこから発生した経費すべてを折

851

第II部　歴史的考察

半した」[TDR III, 423 ページ] と書いている。

　これらの経過について、書簡交換全集に所収されている文書およびそれに対する注釈によって確認できる事柄はいまのところ何もない。セイヤーは、ベートーヴェンが摂政皇太子宛に校閲筆写譜スコア譜を送ったのはメルツェルによるミュンヒェンでの上演の報を耳にした後、すなわち3月末以降としているが、すでに指摘したように、その送付はメルツェルの一件とは関係なく、おそらく1月の段階で作品献呈の受諾許可を得るためであって [BGA 692 注1]、セイヤーの想定は事実関係の誤解を前提にしている可能性が強い。セイヤーのみならず、1991 年に出版された校訂報告書も、校閲筆写譜のイギリス送付を 1814 年4月と推定したのだが、その根拠となったルドルフ大公宛書簡 [BGA 692] とヅメスカル宛書簡 [BGA 693] が書簡交換全集において3ヵ月、前倒して1月と年代推定され直したことで、この送付は3月のミュンヒェン上演とは関係ないと見るべきことが判明したのである。

　また、メルツェルによるロンドンでの上演を阻止すべく摂政皇太子に楽譜を送ったものの、メルツェルはコンサートを開く気がなくなったので空振りに終わった、という主旨もセイヤーは述べているが [TDR III, 422 ページ]、前述したように、この作品は 1815 年2月10日にロンドンのドゥリ・レイン劇場でスマートの指揮によって上演され、4月12日付『総合音楽新聞』[AmZ XVII（1815）, 262 ページ] の記事 [前出 530 ページ] には「メルツェル氏によってロンドンにもたらされ」とはっきりあり、その上演にはメルツェルが関係していた。ベートーヴェンがリースに公表するよう求めた警告文は 1814 年9月末の発信と思われ、ヴィーンで当事者不在のまま訴訟に持ち込んでも実効性はそもそもなかった。したがってここでセイヤーの見解は紹介しない [当該個所「付録II」はフォーブズによって「付録G」として全面的に採用されており、日本語訳もある]。

　ヴィーンでのその後の経過は、前述したように、不透明だが、和解したことだけは確かである。上記⑯にあるように、すでにベートーヴェンは、補聴器の製作に鑑みてミュンヒェンでの一件は許容する方向を示しており、イギリス公演については、それに類する著作権の侵害は当時にあって訴訟の対象にもならないことは承知していたはずである。

　1817 年 10 月末か 11 月初めにメルツェルはメトロノームの宣伝のために再びヴィーンに来て、1818 年初めまで滞在した [BGA 1196 注2]。そして 12 月 28 日にベートーヴェンはナネッテ・シュトライヒャーに宛てた書簡 [BGA

852

第 28 章　1813 年後半～ 14 年春　連合軍の反撃と戦況の落ち着き

1206] のなかで「一昨日メルツェルと……[動詞なし] したが、彼はまもなくここ
を発つので急いでいた」と書いている。彼はその 1 ヵ月ほど前（11 月 27 日
少し前）に友人の宮廷秘書官イグナーツ・フランツ・モーゼル（1772-1844）
宛書簡 [BGA 1196] のなかでメルツェルのメトロノームを高く評価しており、
そこから、メルツェルがそれまでにベートーヴェンと会って新開発の製品を
寄贈したことが類推されるので、両者の間にはそのときすでに宥和が成立し
ていたと見てよい [後述]。

7 │《ウェリントンの勝利》とは何か

　伝記記述において、《ウェリントンの勝利》には、ベートーヴェンらしく
ない作品という評価が通り相場となっている。同種の作品がないのだから
「らしくない」という印象は当然であるが、その理由として、形態の特異性
とか、あまりに通俗趣味、といった否定しようのない特徴を挙げるだけで、
その特殊性が何に由来するのか、突っ込んだ議論は為されていないように思
われる。

　メルツェルにパンハルモニコンのドラム作成のためにいったん手渡され、
その後オーケストラ版を作るためにベートーヴェンに返却された、この作品
の第 2 部の原型である、校閲筆写譜スコア譜 [ベルリン国立図書館蔵] には、ベ
ートーヴェンの自筆で「ヴィットリアでのウェリントンの勝利　1813　メル
ツェル氏のためにルートヴィヒ・ヴァン・ベートーヴェンによって書かれ
た」とある。メルツェルの委嘱であり、その希望に沿って書かれたものであ
ることは言うまでもない。ベートーヴェン自身は上記覚え書きでは"自発性"
を強調しているが、それは著作権を争う訴訟用の文書だからである。シンド
ラー伝記の英語版（1841 年）を作成したモシェレスは、上演参加者として
のみならず、仕事場の目撃者という触れ込みで、メルツェルがいかに細部に
わたって取り仕切ったかとの証言を寄せているが [TDR III, 386 ページ]、それ
はすでに、ベートーヴェンをベートーヴェンらしからぬ作品から切り離そう
という後世の文脈のなかにあり、無批判に信用するわけにはいかない。ベー
トーヴェンにあっては、ここで用いられた"ルール・ブリタニア"も"ゴッ
ド・セイブ・ザ・キング"もピアノ変奏曲 [WoO 78 および WoO 79（1803 年）] でか
つて使用したことがあり、ここで初登場はフランス民謡"マールボロは戦場

第II部　歴史的考察

に行った"だけであった。全体構造を図示する。

第1部〈戦い〉
　　［鼓笛隊による］　　　　　　　　　　イギリス軍太鼓　イギリス軍ラッパ
　　［オーケストラによる　鼓笛隊を含む］"ルール・ブリタニア"による行進曲
　　［鼓笛隊による］　　　　　　　　　　フランス軍太鼓　フランス軍ラッパ
　　［オーケストラによる　鼓笛隊を含む］"マールボロは戦場に行った"による行進曲
　　［鼓笛隊による］　　　　　　　　　　フランス軍ラッパによる挑発
　　　　　　　　　　　　　　　　　　　　イギリス軍ラッパによる応答
　　［オーケストラによる　鼓笛隊を含む］〈戦い〉
　　アレグロ［32小節］　　　　　　　　　双方の軍のラッパを含む
　　メノ・アレグロ［94小節］　　　　　　双方の軍のラッパを含む
　　アレグロ・アッサイ［42小節］　　　　突撃前進　双方の軍の鼓笛隊を含む
　　プレスト［104小節］　　　　　　　　 イギリス軍ラッパ／ガラガラ
　　アンダンテ［17小節］　　　　　　　　（息も絶え絶えの"マールボロは戦場に行った"）*

第2部〈勝利のシンフォニー〉
　　イントラーダ（間奏）［8小節］
　　アレグロ・コン・ブリオ［59小節］
　　アンダンテ・グラツィオーソ［17小節］"ゴッド・セイブ・ザ・キング"の登場
　　テンポ・プリモ（すなわちアレグロ・コン・ブリオ）［53小節］
　　テンポ・ディ・メヌエット・モデラート［23小節］
　　アレグロ［183小節］

*（　）　譜面にその明示がない

　パンハルモニコン用に書かれたのは第2部〈勝利のシンフォニー〉のアレグロ・コン・ブリオ以下の部分であるが、ドラムの許容量によりオーケストラ版より42小節、短いものであった。冒頭の「イントラーダ」も後から付加されたものである。こうして見ると、メルツェルの注文に応えたパンハルモニコン用部分は"ゴッド・セイブ・ザ・キング"を中心に据えた、イギリス軍勝利を称えるというだけのものであったことが判る。そして第1部がオーケストラ曲として新たに書き起こされた。その構成は、まさしくそれ自体が特殊な機会作品としての体裁そのものであり、そうした大枠の設定がメルツェルによるのかどうか文書的裏付けはないが、"ライプツィヒの戦い"でフランス軍が全面的に敗退した後に書かれた部分として、フランス対イギリスという構図を強調して、あるいはいまやイギリス軍がいわば連合軍を代表する

第28章　1813年後半〜14年春　連合軍の反撃と戦況の落ち着き

かのような形となっているところに、メルツェルの痕跡は自明のように思える。

　ことに〈戦い〉の最後が、プレストになってイギリス軍は破竹の勢いであり、そしてアンダンテとなって、フランス軍を示す"マールボロは戦場に行った"の旋律は1音符ごとに休符を挟んで、まさに"息も絶え絶え"となり、第1部は消えるように終わる。使用する旋律の指定と全体構成の見取り図を作成したのは誰か。最初のエールの交換はそれぞれの国民的歌謡をオーケストレーションしただけだが、〈戦い〉の部分に入ると、双方の軍の威嚇で始めて、イギリス軍の圧倒的勝利と意気消沈したフランス軍の敗北が写実的に描かれる。そこまで細かくメルツェルが指示したにせよ、細部はベートーヴェンが自発的に設計したにせよ、彼は依頼主の意図に沿って努めたと言うべきであろう。この作品をそのように捉えると、ベートーヴェンらしくないという印象を生じさせるのは彼の職人技が成さしめたところ、と言える。ではどちらに著作権があるかという段になると、近年、日本のマスコミで騒がれた創案者と作曲者の争いと状況が似ており、既視感がある。

　争いはすでに初演前から、ポスターにおいてどのように告知するかで始まって、和解と反目が何度か繰り返されて、訴訟沙汰にまで発展するが、前述のように、見通しの立たない展開となる。そしてこの作品がベートーヴェンの作品として上演され続け、彼の名声を一気に高めるきっかけとなって、ことにヴィーン会議期間中にヨーロッパ諸侯の居並ぶ前で行なわれた上演の反響は大きく［後述］、彼は次第に矛を収めていったのではないかと思われる。ベートーヴェン側が訴訟準備に支出した費用はメルツェルとは関係ないことなので自己負担となったのは当然であり、それが前述の「経費すべてを折半した」［TDR III, 423ページ］というセイヤーの見解となったのではないか。

　メルツェルの最初の目的は、イギリスの戦勝を讃えるだけの、オルゴール用の短いデモ音楽であった。ところが戦況の急展開により、コンサート用のオーケストラ音楽に大拡張されただけでなく、戦場をどぎつく描写する音楽となったのは、そのように仕上げることが第三者的に要請されたからにほかならない。この作品がベートーヴェンの創造物として空前絶後のものとなったのは、ベートーヴェンがTPOをよくわきまえた結果とも言える。そして、メルツェル企画の行きがかり上の結末と言ってしまえばそれまでだが、ナポレオン軍と連合軍という"ライプツィヒの戦い"が直截的に描かれるのではなく、そのときすでに過去のものとなっていた西方での戦いという史実がテー

855

第II部　歴史的考察

マであって、それに対してヴィーンは傍観者であることも、オーストリアの
微妙な立場にとって無難であった。

　ここで重要なのは、《ウェリントンの勝利》の作曲が補聴器製作の見返り
であった、ということである。それはベートーヴェンの腹づもりであっただ
けではなく、前述したように、訴訟準備覚書［BGA 728］において「このささ
やかな労苦に対してメルツェルは自分をこの作品の排他的所有者にするべき
と考えた」と言っており、ここからメルツェルの方でも《ウェリントンの勝
利》を補聴器製作の対価と考えていたことが解る。したがって、作曲中の彼
には特別な機会のための特別なことをしているという意識があったろう。言
ってみれば、依頼者の要求に誠実に応える、という奉仕の精神である。例の
"日記"にまさにこの時期の書き込みとして、「私はイギリス人たちに"ゴッ
ド・セイブ・ザ・キング"にはどんな祝福があるか、少し示さなければなら
ない」［第16段落］とある。

　一方でまた確かに、作曲をいわば強制されたことは、結果としてであるが、
どん底にあった精神状態を上向かせる起爆力となった。そのこともまた彼の
意識のなかにあり、この作品自体が好評裏に再演を繰り返しただけではなく、
彼の名声をいっそうの高みに上げるきっかけとなったことで、作者性を強調
し続けた。

　その点を何とか薄めようとする後世の努力もあったが、1803年から05年
にかけてベートーヴェン・オフィスが刊行した一連の作品と同様に、大衆性
の強い創作物もまたベートーヴェンの幅広い創作活動の一環を成しているの
である。

第29章

1814年春〜15年秋

《フィデリオ》改訂・相次ぐ上演

ヴィーン会議と祝賀コンサート／
ロプコヴィッツ・キンスキー年金裁判決着／
シュタイナー社との決定的な関係

1. 《レオノーレ》から《フィデリオ》へ
2. ジングシュピール《良い知らせ》
   　最後の公開ピアノ演奏
3. 《フィデリオ》新改訂初演、
   　さらに改訂、決定稿へ
4. ヴィーン会議関連コンサート
5. ラズモフスキー伯邸炎上
6. 1815年の作曲およびコンサート
7. 年金裁判決着
8. シュタイナー社との関係の始まり
   　裁判決着との関係
9. 契約13作品の行方

第II部　歴史的考察

　2月末までの大コンサートはナポレオンからの解放を祝うヴィーンの熱気に包まれ大成功で、ベートーヴェンの大衆的な人気は一気に高まった。ことに《ウェリントンの勝利》は"ベートーヴェンの勝利"と重なったとも言え、4回すべてのコンサートで欠かさず上演されたのはこの作品とシンフォニー第7番である。大人気作品としてさらに3月25日にケルンテン門劇場で行なわれた救貧基金のためのコンサートにおいて、《エグモント》序曲とともに、ベートーヴェンの指揮で再び演奏された。こうした気運が、ナポレオン占領中に初演（1805年11月）と改訂再演（1806年3月）がそれぞれ何度か上演されただけでレパートリーに定着し切れていなかった《レオノーレ／フィデリオ》の再改訂と再々演への下準備に直結した。

　連合軍のパリ入城は1814年3月30日のことであった。4月2日、フランス元老院は皇帝廃位の決議をして、ナポレオンを追放し、3日にタレーランを首班とする暫定政府が設立された。11日に連合国はナポレオンに、エルバ島の主権を与え、かつ年金200万フランを保証するという協定を提案した。翌日、ナポレオンはそれに署名した後、12日から13日にかけての夜に自殺を計ったとされるが未遂に終わった。25日に彼は400万フラン、馬車14台、兵士400人とともに、エルバ島へ向けて発った。

　その頃、再改訂の作業が佳境に入っていた《フィデリオ》は、ついに5月23日、その初演を大成功のうちに迎えるが、その日までに新しい序曲が出来上っていなかったことはよく知られている。しかしそれだけではなく、初日に上演されたのはその他の点でも最終稿ではなかった。第3稿が完全に成立するのは、6回の初演興行を経て、7月18日に行なわれたベートーヴェンの自主興行のときである。

　5月30日に、王政復古したルイ18世と対仏同盟国との間に和平のためのパリ条約（第一次）が締結された。そうしてナポレオン戦争終結後のヨーロッパに新しい秩序を構築し、領土分割を改めて合意するために、連合国はヴィーンに集って大国際会議を催すこととなる。その"ヴィーン会議"は、大小90の王国、53の公国の代表約200人が参集して、1814年9月18日に始まる。

858

第29章　1814年春〜15年秋　《フィデリオ》改訂・相次ぐ上演

　活動している街での新しい展開はベートーヴェンにとっても大きな事件であった。彼はそれに呑み込まれるように、求められて、あるいは自主的に、祝典行事のために作品を書き、上演する。そのなかで、ヴィーン会議中に開かれたベートーヴェンの公式コンサートとしては11月29日に宮廷内大舞踏会場での主催コンサートがよく知られている。その実態はどのようなものであったのだろうか。また年末に起こったラズモフスキー邸の火災は大きな事件であった。それをきっかけに同伯がヴィーンの文化事業から撤退することは音楽界に少なからず影を落とした。

　1815年に入ると、ヴィーン会議関連の音楽行事はなお続くが、ベートーヴェンには自主的なコンサート活動の模索も見られる。成就しなかった計画はその事実が歴史から消されがちだが、いくつか確認しておかなければならない。

　1815年1月から4月にかけて進行したロプコヴィッツおよびキンスキー年金裁判の決着はベートーヴェンの生涯に決定的な意味を持った。1809年3月に年金支給契約が締結はされたものの、不払いが続き、カッセル転出を断ってヴィーンに踏みとどまることを選んだ彼の目算は実質的に大きく狂っていたからである。しかし一難去ってまた一難、出版者シュタイナーとの関係がほぼ同時に始まる。作品の譲渡はもちろん関係良好ゆえのことであるが、それは想像も付かない展開となって、ベートーヴェンを苦しめ、そして後世の眼を惑わせて、その結果、その問題性は今日までぼやけたままで来ている。

1｜《レオノーレ》から《フィデリオ》へ

　《レオノーレ／フィデリオ》の再改訂の機運は、1月2日のコンサートで《アテネの廃墟》[Op.113] からのバス・アリアを歌ったヴァインミュラーの主導で、すでにその直後から具体化していた。要するに、一連のコンサートがなお続いている最中に、次の大課題への取組みがベートーヴェンの喫緊に取り組まなければならない事案となった。

　ヴァインミュラーは宮廷オペラ劇場の舞台監督を兼ね、同様に歌手を兼務する他の2人の舞台監督、イグナーツ・ザール（1761-1836）[1798年《天地創造》創唱歌手]、ヨハン・ミヒャエル・フォーグル（1768-1840）[後にシューベルトと親しくなる／シューベルトの死後《冬の旅》を創唱] とともに、オペラ団を無料で貸

859

第Ⅱ部　歴史的考察

し与える権限、すなわち、オペラを自主公演（自身の利益のための）する人物と作品の選定をする権限が委ねられていた［新カタログ/BGA 707 注 4］。そこから類推するに、1 月 2 日に《アテネの廃墟》からのアリアを歌って第 3 回コンサートを共体験したヴァインミュラーが他の 2 人に働きかけてベートーヴェンにオペラの自主公演開催の機会を与えたと思われる。この 3 人は《レオノーレ／フィデリオ》再改訂初演でそれぞれ（順に）、ロッコ、ドン・フェルナンド、ドン・ピッツァロを創唱することになる。

　興味深いことに、再上演する方向が決まるとまずベートーヴェンはモーリツ・リヒノフスキー伯（カール侯の弟）に次のように書いている［BGA 695］。

> あなたは私にきわめて大きなご親切をされることになるのですが、もしあなたが私に私のオペラ《フィデリオ》のスコアを何日か貸して下さるならば。私は、あなたがもちろん非常に几帳面というわけではないのを知っていますが、しかしあなたはまったくダメというよりは遙かにすぐれています。それをいま当地の宮廷劇場で上演しようとしていますが、しかし私のスコアを見つけられないのです。それをライプツィヒに送ったと思うのですが、もうずいぶん前のことなので。そういうわけで来て下さいませんか。

　前述したように［第 25 章 8］、ベートーヴェンは 1809 年当時、ブライトコップ & ヘルテル社から 3 大作品（《レオノーレ／フィデリオ》《オリーブ山のキリスト》《ハ長調ミサ曲》）を出版することに賭けており、9 月 19 日付で「3 作品はすでに送った」［BGA 400］としていた。「ライプツィヒに送ったと思う」は 5 年前のことであった。

　第 2 稿の改訂作業は第 1 稿のスコア上になされ、したがってその校閲筆写譜は第 1 稿と第 2 稿に共通しているのだが（いずれの稿においても［Quelle II, 1］となっている）、それは 1806 年か 07 年にプラハから上演の声かけがあったときにも送付しており、それは現在、プラハ国立図書館に所蔵されている。それ以後に手元にあったスコア譜のひとつは上記のようにライプツィヒに送ってしまい、そしていまひとつは、ある時点でリヒノフスキー伯の所望に応えて、ベートーヴェンとしては再演の見込みもなくなって、贈与したのだろうか。その実物の所在は確認されていない。この書簡には日付がないが、2 月 13 日付ブルンスヴィク伯宛書簡［BGA 696］には「私のオペラが舞台に懸けられることとなっているが、私はたくさんの新しいものを作っている」と、改訂作業が一歩進んだ状況が描かれているので、スコア譜の一時返却依頼は

第 29 章　1814 年春〜15 年秋　《フィデリオ》改訂・相次ぐ上演

それ以前のいつか、ということしか判らない。

　改訂の仕事はまず台本を手直しすることから始まった。ベートーヴェンが選んだのは、ケルンテン門劇場監督代理ゲオルク・フリードリヒ・トライチュケ（1776-1842）であった。彼は 1800 年に宮廷劇場俳優として出発し、1802 年から 08 年までケルンテン門劇場演出家兼劇詩人、1809 年から 11 年までアン・デア・ヴィーン劇場副監督、1814 年に再びケルンテン門劇場劇詩人となっていた（1821 年まで）。宮廷劇場（ケルンテン門劇場）がベートーヴェンに自主公演の機会を提供するということだから、ヨーゼフ・ゾンライトナー（1766-1835）に始まり（第 1 稿）、シュテファン・フォン・ブロイニング（1774-1827）の手による改訂（第 2 稿）を経て、未だ舞台での成功を果たせないとすれば台本の手直しも必須であり、ということで、たくさんのオペラ台本において実績もある、座付きの劇詩人に頼るのが一番、という選択となったのであろう。

　以後、ベートーヴェンがトライチュケに書いたたくさんの書簡やメモが遺されている。のみならず、「あなたのところへ伺えません、いま気分がすぐれず外出できないのです。家はご存じでしょうから、もしよろしければ、私の召使いか家主夫人と話して下さい」とあるので、打ち合わせは直接会って何度も行なわれたと思われる。例によってベートーヴェンに宛てられたものは 1 点も残存しない。一方でベートーヴェンは、前述したように、2 月 27 日のための新作の作曲を断念するほど、オペラ改訂の仕事に追われていたから、2 月中旬にはかなりの時間をそれに費やしていたと察せられる。つまり台本が出来上がる前から個々のナンバーの改訂に手を付けていたと思われる。そして「大いなる満足を持って私はあなたのオペラ改訂を読みました。古い城の荒廃した廃墟を再び組み立てることがいっそう私の使命となっています」［BGA 705］とあるのが 3 月初め頃と推定されるので、ちょうど大コンサートの連続が一段落した頃に改訂台本は出来上がった、あるいは期限をベートーヴェンがそのように区切って依頼していた、かもしれない。セイヤーは台本受け取りを 3 月末としているが［TDR III, 418 ページ］、訂正の要があろう。3 月初め頃に書かれた別の多少長めの書簡［BGA 707］には改訂作業の進捗状況と見通しがコメントされている。

　　あのいまいましいコンサート、それは部分的には私の悪しき状況によりそれを開催せざるを得なかったのですが、それがオペラという点では私を後退させました。

第II部　歴史的考察

カンタータ［原注：ヨーゼフ・カール・ベルナルトの台本による《ヨーロッパ解放の時》］を私はそこで上演しようとし、それは私から5〜6日も奪ったのです。——いまはもちろんすべてが同時に為されなければならず、私は新しいものの方が早く書けるのです、現在やっている、新しいものを旧いものに付け加えるよりです、私は書くことに慣れていますので。私の器楽曲でも私はつねに全体を目の前にしておりますが、しかしここでは私のすべてが至るところに、つまりそれぞれに分かれており、私はそのたびに自分に立ち返らなければならないのです。——14日以内にオペラを上演するのは不可能です。それには4週間かかると思います。第1幕は何日かで完成しますが、第2幕ではまだやることが多く、新しい序曲もですが、これはまったく新しく作ってよいのでいちばん簡単です。——私のコンサートの前にはただあちらこちらスケッチしただけですが、第1幕も第2幕も、ようやく何日か前から推敲を始めることができるようになりました。——オペラのスコアはこれまで見たことがないほどひどく書かれていて、1音1音、点検しなければなりません（それはたぶん盗まれているのです）［引用者注：写譜の間違いが多いということであるが、カッコ文は意味不明］。要するに、私はあなたに確言します、トライチュケさん、このオペラは私に殉教者の冠を授けるでしょう。もしあなたがこれほどの労力をかけて、これほどすばらしくすべてを手直しして下さらなかったら、と私はあなたにいつまでも感謝いたしますし、私は自分に打ち克てなかったでしょう。あなたは難破した船からまだ使える残骸物を救って下さったのです。

　以下に数行が続くが、基本的にそれまで言ってきたことの反復であるので省略する。ここで確認されることを箇条書きで列記し、必要であればコメントを加える。

　1．コンサートが苦しい経済状況を多少は救った。

　2．《レオノーレ／フィデリオ》改訂の仕事は1814年2月に始まったが、《ヨーロッパ解放の時》により5〜6日間、中断した。

　3．改訂の仕事は新作するよりたいへんである。

　4．具体的に言うと、ふだんの作曲は全体構想が頭のなかにあって進行するが、改訂作業は、かつて書いた各部分それぞれに自分が宿っており、そこに立ち返って構想し直さなければならない。

　5．あと2週間ではとても無理で4週間はかかる。これについては、"日記"［第22段落］に「オペラ　フィデリオは1814年3月ではなく5月15日までに新しく書き改訂する」とある。トライチュケの予定では3月中の上演が視野に入っていたが、ここで1ヵ月延ばしとなり、さらにもうひと月、5月23日まで延期されることになる。しかし新序曲は、新たに書くのは簡単と言いながら、初日に間に合わなかった［後述］。

862

第29章　1814年春～15年秋　《フィデリオ》改訂・相次ぐ上演

6．改訂作業の前提となったスコアはリヒノフスキー伯から一時、拝借したもので、「これまで見たことがないほど」「1音1音、点検しなければないほど」となったのはその写譜作業が急がれたため、と類推される。書簡交換全集はリヒノフスキー伯所有の筆写譜スコア譜が第1稿なのか第2稿なのかの判断を留保しているが［BGA 695 注2］、この文脈からは後者の可能性が高いであろう。

7．ベートーヴェンはトライチュケの台本改訂作業に満足しているとの、一応の外交辞令を述べている。

トライチュケの台本は印刷されなかった。手書き台本にはベートーヴェンによるたくさんの書き込みがあり、重要な変更が彼自身によって為された［Quelle I (1) 1］。それを含めてその後の改訂作業が難航したことは、1814年4月5日以前に別件［後述］のためにしたためた書簡［BGA 709］の最後に次のようにある。

> ところでオペラに関するすべては世界で最も労苦の多いものです。というのは、私は多くのものに不満足だからです。そしてほとんど作品の体を成していません。あちらこちらにというのにとどまらず、私の現在の不満足に、いくつかどころではない満足の接ぎ当てをしなければならなかったほどです。自由な思案や霊感に委ねることができるのとは大きな違いです。

台本改訂の要点はドラマトゥルギーであった。主要登場人物たちはその輪郭がいっそう鮮明になるように、また劇的な見せ場がその都度、よりドラマティックにと、練り上げられた。3幕構成から2幕構成へとなった第2稿をベースにして、それをいっそうスリムにする方向を基本とし、第2稿の第9曲（二重唱）と第10曲（三重唱）がさらに削除された。その一方、第1稿の第5曲（ロッコのアリア）は第4曲として、また第1稿の第3幕第14曲aのメロドラマも第2幕第12曲aとして復活された。各幕のフィナーレ以外では、歌詞の変更はときたまひとつの単語が変更される程度であり、主としてセリフのやり取りの部分を全面的に改訂することによってなされた。しかし第1幕フィナーレは後半部分が、第2幕フィナーレは前半部分が、歌詞も完全に入れ替えられた。

音楽の改訂でも一番大きいのは台本改訂に伴う各フィナーレであるが、その結果、第1幕のフィナーレは第1稿の667小節（第1稿では第2幕）から、第2稿544小節、第3稿521小節とさらに引き締ったが、第2幕のフィナ

第Ⅱ部　歴史的考察

ーレは 333 小節の第 2 稿に比べるとかなり拡張され、421 小節となった。各曲の推敲は細部にわたる精巧化で、個々に記述するのは煩瑣になりすぎるのでここでは断念する。その結果いっそう研ぎ澄まされたスリムなものとなった。例外は第 2 幕冒頭の第 11 曲（フロレスタンのアリア）で、前 2 稿に比して最大規模となった（130 → 110 → 136 小節）。第 1 稿から第 3 稿までの改訂の大枠については 866 〜 867 ページの別表を参照。

　《レオノーレ／フィデリオ》のタイトルが第 2 稿の初演（1806 年 3 月 29日）までベートーヴェンの意思としては「レオノーレ」であったが（副題は別として）、当日配布されたチラシでは「フィデリオ」となったことはすでに述べた。しかしそのように印刷されて広まると、世間ではこのオペラを略した形でもっぱら《フィデリオ》と呼ぶようになる。するとベートーヴェンもいつのまにか、これまで引用した個所からも明らかなように、単に「フィデリオ」と記すようになった。こうしてこのタイトルは作曲者からもいわば追認されたのである。それが決定的となったのは、トライチュケの書いた台本にあるタイトル「レオノーレ」に抹消線が引かれ、その脇に赤鉛筆で、さらにその後インクで、「フィデリオ」と書き込まれていることである。この訂正行為を行なったのが誰なのか、セイヤーは不明としたが［TDR III, 426 ページ］、リューニングはベートーヴェン自身によるとしている［Lühning:"Fidelio" in Prag, in：Beethoven und Böhmen (1988)］。以下、本書においても、第 3 稿（決定稿）を指す場合は《フィデリオ》とする。

2 ｜ジングシュピール《良い知らせ》　最後の公開ピアノ演奏

　その間の出来事として、3 月 30 日に連合軍がついにパリに入城したのを受けて、それを記念する祝賀作品の上演が急遽、決定され、トライチュケがすぐさま 1 幕ジングシュピール台本を書いて、ヴィーンで活躍する作曲家たちが分担で作曲するということになった、と言われてきた件がある。セイヤーがそう述べているのであるが［TDR III, 421 ページ］、彼がその証拠として引用した書簡の年代設定が書簡交換全集で 1 ヵ月以上前倒しされ、2 月 21 日から 26 日の間に書かれたと訂正された［BGA 698］。そうだとすれば、連合軍のパリ入城が近いのはもはや自明のことであり、それを祝賀する作品の準備

第29章　1814年春〜15年秋　《フィデリオ》改訂・相次ぐ上演

に入ろう、という構図なのであろう[BGA 699 注3]。その公演は4月11日に行なわれたが、3月30日の事件が伝令ですぐさま伝わったとしても10日間で台本と作曲と練習にたどり着くのはいかにも無理で、「急遽、決定」は胡散臭かった。

　ベートーヴェンは終曲のオーケストラと合唱、バス独唱による〈ゲルマーニア〉WoO 94を担当したので、この関連においてもトライチュケとさまざまに相談する必要があった。その最初の問い合わせが第4回コンサートの直前の同書簡で、「私のアイディアを説明するためにきょう午後にお会いしたい。月曜日[原注：おそらくコンサートの翌日の1814年2月28日]にあなたがもう練習に入れるか、私ははっきり言えませんが、たぶんその翌日ならなんとかなるでしょう、こうしたコンサートに際してやらなければならないことが」とある。3月初めに書かれた書簡（メモ）[BGA 705]の、先に引用した部分の前において「ここに、尊敬するトライチュケさん、あなたの歌[原注：ベートーヴェンは独唱と合唱が交替で現れるこの作品をいろいろなところで歌とも合唱とも呼んでいる]です」と言っている。

　この祝賀作品《良い知らせ Die gute Nachricht》は次のような分担の1幕パスティッチョ・ジングシュピールであった。

	作曲者
序曲	ヨハン・ネポムク・フンメル
第1曲　アリア〈ああ、なんと過ぎゆく時と時間が〉	W.A. モーツァルト　KV 524
第2曲　アリア〈私はこっそりニュースのあとをつける〉	アダルベルト・ギロヴェッツ
第3曲　三重唱〈急げ、君を栄誉が呼んでいる〉	ヨーゼフ・ヴァイグル
第4曲　四重唱〈男盛りの若者〉	ヨハン・ネポムク・フンメル
第5曲　二重唱〈帰還せよ、忠実なる鳩よ〉	ヨハン・ネポムク・フンメル
第6曲　アリア〈きょう特別な数字の旗が見える〉	フリードリヒ・アウグスト・カンネ
第7曲　合唱付き歌〈来たれ、友よ、すべてを仰ぎ見よ〉	ヨハン・ネポムク・フンメル
第8曲　終曲合唱（バス独唱付き）〈ゲルマーニア〉	ベートーヴェン

　なお、第1曲の作曲者は書簡交換全集では息子の方のヴォルフガング・アマデウス・モーツァルト2世とされていたが[BGA 699 注3]、KV 524に登録されている〈クローエに〉が転用されたものであった[新カタログ]。

　ジングシュピール《良い知らせ》はケルンテン門劇場で同劇場オーケスト

《レオノーレ／フィデリオ》改訂の大枠

第1稿

初演 1805 年 11 月 20 日
序曲 レオノーレ第 2 番 530 小節

第1幕
1. アリア（マルツェッリネ） 97 小節
2. 二重唱（マルツェッリネ／ヤッキーノ） 234 小節
3. 三重唱（マルツェッリネ／ヤッキーノ／ロッコ） 106 小節
4. 四重唱（マルツェッリネ／ヤッキーノ／ロッコ／レオノーレ） 52 小節
5. アリア（ロッコ） 91 小節
6. 三重唱（マルツェッリネ／ロッコ／レオノーレ） 232 小節

第2幕
7. 序奏［WoO 2b］ 40 小節
　アリア（ピツァッロ）合唱付き 122 小節
8. 二重唱（ピツァッロ／ロッコ） 181 小節
9. 二重唱（マルツェッリネ／レオノーレ） 98 小節
10. レチタティーヴォ + アリア（レオノーレ） 188 小節

11. フィナーレ（合唱 + 独唱者全員） 667 小節

第3幕
12. 序奏 + レチタティーヴォ + アリア（フロレスタン） 130 小節
13. メロドラマ + 二重唱（ロッコ／レオノーレ） 121 小節
14. 三重唱（レオノーレ／フロレスタン／ロッコ） 187 小節
15. 四重唱（レオノーレ／フロレスタン／ロッコ／ピツァッロ） 207 小節
16. レチタティーヴォ + 二重唱（レオノーレ／フロレスタン） 289 小節

17. フィナーレ（合唱 + 独唱者全員） 487 小節

第29章　1814年春〜15年秋　《フィデリオ》改訂・相次ぐ上演

R＝レチタティーヴォ

第2稿

初演 1806年3月29日

序曲　レオノーレ第3番　　　　618 小節

第1幕

1. アリア	同じ	97 小節
2. 二重唱	短縮	222 小節
	削除	
3. 四重唱	同じ	
	削除	
4. 三重唱	短縮	210 小節
5. 行進曲	差し替え	38 小節
6. アリア	短縮	117 小節
7. 二重唱	同じ	
	削除	
8. R+アリア		174 小節
9. 二重唱（マルツェッリネ／レオノーレ）		
	追加	79 小節
10. 三重唱（マルツェッリネ／ヤッキーノ／ロッコ）		
	追加	68 小節
11. フィナーレ	短縮	545 小節

第2幕第1場

12. 序奏+R+アリア	短縮	110 小節
13. 削除+二重唱	拡大	121 小節
14. 三重唱	短縮	148 小節
15. 四重唱	同じ	
16. R+二重唱	短縮	184 小節

第2幕第2場

17. フィナーレ	短縮	333 小節

第3稿

初演 1814年5月23日

序曲［5月26日］フィデリオ序曲　　308 小節

第1幕

1. 二重唱	短縮	209 小節
2. アリア	短縮	84 小節
	削除	
3. 四重唱	短縮	51 小節
4. [7月18日]アリア	復活短縮	87 小節
5. 三重唱	短縮	202 小節
6. 行進曲	同じ	
7. アリア	拡大	123 小節
8. 二重唱	短縮	169 小節
	削除	
9. [7月18日]R+アリア	短縮	149 小節
	削除	
	削除	
10. フィナーレ	短縮と追加	521 小節

第2幕第1場

11. 序奏+R+アリア	拡大	136 小節
12. メロドラマ+二重唱	復活と短縮	105 小節
13. 三重唱	拡大	158 小節
14. 四重唱	拡大	213 小節
15. 削除+二重唱	短縮	124 小節

第2幕第2場

16. フィナーレ	拡大	421 小節

第Ⅱ部 歴史的考察

ラ監督（指揮者）のアントン・ブラニツキーの指揮により［BGA 709 注3］4月11日に初演された。〈ゲルマーニア〉にあるバス独唱を歌ったのはヴァインミュラーである［新カタログ］。これは大好評であったと『総合音楽新聞』をはじめ、各紙が報道している。14日まで連日、再演され、さらに4月24日、5月3日と、計6回の公演で終わった。

　4月11日の昼にはそれに先立ってホテル"ローマ皇帝館 Zum Römischen Kaiser"で慈善コンサートが催され、それに居合わせたモシェレスの日記によれば［TDR III, 419 ページ］、久々にベートーヴェンが登場し、《大公トリオ》でピアノを受け持った。さらにその何週間か後にもアウガルテン奏楽堂で《大公トリオ》の演奏に加わったとされ、それ以後、彼が公開の壇上でピアノを演奏することはない。この話を伝えるのは当時、ヴィーン大学法科の学生であり、かつシュッパンツィクの弟子でその四重奏団で第2ヴァイオリン奏者を務めていたアントン・シンドラーである。彼の申告を信じれば、3月末に、師から、とあるコンサートへの出欠の返事をもらうためにパスクァラーティ・ハウスのベートーヴェンところに行くよう、言いつけられたのが最初の出会いで、2度目が4月11日の午後のコンサートであった、ということである［Schindler/Beethoven 1860, I, 229～230 ページ］。ベートーヴェンはそのようにして、自身について歪んだ像を後世に広め伝える人物と運命的な遭遇を果たしたのであった。

3 │《フィデリオ》新改訂初演、さらに改訂、決定稿へ

　《フィデリオ》の上演が1814年5月23日と決まったので、その練習は、まだベートーヴェンの仕事が完了しないうちの1814月4月半ばに始まった。トライチュケは当初、フィデリオ役に、契約したばかりのヘーニヒ夫人を登用することとし、手書き台本においてはそのように示されていたが、セイヤーによれば上演の前日に［TDR III, 426 ページ］、第1稿の初演以来ずっと歌ってきたアンナ・ミルダー＝ハウプトマン夫人に代わった。何らかの事故が起きたのだろうか。上演に関する新しい情報は書簡交換全集にも新カタログにもいっさいない。全体の総指揮はベートーヴェンが執った。オーケストラのメンバーには4回のコンサートで共演した者も多く、聴覚疾患から来るベートーヴェンの指揮の不安定さについては体験済みで、すでにそのときから、

868

第 29 章　1814 年春〜15 年秋　《フィデリオ》改訂・相次ぐ上演

緊急の場合には、ヴァイオリン奏者として共演する、1809 年以来、若くして宮廷劇場副楽長の任にあったミヒャエル・ウムラウフ（1781-1842）が楽員たちをリードした。彼は 1824 年 5 月のシンフォニー第 9 番初演時にも形式上の作曲者による総指揮を全面的に助けた。

　《フィデリオ》改訂稿初演は大成功であった。それは大反響を呼び、新聞報道には、「国民の寵児」という表現も見られるほどに、長い苦境からようやく解放されたオーストリアの喜びがこだまする、大絶賛の論調が支配した。初日には序曲が間に合わず、《アテネの廃墟》序曲によってとりあえず代用された。3 日後、5 月 26 日の 2 度目の上演でようやく新しいホ長調の《フィデリオ》序曲が鳴り響いた。

　書簡交換全集および新カタログを含めてこれまでの研究では触れられていないが、実は、この日の上演から舞台をブルク劇場に移して行なわれ、ケルンテン門劇場での上演は序曲が出揃わなかった初日だけであった。1814 年 6 月 22 日付『総合音楽新聞』[AmZ XVI (1814), 420 〜 421 ページ] に「ヴィーン、6 月 5 日、5 月の展望」と題した速報のような記事がある。

　　　ベートーヴェンの《フィデリオ》が拍手喝采のうちに上演された。このオペラが数年前に 2 度上演されたとき、好ましい反応はまったく得られなかった。それだけになおさら、根気と骨の折れる改訂作業に対して作曲者をねぎらうのは、芸術愛好家の喜びとするところである。全体の判断とほとんど一致しない別の受け取りようがあろうことは考えられる。ある人には、主題（またぞろ救済物語）はもう古いし、ありあまるほどで、嫌悪感さえ持たれるにちがいない。またある人にとっては、音楽がこの巨匠に期待されるほどには独創的ではない。…［具体例に言及／略］…。こうした保守的な考えの人はほっておこう。…ベートーヴェン氏の音楽はきわめて成功した労作である。個々には彼の器楽曲から期待されるほどのものに達していないこともあるかもしれないが、失敗とはとても言えず、その他はまったく素晴らしい。…全体はすこぶる興味深く、いくつかの弱点もより多くの真の傑作によって帳消しになっているので、よい印象を持たなかった観客も、満足して劇場を去る。序曲を除いて、ほとんどの音楽が生き生きしたものであり、したがって拍手喝采を受け、作曲者は第 1 幕と第 2 幕の後に、満場からカーテンコールされた。…［以下は歌手その他の評価］

　完全《フィデリオ》がもっぱらブルク劇場で行なわれた理由は定かではないが、この時期の両劇場の分担状況を見てみると、ケルンテン門劇場ではフランス物もイタリア物も上演されるが（それらのドイツ語上演を含む）、ブルク劇場はもっぱらドイツ・オペラの小屋となっていたことから、この作品

869

第Ⅱ部　歴史的考察

が《レオノーレ／フィデリオ》以来フランス翻案物と見られていたところ、上演してみると完全にドイツ・オペラの範疇に入るということになり、上演場が変更されたのであろうか。あるいは、ケルンテン門劇場は公演予定が過密状態で新作の続演を受け入れる余裕が少なく、それに対してブルク劇場は月間4〜8公演と日程的にゆとりがあったゆえだろうか。だとすれば"予想に反して好評につき"という理由も考えられる。

　続演の情報は従来、不十分であるか、間違っていたので（ことに日本語文献では）、ここで1815年末までの全上演日を列記する。セイヤーは10月4日および10月9日の公演のみ取り上げ、それぞれ15、16回目と数えているが［TDR III, 451 および452 ページ］、それは正しい。

1814 年	5月23日（ケルンテン門劇場）　5月26日（ブルク劇場、以下同じ）
	6月2日　6月4日　6月7日　6月21日　7月18日　7月22日　7月27日
	8月1日〜23日　ブルク劇場休演
	8月24日　9月4日　9月16日　9月20日　9月26日　10月4日　10月9日 10月18日　10月28日　11月3日　11月22日　11月27日　12月27日
1815 年	1月3日　2月18日　2月26日　3月10日　4月9日　4月21日　5月12日
	7月28日〜9月1日　ブルク劇場休演
	12月11日　12月14日　12月31日

　計32回の公演が確認されるが、まず6月21日まで6回の公演で一応、初演興行が一段落した。約1ヵ月間に6回という続演状況は大当たりの部類に入るだろう。そこで、劇場運営者としても経験豊かなトライチュケは内外の名だたる劇場にこの作品の売り込みを計る挙に出た。彼が起草し、ベートーヴェンも署名した、ベルリン、カールスルーエ、シュトゥットガルトの各劇場宛の書簡［BGA 719〜721］が6月23日から24日にかけて書かれ、同時に台本と筆写スコアも送付された。ほかに、同種の書簡がブルノ、ダルムシュタット、フランクフルト・アム・マイン、グラーツ、ハンブルク、マインツ、プラハの各劇場宛にも書かれたことが突き止められている［BGA 719 注5］。

　《フィデリオ》改訂稿のスケッチは、2月作業分が"再編合本スケッチ帖"である「ランツベルク9」スケッチ帖の9枚目から34枚目にびっしりとあ

第 29 章　1814 年春～ 15 年秋　《フィデリオ》改訂・相次ぐ上演

り、続いて 1814 年 3 月頃から使用の「デッサウアー」スケッチ帖において最初から 66 枚目表までを占めているが、その 54 枚目表に 8 月初めに記入されたと見られる「ハンブルク 15 ドゥカーテン金貨、グレーツ［引用者注：グラーツの誤りだと思われる］12 グルデン、フランクフルト 15 ドゥカーテン金貨、シュトゥトガルト 12 ドゥカーテン金貨、カールスルーエ 12 ドゥカーテン金貨、ダルムシュタット 12 ドゥカーテン金貨」［BGA 719 注 5］との書き込みがある。これはトライチュケとの間で合意した販売価格ではないかもしれないが、スケッチ帖の余白ページにベートーヴェンなりの値踏みを記したものと思われる。上記での確認と比べると、マインツ、ブルノ、プラハが欠けている。興味深いことにドイツの劇場に対して 15 ドゥカーテンと 12 ドゥカーテンの 2 種があり（約 70 および 55 グルデン）、さらにグラーツには 12 グルデンと破格に見える配慮がなされていた。4 ページの写譜代が 12 クロイツァーとすると［67 ページ］、1 グルデンで 20 ページ、250 ページ規模のスコアには 12.5 グルデンを要することになるので、写譜代だけの請求かもしれない。少なくとも 16 部が作成・販売されるが、それが判るのはトライチュケが通し番号と発送日を書き入れたからで、その最後のものが 1814 年 10 月 7 日グラーツ宛であった［BGA 719 注 5］。ベルリンは 10 月 15 日に台本を送り返し、スコア譜の購入を断ってきた［BGA 751］。マインツ、ブルノも断ったとされるので［BGA 719 注 5］、したがって、その他 7 都市以外に、9 の送り先があったと推定される。うち、筆写譜スコア譜が部分的にでも現存するのは、ダルムシュタット、プラハ、カールスルーエ、シュトゥットガルト、グラーツ、フランクフルト・アム・マインの 6 都市である。以下の都市での続演が確認され、ベルリンとドレスデン以外ではこのとき送付された頒布スコア譜が使用されたと思われる。

日時	都市	音楽監督
1814 年 11 月 27 日	プラハ	カール・マリア・フォン・ヴェーバー
1814 年 12 月 12 日	フランクフルト・アム・マイン	カール・ヨーゼフ・シュミット
1815 年 4 月 12 日	ドレスデン	
1815 年 10 月 11 日	ベルリン	
1816 年 2 月 5 日	グラーツ	フランツ・クサヴァー・ハイゼル
1817 年 7 月 20 日	シュトゥットガルト	ヨハン・ネポムク・フンメル

第Ⅱ部　歴史的考察

　一方、ベートーヴェンは、おそらく7月1日に書かれたと思われるトライチュケ宛書簡［BGA 724］で次のように語っている。

> あなたがオペラによる収益の4分の1について提案されていることは［原注：トライチュケはおそらく《フィデリオ》スコア譜販売からの利益に4分の1の取り分とするという話だと思われる］、もちろん了解です。そしてこの瞬間としては私はあなたに対して債務者［引用者注：売れた場合、トライチュケに支払わなければならないという意味と解される］であるに違いなく、私がそうであることを忘れないようにしましょう。──私のための自主公演に関してですが、きのうから数えて8日［引用者注：1週間後ということ］、すなわち来週の木曜日に催されることをお願いします［原注：この書簡の日付が正しいとすると7月7日ということになるが、ベートーヴェンに報酬の代わりとして認められた公演は7月18日に行なわれた］。
> 私はきょうパルフィ氏［宮廷劇場支配人］のところに居ましたが、彼は不在でした。それはそうとオペラはあまり長く休演しないでください［原注：1814年5月23日の初演後、《フィデリオ》は5月26日、6月2日、6月4日、6月7日、6月21日に上演された（引用者注：劇場の変更については触れられていない）。次の上演はようやく1814年7月18日のベートーヴェンの自主公演であった］。

　まず最初に、すでに述べた、各地のオペラ劇場に売り込む話とそれに関するトライチュケの取り分4分の1を了承するという件があるが、それについてはさらに、1週間ほど寝込んでいたとして、7月10日に「オペラの送付の件ですが、…私は商売には疎いのですが、スコアを当地で出版社に売り込んで彫版した方が私たちには有利ではないでしょうか」［BGA 725］と彼なりの反応をしている。その後、「気を悪くされましたか、私はあなたを侮辱しましたか。それは無知で起こったことにほかなりませんから、無知無学の音楽家をご容赦下さい」と何度も丁寧に謝っている。限られた相手に筆写譜を販売するのか、スコア譜を出版した方が有利なのか、ベートーヴェンには、3大作品の際に固執したように、スコア譜出版という視野しかないことがわかる。それに比べてトライチュケは劇場運営者としての経験から、というより、オペラ・スコアの出版は採算が取れないこの世界では劇場間で筆写譜を取引する慣習があり、いつものやり方を提案したに過ぎない。しかしここでベートーヴェンは学ぶことになる。すでに詳しく第Ⅰ部第7章12で考察した《ミサ・ソレムニス》Op.123の筆写譜予約特別販売はまさにこの体験に根ざすものであろう。こうした見解を採るベートーヴェン研究者にこれまで遭遇したことはないが。

872

第 29 章　1814 年春〜 15 年秋　《フィデリオ》改訂・相次ぐ上演

　上記引用書簡はそれに続いて、6 月 21 日の初演興行終了後から 7 月 18 日に公演が再開される間の事情がベートーヴェンの口から説明されている。すなわち、6 回でいったん休止となって、この先の続演が見通されず、「あまり長く休まないように」と注文を付ける一方、作品は一応、成功したので、自主公演の機会提供によって印税の支払いをするという話があり、それならばと 7 月 7 日を希望したが、劇場の都合で 7 月 18 日となった、と読める。

　追加公演の客足を促進させることも考えたか、ベートーヴェンは 7 月 1 日にヴィーン新聞に以下の告示を出した。

> 署名者は、アルタリア社の要請に基づき、ここに宣言します、そのオペラ《フィデリオ》のスコアを、全曲のピアノ・スコアで、四重奏または吹奏楽に編曲して、自己の監督下に出版するために、同出版社に提供したことを。現下の音楽改訂作業は以前のものと区別されます、ほとんどの曲が同じではなく、オペラの半分以上がまったく新たに作曲されていますので。…
>
> ベートーヴェン　1814 年 6 月 28 日

　すでに見たように、《フィデリオ》のピアノ編曲版は第 2 稿の形で 1810 年 8 月にブライトコップ＆ヘルテル社から出版されていたので「以前のものと区別される」という念押しが必要であった。新しいピアノ編曲は当時 20 歳のイグナーツ・モシェレス（1794-1870）が担当した。多くの取り巻きのなかでも自己の作風が確立した作曲家が編曲に当たるとその個性が出てしまうので、未経験な青年の方が適しているし、出来上がってきたものに遠慮なく手を入れることができる、というベートーヴェンの判断であったろう。8 月 20 日の同紙上にその出版公告が掲載され（出版は 7 月または 8 月）、さらに 12 月 8 日に同じくモシェレスの編曲によりピアノ編曲版（歌唱声部なし）の刊行が予告され、それらの校閲と校正は作品が大部であるだけに時間を取られるものであったに違いない。このほか、ヴェンツェル・セドラクが担当した 9 吹奏楽器用（クラリネット、オーボエ、ファゴット、ホルン各 2 本とコントラファゴット）編曲も同じ 12 月 8 日に出版公告されたが、これについてはベートーヴェンの関与が確認できないためか、これのみ、新カタログで原版に認定されていない。

　そして《フィデリオ》はさしあたって 7 月 18 日に、ベートーヴェンの収益のための特別上演が追加された。すでにヴァカンス・シーズンに入りかけていることも危惧されたし、すでに 6 回もの上演があると一般的には、ひ

第Ⅱ部　歴史的考察

とつの都市での大公演は来場見込客の絶対数の関係で次第に満席とはならなくなっていくので、上演公告には、リピーターを期待してか、「2つの新曲を加えた」と書かれている。この2曲は元々、第1稿にあったが、新改訂初演興行の6公演では、よりスリムにするよう、また劇の進行を疎外しないためなどの理由で、削除されていた。しかし公演の反響が良かったことから、ロッコとレオノーレのアリア（第1幕第4曲および第9曲）をひとつずつ増やして、それぞれの歌手の魅力を引き出そうとしたのである。したがって新改訂稿（最終稿）はこの時点でその決定稿が完成したと言える。初演の後にさらに手を加えて、後日に決定稿に至るという図式はベートーヴェンの大作品によく見られるパターンであると言える。これまでに、シンフォニー第2番、ピアノ・コンチェルト第3番、《オリーブ山のキリスト》、トリプル・コンチェルト、《合唱幻想曲》、《エグモントへの音楽》で確認した。

　決定稿初演の第7夜から、病気のフォーゲルに代わってフォルティ［《第9》創唱の候補者にも挙がる（後述）］がピッツァロ役を演じた。当日は超満員となり、大盛況で、この追加公演の成功はさらに続演を呼んだ。7月22日と27日、そして夏の休演期間を挟んで、ブルク劇場では8月24日から9月20日までの間、4公演、さらに9月26日から10月9日までの間、3公演は、他の演目を挟まず、《フィデリオ》だけの連続公演であった。そして10月18日以降、1815年5月12日まで、ほぼ約10日から3週間くらいの間をおいて13公演が続き、半年後、12月の3公演（11日、14日、31日）で1815年が締めくくられた［上記、表参照］。

　アルタリア社はその人気にあやかって直後にベートーヴェンの新しいブロマイドを発売した。これは、ヴィーンに逗留中のフランスの画家レトロンヌが描いたクレヨン画に基づき、以前からの知己であるブラジウス・ヘッフェルが版刻したもので、最もできのよい肖像画とされる［TDR Ⅲ, 437ページ］。

　事態がこのように展開した背後には、作者たちの懸命な改訂努力があったのはもちろんだが、ヴィーン会議前後からさらに飛躍的に高まっていく、国際的なベートーヴェン崇拝の気運を見逃すことができない。そして『総合音楽新聞』は1815年5月24日付から「新しい音楽芸術、そしてヴァン・ベートーヴェンの音楽、とくにそのフィデリオについての諸説」と題して、6月28日まで6回にわたり、毎回8ページに及ぶ巻頭記事での連載という異例の形で、ベートーヴェンを音楽のシェークスピアと讃える特集を組むこととなる。

874

第29章　1814年春〜15年秋　《フィデリオ》改訂・相次ぐ上演

4 ｜ ヴィーン会議関連コンサート

　7月18日の自主興行を無事に乗り切った後、ブルク劇場が夏休みに入ると、ベートーヴェンは月末からバーデンで保養の時を過ごした。8月22日にはヴィーンからプラハの弁護士カンカ宛書簡［BGA 732］を書いている［後述］ので、滞在は3週間ほどであったと思われるが、カンカに宛てた9月14日付［BGA 737］は再びバーデン発信、翌15日付トムソン宛［BGA 739］はヴィーン発信なので、9月前半はバーデンに戻っていたのだろう。その間にピアノ・ソナタ第27番［Op.90］が完成された。自筆譜に8月16日の日付がある。

　さらに、ヴィーン会議関連で予定されるさまざまな企画のための作曲が進行した。その第1弾、オーケストラ伴奏合唱作品《汝ら、幸せな国々の賢き建国者たちよ（連合君主に寄せる合唱）》［WoO 95］が9月3日に完成する。9月中旬に入ると外国諸侯たちが続々とヴィーン入りし、ヴィーン駐在ロシア大使兼ヴィーン会議ロシア代表のラズモフスキー伯爵邸は華やかな外交舞台となって、またルドルフ大公にあっては宮殿内の居室で賓客の謁見が続いた。そういう機会にベートーヴェンは地元の著名人を代表して参列し、ことに大公の謁見はベートーヴェンを従えたもので、大公は自分の偉大な師の勝利が称揚されることに満足の風であったと伝えられる。この出典はシンドラー［第1巻233〜234ページ］であるが、セイヤーも引用し［TDR III, 465ページ］、それを否定する説は唱えられていない。ベートーヴェンは外国要人たちから挨拶を受け、接待コンサートが続き、貴人たちとの交流に努めた。ロシア皇妃にポロネーズ["Op.89"]を献呈し、褒賞が過去に3つのヴァイオリン・ソナタOp.30をロシア皇帝に献呈したときの件にまで及んだことはすでに言及した［第I部第7章8］。9月26日に行なわれた《フィデリオ》の14回目の再演はヴィーン会議参加の各国諸侯に披露するものとなり、ベートーヴェンの名声は国際会議に華を添える形となった。

　11月29日のベートーヴェンの主催コンサートについて、セイヤーは「11月20日とベートーヴェンは大舞踏会場でのコンサートを公告していた。これはヴィーン新聞での11月18日の公告によって11月22日にずらされ、しかしその後11月27日に、そして最終的にはヴィーン新聞での11月27日の次の公告によって11月29日にずらされた」として、その記事「本日、日曜

875

第II部　歴史的考察

日にと告知されていたルートヴィヒ・ヴァン・ベートーヴェン氏のコンサートはよんどころなく11月29日火曜日にずらされた」を提示している［TDR III, 460ページ］。しかしクレービールはこの記事をカットし、フォーブズはそれを継承したので、日本語訳では何回もの延期がベートーヴェンの都合のように読めてしまっていた。しかしこの日程調整に当たったヴィーン会議の祭典行事担当者である宮廷儀典長トラットマンスドルフ侯が宮廷劇場支配人パルフィ伯に宛てた11月27日付書簡［BGA 756］を読むと、最後の延期はザクセン＝ヴァイマール大公妃（ロシア大公女）の願いによってであったことが判る。そのことから発生する損害賠償の議論が続くが、同書簡原注2に11月30日のオーストリア枢密警察の報告書が紹介されている。それによると、元々の20日開催は、信心深いイギリス人たちが日曜日であることに反対して流れたということである。ベートーヴェンの方が翻弄され続けたのであり、その結果、大収入になるところ、かえって経費がかさんだ［後述］。

　ヴィーン会議関連企画第2弾がその日のための大カンタータ《栄光の時》［"Op.136"］で、夏以降の激務をぬって作曲と演奏準備が進行したと思われる。ザルツブルクで開業していた外科医で詩も書くアロイス・ヴァイセンバッハ（1766-1821）が9月に旅行でヴィーンを訪れ、そのとき《フィデリオ》の上演を体験してベートーヴェンに近づいたとされる。ヴィーン会議の最中のことで、ヨーロッパの君主たちに彩られたヴィーンを称える詩が同人によって起草され、ベートーヴェンがそれに付曲してこの日に備えたのである。事後すぐにシュタイナー社からの出版を契約したが、それは生前、不履行となり、代替わりしたトビアス・ハスリンガーによってようやく1835年秋に、ヴィーン会議20周年を記念してか、まず豪華製本でスコア譜が出版され、1837年8月以前に普及版スコア譜が刊行された。しかしそのとき彼は同時に時宜性を薄めるいっそうの普及版を用意し、ロホリッツに依頼して別の歌詞に改めて、タイトルも《芸術の賛美》と変えたスコア譜とパート譜も出した。

　こうした経過が作曲者自身から継子扱いされたような印象を与えたことも手伝ったか、《栄光の時》は後世において典型的な機会作品と見なされ、黙殺に近い扱いを受けてきた。祝典に相応しく華やかな輝かしい作品で、確かに詩自体は素人臭い時事性の強いものであるとしても、音楽は《フィデリオ》終幕の後日談のような、大団円を称える音調を持っているばかりか、作風としても円熟した境地を示している。全体は6曲から成り、最初と最後に合唱曲、間に挟まる4曲はいずれもレチタティーヴォと合唱、ないし合唱付

876

第 29 章　1814 年春〜15 年秋　《フィデリオ》改訂・相次ぐ上演

きのアリアまたは重唱、という形を採っている。

　演奏時間は 40 分近いもので、当日のプログラムはこの作品を真ん中に据え、最初にシンフォニー第 7 番、最後が《ウェリントンの勝利》であった。指揮はベートーヴェンで、ヴィーン会議参加の各国諸侯も来臨したが、フランツ皇帝とルドルフ大公の臨席はなかった。セイヤーは同時代の証言から「大ホールは完全に一杯となった」[TDR III, 463 ページ] としており、また「シュッパンツィクによって共演するよう召集を受け」[Schindler/Beethoven1860, I, 230 ページ]、「第 2 ヴァイオリンで共演者たちのなかにいた」[同 198 ページ] シンドラーはその数を「ほとんど 6000 人」[同 198 ページ] としている。"完全に一杯"が"ほとんど 6000 人"ということであれば、それが大舞踏会場^{レドゥーテンザール}の収容限界であったと考えてよいのであろうか。もっとも、シンドラーの言説を大言壮語とは見ないという条件付きだが。またシンドラーによれば、「ベートーヴェン自身が個人的にすべての君主たちを招待し、その全員がこの祝典に姿を現わした」[同 198 ページ] とのことだが、セイヤーはこの説を無視している。超満員であったことから、さっそく 12 月 2 日に再演という運びとなった。

　この 2 回のコンサートをまとめて報道した 1814 年 12 月 21 日付『総合音楽新聞』[AmZ XVI (1814), 867 〜 868 ページ] は第 1 回を「超満員」とし、12 月 2 日の再演時には座席が半分も埋まらなかった、と伝えている。自主公演を 2 度行なうと帳尻が均されてしまう危険性がつねにあって、このたびはその典型であった。しかし 2 度目の再演が 12 月 25 日に、毎年恒例の聖マルコ病院の基金募集のために行なわれたとき、こうした慈善行事には改めて観客は詰めかけた。そしてその成功により、また長年の慈善コンサートへの協力に対して、翌年 11 月 16 日に、ヴィーン市長および市参事会の連名により、ベートーヴェンに名誉市民賞が授与されることになる。

　ところで、《栄光の時》が上演された 3 連続コンサートはベートーヴェンにも確かな収益をもたらした。その最初、11 月 29 日についてはポスターが遺っており [BGA III, 78 ページに写真]、平土間席 3 グルデン、上階席 5 グルデンとなっている。もし有料入場者が 6000 人も入れば売上げはたいへんな額となるが、順延が 3 度も繰り返されたことにより、会場予約や楽員のスタンバイ等の賠償のために経費が嵩んだ。1814 年 12 月 30 日に、ピアノ伴奏二重唱曲《メルケンシュタイン》[Op.100] の作詞者であり、文書検閲官 [おそらく《栄光の時》の検閲に携わったと思われる] のヨハン・バプティスト・ルプレヒト（1776-1846）に宛てて書いた書簡 [BGA 762] に「ヴァイセンバッハ博士への

877

第II部　歴史的考察

報酬 300 グルデン」、また「費用は 5108 グルデンに達した」［原注：おそらく
《栄光の時》が上演された 3 回のコンサート分］との記述がある。第 2 回の入りは極端
に悪く、第 3 回は慈善コンサートであったので、この 2 回分は純益をほとん
ど生まなかったとしても、この「費用」のなかに宮廷劇場の取り分が含まれ
ているかは判断できないが、少なくとも 1 万グルデンを超える収益をベート
ーヴェンにもたらしたであろう。

5 ｜ ラズモフスキー伯邸炎上

　ヴィーン会議においてロシア帝国の全権大使を務めるラズモフスキー伯爵
は、ヴィーン駐在も長く、「ほとんど 20 年の長きにわたり彼の全財産を傾け
た」宮殿を構えていることもあって、会議そのものの主催者であるオースト
リアの宰相メッテルニヒ侯爵と並んで、ヨーロッパ各地から参集した王侯貴
族たちとその随員をもてなす役割を自然と果たすようになっていた。伯爵邸
では、［ロシア］皇帝主催の晩餐会を催すために庭園の背後に大きな木造建物
が増築され、そこで 12 月 30 日に客人 700 人の大宴会が開催された。祭典の
翌朝（12 月 31 日の早朝）、5 〜 6 時の間にそこから出火しているのが発見さ
れた。火はおそらく暖炉の煙突の不具合によるとされ、本棟に延焼して、ほ
とんど正午まで燃え続けた［TDR III, 465 〜 466 ページ］。セイヤーは、以下、ラ
ウマー編『歴史便覧』（1863）に所収されているシュニッツラーの論考から
引用している。「短時間のうちに多くの部屋と、持ち主が 20 年来、豪奢好み、
芸術愛好心、惜しみなさ、すべてを傾けてきたその調度品が、燃えさかる炎
の餌食となった。そのなかには貴重な文庫やたいへん素晴らしいカノヴァ・
ホールもあり、後者はこの巨匠［引用者注：イタリア新古典主義彫刻家アントーニオ・カ
ノヴァ（1757-1822）］の彫像で埋め尽くされていたが、部屋の天井が落下して破
壊された」［同］。
　さらに続けて、「損害は算定不能であった。自身の財力で宮殿を再建する
ことはほとんど考えられなかった。しかしアレクサンドル［引用者注：ロシア皇
帝］は援助の手を差し延べるのをためらわず、ヴォルコンスキー侯爵を彼の
ところに差し向け、主要経費を支弁するためにさしあたって必要な金額の算
出に当たらせた。伯爵はそれを 40 万ルーブル銀貨と見積もり、彼はそれを
借り入れとして願い出て、1815 年 1 月 24 日に勅許された。しかしこの金額

878

でははるかに及ばず、さらなる貸付金を得るために最後は豪壮な邸宅の所有権を放棄しなければならなかった」[同]。

ラズモフスキー伯爵はヴィーン会議での活躍が認められて、1815年6月3日に侯爵に昇格した。その2日後、1815年6月5日付でベートーヴェンはフランス語で新侯爵に書簡 [BGA 810] をしたためている。それは《ウェリントンの勝利》をイギリス摂政皇太子ジョージに献呈するために外交官たるラズモフスキーに仲立ちに入って欲しいとの内容で、後述する [第32章1]。しかし侯はその後、1816年に隠遁生活に入ったとされ、またヴィーンを去ったとも言われている。ここで挙げられている邸宅の所有権放棄は、会話帖第8巻の注768にある、「1821年6月1日に楽譜出版者のマティアス・アルタリア [後述] がラズモフスキー侯からアン・デア・ドナウ398番地のハウス・エルトベルクを買い取った」ことであろうか。また同第10巻の注139によると、侯は1822年以来、しばらくイタリア、フランス、イギリスに滞在し、1826年7月27日付『ヴィーン新聞』に「本日、パリからヴィーンに到着した」とある。会話帖に、かつての被雇用者シュッパンツィクがその情報を記入している。

6 │ 1815年の作曲およびコンサート

1814年は年頭から年末までベートーヴェンはコンサートとオペラの公演で明け暮れたとも言え、またその身辺は常に慌ただしかった。1815年に入っても彼の創作活動にはヴィーン会議が開催されていることと関連した動きが目立つ。

1815年の最初の何ヵ月かに取り組んだ大作品として、ピアノ・コンチェルト第6番ニ長調 Unv 6 が挙げられる。これは、「メンデルスゾーン6」スケッチ帖（1814年9月頃～1815年2月頃使用）の終り部分に20ページ、および「シャイデ」スケッチ帖（1815年3月頃～1815年5月頃使用）の最初32ページにおいて、第1楽章のスコアが第256小節まで遺されており、その補筆試演を1987年にニコラス・クックが試みることが可能であったほどのところまで、作曲作業は進んだ。前年の一連のコンサート大成功を受けて、新たに主催コンサートを企画しようとした可能性は大いにある。4月には序曲《聖名祝日》[Op.115] を遂に完成させたのもその一環であるかもし

879

第II部　歴史的考察

れない。しかし一方で、1月25日にロシア皇妃誕生日の夜会でフランツ・ヴィルトが歌う《アデライーデ》のピアノ伴奏をしたが、これは結果的に最後の非公開ピアノ演奏となってしまったように、耳疾の進行がコンサートの開催の大きな障害になっていた。結果から判断してのことであるが。

　春に、ヴィーン会議の列席者のひとり、プロイセンのフリードリヒ・ヴィルヘルム3世の随行員としてヴィーンに滞在していた劇作家でもある官房書記官ドゥンカーに依頼されて、その劇『エレオノーレ・プロハスカ』への音楽 WoO 96 を作曲した。これは4曲から成っていて、その最大の〈葬送行進曲〉はピアノ・ソナタ第12番 Op.26 第3楽章を編曲したものであり、頼まれ仕事に急いで対処した感がある。しかしその劇の公演は成就しなかったと思われる。台本も失われ、ベートーヴェンが付曲した部分にある台詞しかわからない。

　実際に上演されたものとしては、6月中旬から7月中旬にかけて、ヴィーン会議関連企画第3弾、トライチュケ台本のジングシュピール《凱旋門》に付す、その終曲〈すべてが終わった〉WoO 97 が取り組まれた。これはオーケストラ、合唱とバス独唱のための165小節の楽曲であるが、このジングシュピール全体は、ヴィーンで活躍する6人の作曲家たちが寄稿し、さらにヘンデルの《ユダス・マカベウス》からも加えられて成立したパスティッチョで、1815年7月15日にケルンテン門劇場で初演された。その日は、ヴィーン会議の最中に起こった"ナポレオンの百日天下"が6月18日に終焉し、7月7日に連合軍が改めてパリ入城を果たしたことを祝う行事ともなった。翌16日と23日に再演されたほか、10月3日と4日のオーストリア皇帝フランツ1世の聖名祝日の祝典時と併せて、計5回の上演が行なわれた。ただし最後の2回には行事の性格から終曲が〈すべてが終わった〉から〈ゲルマーニア〉WoO 94 に変更された。また4日には序曲(《聖名祝日》)[Op.115]の初演も行なわれたことが1年後のニート宛書簡 [BGA 983] から判るが、その演奏場所は特定できていない。

　12月25日に宮廷内大舞踏会場^{レドゥーテンザール}で聖マルクス市民病院基金のための慈善コンサートが開催され、ゲーテの詩によるオーケストラ伴奏付き合唱曲《海の凪と成功した航海》[Op.112]が初演され、新作の序曲 [Op.115] が2度目の上演(従来はこのときが初演とされていた)で、そして「ヴィーン市民で12歳になる男の子」フランツ・シュタウファーがフンメルの《ロンド・ブリランテ》をピアノ独奏した後、多くのファンをすでに獲得している《オリ

880

ーブ山のキリスト》Op.85 が再演された。指揮はベートーヴェンで、これほど大規模なコンサートでの登壇はこれが最後となった。その後に、彼が自分の主催ではない慈善コンサートに出演を乞われて自作品だけを指揮するために壇上に登場することはあっても、企画と上演全体を自身で取り仕切るコンサートは 1824 年 5 月のシンフォニー第 9 番初演のときを除いてなく、その際には実際の指揮を代理者に頼ったことはよく知られている。

《海の凪と成功した航海》は 7 分足らずのコンサート用オーケストラ合唱曲で、ゲーテが 1795 年に書いた連詩『海の凪』と『成功した航海』に付曲したものである。これらの詩はただちに 1796 年に出版されたが、ゲーテはのちに改訂を施し、1815 年に出版された"コッタ版"ゲーテ全集の第 1 巻に掲載された。新カタログは、ベートーヴェンが詩を採ったのはおそらくこの改訂稿から、としているが、スケッチが「海の凪」スケッチ帖（1814 年 12 月頃〜 1815 年 2 月頃使用）に見られるのをはじめとして、作曲の構想は 1814 年中に進行していた可能性がある。小品ながら、時期的に《合唱幻想曲》と第 9 シンフォニーとの中間に位置するだけではなく、音調においてもそれらと共通した活気を有している。

7 | 年金裁判決着

ベートーヴェンは、前述したように、キンスキー侯遺族に対してプラハのボヘミア貴族裁判所に提訴しようとして 1813 年 7 月 24 日頃にプラハ在住の弁護士アントン・ヴィルヘルム・ヴォルフに託す準備書面 [Species Facti] を用意した [BGA 664]。この後見人相手の提訴が実際に為されたのは 1814 年になってからであると思われるが、その詳細は知られていない [BGA 747 注 4]。

1814 年夏に、キンスキー侯の遺児で相続人ヨーゼフ伯の後見人を務める弁護士ヨハン・ネポムク・カンカ（1772-1865）が、この一件を何とか和解に導きたいと、ヴィーンにやってきて彼と面会した。そのあと 8 月 22 日に、ベートーヴェンは彼に宛てて最初の書簡 [BGA 732] を書いている。そこから、キンスキーの遺族との交渉が新たな段階に入ったことがわかる。カンカはまた、才能あるピアニストであり、作曲も能くし、そういう点からベートーヴェンを尊敬しており、2 人はある程度、理解し合えたように思われる。その後はベートーヴェンと書簡を通してのやり取りとなった。例によってカンカ

第Ⅱ部　歴史的考察

から来たはずの書簡は残存していないため、交渉の具体的進行はぼやけるが、セイヤーが直接、カンカから提供を受けた 6 通が第 3 巻の巻末付録に所収されている［TDR III, 613 ～ 618 ページ］。ベートーヴェンは 1814 年秋までの初期の段階で 3 通［BGA 732, 737, 747］、和解案をめぐって 1815 年 1 月から 4 月までに計 5 通［BGA 776, 777, 778, 782, 802］を書いた。彼は最初の書簡で、出版されたばかりの《フィデリオ》のピアノ編曲を予めの御礼として贈るとしている。キンスキー侯遺族との和解にはこうした音楽を通した人間関係の構築が少なからず寄与したと思われる。解決後も、1816 年から 17 年 3 月にかけてその後の支給状況の報告など、さらに 5 通を書いている［BGA 929, 930, 971, 1019, 1099］。

　ベートーヴェンは改めて自身の要求を繰り返し、この件がキンスキー一族の振る舞いによって悪い方向へ行くなら、新聞に公表するのも辞さない、そうなると一族の不名誉となると書き、年金支給が生前の約束であるということを文書で証明しようとする。しかし和解のためには、1800 グルデン・ヴィーン価を等価格の補償紙幣で、という要求額を下げること、それをどこで折り合うかが焦点となった。1815 年 1 月初めにベートーヴェンはプラハのボヘミア貴族裁判所に請願書［BGA 772］を提出する。そこで最初に「私のプラハ在住弁護士［ヴォルフ］が…成果を挙げていない」と言及し、文末では 1500 グルデン・ヴィーン価という調停を受け入れる用意があることを表明している。それと並行してベートーヴェンは、家主であるヨハン・バプティスト・パスクァラーティの、プラハに住む弟ヨーゼフ・パスクァラーティ男爵にも請願書本文を送り、カンカとの交渉に助力を頼むと同時に、プラハでのやりとりやその後の未払金受領等について同人に委任した。こうしてカンカとの直接のやり取りが再開され、実質的には、裁判所外の交渉で問題は一気に解決に向かっていく。

　キンスキー侯側では後見人が 1 月 6 日にボヘミア貴族裁判所に 1200 グルデン・ヴィーン価を 1812 年 11 月 3 日に遡って支払うという和解案［この文書は現存せず］を提出する［BGA 775］。それをベートーヴェンはおそらくカンカから打診されて了解したと思われ、同裁判所は 1815 年 1 月 18 日付で「年金を 1200 グルデン・ヴィーン価とし、1812 年 11 月 3 日から 1815 年 3 月末まで、2 年 4 ヵ月 27 日分として 2890 グルデン・ヴィーン価、そこから侯が生前に支払った内金 60 ドゥカーテンを、1812 年 10 月［引用者注：侯が死去する前月］の相場 1 ドゥカーテン 対 6 グルデン 51 クロイツァー・ヴィーン価により、411 グルデン・ヴィーン価として差し引いて、計 2479 グルデン・ヴィーン

882

第29章　1814年春〜15年秋　《フィデリオ》改訂・相次ぐ上演

価を支払う」という裁定を交付した［TDR III, 490 ページ］。引き続き支払い方法についても、1815 年 4 月以後は毎年 4 月と 10 月の月初めに半年分 600 グルデン・ヴィーン価をベートーヴェンがプラハのキンスキー侯会計局から引き出す、引き出す前に署名入り領収書を交付しなければならない、ということとで合意に達した［BGA 859 注 1］。

　ロプコヴィッツ侯の不払いについては、ベートーヴェンは 1813 年 6 月 13 日にアドラースブルク弁護士を代理人として、ヴィーンのニーダーエスターライヒ貴族裁判所に提訴した（告示は 6 月 19 日）［BGA 663 注 11］。10 月 22 日に出た一審の判決は、ロプコヴィッツ侯に 1811 年 9 月 1 日以来の未払い分を 4 ％の延滞利息付きで支払うよう、併せて年給 700 グルデンを額面価格でヴィーン価払いするよう、すなわち補償紙幣で支払うよう、命じた。これに対して被告はニーダーエスターライヒ控 訴 裁 判 所に控訴したが、1814 年 3 月 22 日の判決で一審判決が基本的に維持された。ロプコヴィッツ侯側は皇帝嘆願という最後の手段に訴えたが、9 月 30 日に出されたのは控訴裁判所の判断を尊重するというものであった。その後も延々と交渉が続き、最終的には 1815 年 4 月の面会で被告側がそれを受け入れる方向となって、4 月 19 日に一審判決に従うという和解が成立した［以上、BGA 774 注 4 による］。セイヤーは、公文書を閲覧したルートヴィヒ・ケッヒェル［モーツァルト作品目録作成者］が書簡［彼への私信と思われる］でまとめてくれたこれらの訴訟の結果として、以上に記した詳細な経過には触れずに、次のように記している［TDR III, 491 ページ］。これが年金訴訟問題の結論として後世に伝えられてきた。

　700 グルデンのロプコヴィッツ侯の分担金は 1811 年 9 月 1 日に停止され、長い年月の訴訟審理の後に 1815 年 4 月 19 日の法的和解によって次のように決着した。すなわち、ベートーヴェンの年金は将来にわたって全額 700 グルデンの補償紙幣（280 約定銀貨）で、また未払いの 2508 グルデン補償紙幣は 2 ヵ月以内に、支払われる。この決定は完全な一致を見た。これによりベートーヴェンは 1811 年以後、彼の死まで毎年、次のように受け取る。

　　ルドルフ大公から　　　1500 グルデン
　　キンスキー侯から　　　1200 グルデン
　　ロプコヴィッツ侯から　 700 グルデン
　　　　　　　　　計 3400 グルデン補償紙幣 = 1360 グルデン約定銀貨
　　　　　　　　　これは 952 プロイセン・ターラーと等価

　その後、実際の支払いはどうであったか。1988 年に出版された論文集

883

第II部　歴史的考察

『ベートーヴェンとボヘミア Beethoven und Böhmen』に所収されているマルテッラ・グティエレス＝デンホフの論文［Gutiérrez-Denhoff/Dekret］によると以下であるが、この論文のタイトルは"o Unseeliges Dekret"（なんと不運な布告）と題されており、それは年金契約書のことで、裁判を始めた 1813 年 8 月末〜9 月初め頃のフランツ・ブルンスヴィク伯宛書簡のなかでベートーヴェンがそう形容しているところから採られたものである。

　ロプコヴィッツ侯からは 3 年 7 ヵ月の未払金（700 グルデン 3 年分で 2100 グルデン、プラス 7 ヵ月分 408 グルデン 20 クロイツァー）計 2058 グルデン 20 クロイツァーが、5 月 1 日に 508 グルデン、7 月 1 日に 1000 グルデン、8 月 30 日に残りの 1000 グルデン 20 クロイツァー、と 3 回に分けて支払われた。これは 1815 年 3 月末までの分であり、1815 年度分は 9 月 1 日に 5 ヵ月分として 291 グルデン 40 クロイツァー、12 月 31 日に 4 ヵ月分として 233 グルデン 20 クロイツァーが支払われた。1816 年からは年 4 回に分けて 175 グルデン（いずれもヴィーン価）が規則的に支払われていく。一方、1 月に決着したキンスキー侯分は、そのとき裁判所が 2479 グルデン・ヴィーン価を 3 月末までの未払い分として計算したように、支払期限をその時点としたと思われ、1815 年 3 月 26 日に同額が支払われた。4 月以降の定期的支払い（1815 年 4 月〜9 月分）の最初の期限が 1815 年 10 月 1 日に来たが、ベートーヴェンは 10 月 31 日付で領収書を発行している。以降、領収書がすべて残存するわけではないが、支払い側の記録は、それぞれプラハ近郊のリトメジチェ（ロプコヴィッツ）、およびジェチーン（キンスキー）にある文書館に遺されており、半年ごとにきちんと支払われていったことがほぼ確認できる。

　1816 年 4 月出版のピアノ伴奏歌曲《希望に寄せて》Op.94 がキンスキー侯夫人マリア・シャルロッテに、7 月出版のヴァイオリン・ソナタ Op.96 と 9 月出版のピアノ・トリオ Op.97 がルドルフ大公に、10 月出版のピアノ伴奏歌曲集《遙かなる恋人に》Op.98 がロプコヴィッツ侯に献げられたのは、前述したそれぞれ別の固有の事情が重なっているとしても、いわば年金支給の完全実施を記念した献呈のようにも映る。

8 ┃ シュタイナー社との関係の始まり　裁判決着との関係

　年金訴訟の経過と、和解に基づく支払いの実態を、書簡交換全集の各処に

第29章　1814年春〜15年秋　《フィデリオ》改訂・相次ぐ上演

原注として散りばめられている現在の知見をすべて拾い集め、また専門論文を参照して詳細に記述したのは、単に年代記として事実関係を確認しようとしたからではない。ベートーヴェンの経済生活を追うにあたっては、そのときどきの状況が全体の推移に大きく関連しているからである。

　シュタイナー社との関係は1813年に始まるが［BGA 780 注2］、初めは口頭で為されたため、その経過はよく跡づけられない。ベートーヴェンがジークムント・アントン・シュタイナーに現存する最初の書簡［BGA 780］を書いたのは1815年2月1日のことである。以後はベートーヴェンからの発信だけがきわめて頻繁となるが、これもまた口頭でのやり取りが難しくなった分岐点を示しているように思われる。例によって相手からの返信はほとんど現存しない。

　ベートーヴェンが知らないうちに義妹の借金の保証人にさせられていたところ、裁判の結果、それを受け入れざるを得ず、シュタイナーからの借金に付け替えたことについては前述した［第27章 12］。この借金の満期が来たことと、年金裁判の和解が突然、進展したことは関係があるのではないか。すなわち、ベートーヴェンが義妹の借金をシュタイナーに付け替えて自らがその保証人となったのは1813年12月25日であるが、カールとヨハンナの夫妻は定められた9ヵ月以内の返済ができず、彼らの借金は1814年9月14日に保証人のベートーヴェンに引き継がれ、そのときシュタイナーから改めて3ヵ月猶予が提示されたが、その期限が1814年末に来てしまい、延滞金が発生する事態となった。一方ベートーヴェンは、キンスキー侯からの給付額を契約書における1800グルデンから1500グルデンへの減額までは容認していた［BGA 778］ところ、さらに1200グルデンまで減額という和解案［BGA 775］が裁判所から出されたのが明けて1815年1月6日で、それを突然、了承し、そして1月18日の裁判所裁定により、キンスキー裁判は急転直下、解決した。その背景には、借金返済に迫られていたという事情も左右したのではないだろうか。

　しかし、3月末にキンスキー侯後見人から実際に2479グルデンの入金があったとき、それをシュタイナーからの1500グルデンの借金の返済には充てなかったと思われる。またこの時期、1814年末から1815年初めにかけて1万グルデン以上のコンサート収益が見込めたはず（入金が実際いつかは不明）とすればなおさらであるが、借金返済をした形跡はない。ロプコヴィッツ裁判の行方はまだまったく分からない段階で、自分自身の生活費のことも

第II部　歴史的考察

あるだろう。さらに弟ヨハンは 1815 年 3 月 8 日に全国金融金庫管理部宛、重病事由による退職願［BGA 788］を提出するほどとなり、それ以前から欠勤が続いて収入も減っていたとすれば、ベートーヴェンが援助しなければならない状況は深刻になっていた。弟カールの死の 1 週間後、1815 年 11 月 22 日、ロンドンに居るリースに宛てて、「弟は数年間も肺病だったので⋯1 万グルデンに見積もれる金を私が与えた」［BGA 854］と書いている。この言説は過剰な表現と見なされがちだが、あながちそうとも言えないのではないか。

　その辺りの、借金返済に迫られていたことと、物入りの多い事情、そして突然にまとまった収入が次々入ってくることとの、出納の現実は追跡しがたいが、キンスキー裁判の和解は経済的苦境と、それが突然に好転していくことの狭間にあったことは確かである。

　前述した、シュタイナー社に 13 作品をまとめて譲渡するのは、出版契約書の下書きの日付によれば、こうした最中の 1815 年 4 月 29 日のことである［第 I 部第 5 章 10］。この文書もまた、他の契約書類と同様に、「書簡」ではないため、書簡交換全集の本巻には所収されていない。未刊の第 8 巻で刊行されるのだろうか。セイヤー伝記第 3 巻における転写［TDR III, 499 ページ］で参照可能である。これが借金 1500 グルデンの形であったのか、同文書には言及はいっさいなく、それだけでは何とも言えない。借金の全体像を含めて、終章で若干の考察を加える。

　この作品譲渡契約書案は、少なくともその時点では、"借金の形に取られた"というネガティヴな関係ではなく、ベートーヴェンには溜まりに溜まった作品の出版をこれで引き受けてもらえるとのポジティヴな期待もあったのではないだろうか。シュタイナーに宛てた最初の 2 月 1 日付書簡［BGA 780］は「陸軍中将殿」という呼掛けで始まる。その原注にあるように、ベートーヴェンはシュタイナー社との書簡においてふざけて軍隊の階級名で呼んでいた。同社従業員のトビアス・ハスリンガー（1826 年に同社の後継者となる）は「副官」、アントン・ディアベッリは「連隊将校」で、また Diabelli をもじって Diabolus（悪魔）とも呼び、そして自分は「総司令官」と称していた。実に気を許した仲間といった感じが文面に溢れ、後に関係がこじれて険悪になっていくとはとても思えない蜜月ぶりであった。もちろん、そういう昵懇の関係が知り合って 1 年ほどの間に形成されていったからこそ、弟夫妻の借金も気安く立て替えてもらうことにもなったのであろう。そういう文脈で読めば、ブライトコップ＆ヘルテル社との関係が 1812 年 9 月のミサ曲出

886

第29章　1814年春〜15年秋　《フィデリオ》改訂・相次ぐ上演

版以来、絶えたことによって、その後の創作活動は出版という最後の出口を
見出せていなかったところ、BAI社の版権の多くを引き継いだ新興出版社
の経営者と親密になって、書き溜めた作品を信頼して一気に託した、のでは
なかったろうか。逆に、そうでなければ、このような一括譲渡という行為自
体があり得ないのではないか。

　シュタイナー社からの最初の刊行物は同年6月に、契約締結以前に入稿し
ていたピアノ・ソナタ第27番Op.90であった。13作品のうち最初に出版さ
れたのは《ウェリントンの勝利》Op.91で、スコア譜、パート譜、27パー
トの大吹奏楽("フル・トルコ楽団")用［続くシンフォニー2曲Op.92とOp.93の場合は
9パート吹奏楽となる］、弦楽五重奏用、ピアノ・トリオ用、2台ピアノ用、ピア
ノ4手用、ピアノ独奏用、とさまざまな編曲譜の大々的な出版の準備が5月
以降に続き、それらは1816年2月にいっせいに店頭に出る。

　一方、《ウェリントンの勝利》は本来、イギリス向けの作品であり、この
作品をきっかけにして、クレメンティ社からの一連の出版が1811年2月に
終息して以来、途絶えていたイギリスでの出版の可能性を再び探ろう、との
動きがこの時期にある。1815年3月頃から、ベートーヴェンは、イギリス
の指揮者ジョージ・スマート、ロンドン在住の旧知のザロモン、ヴィーン訪
問中のイギリス人ピアノ奏者チャールズ・ニートと接触を試みる［詳しくは第
32章］。ニートの出版努力は何も成就せず、彼はむしろロンドン・フィルハ
ーモニック協会との仲介役を演じ、コンサート序曲委嘱の件、またベートー
ヴェンのオーケストラ作品のイギリスでの上演に尽力することになる。

　そうしたイギリスとの関係再構築の努力は1816年1月にバーチャル社か
ら《ウェリントンの勝利》のピアノ編曲版の刊行として実を結ぶ。結局イギ
リスではこの作品の出版はこれのみで終わったが、シュタイナー社からの出
版に1ヵ月、先駆けてであった。このときに付された"グランド・バトル・
シンフォニア"というタイトルが日本では"戦争交響曲"と訳されて、長いこ
と、この作品の通称となっていた。

9│契約13作品の行方

　シュタイナー社との関係はこうして順風満帆な船出であったが、それは1
年半ほどで怪しくなっていく。13作品の契約書下書きで最初に挙がってい

887

第II部 歴史的考察

た「《フィデリオ》スコア」[Op.72] と最後にある「12 のイギリス歌曲」はついぞ出版されなかった。前者については、繰り返し述べたように、オペラ・スコア譜の出版はどの社も二の足を踏むもので、ベートーヴェン自身、その実現性をどこまで確信していたか分からない。シュタイナー社の方も本気の検討の上で引き受けたとはとても思えず、契約書下書きは確かにそれ自体メモ書きに過ぎないが、正式に締結されたとしても、そもそも努力目標の確認、のようなものではなかったか。後者については、その中味について、新カタログは矛盾した 2 つの見解を示している。すなわち、この文書の初出「Op.91」の項では「Op.108（25 のスコットランド歌曲）」の一部とし、「Op.108」の項では「1815 年 5 月 20 日にシュタイナーに売った [引用者注：同日付書簡にはその言及はなく、4 月 29 日付契約書下書きの間違いではないか?/ あるいは同日付の正式契約書が存在?]〈12 のイギリス歌曲〉には Op.108 のものは 1 曲もなかったと思われる」とある。いずれにしてもタイトルだけでの同定は不可能であるが、ベートーヴェンはイギリス（30 曲から成る《スコットランド歌曲撰集第 5 巻》の一部として 1818 年 8 月に出版 [第 30 章 6]）、およびシュレジンガー社（Op.108 として 1822 年 7 月に出版）を絡めた、三元的な多発出版を考えていた可能性はあり、その一翼が欠けたということかもしれない [第 10 次時間差多発出版]。

　そのほかにも、作品番号だけは確保しながらなかなか出版されないものが 5 作品あり、うち 4 点（Op.113, Op.115, Op.116, Op.117）は 1822 年から 26 年にかけてついに日の目を見るものの、1 点（Op.136）は死後に後継のハスリンガー社からようやく刊行された [第 I 部第 5 章 10]。すなわち、13 作品のうち過半の計 7 作品が放置されることになる。それに代わって 4 作品（Op.98 〜 101）が契約外に追加された [同、表]。関係悪化の原因がシュタイナー社の契約不履行とベートーヴェンがさらに借金を重ねていくことにあることは間違いないが、それは当事者間の問題として冷静に見る必要がある [終章]。しかしこうした版権取得と実際の刊行（その有無を含めて）の時間的に大きなズレは、後世のベートーヴェン像を歪めさせるのに十分な一役を買ったと言わざるを得ない。

888

第30章

1803年7月～20年6月

トムソンからの接触とその行路
その破綻、その意味

経済的打開を求めて／
1810年7月に最初の送付／
蜜月は苦境の反転

1. トムソン往復書簡の現存と郵便事情
2. イギリス特有の問題
3. 交渉具体化と年金契約
4. イギリスの実情をめぐる葛藤
   1814年3月にようやく最初の果実
5. 《オリーブ山のキリスト》の反響と
   《ウェリントンの勝利》の出版計画
6. 蜜月から破局へ
7. 出版曲集　現存作品数
8. 送付曲数と報酬額の推量

第II部　歴史的考察

　ここで、スコットランド、エディンバラのトムソンとの、1803年7月から1820年6月までに及ぶ、長い関係について特化して考察し、ベートーヴェンの生涯におけるその意味について考えてみたい。「生涯と作品」という観点からはこの関係は、民謡編曲集 WoO 152〜158 に登録される計144曲の創作に関わる問題として扱われるだけである。しかしもっと広く、ベートーヴェンと国際社会の関わりとか、国際的なベートーヴェン受容の問題、さらにはベートーヴェンの経済生活といった観点からの考察も通して、ベートーヴェンの全体像に迫ろうとすると、ここからいくつもの重要な問題が提起される。

　イギリスでの音楽受容の凄まじさと歪さは、とくにベートーヴェン受容において顕著であり、その点は第32章でもより広い視野から再び取り上げる。イギリスは、連合国の一翼を担って対仏戦争に出兵はしても、スペイン戦線、大西洋艦隊などであり、国土が戦場になることはなかった。そしてナポレオンによる大陸封鎖はあったけれども、全体として経済的影響は比較的少なく、為替レートの急騰などもありはしたが、ヴィーンなど被占領地域の極限的状況に比べれば金融事情が受けた打撃は大きくはなかった。そのため、これまでもクレメンティ社との取引などで触れてきたように、イギリスはベートーヴェン作品の大きなマーケットであり、その意味でトムソンとの関係は彼の生涯に大きな意味を持っていた。民謡編曲集もまた"らしくない"、"番外作品"の扱いを受けているが、しかしそれらもまたベートーヴェンという存在を支え、したがってベートーヴェンの一部なのである。

　トムソンの要請を永らく放置していたベートーヴェンが積極姿勢を持ち始めたのには明らかにヴィーンの物価急騰と年金支給の先行き不透明が関係している。2人の間には大きな思惑のズレがあったが、ベートーヴェンはいわば成果物に滲む音楽の力でそれを乗り越えていったということができる。経済的にも相当に潤い、民謡編曲を超えた注文にも応えようとするところまで行くが、ズレはやがて破局を迎える。最盛期の1815年から18年の間に作品数が少ないのはこの仕事によってある程度の収入が確保されたからでもあるが、蜜月の最高潮時には精神的、肉体的苦境があった［第31章5］。

890

第30章　1803年7月〜20年6月　トムソンからの接触とその行路　その破綻、その意味

　1819年9月から22年7月にかけて、"ピアノ独奏曲、またはフルートまたはヴァイオリン伴奏付ピアノ曲"《民謡による6つの変奏曲》Op.105、"フルートまたはヴァイオリン伴奏付ピアノ曲"《民謡による10の変奏曲》Op.107、および"ピアノ・トリオ伴奏付英語・ドイツ語歌唱曲"《25のスコットランド歌曲》Op.108が大陸で出版されるのは、関係破綻を受けた結果でもあるが、形を変えた新しい時間差多発出版の追究である［第10次時間差多発出版］。

1 ｜ トムソン往復書簡の現存と郵便事情

　ジョージ・トムソン（1757-1851）が1803年7月にベートーヴェンに接触してきたことについては第I部第4章10ですでに触れた。このトムソンなる人物は1793年に初めて《スコットランド歌曲撰集》を出版し、1802年までに4つの巻が出たところであった。トムソンとの書簡交換に関しては、トムソン宛の原文は大英図書館にほぼ収蔵されており（Add. MSS 35263〜5）、またトムソン発信のものは、1803-51年分の写本（Add. MSS 35266〜9）のなかにある。書簡の残存はベートーヴェン側ではきわめて少なく、1812年以前については発信元でも写しの保存はわずかなので、ベートーヴェンの返信からトムソンの問い合わせ内容を類推するしかない。しかし少なくともそれ以後のトムソンとのやり取りはおおむね残存していると考えてよいのではないか。たとえば、1813年2月19日付書簡［BGA 253］のなかでベートーヴェンは3通（1812年8月5日付、10月30日付、12月21日付）の受け取りを確認しているが、それらはすべて写しが遺っている。トムソンは外国との時間差のある商交渉のため、1812年以降、自分のものは自ら転写し保存、相手のものも保存するようになった。これには当時のイギリス・大陸間の郵便事情が関係していると見られ、2週間程度で届く場合もあれば10ヵ月も要することが日常的に起こり、ことに1810〜14年あたりはひどかった。トムソンは出来上がった楽譜について「2〜3の写しを異なるルートで」送るよう求めた［BGA 401］ほどである。

　ベートーヴェンが成果物をトムソンに初めて送ったのは1810年7月17日［BGA 457］の53曲であるが、1年後の1811年7月20日［BGA 515］に「53曲の3見本が届いていないということで」として再度、送るはめになった。そ

891

第II部　歴史的考察

してさらに1年後の1812年8月5日［BGA 590］にトムソンが「ついに私は待望の荷物をマルタ経由で受け取りました」と書いているのが2年前に発送されたもののひとつなのか1年前に再発送されたものかは分からない。ベートーヴェンが1812年2月29日［BGA 556］にフリース＆Co. に託した9曲は、同年9月にトムソンに届いた（ベルリン国立図書館所蔵の当該資料にトムソンの受け取りメモあり）［BGA 604 注1］が、トムソンは「フリース氏があなたに代ってこの7月に私に送った9曲」［BGA 604］と言っているので、大英帝国に向けて発送される前のヴィーンで起きたタイムラグも両者間のスムーズな交流の障害になることもあったと思われる。同じく1813年2月19日［BGA 623］に、これも紛失対策に3通りで発送した30曲について、トムソンは1814年4月23日［BGA 713］に「パリ経由で1年以上かかって送られてきました、もう1通を送る必要はありません」と受領を確認している。

2 ｜ イギリス特有の問題

　トムソン発信の最初の7月20日付書簡［BGA 149］は消失しており内容は類推するほかないが、ベートーヴェンが10月5日［BGA 161］にスコットランド民謡を使った6曲のソナタを作曲する用意ありとだけ返信しているので、そこに2つのイギリス国歌によるピアノ変奏曲の依頼は含まれなかったと思われる。第I部第4章10で詳しく述べたように、春から作曲していたこの2曲が大陸の各社でなかなか引き受けてもらえず、そこで渡りに船と思ったか、19日後の10月24日付の、他人の手によってフランス語で書かれた、宛名はないがたぶんトムソン宛と思われる書簡［BGA 167］でいきなり、「2つのイギリス主題による変奏曲をここに同封しました」と表明されている。ソナタ作曲のさしあたっての代理として、格好の"イギリス向け"作品と考えた可能性がある。これは第2次時間差多発出版であるが、ひとつの作品をフランス（ジムロック）とドイツ（ブライトコップ＆ヘルテル）、オーストリア（BAI）、そしてイギリスの計4カ所で数週間の時間差を持って出版させようとする、その本格的試み第1号であった。このときはイギリスとオーストリアの2個所でしか実行できなかったけれども。

　10月5日付返信［BGA 161］のときにベートーヴェンはソナタ6曲で300ドゥカーテン（約1350グルデン）というかなりの値を付けている。これは、

第 30 章　1803 年 7 月〜20 年 6 月　トムソンからの接触とその行路　その破綻、その意味

たとえば 1801 年 1 月 15 日頃にホフマイスター宛［BGA 54］で言及している
ソナタ 1 曲 20 ドゥカーテンという数値の 2.5 倍だが、ジムロックに対して
同年 5 月 25 日付［BGA 139］で弟カールが将来の Op.47 に 30 ドゥカーテンと
いう値付けをし、10 月 22 日付返信［BGA 165］にはリースが同じ作品を 50 ド
ゥカーテンとしており、この時期にことに外国社に対して提案価格が急騰し
ていた。トムソンは 11 月 8 日［BGA 170 消失］にこの報酬請求を高いと拒絶し
た。その間にベートーヴェン側で「時間差多発出版」の構想が具体化し、
1804 年 5 月か 6 月頃に「パリ、ロンドン、ヴィーン、ドイツで同時出版で
きれば価格は抑えられます」として、価格の一覧表を提示した［BGA 178］。
そこにはグルデンとドゥカーテンの 1 対 4.5 というレート換算も付されて
いる。シンフォニーやコンチェルトは 30 ドゥカーテン、ソナタや四重奏曲
は 1 曲 20、3 曲 60 ドゥカーテン、変奏曲・アダージョ・ロンドは 8 ドゥカ
ーテン、チェンバロ伴奏アリエッタは 10 ドゥカーテン、である。どうもこ
れらにトムソンは積極的になれなかったか、2 年間、音信がない。
　リヒノフスキー侯とシレジアで決裂してヴィーンに帰還した後の 1806 年
11 月 1 日付ベートーヴェンの書簡［BGA 259］から、7 月 1 日にトムソンがト
リオまたは四重奏曲 6 曲の作曲を、気の利いた易しい様式で、可能ならフル
ートを含んだ編成を、と提案したことが判る。このとき同時に、彼は初めて、
スコットランド民謡編曲も持ちかけるのである。それに対し、ベートーヴェ
ンは箇条書きで 7 項目を挙げる。要約すると、① 提案の受諾はやぶさかは
でない、② 易しく気の利いたものにし、私の特徴たる様式の崇高さや独創
性とも一致させる、③ フルートは制約がありすぎ不完全なのでこの楽器の
ために仕事をする気になれない、④ 弦トリオ 3 曲と弦五重奏曲 3 曲、また
は四重奏曲 3 曲ないし四重奏曲 2 曲＋フルート五重奏曲 1 曲と伴奏付ピア
ノ・ソナタ 2 または 3 曲、またはトリオ 2 曲＋ソナタ 1 曲＋五重奏曲 1 曲で
もよい、⑤ 第 2 の引き渡しは第 1 の刊行後 6 ヵ月とする、⑥ 私の名で出版
されたいかなる楽譜も大英帝国に入ってくるべきではないというあなたの見
解に説明を求める、⑦ 100 ポンドまたは 200 ドゥカーテンでイギリスでの
刊行の翌日以降にドイツとフランスでも刊行する、という内容である。追伸
に、ハイドンは民謡編曲 1 曲につき 1 ポンド［引用者注：2 ドゥカーテン］だった
のを知っている、と書いている。
　以上に見るように、トムソンの要請は最初のピアノ曲のほかに、トリオや
四重奏曲、五重奏曲の創作依頼が主であった。イギリス国歌変奏曲のトムソ

893

第Ⅱ部　歴史的考察

ンへの配給がベートーヴェンからの一方的送付であったとすれば、トムソン自身の器楽曲創作の要請に対して彼はほとんど全時期に渡って繰り返し、そして時にはきわめて積極的に、創作を約束するが、1819年5月に出版されたピアノとフルートのための《12の国民歌曲》（実際は9曲、うち6曲が4ヵ月後にアルタリア社からもOp.105として出版）以外には、何ひとつ実を結ばない結果となる。

　ここにイギリス問題の本質がある。出版作品のターゲットとなるアマチュアのレヴェルの低さと音楽人口の絶対数の少なさがネックとなっていて、「易しく気の利いたもの」というトムソンによって繰り返される注文がベートーヴェンの傑作期（中期）の一般的な創作課題とはどうしても一致しなかった。上記の《12の国民歌曲》も完全なアマチュア向け作品であり、それですら、全曲の出版とはならなかったことがこの問題を象徴している。一方で1800年代にはすでに初期の相当数の作品の海賊版がイギリスで流通し始めていた。そのことが他方で、イギリス出版者にとっては、稿料を払ってまで、新作の版権を大陸の出版者と共有する必要性が生じなかったとも言える。

　その海賊版のひとつに、1808年11/12月から09年3/4月にかけてロンドンのチャンケッティーニ＆スペラーティ社から出されたシンフォニー第1〜3番のスコア譜出版がある。これは、校訂報告書によれば、それぞれ1801〜06年に出版されたパート譜（第1番はホフマイスター社、第2・3番はBAI社）を底本にしたもので、ベートーヴェンのシンフォニーの歴史上初めてのスコア譜出版であった。ベートーヴェン自身によるその最初（原版出版）は1816年11月のシンフォニー第7番であるから、8年も先立っているわけで、イギリスの"先進性"が注目されていた。その事実はいままで漠然と、「視覚的音楽鑑賞」とか「目による聴取」が大陸に先んじてイギリス市民に進行していた、という捉え方、一辺倒であった。私自身がそもそもそうであったが［『文化としてのシンフォニー　Ⅰ』150ページおよび170ページ以下］、イギリスにおいてベートーヴェンへの関心はどう育まれていったのだろうか。以下に見るように、トムソンがたびたび嘆く、プロ級のヴァイオリン演奏家の絶対的不足、といったことを視野に収めると、ベートーヴェン・シンフォニーを実際に演奏するまでの需要はなく、むしろパート譜出版にまでは行き着けなかったと見た方が正しいのではないか。ロンドンでこの3曲は1807年にモンザーニ社から、少人数で演奏可能な七重奏（フルート＋弦楽六重奏）の形で出ており、スコア譜出版は楽曲の本来の姿を目で確認するという需要

894

第30章 1803年7月～20年6月 トムソンからの接触とその行路 その破綻、その意味

に応えるものであったと考えた方がよいだろう。つまりスコア譜は演奏には使用されない楽譜だからこそ出版されたと言え、音楽市場の意味づけとしては"先進性"とはまったく正反対の解釈が成り立つ。そう考えるならば、スコア出版がその後、続かなかった理由は自ずと明らかである。

私たちの観念として、トムソンといえば民謡歌曲編曲集の出版であるのは、それ以外のやりとりが闇に隠れ、実を結んだのは民謡集だけだから、そう見えるに過ぎない。たとえば3つの五重奏曲と3つのソナタは、ベートーヴェンの要求240ドゥカーテンに対し［BGA 409］、一時は合意に達しながら［BGA 426］、トムソンが200ドゥカーテンに減額の提案［BGA 466］、ベートーヴェンは1811年7月20日にそれを了承すると歩み寄るが［BGA 515］、それ以後は話題にならなくなるので、消失書簡のなかで破談となったと思われる。民謡編曲もベートーヴェンが送ったすべてが出版されたわけではなく、刊行に至らなかったものも結構ある。問題はそれほど単純ではない。トムソンの民謡編曲の交渉は次のように展開した。

3 │ 交渉具体化と年金契約

交渉が具体化するのは3年後の1809年9月以降のことである。25日付でトムソンが43歌曲の旋律を同封した［BGA 401］とあるが、「うち初めの21曲はほぼ3年前に送られているが、あなたが受け取っているかは不明」と続いている。このことから1806年からの3年間に両者の間で書簡の交換がなかったことが見て取れると同時に、ベートーヴェンは民謡編曲に乗り気ではなく、送られたものを無視していた可能性がある。もちろん郵便事情で届いていなかったという線も捨てきれないが。というのは、今回、トムソンはかなり急いでいて、「3ヵ月以内に43曲すべてに作曲して……下さったら、報酬としてヴィーンの現金で100ドゥカーテン、または50ポンドを現金で払います［引用者注：交換レートは2対1である、あるいはその認識である］、100ドゥカーテンで十分ではないと思われるならそれ以上を付け加えたい、いくつかのルートで送られる2～3のコピーを用意する必要がありましょう」と書いているのである。ベートーヴェンは2ヵ月後、11月23日付［BGA 409］で20ドゥカーテンの増額を求めて民謡編曲を受諾する。しかしまだこの頃は、以前からの四重奏曲・五重奏曲の交渉が主で、歌曲編曲は完全なる副産物であった。

第Ⅱ部　歴史的考察

トムソンの注文として「我々の若いレディーは難しい伴奏を好まず、演奏の仕方もほとんど知らないので、ピアノ伴奏はシンプル、イージーに（文面はフランス語）」とあることを付け加えておこう。

　トムソンなる人物は 1780 年から 1839 年までスコットランドの技芸・製作奨励受託委員会（Board of Trustees for the Encouragement of Arts and Manufactures）に帳簿係として勤務することで生計を立て、アマチュアとして民謡の蒐集と出版の活動をしていた。民謡は、イギリスの音楽愛好家が仲間たちと集って楽しめるよう、演奏容易な楽器伴奏を付けて出版することとし、大陸の有名作曲家たちに編作を依頼していた。その要請に応えていたのは、1793 〜 99 年にプレイエル、1797 〜 1809 年にコジェルフ、1799 〜 1804 年にハイドン、そして 1810 〜 19 年にベートーヴェン、さらに 1825 年にはヴェーバーも、また 1826 年から 35 年頃まではフンメル、等々と続いた。編集の際には手を加え、同一旋律を他のテキストに転用するなども行い、多様な提供者からのものをひとつの撰集にまとめるというものであった。ただし、ベートーヴェンから提供物が送られてくると、一時期（1813 年 4 月 18 日）には「あなたよりも劣る作曲家の作品とあなたの作品を混ぜることはやめました、すべてをあなたの作品で揃えたいと思っています」[BGA 637] と書くほど、ベートーヴェン作品に対して特別な評価を与えていた。

　ベートーヴェンが受諾した背景には、1809 年 3 月 1 日に 3 貴族からの年金支給の契約が成立したけれども、5 月 13 日に始まるナポレオン第 2 次ヴィーン占領以降、グルデンの下落がいっそうひどくなり、予測に反して生計の維持がままならないものとなっていく、という事情があったことは確実であろう。ついに受諾したのはまさにその時節だからである。その返事のなかでベートーヴェンは「当地の生活は以前の 3 倍かかる」と言っている。その状況はいっそう悪化の一途を辿り、キンスキー侯から契約成立後 1 年 3 ヵ月後にようやく初入金のあった 1810 年 6 月には貨幣下落は約 4 倍にもなっており、年金支給であてにした生計改善には狂いが生じていたという実態がある。さらには、前章で指摘したように、戦禍を避けた貴族階級の疎開によりコンサートに人が集まりにくくなっており、ひとつの重要な収入源が事実上断たれてしまうという致命的問題も大きく影響した。

　それを受けて価格交渉は厳しさを増していく。たとえば 1809 年 11 月段階 [BGA 409] では 43 曲に対して 120 ドゥカーテン（1 曲約 2.79 ドゥカーテン）でひとまず合意し、トムソンはさらに 1810 年 2 月 [BGA 426] には 10 曲プラ

896

第30章　1803年7月〜20年6月　トムソンからの接触とその行路　その破綻、その意味

スして150ドゥカーテン（すなわち53曲、1曲約2.83ドゥカーテン）と少しの上積みもした。ベートーヴェンはそれを送付した1年後、1811年7月20日［BGA 515］に、得るべき報酬を今後は12曲で60ドゥカーテン（1曲5ドゥカーテン）とし、さらに1812年2月29日［BGA 556］には12曲で70ドゥカーテン（1曲約5.8ドゥカーテン）と、最初の2倍以上に釣り上げた。これはヴィーンでの外貨の著しい下落に時間的にもほぼ比例している。最後の提示は下落のどん底から多少の回復が確認された後ではあるが。いずれにしてもベートーヴェンの経済生活の総体的下降から、と同時に、実際にやってみた結果、手間に見合う報酬の改善を要求したと思われる。しかしトムソンの側でも外貨の交換レートの急上昇という事情が絡んで、価格交渉は難しくなる。彼はそれに対する1812年12月21日付返信［BGA 605］のなかで次のように言っている。

つい先日、2月29日という非常に古い日付のあなたからの書簡を受け取りました。…［中略］今回の9曲に関してですが、2国間の交換レートに著しい違いがあり、私は27ポンド［引用者注：54ドゥカーテン、1曲につき6ドゥカーテン］を払いました。ハイドンの時代には同じ曲数に対してわずか9ポンド［引用者注：18ドゥカーテン、1曲につき2ドゥカーテン］で済みました。何という違いでしょう。私は1曲につき3ドゥカーテン以上は支払えません。…［中略］最初あなたは12曲に対して40ドゥカーテン［引用者注：1曲につき3.33ドゥカーテン］を求められました。私はその額に同意しましたが、そのときのコストは20ポンドでした［引用者注：交換レート2対1］。しかし現在ではおそらくその2倍になっています［引用者注：交換レート1対1］。あなたが要求した60ドゥカーテンは私の驚きでしたが、もっと驚いたのは70ドゥカーテンになったことです。私にはもう手が届かない…

これに対して支払いを受けたベートーヴェンは1813年2月19日付書簡［BGA 623］において次のように言っている。

これら9つの歌曲を、別の21曲とともにフリース＆Co.に渡し、そして私は1曲あたり3ドゥカーテンの割合で総額90ドゥカーテンを受け取りました。

問題になっている9曲は互いに同じものを認識しているということを大前提として、この食い違いをどう解釈すべきか考えてみよう。イギリスでの支払いは27ポンドであり、ヴィーンでの受け取りは9曲×3ドゥカーテン＝27ドゥカーテンであると確認できる。するとポンドとドゥカーテンの交換

897

第II部　歴史的考察

比率は1対1ということになり、公定の1対2の倍となっていて、それはトムソンが［BGA 605］の文中でも「現在ではおそらくその2倍に」と言っていることと合致する。トムソンにとってはハイドンに対する1曲2ドゥカーテンの1.5倍の3ドゥカーテンと報酬を引き上げるためには、実際はその倍の6ドゥカーテン相当の27ポンドも支払わなければならなかった、という為替事情があったと見られる。しかしベートーヴェンとしてはその受取額は12曲換算で36ドゥカーテン、トムソンの最初の言い値の40ドゥカーテン並みに過ぎず、対価としてはその1.5倍の60かそれ以上の70ドゥカーテンで引き合う仕事、という認識となっていた。でもそれはトムソンにとっては「もう手が届かない」話なので最初の合意の3ドゥカーテンしか払えない、その額でもイギリスでの支払いはその倍となるのだから、ということではないか。ヴィーンでの貨幣価値下落とロンドンでの為替レートの急騰というダブルパンチが両者の間に立ちはだかっていたと思われる。

　ただこの報酬をめぐる対立はさしあたってベートーヴェンが折れることで解消した。上記書簡［BGA 623］の後段で、次のように言っている。

> あなたのために作曲するのがどれほど好きかということを示すために、あなたが手紙に書かれた40曲をまとめて140ドゥカーテン［引用者注：1曲につき3.5ドゥカーテン］にさせていただこうと思います。それでよろしければ、できる限り早く「フリース＆Co.」へ曲を渡します。また、カンツォネッタ［歌曲］12曲をわずか50ドゥカーテン［引用者注：1曲につき約4.2ドゥカーテン］で作曲させていただく用意があります。ヴァイオリン伴奏付のソナタ3曲には、わずか100ドゥカーテン［引用者注：1曲につき約33ドゥカーテン＝150グルデン］をいただければ結構です。その3曲のソナタですが、それぞれの曲に「オーストリア」や「スコットランド」や「ハンガリー」といったテーマを設定しましょう。それ以外のテーマをご希望であれば、その旨お知らせいただければ結構です。

　ちなみに、この書簡で合計30曲を3通りで送ったとも書いたが、トムソンが受け取ったのはパリ経由で1年以上後の1814年4月23日であった。

4 │ イギリスの実情をめぐる葛藤　1814年3月にようやく最初の果実

　両者間のもうひとつの重要な対立点は編作の質の問題であった。もともとトムソンがベートーヴェンに作品を依頼してきたのは、「出版による利益を

第 30 章　1803 年 7 月～20 年 6 月　トムソンからの接触とその行路　その破綻、その意味

期待してと言うよりは、あなたの音楽に対する私の趣味や私の愛好によるもの」[BGA 401] というほどにベートーヴェンの音楽に惚れ込んでのことであった。初めて送られてきたものに対してトムソンは、「最大の人気を得そうなもの」として 13 曲を指摘しつつ、「この国では受け容れられにくいものもあり」と番号を挙げていろいろ批評するのである。

　1812 年 9 月にトムソンに届いた 9 曲に対するトムソンの反応は「いくつかは我々の公衆には難しすぎ、…歌曲の伴奏がちょっと難しくてもそれを見ようとする若いレディーは 100 人にひとりもいません」[1812 年 10 月 30 日付 /BGA 604] と厳しいものであった。ベートーヴェンはこれに対して 1813 年 2 月 19 日に次のように反論しつつ、妥協して矛を収めた [BGA 623]。

> あなたのために作曲した 62 歌曲 [引用者注：1 回目送付の 53 曲＋2 回目の 9 曲] を落掌された由。9 曲についてはリトルネッロと伴奏の変更を望まれるとのことですが、私は自作を書き換えないことにしています。…貴国の好みと貴国の演奏家の技術の低さについては私に言っていただきたかったわけですから、私の責任とはいえないのではないかと思います。しかし今回はご教示頂いたので、まったく新規に作曲し直しました。私があえて自分の考えに逆らうことを決めたのは私の本意ではありません。私の作品はあなたの曲集にだけ収められるのですから、私が断ればあなたの損害になり、ひいてはご配慮と出費を無にしてしまうと考えた次第です。

　その後、テーマ歌曲 [旋律] が新たに送付され、それを編作曲した作品が送り届けられると、そのつどトムソンは賛辞を述べるかたわら、一部書き換えの要求もする。ベートーヴェンもしばらくは妥協し、ということが続いていく。たとえば、下書きで残存する 1813 年 4 月 18 日付の書簡 [BGA 637] には次のようにある。

> あなたは私の偉大なアポロであり、曲を演奏すればするほど、その魅力にひかれます。[中略] ピアノ部分ですが、驚くほどのシンプルさを心がけるよう、お願いします。そして、比類なく簡単かつ、可能な限り演奏が易しくなるようにして下さい。私の作品が成功するために重要な要素が、シンプルさです。この国では、シンプルな歌曲のみが好まれています。[中略] 歌曲 64 曲 [引用者注：62 曲の誤り] についてあなたが書いてくれたリトルネッロと伴奏を受け取りました。どれも非常に素晴らしく、つまりは傑作です。私は非常に喜んでいるのですが、我が国の聴き手には難しすぎるものも何点かありました。ゆえに、同封した紙の下に記した 6 つの歌曲のリトルネッロと伴奏に手直しを加えてください。

第II部　歴史的考察

　この間のやり取りのなかにある興味深い事実を紹介しよう。1812年2月
29日付書簡［BGA 556］に書かれている「民謡編曲1曲につきハイドンは4グ
ルデン、コジェルフは2グルデンで、そう評価した鑑識眼に敬意を表します。
自分はコジェルフより多少はましと自負しています」という言説は有名であ
るが、しかしトムソンは10ヵ月後に受領したその書簡に対して1812年12
月21日付返信［BGA 605］のなかで、「ハイドンは2グルデンを求めただけで
あり、最後の20曲に対して［引用者補：4グルデンは］自分が自発的に多く払っ
た」のであると説明している。ハイドンがベートーヴェンに自分は4グルデ
ンであったといささか自慢げに語ったのか、トムソンがベートーヴェンの要
求に予防線を張ったのか、いずれにしても人間関係においてよくあるような
エピソードである。一面的に理解する難しさがある。
　1813年9月のものと思われる書簡［BGA 671］でトムソンは次のように言う。

> スコットランドには、それらの四重奏曲［引用者注：Op.59］に加われる人が（プロを
> 含めても）十数人もいませんし、3曲の第1ヴァイオリンを"まっとうに"演奏できる
> 人は1人もいません。…あなたにしかできない雄大で独創的な曲を作ることは大変
> に喜ばしいことです。しかし、もう少し演奏しやすい曲、アマチュアでも演奏でき
> るレヴェルのものが望まれます。そのような作品は音楽家にとって本当の宝物です。
> シンプルで表現豊かな曲はいつの世でも聴衆を魅了することでしょう。そして、演
> 奏が困難な曲は放っておかれるでしょう。

　送付された民謡編曲に対し、こうしたやりとりを繰り返しつつ、とにかく
円満にまとまり、ベートーヴェンが1810年7月17日に送付した53曲の一
部が3年半後の1814年3月に、最初の結晶《アイルランド歌曲撰集　第1
巻》としてロンドンとエディンバラで出版された。この全タイトルを紹介す
ると（太字は大文字）、「**オリジナルのアイルランド歌曲**の撰集［A Select
Collection of ORIGINAL IRISH AIRS］　声のため　この作品のために書かれた**性格的な英
語詩に　ベートーヴェン**によって作曲された**ピアノ・フォルテ、ヴァイオリン、
チェロのためのシンフォニーと伴奏が付けられた　第1**［引用者注：数字は手書
き］**巻**」である。シンフォニーとは「器楽曲」という意味で、トムソンとベー
トーヴェンが書簡のなかで「リトルネッロ」と言っている器楽の前奏・間
奏・後奏のことである。30曲から成るが、ベートーヴェンの作品整理番号
で言えば、旧カタログでWoO 152「25のアイルランド歌曲集」として登録

900

第30章 1803年7月～20年6月 トムソンからの接触とその行路 その破綻、その意味

されている25曲とWoO 153「20のアイルランド歌曲集」として登録されている20曲のうちの最初の4曲WoO 153：1-4の計29曲で、これらを新カタログは「アイルランド歌曲I」WoO 152-1～29とした。そして最後の第30番はベートーヴェン作品ではなくハイドンから提供されたもの（Hob. XXXIb：61）である。しかしこれはハイドンの真作ではなく、ジークムント・ノイコム（1778-1858）が代理で編作したもののひとつであることが1974年にハイドン研究の側から指摘されたが［Angermüller, Haydn-Studien III-2, 151ページ以下］、それについて新カタログは何も言及していない。

　旧カタログにおける番号付けは、旧全集に則ったノッテボームの作品目録（1868年）における整理を踏襲しており、トムソンが編んだ曲集単位とは別物になっている。新カタログはトムソン編纂の単位を生かした番号に変えており、新旧カタログでWoO 152～158の各番号において登録されている作品は一致しない。たとえば旧WoO 153：1は新WoO 152：26である。

5 │《オリーブ山のキリスト》の反響と《ウェリントンの勝利》の出版計画

　《オリーブ山のキリスト》[Op.85]がロンドンのチャペル社から英語歌詞付のピアノ伴奏ヴォーカル・スコア譜の形で出版された［ジョージ・スマート卿による編曲（原版ではない）］のは1813年頃のことと思われるが、しかしそれが直ちにイギリス全体に頒布されたわけではないと考えなければならないようで、トムソンはベートーヴェンに1814年4月23日付で《オリーブ山のキリスト》を声とピアノのために英語を付けて編曲する意志はあるか、と尋ねている［BGA 713］。彼はやがてチャペル版を入手し、同年10月15日に実に崇高な作品と絶賛した［BGA 752］。さらに1819年11月23日付で、「《オリーブ山のキリスト》を聴く幸運に浴しました。崇高な作品で、この曲だけでもあなたを不滅にするに十分です」［BGA 1357］と感激している。

　ベートーヴェンの方も1814年10月［日付不明］に「《ウェリントンの勝利》[Op.91]をあなたに提供します。これは2部からなり…［中略］。スコアでも、ピアノ編曲（この機会に私が行った）でも入手できます。この作品はイングランド皇太子殿下に献げられているので、貴国で大きな関心を呼ぶでしょう」［BGA 753］と入手を働きかけている。これは"《ウェリントンの勝利》イギリス出版計画"の最初の文書で、トムソンは11月14日に直ちに次のよう

901

第II部　歴史的考察

に反応した［BGA 754］。

> 声について触れられていないので器楽曲と推測しますが、長さも分らず、つかみ所
> がなく、説明不足です。［中略］大英帝国ではヴァイオリンをよく弾ける人は少なく、
> 大オーケストラのためのシンフォニーの販売は彫版の費用を賄うのに十分ではあり
> ません。私がたとえあなたがスコアをプレゼントしてくれてもシンフォニーを出版
> しないだろうことは確かです。私が《戦い》［引用者注：《ウェリントンの勝利》］を出
> 版できる唯一の形は主としてピアノのためのグランド・ソナタ、ヴァイオリン伴奏
> 付、等々でしょう。…

　この提案はその出版計画の最終的落ち着きと大差ないものだが、この段階
では交渉の余地は大いにあると考えて、ベートーヴェンはスコア譜出版の可
能性を追究し続け、1815年3月16日にジョージ・スマートに一連の作品
［Op.91〜93, 95〜97, 113, 115, 117］の出版を引き受けるイギリス社を探してくれる
よう、価格表付で働きかけた［BGA 790］。その成果はなく、6月1日にザロモン
に同様の勧誘を行なったことがおそらくきっかけとなって、バーチャル社
がOp.91, 92, 96, 97を引き受けることになるが［第7次時間差多発出版］、それに
ついては第I部第5章11で詳しく述べた。トムソンは上記書簡でハイドン
の《十字架上の最後の七言》［Hob.XX/2］のような作品等々を所望しているが、
これは《オリーブ山のキリスト》に感激した余波であろう。その後この種の
声楽曲の交渉は途絶えるが、そのほかに両者間で最後まで話題に残ったのは
序曲であった。イギリスでの「序曲」概念にはシンフォニーも含まれ、「器
楽曲」といった程度の意味に解されるが、トムソンは「あなたのお好きなス
コットランド歌曲を序曲のどこかに入れてくだされば嬉しい。ヴァイオリン、
フルート、ヴィオラ、チェロ伴奏を加えて大きくして頂ければ、12ではな
く18ドゥカーテンを払います」［BGA 752］と言っている。両者の関係は歌曲
編曲で終わった結果が示すものだけではなかったのである。

6 ｜ 蜜月から破局へ

　第1巻が出てベートーヴェンのもとに送られてくるが、ベートーヴェンは、
出版後にいつも行なうように、そこに含まれる誤りのリストを作成して、
1814年9月15日に送付した。そして「次からは初校を私に送るよう、ロン

第 30 章　1803 年 7 月〜20 年 6 月　トムソンからの接触とその行路　その破綻、その意味

ドンへの郵便事情はよくなったので送り返せるでしょう」と書き、続けて次
のように言っている［BGA 739］。

> その他のスコットランドのアリエッタ［引用者注：歌曲］に関しては、1 曲につき 4
> ドゥカーテン金貨以下では同意しません。この金額はいまやそれほど高いとは思わ
> れないでしょう。もはやかつてのような高額な諸費用には出会わないでしょう。…

　ここにはナポレオン戦争終結とともに国際為替相場の落ち着きが反映され
ているのだろうか。そしてトムソンは 11 月 12 日にこの要求を「1 曲につき
4 ドゥカーテンを認め 12 ドゥカーテンを送りました」と受け容れるばかり
か、次の提案をしている［BGA 754］。

> 6 つのカンツォネッタ［引用者注：歌曲］に関して、1813 年 2 月 19 日付書簡であなた
> は 6 曲に対して 25 ドゥカーテンを求められましたが［引用者注：BGA 623 でベートー
> ヴェンは 12 曲 50 ドゥカーテンとしている］、その額をお渡しするのはきわめて望むとこ
> ろです。30 ドゥカーテンでもいいくらいです。カンツォネッタが公衆に受け容れら
> れるとすれば、もう 6 曲を、もっと高価で頂くのにやぶさかではありません。

　第 1 巻の刊行の順調さが伺われる、両者の関係が順風満帆となった時期の
発言である。しかしこれに対してベートーヴェンは明らかに高飛車に打って
出た。1815 年 2 月［日付不明］に次のように書いた［BGA 784］。

> あなたが申し出られた報酬はまったく不十分です。当地の状況は大きく変化し、税
> 金はイギリスにならってきわめて高騰し、1814 年の私の負担はほとんど 60 ポンド
> ［引用者注：120 ドゥカーテン（1 曲 3 ドゥカーテンの歌曲 40 曲分）、540 グルデン］に達し
> ました。歌曲のほかにあなたが望んでおられる序曲は、おそらく音楽作曲のなかで
> 最も難しいものです。したがって申し述べたいのは、6 歌曲に対する私の報酬は 35
> ポンドまたは 70 ドゥカーテン、そして序曲に対しては 25 ポンドまたは 50 ドゥカー
> テンです。…

　ここで要求額は、かつての最高要求額であった 12 曲で 70 ドゥカーテン
（1812 年 2 月 29 日［BGA 556］）の 2 倍（1 曲あたり約 11.7 ドゥカーテン）と
なった。これはトムソンが 2 〜 3 ヵ月前に気前よく申し出た 6 歌曲 30 ドゥ
カーテン［BGA 754］、序曲 18 ドゥカーテン［BGA 752］の 2.5 倍ほどにもなり、
彼は即座に 3 月 20 日付で次のように返事した［BGA 792］。

903

第II部　歴史的考察

あなたは最初、序曲に 12 ドゥカーテンを求め、そしていまはその 4 倍を求めています。2 年前、6 歌曲に 25 ドゥカーテン、いまはほとんどその 3 倍を要求しています。残念ながら私はそのような料金を渡せる状況にはなく、序曲は諦めます。　6 歌曲に関しては 35 ドゥカーテンをお渡しします。印刷しても、販売が、彫版や印刷の経費、紙代等々、その額を取り戻せるか不透明です。35 ドゥカーテンでダメなら、私が送った詩を火にくべて下さい。

　この後ベートーヴェンからの書簡は 2 年ほどないが、トムソンの方はきちんと保管していたと考えられるから、実際に書かなかったのだろう。したがってトムソン発信のものを追うしかないのだが、1 曲 4 ドゥカーテンで落ち着いたと思われる。トムソンは文句をつけながら、感激もし、ということで、たとえば次便の 1815 年 8 月 20 日には「15 歌曲を受け取りました。すばらしい美しさに溢れています。…ちょっとしたことですが、第 7 番は我々の若いレディーの趣味に合いません。複雑すぎ、難しすぎます」［BGA 825］とか、次々便の 1816 年 1 月 1 日には「先回よりいっそう、シンプルでカンタービレな様式で作曲され、国民的音楽の愛好者たちを喜ばせます。同時に決して、独創的なアイディアを欠くことはなく、これはまさに真の天才によってのみ作り出されるものです」［BGA 874］と賛辞を送っている。

　1816 年 5 月に《アイルランド歌曲撰集　第 2 巻》が出版された。タイトルは第 1 巻とまったく同じで、巻数字が手書きで「2」になっただけである。30 曲で、旧カタログ番号では「20 のアイルランド歌曲」WoO 153 の No.5 〜 20 の 16 曲と「12 のアイルランド歌曲」WoO 154 の No.2 と No.7 を除く 10 曲と「12 のさまざまな民謡」WoO 157 の No.2,6,8,11 の 4 曲という複雑な組み合わせであったが、新カタログは WoO 153「アイルランド歌曲 II」No.30 〜 59 とした。

　1817 年 6 月には《ウェールズ歌曲撰集　第 3 巻》が出版される。これは「以前に出版されたことのない」とか「部分的にはハイドンにより、主にはベートーヴェンによる」といった語句がタイトルに含まれている。30 曲で、ハイドンによる 4 曲を除いて、26 曲が旧カタログ番号では「26 のウェールズ歌曲」WoO 155 であり、新カタログでもこれは同じである。

　1817 〜 18 年にベートーヴェンが書いた 3 通の書簡には関係が順調であることしか見て取れない。1817 年 2 月 15 日にはなお、送られた歌曲［旋律］19 曲を使って性格的序曲を 6 曲仕上げると述べ、「あなたのお役にたてる喜び

904

第30章　1803年7月～20年6月　トムソンからの接触とその行路　その破綻、その意味

が単なる損得勘定を上回っていることについてすでにお気づきかと思います」[BGA 1085] とまで言うほどであった。それに対しトムソンは6月25日に次のように書いている [BGA 1133]。

もし英詩に作曲する気になったら、"音楽の力への熱情への讃歌"[原注：ウィリアム・コリンス (1721-1759) の『熱情　音楽の力への讃歌』]、94行詩があります。きわめて崇高な詩で、ドイツ語訳を付けてお送りします。あなたの偉大で輝かしい才能にふさわしいもので、もしあなたが声と大オーケストラのためにそれに音楽を付けたら、《天地創造》と同じくらい賞賛されること請け合いです。私があなたの作品をどれほどの熱狂を持って賞賛しているか、語るまでもないことです。私はそれらに夢中になっており、あなたに会いにヴィーンへ巡礼し、あなたのミサ曲、ソナタ、シンフォニー、四重奏曲があなたの国の偉大な演奏家たちによって演奏されるのを聴くことほど、私が願うものは世界にありません。それらのほとんどはエディンバラでは難しすぎます。ヴィーンでは私は天国にいるようでしょう。エディンバラからヴィーンが長い道のりであるのはなんて残念なことでしょう。

　2人の関係はまさに"蜜月"と言ってもよいほどであった。ベートーヴェンが書いた1818年2月21日付の一部を引用してみよう [BGA 1244]。

序曲12曲を140ドゥカーテンで、12の変奏曲を100ドゥカーテンで作曲するというのはどうでしょうか。もしあなたが同時に両方の作曲を希望されるのならば、224ドゥカーテンにさせていただきます。少量ですから儲かる状況ではありません。依頼が多ければ額も大きくなります。友人同士が話すように率直に話をさせていただければ、そういうことです。安い値段であなたのお役に立とうと、私は自分の体面をしばしば失っています。あなたは私に、英語詩"音楽の力への熱情への讃歌"、ドイツ語訳付、について話されましたが [BGA 1133参照]、喜んでお引受けします。出来る限り早い時期に曲をつけるようにしますので詩をお送り下さい。

　破局の火種は次に引用するトムソンの書簡にあったと私は見ている。1818年6月22日付である [BGA 1262]。

この国の誰もあなたの作品がたいへん難しすぎると思うのです。ここには、それらを演奏できる高度な技術を持った巨匠はほんのわずかしかいません。——あなたのリトルネッロと伴奏付の私が公刊した歌は売れません！　私は最近、私の取引先、ロンドンで最高の音楽商のひとりですが、彼に書きました、[中略] すると答はこうです。「偉大で崇高な芸術家であるが、ベートーヴェンは理解されず、あなたの歌曲集の彼による伴奏は公衆にはあまりにも難しい。雑誌でのあなたの公告の後、人々は

905

第II部　歴史的考察

彼の伴奏付の巻をいずれも買わなかった。」

　おわかりでしょう、あなたの作品に対する私の熱意は何も生まず、私にとっては損失です。しかし、盲目の公衆ではありますが、私はあなたの最新のリトルネッロと伴奏のいくつかは十分に単純で易しくまったく魅力的である、といってよいと思います。そして、イギリス人があなたの作品の偉大な美しさを理解し真に受け入れることができる時が来つつある、とうぬぼれています。

　しかしながら考えました、もしフルートのための伴奏［引用者注：この時代には「フルートを伴う」という意味で「伴奏」という語が使われる］が私の歌に加えられれば、それはおそらくフルート奏者たちによって注目されるようになるだろうと。［中略］この街のフルーティストはあなたのヴァイオリン・パートからフルートのための伴奏をアレンジしましたし、私はそれを市場に向けて出すことができると信じています。しかし私はそれを、あなたが校閲しあなたが是認する変更や訂正をしてくださるならば、いっそうの信頼をもって出版するでしょう。

　次の成果として1818年8月に《スコットランド歌曲撰集　第5巻　ハイドンとベートーヴェンによる》が出版される。タイトルの記述は多少変化が見られるがここで詳しくは触れない。中味は、1822年にシュレジンガー社からも《25のスコットランド歌曲集》Op.108として出版されたのでベートーヴェンの作品としてはその番号で整理されている25曲と、ハイドンによる5曲（Hob.XXXIa：265, 62bis, 101bis, 63bis 140bis）、そして最後にヘンリー・ビショップのカンタータ"ザ・ジョリー・ベッカーズ"が付いていた。この作品のヴァイオリン・パートがフルートでも可とされているのは上記のトムソンの要請が生かされたと見てよいが、「またはフルート」と記載されているのはヴァイオリンのパート譜においてのみであって、スコア譜のタイトルページにその言及はない。またドイツで出版されたOp.108は「英語およびドイツ語歌詞付」とあるほか、フルート可の記載はない。イギリスではヴァイオリンよりもフルートの需要があったことは1817年12月28日のトムソンの書簡［BGA 1207］にも「我々のフルート奏者への大いなる贈り物となるよう、ヴァイオリン・パートをフルート・パートに変えようと思っています。私たちのところにはたくさんのフルート奏者がいますが、ヴァイオリン奏者は稀でひじょうにへたです」というくだりがある。

　火種に追い打ちをかけたのが1819年1月8日付［BGA 1283］と4月5日に書かれたと思われる1通［BGA 1297］であった。前者には「先便で書いた2曲以外にも、当国の若いレディーには適切ではない個所を発見しました。No.11 チロルの歌です［譜例付（略）］。両手が一緒に持続的動きをしていて、

906

第 30 章　1803 年 7 月〜20 年 6 月　トムソンからの接触とその行路　その破綻、その意味

主題と変奏を楽しむ人には難しすぎ、私にとってこれを出版するのはまった
く無駄［inutile de la publier］といってよいでしょう。このような率直さをお許し
下さい、でもこれは必要なのです」とある。後者には「まことに申し上げに
くいのですが、当地の最良のピアニストのひとりがチロル主題をたいへんな
努力で弾いてみました。［譜例付（略）］ 彼女は絶望して諦め、あまりに練習が
必要で、クロマティックで、恐ろしく難しいと見たわけです」とあり、さら
に再三の苦情が続き、「それを出版することは無駄［inutile de la publier］」との語
を繰り返す。

　もはや堪忍袋の緒が切れたか、ベートーヴェンは即座に 5 月 25 日に次の
ように書いた［BGA 1303］。結果としてこれは彼の最後のトムソン宛書簡とな
った。

　　　…主題と変奏の報酬についてはフリース氏を通じて送った前便のなかで最低 10 ドゥ
　　　カーテンとしたが、これはひとえにあなたへの好意によるもので、あのようなやり
　　　がいのない仕事に携わる必要もないわけで、こういうつまらない仕事［bagatelles］で
　　　時間がつぶされるので、仕事をする者にとっては誰でもこの報酬では満足しかねる
　　　ものだ。…

　この書簡の宛名ページの空白部分にはトムソンによる「私が繰り返し易し
くしてと要求することに対する冗談まじり［傍点引用者］」との書き込みがある
［BGA 1301 典拠注］。こうした楽観的見方が次のいっそう激しい文面、11 月 23
日付、を誘発したのかもしれない［BGA 1357］。

　　　あなたの歌変奏曲［以下の譜例（略）］がイギリスで成功するスタイルではないことを
　　　申し述べざるを得ないのは心苦しい。これは消去をお願いする 5 曲目です。これら
　　　の曲において、作品が向けられた人々の能力に、あなたのすばらしい才能を適応さ
　　　せることができないのは残念です。…私は主題［引用者注：歌曲変奏曲のこと］の 11
　　　を彫版し、うち 9 は刊行されましたが、残念なことに人々はそれらを買いません。
　　　雑誌で 12 の主題と公告したので、この数を完遂したい。［中略］私がシンプルで易し
　　　いスタイルで書くようあなたにお願いしたことを、おもしろがって［傍点引用者］お
　　　られたようです。私はこのことについて取り乱しています、というのはあなたの作
　　　品の演奏の難しさがこの国でそれらがわずかしか売れない、真の、そして唯一の原
　　　因だからです。

　ここで言われている「12 と公告したうちの 9 は刊行されましたが」とは

第II部　歴史的考察

1819 年 5 月（旧カタログでは 7 月）に 3 曲ずつ 4 分冊の予定で刊行された
《変奏曲付 12 の国民歌曲　ピアノとフルート伴奏による　ベートーヴェン作
曲》のうちの 9 曲のことで、これは歌詞の付かない器楽曲である。結局、販
売難との判断から第 4 分冊の出版は断念された。ベートーヴェンはそうした
成り行きでもあるのでその第 1 分冊と第 2 分冊に含まれる 6 曲の原稿をアル
タリア社にも提供した。彼は 1806 年の交渉の最初 ［BGA 259］ から大陸での
時間差出版可を条件にしており、それがようやく実現できたのである ［第 10
次時間差多発出版］。これは同時に、同社を主幹社とする第 2 次国際出版の第 1
号として Op.105 の作品番号のもとに 1819 年 9 月に刊行された ［第 I 部第 5 章
14］。その際に楽器表示は「ピアノ独奏、またはフルートまたはヴァイオリ
ン伴奏付（任意で）」と変えられており、「ピアノとフルート伴奏による」と
限定したのはイギリスでの売れ行きを何とか確保したいというトムソンの判
断であろう。なお、完全破局の後、1823 年にトムソンはこの 12 曲を含む 16
曲（Op.105 として出版された 6 曲以外の 10 曲は 1822 年にジムロック社か
ら Op.107 として出版されることになる）の版下用原稿と売れ残った残部を
ペイン & ホプキンソン社に売却した。同社は残部の販売はしたと思われる
が、新規の刊行は断念した。

　そして最後に決定的な文面が来る。1820 年 6 月 14 日付である ［BGA 1394］。

　　　たぶんあなたは、私に尽すためのこのつまらないものでいらいらすることを、気持
　　　ちよく思わなかったのでしょう。誰も私が出版した主題と変奏を求めません。私は
　　　経費すべてを失うのです！　私がまだ原稿で持っている 6 つの主題（チロル、ロシア、
　　　スコットランド）をあなたがヴィーンのどこかの楽譜商に売ることができるのなら、
　　　私は喜んでそれらをあなたに渡すでしょう。

　この後、もはや文通はない。トムソンはその後も歌曲集の出版を続け、そ
のなかにいくつかベートーヴェン歌曲が紛れ込むことはあった。1822 年 5
月に出版された《スコットランド歌曲撰集　第 2 巻》は 32 曲のコジェルフ
作品を中心とする 50 曲からなるもので、ハイドン作品が 12、プレイエル作
品が 2、不明が 2、そしてベートーヴェン作品が 2（WoO 156：16 と 19）で
ある。これら 2 曲はトムソンが独自の形に変えており、ベートーヴェンの原
稿とはかなり異なったものであった。1825 年 6 月に出版した《スコットラ
ンド歌曲撰集　第 6 巻》は 38 曲からなり、うち、ベートーヴェン作品は 19
曲を占めて、12 曲のハイドン作品を凌ぐが、再版のものが多く、新作は 7

曲（WoO 136：8, 9, 10, 12, 13, 17, WoO 137：4）である。ベートーヴェンの死後に出版される 1839 年と 1842 年の曲集のなかにも同様に再版のものと一緒に新作がわずかに含まれる。

7 ｜ 出版曲集　現存作品数

　以下に出版曲集の全体像を一覧表にする。ここではスペースの関係で「簡略タイトル」とし、それぞれの冒頭タイトルだけ挙げる。

トムソン出版

出版年月　簡略タイトル	収録作品数（カッコ内はベートーヴェン作品数。 下線付はトムソンによって出版された数）
1814.03.《アイルランド歌曲撰集　第 1 巻》 　　　WoO 152-1〜29	30 (<u>29</u>)
1816.05.《アイルランド歌曲撰集　第 2 巻》 　　　WoO 153-30〜59	30 (<u>30</u>)
1817.06.《ウェールズ歌曲撰集　第 3 巻》 　　　WoO 155-1〜26	30 (<u>26</u>)

大陸で出版

出版年月　簡略タイトル	収録作品数	大陸で出版
1818.08.《スコットランド歌曲撰集　第 5 巻》	30 (<u>25</u>)	1822.07.《スコットランド歌曲集》 　　　(25)　シュレジンガー　**Op.108**
1819.05.《12 の国民歌曲》 　　　（歌詞なし器楽曲）	9 (9)　┌うち 6 曲 　　　　　│ 　　　　　└うち 3 曲 　うち出版が見送られた 3 曲 ─ 　　　　拒否された 4 曲 ─	1819.09.《民謡による変奏曲》 　　　(6)　アルタリア　**Op.105** 　　　　　（歌詞なし器楽曲） 1820.08./09.《民謡による変奏曲》 　　　(10)　ジムロック　**Op.107** 　　　　　（歌詞なし器楽曲）
1822.05.《スコットランド旋律撰集　第 2 巻》 　　　WoO 156：16, 19	50 (2)	
1825.06.《トムソンの撰集　第 6 巻》 　　　WoO 156：8〜10, 12, 13, 17, **WoO 157：4**	38 （新作 <u>7</u>, 再版 12）	
1839.10.《20 のスコットランド旋律集》 　　　WoO 156：4, **WoO 157：2, 3**	21 （新作 <u>3</u>, 再版 4 [Op.108：1, 16] 含む）	
1841　《スコットランドの旋律　第 6 巻》 　　　WoO 156：11, 15, 18, 20	52 （新作 <u>4</u>, 再版 9 [Op.108：1, 15, 16] 含む）	

第Ⅱ部　歴史的考察

　トムソンの民謡撰集にはさまざまなものがある。1793 年に刊行が始まった最も大規模なスコットランド歌謡については 2 系列あって、そのなかでベートーヴェン作品が含まれているのは、1818 年の第 5 巻（《スコットランド歌曲撰集》）および 1841 年の第 6 巻（《スコットランドの旋律》）と、そのほかに 1822 年に始まる再版を中心としたものの第 2 巻（《スコットランド旋律撰集》）と 1839 年の巻号非明示の巻（《20 のスコットランド旋律集》）である。それに「撰（セレクト）」という言葉が付いていたりいなかったり、また「歌曲（エール）集」であったり「旋律（メロディー）集」であったり、ひとつのシリーズでもタイトルが一貫せず、まぎらわしい。アイルランド歌謡についてはここにある 2 つの巻がすべてで、ウェールズ歌謡については 1809 年に第 1 巻、1814 年に第 2 巻が出ていた。

　トムソンによって出版が見送られて、その後、旧全集（1862-65 年出版）等において初めて出版された作品が 43 曲（WoO 154：60 〜 63, WoO 156：1 〜 3, 5 〜 7, 14, 21, 22, WoO 157：1, WoO 158：1 〜 29）ある。それに、トムソンによって出版された 135 曲（Op.105 と Op.108 を含む、上記一覧表で＿を付した数）、大陸のみ（ジムロック）で出版された Op.107 のなかの 7 曲を加えて、このジャンルの作品総数は 185 曲、うち 16 曲が歌パートのない器楽曲である。

　新カタログにおける作品番号登録では、Op.105（6 曲）、Op.107（10 曲）、以上は歌パートなし、以下は歌パートありの、Op.108（25 曲）、WoO 152 〜 154（63 曲）、WoO 155（26 曲）、WoO 156（22 曲）、WoO 157（4 曲）、WoO 158（29 曲）、計 185 曲である。

8 ｜ 送付曲数と報酬額の推量

　トムソンとの関係の始まりは 1803 年夏のことだったが、その直後に 2 つのイギリス国歌変奏曲を送付した後は、この関係がもたらす創作活動の成果は民謡編曲に限られ、創作活動の期間としては 1809 年末から 1819 年 2 月までの実質約 9 年のことであった。その後さらに 20 年にも渡って続くトムソンの出版のうち、生前に刊行された 9 点の新しいベートーヴェン音楽（WoO 156 の 8 曲と WoO 157 の 1 曲）については、作者に著作権料が支払われたという意味で、新カタログにおいて「原版」にカテゴライズされてい

第30章　1803年7月～20年6月　トムソンからの接触とその行路　その破綻、その意味

るが、しかし編者が強く介入した版であって、楽譜そのものが「原典」という意味を含んだ「原版」ではない。死後出版のものはもとより「原版」のカテゴリーには入らない。

　トムソンの依頼による民謡編曲はアイルランド、ウェールズ、スコットランド民謡による作品が出版され、《12の国民歌曲集》Op.105で用いられた民謡もその3地域のものであって、《民謡による変奏曲》Op.107にも含まれているがトムソンが先行して出版した3曲のうち1曲（Op.107-7）だけがロシア民謡であった。

　ベートーヴェンが依頼に応えてこなしたものには、デンマーク、チロル、ポーランド、スペイン、ウクライナ、スウェーデン、ハンガリー、ヴェネツィア、フランス、シチリアの民謡も含まれ、その他、クロアチア、カラブリア［イタリア半島最南端の地域］、ポルトガル、スイスの民謡も依頼には入っていたと書簡交換から推測される。しかしその他のアイルランドおよびロシア民謡によるものも含めて、これらは出版されず、新カタログにおいて未出版作品を集めた《さまざまな民の29の歌》WoO 158として登録されている。これらが刊行されなかったのは、ベートーヴェン作品に難があるとトムソンが見ただけではなく、大英帝国を超えて民謡集を刊行するという企画そのものに見通しが立たなくなったからであろう。

　トムソンとベートーヴェンの間では、まず歌詞の送付があって、それに対して付曲した成果物の受け渡しとなる。発送・受領はすべてが書簡で互いに確認されているわけではないので部分的には推測の域を出ないが、以下にそれを一覧で示す［912ページ］。期日は、言及されている書簡の日付であって実際の発送・受領の日付ではない。ベートーヴェンが送付した作品の数として残存書簡で確認できるのは172曲である。これには書き直しを要請された分を含み、なおかつトムソン発信には「私が送った6歌曲とあなたが選んださまざまな国の18歌曲が入った小包を受領」［BGA 946］という表現も見られるので、ベートーヴェンの付曲はトムソンから委嘱されたものだけではなかったことも判る。ベートーヴェンが選んだ民謡とはおそらくドイツ民謡（WoO 158：2, 3）やオーストリア民謡（WoO 158：28, 29）あたりではないかと思われる。

　最後の方はもはや、双方きちんと確認の連絡さえしないこともあったようで、欠けていると考えられる送付と受領の情報を（）付で筆者が補った。それが可能なのは一部の残存校閲筆写譜に日付が記入されているからで、

911

第II部　歴史的考察

1818 年 8 月頃の 12 曲送付は、1817 年 2 月 23 日付校閲筆写譜の遺る WoO 156：5〜7 と、トムソンが「1818 年 12 月受領」と記入している WoO 156：8〜15、その他 1 曲であろう。1819 年 5 月 25 日付トムソンの書簡 [BGA 1303] から同年 2 月 20 日送付と推定される 4 曲は、トムソンが「1819 年 3 月受領」と記入した校閲筆写譜が遺る WoO 156：16 のほか、Op.105：3 と Op.107：6〜7 ではないかと思われる。このほかに、自筆譜における年代記入などによってその後に書かれはしたが送付されなかったと考えられるものが 9 曲、確認される。WoO 156：17〜22、WoO 157：4、WoO 158：28〜29 である。

		ベートーヴェン	トムソン	受領累計数
1810 年 7 月 17 日	［BGA 457］	53 曲 3 部送付		
1811 年 7 月 20 日	［BGA 515］	53 曲再送付		
1812 年 8 月 5 日	［BGA 590］		53 曲受領	
1812 年 10 月 30 日	［BGA 604］	9 曲送付	「7 月に私に送った 9 曲を受領」	
1812 年 10 月 30 日	［BGA 604］		9 曲受領	62 曲
1813 年 2 月 19 日	［BGA 623］	30 曲送付		
1813 年 3 月 27 日	［BGA 629］		64 曲（62 の間違い?）再受領	
1814 年 4 月 23 日	［BGA 713］		30 曲受領	92 曲
1815 年 2 月以後	［BGA 784］	15 曲送付	「一部を除いて準備ができている」	
1815 年 8 月 20 日	［BGA 825］		15 曲受領	107 曲
1815 年 12 月	［BGA 874］	3 曲送付	「先月、私に送られた 3 曲を受領」	
1816 年 1 月 1 日	［BGA 874］		3 曲受領	110 曲
1816 年 5 月 14 日	［BGA 931］	15 ＋α曲送付	「ベートーヴェン氏より 15 曲が届きました」	
1816 年 7 月 8 日	［BGA 946］		24 曲受領	134 曲
1817 年 2 月初め	［BGA 1085］	11 曲送付		
1817 年 2 月 15 日	［BGA 1085］	12 曲送付	「最新の 12 曲を受け取られたでしょうか」	
1817 年 6 月 25 日	［BGA 1133］		23 曲受領	157 曲
1818 年 2 月 21 日	［BGA 1244］	3 曲送付		
1818 年 6 月 22 日	［BGA 1262］		3 曲受領	160 曲
(1818 年 8 月頃		12 曲送付したはず)		
1818 年 12 月 28 日	［BGA 1275］		12 曲受領	172 曲
1819 年 5 月 22 日	［BGA 1303 注 2］	(4 曲送付)		
1819 年 3 月			4 曲受領	176 曲

　残存作品数は、上に見たように、出版されなかった作品も含めて 185 曲で、

912

第30章　1803年7月〜20年6月　トムソンからの接触とその行路　その破綻、その意味

うち9曲はトムソンに送付されなかったことを考えると、彼が受領した曲数は 185 － 9 ＝ 176 でピッタリと合致するが、これは数が偶然に一致したにすぎない。上記の9曲ではなく、別の9曲について2つの稿が遺されており、新カタログにおいて同一曲は番号が一元化された。その結果が上記現存曲数 185 であって、現存作品点数は書き直し稿を加えれば 194 点である。それに対して、トムソンの受領数 176 は届いた点数であって、同一曲の別稿も送られたわけだから、この数にはそれらも含まれる。つまりトムソンにはその差、18 点が届いていないことになる。うち未送付が確認されるのは9点であるから、他の9点は不着と結論づけられよう。関係が破綻する以前からすでに送られなかったものがあったのか、郵送事故に巻き込まれたか。

　これに対して支払われた報酬はどのくらいであっただろうか。「23 曲と改訂9曲分で 80 ドゥカーテン手形を同封しました」［BGA 629］というように、丸めた支払いもあるので、報酬を厳密に付き合わせることはできない。1814 年 10 月［日付不明 BGA 753］で「1曲につき4ドゥカーテン以下では請け負えないということがお判りいただけたと思います」とベートーヴェンが確認しているので、それ以前の 92 曲は基本価格が3ドゥカーテンであったと考えることができるとすると、276 ドゥカーテン。しかし以後は4ドゥカーテンに上がったというよりは、ベートーヴェンのさらなる勢いに押されて 1815 年3月 20 日に「6歌曲に 35 ドゥカーテン［引用者注：1曲 5.83 ドゥカーテン］、それでだめなら火にくべて」［BGA 792］といっているのだから、その水準が維持されたと仮定すると 80 曲で約 470 グルデン。最後の4曲に関しては、ベートーヴェンの要求、1曲 10 ドゥカーテン（前述［BGA 1303］）に対して、トムソンは 1819 年1月8日［BGA 1283］でフリースに 31 ドゥカーテン（1曲 7.75 ドゥカーテン）を支払うよう指示したと読み取れる［BGA 1303 注2］。

　合計すると、総額はおよそ 777 ドゥカーテンとなる。これは約 3500 グルデンで、しかも外貨で支払われたのだから約定通貨の価格であり、ヴィーン価に換算すると約 2.5 倍の約 8750 グルデンとなる。トムソンとの取引にあっては写譜代と輸送費は別途支払いであったから［終章］、民謡編曲に携わった9年で割ると、ベートーヴェンには年平均およそ 970 グルデンヴィーン価の収入がもたらされた。彼が一時期はトムソンからの受注に積極的になったのも大いに理由のあることだったと言えよう。

913

第31章

1813〜17年

生涯全開期はなぜ
"沈黙の時代"と呼ばれたのか

弟の死と甥問題の発生／新たな経済的負担

1. 1810年は"沈黙の年"に近い?
2. 1813年
3. 1814年
4. 1815年
5. 1816〜17年
6. ブロードウッド・ピアノの搬送
7. 1818〜19年
8. 1813年から19年の活動総括

第Ⅱ部　歴史的考察

　1813年12月8日に始まった4連続コンサートを嚆矢として、14年から15年にかけての《フィデリオ》新改訂上演の大成功からヴィーン会議関連コンサートまで、ベートーヴェンの華々しい活躍は特筆すべきもので、彼は生涯の全開期を迎えたように思われる。それにもかかわらず、ベートーヴェン伝ではよく、1813年から1817年までについて、"沈黙の時代"とか"休眠の年月"といった捉え方がされている。かつては"枯渇の"といった表現さえ見られた。目立った作品が書かれていない、という"事実"から、通俗的成功とは裏腹に、「作曲家としては休眠」していたということなのだろう。

　それはしかし「作品という成果」を生み出したか出さなかったかというレヴェルの話であって、「作品中心主義」史観の最たるものといってもよい。また仮にベートーヴェンを「作曲家」という側面でしか見ない「作曲家中心主義」の立場を肯定したとしても、歴史上の「大作曲家」に「成果主義」を押しつけるようで、私などにははなはだ気色が悪い。ベートーヴェンという歴史的存在をトータルに見る視点がないと、「作曲家」という側面も、またその創作活動によって生み出された「作品」も、ただ独善的に好き嫌いで捉えることしかできないのではないか。それを「後世の好み」と総体化して、皆そう思っている、ということでベートーヴェン存在を片付けてしまうわけには行かない、というのが本書の視点である。

　この時期に書かれた、前章で一覧した民謡編作を含めて、たくさんの作品を視野に入れないと「作品中心主義」もただの「傑作中心主義」で終わってしまうし、作品を「生み出す」とはどういうことかという視点がないと、すなわち創作活動をトータルに捉えないと、「大作曲家中心主義」さえ維持できないのではないか。

　後世は作曲家を「作曲行為」に絞ってしか見ないで来たように思われる。曲を書いて終りではまったくなく、それを社会に送り出すまでが作曲家の「創作活動」であったことは、第Ⅰ部で盛んに論じた。したがって作曲行為の成果物の多寡で創作活動は量れず、まして、それが少ないから"休眠"、などとはとても言えないのである。

　そうして形成される「全体像」を背景にすれば"傑作"も見え方が違ってく

916

第 31 章　1813 ～ 17 年　生涯全開期はなぜ " 沈黙の時代 " と呼ばれたのか

る。「大作曲家」が時代を創ったのではなく、時代を生き抜いた「大作曲家」
が見えてくるのではないか。

1 ｜ 1810 年は"沈黙の年"に近い？

　まず、問題とされてきた作曲行為の成果物の多寡について、その他の時期
との比較を論じることから出発しよう。前述したように［755 ページ］、フォー
ブズは 1810 年の副題のひとつに「創作力の衰え」を挙げているが、6 月 11
日までは《エグモント》の上演のための仕事があり、おそらく前年末から同
年初にかけてはトムソンから受取った民謡を前に編作に取りかかり、7 月 17
日に 53 曲を発送するまで、それらにかかり切りであったと思われる。年金
支給の御礼としてキンスキー侯夫人に献げることになる《3 つの歌曲》
Op.83 の作曲は民謡編作と並行し、その副産物と見ることができる。同時に、
8 月以降に世に出ていく Op.72 ～ 82, 84、計 12 作品の出版準備に勤しみ、
最終的な推敲、そして清書稿の作成と点検、さらには校正刷のチェックに明
け暮れた。ことに、5 月にヴィーンを発つクレメンティに手渡した Op.73 ～
79 は 8 月から 9 月にかけてロンドンで先に出版され（Op.73 の刊行は 11 月
にずれ込んだ）、それはベートーヴェン自身が本格的にイギリス市場に打っ
て出ていった記念すべき足跡となった。
　前章との関連で言えば、ピアノ・コンチェルト第 5 番 Op.73 のパート譜
を含むこれらの出版が大英帝国で可能となったことを考えると、オーケスト
ラ・パート譜のイギリスでの需要を訝るトムソンの言説は一アマチュア出版
家がエディンバラから発した視座のものであることを意識しなければならず、
一概には言えないという結論になるだろう。1813 年 1 月 24 日にはロンド
ン・フィルハーモニック協会［音楽愛好家協会］が結成される運びとなり、オー
ケストラ・コンサートの本格化が始まるのであって、優秀な弦楽器演奏家の
増加は水面下で着実に進行していたとも言える。
　Op.73 ～ 79 については 11 月以降のドイツでの刊行に向けた準備とも重な
るので負荷は 2 倍となり、加えて Op.81 のロンドンでの出版と、Op.80 ～
84 のドイツでの出版（その最後の刊行は 1811 年 7 月）の準備も続く。ライ
プツィヒとの校正やりとりはある程度、書簡に跡づけられるが、ロンドンか
らの校正刷の送付は、まさに郵便事情が最悪の時期で、どうだったのか不明

917

第Ⅱ部　歴史的考察

である。1810 年後半は《オリーブ山のキリスト》Op.85 とミサ曲 Op.86 の最終手入れが行われる。要するに、この年は"傑作の森"後期の 14 作品の出版準備に忙殺された。作曲に集中した後の時期には作品を公的存在とするための作業が付き物で、集中度合いが強いほど、作曲作業と出版準備作業は時期的に偏ったものとなる。

　夏から秋にかけてピアノ・トリオ [Op.97] と弦楽四重奏曲 [Op.95] の作曲に取りかかるが、完成はいずれも 1811 年前半であり、成果物の量という点では 1810 年のそれは"傑作の森"の作曲集中期に比べれば、確かに少ない。

2 | 1813 年

　さて、1813 年はどうであったか。前述したように、1813 年最初の 3 ヵ月は、シンフォニー第 7 番とともに 4 月 21 日に試演に至る、シンフォニー第 8 番の最終的仕上げとパート譜作成チェックの時期であった。並行して 2 月 19 日までは、同日に発送するトムソン歌曲 30 曲の編作が作曲活動の中心であるが、そのほかに作曲の形跡は確認できない。7 月末まで約半年ほど、デプレッションの時期であったことは確認した [第27章11]。8 月以降は《ウェリントンの勝利》の作曲と、12 月から翌 1814 年 2 月にかけての大コンサートの体制作りが始まった。

　このように 1813 年を振り返ってみると、シンフォニー第 8 番を完成させた後、《ウェリントンの勝利》の作曲を開始するまで、4 月下旬から 7 月末までの 3 ヵ月間は"作曲休止期"とは言える。

　しかし 1812 年のボヘミア滞在の 2 ヵ月もそうだが、休むことなく作曲を続けるという前提でベートーヴェンの生涯を査定すること自体が後世の陥穽である。すでに引用したように、7 月 4 日付書簡 [BGA 661] で年金不払い裁判のための書類を調えなければならないことについて、「なんという仕事でしょう、自分の芸術以外何も心にはない芸術家には」と嘆いているように、蓄えは長期の温泉地療養によって減少し、弟一家の窮状がそれに輪をかけて、年金契約の履行を法的手段に訴えて迫ることは最優先の課題となっていた。作曲どころではなかったと言うべきであろう。

918

第31章 1813〜17年 生涯全開期はなぜ"沈黙の時代"と呼ばれたのか

3 │ 1814 年

　1814 年はというと、《フィデリオ》序曲が間に合わなかったことに象徴されるように、その前半は大車輪の忙しさであった。全体の進行を左右するオペラ本体の改訂とその練習を優先させて、仕事が完了しない影響を極力少なくした結果として、オーケストラだけの序曲が後回しにされたのである。それを初演前日か前々日に書き始めたかのような逸話が遺されているが、3 日後の第 2 回公演で上演できたことからすると、パート譜作成や練習の時間が取れなかったということではないか。

　前述した、アントーニエ・ブレンターノとの馴れ初めの、1811 年 10/11 月頃に手掛けたピアノ伴奏歌曲《恋人に寄せて》[WoO 140] が、6 月に雑誌付録として出版されるに際して、改訂稿（第 3 稿）を作ったのはこの頃であろう。また《フィデリオ》第 3 稿のスケッチに挟まれて、無伴奏合唱曲（テノール 2 とバスの 3 声）《別れの歌》[WoO 102] 作曲の跡がある。1814 年 3 月頃から使用の「デッサウアー」スケッチ帖は最初から 66 枚目表までが《フィデリオ》のスケッチであるが、35 枚目裏から 36 枚目表が、友人のヴィーン市参事会員マティアス・トゥッシャー（1775 頃 -1860）[後に甥カールの共同後見人となる] の依頼に応えたこの作品に充てられている。同人は、知人の弁護士レオポルド・ヴァイスがシュタイアーに移住するにあたって、その送別会のために歌を書いて欲しいと巨匠に願い出たのである。4 月から 5 月にかけての作曲と見られる。これは 79 小節からなる完全なる「プライヴェート作品」で、自筆譜はトゥッシャーの許に遺された。

　ベートーヴェンの名声の高まりとともに、近しい友人たちが大作曲家におねだりをし始め、《フィデリオ》大成功はそれに火を点けたか、以後ときおりこうしたプライヴェート作品が生まれる。6 月 24 日に、主治医としてお世話になっているヨハン・マルファッティ（1775-1859）の聖名祝日（聖ヨハネの日）を祝う催しが、その助手を務めているヨーゼフ・ベルトリーニ医師によって企画され、その依頼によってベートーヴェンはソプラノとテノール 2、バスのためのピアノ伴奏カンタータ《楽しい乾杯の辞》[WoO 103] を書いた。これも、いっそう大きな規模（100 小節）の完全なる「プライヴェート作品」で、1945 年にドイツ語訳詞付で初出版されたが、原曲はイタリア

919

第II部　歴史的考察

出身のマルファッティのためにイタリア語歌詞を持っている。祝宴は郊外の
ヴァインハウスにあるマルファッティの別荘で開かれ、ベートーヴェンが上
演を取り仕切ったと思われる。

　8月5日は、家主であり生涯の友、パスクァラーティ男爵の亡き夫人の三
回忌であったが、そのために書いて、死後の1827年8月に刊行された出版
譜においてパスクァラーティに献げられた、弦楽オーケストラ伴奏合唱曲
《悲歌》[Op.118]はどうやら期日には間に合わなかったようで、完成は9月に
入ってしまった可能性がある。

　10月4日のオーストリア皇帝フランツの聖名祝日を記念するために、《聖
名祝日》と通称される［日本では《霊名祝日》とも］、本来、無題の序曲［Op.115］
［第26章7を参照］を仕上げようともしていたらしく、その自筆スコア2ページ
目の譜面冒頭に「序曲、ベートーヴェンによる、1814年ワインの月［引用者
注：10月］1日、われらの皇帝の聖名祝日の前夜に」と書かれていることにそ
れが窺える。1809年夏に書き付けたスケッチから、1811年と1812/13年と
2度にわたって推敲が続けられ、3度目の正直となるところ、今回も未完に
終わり、当日および前日には別の演目が上演された。スケジュールに仕事が
追いつかない、この年2つ目の例である。

　ヴィーン会議関連行事のための作曲と並行して、いくつかのピアノ伴奏歌
曲（《兵士の別れ》WoO 143など）の作曲があり、第2歌曲作曲期の開始で
ある。さらにトムソンからの注文に応える民謡編作の仕事にも取り組んだ。
12月末からオーケストラ伴奏合唱曲《海の凪と成功した航海》[Op.112]の作
曲に取りかかる。

　こういうところから見ても1814年はかなり多忙な年であったと言うべき
であり、公式と非公式の創作活動が折り重なるように連続し、ベートーヴェ
ンもそれにできるだけ応えようとする。こういう実直で誠実なベートーヴェ
ン像は、他人と衝突することを厭わない気性の激しいベートーヴェンという
像の影に隠れてしまっているのではないか。

　1814年はベートーヴェンの生涯において、沈黙などまったく無縁の、絶
えることのない旺盛な創作活動が続いた1年であったと言うべきである。

920

第31章　1813〜17年　生涯全開期はなぜ"沈黙の時代"と呼ばれたのか

4 | 1815年

　1815年は、1月18日にキンスキー裁判の、4月19日にロプコヴィッツ裁判の判決がそれぞれ出て、支給額の減額は呑まざるを得なかったが、これで経済問題の一部は解決した。そのための関係者たちとの頻繁なやり取りに忙殺されながら、コンサート計画にも取り組んでいたことは第29章6で詳述した。その間を縫うように、前年から継続している歌曲・民謡編作の仕事として、2月にトムソンに15曲を送ったほか、新たにピアノ伴奏歌曲《希望に寄せて》[Op.94]と《声高な嘆き》WoO 135が生まれた。ピアノ・コンチェルト第6番ニ長調Unv 6と『エレオノーレ・プロハスカ』のための音楽WoO 96は、前述したように［第29章6］、日の目を見ることはなかったから、こうした表面に現れない創作が続いたことが後世には成果物がないという印象を与えたことは確かだろう。

　3月20日発信で、その当時、ロシア帝国のタルゼン［現ラトヴィア共和国タルジ］在住のアメンダが十数年ぶりに便りを寄せ［BGA 791］、同地で親しくなったルドルフ・フォン・ベルゲが書いた大抒情オペラ《バッカス》の台本を送ってきた。前年末にも、トライチュケの台本によりオペラ《ロムルスとレームス》を書くことをいったん決意したが、この台本が他の作曲家の手にも渡っていて、新聞でその制作が発表されるに及んでベートーヴェンはたいそう立腹した。この件は1815年9月に再浮上し、12月中頃に彼はトライチュケに「私はロムルスを書きます、ここ数日中に始めます、……」［BGA 863］と書いている。その間の夏から秋にかけて、シンフォニー第9番の最初のスケッチ［Quelle I.1 (1)］がなされる。11月9日、ヴィーン音楽愛好家協会理事会はベートーヴェンにオラトリオ作曲を委嘱する。その年にヴィーン新聞の主筆に就任したヨーゼフ・カール・ベルナルト（1780-1850）が1809年に著わした『十字架の勝利』が台本として選ばれていく。

　このように、《フィデリオ》効果のひとつとして、オペラやオラトリオ作曲の委嘱がベートーヴェンに持ち込まれ、彼も口頭で受諾したり、ものによっては実際にスケッチし始めたり、そして《第9》の構想など、新しい大課題への模索が続くのが1815年の特徴である。オラトリオを期待した音楽愛好家協会はその後10年にわたり何度も催促をし、1819年にはベートーヴェ

921

第Ⅱ部　歴史的考察

ンは前金として 400 グルデンを受け取り領収書も発行するが [BGA 1307]、結局まったく手を付けないままに終わった。

　自筆譜への日付記入によれば、「7 月末頃」から「8 月初め」まで、チェロ・ソナタ第 4 番ハ長調 [Op.102-1] に取りかかり、第 5 番ニ長調 [Op.102-2] の終楽章は 9 月から 11 月に集中的な作業が行なわれ、全体の完成は 1816 年初めであった。また《海の凪と成功した航海》もようやく 1815 年末に完了した。1815 年に書き上げた作品数はふつうの年に比べると確かに少ないが、計画倒れに終わったものを含めて、新たな始動への模索が続いた。

　そのほかに、この年以後、毎年、数曲のカノンが書かれるようになる。大半が友人たちに送る挨拶のようなもので、「プライヴェート作品」の極小版である。ここには、彼の人気度が上がったことで、友人たちにもその音楽的挨拶が喜ばれるという構図がある。

　1815 年 11 月 15 日に弟カスパール・アントン・カールがついに死去した。それ以後、ベートーヴェンの日常は大きく変わる。11 月 22 日に遺言が執行されて、遺児カールについて、母ヨハンナが後見人、ベートーヴェンが副後見人に指名された。これを不服として、彼は即座に訴えの準備を始め、11 月 28 日に、単独後見人となることを要求して提訴する。甥の後見権を争う第 1 次裁判の開始である [第 34 章 7 につづく]。

5 │ 1816〜17 年

　1816 年の状況は 1810 年のそれと似ている。1812 年にブライトコップ & ヘルテル社との協働作業が途絶えてから、出版社との新たな関係を構築できないまま、作品は溜まるばかりであったが、ここで一気に 10 作品（Op.92 〜 101）、その他の刊行が続く。少なくとも秋まではその出版準備に多大な時間を取られて、大曲に集中的に取り組む余裕はまったくなかったと思われる。

　この時期にわずかにあるのは、1 月 24 日に急逝したロプコヴィッツ侯夫人マリア・カロリーネを追悼する作品への取組みである [273 ページ参照]。これは性質上、急いで仕上げる必要があり、そうして《遙かな恋人に寄せて》[Op.98] を 4 月までに書き上げた。5 月 14 日にトムソンに民謡編作を 24 曲発送したのでその仕事が並行したほか、4 月から 5 月にはピアノ・ソナタ第 28

922

第 31 章　1813 ～ 17 年　生涯全開期はなぜ " 沈黙の時代 " と呼ばれたのか

番［Op.101］の創作が手掛けられた。1801 年から 03 年頃に書かれたままにな
っていたピアノ・トリオ変奏曲［Op.121a］を大幅に（?）手直しして書き改め、
7 月 19 日付で 4 年ぶりに書いたヘルテル個人宛書簡［BGA 950］で、他の作品
とともに、提供意思を表明している。これは、その書き出しに記されている
ように、ヘルテルからの再三の要請に応えたものであったが、協働事業の再
開とはならなかった。その文面に「私はいつも完璧に健康というわけではな
く」とあるので体調を崩していること、また「私の不幸な弟は … 死去し、
彼の子供の世話がまったく私のこととなりました」とあって、生活が一変し
たことが見て取れる。

　ニーダーエスターライヒ貴族裁判所が 1816 年 1 月 9 日にベートーヴェン
の訴えを認めて［BGA 876］、以来、彼は甥カールの正式で唯一の後見人とな
った。しかし自宅で彼とまだ 8 歳の甥と 2 人だけの生活ができるわけはない
ので、受け入れ先施設を探し、スペイン出身のカイエタン・ジャナンタージ
オ・デル・リオ（1764-1828）の経営する寄宿学校に入れることにした。判
決に基づいて 2 月 2 日に甥をその母親から切り離し、そこに入学させ、1818
年 1 月 24 日まで在籍させことになる。入学当初、母親が毎日のように学校
に連れ戻しに訪れるなど、その対処のため週に何度も校長のジャナンタージ
オに書簡を書き、また母親のそうした行為をやめさせるために裁判所に陳情
書を提出するなど、トラブルに完全に巻き込まれてしまい、時間的にも精神
的にも相当の負荷が懸かった。それは、創作活動に没頭することを妨げる一
方で、寄宿学校への高額な支払いのために、コンサート活動が事実上できな
くなったいまは、作曲して出版して、できるだけ多くの現金収入を挙げなけ
ればならないところに、ベートーヴェンを追い込んでいく。

　次章で詳しく触れるイギリス演奏旅行計画もまた、本質的な阻害要因が嵩
む。年金契約においては演奏旅行の自由が確保されてはいたのでその点では
問題なかったとしても、ここに来て、聴力の衰えが付き添い人の同行を余儀
なくしたことによって、招聘元の負担を増やすことが明白になる。そればか
りか、そもそも甥を置いての長期間にわたるヴィーン不在は不可能な状況を
自ら作り出していたのである。こうした生活環境は、ヨハンナが再度、訴え、
その決着が 1820 年 9 月に着くまで、続く。

　さらに秋には健康を大きく崩す。まず 1816 年 11 月 3 日にヅメスカル宛で
「先月 14 日以来、私はずっと病気で」［BGA 995］と短くあり、さらに半年後
の 1817 年 4 月 19 日にロンドンのニートに宛てた書簡［BGA 1116］のなかで

923

第Ⅱ部　歴史的考察

「10月15日以来ひどい病となり、その余波にまだ苦しみ、治癒しておらず、ご存じのように、私は作曲のみで食べていかなければならないのですが、この病気以来ほんのわずかしか作曲できず、ほとんどまったく稼ぐことができませんので、もしあなたが私のために何かやってくださるのなら大歓迎です」と書いている。さらに1817年6月19日付でエルデディ伯夫人に宛ててもっと詳しく「1816年10月6日以来すでにずっと病気で、10月15日以後は激しい炎症性カタルに襲われ、そのため私は長きにわたってベッドに伏せていなければなりませんで、それは何ヵ月も続きました、ほんの少しだけ外出してもかまわなくなるまで」［BGA 1132］と書いた。

　病床にありながら稼ぐためにできることと言えば、トムソンの仕事程度であってもやむを得ないであろう。1817年2月15日までに23曲を送付するのである。その書簡［BGA 1085］では「いまのところ時間があるので早めに納品可」とも言っており、編作以外の仕事はできないし、またそれ以上はする気のない状況であったように思われる。前述［905ページ］したトムソンとの順風満帆なやり取りにはこうした深い理由が隠されていた。

　1817年4月にジャナンタージオ寄宿学校の近くに引越しする。5月10日に義妹ヨハンナとの間に、彼女がカールの養育費の一部を分担するといった内容の、第1次の約定書が成立した。さらに7月初めから10月14日まで基本的に郊外のヌスドルフ（ハイリゲンシュタットのさらに北）に療養を兼ねて滞在する。そこでの創作活動で確認できるのはピアノ・トリオ Op.1-3 を弦楽五重奏曲に編曲［Op.104］することくらいである。またシュタイナー社との間の第1次集中出版（Op.90〜101）のなかで出遅れていた最後の2作品、シンフォニー第7番 Op.92 と第8番 Op.93 が、年始めから早ければ復活祭までの間に刊行され、それ以後は出版関係の仕事に関わることも事実上なかった。

　ヌスドルフで書かれ、1817年8月21日にヅメスカルが受け取った書簡［BGA 1161］はこの時期の彼の落ち込みぶりを端的に表している。

　　残念ながら私はあなたがご病気であると聞いています。——私の方はといえば、しばしば絶望し、自分の生涯を閉じたくもなります。というのは、このあらゆる使用［原注：おそらく薬剤の服用］が終わらないのです。神よ、われを憐れみ給え。私は自分を失ったも同然と思っています。——［中略］——もしこの状態が終わらなければ、私は来年ロンドンにではなく、もしかしたらお墓のなかかもです。——やれやれ、役割はまもなく終わります。

924

ヴィーンに戻ると、カールを引き取る準備を始める。確かにこの半年、ないし1816年10月中旬から約1年は、創作活動全般が"停滞"はしていた。

カール問題のさしあたっての見通しがついてきて、健康も回復してきたか、11月頃から弦楽四重奏曲ロ短調アレグレット WoO 210（23小節、自筆譜に11月28日の日付あり）や、弦楽五重奏曲ニ短調 Unv 7 の53小節の書き付けなどとともに、ピアノ・ソナタ第29番通称《ハンマークラヴィーア》[Op.106]の創作が開始される。

12月25日恒例の市民病院基金のための慈善コンサートがいつもの宮廷大舞踏会場で開催されたが、ベートーヴェンの作品はシンフォニー第8番だけで、指揮は本人が執った。その日の後半は、アン・デア・ヴィーン劇場オペラ監督イグナーツ・ザイフリート（1776-1841）がエマヌエル・バッハのオラトリオ《荒野のイスラエル人》を指揮した。こうした演目構成となったのは、前年までの主役ベートーヴェンがコンサート全体を取り仕切ることはもはや不可能となっていたことに対する処置であろう。

6 │ ブロードウッド・ピアノの搬送

この時期のエピソードをひとつ紹介しておく。

1817年8月、ロンドンのピアノ製作者トーマス・ブロードウッド（1786-1861）が、ドイツおよびイタリアの主要都市行脚の途次にヴィーンに立ち寄ったとき、ベートーヴェンを訪問した。そしてピアノ寄贈を申し出たと思われる［TDR IV, 84-85ページ］。1818年1月3日にブロードウッドはベートーヴェンに書簡［消失/BGA 1217］を送り、1817年12月27日にピアノがトリエステに向けて船積みされ、港からヴィーンへはバロー商会により陸送される、と伝えた。同社の発送簿の同日の欄には、「6オクターヴのグランド・ピアノ・フォルテ、製造番号7362、ブリキ・モミ製ケース、ブロードウッド氏により、トリエステの F. E. J. バロー商会による管理の下、ヴィーンのヴァン・ベートーヴェン氏への贈り物」［BGA 1217典拠注］とある。1818年2月3日付でベートーヴェンはブロードウッドにフランス語で礼状を書いた［BGA 1242］。それは、トリエステからの運送を託されたジュゼッペ・アントーニオ・ブリディ（ブリディ・パリジ商会代表）がブロードウッドに2月5日付

第II部　歴史的考察

で書いた書簡 [BGA 1243] に同封されて郵送された。

　こうした周辺の動きから、業者間で、運賃から関税に至るまで、ベートーヴェンの負担がいっさいないよう、各方面との折衝がなされつつあることが判る。当時、ピアノ製造に関してとくにヴィーン、パリ、ロンドン間で烈しい競争があり、オーストリア領内では地場産業保護の観点から輸入品に高い関税が掛けられていた。ベートーヴェンも、寄贈は嬉しいがそれに伴う出費も心配で、礼状を書くと同時に、旧知のナネッテ・シュトライヒャー宛 [BGA 1240]、モーリツ・リヒノフスキー伯宛 [BGA 1238] に、免税の可能性や楽器の運搬・保守管理の心配などをしている。

　ヴェネツィアの隣町トリエステは当時オーストリア領で、一時ナポレオンに占領されたが 1813 年に奪還された。内陸国オーストリアの唯一の海洋玄関口であり、寄贈ピアノはロンドンから大西洋を通って、ジブラルタル海峡で地中海に入り、イタリア半島の南端を通過してアドリア海を北上した。4ヵ月ほどの航海と数週間の陸送を経て 1818 年 6 月初めにヴィーンに到着した。6 月 8 日付ヴィーン新聞は、ピアノの到着と帝国・王国宮廷官房が関税を免除したことを報道している [BGA 1240 注 5]。ピアノはさしあたってシュトライヒャー商会の陳列室にしばらく展示されたのち、メートリングに住むベートーヴェンのところに運ばれた。

　そのときベートーヴェンは《ハンマークラヴィーア》ソナタ [Op.106] の創作の渦中にあった。この作品は第 1 〜 3 楽章までと第 4 楽章とでピアノの音域が異なるという、一見、不可解な特徴を持っている。前 3 楽章が下 1 点へ音〜 4 点へ音の 6 オクターヴであるのに対して、終楽章は下 1 点は音〜 4 点ハ音の 6 オクターヴで、つまり 4 度低い音域の範囲内に作られている。各地でピアノ製造は開発競争に晒されており、それによってその製品には音域にも違いが生じていた [791 ページ参照]。ひとつの作品が音域の異なる 2 つの楽器を前提に書かれているということは、第 4 楽章がブロードウッド・ピアノ到着後の作曲であることの証明となるが、ベートーヴェンは意図的に 1 台の楽器で全楽章の演奏はさしあたって不可能であることを譜面に落とし込んだわけである。

　技術的にも当時の演奏水準を超える作品と言われ、ベートーヴェンが「あと数年は弾けないであろう」と語った、というまことしやかな伝説がある。本当にそう言ったとすれば、それは当時の技術では演奏至難という意味ではなく、全楽章を 1 台のピアノで弾くには、下 1 点は音〜 4 点へ音という 6 オ

926

第31章　1813〜17年　生涯全開期はなぜ"沈黙の時代"と呼ばれたのか

クターヴ半の楽器が開発されるまでに数年はかかるで、の意と解すべきであろう。シュトライヒャー商会にたびたび出入りし、ピアノ開発競争の現場に居合わせた彼は、自分の《ハンマークラヴィーア》ソナタを演奏可能な楽器が近い将来、必ず一般化する、と確信していたに違いないと言える。そうした試作品が当時のヴィーンですでに作られていたことは今日、知られているが、それはまだベートーヴェンに身近なものではなかったということを、このソナタは示している。

7 ｜ 1818〜19年

　1818年は、かつてないほど大規模なピアノ・ソナタ第29番の作曲に集中したことで、"沈黙の時代"には組入れられていない、ないしそれから脱出した年とされる。しかしそれ以外には、2月にトムソンにオラトリオ《熱情音楽の力への讃歌》作曲受諾の返事とともに送った3曲の民謡編作と、8月に12曲の送付が続くくらいである。また、独自の出版活動もまったく停滞していた。ここにも、傑作を生んだか生まないかだけで、すなわち後世にとって意義ある年であったかどうかによって（後世中心史観）、創作活動を評価する見方が反映している。

　1819年は、前年末にヨハンナの提訴が市民裁判所〔マギストラート〕へ回付されたことで、1月から後見権を争う第2次の裁判が開始され、1820年7月にかけて、裁判所提出文書の作成などに忙殺される大変な期間となる。1819年の成果物も前年と似たようなもので、前半は33曲から成る《ディアベッリ変奏曲》[Op.120]のうちの23曲について集中的に取り組むが（完成は、長い中断を経て、1823年3/4月）、その他としては、2月にトムソンに送った最後の1曲（WoO 156：16）と、5月に書いたが送付しなかったと思われる4曲（WoO 156：17〜19、WoO 157：4）があるだけである。出版活動は実質的に《ハンマークラヴィーア》ソナタのみであった。

　しかし4月から《ミサ・ソレムニス》[Op.123]への集中的な取組みが始まる。その完成は1823年1月とされるが、1819年12月19日にルドルフ大公宛書簡[BGA 1361]の追伸で「ミサ曲はまもなく殿下のお手元に届くことになるでしょう」と述べているので、この段階でとにかく一応の形には仕上がってきたと見ることはできる[後述、967ページ以下]。したがって《ディアベッ

第II部　歴史的考察

リ変奏曲》から《ミサ・ソレムニス》まで旺盛な作曲活動の展開が確認されるということで、完全復活の年と捉えられている。しかし復活の象徴である2つの大曲はいずれも取り組んだだけであり、成果主義的に見れば、完成作品は実質的にはないと言ってよいのである。

8 │ 1813年から19年の活動総括

　このように1813年から17年の5年間の創作活動を、その前の1810年から後の1819年までの1810年代全体として捉え、多少の身辺の動きと並行させて記述してくると、1815年11月の弟カールの死まではベートーヴェンの創作活動はむしろ活気あるものであったと総括することができる。にもかかわらず、1813〜15年について後世は成果物の多寡を問題にしてきた、あるいはその時期の創作活動を期待はずれのものと過小評価してきた、と言える。

　弟の死は、ベートーヴェンを甥問題に巻き込んでいったことで、結果的に見ると、彼の人生上の大きな転換点であり、それによって創作活動から時間とエネルギーが相当に消耗されることになったのは事実である。しかし翌1816年もまた、1810年および1813年と同様に、出版作業に翻弄された年で、それと引き替えに作曲時間が奪われるのは、作品の書き溜めと吐き出しの波が何度か繰り返していく、彼の人生にある典型的なひとコマであった。

　しかしながら、1816年10月後半以降の1年間は病に伏し、意気も消沈して、避けがたく活動は確かに停滞した。もし"沈黙の時代"という言説をその1年に限定して使うなら、その通りであろう。1817年11月以降、復活したとされる1818年、1819年は、成果物の多寡から見れば1813〜15年とさして変わりはない、ないし、より少ない年であった。要するに、病床に伏した1816年10月から約1年は特別な状況であった。

928

第 32 章

イギリス音楽界との関係
とくに1816〜25年

イギリスでのベートーヴェン楽譜出版の概容／
バーチャル社からの刊行／シンフォニー第7番出版遅延の真相／
イギリス演奏旅行計画／シンフォニー第9番の委嘱と専有権

1. 海賊版との闘い
2. ニートが持ち帰ったベートーヴェン作品
3. バーチャル社からの出版　《ウェリントンの勝利》ピアノ編曲版
   先行出版とシンフォニー第7番出版遅延の真相
4. イギリスからの招聘
5. ロンドン行きの逡巡
6. シンフォニー第9番とロンドン・フィルハーモニック協会の関係
7. シンフォニー第9番の専有権について
8. イギリス演奏旅行計画の顛末

第II部　歴史的考察

　ベートーヴェンとイギリスとの関係は、トムソンとの接点が長く維持されていただけではなく、いくつもの窓口があり、それはときに大きな成果を生み、時間をおいてまた別の接触が始まる、といったことの連続であった。
　ベートーヴェンの作品の原版がイギリスで出版されるということが実は18世紀中に起こっている。それは《ラ・ティランナ［「女暴君」の意］》［WoO 125］というイタリア語のタイトルを持つ英語歌詞のピアノ伴奏歌曲で、1799年12月にロンドンのブロードリップ＆ウィルキンソン社から出版された。タイトルページには「愛唱カンツォネッタ、ピアノ・フォルテのため、ヴィーンのベートーヴェン作曲、ウェニントン詩⋯」とある。おそらく、1798年にしばらくヴィーンに滞在していたウィリアム・ウェニントンがリヒノフスキー侯邸か、この出版譜の被献呈者バルバラ・チョッフェン夫人の実家プートン邸（当時ベートーヴェンはそのごく近所に住んでいた）かでベートーヴェンと知り合い、この歌曲が作曲されたのではないか、と推測されている。それを持ち帰ったウェニントンが翌年に出版したわけである。タイトルページには「ヴィーンでは主要な楽譜店で、およびロンドンではブロードリップ＆ウィルキンソン社でパブリッシュされる」と記されているが、イギリス以外でこの楽譜の現存は確認されていない。ヴィーンで「パブリッシュ」とは、ロンドンから送られたこの出版譜がヴィーンの楽譜店でも「公にされる」と解すべきであろう。それを行なおうとしたが実際にはうまく行かなかったか、送られた部数が少なくてすべて消失したか、は分らない。ヴィーンでの公告等、販売を追跡できる資料が遺っていない。
　ブロードリップ＆ウィルキンソン社はその直後にヴァイオリン・ソナタ集 Op.12 を出すなど、1808年までに24点のピアノ曲またはピアノを含んだ室内楽曲を出版している。
　プレストン社は1803年の商品目録に初めてベートーヴェン楽譜（Op.14）を載せ、1812年頃までで、廃業したブロードリップ＆ウィルキンソン社からの継承版を含めて、ピアノを編成する楽曲ばかり、28点を出版した。同社は1804年および05年に、おそらくベートーヴェンからエディンバラのトムソンに1803年10月24日に原稿が送られた［BGA 167］《ゴッド・セイヴ・

第 32 章　イギリス音楽界との関係　とくに 1816 〜 25 年

ザ・キング変奏曲》WoO 78 および《ルール・ブリタニア変奏曲》WoO 79
の出版元となり、さらに 1814 年以後はトムソンから民謡編作集のロンドン
での出版を委託される。

　ハミルトン社は 1801 年頃から 1810 年頃まで、17 点を出しただけで終っ
た。

　モンザーニ＆チマドール社（後継社はモンザーニ＆ヒル社）は 1803 年
頃からベートーヴェン楽譜の刊行を開始し、1808 年から「ベートーヴェン
ピアノ音楽選集」と銘打って、それ以前に出版されたものも再版時にそのシ
リーズに組入れて、1810 年時点でそれは第 36 集まで達した。

　バーチャル社は 1802 年頃の商品目録から 1810 年頃までだけで 21 点のピ
アノ編成・ピアノ用編曲のベートーヴェン楽譜を出版し、とりわけ、早くも
1805 年に Op.47 をジムロック社と共同出版して時間差多発出版［第 3 次］の
敢行に一役買ったことについては前述した［第Ⅰ部第 4 章 7］。ナポレオン戦争
終了後はその数はいっそう増し、1816 年の新展開については後述する。

　ロングマン・クレメンティ＆ Co. 社（後継社はクレメンティ、バンガー、
ハイド、コラード＆デイヴィス社［略称クレメンティ社］）は 1800 年に Op.6 を
出して以降、1804 年の《ゴッド・セイヴ・ザ・キング変奏曲》WoO 78 を含
む 15 点のほかに、1809 年から 10 年（一部は 1811 年初めまで）にかけて
Op.59, Op.61, Op.73 〜 82, WoO 136, WoO 137, WoO 139 の時間差多発出版
［第 4 次および第 6 次］の一翼を担ったことについてはすでに詳述した［第 22 章お
よび第 25 章］。

　数点の規模で終わった出版社についての記述は省略するが、ロンドンで
1810 年頃までにベートーヴェン楽譜の出版の総点数は百数十点にのぼる。
その数は同時期までのヴィーンの出版社全体の点数に匹敵する。1800 年代
に限ってみればヴィーン社を凌ぐと言ってよい。ただ全般としては、創作さ
れた作品（出版可能な）すべてではなく、ピアノ独奏曲、伴奏付ピアノ曲、
ピアノを含んだ室内楽曲、ピアノ用編曲版がほとんどで、せいぜい弦楽四重
奏曲どまりである。オーケストラ作品のパート譜出版は、前述した 1810 年
11 月のクレメンティ社によるピアノ・コンチェルト第 5 番 Op.64［Op.73］が
最初である。1808 〜 09 年のチャンケッティーニ＆チマドール社によるシ
ンフォニー第 1 〜 3 番のスコア譜出版はまさしく孤高の存在であった。

　こうした全体像のなかに、トムソンの種々の言説は位置づけられなければ
ならないが、一方でイギリスにおける圧倒的なベートーヴェン受容、ベート

931

第Ⅱ部　歴史的考察

ーヴェン人気の胎動はこのように始まっていたとも言うことができよう。

1 ｜ 海賊版との闘い

　ヴィーンに滞在したウェニントンによって原稿が直接イギリスに持ち込まれた 1799 年末の《ラ・ティランナ》WoO 125 と、ベートーヴェンが原稿を送付したことが確認できる 1804 年にプレストン社から出版された 2 つのイギリス国歌変奏曲 WoO 78 と WoO 79、そして 1809〜11 年の一連のクレメンティ社出版以外は、すべて続版、すなわち著作権料を支払わない海賊版、であった。上に記したように、《ゴッド・セイヴ・ザ・キング変奏曲》WoO 78 でさえ、ベートーヴェンから送達を受けた原稿に基づくであろうプレストン社版よりおそらく先に、クレメンティ社は（ヴィーン原版を元に?）出版しているのである。大陸で出版された原版かそれに基づく他社の続版を底本として著作権料支払いのない版を出版することは、著作権保護が国際的に確立されていない時代としては違法な行為ではなかった。

　新カタログに記載された当時の出版譜を数えると解ることだが、19 世紀の最初の 10 年においてベートーヴェン楽譜の出版点数がヴィーンよりロンドンの方が多かったという事実には、数えた私も驚いた。その理由は何かと考えると、ロンドンでは著作権が保護されていないので、儲かりそうな作品を儲かりそうな編成に変えて各社が競い合って出していたのに対して、ヴィーンでは本人に知られることを憚って、むやみには海賊版を出しづらかった、という事情の所為であろう。

　トムソンは 1818 年 12 月 28 日に「私の変奏主題の写しを、それが当地で出版される以前には誰にも持たせないよう、細心の注意を払っていただきたく期待します。というのは我々の最高裁で、ある音楽作品がイギリスでの出版以前にヴィーンその他で出版された場合、そのイギリスでの所有権は否定され、その音楽を出版する自由は誰にもある、と決定されたからです」〔BGA 1275〕と書いている。

　そういう環境下にあったからこそ、自らがコントロールする時間差多発出版を行なって自作品の不当な流出を阻止しようという試みに、ベートーヴェンは生涯、挑み続けなければならなかったのである。

　そのような最高裁判決が出たということは、著作権をめぐる争いがあった

第 32 章　イギリス音楽界との関係　とくに 1816 ～ 25 年

からであり、すでに成立しつつあった新しい商習慣に与しない人々もいたことを物語っている。ベートーヴェンからすれば、作品所有権が手からこぼれ落ちてしまうかのように外国の他社に無視されるのを少しでも阻止しようと、機先を制して外国で出版させるためには、外国在住の知人を頼りにすることが最も有効な手段であった。1803 年に早くも声をかけてきたトムソンはどうにも頼りなく、1807 年 4 月から中断を挟んで 1810 年夏までヴィーンに滞在していたクレメンティはその意味で貴重な存在であった。1810 年から本格的にトムソンの要請に応えた民謡編作に取組み始める背景として、外国の出版社との関係を維持しておく有為性が意識されていたということがあったかもしれない。

　ロンドン在住の知人と言えば、リースが 1813 年 4 月から当地で活躍を始めていた。1809 年 7 月までの第 2 次ヴィーン滞在期［第 24 章 5］以降、彼はカッセル、ストックホルム、サンクト・ペテルブルクなどを楽旅し、ロンドンでイギリス婦人と結婚して同地に定住するようになったのである。ベートーヴェンが書いた 1814 年 9 月末のリース宛書簡［BGA 742］によって両者の連絡が復活したことを我々は知る。

　しかしリース・ルートだけではなく、1815 年 3 月 16 日にベートーヴェンは、在英経験があり英語の堪能なヨハン・フォン・ヘリング（1761 頃 -1818）を介してイギリスの指揮者ジョージ・スマートとも接触する［BGA 790］。ヘリングは、ヴィーンの北方エーバーガッシングにあるフランツ・ヨーゼフ・ブロイス・フォン・ヘニクシュタイン所有の「皇帝・国王認可イギリス風木綿織物製作所」の共同経営者で、そのヴィーン営業所を統括していた会社員であり、アマチュアのヴァイオリニストでもあった。ヘリングがベートーヴェン伝に初めて登場するのはその直前、2 月のトムソン宛英文書簡［BGA 784］を代筆したときで、ベートーヴェンがその頃、増えてきたイギリスとのさまざまな交渉のためにヴィーン在住の英語ができる人物を探したと推察される。

　1815 年 3 月 16 日付スマート宛［BGA 790］は代筆ではなくヘリング自身の書簡であり、ヘリングがイギリス滞在中に知己となったプロの指揮者スマート卿にベートーヴェンを紹介するという形を取っている。そのため、文面には第三者としての客観的な観察が含まれており、「彼はイギリス行きのことをしじゅう語っているのですが、私が危惧するのは彼の耳疾が、見たところ進んでいて彼にこのお気に入りのアイディアの実行を許さないことです」と

933

第II部　歴史的考察

述べている。ちなみにこれは、第29章6で触れた、ピアノ・コンチェルト第6番ニ長調 Unv 6 の途中放棄、そしてコンサート計画の断念か、という時期と符合する。

　スマートは初期のフィルハーモニック協会の指揮者として重要な人物で、1814年2月25日にはドゥルリ・レイン劇場で《オリーブ山のキリスト》Op.85 のイギリス初演を行った。スマート宛にヘリングに書かせた内容は、シュタイナーとその後4月29日に取り交わす13作品出版契約書［前出］と重複する9作品の出版をロンドンの出版社に取り持ってくれないだろうか、というものである。イギリスとの通商を、しかもスマート卿に窓口となってもらって、自身が行なう、という決断をベートーヴェンにさせたのは、その直前、1815年3月2日のヴィーン新聞の報道であろう。同年2月10日と13日の2回、ロンドンのドゥルリ・レイン劇場でスマートの指揮で《ウェリントンの勝利》［Op.91］が演奏され、「大入りで大喝采」であったことが報じられたのである。しかしその上演を報道によって初めて知ったというだけではなく、ある種の憤懣やる方ない背景がそこにはあって、そしてそのこととロンドン上演大成功が結びついて、危機感が募った。ヘリングは次のように書いている［BGA 790］。

> 彼はそれをピアノ用に編曲しましたが、そのオリジナルを摂政殿下に献上しまして、殿下が献呈に敬意を表してということだけでなく、そのこと自体を喜ばれた、ということを彼が知るまでは、その編曲をいずこの編集者に売ることはあえてしないできました。何ヵ月も待ちまして、ささやかな謝意も受け取ることがありませんでしたので、彼は、あなたに助言を求めるよう私に頼んできました。

　彼がイギリス国王摂政ジョージに《ウェリントンの勝利》のスコア筆写譜を送ったのは1814年初めのことであったが（日時をはっきりと突き止めることはできない）、何の返事もないままに、しかもそれを使用してロンドンで勝手に演奏され、何の見返りもない、ということに対する怒りがあったのではないか。宛名はないが、ジョージへの献呈の仲立ちをしてくれたラズモフスキー侯（その2日前に侯爵に昇格）に宛てたと『書簡交換全集』で結論づけられた1815年6月5日の書簡［BGA 810］に次のような個所がある。

> 摂政殿下は私の作品をロンドンのドゥルリ・レイン劇場の音楽監督部に、そこで上演するために、引き渡させたのだ、ということを知りました。これはスマート兄弟の演奏統括［引用者注：指揮がジョージ・スマート、コンサートマスターが弟のヘンリー・スマートだと思われる］で2月10日に行なわれ、同月13日に再演されました。

第 32 章　イギリス音楽界との関係　とくに 1816 ～ 25 年

　その 4 日前の 6 月 1 日にもロンドン在住の同郷ザロモンに次のように吐露
している [BGA 809]。

　　もしかしたらあなたは私に、どのようにすれば私は摂政殿下から、彼に送付したヴ
　　ィットリアの戦い [引用者注：《ウェリントンの勝利》のこと] の、少なくとも写譜代金
　　を得ることができるか、をお示しくださることも可能でしょうか。というのは、私
　　はそれ以上の何かを当てにするという考えはずっと前に放棄しておりますが、私が
　　この作品を出版する際にそれを摂政殿下に献呈してよろしいかということにお答え
　　すらいただけないものですから。この作品がすでにロンドンでピアノ編曲で出版さ
　　れているとさえ耳にしますので [引用者注：そこまで進行してはいなかった]、一作者に
　　とって何という運命でしょう。イギリスとドイツの新聞がドゥリ・レイン劇場で
　　のこの作品の成功についていっぱい取り上げているのに、また劇場自身もそこそこ
　　の結構な収入を得たのに、作者はそれについての嬉しい知らせもなく、まして写譜
　　代の補填など皆無で、あらゆる利益の亡失です。なぜなら、ピアノ編曲が彫版され
　　たのが本当なら、ドイツの出版者は誰ももはやそれを買いません。おそらくピアノ
　　編曲はやがてドイツの出版者の誰かからロンドンの続版で出て、私は名誉も報酬も
　　失うのです。

　この引用書簡は「私の唯一の収入は私の作品であり、イギリスの売れ行き
を計算できるなら、私にはきわめて好都合なのです」と閉じられる。
　ベートーヴェンの自身による本格的なイギリス出版界進出の背景には、ま
ずヴィーンでコンサート活動からの収入が見込めなくなったことがある。そ
れに輪をかけて、イギリスのために書いた《ウェリントンの勝利》がナポレ
オン戦争の突然の終息で発表の場をさしあたってヴィーンに移さざるを得な
かったこと、イギリスでは摂政に献呈した作品として発表したいこと、献呈
行為には摂政の裁可が必要でそれがあるまで出版はできないこと、1 年も待
った挙げ句、勝手に上演され、自分には写譜代さえ払われず、誰かの金儲け
の種に利用されたこと、そうである以上、自らが打って出るしかない、とい
うことではないか。
　その突破口を弟子のリースに委ねたり、また在英期間の長い旧友のザロモ
ンや、あるいはたまたま知り合いとなったヘリングに頼ったりするのではな
く、当日の指揮者スマートに直接宛てた書簡をその知人ヘリングに書かせた、
という構図がここに見て取れる。1815 年 2 月 10 日にスマートによる《ウェ
リントンの勝利》上演大成功の新聞報道が 3 月 2 日にヴィーン新聞でなされ、
スマートに宛てたその書簡の執筆が 2 週間後の 16 日で、それが一般的なベ
ートーヴェンの名による代筆書簡ではなくヘリング自身の書簡として存在し

935

第II部　歴史的考察

ていること、これらは単なる偶然ではない。スマート宛にはベートーヴェン自身もていねいな数行をヘリング代筆によって英語で寄稿している。2ヵ月半後のザロモンへの長文のドイツ語書簡は、その書き出しから、音信が永らく互いになかったことが見て取れ、それをおして頼み事をするという感じである。上記の引用部分の前は提供可能物とその価格等について丁寧な説明で、その後段で、引用にあるように、内情をぶちまけていて、それは側面からの応援を訴えかけているように見える。

2│ニートが持ち帰ったベートーヴェン作品

　1815年5月にイギリス人ピアノ奏者チャールズ・ニートがヴィーンにやってきた。6月初めに、ベートーヴェンはヘリングから同人を紹介される。モシェレスがシンドラー伝記の英語版のなかで伝えている、ベートーヴェンの1815年12月のニート宛書簡［BGA 867］には、リースから聞いたこととして、「私からあなたが4ヵ月前にフィルハーモニック協会のために得た3序曲がまだロンドンに届いていないが」と書かれている。この件については次のような類推が可能であろう。

　ニートはロンドン・フィルハーモニック協会から委託されて序曲の作曲依頼をしたと思われるが、ベートーヴェンは新たに作曲はせず、4ヵ月前の7/8月頃に3序曲（《アテネの廃墟》［Op.113］、《聖名祝日》［Op.115］、《シュテファン王》［Op.117］）の楽譜を渡した。このときニートは1曲につき25ギニーを支払った［BGA 983］、とベートーヴェンが後日（1816年10月7日頃）、述べている。しかしニートは楽譜を受け取ったまま、ロンドンには送っていなかったようで、その辺りからすでにベートーヴェンのニートに対する不信感は始まっていたように見受けられる。

　ニートがヴィーンを離れるのは1816年2月6日直後である［BGA 888注1］。そのとき彼は、上記の3序曲のほかに、［Op.72］、［Op.92］、［Op.95］、［Op.102］、［Op.112］、["Op.136"]の筆写譜を携行し［BGA 923注5］、出版社への仲介を託された。彼は3月5日頃にロンドンに帰着したと思われるが［BGA 917］、さっそく同月25日にフィルハーモニック協会はスマートの指揮によって《序曲》［Op.115］を演奏した。

　1816年10月29日付ニートのベートーヴェン宛書簡［BGA 987］のなかで語

936

っている「受けがよくなかったあなたの序曲」は複数形になっているが、《アテネの廃墟》と《シュテファン王》両序曲のこの時期のロンドン上演は確認されていない。パメラ・ウィレッツ［Willets/England（1970）］は、新しい作品に対処するときの習慣として、試演はしたに違いなく、その結果、公演で取り上げることを見送った可能性を示唆している。ベートーヴェンはそれに対して12月18日に「3つの序曲がロンドンで好まれなかったことを聞いて残念に思いました。私は決してそれらを私の最上の作品とは考えません（しかしシンフォニーイ長調についてならそう言うかもしれません）が、人々が簡単には満足しない当地やペシュトでそれらは不評であったわけではありません。演奏に問題があったのでしょうか？党派心などはなかったのでしょうか？」［BGA 1016］と反論した。

　ニートがその書簡を書いたのはベートーヴェンに詫びるためであった。彼がいつまでたっても何の連絡もしてこないことについて、ベートーヴェンは1816年10月7日頃に書かれたと思われるスマート宛書簡［BGA 983］で「2人のイギリス人が私をきわめてひどく扱い——きわめて卑劣に——あなたの偉大な国の一般的特徴からのきわめてまれな例外であることを確信させられました。その2人とは摂政公とニート氏です」と激しく怒った。スマートはその書簡をニートに見せ、そしてそれに反応したのが上記書簡［BGA 987］で、その冒頭でニートは「私は、私がまったく間違っているというあなたの非難を受けるに値すると告白します」と非を認めた。「結果として、あなたのすべての楽譜は私の引き出しのなかにあり、見られず聴かれずでした」とも言っている。言い訳としては多少矛盾しているが、一応このやり取りによって両者の関係は修復された。

3 │ バーチャル社からの出版　《ウェリントンの勝利》ピアノ編曲版　先行出版とシンフォニー第7番出版遅延の真相

　ニートの約8ヵ月に及ぶヴィーン滞在中のことだが、ベートーヴェンはザロモンにもイギリスでの出版の仲介を頼んだ。しかし8月にザロモンは落馬事故で重傷を負い（彼はそれがもとで1815年11月28日に死去した）、彼はベートーヴェンの要請に対して実際には何もできなかったと思われる。実際にバーチャル社との間を取り持って盛んにベートーヴェンと通信したのはリ

第II部　歴史的考察

ースであった。上記書簡［BGA 867］は「ザロモンの秘書役のリースから手紙を受け取りました」とあり、ザロモンに代ってリースが便りをするようになったことが判る。ただし、《ウェリントンの勝利》［Op.91］のピアノ編曲版の送付を告知する 10 月 28 日付バーチャル宛ドイツ語書簡［BGA 844］にはザロモンに翻訳を依頼するようなそぶりが見られるので、ベートーヴェンはザロモンの事故がそれほど重大なものであるとは認識していなかったようである。

　同編曲版は"戦争交響曲"のタイトルでヴィーンに先駆けて 1816 年 1 月に刊行されることになる。Op.96 および Op.97、さらにシンフォニー第 7 番 Op.92 のピアノ編曲版が Op.98 として、先に版権を獲得したシュタイナー社から刊行されるのを待って、1816 年 10 月以降から 17 年 1 月にかけてバーチャル社から出版される［第 I 部第 5 章 11 で詳述］。以上 4 曲の報酬は 1815 年 11 月 22 日付バーチャル宛書簡［BGA 855］において 130 ドゥカーテン（585 グルデン約定価）となっている。これは約 1400 グルデン・ヴィーン価であり、年金 3400 グルデン・ヴィーン価比でいえばその約 4 割に相当する。外国出版社との協働がうまくいった場合には、民謡編作と同様に、彼の窮状にはそこそこの潤いがもたらされることとなった。

　ベートーヴェン自身がバーチャル社に送ったものを一覧する。相前後するヴィーンでの出版はすべてシュタイナー社からである。

		送付期日	イギリスでの出版
《ウェリントンの勝利》Op.91	ピアノ編曲版	1815 年 10 月 28 日以前	1816 年 1 月
		（ヴィーンではスコア譜・パート譜等とともに 1816 年 2 月以降）	
シンフォニー第 7 番 Op.92	ピアノ編曲版	1815 年 11 月 22 日	1817 年 1 月(Op.98)
		（ヴィーンではスコア譜・パート譜等とともに 1816 年 11 月）	
ヴァイオリン・ソナタ第 10 番 Op.96		1816 年 2 月 3 日	1816 年 10/11 月
			（ヴィーンでは 1816 年 7 月）
ピアノ・トリオ第 6 番 Op.97		1816 年 2 月 3 日	1816 年 12 月
			（ヴィーンでは 1816 年 9 月）

　このように整理してみるとそこから透けて見えてくるのが、ベートーヴェンは《ウェリントンの勝利》Op.91 とシンフォニー第 7 番 Op.92 のピアノ編曲版のイギリスでの出版をペアのように考えていたことで、それらをまず 1

第32章　イギリス音楽界との関係　とくに1816〜25年

ヵ月の時間差で送り、そしてヴァイオリン・ソナタ Op.96 とピアノ・トリオ Op.97 を一緒に送った。これは明らかにイギリスでの受容の現状を考え、需要のある編成の楽曲を慎重に選んだ結果であろう。そしてそれらがロンドンで、《ウェリントンの勝利》を除いて、ヴィーンでの出版のきっかり 3 ヵ月後に刊行されているのは、先行版権を守る配慮から、リース宛書簡経由で、刊行期日をコントロールした事実と合致している。

　《ウェリントンの勝利》がそうではなかったことについては事情がある。ベートーヴェンは 1813 年 12 月 8 日の初演大成功の直後から、この作品のジョージへの献呈についてリヒノフスキー伯などに相談しており、1814 年 9 月にはヴィーン会議にイギリス代表としてやってきたキャッスルリーグ子爵を通じてスコア譜の献呈を模索している ［9 月 21 日付書簡 BGA 740］。イギリス摂政への献呈に拘ったのは、メルツェルがなおイギリス行きの考えを捨てておらず、極秘にパート譜を手に入れて、1814 年 3 月 16 日と 17 日にミュンヒェンで演奏させた一件があったからである。ベートーヴェンは即座に、すでにイギリスへ向かっていたメルツェルに対して訴訟を起した ［第 28 章 5］。結果としては、やがてメルツェルもイギリス行きの意思が失せ、訴訟は裁判費用を双方の折半とすることで決着することになったが ［第 28 章 6］、しかし当時としては、ジョージへの献呈はメルツェルがイギリスで新作として上演できないよう手配する意味も帯びて、いっそう切実な問題となっていた。そしてさらに、メルツェルがパート譜をイギリスに運び込むことで、それを使って同地で出版されてしまうことも危惧された。

　のちに摂政公から献呈に対する謝意の表明のみならず写譜費用ももらっていないと嘆いているので、献呈の裁可がないままにいつかの時点でベートーヴェンが摂政公にスコア譜を送ったことは確かであろう。当の筆写譜は今日も行方不明であるが、先に引用した書簡 ［BGA 810］ に見るベートーヴェンの認識のように、この作品のロンドン初演がそれを使用してのことであった可能性は高い。いずれにしてもベートーヴェンには次第に、《ウェリントンの勝利》はイギリスで早く出版しなければならない必要性が増していき、献呈の正式な裁可を待っていることができなくなったと見てよいであろう。同地ではオーケストラ・スコア譜の出版は考えられず、当然その引き受け手もいないことは明らかであったから、ピアノ編曲版以外に選択の余地はなかった。おそらく以上が、《ウェリントンの勝利》のピアノ編曲版に限って、ヴィーンでの出版にそれが先行した理由であろう。つまりシュタイナー社の先行版

939

第II部 歴史的考察

権に配慮する余裕がなくなっていたということである。

　一方、シンフォニー第7番のピアノ編曲版の出版が送付後1年以上も延期されたのはなぜか。それはヴィーンでの出版の異常な遅れにも影響したのではないか。これにはニートがロンドンに運び込んだ譜面との関連があると見るべきである。それを詳しく見てみよう。

《フィデリオ》［Op.72］	スコア譜
シンフォニー第7番［Op.92］	スコア譜
弦楽四重奏曲第11番［Op.95］	スコア譜
2チェロ・ソナタ［Op.102］	スコア譜
《海の凪と成功した航海》［Op.112］	スコア譜
《栄光の時》［"Op.136"］	スコア譜
《アテネの廃墟》序曲［Op.113］	スコア譜
序曲《聖名祝日》［Op.115］	スコア譜（大英図書館に現存）
《シュテファン王》序曲［Op.117］	スコア譜

　このほかに、ニートには友情の記念品として、ヴァイオリン・コンチェルトOp.61の両ヴァージョン（いずれも1810年にロンドンでも出版済み）のそれぞれ独奏パートの筆写譜が贈られた［第22章9］。以上のうち、フィルハーモニック協会からの委嘱による3つの序曲の譜面はニートがヴィーン滞在中に早くロンドンに送るべきところ、それをしなかったために自身で運ばざるを得なくなったもので、考察から除外する。

　その他の6点はベートーヴェンがロンドンでの出版の可能性を探るようニートに委託したものだが、自身が出版しようとしてバーチャル社と交渉した上記4作品（Op.91など）と比べるとそれらはまったく異なったものであることが注目される（シンフォニー第7番は作品としては重複しているが、このたびはスコア譜）。すなわち、ニートの出発直前に完成したOp.102を除いて、弦楽四重奏以上の編成であり、しかもシンフォニー第7番と弦楽四重奏曲第11番以外は、演奏時間は別として、大規模な声楽付のオーケストラ作品であり、そもそもその出版自体がロンドンでなくとも大変難しい物件ばかりである。2チェロ・ソナタは、うまくいけばニートが時間差多発出版の仲立ちをしてくれればよい、といった程度のものと考えてよいだろう。それ以外は、ベートーヴェン自身がバーチャル社とは交渉さえしなかったもので、そもそも簡単には引き受けてもらえないことは明らかである。スコア譜を渡

940

第 32 章　イギリス音楽界との関係　とくに 1816 〜 25 年

したのは、そこからパート譜の製作、あるいはさまざまな編曲稿の作成が出版社の判断に委ねられたと解釈することができる。

《フィデリオ》、シンフォニー第 7 番、《栄光の時》はヴィーン会議開催中に外国賓客を含む大観客の前で演奏された諸作品であり、会議列席者を通じてイギリスにも評判が伝わっていたと考えてよい。この 3 曲とバーチャルに販売した 4 曲（シンフォニー第 7 番はピアノ編曲版とスコア譜であるから、作品数としては計 6 曲）は 1815 年 6 月 1 日にザロモンに久々に便り［BGA 809］を書いて「御地の出版社と話し、私の以下の作品を申し出ることをやっていただきたい」と述べたときに挙げた 8 作品（残りの 2 曲はシンフォニー第 8 番 Op.93 と弦楽四重奏曲第 11 番 Op.95）と重なっているので、当初からロンドンへの販売が目論まれていた。そして《海の凪と成功した航海》はニート滞在中の 1815 年 12 月 25 日に恒例の慈善コンサートで初演が成功したばかりの作品であり、《栄光の時》の延長上にあると言ってよいカンタータで、トムソンとのやりとりを通じてこの種の作品のイギリスでの需要は英訳しさえすればあると考えていたのだろう。しかし自らが郵便で可能性を追求する困難さも感じ、ニートに直接交渉を託したと思われる。

そのニートは結果として出版に向けては何も動かなかったのであるが、ベートーヴェンは最も可能性のあるシンフォニー第 7 番の、何らかの形での、ロンドンでの出版には期待を繋いでいた。それが確認できるのは、1816 年 12 月 18 日にニートに宛てた書簡［BGA 1016］で「あなたから何も消息がありませんが、私はシンフォニー イ長調の出版をこれ以上延ばすことはできず、それは何週間か前に出ました」と言っているからである。第 7 番が遅れれば、第 8 番もその煽りを受けるので、Op.93 出版の遅延はそれで説明が付く。

ロンドンを巻き込んだこうした経緯を考慮に入れると、Op.92 が Op.98 の出版（1816 年 10 月）後の 11 月にずれ込んだのは、シュタイナー社の作業の問題なのではなく、ベートーヴェンが刊行時期をコントロールしていた可能性が浮かび上がってくる。それでようやくバーチャル社にも出版のゴーサインが出て、1817 年 1 月の出版となったというわけである。

そこで、第 I 部第 6 章 7 の最後で触れた、シンフォニー第 7 番のピアノ編曲のロンドン版が Op.98 という別番号を持っていた問題だが、Op.92 という番号は、その後に出版される Op.93 とともに、シュタイナー社が 1816 年春の時点でシンフォニー第 7 番および第 8 番用に確保していた。問題は、まだ出版社外には表面化していないそれらの番号をベートーヴェンが認識してい

941

第II部　歴史的考察

たかどうかである。Op.91 〜 101 が創作順をまったく反映していないのは、番号の決定がベートーヴェンとの協議の上で為されたのでないことを示唆しており、彼はこれから刊行されていく作品の作品番号を知らなかったのではないか。そうだとすれば、Op.97 が出た直後の 1816 年 10 月 1 日に「ヴァイオリン・ソナタは Op.96、ピアノ・トリオは Op.97、シンフォニー第 7 番ピアノ編曲版は Op.98」と述べたのは彼の錯誤と単純には決めつけられない。そしてまた、原曲と編曲がまったく別個で出版されるとき作品番号が異なるのはむしろ当然のことであった［第 I 部第 6 章 15］。作品番号を作品固有の番号と受け止めるのは後世であり、出版時の識別番号という当時の目線に立てば、Op.97 の次に出る作品に、まだ Op.98 が出ていない時点で、Op.98 を振るのは自然ではないか。ヴィーンとロンドンで異なる番号が付くのは当たり前という時代にあってはなおさらである。

4 ｜ イギリスからの招聘

　ロンドン音楽愛好家協会［ロイヤル・フィルハーモニック協会］（以下「協会」と略す）は 1813 年 1 月 24 日に 30 名の創設メンバーによって設立され、その第 1 回コンサートが 3 月 8 日に催された。その創設が、1812 年 11 月 29 日のヴィーン音楽愛好家協会 Gesellschaft der Musikfreunde（よく「楽友協会」と訳されている）の設立に刺激されたものなのか、同じような出来事が別世界で奇しくも 2 ヵ月の差で起こったことなのか、は分からない。いずれにしてもそれぞれの都市で、在住の有力な音楽愛好市民・貴族が職業音楽家を巻き込んで一堂に会し、その後に長く続く市民レヴェルのコンサート活動に主体的に取り組む団体がほぼ同時期に発足した。リースのロンドン定住はその直後の 4 月であり、彼はこの団体を足場に活躍することになるから、ベートーヴェン作品の演奏機会を調えるに彼が果たした役割はきわめて大きいと思われる。《オリーブ山のキリスト》は彼が秘書を務めていた時代の 1803 年 4 月 5 日に初演されたもので、先に挙げたスマートによる 1814 年 2 月 25 日のそのロンドン初演さえ、その背後には彼の影が感じられる。協会がベートーヴェンに序曲の委嘱をしたのはリースの働きかけによるものであったことをセイヤーは紹介している［TDR III, 507 ページ］。

　一方、18 ヵ月に及ぶ大陸での音楽修行を終えて 1816 年 3 月に帰国したニ

第 32 章　イギリス音楽界との関係　とくに 1816 ～ 25 年

ートは、出版交渉ではケチを付けたが、謝罪の意を表した 1816 年 10 月 29 日付引用書簡［BGA 987］のなかで協会とのやり取りを紹介しつつ、「次のシーズンには音楽監督となるので発言権を持つようになるでしょう」と述べる。ベートーヴェンは、半年来、病に伏しているという書き出しで始まるニートに宛てた 1817 年 4 月 19 日付書簡［BGA 1116］のなかで再び、待っていた返事がなかったのでシンフォニー第 7 番をヴィーンで出版せざるを得なくなったと述べ、続けて「もし協会がそれを受け容れるとあなたが書いて下されるのなら 3 年待つのにやぶさかではありません」と書いた。それが功を奏したのかは分からないが、その機会は早くも 6 月 8 日に訪れた。ニートに持たせたシンフォニー第 7 番のスコア譜を使用してそのイギリス初演が行なわれたのである。

　3 序曲が不評であったことを伝え聞いたときベートーヴェンがニートにシンフォニー第 7 番への自信を表明したのが半年前。それ以後、そのイギリス初演にこぎ着けるまで、おそらく、持ち帰ったスコア譜を生かすべく彼が成した努力が推し量られよう。そしてその翌日、1817 年 6 月 9 日付でベートーヴェンはリース発信の実に丁重な便りを受け取った［BGA 1129］。

　　長きにわたって私はあなた様から忘れられておりますが、ご多忙故以外の理由ではないだろうと思います。…フィルハーモニック協会は、現在、我々の友ニートも音楽監督のひとりであり、そこではあなた様の作品が他の何よりも好まれておりますが、あなた様に大きな敬意を表し、かつ、あなた様の格別に才気溢れる作品によって私たちがたびたび享受してきた、かくも多くの素晴らしい瞬間に対して感謝申し上げる次第です。そして、あなた様にこの件について最初にお便りする権限をニートから委託されたことは私自身、実に無上の喜びと感じるところであります。簡潔に申し上げますと、私どもはあなた様を次の冬に当地ロンドンでお迎えしたいのであります。…私はあなた様にフィルハーモニック協会管理部の名において 300 ギニーを以下の諸条件で提供することにつき委任を受けています。…

諸条件は箇条書きにされており、要点のみ記すと以下である。
1.　次の冬、ロンドンに来ていただく。
2.　フィルハーモニック協会のためにシンフォニーを 2 曲書いていただき、その所有権は協会とする。
3.　2 月末に始まり 6 月半ばに終わる 8 回のコンサートの期間中またはその前に、いかなる大オーケストラ用作品もロンドンのどのコンサートにも渡してはならず、自身で指揮してもならない。

943

第II部　歴史的考察

4. 我々の最初の2回のコンサートが済むまで、他の公開オーケストラ・コンサートに出演はしないこと。しかしあなたが有用と思われるコンサートを1回ご自分でなさる場合を除く。

5. 1818年1月8日以前に当地に到着されるよう。コンサートが、協会とは抵触しない範囲で、私ども以外から今後、申し出られたとき、私どもが同じ条件を提示した場合は私どもに優先権が与えられる。

6. 契約を受諾された場合、旅費が必要でしょうから100ギニーを前払い致します。

その後、次のコメントが続く。

その他として、出版者との交渉はご自由であり、スマート卿とも同様で、1幕オラトリオに対して100ギニーを提供した卿としては［原注：該当する文書は知られていない］、次の冬に彼はそれを手にしたいとのことで、あなたにお返事を喚起するよう、頼まれました。大イタリア・オペラ団総監督エアトンは私どもの特別な友人で、あなたにオペラを委嘱したいと約束しました。あなたご自身のコンサートはあなたに他の契約と同様の結構な金額をもたらすでしょう。ニートと私はあなたに当地でお会いできるのを子供のように喜んでいます。

このような正式な招聘状が、イギリス初演の翌日に、ニートによって委嘱されて、すぐにドイツ語で書けるリースによって起草されたことが重要である。この書簡の末尾でその初演が「昨晩は私どもの［引用者補：シーズン］最後のコンサートで、あなたのイ長調シンフォニーが上演され格別の喝采でした。シンフォニー作家の凄さを考えさせるのはまさしく、こういう作品に出会い聴くときです」と興奮気味に報告されている。

　名前が挙げられていないので指揮は誰がしたのか特定できず、したがって新カタログも言及を避けているが、このシーズンにおいて協会の指揮者陣に加わっていたニートであると考えてよいのではないか。この書簡の最初で"我々の友ニート"といっており、それはまさしくベートーヴェンとの3者の間の関係のことであり、ニートと一体になってこの書簡が書かれているわけだから、「ニートが指揮しました」は言わずもがなであったのではないか。いずれにしてもニートは、ベートーヴェンから委託された出版交渉に十分には応えていないという指摘を受けて、名誉挽回を懸けて、彼が「3年待つのにやぶさかではない」としたフィルハーモニック協会でのシンフォニー第7

944

第32章 イギリス音楽界との関係 とくに1816〜25年

番の早期上演に尽力した、そしてそれがベートーヴェンのイギリス招聘を協
会の意思として決定させることにつながった、と見ることができる。このリ
ース書簡そのものはセイヤーのフォーブズによる英語抄訳本の日本語訳本に
も紹介されている。しかし、この契約書は原本が消失し、3つの写本にはい
くつかの異同があって、解釈の余地があり、その結果、誤読された部分もあ
り、また招聘とニートとの関係は位置づけられておらず、このような全体像
はここに初めて提示されるものである。

　300ギニーは約2800グルデンであり、支給される年金3400グルデンの約
8割に相当するが、実勢価格（年金は補償紙幣により支給され1360グルデ
ン約定価）としては年金の約2倍である。しかし実際には旅費等を含み全旅
程での支払い経費としてかなり消えてしまうと見なさざるを得ず、ヴィーン
に持って帰ることができるのは協会外との契約がどれほど成立するかに懸か
っていたのではないか。

　ベートーヴェンは1817年7月9日にリースに、為された提案への謝意を
まず述べた後、次のように続けている［BGA 1140］。

　　…私の不幸な不具合によって私は世話や費用をうんと必要とし、とくに旅路でまた
　　異国ではなおさらですが、もしそれを鑑みないならば、私はフィルハーモニック協
　　会の提案を無条件でお受けするでしょう。しかし私の身になって頂きたい、他のど
　　んな芸術家よりどれだけ障害と闘わなければならないかを、その上でご判断くださ
　　い、私の要求が不当かどうかを。

そして彼もまた箇条書きで条件を伝える。その要点は以下である。
　1. 私は遅くとも1818年1月前半にロンドンにいるでしょう。
　2. まったく新たに作曲する2つの大シンフォニーはそのときに出来上
　　　っていて、所有権は協会だけにあります。
　3. 協会はそれに対して300ギニー、そして旅費として100ギニーを私
　　　に払います、それが［引用者補：お申し出より］かなり多いのは、私は同
　　　伴者を連れて行くのが不可欠だからです。
　4. 私はさっそくこれらの大シンフォニーの作曲に取り組み始めますの
　　　で、協会は私に（私の表明が受け容れられた場合）総額150ギニー
　　　を当地に送金すること。
　　　それにより私は馬車やその他の旅行支度をただちに行なうことがで
　　　きます。

第II部　歴史的考察

5. 他のオーケストラに公開で出演しないこと、指揮しないこと、同一
　条件では協会を優先すること、に関する諸条件は受諾します。
6. 私は、1回か、場合によっては何回かの、私のための慈善コンサー
　トの開催とその推進につき、協会のご支援をお願いします。
7. 上記に関する英語の承諾書また批准書を協会の名において3理事の
　署名により、作成してくださるよう、お願いします。‥‥

最後はこう締めくくられる。

> 私が、立派なジョージ・スマート卿と知り合えることを、そしてあなたとニート氏
> に再会できることを心から喜んでいるとご紹介下さい。私はこの書簡ではなく自分
> で飛んでいきたいところです！

　さらに追伸で、オーケストラの規模、ヴァイオリンの数、管楽器がシング
ル編成かダブル編成か、ホールの大きさは？残響は？と作曲に必要な前提条
件の問い合わせをしている。この一文を読むと、ベートーヴェンは、介添え
人の同行を絶対条件としながら、その承認を期待し、ロンドン行きについて
かなり本気になっていると判断でき、しかも追伸にはかなり前のめりの姿勢
も読み取れる。シンフォニー第7番を軸にした、この一連の推移、すなわち、
ロンドンに戻ったニートから半年待っても音信はなく、そのヴィーンでの出
版をついに1816年11月に敢行し、しかしニートのその後の努力が実ってそ
のロンドン初演が実現して、それがロンドン招聘へと結びついていき、その
条件を整えるところまでに進展した経過は、状況がどん底となる、まさしく
"沈黙の1年"の時期のことであった。2ヵ月後、ヅメスカルが1817年9月
11日に受け取った書簡［BGA 1170］から、その直前に協会から返事が来たこ
とが判る。

> ヅメスカルさん、ロンドンからの返信がきのう、しかし英語で届きましたが、私た
> ちにその手紙を口頭でもいいから訳してくれる人を知りませんか？　取り急ぎ［引用
> 者注：これが全文である］

　大英図書館所蔵の議事録によれば、フィルハーモニック協会は1817年8
月19日に理事会を開き、100ギニーの旅費別途支給を否決、そして再びリ
ースが書面を起こすよう委託された［BGA 1170 注2］。

946

第 32 章　イギリス音楽界との関係　とくに 1816 〜 25 年

5 ｜ ロンドン行きの逡巡

　その後ベートーヴェンはどう対応したかというと、1818 年 3 月 5 日にリース宛に、脇道に逸れながらかなりの長文を書いた［BGA 1247］。招聘関連の部分のみ取り出す。

> 私の願いにもかかわらず、今年のロンドン行きは不可能になりました、あなたからフィルハーモニック協会に私の惨めな健康状態が支障になっていることを話していただきたい。しかし望むのは、この春にはもしかしたら完全によくなり、そうすれば私になされた協会の申し出を年の後半には有効にし、そのすべての条件を実現することです。
> ニートに私の名でお願いしたいのですが、彼が私のところから持って行ったいくつもの作品について、私自身が行ったら彼と一緒にやれるよう、それまで何も公刊しないようにと、私は彼を悩ます原因なのですから。…あなたの幸運な状況が日々にいっそうよくなるよう祈っています。残念ながら私は自分のことについてそれは言えません、あの大公との私の不幸な結びつきによって私は乞食すれすれに追いやられていて、困窮は私が出会ってよいものではなく、与えることが私がやらなければならないことであって、あなたは考えられますか、どのように私がこの状況でなお耐えているかを！お願いします、いまいちど私にすぐ書いて下さい、もし何とかできるなら、私のほぼ完全な廃墟から逃れるために、もっと早くここを去って、そうして遅くとも冬にはロンドンに到着する、あなたが不幸な友人を援助することになるのはわかっている、…それでもロンドンで私たちは快適なハーモニーを生み出すでしょう。

　ここにはロンドン行き挫折の原因は、条件の不承認にではなく、自身の健康状態にあるのだとして、リースの努力に対する配慮が読み取れ、また、出版努力が成果を生み出していないニートに対する思い遣りも滲み出ていて、その上、ロンドン行きの希望も失せていない。ただここで気になるのは「大公との不幸な結びつきが乞食すれすれに追いやっている」という謎のような言葉である。書簡交換全集で、ふつうなら注釈が挟まれるケースだが、ブランデンブルクは沈黙している。

　私が考えるに、ルドルフ大公の年金支給はレッスン供与を条件にしていたと思われ、その拘束がベートーヴェンの負担になっていたのではないか。その 2 年後、1820 年 3 月に大公が枢機卿としてオルミュッツ大司教に就任し

947

第Ⅱ部　歴史的考察

てからは、大公はときにヴィーンを訪問し、その機会にはベートーヴェンの
レッスンが継続された。そして5年後のことではあるが、1823年4月にも
その事態となり、25日付でリースに宛てて、「枢機卿の当地4週間の滞在が、
それによって私は毎日2時間半、いや3時間レッスンをしなければならず、
私から多大な時間を奪うのです。というのはそういうレッスンだと翌日はほ
とんど考えることができず、ほんのわずかしか書けないのです」[BGA 1636]
と述べている。その数日後、同じくリース宛に書かれた書簡の下書きには
「私は枢機卿に以前よりも悪く関係しており、うまくいっていない、もし行
かないと、宮廷法侵犯者［ein Crimen legis Majestatis］と名指されるし、私の手当
は、私がみじめな給与を取り立てるのに収入印紙を貼らなければならない
［原注：年2回の分割払いの際に、法令により、その都度、2グルデンの印紙代が必要］という
状況にあります」[BGA 1641]とあることがヒントになる。大公がまだヴィー
ンに居た1818年段階でもレッスン供与は相当な重圧であった可能性がある。
　「これ［引用者注：ロンドン行き］はたぶん今度の冬にと思っているのですが、
私はやらなければならない、当地で乞食になりたくなければ」と、同じ表現
が2ヵ月後の5月19日直前に書かれたリース宛書簡[BGA 1258]でも繰り返
される。
　年が明けて、1819年1月30日に、ベートーヴェンはリースにその年もま
たロンドン行きが不可能なこと、しかし次の冬は叶えたいと見通しを述べて
いる[BGA 1285]。

> ようやく本日、あなたの12月18日付書簡[BGA 1274 原注：現存せず]にお返事しま
> す、あなたの参加は私には好ましく、現在のところ今年ロンドンへ行くことは不可
> 能です、種々の面倒に巻き込まれ［原注：1818年12月以来、展開した後見権裁判のこと
> だと思われる］、しかし神は私に付いており、来冬は確実にロンドンへ行けるでしょ
> う、そこで私は新しいシンフォニー［引用者注：複数］を持って行きます、私は当地
> の音楽協会のために書く新しいオラトリオの台本を以前から待っており、それはロ
> ンドンでもお役に立てるでしょう［原注：受難節オラトリオを指揮するスマートがベート
> ーヴェンの新しいオラトリオに関心を示していた］。

　ここで言及されているリースの12月18日付書簡は現存しないが、上記書
簡の、引用していない後半部分から、弦楽五重奏曲[Op.104]とピアノ・ソナ
タ[Op.106]について、リースが、それらを出版する意向の2社をロンドンで
見つけ、それらの版下用原稿の送付を頼んだことが判る。そしてベートーヴ

948

ェンのためにこれからも尽力すると、またフィルハーモニック協会との契約を彼のために働きかけると、約束した。

　また「あなたの参加は好ましい」とは、ロンドンでの楽譜出版計画に、ニートだけではなく、リースが参加したことを言っている。これ以後にロンドンで出版されていく弦楽五重奏編曲［Op.104］（1819 年、エリザベス・ラヴェヌ社出版、作品番号なし）、ピアノ・ソナタ［Op.106］（1819 年 12 月、リージェンツ・ハーモニック・インスティテューション［摂政音楽機構?］出版、作品番号なし）［以上、第 9 次時間差多発出版］、ピアノ・ソナタ［Op.110］（1823 年、クレメンティ社出版）、同 Op.111（1823 年 4 月、クレメンティ社出版）［以上、第 11 次時間差多発出版］はいずれもその成果である。Op.104 と Op.106 については、送付したシュレンマーによる筆写譜に多くの誤記があり、ベートーヴェンはそれらについて膨大な訂正表［BGA 1294 および 1295］をそれぞれ 3 月 3 日以後と 19 日に送った。その上、両作品のイギリスでの版権として要求した 50 ドゥカーテン（約 225 グルデン）とほぼ同額の 26 ポンドを受け取った旨、1822 年 7 月 6 日に書いている［BGA 1479］。以上からいって、これらは原版であると認定されるべきところ、Op.104 については、ベートーヴェンの訂正がラヴェヌ社において考慮されておらず、同社がベートーヴェン楽譜の出版時に常にそうであったように、ヴィーンでの出版譜を版下にしたことがタイソンによって指摘され［Tyson/Editions（1963）］、新カタログはその見解を踏襲して、これを「その他の版」に分類した。

　その後、書簡においてフィルハーモニック協会からの招聘の件で確認できるのは、「すでに半年以上、また病に伏し、私はあなたの書状［原注：現存せず。おそらく 1820 年のもの］に応えることができませんでした」と始まる、上記の 1822 年 7 月 6 日付リース宛書簡［BGA 1479］である。1819 年 1 月 30 日［BGA 1285］で「来冬には」と書いているので、リースはその時期になって改めて問い合わせをし、しかしそれにはベートーヴェンは返事を書かず、その後、半年以上の病となり、再び筆を執ったのがこの時点となった、と見ることができよう。したがって、事柄の全体は途切れなくつながって把握できているということであろう。そしてその書簡の後半に次のようにあることがきわめて注目される。

　　私にフィルハーモニック協会は大シンフォニー 1 曲［eine Große Sinphonie］の報酬に
　　どのくらいを申し出るでしょうか。いまでもなお、ロンドンに行くという考えは持

949

第II部　歴史的考察

っていますが、私の健康が耐えられればですが、もしかしたら［vielleicht］次の春 ?!

　ここで述べられているシンフォニーに関わる件の正確なニュアンスは、定冠詞ではないのだから、セイヤーの見るように、前から話題になっているシンフォニー（ニ短調）という意味ではなく、そして接続法が使われているので、不特定のシンフォニーを「もし書くとすると」といった仮定と解される。「大」という表現は彼の常套句で、特別に「大きい」を意識した言葉ではない。そして、書簡交換のすべてを把握すると、これまではシンフォニー2曲を書くこととロンドンに行ってコンサートを開くことがセットになって300ギニー（約2800グルデン）であったので、シンフォニー1曲を書いただけの提供額をベートーヴェンは尋ねた、と見るのが正解ではないか。その後に続くロンドン行きに対する文言は、可能性のレヴェルとしては低い副詞vielleichtが使われていて、現実性のトーンがだいぶ下がっていることからも、作曲と旅行を切り離して考えた場合を問うている、と見るべきであろう。
　リースはそれを協会に伝え、協会理事会は4ヵ月後の11月10日に、シンフォニー1曲に50ポンド（約450グルデン）の提供を決定した。それを知らせることが再びリースに託され、彼は11月15日付の消失書簡［BGA 1510］を書いた。条件は来年3月までに原稿が届くこと、受領後18ヵ月間、協会が独占使用権を有するというものであった［BGA 1479 注8］。協会が期限を「来年3月」としたのは、ベートーヴェンが「次の春」に行けるかもしれないとしたことが前提になっているであろう。これに対してベートーヴェンは1822年12月20日に受諾の返事をした［BGA 1517］。

　　全般にわたって忙しく、あなたの11月15日付書状に私はようやくいまお答えします。――喜んで私は、新しいシンフォニーを音楽愛好家協会のために書く、というお申し出を受け入れます、イギリス人たちからの報酬が他の国々に匹敵しないとしても。ヨーロッパの第一級の芸術家たちのために無料で書くところですが、私がいまだ貧しきベートーヴェンでなければ。

　これがシンフォニー第9番の作曲契約である。すぐに返事を書かなかったことに容赦を願う書き出しで始まるこの文面は、報酬額が思いの外であることも率直に表明して、イギリス人たちを「ヨーロッパの第一級の芸術家たち」と皮肉り、かつ「そのため（なら）無料で書くところ」とまで言っていることが、注意を引く。その提示額は、遙か昔、《エロイカ》とトリプル・

950

コンチェルトにロプコヴィッツ侯が払った計約 1060 グルデンなどと比べても、しかも専有期間が 3 倍にもなっていることを考え合わせるといっそう、皮肉るしかないものであり、この文面はなかなかリアリティがある。

6 | シンフォニー第 9 番とロンドン・フィルハーモニック協会の関係

　シンフォニー第 9 番がいつから書き始められたと見るかは、従来からさまざまな見解があるが、それは、かなり早い段階からさまざまなスケッチが存在しているため、それらをどう位置づけるかによって左右される。最初のスケッチ [Quelle I.1 (1)] が現れるのは、すでに述べたように、1815 年晩夏 / 初秋の、"沈黙の時代"ならぬ「次のステップを模索する」時節であり、1816 年にも少し、1817 年から 18 年にかけてはかなりのスケッチ [Quelle I.1 (6) 〜 (13)] があって、1820 年のものも 1 点 [Quelle I.1 (14)] ある。ひとつのまとまりが分散して現存すれば点数は増えるので、その数自体はあまり問題ではないが、1822 年 10 月からの 3 点は合計 10 ページほどになり、それを開始時期と考えるのが主流であった。

　上記のリースとのやり取りをこれに咬み合わせると、1822 年 7 月 6 日に「大シンフォニー 1 曲の報酬額」を問い合わせたときはまだ手を付けるに至っていなかったが、返事を待たずに作業がいったん開始され、しかし 4 ヵ月後の 11 月 15 日に返事が届く前からすでに、23 曲目までで書き停まっていた《33 の変奏曲》[Op.120] を完成させることに向かった、ということになる。新カタログは、シンフォニー第 9 番作曲の本格的な取組みは 1823 年春に始まる、と見直した。第 I 部第 2 章 6 で問題にした「集中的取組み」の時期は、それから完成直前の 1824 年 2 月頃までの約 1 年という、このような大曲にしては、わずかな期間である。

　ベートーヴェンは、次のリース宛書簡、1823 年 2 月 5 日付で、シンフォニーの原稿をロンドンに運ぶことのできる人物として、ヴィーンに帰還中の在ロンドン大使館書記官 [引用者注 : カスパール・バウアー] を挙げ、「まもなくそれはロンドンにあるでしょう」とまで言い、次のように続ける [BGA 1549]。

> 　私がペンで生きていかなければならないほどに貧しくなければ、私はフィルハーモニック協会から何も戴きませんが、もちろん私はシンフォニーに対して当地に謝金

第Ⅱ部　歴史的考察

が送金されるのを心待ちにしなければなりません。しかし同協会の、私が愛し信頼する方たちに証明を与えるために、私の最近の書簡であなたに言及した序曲［Op.124］をすでに上記大使館員に与えました、同人は何日か以内に当地から出立されます［原注：バウアーは1823年2月26日に発ち、3月13日にロンドン着］。

　シンフォニーはもう出来かかっているのだけれど、とりあえずそれより小規模な序曲を持って行ってもらう、として、明らかに時間稼ぎをしている。さらに3月22日には「シンフォニーはまだ完成していません、それには私はあと14日だけ必要で、そうしたら私はそれをただちに送るでしょう」［BGA 1617］と告げた。その6ヵ月後の9月5日にもなお、「シンフォニーのスコアはここ何日かでコピストによって完成されます」［BGA 1740］と言っている。しかし完成はさらに半年近く後、1824年2月まで延びた［BGA 1740 注6］。
　いろいろの言い訳は、落語的に言うと、出前催促の電話に対するソバ屋の「いま出るところです」に似ているが、大作への凄まじい取組みと、約束時間は厳守しなければという気持ちとの二律背反で、後世には何ともユーモラスにさえ映る。寄り添って洞察すれば、創作中の気分の高揚は、あと2週間で出来上がるかもしれない、という意識の波が何度も来るようなものであったのかもしれない。
　第9シンフォニーがロンドン・フィルハーモニック協会との契約から生まれたという説は、その契約がなかったら書かれなかったかもしれない、というレヴェルでは否定される。というのはそれに本格的に取り組む以前にベートーヴェンから報酬額を打診しているからで、すなわちそれは本人の創作計画があって、どこかの買い手を模索する行為であり、仮に協会がその話に乗ってこなくても別の買い手を見つけるであろう。また、協会から委嘱が創作の後押しとなったという説は、それが、自らを鼓舞させる、いわばインセンティヴとして機能した、という意味でなら肯定できよう。そして完成後は、その契約を彼はずっと心に留め、協会を尊重して、出版時期の調整に心を砕くようになる。

952

7 | シンフォニー第 9 番の専有権について

　シンフォニー第 9 番は 1824 年 5 月 7 日にケルンテン門劇場で初演された。
その前後の状況および出版までの経緯については第 35 章のテーマとし、ロ
ンドンとの関係部分についてのみここで論じる。ベートーヴェンが校閲筆写
スコア譜［Quelle II, 5］（大英図書館蔵、ロンドン初演指揮者スマートによる記
入と、ドイツ語歌詞のほかに英語とイタリア語の訳詞付き）をヴィーンで協
会との仲立ちに入っていたキルヒホッファーに渡したのは 4 月 27 日であっ
たことが、約束の 50 ポンドを受け取ったときの領収書［大英図書館蔵］の日付
によって判る［BGA 1739 注 1］。しかしそれが協会に届いたのは 8 カ月後の 12
月のこととされる。ニートが 12 月 20 日付書簡［BGA 1914］で「あなたの新
しいシンフォニーが到着し、私たちは最初の練習を 1 月 17 日に行ないます」
と書いていて、半年も前に受け取ってそれを放置していたとは考えられず、
その書簡は受け取って程なくして書かれたのであろうと見なすほかないから
である。それほど大幅に郵便が遅れたのか、あるいは何らかの事情でヴィー
ンからの発送にそもそも手間取ったのか、謎である。将来に刊行される校訂
報告書が新たな光を当てることになるはずだが、いまのところこれ以上の言
及はできない。

　出版は 1826 年 8 月にマインツのショット社からであった。1824 年 12 月
にフィルハーモニック協会が受領して 20 ヵ月が経過してのことであり、協
会との契約条項、18 ヵ月の独占所有が、出版に関する点では守られた。し
かし作品が完成する前から、世界初演が画策され、ロンドン発送の作業は初
演準備と並行し、そして発送は初演に先立つ、その 10 日前であった。この
2 つが同時進行したことの関係はどう考えるべきなのだろうか。

　ヴィーンでの世界初演を後押ししたのは、後述するように、1824 年 2 月
にベートーヴェンに対して提出された 30 名の請願書［BGA 1784］であること
は間違いないが、ベートーヴェン自身も、完成直前の 1 月下旬のいくつもの
書簡［BGA 1773 ～ 1775］において、ヴィーンでの主催コンサートで発表するこ
とを、しかもその 3 月の実現［BGA 1775 注 3］を、念頭に置いていることが読
み取れる。これを権利関係の脈絡で解釈すると、ロンドンへの専有権の供与
は自主コンサートをも縛るものではないとベートーヴェンが考えていたこと

第II部　歴史的考察

は明らかである。一方、協会議事録に書かれているのは「彼（＝ベートーヴェン）は 18 ヵ月を満期としてその使用を認める」だけであり、ベートーヴェンはこれを出版権がその間、拘束されると受け取っていた。すなわち、いったん出版されると専有上演権は保証されないからである。

　上に引用したリース宛書簡［BGA 1549］の続きで、《献堂式》序曲［Op.124］の協会への譲渡に関して「シンフォニーと同様に 18 ヵ月、保持できます、その後で初めて私はそれを出版します」と言っている。同序曲は 1822 年 10 月 3 日にヨーゼフシュタット劇場で初演済みであり、それに対して協会は 1823 年 1 月 25 日の理事会で 25 ポンドの支払いを決定しており［BGA 1549 注 7］、それがシンフォニーの半額であるのは支払い対象物の格から言って釣り合いは取れている。この額は協会がニートを通して支払った 3 序曲 75 ギニー（ギニーとポンドはほぼ等価）と一致しており、それが協会の支払い基準であったのだろう。しかしベートーヴェンの側からいえば、シンフォニーの専有権それ自体はずっと高額であり、そもそも協会の少額の提供額を彼が容認したのは、時間差多発出版の際に見られた、二次的（その場合は後発出版）な権利者には価格を割り引くという考え方と共通し、完全な独占専有を前提としたものではない。協会もその理解であったことは確かで、ヴィーンでの世界初演に対して何か抗議したわけではなかった。もとより、協会が原稿を獲得したのは初演から 7 ヵ月も経過してからのことであり、すでに初演済みの作品の提供を受けるという点で Op.124 のケースと何ら変わりはなく、事後の抗議などそもそも成り立たないという事実関係のなかにある。協会が独占使用権をどの範囲で考えていたか、議事録中の表現は曖昧だが、ブランデンブルクは「出版権を除く専有使用権」としている［消失書簡 BGA 1510　要旨］。このコメントも曖昧で、出版権まで買い取ったのではないということなのであろうが、それは言わずもがなであり、だから作者には出版する自由があった、とはならない。

　ベートーヴェン自身は、上記のように、むしろ出版権こそが拘束されると考えていた。なぜかといえば、出版してしまえば、権利を侵す海賊版や編曲版の刊行も、また演奏も、著作権者にはコントロールできないものとなることが長い経験によってわかっていたからである。したがって独占使用権を認めるということは、本人による演奏までもが拘束されるのではなく、どこでも使用することができる楽譜の刊行を控える、と解すべきであるし、事実、ロンドンとの契約はそのように保持された。

954

8 │ イギリス演奏旅行計画の顛末

　協会はシンフォニーをベートーヴェンの指揮で上演することになお拘っており、その受領を知らせるニートの上記書簡［BGA 1914］のなかで、「私はあなたが、あなたご自身が、私たちの最初のコンサートを指揮することを期待しています」と訴えた。それは前日、1824 年 12 月 19 日に開催された協会理事会がベートーヴェンの招致を再度、決定したことを受けてのものであった。

　シンドラーは、この再度の招聘がニートによってすでに 1824 年初めに行なわれ、秋には自分が同道して実現されることになっていたとしているが、そのような書簡は確認されておらず、書簡交換全集もその件についてまったく触れていない。シンドラーはすでに、1823 年 9 月 5 日のリース宛書簡［BGA 1740］のなかでベートーヴェンに「この世で私がまだ会ったことのないひどい男です、私が解雇証明書を与えたとんでもない奴です」と言わしめるほどになっていた。しかしそれでも、その後もシンフォニー第 9 番の初演までは秘書役を買って出ていたが、その事後処理の過程で完全に決別することとなる［第 35 章 11］。最後の病床にあったときに関係は回復されるが、1824 年 6 月から 1826 年 12 月まで 2 人の接触はなくなる［BGA 1707 注 1］ので、セイヤー（リーマン）も受け入れている 1824 年秋にシンドラー同道のイギリス旅行計画というのは眉唾ものであろう。

　協会理事会も、シンフォニー第 9 番のスコアが到着してその上演が現実のスケジュールに上がったときに、作曲者本人による演奏統括を再度交渉するという議事経過を辿ったと見るのが自然である。ニートが改めて伝える再度の理事会決定の内容はかつてと同じだからである。それに対してベートーヴェンもまた 1825 年 1 月 15 日に同じ要求を繰り返した［BGA 1924］。

> ……私に約束くださった 300 ギニーと、そのほかに旅費として 100 ギニーをお送り下さるよう……馬車を 1 台調える必要があり、また誰かを連れて行かなければならないからです……ロンドンで滞在するホテルを教えて下さい……

　ニートから 2 月 1 日付で来た返信は次のようであった［BGA 1930］

第Ⅱ部　歴史的考察

　　私は協会理事会にあなたの書簡の内容を伝えましたが、大変残念でありますが、最
　初の提案は変更できないことを申し上げなければなりません。それが私だけの問題
　であれば私は喜んであなたが望まれる額をあなたに提供するところですが、しかし
　理事会の総意は協会を統括する規定に従わなければならず、したがって彼らはどん
　な場合でも行為の主人であるというわけではないのです。──私はこの理由があな
　たをして、私たちの申し出を受け容れ、できるだけ早くに旅立つよう動かすことを
　期待しています。と申しますのは、私は、あなたがこのことにあなたの目算を見出
　され、イギリス滞在に完全に満足される、と確信しているからです。いまとなって
　は第1回のコンサートに来て頂くのは無理でありますが、理事会は3月初め行われ
　る第2回に是非とも来て頂くのをお待ちしております［原注：フィルハーモニック協会
　の 1825 年春季第 1 回コンサートは 1825 年 2 月 21 日、第 2 回は 1825 年 3 月 7 日であった］。
　──私はあなたにレスター広場のホテル・サブロニエールをお奨めしたいと思いま
　す、それはフランス風の建物で、外国の方がよく泊まられます ..

　これに対してベートーヴェンは 1825 年 3 月 19 日付で「私はこの春にロン
ドンへ行くことはほとんどできません、しかしもしかしたら秋に」と返事し
た。シンフォニー第 9 番のイギリス初演はその 2 日後、1825 年春季の第 3
回コンサートとして 3 月 21 日にスマートの指揮により行なわれた。そのプ
ログラム冊子には「特別に当協会のために作曲された」と明示された。ベー
トーヴェンが発行した 1824 年 4 月 27 日付領収書にそのように書かれており、
また送られてきたスコアにも同様の記載があったからである。
　これらの経過を辿ってみると、現実としてベートーヴェンのロンドン訪問
はわずか 100 ギニーの折り合いが最初から最後まで付かなかったがゆえに実
現しなかった、ということが浮き彫りになる。それは協会が、1827 年 3 月
に、死の床にあるベートーヴェンに対して見舞金として拠出した 100 ポンド
［終章2］とほぼ等価（100 ギニー＝ 105 ポンド）で、ベートーヴェンはモシ
ェレス宛の礼状［BGA 2284］においてその額を 1000 グルデン約定価と表現し
ており、これら 3 つの金額はおおよそ同一と見てよい。協会が何としても招
聘したいと強い意思表示を込めれば、ニートが個人として感想を述べている
ように妥協できない金額ではなかったが、規定にがんじがらめの組織として
一事不再理であったのだろう。一方ベートーヴェンも宿泊ホテルの情報を得
ようとするなど積極的な一面も見せたことが注目される。もし実現したとす
ると彼の生涯は大きく変わったと想像されるところだが、多くの介助者が居
たヴィーンにおいても演奏活動に大きな支障があった現実を考えると、協会

956

第 32 章　イギリス音楽界との関係　とくに 1816 ～ 25 年

の招聘の実現性はそもそも薄く、折り合いが付かなかったことに必然的な終
着点があったのかもしれない。その後スマートは 7 月末に大陸旅行に発ち、
9 月 4 日にヴィーン着、そして 9 日に行なわれた弦楽四重奏曲 Op.132 の公
式初演の際にベートーヴェンに紹介される。招聘の件は自然消滅し、書簡交
換からも消える。

　1824 年末から 25 年春にかけての協会の交渉役がニートに代っていたのは、
リースが 1824 年 7 月 9 日にロンドンを引き払って、14 日以来、故郷のボン
近郊ゴーテスベルクに活躍の場を移したからである。ベートーヴェンはロン
ドンでの出版の重要な仲介者を失ったわけで、リースの仲介は 1823 年 6 月
にクレメンティ社から刊行された英語題名"トライフル"（バガテル）
["Op.119"]が最後であった。前にも引用したが、1825 年 7 月 19 日にシュレジ
ンガー宛書簡で「私の友人リースはもうロンドンに居ないので、私自身はも
うそこへ何も送りません、通信と手間が私から余りに多くの時間を奪います
ので」[BGA 2015] ということにより、イギリスでの原版出版はこれによって
途絶えることになる。

　その時系列から外れた例外として、ひとつだけ、ロンドン在住の楽譜商ヨ
ハン・ラインホルト・シュルツによって仲立ちされたと思われるが、"カカ
ドゥ変奏曲"["Op.121a"]が 1824 年初夏（?）にチャペル社から刊行される [第 12
次時間差多発出版]。その底本は、1823 年 9 月 28 日にベートーヴェンを訪問し
たシュルツが託された原稿であったと思われ、ほぼ同時の 1824 年 5 月に刊
行されたシュタイナー社版の続版ではない。付言すると、シュルツは 1825
年 9 月から 1835 年 12 月にかけて、ベートーヴェンのかつての弟子、ヨハ
ン・ネポムク・フンメルによって編曲されたシンフォニー第 1 ～ 7 番のピア
ノ編曲（任意参加のフルート、ヴァイオリン、チェロ付き）版シリーズを刊
行していく。この種の編曲版出版はロンドンが本場、ともいうべき活況を呈
しているのは 1800 年以来であったことは、本章の冒頭で触れた。

第33章

1819〜23年

《ミサ・ソレムニス》作曲
その遅延はなぜ？

大司教就任式に間に合わせる／ピアノ作品連作／
「パンのための仕事」／王侯貴族への筆写譜販売はなぜ？

1. 《ミサ・ソレムニス》作曲計画の検証
2. 大司教就任式に間に合わせる
3. 「私（あなた）の大切なもの」
4. 「パンのための仕事」
5. 《ミサ・ソレムニス》作曲の4年
6. 「最大の作品」《ミサ・ソレムニス》の出版交渉と筆写譜販売の関係
7. 《ミサ・ソレムニス》手書き譜販売の意味

第II部　歴史的考察

　シンフォニー第9番は、その最初のスケッチが1815年にあるけれども、作曲が本格化し始めるのは1822年10月のことで、しかしさしあたっては《33の変奏曲》[Op.120] の再開・継続が優先されて、そしてようやく1823年春から一気呵成の創作が続いて、1824年2月に完成した、と前章で書いた。この場合、1815年から23年春までの経過は創作の前段階のスケッチがときどき連なると性格づけることが可能で、その「集中的取り組み」はそれ以後の1年弱の期間と見なすことができる。そしてロンドンと交わした専有使用権の契約が絡んで出版による公開は1826年8月であった。それによってシンフォニー第9番の創作活動は完結した。その展開の詳細は第35章の課題とする。

　もうひとつのこの時期の大作《ミサ・ソレムニス》の場合は、「集中的な取り組み」時期は大きく見ると3分割される。1819年4月にキリエ楽章のスケッチが始められ、後続楽章が順次スケッチされて、一部はスコアの書き下ろしにも至るが、1820年3月からピアノ・ソナタ第30番 [Op.109] の作曲が始まることで中断、ないしは若干の作業も並行、する。ピアノ・ソナタ第30番 [Op.109] が8月に完成するとともに、10月頃からベネディクトゥス楽章のスケッチが始まりアニュス・デイ楽章のそれも続くが、1821年9月からピアノ・ソナタ第31番 [Op.110] と第32番 [Op.111] の創作が割って入って、1822年2月まで再びほぼ中断。以後は1822年末か遅くとも1823年1月の完成に向けて集中的創作が続いた。

　この間の1820年3月9日にルドルフ大公のオルミュッツ大司教就任式が挙行され、《ミサ・ソレムニス》の当初の目的である戴冠式での祝典演奏は果たし得なかった。しかも、時間をかけた畢生の大作となり、自身でも出版社に対して繰り返し「私の最大の作品」と言明していたが、その努力虚しく、出版はわずかの差で死後となってしまい、またヴィーンで自身が立ち会うことのできる全曲の上演もまた生前にはなされなかった。本書が問題にしている、作品の社会化までを包括した「創作活動」は、その意味では未完遂に終わった。

　この作品の実質的な創作期間が1819年春から1822年末/23年初までの4

960

第 33 章　1819 ～ 23 年　《ミサ・ソレムニス》作曲　その遅延はなぜ？

年近くと、なぜかくも長く、度重なる中断を挟んだのか。そしてなぜ完成後
4 年以上も出版されなかったのか［出版についての最終結論は第 35 章に持ち越される］。

1 │《ミサ・ソレムニス》作曲計画の検証

　皇帝フランツ 1 世の末弟ルドルフ大公（1788-1831）は兄弟たちと同様に
軍人となるための修練を積み始めるが、テンカン持ちのために、軍事経歴を
歩み続けるのは不向きということで、教会職に転向した。17 歳のとき、
1805 年 6 月 24 日に叙階し、オルミュッツの大司教代理に後継権付きで選任
された。その大司教アントン・テオドール・フォン・コロレド枢機卿が
1811 年 9 月 12 日に死去した。しかしまだ 23 歳であったルドルフは若すぎ
ることを理由にいったん後継権を放棄し、優先順位下位のマリア・タデウ
ス・フォン・トラウトマンスドルフ＝ヴァインスベルク伯が後任となった
［BGA 523 注 2］、というのが史実である。しかしちょうどこのときプレスブル
クでハンガリー議会が開会中で（会期は 1811 年 8 月 29 日から 1812 年 6 月
1 日まで）［BGA 523 注 1］、ルドルフは単に優先権を譲ったのではなく、より
格の高い教会職に就任する可能性が取りざたされていたようである。その 3
週間後の 10 月 9 日にベートーヴェンがヘルテルに宛てて書いた書簡［BGA
523］からそのことが判る。彼が 1811 年 9 月 18 日にテプリッツ滞在を急いで
打ち切って、ヴィーンに帰還した［BGA 523 注 3］のもそのためであった。

> ハンガリー議会のことですが、すでに以前から大公がハンガリーの大司教となり、
> オルミュッツの司教職を退くことについて語られています。私自身はといえば殿下
> に申し述べています、ハンガリー大司教として 3 百万を下らない収入があるでしょ
> うから、［引用者補：うち］百万を私のために毎年きっちりと散財する（もちろん私が
> それを使って動かしたい音楽的センスの良い音楽家すべてに［引用者補：対して］で
> すが）ようにと。テプリッツで私はこれ以上の情報を得られず、…私は彼に愛着を
> 抱いているものですから、…祝典で私が必要とされるのならと、つまり損得勘定か
> らヴィーンへ急ぐことを選んだのですが、私が聞く最初の雷鳴のような言葉は、慈
> 悲深き君子にはあらゆる聖職が消え失せて、つまりこの話全体が無に帰す、という
> ことでした。
> 大将に彼がほどなくなるというのであれば（察しがつきますね）、すると私は戦いの
> 際の大将付設営係将校ですか、しかし私は戦いには負けたくはありませんね──何
> かこれについておっしゃることあります？

961

第Ⅱ部　歴史的考察

　この文面から、ルドルフがオルミュッツ大司教よりも格上のハンガリー・カトリックの総本山であるエステルゴムの大司教（のちに《ミサ・ソレムニス》の筆写譜販売を勧誘）に選任されるかもしれないという噂をテプリッツで聞きつけ、就任式の奏楽に自分が必要とされるかもしれない、さらには大司教楽団の楽長職を拝命できれば、といった目算が抽出できようか。それが、実際には 1819 年に起こる《ミサ・ソレムニス》作曲の動機として、新カタログにおいて、「ベートーヴェンの自発性［引用者注：ミサ曲作曲の］はそのとき確かに、オルミュッツのルドルフの宮廷で楽長になる、という期待からも支えられていた」と述べられている根拠につながっているか、と思われる。また書簡交換全集において、1819 年 3 月 9 日リース宛書簡［BGA 1294］に対する注［注6］として同様に、「ベートーヴェンはこのこと［引用者注：後継者になるのを辞退したこと］を 1811 年 10 月 9 日付書簡［BGA 523］で残念がり、というのは、今回同様、楽長として収入の良い地位を期待した」とある。

　《ミサ・ソレムニス》作曲はルドルフの大司教就任を前提としたものなのか、そうではなく自発的なものなのかということについて、さまざまな議論がなされてきた。それをここで追うことはしないが、問題の全体的構図が見えないままに、《ハンマークラヴィーア》ソナタ Op.106 によって打開された"沈黙の時代"からの脱出をいっそう確実なものとする、創作上の問題として、そのような議論がなされてきたきらいがある。そして、作品の完成が戴冠式に間に合わなかったことがいっそう内発的創作説を強化した。さらには、作品成立が就任儀式と切り離されたことによって、貴族と音楽家という主従関係を超越して、大司教にではなく"生涯の友"に献げる作品と見る、ある意味での"神格化"がここにも潜んでいた。

　従来、ルドルフ大公の大司教就任が決まったのは 1818 年（7 月）の宗教会議にてという記述に出会うことがあったが、書簡交換全集の刊行後にはこうした事実は否定されている。彼がいずれオルミュッツの大司教になることは 1805 年に 17 歳で僧籍に入ったときに将来の処遇として決定されていたのであり、1811 年にさしあたって年長者に継承権を譲ったのであって［BGA 1295 注5］、その継承者が 1819 年 1 月 20 日に死去したとき、31 歳となっている今度こそ後任になることは人々には分かっていた。

　その正式な選任経過について書簡交換全集と新カタログの記述は微妙に異なっている。書簡交換全集では BGA 1292 の注 1 に「大聖堂参事会による

962

第 33 章　1819〜23 年　《ミサ・ソレムニス》作曲　その遅延はなぜ？

選任が 3 月 24 日に行なわれ、ローマ教皇による承認と枢機卿への任命が 6 月 4 日になされた」とある一方、新カタログ［316 ページ］では「4 月 24 日に枢機卿帽を授かり、6 月 4 日に大司教に選任された」とある。このふたつの記述を綜合すると、地元オルミュッツ大聖堂の後任者決定は 3 月 24 日、大司教就任に伴う、その階位の前提たる枢機卿に昇任したのが 4 月 24 日、それらのローマ教皇による裁可、すなわち正式決定が 6 月 4 日、ということであろうか。就任式（大司教叙階式）は 1820 年 3 月 9 日であった。《ミサ・ソレムニス》が上演されるべき日がいつどのように決定されたか、については両文献ともに言及がない。

　シンドラーの「何の委嘱もなしにベートーヴェンは儀式用（荘厳なる）ミサ曲の作曲を決心し、…その楽譜が 1818 年の晩秋に始められるのを私は見た。それは巨大な変ロ長調ソナタ Op.106 がちょうど終えられた後のことであった」という主張［第 3 版 I, 269 ページ］は内発的創作説の原型であるが、その後に生まれた、1818 年（7 月）の宗教会議にて大司教就任決定、という言説は、それに対抗するために伝説のなかに入り込んできたのかもしれない。いずれにしても、この両説の黙殺が書簡交換全集と新カタログに共通したことであるが、1805 年から大司教就任予定者であり、1811 年にその機会が訪れたときのベートーヴェンの反応は、就任予定が世評として織り込み済みであったことを示している。就任記念ミサ曲の作曲計画は心づもりとしていつでもありうる事態であったのであり、計画発祥が前任者の死去の前か後かをあえて問う意味は薄められ、仮に以前であったとしても、それは、現実的目的なしにスケッチする、数多の例のひとつにすぎないということになる。

　事実として作曲意欲を初めて見せるのは 1819 年 3 月 3 日付ルドルフ大公宛の有名な書簡［BGA 1292］である。

> 私のミサ曲が殿下のための祝典に上演される日は私の生涯で最良の日でありましょう、そして神は私に啓示を与えるでしょう、私の微力がこのおめでたい日の慶祝に貢献するように。

　この書簡は大公宛としては珍しくかなりの長文のもので、冒頭は「閣下が恵み深きことに私のところにお送りくださった日に私は不在でありまして、すぐ続いてひどいカタルを罹患し、ベッドに横になって書面で殿下にお接しする次第です」とあって、3 月 3 日の何日か前に大公からの伝令で就任の知

963

第Ⅱ部　歴史的考察

らせがもたらされた、すなわちその前提たる正式発表があったことがわかる。

まさにこの時期、前章で触れたように、Op.104 と Op.106 のロンドンでの出版計画がリースの仲介で急速に進展しており、そのため彼との間で書簡交換が頻繁で、それがよい情報提供源となっている。3月8日リース宛書簡［BGA 1294］の一節に次のようにある。

> ルドルフ大公はついに彼のオルミュッツ大司教としての以前の決定に就きます。しかし、私が［引用者補：生活条件の?］改善を獲得するまでなお非常に長く待つかもしれず、しかし私はこれまで遭遇したことのない、そしてなお続く、かくも多大な苦境［引用者注：困窮?］にうんざりしているのです。

そして3月19日リース宛書簡［BGA 1295］には具体的にミサ作曲の件が出てくる。

> ルドルフ大公がよりよい状況になるまで、それはまだ丸一年かかるでしょう。まったく具合が悪いのは、この事柄がどう進展し、そして私の給与がどうなるのか、まだ誰も分らないことで、約束の年が巡ってくるまで、それがどうなるか［原注：ベートーヴェンは彼のパトロンのこの新しい地位から彼自身の立場の改善を期待した］。――［中略］現時点で私を非常に物怖じ［当惑］させているのは、新しいものを1つ書くことで［原注：ルドルフ大公の就任式にミサ曲を書くこと］、というのは私はほかに大変忙しくしており、…

すでに常用するようになっていた会話帖［次章のサブ・テーマとする］における、4月2日と想定される個所に「キリエの前奏、オルガニストによって強く、そしてキリエの前まで減衰していってピアノに」とのベートーヴェンによってなされた記入がある。現存するスケッチの最初は 1819 年 4/5 月のもので、Op.120 の第 23 変奏までの作業に直結して、約 40 ページほどが一気に書かれた。それ以前に、シンフォニー第 9 番の場合のような、楽想の書き溜めといったものはない。したがって、大司教就任は既定のものであるから、その時が来たら書こうという漠たる想いはあったかもしれないが、正式に報が届いて、大公に書くことを宣言したはいいが、いざ書かなければならないとなると現実問題が、といった逡巡があったのだろう。「というのは私はほかに大変忙しくしており」のあとにそれを解く重要な一句があるのだが、その紹介は全体状況をつかんだ後でこの問題を総括するときまで取っておくことに

964

して、まずは創作へ立ち向かう時間経過のみ、追うことにする。

「よりよい状況になるまで丸一年かかる」とは着任までと解されるとすれば、1年前の就任発表がこの種の公職にあって慣習であったからベートーヴェンがそう捉えたか、実際に就任式の期日が設定されていたのか、は判らない。その期日は20世紀中盤まで3月20日であったと見なされていた。書簡では1個所、1819年8月30日の大公宛で「私はミサ曲を、それが19日に、変更なければですが、上演されることができるよう、仕上げられればと思っています」[BGA 1327] とあり、もしかしたら就任式は当初1820年3月19日に予定されていて、「変更なければ」は、それがいくぶん可変的な要素を孕んでいた、と見ることができるかもしれない。いずれにしてもベートーヴェンが作曲を終了すべきと考えていた時間的猶予は約1年ということであり、事実そうであった。出来上がったものからはそもそも無理な計画であることが一目瞭然だが、何としても間に合わせるということであれば、可能な規模にしなければならなかったであろう。そして、それに没頭すれば他を犠牲にしなければならなくなるという問題がある。それが「物怖じ［当惑］させている」という表現に現れた。

2│大司教就任式に間に合わせる

実際には、当初の計画は頓挫し、創作は2度の長期の中断を挟み、ずるずると1822年末ないし1823年初めまで続く。近年、ミサ曲の各部分のスケッチ書きや推敲の諸段階のより正確な年代設定に関していくつもの基礎的な作業がなされ、それらから必ずしも完全な全体像が得られるわけではないが、問題はかなり整理されてきたと言える。しかしその詳細のひとつひとつを丁寧に追跡することは膨大な検証作業が必要となるため、ここでは新カタログの記載に基づいて概略をまとめるにとどめる。しかしながら、ミサ曲が進行中に3つのピアノ・ソナタの作曲が挟まってくるので、その関連を併せて記述することは不可避である。《ハンマークラヴィーア》ソナタ開始からシンフォニー第9番の本格取組み直前までの5年半の複雑な経過を理解するために、3時期に分けた取組み一覧表によって整理してみよう。ここにはカノン作品をはじめとする「プライヴェート作品」は含まない。

第Ⅱ部　歴史的考察

取組み一覧表［Ⅰ］			
	スケッチ従事	スコア書き下ろし	一応完了
［ピアノ作品］Op.106	1817年11/12月~1818年夏		1819年1月
［ピアノ作品］Op.120	1819年前半		
1819年3月3日直前　オルミュッツ大司教就任正式発表			
キリエ	1819年4月~	1819年4/5月	1820年2/3月
グローリア	1819年6月頃~	1819年11/12月	1820年夏/秋に推敲
クレド	1819年11/12月頃~1820年6月	1820年夏	1821年
1820年3月9日　　オルミュッツ大司教就任式			
［歌曲］WoO 150 "Abendlied"			1820年3月
［ピアノ作品］Op.109 第1楽章　1820年3月-4月			1820年9/10月~年末
［ピアノ作品］Op.109 第2/3楽章　1820年6月~8月			1820年9/10月~年末
［ピアノ作品］"Op.119"-7-11　1820年後半			1821年1月1日書き下ろし
ベネディクトゥス	1820年10/11月~		1822年末/1823年1月
アニュス・デイ	1820年10月・21年3月-8月	1822年	1822年末~1823年1月
サンクトゥス	1821年初		1822年末~1823年1月
［ピアノ作品］Op.110	1821年9月-12月		1821年12月25日完成
［ピアノ作品］Op.111	1821年12月頃~	1822年1月13日開始	1822年2月
ドナ・ノービス	1822年3月頃~8月頃	1822年末~1823年1月	

　まずミサ曲だけに限ってみると、キリエ楽章は順調に進んだものの、グローリア楽章が長大化し、進行はそこで滞った。サンクトゥス以下の楽章への着手が就任式後に始めてなされることに注目しなければならない。後に見るように、就任式前の完成について言明が続くことから、ミサ曲の各楽章がとりあえず完成に向かって作曲の進行をみたが、満足できるレヴェルに到達しなかったので上演を見合わせたかのように思われていたきらいがある。そして事後に各楽章が改めて書き直されて、その結果、長大なミサ曲が出来上がった、のではない。最初から、ないし、しばらく進行してから、全体構想の大規模化が始まり、本人としてはむしろかなり早い段階から全5楽章の期日までの完成については見通しが立たなくなっていたのではないか。1819年8月30日の書簡［BGA 1327］は上記引用部分の直後に、「少なくとも私は、私の悪い健康状態によってそのときまでに仕上げるということを断念しなければならないとなれば、絶望してしまうでしょうが、しかし私はなんとか、達

第33章　1819〜23年　《ミサ・ソレムニス》作曲　その遅延はなぜ？

成したいという私の心からの願望が満たされるように、と思っています」と、
期日までの完了に不安があることへの初めての言及がある。上記、経過一覧
表に即して言えば、それはキリエとグローリアまでしか手掛けることができ
ていない進捗状況と関係していただろう。

　しかし10（または11）月10日リース宛で「私が新しいミサ曲をほとんど
完成したとだけ報告しておきます」[BGA 1341]とあり、同時期に10月15日
大公宛で「ミサ曲はいまもうすぐ完成します」[BGA 1345]と言っているので
ある。さらに12月19日には大公宛書簡[BGA 1361]の追伸で「ミサ曲はま
もなく殿下のお手元に届くことになるでしょう」とまで述べている。これは、
シンフォニー第9番の場合にあったような、そして生涯にしばしばある、大
風呂敷的表現のひとつと見られがちである。この時期には頻繁に大公に書簡
をしたためていて、その主目的は、甥の後見権裁判で分が悪くなり、大公の
影響力ないし具体的な助力を求めるもので、その文面の端にミサ曲完成間近
の言及がみられるという事情もある。しかしながら、翌年に入って就任式が
近づいてもなお、1820年2月10日にジムロック息子宛に「まもなく演奏さ
れるミサ曲に関して、謝金は125ルイ・ドール［引用者注：1125グルデン］で、
これは大きな作品です」[BGA 1365]と最初の出版交渉をしている。出版社に
早期に声掛けするのは若い頃からふつうに見られ、それはほぼ完成の証しで
はなく、いわば注文を取って仕事を進めるというスタイルであって、作曲の
途上にそれがあるのは特別なことではない。1ヵ月前の時点で、あるいはま
だ就任式日程の前倒しが決まっていないとすれば40日前の時点で、「まもな
く演奏される」とは、わざわざ明かす必要もない相手に述べた言質として、
本当にそう思っていた、ということもあり得るのではないか。

　カトリックのミサ曲はキリエとグローリアだけの「ミサ・ブレヴィス」と
して演奏が可能だからである。また完成した全曲は演奏時間が80分を超え
て、今日では、ミサ典礼を逸脱するほど長大化したと評されており、事実、
代って実際に演奏された、フンメルが1805年にかつてエステルハージ家の
ために書いたミサ曲Op.77は30分足らずのものであった。ベートーヴェン
作品の「ミサ・ブレヴィス」はほぼ同様の長さであって、主賓への注目を失
わせず、列席者を飽きさせない、祝典音楽として程よい規模に至っていた。
両楽章のオーケストレーションも完成といってよく、クレドに進んでしばら
くたったという状況であった。祝賀上演という事実を優先させればそれでい
ったん手を打つことは可能と見られ、それが1ヵ月前にまだ上演するつもり

967

第Ⅱ部　歴史的考察

でいた理由ではないか。ミサ通常文全体への付曲は、作曲を始めてみると、初めから構想が大規模なものとなり、冒頭2楽章だけで相当に時間が取られ、コンサートなら延期もあり得るが、大司教叙階式の日程はどうなるものではなく、全曲を間に合わせることはそもそも眼中にはなかった。それはサンクトゥス以下の楽章の着手時期から明らかである。したがって「まもなく殿下のお手元に届く」とは全5楽章がという意味ではまったくない、と解すべきであろう。

　ところが、大司教就任式の日程が想定より早くなり、ルドルフのヴィーン出立が急遽、決まって、ベートーヴェンにもその知らせがなかったということが、会話帖から、および事後のルドルフとのやりとりから、明らかである。まず数日前に「ブルノ新聞に載っている、彼は3月9日にオルミュッツでの彼の祝典行進を挙行すると」[BKh 1, 300 ページ]との記入があり、6日午後にはシュレンマーの筆跡で「彼は本日午前11時に出発した、そう私に言われた」[BKh 1, 311 ページ]とある。3月25日にルドルフはベートーヴェンに宛ててオルミュッツから初めて書簡を書いた[BGA 1375]。書き出しはこう始まる。

> 私は当地へ［引用者補：の着任が］決まっていますので、私はヴィーンを急いで去らなければなりませんでした、さもないと私はいくつもの"私の大切なもの[mir werthen Gegenständen]"から自分を切り離すことができなかったでしょう［傍点引用者、後述］、そのことをもってあなたは、遠くにいても私はそれらのことを想っていると分かっていただけましょう、そして私はあなたにこの数行を書きます。
> 私の出発前にあなたにお会いできなかったことは残念でしたが、あなたのことはよく分かっています、私はあなたが私のために一生懸命、作曲してくださるのだろうと期待しています［原注：もしかしたら、まだ完成していない《ミサ・ソレムニス》Op.123のことをほのめかしている］、私があなたの価値あるものを成就することができればの話ですが、しかし私はすでに何度もあなたのご寛容をいただいておりますので…

その返信をベートーヴェンは4月3日に書いた[BGA 1378]。

> 私が思い出す限り、私があなたのところに出頭しようとしたとき、閣下のお具合が悪そうだと告げられましたが、日曜の夕方にお具合をお尋ねするために行きますと、閣下は月曜日には出発なさらないであろうとのことで、私の習慣ですが前室に長くは留まらず、いただいた情報により急ぎました。ドアマンの方が私にまだ何かおっしゃりたそうなのは気づいたのですが、先を急ぎました。残念ながら月曜の午後に閣下が本当にオルミュッツへ赴かれたことを知りました。告白しますとそれは私にはきわめて耐えがたい気持ちで…

こうした経過は、ベートーヴェンが書くミサ曲を上演する準備について打ち合わせのないままに日程が繰り上がり、ルドルフの出立さえベートーヴェンには連絡がなかったことを示している。式典はおそらく事務当局の主導でお膳立ても調えられていったのだろう。2月29日から大司教の執務参事官に就任していたフェルディナント・トロイアー伯とベートーヴェンとの確執もあったかもしれない［BGA 1378 注4］。

当日の演目は、1820年3月25日付『ヴィーン総合音楽新聞［AMZ Wien］』によれば、ヨーゼフ・プラインドルの《テ・デウム》、音楽愛好家にして専門家のP. von R. 氏の《エクシ・サセルドス・マグヌス［大司教を見よ］》、フンメルのミサ曲変ロ長調、ヨーゼフ・ハイドンの《オフェルトリウム》ニ短調［偽作 Hob.XXIII:d2］と盛りだくさんで、指揮は楽長空席のため大聖堂オルガニストのヨーゼフ・ツェルヴェンカが執った［BKh 1 注901］。

3 ｜ 「私（あなた）の大切なもの」

1811年の転機のときにベートーヴェンが大司教宮廷楽長に就任する期待を抱いたことは前に紹介した。その際には数十人もの楽師の長となり、楽団を統括すること、そのために予算配分を願い出ることまで、構想は具体性を持っていた。しかし1819年時点でまたそのように本気で考えていただろうか。上に引用したように、BGA 1295 への注としてブランデンブルクは「立場の改善を期待」と注釈している。実際に当時、巷にはそういった噂が流れていたようで、5月4日付『アウクスブルク総合新聞［Augsburger Allgemeine］』は4月26日のヴィーンからの特派員報告として「オルミュッツ大司教たるルドルフ大公がまもなく彼の離宮へ出発する、彼は有名なベートーヴェンを自分のところの楽長として契約したという噂である」と報道している［BKh 1 注160］。実際に大公がオルミュッツ赴任に向けてヴィーンを発ったのは就任式の3日前、1820年3月6日月曜日午前11時のことであり［BGA 1378 注1］［BKh I, 311 ページ］、前日、8日には市内をパレードした［BGA 1376 注4］。

新聞報道は噂に基づき、かつその拡散に手を貸すものであるが、ベートーヴェン自身が、数十人もの楽師を統括して日常的に教会堂内での奏楽の責任者になるということまで期待していたことは、演奏活動に支障を来していた

第II部　歴史的考察

当時としてもはやあり得ないのではないか。ただ「私の給与はどうなるか」と名誉職的な地位へ期待を繋いでいたとは見ることができるとすれば、まさにその渦中の1819年9月に出版されたOp.106の出版献呈は、日常化していた大公への献呈のひとつであるだけではなく、猟官運動の気味もあるのだろうか。しかし就任式が近づくにしたがって、大公の大司教就任はベートーヴェンに何ももたらさないことが明らかとなっていった、という現実もまたあった。大司教が就任式後に「もし私があなたの価値あるものを成就することができればの話ですが」［BGA 1375］と書いていることについてブランデンブルクは何もコメントしていないが、ここからは、事務当局の差配下にあって身動きの取れない状況が想像され、しかし「私のために一生懸命、作曲してくださるのだろうと期待しています」は、もしかしたらではなく、すでに、2人の間では献呈ミサ曲は就任式とは切り離された存在であった、ということの証左ではないか。ベートーヴェンもまた、上に引用した返書の後半で、次のように言う［BGA 1378］。

　　ところで私は閣下に、私についてのさまざまな情報に耳を貸さないよう、お願いします。私はすでに当地でさまざまなことを耳にしていて、お喋りの類いですが、閣下に仕えるとか信じられています［原注：もしかしたらベートーヴェンは、ルドルフ大公の執事で1820年2月29日より執務参事官のフェルディナント・トロイアー伯のことを念頭に置いている。ベルナルトはちょうどこの頃、彼が主君にネガティヴな影響を与え、うぬぼれており、無遠慮だと咎めている］、閣下が私をあなたの大切なもの［ihrer werthen Gegenständen］のひとつに挙げられておられるとすれば［傍点引用者］、私は自信たっぷりに言うことができます、閣下は私にとって宇宙で最も大切なもの［mir werthesten Gegenständen im Universum］のひとつです、私は宮廷人でもないし、閣下は私のことを、単なる打算的な利害の人間ではなく、真の内的なつながりが私をいつも閣下に結びつけ魂を与えられている、とよくご存じだと信じています。…

　ここで双方が「私（あなた）の大切なもの［mir（ihrer）werthen Gegenständen］」という暗号めいた言葉で互いについて交信していることが注目される。式典の奏楽とか、「打算的な利害」すなわち猟官といった次元のものでは2人の関係がないことをこれらの書簡交換は示していよう。すなわち、ミサ曲の完成をちらつかせ、待遇改善の好機と見ながら、それが叶わないと見るや言行不一致をものともせず「ミサ・ブレヴィス」での上演さえ放棄した、という像はこの経緯からは出てこない。

970

第33章 1819〜23年 《ミサ・ソレムニス》作曲 その遅延はなぜ？

4 | 「パンのための仕事」

就任式をやり過ごすと、ミサ曲に継続的に取り組んでいかなければならないという呪縛から解き放たれたかのように、当面、必要なピアノ作品の作曲に立ち向かった。なぜ必要なのかと言えば、大曲は演奏機会も少なく、楽譜の買い手もなかなかつかないので出版社は尻込みし、その反面、作曲には多大な時間を取られて、実入りになる作品に手が回らなくなり、困窮度は増す、というスパイラルとなるからである。この時期の書簡に「苦境」とも「困窮」とも訳せる Drangsal という言葉がよく使われている。精神的な苦境なのか経済的な困窮なのか、一概に決めつけられないので、上記、書簡引用のなかで両方の訳語を並列させた。この苦境・困窮は、1817 年 11/12 月に《ハンマークラヴィーア》ソナタ Op.106 を書き始めたときもそうであり、それを回顧して 1819 年 3 月 19 日にリースに書いた、先に引用した「私はほかに大変忙しくしており」［BGA 1295］の後に続くのは、次の一句である。

> あのソナタ［引用者注：Op.106］は苦しい・困窮した［drangvoll］状況のなかで書かれ、というのはほとんどパンのために［um des Brodes-willen］書くのはつらいことで、私はそれをそのようにやり遂げただけだ。

「パン」という単語のブロートが Brot ではなく Brod となっているのはこの時代のヴィーンの方言かと思われる。これが書かれたのはほとんど仕事ができない 1 年あまりの病気期間から脱してようやく健康を取り戻したときのことであり、その間にはトムソンのための民謡編作だけが、年金収入以外の生計の糧であった。その仕事は Op.106 と並行し、さらにその後も大司教就任式直後あたりまで続く。ベートーヴェンのピアノ・ソナタのなかで最もダイナミックで長大な、シンフォニーのようなあの大ソナタが「ほとんどパンのために」というのは、私たちにはいささか衝撃的である。この書簡自体はセイヤーも取り上げているので古くから知られているものだが、全体像のなかでの位置づけが不十分であった。

コンサート活動からの撤退はベートーヴェンにとって経済的に大きな打撃で、出版が年金以外の唯一の収入源となっていた。その上、1816 年 10 月以

第Ⅱ部　歴史的考察

降は体調不良となり、それを押しての民謡編作以外には、創作に向かえない
状態が約1年続いた。体調の回復後ただちに取りかかったのがピアノ曲であ
ったのは、それが最も早く出版につながるジャンルなので、当然と言える。

　「ブロードウッドから最新型ピアノ寄贈の申し出があり意欲を掻き立てら
れた」も神話化伝説の類いである。ピアノ音楽の需要が最先端にあるのは、
第30章で見たイギリス市場特有の問題なのではなく、ヴィーンもそうであ
るし、当時全体の実情であり、のみならず今日までそれは変わらない。した
がって「パンのため」とは、だから手を抜いたなどという文脈ではなく、市
場向けに書かざるを得ない実情を吐露したものであって、それが「つらい」
とは、生活のことを考えなければならないからという精神的なものであろう。
その意味で、Op.106の完成後の《ミサ・ソレムニス》への取り組みは、背
反的に、さしあたって何の収入ももたらさないが精神的充足感に満たされた
ものではなかったか。

　活動を再開したときに手っ取り早く作品を現金化するには、出版交渉から
校正チェックまでが他と比べてスピーディーに進行する地元ヴィーンでの出
版が有利であり、かといってシュタイナー社とは膨らむ借金の関係でもう関
係は持ちたくないという事情があった。1819年1月から9月までの間に、
それまで疎遠となっていたアルタリア社から立て続けに4作品（1月に2チ
ェロ・ソナタOp.102のお墨付き続版としての原版［第8次時間差多発出版］、2
月にその後Op.104が付される編曲五重奏曲、9月に6つの民謡変奏曲集
Op.105と《ハンマークラヴィーア》ソナタOp.106）が刊行されたのは、そ
うした理由からであると考えられる。Op.102は1815年の作品であり、すで
に1817年にジムロック社から原版が刊行されていた。Op.104は校閲筆写譜
に1817年8月14日と日付が記入され、まさに病気療養中の編曲仕事であり、
Op.105はトムソンに提供したものの一部を4ヵ月の時差でヴィーンでも出
版させたものである。つまりOp.106以外はオリジナル創作ではなく、その
出版とともに、ないしは、もしかしたらその出版権を譲渡する前提として、
抱き合わせで提供したもので、ベートーヴェンとしては当座の生計維持を補
完する狙いがあったろう。

　イギリス向けに書いた歌曲編曲を活用してヴィーンまたはドイツでの出版
することはすでに1815年4月29日付のシュタイナー社に対する13作品提
供メモに含まれているように、年来のアイディアであったが、それがこの時
期に立て続けに実現する［第10次時間差多発出版］。その最初のものがOp.105で

あるが、これはたまたまその年の5月にトムソンが出版した唯一の器楽曲
《変奏曲付き12の国民歌曲》（9曲のみで終了）［第30章6］の内の6曲である。
歌詞のドイツ語訳をせずに済む格好のものであった。

　さらに1820年2月10日にジムロックに対して、《ミサ・ソレムニス》の
出版を初めて誘う書簡［BGA 1365］において、次いで3月25日にシュレジン
ガーにも［BGA 1374］、ジムロックに対すると同じ内容で、可能性を探ってい
る。その結果、ジムロック社は直ちに同年8/9月に、Op.105と同様の器楽
曲として、民謡に基づく10の変奏曲集Op.107を出版した。これは、上記
《変奏曲付き12の国民歌曲》の他の3曲と、トムソンからは出版されずに終
わる7曲から成っていた。

　他方、シュレジンガー社は英語歌詞とともにドイツ語訳詞を付すこととし、
したがってそれには相応の時間が必要で、《［25の］スコットランド歌曲集》
Op.108の刊行は2年後の1822年7月となった。これは1818年8月にトム
ソンが《スコットランド歌曲撰集　第5巻》として出版した30曲の曲集の
うちのベートーヴェン作品25曲（他はハイドン作品）から成っている［906
ページ］。

　同社は4月11日付返信［BGA 1381 消失］のなかで、併せてピアノ・ソナタ
作曲の打診をした。懸案の歌曲出版を引き受けてもらえる見通しがついたこ
とで、ベートーヴェンはその依頼に応え、その最初の作品Op.109は、
Op.108より先に、1821年9月に出版されることとなる。

　一方、シュタイナー社で徒弟として働いていたアントン・ディアベッリと
は、書簡のなかでその名をディアボールス［悪魔］ともじってふざけあう仲
であった。彼は1818年12月に独立し、ピエトロ・カッピとともにカッピ
＆ディアベッリ社を設立した。同社はその主力を舞曲、変奏曲、曲集に置
いた。作曲家でもあったディアベッリは自分が創作した主題をオーストリア
で活躍する50人の作曲家に配って各人に1曲ずつ変奏曲を書かせ、「祖国の
芸術家同盟による変奏曲集」を仕立てるという企画を立ち上げた。主題の配
布がいつであったかは突き止められていないが、最も早くに依頼に応えたカー
ル・チェルニーの作品は1819年5月7日付である。ベートーヴェンの作
業も1819年前半のことで、彼はそれに取り組み始めた早い段階で、依頼通
りにではなく、自らによる完結的な変奏曲に仕上げる気になったようである。
それはOp.106を書き終わった直後のことであり、引き続き新たな生活の糧
の心配は続けなければならないということも関係したかもしれない。しかし

973

第II部　歴史的考察

その渦中にミサ曲に取り組むという大きな課題が発生し、結局、変奏曲の方
は中途でとりあえず放棄されることとなった。

　大司教就任式後はそのミサ曲が途中放棄されて、ピアノ作品が取り組まれ
る。取り組み一覧表 [I] に略記したことを補足すると、すでに3月にホ長
調のピアノ独奏曲がスケッチされていて、4月に入ってそれを第1楽章とす
るソナタの構想が生まれる。シュレジンガーがソナタの打診をしたのは4月
11日であるから、作品のスケッチは依頼と関係なく始まったわけである。
その4月30日付返信でベートーヴェンはソナタ3曲で50ドゥカーテンを要
求している [BGA 1388]。出版先のあてがついたことは創作を促進させる要素
となったと思われ、クレド楽章の作曲と並行して Op.109 は進行し、夏まで
に全楽章のスケッチが終了。引き続いて清書稿の作成に入り、9月か10月、
遅くとも年末までにそれは完了した。

　その年の後半に並行したもうひとつの作業が、第I部第1章6で述べた
"Op.119" 周辺のピアノ・バガテルの仕事である。きっかけは旧知のフリー
ドリヒ・シュタルケから委嘱された企画曲集への寄稿であった。この時点で
は5曲（後に"Op.119"の第7〜11曲となる）を新たに作曲して依頼に応え、
その清書稿は1821年1月1日に作成された。こうした食いつないでいくた
めの即"売れる作品"に携わりながら10月頃からミサ曲も再開され、まずサ
ンクトゥス楽章のベネディクトゥス部分、そしてアニュス・デイ楽章が開始
され、1821年に入るとサンクトゥス楽章それ自体もスケッチが始まる。9月
からピアノ・ソナタ Op.110 の作曲によってミサ曲は再び中断される。そし
て1822年2月にかけて Op.111 までが一気に書かれる。Op.110 作曲の最中、
1821年11月12日にブレンターノ宛書簡 [BGA 1445] のなかで再びパンにつ
いて言及している。

　　すでに昨年以来、現在まで私はつねに病気で、この夏はその上、黄疸にもなりまし
　　た。これは8月末まで続き、シュタウデンハイマー［引用者注：主治医シュタウデンハ
　　イム］の指示により私はなお9月にバーデンに行かなければならず、同地域では間も
　　なく寒くなりましたし、私は激しい下痢に襲われ療養を続けることができず、再び
　　当地［引用者注：ヴィーン］へ逃げ帰らざるを得ませんでした、現在は幸いにもよく
　　なり、ようやく私を健康が、再び新たに活気づかせようとしているように思われま
　　す、再び新たに私の芸術のために生きるようにと。それはそもそも2年来、健康の
　　欠如から、またたいへん多くのその他の人間的苦悩のために、ありませんでした。
　　──ミサ曲はもっと早くに発送されるところだったのですが、［中略］　そういう状

第33章　1819～23年　《ミサ・ソレムニス》作曲　その遅延はなぜ？

態には私は病にあって至らず、あまつさえ、私はそれにもかかわらず私の生計を考えるとさまざまなパンのための仕事［Brod-Arbeiten］（残念ながら私はこれをそう呼ばざるを得ません）を果たさざるを得ませんでした［原注：ベートーヴェンは1821年9月以来、シュレジンガーのためのOp.110と111の作曲に関わっていた。その他の仕事は、Op.123以外に、1821年には知られていない］。

　ブレンターノはジムロック社が受注したミサ曲出版について仲立ちに入っており、ベートーヴェンはここで、その完成が遅れていることに対する事情説明を展開しているわけである。「昨年来」は昨年のいつ頃かが明確ではないが、1820年の就任式前後であるとすれば、要するにミサ曲の滞っている原因のひとつに健康状態の悪化があり、「あまつさえ」生活のために即、現金が手に入る仕事をしなければならなかった、と告白している。遅延の言い訳を並べているとシニカルに見ることもできようが、しかし実情であろう。ブランデンブルクは原注で、Op.110と111に関わっていたとしているが、スケッチ帖を精査すると、この時点ではまだOp.111に着手はしておらず、そしてまた「昨年来」からの遅延について説明しているので、直接的には就任式後に取り組んだOp.109が主で、それに続く"Op.119"-7～11、さらにそのとき従事しているOp.110のことを指していると見るべきであろう。

　Op.111を書き終わって1822年3月頃から、初めてアニュス・デイ楽章のドナ・ノービス部分が着手され、併せてミサ曲後半部分のオーケストレーション作業が続く。

　カール・フリードリヒ・ペータースが1822年5月18日にベートーヴェンに名乗り出てきたことは第Ⅰ部第5章16で詳しく触れた。またスケッチ帖が楽想の貯蔵庫であることに関して、第Ⅰ部第1章6でも、この時期に起きるその再利用について言及したが、改めてここでベートーヴェンが6月5日付［BGA 1468］でペータースに提供可能とした作品とそれぞれの作曲時期、そしてそのすべてをペータースが受け容れなかった結果、出版はいつになったのか、表にしてみよう［976ページ］。

　その後に生じたペータースとの紆余曲折したやりとりについてはすでに言及したが［第Ⅰ部第5章16］、1823年2月15日［BGA 1570］と20日［BGA 1575］にベートーヴェンはこのなかから6ピアノ・バガテル（["Op.119"-1～6]）および4行進曲（WoO 18～20、24）、さらに上記のリストにはない2歌曲（["Op.121b"]、[Op.122]）を含む3歌曲を送付したところ、受け取ったペータースは3月4日［BGA 1604］で失望を表明、送り返すと宣言、というやるせな

975

第Ⅱ部　歴史的考察

	作曲時期	出版
ヴァイオリン・コンチェルト楽章［WoO 5?］	1790-92 頃	1879
バス・アリア［WoO 90］	1792 夏／秋？	1888（旧全集）
バス・アリア［WoO 89］	1791/92	1888（旧全集）
ピアノ伴奏歌曲［WoO 118］	1794/95	1837
オーボエ・トリオ［WoO 28］	1795?	1914
小イタリア語カンタータ［WoO 92a］	1801/02 冬	1948
連隊行進曲（帰営ラッパ）［WoO 18］	1809［第 1 稿］	1810/11［第 2 稿］
同　　　　　　　　［WoO 19］	1810［第 1 稿］	1810/11［第 2 稿］
同　　　　　　　　［WoO 20］	1809/10	1888（旧全集）
同　　　　　　　　［WoO 24］	1816	1827［ピアノ編曲］
《アテネの廃墟》より托鉢僧の合唱		
［Op.113-No.3］	1811	1846
《タルペヤ》行進曲［WoO 2a］	1813	1813［ピアノ編曲］
合唱曲《エレジー》［Op.118］	1814	1826　ハスリンガー
《ゲルマーニア》［WoO 94］	1814	1814［ピアノ編曲］
ピアノ・バガテル["Op.119"]	1820-22（1794-95）	1823　クレメンティ
ピアノ変奏曲［Op.120］	1819-23	1823　ディアベッリ
《ミサ・ソレムニス》［Op.123］	1819-23	1827　ショット
ピアノ・ソナタ	［作曲の形跡なし、注文があれば取り組むという意か？］	
弦楽四重奏曲	［作曲の形跡なし、注文があれば取り組むという意か？］	
［その下書きにのみ挙げられているもの］		
同定できない歌曲 2		
ピアノ伴奏歌曲［Op.128］	1798	1825 ショット
テノール・アリア［WoO 93］	1802-03	1939
《ゲルマーニア》［WoO 94］	1814	1814［ピアノ編曲］

い事態となって関係は終息する。

　この間にほかに取り組んだこととして、10 月 3 日に予定されたヨーゼフ
シュタット劇場の再オープンの演目、マイスルの 祭 典 後 劇 《献堂式》
に触れておく。それには当初、《アテネの廃墟》の音楽［Op.113］を転用する
つもりでいたが、ベートーヴェンは新しい序曲［Op.124］と合唱付舞曲（若々
しく息せき切るところ）［WoO 98］も提供することを決意する。そこで 9 月末
に急遽、この 2 つの作品が作曲された（1825 年 12 月に序曲だけがショット
社から出版され、合唱付舞曲は生前に出版されることはなかった）。

第33章　1819〜23年　《ミサ・ソレムニス》作曲　その遅延はなぜ？

　さらに友人ヘンスラー（1759-1825）の聖名祝日のための作品で、11月3日夕刻に同人の自宅窓辺で演奏したオーケストラ曲《祝賀メヌエット》［第Ⅰ部第7章1参照］がこの時期に作曲された。その作業を挟んでミサ曲の作曲は1822年末まで続き、全曲は遅くとも1823年1月に完成した。

　以上を含めて、1822年9月以降に展開される《ミサ・ソレムニス》のスコア化作業の最終段階に割り込んできた他の作業を列挙すると次のようになる。

取組み一覧表 ［Ⅱ］	最初のスケッチ時		1822/23年作業時
［序曲］Op.124	1822年9月末		
［合唱付舞曲］WoO 98	1822年9月末		
［オーケストラ作品］WoO 3	1822年11月3日以前		
［ピアノ作品］"Op.119"-1〜6	1822年11月		
［ピアノ作品］WoO 52	1795	1798	1822年11月
［ピアノ作品］WoO 56	1803/04		1822年11月
［ピアノ作品］WoO 59	1808	1810	1822年11月
［ピアノ作品］WoO 81	1793		1822年11月
［ピアノ作品］WoO 213	1793		1822年11月
［ピアノ作品］WoO 214	1794		1822年11月
［歌曲］"Op.121b" "Opferlied"	1822年12月		
［歌曲］Op.122 "Bundeslied"	1822年12月		
［歌曲］Op.128 "Der Kuß"	1798		1822年　特定できず
［軍楽］WoO 18 第3稿	1809		1822年末/23年初
［軍楽］WoO 19 第3稿	1810		1822年末/23年初
［軍楽］WoO 20 改訂	1809/10		1823年初
［軍楽］WoO 24 改訂	1816		1822年末/23年初
［ピアノ作品］Op.120　［続行］1822年10/11月頃〜1823年初			1823年3/4月

　ここで改めて問題にしたいのは、《ミサ・ソレムニス》の作曲中に「パンのための仕事」もこなさなければならず、しかし後発の申し出にも応えたいがそのためにスケッチ帖を繰って過去の書きかけからいくつか手直しして対応しようとした、ということである。ペータースに送るだけではなく、2月25日に、6ピアノ・バガテル（［"Op.119"-1〜6］）と2年前にシュタルケの要望に応えて出版された同種の5曲（［"Op.119-7〜11］）とをドッキングさせて、

977

第II部　歴史的考察

「11 のバガテル」としてリースを介して［BGA 1580］、クレメンティ社に売った。それは 1823 年 6 月に作品番号なしでロンドンで出版された。さらに同年末にパリのシュレザンジェ社が、同年 4 月に原版出版した Op.111 に続けて、この 11 曲［"Op.119"］を「新バガテル集または易しく楽しい作品集…Op.112」として出版した。旧カタログまではこの版もまた原版と見なされたが、クレメンティ社版の続版であったことが判明したことについては 200 ページで指摘した。

　ヴィーンでは出版されていないその前半 6 曲ないし 5 曲について、ベートーヴェンは 1822 年 12 月頃にディアベッリに打診し［BGA 1519］、また弟ヨハンは 12 月 27 日にパリのアントーニオ・パチーニと交渉し［BGA 1518］、さらに 1823 年 8 月 19 日にはシュタイナー社と交渉したことを兄に報告している［BGA 1731］が、いずれも成約に至らなかった。ベートーヴェンはまた、シュッパンツィクから彼がサンクト・ペテルブルクで知り合ったカール・リスナーを紹介されて、1823 年 5 月 7 日に「6 バガテル［"Op.119"の一部］20 ドゥカーテン金貨、33 変奏曲［Op.120］30 ドゥカーテン金貨、ゲーテとマティソンの詩による 2 大歌曲［Op.122 と Op.121b］12 ドゥカーテン金貨。早いお返事を」［BGA 1647］と書いたが、結局、"Op.119"の前半 6 曲はほかには売れないまま、1824 年 4 月末にヴィーンでザウアー＆ライデスドルフ社がシュレザンジェ版の続版を出した。

　なぜこの時期に、初期に書きかけたスケッチを元に完成作品が手掛けられたのか、あるいはそもそもピアノ・バガテルのある程度の量産とも言える状況が生まれたのだろうか（シンフォニー第 9 番初演後にも Op.126 の出版が続く）。「パンのために」大ソナタを立て続けに書いたが、だからといって続けて何曲も書くわけには行かず、売るものがなくなってしまい、一方に確かに需要もあるのでなんとか応えようと、スケッチ帖を漁った、という構図が見えてくる。しかし出版者のなかには期待はずれと見る者もいたし、実際の収入にはなかなか結びつかず、ペータース提示作品として表に示した過半の作品は出版先が見つからないまま、あるいは"Op.119"も売り込みに難儀する、という結果に終わる。この最中の 1822 年 12 月 20 日にペータースに宛てて次のように述べている［BGA 1516］。

　　…要求されるものは必ずしも作者の希望に添ってはおらず、私の中味［Gehalt］がまったく無価値でもない［nicht gänzlich ohne Gehalt］としたら、私はオペラ、シンフォ

978

ニー、教会音楽、さらにせいぜい四重奏曲以外は書かないでしょう［傍点は引用者］。

　ちょうど1ヵ月前の11月9日にガリツィン侯から弦楽四重奏曲の創作依頼が来たところであった。そして大教会音楽はいよいよ完成し、続いてシンフォニーへの取組みと弦楽四重奏曲連作が開始される。

取組み一覧表［Ⅲ］	スケッチ	集中的創作
1823年3月19日　大公に清書校閲筆写譜献呈		
［シンフォニー第9番］Op.125　1822年10月		1823年2/3月～1824年2月
［ピアノ作品］Op.126		1824年4～6月
［弦楽四重奏曲］Op.127		1824年5月～1825年3月初
［ピアノ作品］WoO 84		1824年11月
［ピアノ作品］WoO 85		1825年11月
［ピアノ作品］WoO 86		1825年11月

　1823年創業のプロプストもある時点で作品提供の希望を申し入れ、それに対してベートーヴェンはシンフォニー第9番が完成した頃、1824年2月25日の返書［BGA 1783］で提供可能な作品として［Op.121b］、［Op.122］、［Op.128］、［Op.126］、［Op.123］、［Op.124］、［Op.125］を挙げた。これらがすべて破談となったことは第Ⅰ部第5章17で触れた。
　論述の完全さのために付言しておくと、上記表の最後の3ピアノ作品はいずれもワルツで、WoO 84が40小節、他の2曲はともに16小節の短いものであり、「パンのための仕事」の一環のように見えるが、そうではない。これらは、ヴィーンの元俳優で傷痍軍人となったカール・フリードリヒ・ミュラー（生没年不詳）が企てたワルツ集出版に、何らかの縁でベートーヴェンが無償で寄稿したものである。そのひとつが1824年12月（出版公告12月22日）に自費出版された、「新年への音楽の贈物」とのタイトルによる40人のオーストリア作曲家による40のワルツ集であり、そこにワルツ WoO 84が所収された。翌年12月（出版公告12月29日）に第2集と第3集が出版されて、第2集は「私たちを2度、新年と謝肉祭に歓迎してください！人気ある音楽の贈物　続編」というタイトルの50人の作曲家による50曲のワルツ集で、そこにワルツ WoO 85が、「まじめと遊び、さまざまな社交ダン

第II部　歴史的考察

ス集、カーニヴァルのために」と題された第3集にエコセーズ WoO 86 が、所収された。第1集のとき、おそらく原稿を取りに来たミュラーの母親を家政婦（ホルツマン）が事情を知らずに追い返したらしく、1824年11月21日またはその直後のミュラー宛書簡［BGA 1900］でベートーヴェンはそのことを丁重に謝っている。

5│《ミサ・ソレムニス》作曲の4年

　以上を、補足しながら、流れとしてまとめてみよう。《ハンマークラヴィーア》ソナタ［Op.106］を1819年1月に書き終えた後ほどなく《ディアベッリ変奏曲》［Op.120］を手掛けるも、大公にミサ曲献呈を約束したため1819年4月からそれに集中するのに伴って Op.120 は中途でとりあえず放棄することとなる。ミサ曲がクレドまでさしかかったとき大司教就任式当日を迎え、ベートーヴェンとしては「ミサ・ブレヴィス」だけの上演をおそらく考えたが、現実はそうはならず、そしてミサ曲の集中的な作曲はいったん中止した。さしあたって1820年3月から秋まで半年ほど、「パンのための仕事」、ピアノ・ソナタ［Op.109］とピアノ・バガテル［"Op.119"-7～11］に取組んだ。5月から10月末までベートーヴェンはメートリングで保養を兼ねて仕事をしていたところ、ルドルフが1820年8月にヴィーンに帰省［BGA 1402］したので、その知らせを受けて急いで5日にヴィーンに一時戻り［BGA 1403］、また9月初めにも2人の接触はあった［BGA 1409］。しかし書簡のなかでミサ曲は話題となっていない。1821年7月にルドルフがヴィーンに帰省したとき、ベートーヴェンは7月18日に療養中のウンターデープリングから、黄疸に苦しんでいること、今回のヴィーン滞在期間中に会えるまでに回復できればと述べた後、次のように書いた［BGA 1436］。

> ミサ曲は閣下に当地で［引用者注：ヴィーンで］お渡しすることになりましょう、その遅滞の理由を閣下がお許しくださいますよう、それについての細かい話は閣下のお耳汚しかと存じますが……

　ベートーヴェンは8月末まで黄疸に苦しみヴィーンに戻ることはなく、9月に入っていくぶん回復してきて、シュタウデンハイム医師の勧めで9月7

980

第33章　1819〜23年　《ミサ・ソレムニス》作曲　その遅延はなぜ？

日にバーデンに保養に行った［BGA 1436 注 2 および BGA 1445 注 1］。そこで始めた
のがまた「パンのための仕事」で、翌 1822 年初めにかけての半年弱の間、
ピアノ・ソナタ［Op.110 と Op.111］の作曲に従事した。それが終わった 1822 年
3 月頃から、とくにまだ手を付けていないアニュス・デイ楽章ドナ・ノービ
ス部分を中心として、ミサ曲を再開し、それが 8 月頃まで続いた。9 月には
《献堂式》の 10 月 3 日上演に向けての作業に取り組むことになった。それが
終わると気分を一新したのかシンフォニー第 9 番のスケッチを試みるが、す
ぐに打ち切って、3 年間放置していた《ディアベッリ変奏曲》［Op.120］を仕
上げようと決意する。

　そのきっかけはもしかしたらディアベッリからの催促かもしれない。日付
のない書簡［BGA 1505a］は従来 1824 年に位置づけられていた。しかもアンダ
ーソンは、後に引用する 1824 年 8 月に書かれた 2 通［BGA 1858］および
［BGA 1865］との関連から 1824 年 9 月とした。しかしブランデンブルクもそ
れを踏襲して 9/10 月頃とする予定のところ、最終的に 1822 年 10 月と判定
した。そうした経緯がこの書簡の番号移動に反映されている［BGA 1889 =
1505a］。数行のものだが全文を引用する。

　　もう何日か待って下さい、私自身がまたあなたのところに行きますから、そしてあ
　　なたに提案しましょう、あなたが序曲に属している歌のナンバー［原注：Op.124 と
　　Op.113-1,2,4, WoO 98, Op.113-5,7,8］も受け取る気はないか。変奏曲［原注：Op.120］に
　　ついては、4 手ソナタもですが、あなたが私から得るのはまったく確かで、フルート
　　のための五重奏曲［原注：この作曲計画は他の資料によってまったく裏付けられない。
　　1826 年秋に弦楽五重奏曲（引用者注：WoO 62/ 未完作品）には携わった］もあなたにあす
　　全部書いて持って行きます。序曲だけで報酬は 50 ドゥカーテンを望みます。――ご
　　検討下さい――私の申し述べた言葉を疑わないでください。

　話題が上演されたばかりの《献堂式》関係の楽曲に及んでいて、その直後
にベートーヴェンはそれらの出版先を捜していたことと、11 月初旬に書か
れたディアベッリ宛書簡［BGA 1507］と内容が連続していることが、この時
期に位置づけられた主たる理由である。それには次のようなくだりがあった。

　　…変奏曲の報酬は、それがかなり大規模なものになった場合、その規模としては、
　　最高で 40 ドゥカーテンになるでしょうが、そうはならなかった場合はもっと低く設
　　定されましょう。…［中略］来週末までにあなたの変奏曲に至れればと思っています。

第II部　歴史的考察

　要するに、この時期にディアベッリから変奏曲［Op.120］の進捗状況について問い合わせがあり、予想しがたい大規模なものとなりつつあるところで、それに見合った報酬を打診したわけである。そして同時に、幻のフルート五重奏曲は別として、ピアノ4手ソナタも依頼されていたことが判る。おそらくこの催促がピアノ曲との集中的対峙を呼び起こすこととなり、新たに6バガテルも作曲した。そしてそれをペータースに提供しようとし、1822年11月22日付のペータース宛書簡［BGA 1512］で「決まっている4曲より多く送ることができます、それらはなお9曲か10曲あって、あなたが私に書き送ってくださるなら、私はあなたが求めるだけ、他のすべてと一緒に送ります」と書いた。生前には買い手が付かなかったためにWoO番号が付されることになった、上記一覧表にある合計6曲の小品がそのときに念頭にあったことは疑いない。それに加えてこのとき、管楽の軍隊行進曲（帰営ラッパ）についても、すでに出版されたことのある2曲（WoO 18、19）を改訂し、スケッチのままであった2曲（WoO 20、24）に手を加えて、提供した。さらに12月23日にプレスブルクで催されたテノール歌手ヴィルヘルム・エーラーのコンサートのためにオーケストラ合唱伴奏歌曲《奉献歌》［"Op.121b"］と《盟友歌》［Op.122］を新作した。ピアノ伴奏歌曲《くちづけ》［Op.128］の改訂時期は特定できないが上記一覧表にしたペータース提供リストに挙げられている。

　こうした活動から見て、最後の仕上げ作業は年末まで続いたものの、9月中頃には《ミサ・ソレムニス》は実質的には完成の域にあったのではないかと思われる。その理由は主として次の4点である。

　①《ミサ・ソレムニス》の版下原稿［Quelle II, 2］の作成が部分的には10/11月に並行して始まっていること。

　② 祝典劇『献堂式』には旧作を使い回さざるを得ない状況にあったところ、9月末には部分的には新作も提供する余裕が生れたこと。

　③ ヘンスラーのための《祝賀メヌエット》を遅くとも10月末に手掛けたこと。

　④ 12月にはコンサートのためにオーケストラ歌曲2曲の新作に携わったこと。

　そしてスコア作成の監督作業も12月中旬には終息し、年を超えた部分も

982

第33章　1819〜23年　《ミサ・ソレムニス》作曲　その遅延はなぜ？

あるとすれば細部の調え程度であろう。12月27日のパチーニ宛〔BGA 1518〕は弟ヨハン名によるフランス語文だが「大ミサ曲、これは彼がこのジャンルでいままで書いた最大の作品ですが、ちょうど終えたところで」と書かれている。

　ついに1823年3月19日、ルドルフ大公への献呈を迎える。その前後からシンフォニー第9番〔Op.125〕への本格的な取組みが始まって、1824年2月まで脇目を振らない作業となる。その上演準備をするかたわら、そして上演成功の余韻のなかで、再び「パンのための仕事」、6ピアノ・バガテル〔Op.126〕の作曲が6月まで続いた。まったく新しい仕事、弦楽四重奏曲連作への取り組みは並行して5月に始まる〔Op.127〕。それからしばらくしてディアベッリは8月7日に「私は、4手大ソナタへ長調をあなたの手から頂くことを確かに見積もれますでしょうか…〔中略〕それを得ることは年内にと見積もれるでしょうか。同時にその価格を知りたい」〔BGA 1858〕と催促した。ベートーヴェンは24日に返事を書く〔BGA 1865〕。

　　…4手ソナタを書くことは私の行程にはありませんが、あなたに喜んでそのつもりであることを示します。時間が許せば、あなたが望むより早くにそれを調達することも。報酬に関しては、私はそれがあなたに奇異な感じを与えるのを怖れていますが、実入りもよい、より重要な作品を後にずらさなければならないことを考えると、私が80ドゥカーテン金貨〔引用者注：360グルデン約定価、ヴィーン価では900グルデンであるから受給している年金の4半期分にもなる〕の報酬を設定しても、あなたはおそらく多すぎるとは思わないでしょう。…〔中略〕調に関しては私はそれを了解します。

　「後にずらさなければならないより重要な作品」とはガリツィン侯からの委嘱による弦楽四重奏曲であることは間違いないが、高額な報酬を設定してピアノ4手ソナタの作曲にもかなり前のめりになった。ディアベッリがこの価格を了承したのはこの編成でのベートーヴェン作品ならば大ヒット間違いなしとの目算であったろう。大いに喜んで同月末に次のように書いた〔BGA 1868〕。

　　あなたが私の願いを叶えて下さるおつもりであることを知り、大変嬉しい。…報酬についてはあなたのご希望を了解しました。…私はあなたがあなたの作品を一時のためではなく永遠のために作られると確信しています。同時にそれは私には二重の価値があり、というのはあなたは4手大ソナタをまだ書かれたことがなく〔引用者

983

第II部　歴史的考察

注：ヴィーン時代のごく初期（1796年末/97年初）に2楽章のニ長調ソナタOp.6があるが"大ソナタ"ではない]、そしてあなたはここでもまた大いに自由かつ自発的に仕事することができ、全鍵盤を意のままに操って、いわば音の軍隊を支配下に収めたようにです。

その1年後、何らかの形でディアベッリが再び催促したと思われ、1825年7月20日にベートーヴェンは怒りを爆発させる［BGA 2017］。

いったい何のためにあなた方［引用者注：カッピ＆ディアベッリ］はまだソナタを私から望んでいるのか！あなた方は、私よりはるかによくできる作曲家の大軍勢を持っているではないか、各人に1小節を与えれば、予期しないような素晴らしい作品が？

とりわけ実入りの良い「パンのための仕事」もついに拒むところまで来た。「教会音楽、シンフォニー、そしてせいぜい四重奏曲」の狭間にあって、ピアノ作品はベートーヴェンの晩年において、手っ取り早く生計を支える手段である一方、病が続くなかで時間を取られたくない、アンビヴァレントな存在であった。「パンのための仕事」は、最後の4大ソナタからバガテル、さらには、同時代の出版者たちも二の足を踏んだ作品まで、その実質はきわめて多岐に渡る。もしかしたらOp.111に比するような4手ソナタが生まれたかもしれないが、しかし最後はそれに取り組むこと自体を拒否したのである。

《ミサ・ソレムニス》作曲の舞台を成した長い4年間は病と生活の心配に取り囲まれており、その前後それぞれに1年半、すなわち1817年後半から1824年6月まで7年に渡って、大ソナタOp.106からバガテルOp.126まで「パンのための」ピアノ作品の作曲が点在した。

6 │ 「最大の作品」《ミサ・ソレムニス》の出版交渉と筆写譜販売の関係

《ミサ・ソレムニス》は、すでに言及したように、まだ冒頭2楽章しか手掛けていない大司教就任式前から出版のための交渉が始まっていた。そのとき、1820年2月10日のジムロック息子宛［BGA 1365］では、それはただ「大きな作品」と表現されていた。4月23日に「ミサ曲は5月末か6月初めまでに入手されるでしょう」［BGA 1384］とジムロック父宛に書いたとき、「ミ

第 33 章　1819 〜 23 年　《ミサ・ソレムニス》作曲　その遅延はなぜ？

サ・ブレヴィス」での出版を考えていたのだろうか。これを嚆矢にベートー
ヴェンは合計 8 社と出版交渉を持つことになる。

　次はアニュス・デイ楽章まで到達した後、Op.110 を書いている最中の、
その出版交渉において、1821 年 11 月 13 日のシュレジンガー宛［BGA 1446］
でベートーヴェンは初めて「私の最大の作品のひとつ」という表現を使った。
3 番目は最後に残ったアニュス・デイ楽章ドナ・ノーヴィス部分を書いてい
る 1822 年 6 月 5 日に弟ヨハンの代筆による（口述筆記？）ペータース宛
［BGA 1468］で、そこには「私がこれまで書いた最大の作品」と記されている。
弟ヨハンはこの頃、ときに秘書役を務めており、6 月初めと思われる会話帖
への記入に「あした私はシュタイナーとミサ曲のために話をするつもりです、
そしてアルタリアと、それがあなたによいことであるなら」［BKh 2, Heft 17, 262
ページ］とある。そして 7 月 6 日のリース宛［BGA 1479］は出版とは関係がな
いが、「私の最大の作品」と表現した。8 月 22 日に本人が書いたアルタリア
社宛［BGA 1489］にはこの種の表現はない。すでに引用した弟の 12 月 27 日
付パチーニ宛［BGA 1518］にも、ミサ曲の出版交渉ではないが、「このジャン
ルで」の但し書き付きでこの種の表現がある。この書簡には初めて、初演に
向けての展望と手書き譜の予約販売についての言及がなされる。

　　　彼はこの冬に彼のアカデミー［引用者注：コンサート］でオラトリオのように上演す
　　　るつもりです。彼はこのミサ曲の手書き譜を最大級の宮廷に適切な価格で提供しよ
　　　うと思っており、何年かは彫版されるのを望みません。

　演奏努力についてはシンフォニー第 9 番初演と絡んでくるので第 35 章で
扱うとして、手書き譜販売計画は大公に献呈するための浄書作業とともに進
行する。そして年が明けた 1823 年 1 月 23 日に書いた 8 通を皮切りにヨーロ
ッパ王侯貴族に向けた受注活動が展開されることになる［第 I 部第 7 章 22］。そ
れによってそれまでの出版交渉はすべてご破算となってしまうのである。手
書き譜の販売を優先させることは、それが購入者の手元に届くより前に印刷
譜が出回ればその価値が半減してしまうため、当然に、出版に向けての活動
をストップする方向へ向かわせた。
　最後の勧誘がパルマ公女マリア・ルイジアに対して行なわれたのは 1824
年 2 月 1 日頃であるが、その約 3 週間後から出版交渉が再開される。
Op.111 を前年に出版した息子シュレザンジェ［BGA 1782］宛に 2 月 25 日に、

985

第Ⅱ部　歴史的考察

そしてショット［BGA 1787］およびプロプスト宛［BGA 1788］に宛てて同時に3月10日に、出版の打診が為された。ショット宛では「私の最大の作品だと思います」、プロプスト宛では「おそらく私の最大の作品」と表現されている。

　シュレザンジェは何の反応も示さず、プロプストとはすべての交渉が破談となる。そしてショット社が、買い手の付かなかった3歌曲［"Op.121b"、Op.122、Op.128］とともに、Op.123〜125、ピアノ・バガテルOp.126、弦楽四重奏曲Op.127の版権を同時に獲得する。ベートーヴェンの最大作品2つを同時に落手したわけだが、それらの出版までの経緯は第35章の最後に触れる。

7 │《ミサ・ソレムニス》手書き譜販売の意味

　ベートーヴェンはなぜ《ミサ・ソレムニス》のヨーロッパ王侯に対する手書き譜販売を思い立ったのだろうか。直接的には、前述したように［872ページ］、トライチュケが《フィデリオ》の筆写譜販売をしたことに学んだと見られるが、ここに、彼の生きた時代がまさに音楽家の生活基盤を大きく変質させる転換期であったことを見て取ることができる。と同時に、彼が出版活動において出版者たちと数々の闘争をしてきたことと通底する、創作活動はその作品が社会に行き渡ることで完成、という彼のトータルな創作活動の本質的問題が潜んでいる。

　考えてみれば、ミサ曲の上演主体、すなわち、上演目的のために作曲を依頼し、上演を調え、そしてそのすべての経済的負担を負うのは、教会であった。ことに「荘厳ミサ」ともなれば、それはカトリック教会の権威と威厳を見せつけるためであったり、都市の栄光のため、あるいは貴族の祭典のためであって、その資金の出所は、教会それ自体、あるいはそれを支配下に置く都市、奏楽の場が宮廷礼拝堂の場合には宮廷であった。音楽家たちは、俸給を支給され、その対価として作曲をしたり、歌い、楽器を奏でたわけで、いわば音楽実践に専心した。こうした大作の需要は社会的権威が作り出し、作曲家はただそれに応えただけであった。

　ところがベートーヴェンの当該のケースは、まず自主的にミサ曲を書く宣言をしたのである。その際には就任式当日に教会がそれを上演するという帰結が念頭にあったはずだし、教会もまたそれを求めているという前提があっ

986

第33章　1819〜23年　《ミサ・ソレムニス》作曲　その遅延はなぜ？

たとすれば、その意味では、ミサ曲の需要は社会的権威が作り出すという事情は変わらなかった。シンフォニー等もかつては同じ構造の内にあったが、やがて、上演はほとんどもっぱら、営利事業として成り立つ公開コンサートおいてとなるに伴って、その軛から解放されていった。しかしミサ曲の場合は、教会が司るミサ礼拝を構成するものであることに変わりはなく、上演予定日を過ぎ越したことによって上演機会は失われ、その存在は宙に浮いた。そして当該《ミサ・ソレムニス》は教会の典礼を超越した、ベートーヴェン自ら宣言するところの「精神的制作物」［BGA 1525］となっていった。そうであれば、その社会化は自分自身が担わなければならない。作曲の精神的対価にいったい誰が報いてくれるのか。ルドルフがミサ曲作曲に対して、あるいはその献呈に対して、特別報奨金を出したわけでもない。もしかしてベートーヴェンがそれを期待したかもしれないとすれば、楽長職への就任や「立場の改善を期待」と後世が見なすような言辞に現れていたのだろうか。

　その４年間を、いわば「パンのための仕事」で食いつなぎながら、それが一区切りすると再び《ミサ・ソレムニス》に向かうという形で、ようやく完成にこぎ着けたが、それ自体に対する報いはどこからも来ない。ミサ曲は、教会行事であるミサにおける奏楽として存立しているのであり、音楽家がたとえば教会を借り切って自作ミサ曲を自主上演するなどという事態はあり得ないことであった。つまりミサ曲は、音楽ジャンルとしては社会に強く拘束され続けた曲種であり、文脈は飛ぶけれども、音楽様式としても伝統的書法の拘束力は強く、たとえば器楽曲などの書法スタイルの変化をもってなされる、「古典派」「ロマン派」などという時代区分はこのジャンルには当てはまらないのである。

　だからといってコンサート上演も難しく、第35章で見るように、それを模索すると教会から強い異議が差し挟まれることになる。典礼が世俗の世界に流れ出ることは絶対に阻止しなければならないのが教会の立場であるからだ。それが生前に全曲上演を達成できなかった最大の理由であり、教会が容認する形に変えて乗り越えるしかなかった。それはかつて《ハ長調ミサ曲》をコンサート上演したときに経験しており、部分曲をミサ曲としてではなく上演するしか方途はなかった。これ以上は後述する。

　一方、教会が専有するのはミサ曲そのものではなく、典礼としてのミサ、そしてその際の奏楽としてのミサ曲上演なのであって、楽譜を出版するというのはそもそも俗界の問題であり、その購入者が歌唱を通じて宗教的感情を

987

第II部 歴史的考察

深めることは歴史的にはむしろ奨励されていた。ベートーヴェンはすでに見たように《ミサ・ソレムニス》の出版に向けて努力するが、しかし大管弦楽を伴ったその上演は公的色彩を帯びざるを得ず、それはカトリック教会のコントロールに抵触する。演奏実践が事実上封じられた楽譜の購入となれば、需要は限られる。楽譜の汎用性が低ければ、1社に版権を譲渡し数百グルデンを得て終りである。それでは4年間の労苦に対する報酬としてあまりにも少ないではないか。そこで、楽譜印刷事業が全面的に展開する以前の形、すなわちオペラ楽譜と同様の、浄書譜の頒布という方策が選択されたのであろう。

　1点が高額となるこの種の頒布は一般に、貴族相手が主で、あとは有産の音楽愛好家層である。しかしベートーヴェンが勧誘のための書簡を書いたのは貴族一般ではなく、ヴィーン会議に集った、ベートーヴェンを直接に知る、大宮廷の王侯がターゲットの中心であった。ルドルフ大公も、自らへの献呈に対して何も報いることができなかったことを負い目に感じていたかどうかは分からないが、ベートーヴェンに頼まれれば自分の縁者への売り込みに積極的に協力した［第I部第7章22］。ルドルフ大公への献呈の辞は頒布浄書譜には記されていないが、それは購入者のことを慮れば当然で、「自身がその精神的制作物の最も成功したものと評価している最新作」［BGA 1525］と銘打って、純粋に自分と相手との関係において30の拠点に呼び掛けた。それに呼応したのは10拠点であり、その内訳は大宮廷7、音楽愛好貴族2（ラヅィヴィル侯、ガリツィン侯）、音楽愛好家協会1（フランクフルト・チェチーリア協会）であった。ガリツィン侯はサンクト・ペテルブルクの音楽愛好家協会と一体となって購入し、そして彼らがそれを使って世界初演し、次いでフランクフルト・チェチーリア協会も部分上演した［第35章］。ここには、政治的重要性の高い大宮廷がコレクション目的で、音楽愛好家協会が実用目的で、と頒布先が両極に2分されている構図が見て取れる。すなわち、旧社会の支配層と、市民社会の音楽実践の主役、にである。

　ベートーヴェンの生涯は、生計を貴族からの年金支給と自らの出版活動によって立てていたように、こうしたバランスのなかにあったのであり、《ミサ・ソレムニス》の作曲努力に報いた2つの世界がそのことを象徴している。

　ちなみに、手書き譜の頒布それ自体は《12のオーケストラ舞曲》WoO 7およびWoO 8が筆写譜販売を手掛けていたトレック社によって1798年12月19日に新聞公告されているが、これは大部なオーケストラ・パート譜が

988

第33章　1819～23年　《ミサ・ソレムニス》作曲　その遅延はなぜ？

まだ印刷では売れ行きを見込めない時期にあった旧来の出版スタイルであった。生涯に2度だけあった筆写譜販売であるが、《ミサ・ソレムニス》の場合の意味は前例とはまったく違う。

　これによってベートーヴェンにどの程度の収入があったのだろうか。勧誘書で謳っている売価が1部50ドゥカーテン＝約225グルデンで、それが10部で2250グルデン。外国からなので換算は約定価とすると、ヴィーン価では5675グルデン・ヴィーン価となる。経費として、スコア譜の写譜2ページ1グルデンで計算すると［第I部第3章2］、約100ページで50グルデン、それが10部で500グルデン。差引は5175グルデンで、年金1.5年分にほぼ相当する額となる。これらが実際に払い込まれたことは一部しか確認することができないが［たとえばBKh 6, Heft 75, 341ページ］、彼の勧誘文書に記されている通りに対価が支払われたとすれば、「最大の作品」には然るべき応報があったと言えるだろう。《ミサ・ソレムニス》の浄書スコア譜頒布もまた、音楽家の新しい自立のための闘いであった。

　教会典礼とは無関係に（きっかけはそうではなかったが）自主的にミサ曲を書くのは、バッハのいわゆる《ロ短調ミサ曲》の例はあったが、歴史的にはきわめて希有なことであり、その事後処理にベートーヴェンは苦闘し、そして先例と同様に、本人はその上演に立ち会うことはできなかった。

第34章

1819〜23年

会話帖
メッテルニヒ体制
甥問題その後

会話帖消失の検証／
シンドラーによる破棄と死後記入の
底知れなさ／甥裁判勝利により安寧に到達／
ロッシーニ旋風

1. 会話帖の残存　「400冊あった」説は誤り
2. 破棄は2段階　そして死後の破棄と記入は連動
3. シンドラーなる人物
4. 会話帖の欠落部分と伝承部分を精査する意味
5. メッテルニヒ体制と生前削除の関係
6. 別の原理による破棄の始まり
7. 第2次後見権裁判
8. 3裁判所の判断に見る当時のヴィーン社会
9. ヴィーンにおけるロッシーニ・オペラの受容
10. 「ロッシーニ・フェスティヴァル」
11. ベートーヴェンとロッシーニ対置の根源

第Ⅱ部　歴史的考察

　前章の「取組み一覧表［Ⅰ］」に記した5年間、すなわち《ハンマークラヴィーア》ソナタ Op.106 作曲に立ち向かった1817年晩秋から《ミサ・ソレムニス》Op.123 の作曲開始を経てその完成に至る1822年末にかけては、病と生活の心配に取り囲まれていただけではなく、その他2つの点でもベートーヴェンには苦難が重くのし掛かっていた。

　ひとつは難聴の悪化であり、1818年2/3月頃、彼は初めて会話帖を使用し、自宅では石板も使い始めた。石板は書いては消すの繰り返しだから証拠は残らないが、会話帖は139冊が現存しており、その保存と解読には複雑な問題が横たわっている。それについては本章で集中的に議論する。その消失がどのくらいの規模で生じたのかについても抜本的な検討を加える。それが起こった理由として当時の世情との関係も考えられるとすれば、いわゆるメッテルニヒ体制下にあったこの時代のヨーロッパ情勢にも触れなければならない。

　いまひとつは甥の後見権裁判の続編が始まったことであり、1818年末にヨハンナの提訴が市民裁判所へ回付された結果、年明けから1820年7月にかけてベートーヴェンは裁判所提出文書の作成などに忙殺される。この点は、第31章で途中まで扱った続きの議論となるが、《ミサ・ソレムニス》の作曲に没頭しきれなかった原因のさらにひとつを形成する。

　以上2点とともに、この時期のヴィーン音楽界にあってもうひとつの重要な出来事が、いわゆる"ロッシーニ旋風"である。最後のソナタ Op.111 を書き終わって、《ミサ・ソレムニス》の最終部分ドナ・ノービスに立ち向かった頃、1822年3月末から、そのスケッチを続けている間中、7月までロッシーニはヴィーンに滞在し、とくに4月13日から「ロッシーニ・フェスティヴァル」が開催され、ヴィーンは、ベートーヴェンの音楽とは対極にあるように思われた、彼のオペラに酔いしれた。

　この2人は音楽史記述でつねに対立的に描かれてきたが、その発祥はまさにこの時期のヴィーンにある。外来文化に沸いた当時を後世が強く批判するという、音楽史上まま見られる構図である。

992

第34章 1819〜23年 会話帖 メッテルニヒ体制 甥問題その後

1 │ 会話帖の残存 「400冊あった」説は誤り

　会話帖に日付の記入はないが、使用時期は語られている事柄の前後関係か
らほぼ突き止めることができ、校訂印刷版において各ノート［Heft］の冒頭
に日付を特定できる会話が挙げられて、ノート全体の年代設定がなされてい
る。例外的に、最後の方のノート Heft 133、134、135（1827年1月24日か
ら2月6日頃まで使用）は3冊が同時に使用された。それ以外にも例外はあ
るが、一般的には1冊が終わると新しいノートが使われるという繰り返しで
あった。
　会話帖の残存にはいくつもの空白期間があり、ノート［分冊］が使用され
なかったのか、使用されたノートが消失したのか。まず最初の1818年2月
から3月にかけてのものはわずか6ページで、楽譜のメモ書きがけっこう混
ざっているだけではなく、会話使用時の書き込み密度も低い。同年にはこれ
1点だけで、それ以後、常用されたかどうかは何とも言えない。現存2冊目
はちょうど1年後のもので、1819年3月半ばから約2ヵ月分、1冊42枚で、
うち13ページ［6.5枚分］が白紙である。996ページに図示するように、次い
で3冊目から第13分冊まで計11冊が連続して約半年、11月20日から1820
年5月初旬まで使用された分の、計851枚が遺っている。その後、約1ヵ月
間、使用の痕跡はなく、1820年6月8日頃から9月半ばまで約3ヵ月は第
14〜16分冊の3冊で計251枚が遺っている。以後、1822年6月まで約1年
8ヵ月間、残存はない。6月前半に使用の第17分冊と11月初め使用の第18
分冊があるが、再び長い欠落期間となる。1823年1月後半使用の第19・20
分冊から現存はほぼ恒常的となる。しかし1週間から1ヵ月程度の中断ない
し欠落が十数回あって、最後は死去の20日前、3月6日まで使用された第
139分冊である。細かく言うと、その他に2〜5日くらいの空白はたびたび
ある。以上述べた中断・欠損をどのように考えるか。その残存には目立った
奇妙な点があって、それはいくつかのレヴェルに分けて考えなければならな
い。
　会話帖は死後、甥の後見人、ブロイニングの管轄下にあったところ、彼も
また約2ヵ月後に死去することとなるが、それ以前から同人の了解を得てシ
ンドラーが管理していた。その数は約400冊に及んだとされる。セイヤーが

993

第Ⅱ部　歴史的考察

そう認定したというのだが、その言及部分はフォーブズ英語版からの翻訳として「ほんの 1、2 枚の紙がばらばらに折りたたまれただけにすぎないものをふくめると、数では 400 ぐらいで、[中略] 最後の 9 年間については、1 年に 50 ぐらい」[大築訳 833 ページ、傍点は引用者] と紹介されていた。欧米でもその解釈は似たり寄ったりで、この文言が一人歩きしてしまったのだが、そもそも「400 冊 [Heft]」とは言っていない。それにもかかわらず、さらに直結して「現存は 139 冊」と数字を対置させると、「したがって破棄されたのは約 2/3」と、消失分を過大に見積もってしまうことになる。いかにもそれは多すぎるという感覚は従前からあり、viel Hunderte（何百も）をアメリカ人セイヤーが vier Hunderte（400）と聞き間違えたのではないか、という珍説も登場した。こうした誤解の根源は、分量を推し量るときの単位が勘違いされたことにある。

　セイヤーが書いているその個所を正確に訳すと、「会話帖は、<u>ただ外形的に、1 または 2 枚のルーズに折りたまれた全紙</u> [Bogen Papier] <u>からなるにすぎない、そういうものとして数えると</u> [nur äußerlich als solche zählt, …]、数ではおよそ 400 ぐらいで、ベートーヴェンの最後の 8 年と 1/4 を考慮に入れると、年に 50 はいかない」[TDR IV, 152 ページ、傍点、下線は引用者] となる。「…にすぎないものをふくめる」という言い回しはなく、あくまで「数える」であり、しかも「全紙（Bogen）」という単位としてのキーワードが認識されず、「冊」にすり替えられてしまった。

　会話帖が残存している期間において、使用のペースを計算し、その平均を取ると、空白期間に使用されたであろう枚数を想定することができる。すると、存在したであろう会話帖全体の分量は冊単位としての「400 冊」ではあり得ないことは一目瞭然である。「全紙 [Bogen]」とは紙の規格サイズ [新聞の見開き大] であり、会話帖はそれを 4 回折った 1/16 のサイズ [A5] となっている。それが全紙 2 枚で綴られたとすれば 16 枚 ×2×400 で最大 12800 枚、1 枚綴りとすれば 6400 枚である。「1 または 2 枚」と言っていて、おおよすぎて近似値をはじき出しにくいが、中間の 9600 枚と仮定すると、現存は 5613 枚だから、残存率は 58.5%、6 割弱ということになる。さてその数字が、別の角度からの検討を経るとどうなるのか、後でまた立ち返ろう。

　シンドラーの事実上の所有物となってから約 20 年が経過して、彼はその処理に行き詰まり、1846 年にベルリン王立図書館に売却した。それは今日の数え方によれば 137 分冊で、現在まで同図書館 [現ベルリン国立図書館] に保

存されている。他の 2 分冊（第 1 分冊と第 95 分冊）はそれぞれ異なった伝承経路を辿り、現在はボン、ベートーヴェン・ハウスに所蔵されている。第 1 分冊から第 16 分冊まではハードカバーで装丁・製本されており、表紙内側にも筆談が記入されていることもあるので、その綴じはオリジナルであると見なすことができる。多くは表紙がない。綴じられたページ順に記入されたのではない分冊が 13 例あるが、1 例（Heft 80）を除いて、前半と後半の塊が逆に綴じられており、それらはもともとは分冊であった可能性が高い。紙に順に番号を振り、分冊単位で、その第 1 ページに使用時期と主たる会話テーマを記したのはシンドラーで、その際に彼が時期的に隣接するものとして合本したと考えられる。

　形状は、最初の 1 冊が少し小ぶりだが、以後はほとんど縦 18 〜 20.5 センチ、横 10 〜 12.5 センチの縦長で、校訂印刷版はその最大サイズで作られている。Heft 136 のみ、横長で使用され、Heft 137 は縦が 25.2 〜 25.7 センチと大きい。1 冊あたりの用紙枚数はきわめて多様で、1 日だけ使用の 6 枚から、約 1 ヵ月使用した 90 枚規模のものまで幅があり、最大は 2 ヵ月使用した第 2 分冊の 107 枚だが、これは例外である。欠落期間の日数をそのまま冊数単位で換算はできないが、長期間でみればある程度、均され、1 冊の平均は 40 枚前後で 10 〜 15 日分、といった計算ができよう。郊外で過ごす夏季は消費量が減る（会話が少なくなる）、というシーズンによる消費量の違いが明らかで、そこにはベートーヴェンの生活の実際が反映される。また、常用の確実な 1819 年 11 月以降（すなわち Heft 3 以降）は、1 日当りに換算した平均使用枚数に、シーズンによる差を除けば、有意な変化は見られない。すなわち、聞こえが悪化して量的変化が見られるということはなく、会話帖使用期間はむしろ絶対的難聴の域に入っていたことが想像される。

　まずは残存を表にしてみよう［996 ページ］。年頭・年末にある〜印は年頭から・年末まで、を示す。

　□は長期の、○は短期の空白期間で、出現順に番号を振る。一目瞭然のこの鋭い違いは何を意味するのであろうか。後にコメントする。

　1823 年 1 月前半までに長い空白期間が 6 回（上の表で 1 〜 6 の時期、以下同じ）あるが、まず 1818 年 4 月から 1819 年 3 月にかけての約 1 年（1）は、6 ページ綴りの試用の後に、数枚の書き付けは用いたとしても、ノートの常用には至っていない可能性もある。これに対して、1819 年 5 月中旬から 11 月中旬にかけての約半年（2）は、5 月 12 日にメートリングでのいつ

```
年　＝残存冊数
1818 ＝ 1          2～3月                    1
1819 ＝ 4          3月半ば～5月半ば            2                    11.20.～
1820 ＝ 11   ～～～～～～～5月初旬  3   6月初旬～9月半ば
1821 ＝ 0                          4
1822 ＝ 2                  6月前半       5        11月初め
1823 ＝ 34   6  1月後半～03.04.  ①  3月下旬～5月後半  ②  6月後半～9月後半
             ③  10月末～11月初  ④  11.21.～12月末
1824 ＝ 27   ⑤  1月中旬～2月初  ⑥  2月8日頃～～6月上旬  ⑦  6月下旬～～
             ～10月前半  ⑧  11月末～
1825 ＝ 21   ～2月前半  ⑨  3月半ば～4月初  ⑩  4月中旬～～～9月後半
             ⑪  11月初め～12月上旬  ⑫  12.25.～
1826 ＝ 29   ～1月下旬  ⑬  2月初～3月中  ⑭  3月末～4月下旬  ⑮  5月中旬～～
             ～10.02.  ⑯  10月中旬～12.12.  ⑰  12.19.～
1827 ＝ 10   01.01.  01.05.～01.08.  ⑱  01.19.～02.06.  02.11.～03.06.
```

もの夏滞在が始まり［BGA 1305 注1］、15 日で記入が止って以後の半年である。後見権を廻る裁判関連でしばしばヴィーンに帰還し、人と打ち合わせもしなければならず、会話帖を使用はむしろ必須、かつ頻繁であったと想像される。

　会話帖にはときに「今日は×日だ」とか「あすは金曜日」などといった記入もないわけではないが、使用の日時は、あすコンサートだとか、きのう何を見に行ったなどの記入がある場合、その日が特定される。また、ベートーヴェン自身がまま、新聞記事から情報を書き写すことがあり、その記事が載った日付によって記入がそれ以後と判明する。ただしそれは新聞発行日に記入したとは限らず、1～2 日、後にずれることは想定しなければならない。

　そうした状況のもとで、1820 年 9 月下旬から 1822 年 5 月末までの約 1 年 8 ヵ月もの間（4）はまったく残存しておらず、さらに 1823 年 1 月前半まで延ばしてみるとその約 2 年 4 ヵ月の間（4～6）には 1822 年 6 月前半 ［Heft 17］と 11 月初め［Heft 18］の 2 冊しか遺っていない。この現存状況は明らかに異常で、人為的な破棄の結果と考えざるを得ない。Heft 18 は 1822 年 11 月 4 日のヘンスラーの聖名祝日に《祝賀メヌエット》をその窓辺で演奏した翌日、ヘンスラー主催の夕食会での記入を中心としている。その 1 ヵ月前の 10 月 3 日に、ヘンスラーが支配人を務めるヨーゼフシュタット劇場でマイスルの『献堂式』が上演され、ベートーヴェンは序曲［Op.124］その他を

第34章　1819〜23年　会話帖　メッテルニヒ体制　甥問題その後

寄稿した。その上演でコンサートマスターを務めたのがシンドラーであり、彼は1ヵ月後の夕食会時に初めて会話帖に参加し、その後1824年5月末までベートーヴェンと頻繁に会話した。

1823年1月後半以後はときおり1〜6週間の空白期間が挟まる。①から⑱まで、合計すると10ヵ月弱の期間である。

①	1823年3月5日〜3月19日頃	約2週間
②	1823年5月後半〜6月後半	約2週間
③	1823年10月初旬〜10月末	約3〜4週間
④	1823年11月初・中旬	約2週間半
⑤	1824年1月前半	約2週間
⑥	1824年2月初旬	約1週間
⑦	1824年6月中旬	約10日
⑧	1824年10月後半-11月中旬	約6週間
⑨	1825年2月後半〜3月前半	約1ヵ月
⑩	1825年4月初旬	約1週間
⑪	1825年10月	約1ヵ月強
⑫	1825年12月中旬	約2週間
⑬	1826年1月下旬〜2月初	約10日
⑭	1826年3月下旬	約1週間
⑮	1826年4月末〜5月初旬	約2週間
⑯	1826年10月前半	約2週間
⑰	1826年12月13日〜12月18日	約1週間
⑱	1827年1月9日〜1月18日	約1週間

　中断は1〜4日程度のこともある。他人との接触がほとんどなく筆談の必要がなかったという可能性もあり、事実、分冊単位の空白ではなくても、1枚の紙においても記入のなかった日を見つけるのは難しくない。会話をしている間は作曲をしていないということであって、郊外に出て作曲に集中していればかえってその時期は記録されにくい。したがって、分冊単位での1〜4日程度の空白は使用された会話帖の消失とは考えない方がよいであろう。もちろん、仕事が終わって食事に出かけたときなど、1枚の紙切れに書いてもらった、その紙は消失した、というようなことはあるかもしれない。しかし、少なくとも常用が確実に始まったと目される1819年3月以降、連続した使用跡が、途切れながら、大量に遺されているのはなぜかと考えると、一方には遺す意思があり、他方には消す意思が働いたことを見逃すわけにはい

第Ⅱ部　歴史的考察

かない。

　消失量はどのくらいかを想定するのには、冊数や紙の枚数ではなく、記されなかった日数でつかむ方が概念的に把握しやすい。常用を 1819 年 3 月から 27 年 3 月まで 8 年と仮定すると消失は約 3 年 7 ヵ月分で約 45%、1818 年 3 月から 9 年とすると約 4 年 6 ヵ月分で約 50% となる。残存が半分またはそれを少し超えるという把握が真っ当で、この数値は前述した現存の仮定数字 6 割弱にほぼ近い。

2 │ 破棄は 2 段階　そして死後の破棄と記入は連動

　そこで、破棄はいったいだれの意思であったかを考えることは重要である。すでに明らかなように、消失跡は異なった性質で 2 種ある。使用し始めた直後の約 1 年をどう捉えるかでそれは 3 種となるが、他の 2 種は、比較的長期の欠落がある 1820 年 5 月から 1823 年 1 月前半までと、1 〜 6 週間程度の欠落がさみだれ式に起きるそれ以降である。その性質の明白な違いは、欠落の原因もまた異なるのではないか、と思わせるが、事柄はそう単純ではないだろう。

　1819 年 3 月以後の最初、第 2 分冊 [Heft 2] は群を抜いて最大規模の 107 枚であり、しかも無記入ページが 13 もあるのは、以後のそれがせいぜい 2 〜 3 ページなので、突出したことである。会話やメモが 1 件ごとに空白ページを置いて記入され、ゆとりを持って使用されているのもほかにはない特徴である。厚い 1 冊のノートが用意され、本格的に使用する気構えのようなものが感じられる。ただし、それが以前から続いていた慣習だということを否定する材料はない。またこの厚さと記入の方式がその後もしばらく続いたかもしれないと想定する根拠もない。次の残存ノートまで約半年の開きがあるからである。

　この残存第 2 分冊のもうひとつの大きな特徴は、3 枚の切り取られた跡（Bl.17, 53, 77 の後）があり、さらに下半分の切り取りが 1 枚（Bl.87）と上半分の切り取りが 2 枚（Bl.103 および 104）、あることだ。これほど大規模な切り取りもまた唯一のケースであり、それは以後半年分の消失の前触れのようにも見える。すなわち、何者かが意図的に、問題のある個所を切り取り、また問題のある全冊を破棄したのではないか。

998

第34章　1819〜23年　会話帖　メッテルニヒ体制　甥問題その後

　3月17日または18日に使用が開始されて5日ほど後の3月23日にコツェブー暗殺事件が起きる。それをきっかけにして、後に見るように、9月20日に「カールスバート決議」が採択されるまで、世情は緊迫感を増していく。第2分冊が終了して会話帖"沈黙の時期"に突入するのは5月半ばのことである。よく言われているように、破棄が政治的発言の痕跡を遺さないためであるとしたら、それはベートーヴェンを含む当事者たちによってなされたと考えるべきである。

　第1巻の冒頭に掲げられている会話帖全体に対する「概説」において、編者のカール＝ハインツ・ケーラーは会話帖におけるベートーヴェン自身の記入として4種を挙げている［12〜13ページ］。

　① 聞き耳を立てられているとき　公開が憚れる内容の場合。
　② 自身の家計運営に関わる心配が見て取れる記入　食料品など価格付で。
　③ 新聞広告で惹き付けられたもの　書籍タイトルなど。
　④ 書簡や裁判所宛請願書の下書き。

　官憲の監視を逃れるために口頭ではなく会話帖を使用したという事実があるならば、その会話帖が調査対象になる危惧は当事者たちのものであり、死後になされた破棄と言うよりも、シンドラーが入手したのは破棄後のものであった可能性が高くなる。シンドラーが10年も前の政治的記入を、官憲の追求から当事者たちを救うために破棄した、ということは考えられないからである。この想定の上に立つと、シンドラーが入手した全体量の分母が相当に減ることになり、彼が関わったと推定される破棄の規模は減少する一方、破棄した量の割合は上がる。

　残存第3分冊の開始は11月20日で、以後、第13分冊まで、1820年5月初旬までの約半年間、連続して遺っており、その間には1枚の切り取りが1件（Heft 10のBl.70の後）と下半分の切り取りが2件（Heft 7のBl.62、およびHeft 12のBl.30）である。厚さは90枚前後のもの、70枚前後のもの、50枚前後のもの、大中小の3種が確認される。5月中旬から6月7日頃まで約1ヵ月、残存はない（3）。前後の使用状況からすると2冊分の空白である。

　残存第14分冊から第16分冊まで、1820年6月8日頃から9月半ばまで、使用はコンスタントであり、厚さは大中の2種で、全部で251枚502ページのうち白紙が9ページあったが、そこには死後にシンドラーが全面的に書き込みを行なっている。切り取られた跡はない。以後、1822年5月末まで、

第Ⅱ部　歴史的考察

約 1 年 8 ヵ月、残存がなく（4）、欠落の最長期間である。6 月前半分（Heft 17）と 11 月 4 日頃分（Heft 18）だけが遺っており、1823 年 1 月前半まで欠落は続く。

この 2 冊は 20 枚前後の極小タイプが使われた最初であるが、長期欠落のなかでなぜこれだけが遺されたのだろうか。第 17 分冊は弟夫婦が初めて会話帖記入に参加したもので、彼らとの日常的な会話を中心とし、ロッシーニがヴィーンに滞在中で弟がそれを話題にしている［後述］。政治的発言も 1 個所、ブレヒリンガーがしているが、「天気と政治は恨みっこなしだよ」に「私たちはトルコと比べてこれっぽっちもよくない」と続けただけで、リークを恐れるほどのものではないように思われる。第 18 分冊は、前述のように、シンドラーが初めて会話に参加した分冊であり、そのことと、それだけが前後と違って残存していることは、関係があるのだろうか。

第 19 分冊から第 26 分冊まで 8 冊は 1823 年 1 月後半から 3 月初めまで 2 ヵ月弱の連続した使用である。それ以後の空白状況はそれまでと鋭く相違し、上記一覧表で①から⑱の番号振りによって示したように、最長でも 6 週間であり、最短は 1 ～ 2 週間で、その間、会話帖の使用が止んだということは前後の状況からあり得ず、またそれは使用された 1 冊ないし 2 ～ 3 冊の欠落としても適当な時間と考えられる。

さて、空白部分に何が書かれていたのかとか、破棄されたのは何に関わることであったかといった詮索は、証拠が消されているのだから証明しようがなく、議論自体、あくまで想像の領域のことである。とはいえ、考えられるのは政治的発言の破棄と個人的理由による破棄と言えるのではないか。仮に前者があり得るとすれば、前述のように、その発言がすでに時効となったと思われる死後に他人によってなされたのではなく、当事者たちの意思を反映した、会話帖の生前の管理者、ベートーヴェン自身による破棄ということになる。そう見ると、前述の 2 部分は、後見権裁判関係の、知られたくないやり取りが書き込まれていた可能性がある。

それ以外の破棄は死後の管理者、シンドラーによる以外にはあり得ず、というのは、破棄は死後の追加書き込みと一体となったものであることが明白で［後述］、そして死後記入はシンドラーの筆跡を示しているからである。それは、一点一点の、また 1 行ごとの、精査を経たもので、不都合部分はその冊全体を破棄し、好都合部分には書き加えを行なう、という目的意思の明確な行為であった。

1000

第34章　1819〜23年　会話帖　メッテルニヒ体制　甥問題その後

　一部切り取りは、分冊単位で言うと11冊に及ぶが、うち7冊にはシンドラーによる死後記入はなされていない。死後記入が最も激しくなる第56〜69分冊（1824年2月中頃〜5月末）には切り取りは1個所もなく、切り取りと死後記入が共存するのは1823年4月以前に4点あるだけで、切り取りが最大規模の第2分冊では、死後記入はわずか3行、「ベートーヴェン　シンドラーに照会する　ドイツ・ハウス3階［引用者補：当時のシンドラーの住所で、彼の臨席証明であると思われる］」という1文だけである。これは何を暗示しているのかというと、ページ半分の切り取りといった行為は死後記入と連動したものではなく、すなわち、ベートーヴェン本人によるものではないか、ということである。

　破棄部分については不都合であったのだろうという推定しかできないが、追加書き込み部分については、その精査により、記入目的を確認することができる。それは、彼とベートーヴェンとの関わりを正確に把握することによって、浮き彫りになる。

3 ｜ シンドラーなる人物

　アントン・フェリクス・シンドラー（1795-1864）は幼少時からヴァイオリンを学ぶなど音楽経歴を歩んだが、1813年からヴィーン大学で法学を修め、最初の職歴は1817年にバッハ博士の弁護士事務所で書記としての任用であった［BKh I 注98］。ベートーヴェンは1819年に甥の後見権裁判で同博士に助言を求めることになり、2人の最初の接点のひとつはそこにあったと思われる。しかしシンドラーは1822年にヨーゼフシュタット劇場が新設されると同楽団のコンサートマスターとなり、10月3日のオープニング記念公演での『献堂式』上演で、その音楽を担当したベートーヴェンと音楽の上でも知り合った。その1ヵ月後、前述のように、同劇場支配人ヘンスラーの聖名祝日パーティー時から、会話帖に頻繁に登場するようになる。それ以前に他人の口から彼の名が挙がることもあるが、彼自身の記入はない。否、12個所に彼の発言が確認されるのだが、それらはすべてベートーヴェンの死後に記入されたものである。

　1ヵ月の欠落（ ③ ）の後、第14分冊から第16分冊（1820年6月初旬）で言えば、空白の9ページはすべて彼の記入で埋め尽くされた。最初は、ちょ

第II部　歴史的考察

っと口を挟む、存在証明のようなものであったが、第8分冊（1820年2月末〜3月上旬）以後は空白ページにびっしりと音楽的話題・主張が書き込まれている。この種の記入は会話帖全体を通してほかにはあまり見られず、というのは、誰もベートーヴェン本人に向かって音楽論はしないのである。考えてみればよくわかるように、この時期はすでにベートーヴェンは恐れ多い超大家であって、周囲の若者が気安く自分の音楽観や当人の作品について議論を闘わせるというような関係は成立しない。ここにシンドラーの「死後記入」の特徴があり、かえってそれが前後関係から浮き上がることになる。彼の著書で開陳する自説の根拠付けが書き込みの目的であったことは明らかである。

　シンドラーは会話帖の整理の際に、自分が居合わせていたために発言者を特定できる場合など、当該の記入に発言者名を鉛筆などで記すこともしており、後世はその恩恵を被っていることもあるのだが、とりわけ死後記入分にはその冒頭に鉛筆もしくは赤鉛筆で「シンドラー」と書き込んでいる。臨場記入部分にも自分や他人の姓を積極的に書き込んだのは死後記入が際立たないようにするためだったかもしれない。

　シンドラーが"無給の秘書"として押しかけてきてしばらくはベートーヴェンも、10年の長きにわたって秘書的業務を担当してくれたオリヴァが1820年12月に故郷のサンクト・ペテルブルクに戻って以来、困っていたこともあって、重宝がっていろいろと仕事を頼んだ。しかし2人の関係が順調であったのは初めのうちだけで、すでに10ヵ月後には、前述したように［955ページ］、「解雇証明書を与えたとんでもない奴」というかなりきつい言葉を吐いており、事柄はかなり深刻であったことが伺われる。それにも拘わらず関係がずるずると続いたのは「解雇証明書」を出し切れなかったのであろうが、他方、シンドラーの方の対処もそれを押し返すほどのものであったことが想像される。1823年12月14日から翌年1月末の間に書かれたと思われるグリルパルツァー宛書簡［BGA 1759］でも「…あのうるさいシンドラーの腰巾着［Appendix］めが私には、あなたもヘッツェンドルフで気づいたにちがいありませんが、前々からどうにも気にくわないのです…」と書いている。

　関係が決定的となるのは、1824年5月7日にシンフォニー第9番などが初演され、さらに5月23日に再演された際のコンサートの事後処理をめぐって悶着が起こったとき、とされている。当事者たちがレストランに集まった席上、興行としては失敗に終わった責任をベートーヴェンがシンドラーら

に押しつけ、会談は決裂し、以後、シンドラーは出入り御免となった、というわけである。しかしその会合がいつだったのか、シンドラーの申告［『伝記』第3版］では再演の後であり、セイヤーによれば［TDR V, 94ページ］初演と再演の間の出来事であり、時系列は曖昧であった。その詳細の再検討は次章の課題のひとつとする。

　事実としては、関係中断前の最後の書簡交換が1824年5月27日頃のもの［BGA 1843］で、1824年6月以降、1826年12月までシンドラーとベートーヴェンとの間の懇意な接触は途絶える［BGA 1707 注1］。しかしこの間、1825年7月12日に久々の臨席記入があり、以後は何ヵ月かに1回程度、偶然に出会ったのか、ときどき会話帖への臨席記入があって、さらに1826年8月2日あたりにシンドラーは「もしできれば、私はあなたの慈悲深い御許可を得て再びお話しさせていただきます」［BKh 10, 80-81ページ］と書いていて、その後その月には何度か書いた。もちろんそれまでの間に死後記入は結構ある。しかしそれも10日頃の2ページにわたる空白部分に書き加えたのが最後であり、また臨場記入は28日頃が最後となり、12月まで彼の姿は会話帖から消える。そしてベートーヴェンが死の床に就き始めた12月8日以後、再び側近としての地位を確実にし、会話帖の主たる書き手となるが、その上で死後記入も旺盛に行なった。

4｜会話帖の欠落部分と伝承部分を精査する意味

　会話帖に確認されるのは生活していく上で他人と接触した跡であり、裁判関係の打ち合わせや、オペラ台本探しの苦労なども覗き見ることができる。またベートーヴェンはコーヒー一杯豆60粒と決めていた［BKh 2, 262ページ］など、彼の日常生活の実際が立ち現れる。と同時に、新聞記事の写し書き、買い物リストや支出の計算など、ベートーヴェンはメモ帳のようにも使っていた。計算は暗算では限界があり、私たちも紙に書いて行なうように、何の計算であるかまったく分らない、単なる足し算のメモは結構多い。また、おそらくかなりの大声を出せば聞こえたのではないかと思われ、たとえば1823年8月6日に長年コピストとして仕えてきたヴェンツェル・シュレンマー（1760-1823）が2度目の妻と2人の子供を遺して死去するが、その時期に会話帖記入は途絶えず継続しているにも拘わらずその報は書かれていな

第II部　歴史的考察

い。そして20日ほど後に「シュレンマーが書いたものを清算しなければ」というメモ書きが、その他、忘れてはならない事項を書き連ねた備忘録の一部としてある［BKh 5, 63ページ］。書簡の下書きなどもあり、ベートーヴェンが一方で会話帖の多くを生涯、保存していたのは、自身の大事なメモが含まれているという側面もあったと思われる。ページ半分の切り取りが生前に為されたとすれば、逆に言えば他の半分に対しては遺す意思が働いているということを意味する。

　創作の過程について記されることはほとんどないのに、なぜ会話帖の分析が重要な意味を持っているのかというと、生涯に関する伝記的事実がひどく歪めて認識されている元凶のひとつもまたここにあるからである。すなわち、第1に、欠落部分を確かめることはその時期に関しては情報がないということを確認することにほかならず、ということは、にもかかわらず何らかの出来事が伝えられているとすればそれは二次情報であり、しかも一次情報を消去して捏造された可能性が出てくるのである。第2には、伝承部分にはシンドラーの死後記入が場合によっては夥しいにもかかわらず、その批判的考証が1980年以前にはできなかったために、私たちのベートーヴェン認識のなかには捏造された事実関係が無数に入り込む結果となっているので、それを是正しなければならないからである。その具体例について、次章で詳しく検討する。

5 ｜ メッテルニヒ体制と生前削除の関係

　1815年9月26日にロシア皇帝の提唱によってロシア・オーストリア・プロイセン各王室の連合として始まった「神聖同盟」は、キリスト教的正義と友愛に基づく君主間の盟約で、その後、ローマ教皇庁、オスマン帝国、イギリス王室を除く、ヨーロッパの他のすべての王室が加わった、ヨーロッパ王室の精神的同盟に発展した。一方、政治勢力としては、ヴィーン会議終了とともに、11月20日に「神聖同盟」の中核、ロシア・オーストリア・プロイセンにイギリスも参加した「4ヵ国同盟」が発足して、大国の利害を優先・調整するヴィーン会議後の政治支配体制が成立し、さらに1818年には王政復古が完成したフランスも加わって、いわゆるペンタルキー（5ヵ国体制）となる。この精神的同盟と政治的同盟の双方をヴィーンで操っていたのが帝

政オーストリアの、当時は外相［1821年5月25日以後、48年3月革命時まで帝国宰相］の任にあった（宰相は皇帝）メッテルニヒ伯爵（1773-1859）［1818年以後、侯爵］である。1815年6月にヴィーン会議で採択された「ヴィーン議定書」によって、旧神聖ローマ帝国は「ドイツ連邦」となって復活し、オーストリア帝国を盟主に、ドイツ語圏の35の領邦と4帝国自由都市がこれに参加した。

　このように、ナポレオンの敗北とともにヨーロッパ全体に王政が復古するが、それに対する世相としては、当初は20年に及ぶナポレオン支配と戦争からの解放を歓迎するムードがあった。しかしフランスに生まれた自由主義思想（リベラリズム）と、対仏戦争を通じて意識化された国民意識（ナショナリズム）が、人々の権利への目覚め、共和思想（王政廃止）、反保守秩序思想を育んでいく。ことにドイツ各地では学生同盟（ブルシェンシャフト）が結成されて、自由主義とナショナリズムを掲げて積極的な活動を行うようになった。

　《アテネの廃墟》と《シュテファン王》の台本作者としてベートーヴェンとも交友のあったアウグスト・フォン・コツェブー（1761-1819）は、1806年にプロイセンがナポレオンに敗れるとロシアに亡命し、一時はロシアで総領事を務めていた。戦後も反動的人物と目されていたが、その彼が1819年3月23日にブルシェンシャフトの急進派カール・ザントによってマンハイムで暗殺されるという事件が起こった。これをきっかけにメッテルニヒがドイツ連邦主要10ヵ国の代表をカールスバートに召集して、8月6日から31日まで対策の会議を開いた。そして9月20日に連邦議会で採択されたのがいわゆる「カールスバート決議」である。これはブルシェンシャフトの弾圧強化に向けた諸侯による対策表明で、秘密結社の禁止、書物の検閲、革命陰謀を捜査・監視する特別委員会の設置、の3点を骨子としている。世間へのその影響は徐々に大きくなっていく。

　1820年から21年にかけて、スペイン、ポルトガル、ナポリ王国、ピエモント＝サルデーニャ王国、と各地で蜂起が相次ぐことによって、官憲の監視と密告政治が強化されてヴィーン社会もその渦に巻き込まれていく。1820年代にはイタリア復古王政と共和派的秘密結社カルボナーリ等との闘いによって蜂起と弾圧が繰り返され、1821年になるとギリシアでオスマン・トルコ支配からの解放闘争が起り、これは西欧の反旧体制運動全体に大きな影響を及ぼす。1821年3月7日にはオーストリア軍がナポリ革命を制圧する一方、ギリシアが1822年1月13日に独立宣言をして、憲法を制定する。

第II部　歴史的考察

　ナポレオン戦争でもうひとつの大戦場となったスペインでも復古した王政と自由主義者との対立は激しく、一時は「スペイン立憲革命」と呼ばれる自由主義政府の樹立にまで至る。神聖同盟各国は革命の波及を怖れ、ヴィーン体制は動揺する一方、スペインに支配されていた南米各国でも独立を果たす事例が 1822 年に相次ぐ。スペインにおけるいわゆる「自由主義の 3 年間」は、1823 年 4 月 7 日にフランス軍がスペインに侵入し革命運動を圧殺したことにより終息する。

　会話帖のなかの話題としては 1820 年 2 月 22 〜 23 日頃にベルナルトが「それに加えてスペインでのごたごたがあり、侯爵 M［編者補：メッテルニヒ］とオーストリアの監視員は非常な困惑に陥っている」［BKh 1, Heft 7, 269 ページ］とポツリと発言しているが、その前後はまったく関係ない話で、政治的なのはその部分だけなので消去の対象にはならなかったのかもしれない。会話帖で実際にコツェブー暗殺が話題となったのは事件から約 1 年も後の 1820 年 3 月 14 日であるが［BKh 1, Heft 9, 328 ページ］、ベートーヴェンと所縁のある人物が被害者となった大事件について、その直前の 1819 年 3 月 17/18 日頃からおそらく 5 月 15 日までの間の会話帖［BKh 1, Heft 2］が残存しているにも拘わらず、いっさい触れられていないのは奇妙である。1819 年 3 月 23 日の事件がいつヴィーンに伝えられたか、当然に報道管制や新聞検閲があったと思われるので門外漢の私にはこれ以上の追究はできないが、第 2 分冊［Heft 2］で第 17 葉の後の紙が切り取られており、それは 4 月 5 日の数日後の部分である。第 53 葉と第 77 葉の後の紙も同様だがそれぞれ 4 月 20 日くらい、5 月 5 日あたりの部分である。ここに記した「葉」の数字はシンドラーによって帳付けされたものだが、切り取られたページはその数に入っていないので、破棄が生前の会話帖管理者、ないしその周辺で行なわれたことは明らかである。それ以後、紙半分の切り取りが 3 個所ある。

　以後、約半年にわたって現存はなく、第 3 分冊の開始は 1819 年 11 月 20日で、1820 年 5 月初旬まで、3 日程度途切れることはあるが、11 分冊が残存している。そのなかで、事件から 1 年が経過した 1820 年 3 月 29/30 日の分、第 10 分冊の第 70 葉の後のページが同様に切り取られているほか、半分の切り取りが 2 個所ある。このあたりがシンドラーの死後記入とページの切り取りが重なり合う部分で、この時期を境に 2 つの異なった原理が交替した、と見ることができる。残存部分には、編者のケーラーがベートーヴェン自身の会話帖記入の要件として「聞き耳を立てられるとき」を挙げているにも拘

1006

わらず、政治向きの話題はきわめて少ないし、あっても通報を恐れるような内容ではない。

破棄された跡を前にこうした議論をしても仕方がないが、確かに、遺された政治的発言個所は多くなく、ノンポリ楽天家たちでない限り政治についての意見交換はあったはずで、それが不自然なほどに少ないことは、破棄部分にその種の発言があったのではないかと想像させる。とりわけコツェブー暗殺事件の余波が世間に浸透していく1819年5月下旬から「カールスバートの決議」が採択される9月20日を挟んで11月中旬まで約半年の欠落（②）の背後には、当時の人々の緊張感があるように思われる。そして、先に引用した、第17分冊におけるちょっとした政治がらみの話も、点検をすり抜けることができた部分と見てよく、それ以上に踏み込んだ内容の場合は削除されたのではないかと想定することができる。

6 │ 別の原理による破棄の始まり

会話帖の長い欠損が始まるのはその半年後の1820年9月下旬からで、それは事実上1823年1月前半まで約2年4ヵ月間、続く。

その間の、1820年10月から11月初にかけてヴィーンに滞在したブレーメンの言語学博士クリスティアン・ミュラーが『総合音楽新聞』［AmZ］の1827年5月23日号に「ベートーヴェン諸録」を寄稿している。

> ……そういうレストランでいつも質素な昼食をとりながら、彼は、政府や警察、また貴族階級の慣習など、あらゆる事柄について無遠慮に、批判と嘲笑の口調で意見を開陳した。警察もそれを知ってはいたけれど、彼が空想家であるか、または輝かしい芸術の天才かのどちらかだろうということで、放任しておいた。」［大築訳874ページ］

この発言は、強化されるメッテルニヒ監視・密告政治のなかで、おかまいなく反政府発言をおおっぴらに繰り返していたベートーヴェン、警察は彼を特別扱いしていた？、といったイメージを後世に植え付けたが、一方、時間的にも会話帖の長い欠損期間と重なり合うことから、その破棄は政治的発言の抹消を理由とするのではという印象も与えた。しかし政治的大議論が長期間にわたって何日も繰り返し蒸し返されない限り、生活中心の会話のなかに

第Ⅱ部　歴史的考察

おいては発言部分の削除で済むはずであって、それは全冊が何ヵ月にもわたって破棄される理由とはならないように思われる。

　シンドラーによる死後記入はすでに第 2 分冊に見られ、第 4、第 8 分冊と続き、第 10 分冊（1820 年 3 月下旬）以降は第 69 分冊（1824 年 5 月中旬）まで、バーデンで過ごした 1823 年夏（第 38 ～ 43 分冊）および書き込みが比較的まだらな 1823 年 12 月後半から 24 年 2 月中旬（第 49 ～ 56 分冊）を除いて、ほとんどすべてに渡るようになる。そしてその書き込み度合いは、1 分冊 1 個所程度から、空白個所にほとんどくまなく書き込むほどに発展していく。

　破棄の原理が移り変わる節目は第 15 分冊（1820 年 7 月 6 日頃～ 8 月 19 日頃分）であり、その直後の 9 月半ばから大きな欠損が始まるのである。そして以後約 2 年 4 ヵ月続く長期欠損期間において 2 分冊だけ現存している、第 17 分冊（1822 年 6 月前半）と第 18 分冊（1822 年 11 月 4 日頃）が無傷である、という事実はきわめて印象的である。両方ともに 20 ページ足らず（25 と 27）の規模であり、その前までの分冊が約 80 ページ規模であることと比べて格段に薄いのも、その前後が破棄された結果かもしれない。しかも第 17 分冊は第 17 葉裏と第 18 葉裏が空白で書き込みができるにも拘わらずそのままとなっている。前述のように、弟夫婦と、弟妻の兄、甥、そしてそのピアノ教師ヨーゼフ・チェルニーとの他愛のない会話で、シンドラーとしては口を挟んでも仕方のないような状況であった。第 18 分冊は自身の初の臨席記入があって、それだけで十分な存在証明となっている。つまり、破棄するしないは死後記入と一体となったもの、と見ることが重要である。死後記入の目的が、臨席証明以外に、自説の主張の根拠付けであるとすれば、シンドラーの手元で破棄されたこと自体は残存枚数の計算から明白な事実なので、会話帖に記された状況全体が自分にとって都合の悪い内容である場合にその分冊全体が破棄された、と考えることができる。

　ここに想定された結論をひとことでまとめると、次のようになろう。すなわち、生前の管理者によって 1 と 2 の期間の分が破棄され、またそれ以外においてページの一部が切り取られ、そうなった状態の全冊を引き継いだシンドラーには、おそらく、自分がこれからさらに切り取ってもその行為が自分に帰せられることはなかろうという判断もあったかもしれない。そして 1820 年 3 月以後の分から、すなわち第 8 分冊の終盤第 81 葉裏全面への記入を嚆矢として、書き込みを積極的に行い、それにそぐわない事実が書かれて

1008

いる分冊を破棄したのではないか。追加記入と破棄は、それが示している結果から、単なる自分の存在証明であることを超えて、自著に記した自分しか知らない"事実"の論拠を忍ばせるためであった、と言える。

7 ｜ 第2次後見権裁判

　ヴィーン市庁［Magistrat der Stadt Wien］民事司法部［Civil-Justiz-Senat］（以下、「市民裁判所」と略）は、1819年1月7日にベートーヴェンらを11日に召喚する旨、通知し、その当日、ベートーヴェンのカールに対する後見権の一時停止を決定した。その結果、母親の監督下に、カールはヨハン・クートリヒの寄宿学校に転校することとなった。2月1日にベートーヴェンは市民裁判所宛に申立書［BGA 1286］を起草した。それは印刷本で4ページ半に及び、ヨハンナとその擁護者に対する非難と恨みつらみの叙述である。会話帖第2分冊の開始直前のことである。

　3月27日に市民裁判所は、おそらくベートーヴェンの意向を受け入れて、カールの後見人をベートーヴェンに代えてヴィーン市参事会員マティアス・フォン・トゥッシャーとした。新後見人はカールをしばらく伯父・実母の争いから隔離しようと、ランツフート（ミュンヒェン近郊）にいるザイラー教授（後にレーゲンスブルク大司教となる）に預けるよう提言した。このあたりの事前相談は第2分冊の会話となっている。4月23日以前にベートーヴェンがカールの2年旅券を申請したことに関し、24日、市民裁判所はヨハンナらに対して異議申し立てを募る。この件については、ベートーヴェンは4月末か5月初のルドルフ大公宛書簡［BGA 1300］で、「私の甥の道徳的安定はその母親からできるだけ遠ざけることより目的に適うものはありません…」等々と述べ、ランツフートに行かせるための旅券発行に関して、ルートヴィヒ大公（1784-1864）［ルドルフのすぐ上の兄で、皇帝フランツ不在時等に職務代理をし、日常も補佐役を務める］に口利きを頼んだが、この件はこれ以上進展しなかった。そのうえトゥッシャーが「多忙な公務等により、その役を司ることが許されなくなり…」と、カールの後見人を辞退する旨、申し出たため、ベートーヴェンは7月5日にヴィーン市民裁判所宛に、遺言書に従い自分が再び後見人の任に当たること、被後見人の教育機関はヨーゼフ・ブレヒリンガーの寄宿学校とすることなどを通知した［BGA 1311］。それに対してヨハンナは8

第Ⅱ部　歴史的考察

月2日に市民裁判所にベートーヴェンの単独後見を阻止するよう願い出たことにより、18日に裁判所による尋問が開催された。

　こうしたやり取りが続いたため、5月12日から滞在していたメートリングからベートーヴェンはしばしばヴィーンに出てきたはずだが、この半年間については会話帖の残存がなく、具体的なことは解らない。ただ、7月15日にルドルフ大公に書いて［BGA 1312］から、9月14日のブレヒリンガー宛［BGA 1330］まで、15通の現存書簡のうち13通がメードリング発信の甥関係の書簡であり、彼が多方面に相談を持ちかけ、打開に苦慮していたことが判る。第Ⅰ部第6章3で話題にした、アルタリア社からの作品番号欠損に関する問い合わせ［BGA 1317］があったのはまさにその間のことであり、それに対応する余裕などはとてもなかったであろう。6月頃から開始した「グローリア」で《ミサ・ソレムニス》作曲が滞ってしまう状況の背後にはこうした事情もあった。

　9月17日に市民裁判所は、ベートーヴェンからカールの後見権を剥奪し、ヨハンナがその法的後見人に、およびヴィーン市強制執行人レオポルト・ヌスベックが共同後見人に指名された旨、通知した［BGA 1331］。そこでベートーヴェンは専門の弁護人の力を借りることを決意した。弁護士ヨハン・バプティスト・バッハ博士（1779-1847/後にヴィーン大学法学部長となる）宛1819年10月27日付書簡［BGA 1348］が残存するその最初の痕跡である。

　　あなたはすでにヨハンナ・ベートーヴェン夫人の書面を入手されたことでしょう…
　　［中略］　重要なことは、私が唯一の後見人と認められることであり、…そうして母親がその息子と学校で接触するのを排除することであり、というのはあの女の不道徳［Unmoralität］に対してはそこ［引用者注：学校］の監視人は十分ではないかもしれず、彼女は教育者を偽りの中立てや嘘によって混乱させるからです　［中略］　私の考えでは、あなたが堅く断固として主張すべきなのは、私が単独の後見人であること、この自然に反する［Unnatürliche］母親を私のところ以外で決してその息子に会わすべきではないこと…
　　当面の扶養に関しては、私が生きている限り、その心配をしており、また、していきます。将来に関しては、彼は7000グルデン・ヴィーン価を所有し、それに関しては母親が生きている限りは彼女に所有権があります［引用者注：彼女の母親テレジア・リースの遺産］。それから2000グルデン（あるいはそれ以上、私は彼に付け替えました）、そして銀貨4000グルデンを私の銀行に預けてあり、彼は全部相続します。

　バッハ博士の協力によりベートーヴェンは10月30日にヴィーン市民裁判

1010

所にカールの後見権を求めて提訴する［BGA 1350］が、それは 11 月 4 日付で却下される［BGA 1351］。そこで 12 月 20 日にベートーヴェンは帝国・王国ニーダーエスターライヒ控訴裁判所（以下、「控訴裁判所」と略）に控訴する。そして 1820 年 1 月 7 日付で控訴裁判所宛に、カールの後見権をめぐる市民裁判所での審理に対する異議申立書［BGA 1363］を提出した。これは 10 月 30 日付市民裁判所提訴文書と同じ筆跡（バッハ博士または事務所の書記?）で、署名のみがベートーヴェンによるものである。その概容は以下である。

(1) 私は私の甥の父の遺言書で定められた後見人であり、貴族裁判所は私をそう認定し、母親を除外した。私はやむを得ない不在時にはヌスベック氏を臨時に代理をお願いした。

(2) 甥はより高い教育を必要とするが、母親も当時の後見代理者もそれに適さなかった。

(3) 私自身は子供がおらず、この少年より近い親類もおらず、期待をかけたが、この少年は並ならずの才能があるのに 1 年落第となり、学資の不足により在学中の教育機関から連れ出され、母親は自分の手元に置こうとした。…私はいささか耳の聞こえが悪い［etwas schwerhörig］ので、ロプコヴィッツ侯の顧問ペータース氏を共同後見人としたい…

控訴裁判所は 1820 年 1 月 10 日に市民裁判所に対し、訴訟経過の報告を、審理書と書証すべて揃えて、提出するよう命じた。それに基づき市民裁判所が 2 月 5 日に提出した資料の要点は以下である［この文書は『書簡交換全集』補巻として刊行されるドキュメント集に含まれるはず。TDR IV, 563 ページ以下による］。

(1) 控訴人はその肉体的障害のため、かつ被後見人の母親と敵対関係にあるため、後見人の役を務めるに適していないと思われる。

(2) 後見権は法的権利として母親に帰属する。

(3) 夫に対して 1811 年になした不貞行為の過失は 1 ヵ月の警察留置によって処罰されており、現在ではもはや障害にはならない。

(4) 申し立てにある「不法な妨害や干渉」はひとつも証明されていない。

さらに「実の母親が自分の子供に 2 〜 4 週間ごとに会いたいと望んだり、

第II部　歴史的考察

［中略］…を不法とするのは、控訴人の目にだけそう映るに過ぎず、世間は、もし実の母親が2〜4週間に1回しか自分の子供について問い合わせをしなかったら、母親として普通ではないと見なすだろう。第2点について控訴人は、母親および後見代理者が少年の教育に不適としているが、［中略］…市民裁判所は控訴人も不適としており、少なくとも同人はこれまでその能力を示していない。［中略］…第3点、少年が進級できなかった失敗について、控訴人はこれを母親あるいは当時の後見人の責にすべきではなく、自らの監督に帰すものである…」等々と続けた。

　この脈絡のなかに、1820年2月18日付の控訴裁判所宛覚書［Denkschrift］下書きというものがある。これはベートーヴェンが執筆した最長の文書で、1907年にベルナルト［ヴィーン新聞主筆］の遺産のなかから発見され、全文は1953年にベートーヴェン・ハウス刊行物第3巻としてファクシミリ版と活字転写版によって出版された［Dagmar Weise：Beethoven Entwurf einer Denkschrift an das Appellationsgericht in Wien vom 18. Februar 1820（1953）/ 作品に関わる文献ではないので新カタログ巻末文献表になし。また『書簡交換全集』にも所収されていない］。これはバッハ博士の求めによって起草されたと思われ、文筆専門家のベルナルトの校閲を受けた可能性がある［BGA 1367 注1］。3月6日付の控訴裁判所の担当係官カール・マグヌス・ヴィンター（1771-1827）宛書簡において「数日以内にお送りする」とされており、11日から14日の間になされた会話から、シュレンマーが同人に届けたところ、彼は黙して語らず（1819年11月20日以降、1820年5月中旬までは途切れなく会話帖が残存しているのでこの辺の準備やり取りはつかめる）、それは公式には法廷に提出されなかったようである［BGA 1369 注2および BKh 1 注759］。したがって裁判上のその効力は云々しても仕方がないのであるが、それ以前、2月1日に12ページからなる下書きの下書きもしたためており、この時期、すなわちルドルフ大公の就任式を1ヵ月後に控えた時点で、ベートーヴェンが裁判対策に非常に腐心していた事実を後世はもっと斟酌しなければならないだろう。

　本文書は、24.5センチ×20.3センチと会話帖より一回り大きく、23枚45.5ページの規模で、記述は7部分に分かれている。各部分はそれぞれの冒頭に「ベートーヴェン夫人についての諸報告」「ヴィーン市民裁判所の後見権処理についての諸報告」「私の甥およびその学業成績についての諸報告」「私が私の甥に成したことについての諸報告」「私の甥の資産についての諸報

第34章 1819～23年 会話帖 メッテルニヒ体制 甥問題その後

告」「結論」「補遺」とタイトル書きされている。そこにはベートーヴェンの
立場から彼が何に拘っていたかが明らかである。それは2点あり、ひとつは
ヨハンナの後見人としての不適格性であるが、そこでは彼女が1811年に犯
したとされる姦通が問題視されており、しかも弟が病に倒れたのはそれが直
接の引き金となった、ということである。第2は、ベートーヴェンが勝訴し
た貴族裁判所から今回、市民裁判所に審理が移管されたことによって「有害
な諸結果」が出来している、ということである。

　市民裁判所は2月5日に提出した文書の補足として、2月28日付でもう
ひとつの「報告」を付け加えた。その結論部分の核心は「[母親の後見権からの]
排除は、母親が1811年に罪に問われた以外には根拠はあり得ず、というの
は控訴人の申し立ては立証を欠いたおしゃべりに過ぎず、それについては市
民裁判所は一顧だにせず、しかしそれは以下のことを歴然と語る証拠である。
すなわち、控訴人が母親に対して前々からいかに激し敵意に満ちて行動し、
そしていまなお行動しているか、癒された傷口を改めて引き裂く結果にいと
も簡単になっていることか、彼女が処罰に耐え、汚名をそいだ後であるのに。
…それは被害者であった夫自身がすでに許したことであり…」と書かれてい
る[この文書も『書簡交換全集』には所収されていない。TDR IV, 564ページ以下による]。

　彼女が1811年に犯し、罰せられた罪とは、現在では、実は姦通ではなく、
宝石横領の廉での有罪判決ということが確かめられている[Brandenburg:
Johanna van Beethoven's Embezzlement (1998) / 作品に関わる文献ではないので、新カタログ巻末
文献表になし]。しかし事実関係とは関係なく、市民裁判所は「姦通がごとき軽
罪」、しかも「処罰済みの過去の問題」、という評定であった。

　3月29日に控訴裁判所の委託により市民裁判所でベートーヴェンに対す
る尋問が行われ、彼は主張を繰り返した。そして4月8日、ついに控訴裁判
所の判決が出る。その結論は、ベートーヴェンが後見人、そして宮廷顧問官
ペータースが共同後見人となり、ヨハンナは前科により後見から排除される、
というベートーヴェンの決定的勝訴であった。しかし問題はそれで終わらな
かった。1820年7月3日と想定される会話帖記入として、カールを預けて
いる寄宿学校の校長ブレヒリンガーが「いま新しい騒動が起こりました。き
ょうカールは口頭試験があったのに、朝早くまた母親の許に逃げ去りました。
というのは昨日と今日、彼の学業をサボりました。私は彼の母親の家屋番号
を知りませんので、私の妻を付き添いの者とともに彼女のところへ向かわせ
ました。…」[BKh 2, 175ページ以下]等々と2ページに渡って報告している。バ

1013

第II部　歴史的考察

ッハ弁護士は、母親が自分の息子に会うのを禁止するような法的令状を得る
のは不可能であり、こっそり会ったり文通したりを防止する手だてはない
[BKh 2, 200 ページ以下]、などとベートーヴェンを説得した。

　7月18日にヨハンナがカールの後見権を求め皇帝に嘆願した（宮中抗告
[Hofrekurs]）。しかし9月8日にヨハンナの嘆願は却下された。当時ヨハンナ
は身ごもっており、その年の暮近く、彼女は愛人の財政顧問官ヨハン・ホー
フバウアーとの間の女児を出産した。そういった事情は裁判上には出てこな
いが、実の息子の後見権の争いに何らかの影響を及ぼしたかもしれない。以
後、1824年8月29日に カールが5年間在籍したブレヒリンガーの寄宿学校
（1819年6月22日入学）を終えるまで、とくに大きな事件はなく、甥問題
はさしあたって解決した。

8 │ 3 裁判所の判断に見る当時のヴィーン社会

　以上の結末を、第31章で記述した第1次の後見権裁判から起こして、ま
とめておきたい。3つの裁判所の下した判断は異なっており、そこから当時
のヴィーン社会のあり方を覗き見ることができる。

　まずニーダーエスターライヒ貴族裁判所（ラントレヒト）は1816年1月9日にベートーヴ
ェンの提訴を認め、彼は単独後見人となり、それ以後3年近くは甥問題に関
しては比較的平穏な時期が経過した。貴族裁判所（ラントレヒト）とは1783年から3月革命
によって廃止される1848年まで存続した貴族階級・聖職者等の訴訟を扱う
機関であった。ベートーヴェンはオランダ由来の「ヴァン」は「フォン」と
同様に貴族の出自を表わすと考えており、その前提で貴族裁判所に訴え、裁
判所も受理してベートーヴェンの訴えを認めたのである。実の母親から後見
権（親権）を奪うという判決の根拠となったのはおそらく、ベートーヴェン
の主張通りにヨハンナの姦通が、事実関係の確認なしに、後見の障害とされ
たからであろう。これは貴族裁判所による市民道徳の強制と言える。

　前節で述べた経過の端緒は1818年9月にヨハンナが貴族裁判所（ラントレヒト）にベー
トーヴェンを後見人として解任する旨、請願したことに始まる。それは18日
に却下されたが、その後も再度の請願をし、12月3日には母親の許に逃げ
帰ったカールをベートーヴェンが警察力を頼んで（後見人の権利として）取
り戻すということもあって、関係はこじれていった。裁判所は12月11日に

1014

関係者を呼んで審問した。その議事録はセイヤー伝記第4巻の付録に掲載されており［TDR IV, 550ページ以下］、日本語抄訳［大築訳809ページ以下］でも全文が紹介されているが、その過程で「ヴァン」論争が出来し、貴族であることの証明が彼にはできなくなったのである。それが決定的となって18日に貴族裁判所は審理をヴィーン市市民裁判所に回付する決定を下した。下々の争いは当局の管轄ではない、ということである。

　明けて1819年1月から市民裁判所で始まった審理［本章6］にベートーヴェンは敗訴した。上に見たように、市民裁判所での審理に出てくる、不貞問題は治癒されているとか、実の母親が子に会うのは当たり前だ、といった論理は私たちの社会でも共有される感覚であり、すでに市民の人権を前提としたものであった。それに対してベートーヴェンは1820年1月に帝国・王国ニーダーエスターライヒ控訴裁判所に控訴し、そして4月に最終的に勝訴する。以上が後見権裁判第2次分、全経過の概略である。

　ベートーヴェンの意識を、伝統的ベートーヴェン研究が位置づけてきたような、家族愛とか自己愛、ましてや代理愛と捉えるのは間違いであろう。甥をふしだらな女の許で育てさせてはならない、というトラウマに囚われていたように見えるが、その主張の正当性が貴族裁判所で認められたことは、それが伝統的価値観であったからにほかならない。ここに見られるのは、市民にのみ道徳性を強制する貴族社会の法秩序であるが、社会全体が、ベートーヴェンを含めて、そうした思考回路に取り込まれていた、と言える。しかしすでに市民裁判所は新しい道徳観を確立しており、バッハ弁護士の説得もその線上のことであった。結果は、「最高裁」に相当するかどうかはわからないが、控訴裁判所が古い道徳観をなお維持し、いわば「二審」を覆した。ベートーヴェンと甥との関係は、結婚願望が満たされず家族愛に飢えて、といったベートーヴェンの心情の問題ではなく、当時のヴィーン社会に生きる誰にも共通する問題であり、かつ、その審理の曲折はこの点でも、この時代が価値観の転換期にあったことを示していよう。

9 ｜ ヴィーンにおけるロッシーニ・オペラの受容

　この時期の問題として、最後に、いわゆる「ロッシーニ旋風」を取り上げる。ロッシーニが1822年3月末にヴィーン入りし、4月13日から、彼が率

第II部　歴史的考察

いるナポリ宮廷オペラ団によって約3ヵ月半の公演、「ロッシーニ・フェスティヴァル」が開催される。そのような展開に至った背景としては、それまで数年にわたってヴィーンでロッシーニ・オペラ体験が積み重ねられてきたことがある。分析に使用する文献は第20章と同じである。

　ヴィーンでロッシーニ・オペラが初めて上演されたのは一般に、1816年12月17日、ケルンテン門劇場で《タンクレーディ Tancredi》とされているが、現在確認されるところでは、1816年11月26日、ケルンテン門劇場で《幸福な錯覚 L'inganno felice》が最初である。1816/17年のシーズンには《アルジェのイタリア女》と《バビロニアのキュロス》を含めた計4作品の31公演があり、それらはすべて原語によるものであった。ことに1817年3月26日まで4ヵ月間にわたった宮廷劇場［以下の表で下線付き］における3作の集中的な原語上演［以下の表、参照］はイタリア・オペラ団の客演公演であったかもしれない。

　1816/17年のシーズンの最後、6月30日に、《タンクレーディ》がドイツ語で再演される。翻訳者はヨハン・クリストフ・グリュンバウム（1785-1870）で、彼は1818年から30年頃まで同劇場専属のテノール歌手であり、そのほかに台本作家として、またイタリア語およびフランス語オペラの翻訳者としても活躍していた［BKh 9 注62］。以後、1818年3月から、ロッシーニ自らが来演するまでの間に、ケルンテン門劇場またはアン・デア・ヴィーン劇場でドイツ語によって14作が計161回上演された。独訳は、主としてグリュンバウムか、ヨーゼフ・フォン・ザイフリート（1780-1849）［イグナーツ・フォン・ザイフリートの弟］が担当し、ほかに3人が各1作（うち《シンデレラ》は翻案）を受け持ち、その他、訳者不明が4作ある。アン・デア・ヴィーン劇場では1公演だけの試験的上演が多く［この場合、下記の表で合計公演数は省略］、再演が続いたのはケルンテン門劇場（1816/17年のシーズンの《タンクレーディ》のみブルク劇場）においてであった。こうしてロッシーニ・オペラは帝国オペラ団の地道な努力によりヴィーン社会に浸透し始め、人気を確かなものにしていったのである。以上の全体像を一覧表にまとめてみよう（下線は再演が続いた作品）。とくに《タンクレーディ》は1816年から22年までずっと人気作品であり、その他、《オテッロ》《泥棒かささぎ》《セヴィリアの理髪師》の人気も根強かった。ロッシーニの来演直前に初演された《湖上の美人》と、もしかしたらヴィーン到着後に本人が観劇したかもしれない《シンデレラ》の公演回数が少ないのは続演が打ち切られたためである。

1016

第34章　1819〜23年　会話帖　メッテルニヒ体制　甥問題その後

1816/17年のシーズン

1816.11.26. 〜 1817.03.26. ケルンテン門劇場　L'inganno felice《幸福な錯覚》
8公演　　　　　［原語］　　　　　　　　　　（初演 1812.01.08. Venezia）

1816.12.17. 〜 1817.03.03. ブルク劇場　　　Tancredi《タンクレーディ》
18公演　　　　　［原語］　　　　　　　　　　（初演 1813.02.06. Venezia）

1817.02.15. 〜 1817.03.01. ケルンテン門劇場　L'Italiana in Algeri《アルジェのイタリア女》
4公演　　　　　［原語］　　　　　　　　　　（初演 1813.05.22. Venezia）

1817.06.18. アン・デア・ヴィーン劇場　　　Ciro in Babilonia ossia La cadua in Baldassare
　　　　　　　［原語］　《バビロニアのキュロス》（初演 1812.03.14.? Ferrara）

1817.06.30. アン・デア・ヴィーン劇場　　　Tancredi《タンクレーディ》
　　　　　　　［独訳 Grünbaum］　　　　　　（初演 1813.02.06. Venezia）

1818年以後、1822年4月11日まで

1818.03.12. 〜 1822.11.28. ケルンテン門劇場　Tancredi《タンクレーディ》
44公演　　　　　［独訳 Grünbaum］　　　　　（初演 1813.02.06. Venezia）

1818.09.03. アン・デア・ヴィーン劇場　　　Elisabeth, Königin von England
　　　　　　　［独訳］《イギリスの女王エリザベス》（初演 1815.10.04. Napoli）

1819.01.19. アン・デア・ヴィーン劇場　　　Othello, der Mohr von Venedig《オテッロ》
　　　　　　　［独訳 Grünbaum/ ヴェネツィアの殺人者オテッロ］　（初演 1816.12.04. Napoli）

1819.04.29. 〜 1822.01.03. ケルンテン門劇場　Othello, der Mohr von Venedig《オテッロ》
24公演　　　　　［独訳 Grünbaum］　　　　　（初演 1816.12.04. Napoli）

1819.05.03. アン・デア・ヴィーン劇場　Die diebische Elster［La Gazza ladra］《泥棒かささぎ》
　　　　　　　［独訳 Seyfried］　　　　　　　（初演 1817.05.31. Milano）

1819.09.28. アン・デア・ヴィーン劇場　　　Der Barbier von Sevilla《セヴィリアの 理髪師》
　　　　　　　［独訳 Kollmann］　　　　　　　（初演 1816.02.20. Roma）

1819.10.03. 〜 1822.02.07. ケルンテン門劇場　Richard und Zoraide《リッチャルドとゾライデ》
12公演　　　　　［独訳 Grünbaum］　　　　　（初演 1818.12.03. Napoli）

1820.03.07. アン・デア・ヴィーン劇場　　　Der Türke in Italien《イタリアのトルコ人》
　　　　　　　［独訳 Seyfried］　　　　　　　（初演 1814.08.14. Milano）

第Ⅱ部　歴史的考察

1820.07.05. ～ 1821.12.14. ケルンテン門劇場　Die diebische Elster [La Gazza ladra] 《泥棒かささぎ》		
33 公演	[独訳 Seyfried]	（初演 1817.05.31. Milano）
1820.08.29. アン・デア・ヴィーン劇場	Cenerentola [Aschenbrödel 灰かぶり姫]	
	[独台本 Biedenfeld]	《シンデレラ》（初演 1817.01.25. Roma）
1820.12.16 ～ 1822.02.16. ケルンテン門劇場　Der Barbier von Sevilla 《セヴィリアの理髪師》		
23 公演	[独訳 Kollmann]	（初演 1816.02.20. Roma）
1821.01.05. アン・デア・ヴィーン劇場	Die Italienerin in Algier 《アルジェのイタリア女》	
	[独訳 Ott]	（初演 1813.05.22. Venezia）
1821.03.28. アン・デア・ヴィーン劇場	Moses 《エジプトのモーセ》	
	抜粋上演 [独訳 Seyfried]	（初演 1818.03.05. Napoli）
1821.04.30. アン・デア・ヴィーン劇場	Weiberproben 《試金石》	
	[独訳]	（初演 1812.09.26. Milano）
1821.08.20. アン・デア・ヴィーン劇場　Torwaldo und Dorliska 《トルヴァルドとドルリスカ》		
	[独訳]	（初演 1815.12.26. Roma）
1821.12.11. ～ 1821.12.17. アン・デア・ヴィーン劇場　Armida 《アルミーダ》		
4 公演	[独訳]	（初演 1817.11.09. Napoli）
1822.02.11. ～ 1822.03.23. ケルンテン門劇場　Das Fräulein vom See 《湖上の美人》		
8 公演	[独訳 Grünbaum]	（初演 1819.10.24. Napoli）
1822.03.30. ～ 1822.04.11. ケルンテン門劇場　Cenerentola [Aschenbrödel 灰かぶり姫]		
3 公演	[独台本 Biedenfeld]	《シンデレラ》（初演 1817.01.25. Roma）

10 ｜「ロッシーニ・フェスティヴァル」

　1821 年 12 月にナポリの興行師ドメニコ・バルバイア（1778 頃 -1841）が
ヴィーン・ケルンテン門劇場監督を兼務することになって、ロッシーニ受容
は"旋風"現象にまで高まっていく。彼がロッシーニ（1792-1868）の招聘と
ナポリ宮廷オペラ団のスタッフをもろとも引き連れた"引っ越し公演"を企画
したことにより、同人は 1822 年 3 月 23 日から 7 月 22 日までヴィーンに滞
在することになる [BKh 2 注 589]。ロッシーニはその巡業の途次の 3 月 15 日
にボローニャで同団のプリマ・ドンナ、イザベラ・コルブラン（1785-1845）
と結婚式を挙げた。彼女はスペイン生れのソプラノ歌手で、以前はバルバイ

第34章　1819～23年　会話帖　メッテルニヒ体制　甥問題その後

アの愛人であったが、ロッシーニのナポリ着任後は、そのシーリアス・オペラすべてにおいて悲劇のヒロイン役を演じ、それらはそもそも彼女によって初演されることを前提に創作された。ヴィーン巡業は2人にとって新婚旅行を兼ねたものであった。中心演目は、直前の2月16日に初演されたばかりの最新作《ゼルミーラ》で、演出もロッシーニ自身が担当した。初日、そしてこの作品による「ロッシーニ・フェスティヴァル」の開始は4月13日で、それに続いてシーリアス・オペラばかり計5作が次々と初日を迎え、当然すべて原語上演で、ケルンテン門劇場において、計47公演であった。

1822.04.13.～07.20.　22公演　Zelmira《ゼルミーラ》（初演 1822.02.16. Napoli）

1822.05.07.～07.24.　9公演　Corradino ［Matilde Shabran ossia Bellezza e cuor di ferro］
　　　　　　　　　　　　　　　《シャブランのマティルデ》（初演 1821.02.24. Roma）

1822.05.30.～07.11.　3公演　Elisabetta, Regina d'Inghilterra《イギリスの女王エリザベス》
　　　　　　　　　　　　　　　　　　　　　　　　　　　　　　　（初演 1815.10.04. Napoli）

1822.06.21.～07.23.　10公演　La Gazza ladra《泥棒かささぎ》（初演 1817.05.31. Milano）

1822.07.08.～07.18.　3公演　Ricciardo e Zoraide《リッチャルドとゾライデ》
　　　　　　　　　　　　　　　　　　　　　　　　　　　　　　　（初演 1818.12.03. Napoli）

　7月24日が最後の公演であったが、ロッシーニはその2日前、22日にヴィーンを発った。この間は長期にわたる会話帖欠損期間であり、1冊だけ6月前半分が現存しているが、肝心の2人の邂逅部分はない。1822年6月7日に弟ヨハンが「ロッシーニは私とちょうどいま出会って、私にきわめて友好的に挨拶しました。彼はあなたと話をすることをとても望んでいる。あなたがここに居ることを知ったら彼はすぐに来たでしょう」、そしてしばらく後、「ロッシーニは彼のオペラで金持ちになった、と私は思うのですが、あなたももっとオペラを書くべきで、そうなりますよ［引用者注：「そうすれば金持ちになりますよ」という意］［BKh 2, Heft 17, 269ページ］と記入している。ベートーヴェン弟とロッシーニは本来的には面識がないのであって、これは街で偶然出会ったような感じなので、兄を通してすでに知り合いになっていたと想像できる。
　伝えられる本人たちの会見の様子はいずれも後に書き記された回想である。そしてさまざまな虚飾に彩られている。シンドラーによる伝記第3版（1860）では、ロッシーニはアルタリアを介して2度訪問しようとしたがベ

1019

第Ⅱ部　歴史的考察

ートーヴェンが会うのを断った、とされている［Schindler/Beethoven1860, II, 178 ページ］。これは会話帖で 1826 年 9 月 1 日あたりの無名者の記入で、前後とまったく関係なくただ 1 文、「ロッシーニはあなたを訪問したかったんですよね、しかしあなたはそれを断った」［BKh 10, Heft 120, 178 ページ］とあるのと符合する。シンドラーはその 1 ヵ月前の 8 月 2 日（?）から会話帖臨席記入に復帰しており、この話の出所は怪しい。また、なかなか会おうとはせず、1 〜 2 ヵ月じらして、ようやく 4 〜 5 月に会ったとか、ニュー・グローヴ音楽事典 1980 年版の項目「ロッシーニ」には、ミショットが 1860 年に著わした『私的回想録　ヴァーグナーのロッシーニ訪問』から、「1817 年以来オペラ・セーリア以外はほとんど書いていなかった作曲家に対してかすかな敵意を持って、君はコミック・オペラだけを書くように」とベートーヴェンはアドヴァイスしたという、かつて有名であった、仰天させられるような記述がなおある。

　いささか信憑性のありそうな、さもありなんとする話が、エドゥアルト・ハンスリック（1825-1904）によって 1867 年にパリで晩年のロッシーニと会見した談話として記録されている。「私は非常に正確にベートーヴェンについて覚えています、半世紀もたっていますが。［中略］イタリアの詩人カルパーニに仲介してもらい、同人は私たちをただちにそして丁重に迎え入れてくれました。もちろん訪問は長くなかったのですが、というのはベートーヴェンとの会話はずばりばつの悪いものでした。彼はその日はとりわけ聞こえが悪く、私が最大に叫んでも、解ってもらえませんでした。イタリア語に慣れていなかったことが彼には会話をなおのこと困難にしたのかもしれません」［TDR IV, 292 ページ］。

11 ｜ ベートーヴェンとロッシーニ　対置の根源

　ロッシーニをベートーヴェンと敵対させる、あるいは対極のように捉えることは当時からある。それはもちろん彼らの音楽の対極性から来るのだろうが、たとえば、ラファエル・ゲオルク・キーゼヴェッター（1773-1850）が1834 年に出版した『ヨーロッパ西洋の、あるいは私たちの、今日の音楽の歴史』（以下「音楽史」と記す）の最後の第 17 章は、「ベートーヴェンとロッシーニ、1800 年から 1832 年」と題され、2 人は並んでこの時期を代表す

第34章 1819〜23年 会話帖 メッテルニヒ体制 甥問題その後

る作曲家となっている。キーゼヴェッターは本職はオーストリア陸軍省顧問官だが、音楽知識人かつ手稿譜蒐集家として有名で、1816年以来、彼の私邸で開催していたコンサートでは、当時の一部の音楽愛好家が関心を持ち始めた16〜18世紀の声楽曲が主たる演目となっていた。1821年から43年まで音楽愛好家協会の執行委員長代理も務め、1824年1月13日付でベートーヴェンに、4年前のオラトリオを書くという約束［BGA 1307］について問い合わせをしている［BGA 1772］。後述する［1034ページ］。

　音楽史記述が、聖職者によって描かれる聖書の世界から脱して、市民の実際の体験や研究を踏まえてされるようになった、最初期の成果のひとつがキーゼヴェッターの著作で、それは各時代を1〜2人の代表者によって捉えるという"英雄史観"の嚆矢であった。1830年頃にヴィーンに生きる彼に、この2人が"現代の代表者"と見えたのは当然である。しかしそこではすでに、「器楽曲においてそれまでにはほとんど予感しがたいものを成し遂げたベートーヴェン」に対して、「近代のイタリア・オペラの偉大なマタドール［引用者注：中心人物］でさえ、その［引用者注：ベートーヴェンの］ドイツ器楽の成果をわがものとした」と対置される［Kiesewetter：Geschichte der europäisch-abendländischen oder unsrer heutigen Musik, 98ページ以下］。ここでロッシーニの名はあえていっさい挙げずに記述されているのも、微妙である。

　その比較対置は次の世代になると《第9》と《セヴィリアの理髪師》とか、精神性と娯楽性といった歪められ方をしていく。そして30年後にはもう、ベートーヴェンに「君はコミック・オペラだけを書くように」と言わせる構図が出来上がっているのに驚かざるを得ない。ロッシーニは、ベートーヴェンの敵対者として、コミック・オペラ専門と貶められ、彼の真髄たるシーリアス・オペラの存在は無化された蔑視の発言がベートーヴェンの口を通して出るという、双方を辱しめる二重構造が出来上がっていたのである。

　同時代にもいろいろな捉え方があることは見据えておかなければならないとしても、1907年にセイヤー伝記の第5巻を担当したリーマンは「ベートーヴェンはロッシーニに対する熱狂に、そしてそれによってドイツ音楽に対する関心が減少したことに、幻滅していた」［TDR V, 66ページ］と書いただけであったが、その部分を1921年にクレービールは「ロッシーニ旋律のうわべだけの魅力によってドイツの理想から逸れさせられていたヴィーンの音楽趣味に、まったく共感していなかった」と拡大させ、「（そうした）地元の公衆から（《第9》が）十分な支持や認証を得ることに絶望的であった［カッコ

第II部　歴史的考察

内は引用者補］」と書いた［Krehbiel III, 153 ページ］。この一文はそのままフォーブ
ズに継承されており、引用は大築訳による［1029 ページ］。ここにはロッシー
ニ旋律がコミック・オペラに見られる「うわべだけの魅力」に転化されてお
り、それにうつつを抜かした「ヴィーンの音楽趣味に」「絶望する」という
構図になっている。ロッシーニにあるのはまさに「ドイツの理想」の対極に
位置するもの、という認識であった。

　ベートーヴェンの代表作は大シンフォニー、ロッシーニが本領を発揮した
のはコミック・オペラ、というのが音楽史の"通説"となる。シーリアス・オ
ペラ群が（ドイツでベートーヴェンとの対置により？）忘れ去られたことに
よって、実質的に「コミックだけに専念したといってよいロッシーニ」とい
うのが音楽史によって彼にあてがわれた位置であった。

　しかし、そうした、いわば、なれの果てがどうであれ、ロッシーニのヴィ
ーン滞在中に会話帖に書かれたのは、上記に引用した弟ヨハンの発言だけで
あり、ベートーヴェンが何を言ったかはもとより分らない。ロッシーニの滞
在中の 1822 年 3 月 23 日から 7 月 22 日までのうち、2 人の邂逅が必ずあっ
た 5 月末までの 2 ヵ月間は、1820 年 9 月半ば以来 1 年 8 ヵ月の欠落期間の
最後の部分なのである。考察をこのように進めてくると、邂逅の様子が具体
的に分かる 2 ヵ月間の人為的削除は、2 人を対立的に扱おうとする直後の後
世にとって都合が悪い事実が記されていたのではないか、と邪推させる。

　ベートーヴェンの周囲は、後述するように［第 35 章 12］、ロッシーニの音楽
に批判的に対していたことがさまざまに見て取れるが、ベートーヴェン自身
の発言としては、書簡では 1 個所だけ、1 年後の 1823 年 7 月 27 日にシュポ
ア宛［BGA 1716］の末尾で、ロッシーニを、いつもの語呂合わせで Rosinen
［干しぶどう］と言い、「当地からは私はあなたにあまり申し上げることはあり
ません、収穫は干しぶどう（干した搾られたブドウの実）に関して豊かです、
という以外には」と結んだ。これはおそらく、イタリア・オペラ団第 2 年次
興行の最中［1038 ページ参照］、その盛況ぶりを言っていると思われる。会話帖
では、ずっと後、ロッシーニ・ブームが風前の灯火となった 1825 年 1 月中
頃に、「ロッシーニの輩は芸術の真の巨匠の誰からも尊敬されていない」
［BKh 7, Heft 81, 78 ページ］と自身で書き込んだ。

第35章

1824年

《第9》の完成

2大作品初演をめぐる言説の見直し／史上初のオーケストラ・
ヴァルヴ・ホルン・パート／芸術愛好の士「要望書」／
シンドラー化けの皮／2大作品出版の遅延

1. 《第9》第3楽章第4ホルン・パートは
　　ヴァルヴ・ホルンのために書き下ろし
2. 芸術愛好の士30人からの「要望書」
3. 「要望書」の分析　外来文化への対抗
4. 1823年以後のイタリア・オペラ団公演
5. シュッパンツィクのヴィーン帰郷
　　《第9》初演のオーケストラ
6. 《第9》と《ミサ・ソレムニス》部分の初演・再演
　　その1　歌手の決定
7. 《第9》と《ミサ・ソレムニス》部分の初演・再演
　　その2　会場の決定
8. 《第9》と《ミサ・ソレムニス》部分の初演・再演
　　その3　演奏の準備状況
9. いよいよ本番　そして収益
10. 事後の不穏　それはいつのことだったか
11. シンドラー追放
12. 再演　ロッシーニのアリアを交えるごたごた
13. 再演の総括　シンドラーをめぐって
14. 《第9》と《ミサ・ソレムニス》の出版に向けて

第II部　歴史的考察

　シンフォニー第9番の本格的創作は、完成した《ミサ・ソレムニス》の手書き譜受注活動とそれに続く浄書譜作成作業と並行して、1823年2月か3月に始まる。浄書譜作成の方は、まず筆頭のルドルフ大公への献呈譜の手渡しが3月19日であるから、この「私の最大の作品」、かつ完成までに時間を最も要した作品が、ようやく出来上がった、という解放感のなかで、いわば新鮮な気持ちで、間髪を入れずに次の課題への取り組みが始まったということができる。そして前作とは対照的にほとんどこの作品だけに集中する1年弱が経過する。「パンのための仕事」に向かわずに済んだのは手書き譜受注活動がそれに代わったから、と見ることができる。

　この作品についてはもはやすべて言い尽くされた感があるが、私がかつて学会で発表し、在職中に学内の紀要に書いた新たな認識について、一般的には知られてはいないと思われるので、まずそれを紹介する。

　次いで、《第9》および、《ミサ・ソレムニス》部分、の初演に関する言説に関して、事実関係を整理する。会話帖にシンドラーがベートーヴェンの死後に行なった記入に基づく情報の排除が第1の問題である。会話帖全体を通して、シンドラーの死後記入はこの前後の第57分冊から第69分冊（1824年2月末から5月24日頃まで）が最も激しく、精査してみると、それは彼が著わした『伝記』[序章参照]における事実捏造の根拠付けのためになされたことが明白である。しかしもっと重要なのは、セイヤー伝記[TDR]のこの部分がシンドラーの死後記入およびシンドラー伝記によってひどく汚染されていることであって、その事実が重大視されずに今日まで来ただけに、その除染が急務となっていることである。

　そもそもこの部分は「ニ短調交響曲のヴィーン初演をめぐるいきさつの、主要な事実については、シンドラーに依存する点が多い」[大築訳1029ページ]と断り書きされているが、何らかの事情によってそうせざるを得なかったことが致命的である。私たちには、これを否定するまとまった記述が未だないために、セイヤー（リーマン）の叙述全体からインプットされた情報がまかり通ってきた。

　セイヤー伝記には会話帖引用の時、出典個所の明示がないが、それは、そ

1024

の全面的刊行が実現した 21 世紀に入らないと引用個所の一元的管理が難しかったせいかもしれない。また今日のように全体が見渡せる状況でもなかったと思われるので、記述に有用とされる部分だけが切り取られて引用された感がある。その上で、初演計画の初期段階である 2 ～ 3 月時点に関してセイヤーは盛んに会話帖からの引用を行なっているのだが［大築訳 1033 ページから1037 ページにかけて］、それは、その後の進展によって、基本的にご破算となった話である。その反面、物事が決定していく 4 ～ 5 月に関してはシンドラー伝記に依拠した記述となっていて、その両面によって、肝心の初演コンサート前後の状況が事実とかけ離れて描かれることとなった。その像を是正することに本稿は可能な限り貢献したい。

　初演・再演コンサートが興行的には惨憺たる結果に終わったことは、ベートーヴェンにとって、前 2 章で言及した 5 年来のさまざまな困難を乗り越えて完成させた 2 大作の結末として、あまりにも残念な結果であった。期待はずれの度合いは、収益とは言えないほどのレヴェルであった。

　その後に来る出版準備もたいへん難儀した。それをもうひとつのテーマとする。《第 9》の出版はようやく 2 年後に果たすことができたが、《ミサ・ソレムニス》の方は死に目に間に合わなかった。

1 │《第 9》第 3 楽章第 4 ホルン・パートはヴァルヴ・ホルンのために書き下ろし

　会話帖第 51 分冊の第 1 ページ最初の行に、「ヴァイトリンガー、皇国上級宮廷トランペット奏者、クラッペン・トランペットおよびクラッペン・ホルン制作者（重要）」［BKh 5, 47 ページ］との、1823 年 12 月 27 日付官報第 296 号からのベートーヴェン自身による抜き書きがある。彼自身がわざわざ「（重要）」と記したこのメモ書きから議論を出発させたい。シンフォニー第 9 番は完成に近づいて、オーケストレーションに入っている時期と思われるが、このメモと第 3 楽章の第 4 ホルン・パートは関係がある、どころか、結論として、このメモからそのパートは生まれた、という見立てが議論の核心である。

　古楽器ブームはベートーヴェンのシンフォニーの演奏スタイルにも波及し、ナチュラル・ホルンを用いることにまで及んだ。すでに一般的となっていたハンド・ストップ奏法によって半音階の吹奏は音色へのダメージに目を瞑れば可能ではあり、このホルン・パートはそれをきわめて激しく連続使用すれ

1025

第Ⅱ部　歴史的考察

ば吹けないことはない。しかしパッセージ全体はこもった音が多くなりせっかくの輝かしいソロが全体の音響に埋もれてしまう。古楽器による実践がそれを証明した。そうして、低音域の、吹奏可能な数少ない開放音だけを和声の支えとして吹くのが常である第4ホルンになぜこのような華やかさを求めたのかが解きがたい問題として浮かび上がる。

　派手なソロは第1ホルン奏者の腕の見せ所であり、第9番においても第1楽章（第469～477小節）と第2楽章（第438～454小節）にそうしたパートが十分に用意されている。

　これらはナチュラル音だけの輝かしいフレーズであり、ホルンの明るい音色を十二分に生かし、首席奏者に華を持たせるパッセージである。それに比して第3楽章の第4ホルン・パートは趣がそれらとは大きく異なっている。

第35章　1824年　《第9》の完成

　最初は同様のナチュラル音ばかりであり、d"音で目立たないように導かれて、次いで8分音符 g'-c" と2つの16分音符と8分音符の音型 g'-e'-c' で動きが出て、g' が8回連打される。休符の後、d"音の同じく8回連打が付点4分音符と8分音符の組み合わさったリズムで多少目立ち、g'-c' でいったん落ち着く。再び休止、次に d"音6回から c"音に降りて長い休止。2度目の登場は第1・2ホルンと3本、一緒で、ときに目立った動きもあるが、ここでは省略。3度目から本格的となる。

第3楽章　第4ホルン・パート（83～120小節）

第II部　歴史的考察

　g-c'-g'-g-g' と長めのシンコペーションリズムで導かれ、初めての e"音、そして非ナチュラル音 h' がハンド・ストップ？で曇らされ、さらに c"-g'-e'-c' と大股でアルペジオ下降し、非ナチュラル音 h がハンド・ストップ（?）、c'-g-c-G と大股で低音域に降りていく。突然 g' に上がった途端、es"-des"-c"-b'-...d"-es"-f"-es"-as" と記譜上で変イ長調に転じて、非ナチュラル音とナチュラル音が1音ずつ交替して音色がそのつど変わるか、すべてをハンド・ストップで閉鎖音だけで吹奏するか、いずれも音色効果は減衰して、なぜここに埋没してしまうようなパッセージがわざわざ出てくるのか、ただその音高が転調の成り行きによって必要だからかもしれないが、その非効果をベートーヴェンが計算しなかったのだろうか、と疑念がわく。

　その極めつけは次のパッセージ、as' 音から as"音まで16分音符で記譜上の変イ長調の音階を駆け上がる部分である。Es管ホルンが前提であるからここは実音ではフラット7つの変ハ長調であり、C管ホルンを半音下げるクルック（替管）を用いて H 管にすれば可能だが、この部分でクルックを付け替える時間的余裕はまったくない。それを実現させるのは実は簡単なことであり、すなわち他の3ホルンは休んでいるわけであるから、第1奏者、ないし楽章全体を通じてほとんど出番のない第3奏者に H 管で待機させておけば足りることである。そうせずに第4奏者ひとり舞台にしておく必然は何か。

　このパッセージの終わり方もきわめて巧妙で、des"音から d"音への転換で一気に記譜上のハ長調に戻り、最後はナチュラル音だけで16分6連音の速い分散和音で大きく目立ち、退場していく。まさに、舞台俳優が気付かれないように舞台袖から出てきて、やがて中央に立ち現れ、滔々と大向こうをうならせるような演説をぶち、最後に快哉を叫んで立ち去っていく、という風情である。しかしナチュラル・ホルンでは肝心の部分が閉鎖音の連続で影の薄いものとなる。

　こうした非効果を計算してもあえて変ハ長調にまで達する必要がベートーヴェンにあったのだろうか。しかしこれが有弁（クラッペン）・ホルン［その後「ヴァルヴ・ホルン」という名称が定着］であるとしたらどうであろう。変ハ長調への迷い込みはむしろ予想だにしない意外性そのものであり、絶妙な効果を生む。1本のホルンから、最初はふつうの響きがしていたが、あれよと思う間にあり得ない響きへと導かれて、その到達点で異次元の音階奏が華々しく繰り広げられる。ベートーヴェンの狙いはまさにそこにあるのではないか。

1028

第 35 章　1824 年　《第 9》の完成

私たちはヴァルヴ・ホルンが 4 本揃ったオーケストラでホルンからどのようなパッセージが聞こえても当然という世界にいるので、この新鮮さをよく感得できないで来たかもしれない。指揮者も奏者もまた、この特別な事態をよく理解せず、ただ譜面通りに演奏するだけだから、聴く者にも伝わらない、という現実のなかにいるような気がする。

　そしてここに、なぜこのパッセージが第 1 奏者ではなく第 4 奏者に付託されたかという解きがたい疑問を解くきっかけがある。ヴァルヴ・ホルンがオーケストラに進出していくとき、それはまず第 4 奏者にあてがわれた。なぜなら第 4 ホルンは 4 本中最も低音域を担当しているからである。倍音（ナチュラル音）の間隔は低音域にいくにしたがって大きくなるので、吹奏可能な音の数は限られていく。ヴァルヴ・ホルンはその制約を克服する楽器で、つまりそれを最も必要としたのは第 4 奏者であった。この楽器は自然音（倍音）に限定されないという利点を獲得した代わりに、複雑な機構が加味されたことによって重くなっただけではなく、それによって楽器のバランスに悪影響が出て音色の輝かしさが一定程度失われた。したがって、高音域のみの使用で吹奏可能音の数にとくに問題はない第 1 奏者にはあらゆる音が出ることは利点とはならず、音質を犠牲にしてまでヴァルヴ・ホルンを採用する必然性は薄かった。そのことはヴァルヴ・ホルンが高音奏者にまではなかなか波及していかなかったという歴史的事実が証明している。《第 9》第 3 楽章の問題パートが第 1 ホルンではなく第 4 ホルンにあてがわれたという事実はまさにそれがヴァルヴ・ホルンであることと不可分なのである。この楽章は実質的に第 1、第 2 ホルンと第 4 ホルンの 3 本で吹奏され（第 3 ホルンの登場はフォルティッシモの部分、数小節だけ）、そして第 4 ホルンにのみ、ナチュラル・ホルンの通常からまったくかけ離れた、特別なソロ・パートが託されている。このことこそが、それはヴァルヴ・ホルンでの吹奏を前提に書かれた、と見なすべき根拠である。

　ヴァルヴ・ホルンの発明について現在確認される最初の例は、1815 年 5 月 3 日付『総合音楽新聞』に掲載された、シレジア、プレスのアンハルト侯宮廷楽団ホルン奏者ハインリヒ・シュテルツェル（1777-1844）によるヴァルヴ・ホルン完成とプロイセン国王への献上についての報告である。同人はその後 1818 年 4 月 12 日に半音階ホルンの特許を取った。同年に同人がベルリン宮廷楽団に移籍した後、10 月 16 日に、そこでの同僚のゲオルク・アブラハム・シュナイダー（1770-1839）によって作曲された 4 本ホルン・コン

1029

第II部　歴史的考察

チェルトが上演されたが、そのとき1人（シュヴェーリン出身 F. ボーデ）がヴァルヴ・ホルン、他の3人（シュンケ、レンス、プァッフェ）はナチュラル・ホルンであった［校訂楽譜（R. Ostermeyer Musikedition, 2000）序文］。これは確認される史上初のヴァルヴ・ホルン使用例である。

　半音階をハンド・ストップ奏法で処理する限界は、とりわけ非ナチュラル音の音色が大きく変わり音質も相当のダメージを受けることで、ホルン奏者に共有されていた問題であった。しかるに作曲家の側が非ナチュラル音の吹奏をますます要求するようになっていく。年次を追ったその数の増加については筆者の論文『ナチュラルホルンの時代』［CiNii Articles で閲覧可］で詳しく分析したが、それでもその要求は《第9》第3楽章第4ホルン・パートに比べれば慎ましいもので、これほど過激なのは例がない。すなわち、実行不能というわけではないが音の曇るナチュラル・ホルンで対処したか、新楽器によって対応したか、否、それを前提に書かれたか、の分岐点がここにある。ベートーヴェンのこのパートはおそらく史上初のヴァルヴ・ホルンのためのオーケストラ・パートであろう。

　そのきっかけとなったのが、冒頭に引用した官報ではなかっただろうか。ホルン奏者の側で研究開発が各地で進行しており、特許第1号はベルリンであったかもしれないが、各発明品は、原理は共通していても個々に工夫があり、ヴィーンのヴァイトリンガーの発明品もシュテルツェルのとはまた違った新機軸を有していたと思われる。

　さらに会話帖第64分冊には、初演直前、5月2日頃の記入として、「ファゴット奏者とホルン1番奏者があなたに挨拶をしたいとのことです」［BKh 6, Heft 64, 116 ページ］、「最初に来るのはケルンテン門のファゴット奏者とホルン奏者です」、（会談の後か？）「みなケルンテン門劇場からでした」「それはフルトとレヴィで、2人ともつい最近スイスからこちらへ招聘されました」［BKh 6, Heft 64, 119 ページ］とあり、ベートーヴェンが事前に奏者たちと会ったことが確かめられる。それが実際に吹く第4奏者ではなく第1奏者であったのは、ホルン奏者の一団を取り仕切っていたのは第1奏者であって、その監督下に第4奏者が指定されたパートを受け持つという構図があるからである。

2│芸術愛好の士 30 人からの「要望書」

　1824 年 2 月末（日にちは特定できず）、会話帖に無名者の記入で「私が署名した要望書をすでにお持ちですか。リヒノフスキー伯［引用者注：弟のモーリッ］がそれを私に届けまして、あなたの 100 人の友人が署名しました」と記されていて、全体に抹消線が引かれている。これはヴィーンの 30 人の芸術愛好の士がベートーヴェンに提出した長文の要望書［BGA 1784］なのだが、かなり回りくどく、一見して何が言いたいのかストレートには捉えがたいことは否めない。日本語訳としてはセイヤー伝記の大築邦雄訳で読むことが出来るので、ここではその主張を整理して明確化しておきたい。

　「芸術崇拝者たちの願いは、ベートーヴェンの名前とその創造物は全世界のものであるとはいえ、オーストリアがまず最初に彼を自分のものとしたいということであります。その住民たちにおいては、自分たちの故郷のお膝元でモーツァルトとハイドンが偉大で不滅なものを創り出したという感覚がなくなってはおらず、喜ばしい誇りを持って自分たちが意識しているのは、聖なる三羽烏（そのなかに彼らの名前とあなたのそれが音の精神世界での至高者の象徴として光り輝いているのですが）が祖国の土壌の中央から立ち上がったということであります」といった調子が 6 パラグラフ続く。そしてようやく本題に入って、「私たちはあなたの輝かしい前人未踏のシンフォニー群の栄冠に新たなる華が輝いているということを知っています」と、シンフォニー第 9 番の完成（が近づいていること？）を耳にしたことが明らかにされる。「あなたの最新の創造物［複数］の刻印を、まずはあなたご自身によってそれらを知らしめるという喜びによって、高らかになさって下さい。このあなたの最新の所産がその誕生地で、いつの日か、もしかしたら外からの到来物として、もしかしたらあなたにもあなたの精神にも馴染みのない人々によって、紹介されるなどということを許さないで下さい。できるだけ早く、あなたの友人たち、あなたの崇拝者・讃美者たちのもとに立ち現れて下さい。——これが私たちの喫緊の第 1 のお願いです」。

　これにすぐ「しかしあなたの天分に寄せるもうひとつのお願いは以下です」と続いて、「高く評価された詩人の手になる価値ある題材は、あなたのファンタジーによってそれに生命が与えられるのを待っており［後述］」「私

第Ⅱ部　歴史的考察

たちの宮廷オペラ劇場の監督から、そしてオーストリア音楽愛好家協会から、1年以上前にあなたに提出された要望と申し出は…多くの人々に希望と期待を喚起しました」とある。そして「あなたに申し上げてもよろしいでしょうか、あなたの隠退がどれほど深い残念な気持ちをずっと感じさせてきたかということを」「外国の芸術がドイツの大地に、ドイツのミューズの名誉ある場所にいかに居座り、ドイツの作品がよそで気に入られている調べの真似だけに陥っていて」と音楽界の現状を批判し、「あなただけが私たちの最善の努力に対して決定的な勝利を確実にすることができるのです。あなたに祖国の芸術協会とドイツ（語）・オペラは新たな繁栄を期待し」「これまであなたの音楽（ハーモニー）の響きが浸み入ってきたすべての人々の期待と願いをできるだけ早く満すことになるようにしてください。これが私たちの切なる第2のお願いです」とし、最後のパラグラフに「次の春 [引用者注：1825年春] は、待ち焦がれた賜物が開花することになるならば [後述]、私たちおよび全芸術世界にとって二重の開花期となるでありましょう」と結ぶ。

　署名者は、会話帖では「あなたの友人100人」となっているが、署名が求められたこの会話帖記入者には最終的にその数が何人になるかは分らなかったのであろう、あるいは大風呂敷を拡げてそう言ったのであろう。実際の署名者は30人で、全体を取り仕切った友人のリヒノフスキー伯（弟）、リヒノフスキー侯（1806年に決別したかつての年金支給者カールは1814年に死去し、その息子エドゥアルト）を筆頭に、伯爵以上の爵位を持った人物が7名、ほかにヅメスカルやクッフナー、ハウシュカ、カール・チェルニー、アントン・ディアベッリといった友人たち、キーゼヴェッターら音楽愛好家協会の関係者が少なくとも5名、楽譜出版社（者）が2社（アルタリア社とシュタイナー社）と1名（ライデスドルフ）、といった面々であった。この要望書は4月15日付と24日付の2紙に発表された [1053ページ]。

3 | 「要望書」の分析　外来文化への対抗

　2つある要望の第1は、シンフォニー第9番の初演をヴィーンで自らの手ですぐに行なってもらいたい、というものである。それが実現されたきっかけについて、セイヤー（リーマン）は、ベートーヴェンがベルリン王室劇場総監督のブリュール伯爵に《ミサ・ソレムニス》と《第9》の上演について

第 35 章　1824 年　《第 9》の完成

問い合わせたことを挙げている。しかしブリュール伯とのやりとりはその 2
年後には確認されるが、この時点でのそのような形跡は書簡交換全集にも会
話帖にもみられない。むしろ会話帖で、1 月 18 日頃に甥が「リースが書い
てきました、彼があなたのシンフォニーを待ち焦がれていますよ」[BKh 5,
Heft 53, 80 ページ]と書いているのに注目しなければならないであろう。すなわ
ち、すでに議論したように、そもそもシンフォニー第 9 番はイギリス
音楽愛好家協会からの委嘱と絡んで作曲が本格化したのであり、その契約は
なお生きていて、履行はベートーヴェン次第であった。そうした実情は周辺
から洩れても当然で、要望書はそれが「外来のものとして」見ず知らずの人
によって紹介されるのは耐えられないとの訴えに表れており、それが迫って
いるのではないかという危機感が生まれても仕方のない状況であった。

　要望の第 2 についてもまた、この時期の前後の状況を的確に分析しなけれ
ばならないだろう。ベートーヴェンが隠退したことにより、「外国の芸術」
に乗っ取られてしまったヴィーンの音楽界、しかも「よそで気に入られてい
る調べ」というと私たちの頭にすぐに浮かぶのは"ロッシーニ旋風"だが、会
話帖できわめてよく話題になっているのは、カルクブレンナー[Bkh 5 注 122：
1823 年 12 月 26 日にロンドンからベルリン経由でヴィーンに入った]とかモシェレス[BKh
4 注 112：1823 年 11 月 22 日にケルンテン門劇場でこの冬のヴィーン・コンサートを開始した]
といったイギリスからやってくるピアニストたちの話題であった。

　1821 年 6 月 18 日にベルリン劇場で初演されたヴェーバーの《魔弾
の射手》も同年 11 月 4 日にはバルバイアがケルンテン門劇場で取り上げて
おり、その年の内に 14 公演を数える大当たりを取った。引き続いて 1822 年
3 月 28 日までに 13 公演が持たれ、4 月 14 日に「ロッシーニ・フェスティヴ
ァル」が始まると、当初はそれとの競演のような様相を呈するも、5 月 9 日
を最後にしばらく舞台から消える。しかしその終了とともに 7 月 28 日から
再開され、以後 11 公演、結局、この年の合計は 27 公演で、1823 年以後は
多少減るが、それでも毎年[とりあえず 1827 年まで数えてみると]、数～十数公演で
あった。会話帖の注[BKh 5 注 337]は 1824 年 1 月 22 日と 2 月 6 日の再演に
のみ言及しているが、それは 1970 年時点での把握に過ぎない。1822 年 6 月
5 日にアン・デア・ヴィーン劇場でも 1 回だけ上演されている。バルバイア
はその成功を受けて、ヴェーバーに「《魔弾の射手》のスタイルによる」新
しいオペラを委嘱した。それが《オイリアンテ》であり、その世界初演のた
めに 1823 年 9 月 16 日から 11 月 10 日までヴェーバーはヴィーンに滞在し、

1033

第Ⅱ部　歴史的考察

それは 10 月 25 日にケルンテン門劇場で初演を迎えた。しかしこれは不評で
あったか、1 日だけの上演で終わった。

　いずれにしても、対立軸をロッシーニ人気に絞ってしまうと、問題は矮小
化されることになるだろう。当時のヴィーンはいわば外来音楽家たちの活躍
に圧倒されていた感があった。地元音楽家の活躍と言えば、ベートーヴェン
の演奏活動が絶えていただけではなく、たとえばシュッパンツィクも、ラズ
モフスキー邸炎上後に専属四重奏団の解散を余儀なくされ、1816 年にドイ
ツ、ポーランド、ロシアに演奏旅行に出かけて、7 年もヴィーンを留守にし
ていた。

　そうした状況を打開しようとする努力が一方にあって、音楽愛好家協会は
早くも 1815 年 11 月にオラトリオ作曲をベートーヴェンに持ちかけており、
やがてその題材は、ヴィーン新聞の主筆として活躍するヨーゼフ・カール・
ベルナルトが 1809 年に書いた物語『十字架の勝利』に決まっていき、台本
作成作業の着手に至った［BGA 1259 注3］。そしてベートーヴェンは 1819 年 6
月 15 日に報酬の前払いとして 400 グルデン・ヴィーン価の領収書を発行し
ている［BGA 1307］。しかしこの計画は、まずベルナルトがいったんベートー
ヴェンに渡した台本の一部の返還を求めて改訂作業に入ったこと［BGA 1308 注
6］、その完成が 1823 年 10 月末まで遅延しただけではなく、その完成台本に
ベートーヴェンが満足しなかったこと［BGA 1259 注3］によって迷走する。

　音楽愛好家協会は台本完成からしばらく間を置いて対応し、1824 年 1 月 9
日に理事会を開いて、台本についてまずはベートーヴェンの判断を待ちたい
と決定した［BGA 1772 注7］。それに基づいて 13 日に音楽愛好家協会の執行委
員長代理キーゼヴェッターがベートーヴェンに 4 年前のオラトリオを書くと
いう約束［BGA 1307］について問い合わせをした［BGA 1772］。それに対するベ
ートーヴェンの 1824 年 1 月 23 日付返書［BGA 1773］はかなり長いもので、
前半は主としてベルナルトが音楽の台本について経験が乏しいこと、そして
改訂が二転三転したことなどについて問題点を指摘しており、その後半を抜
き書きすると次のようになる。

　　…《オリーブ山のキリスト》は私によって詩人［原注：フランツ・クサヴァー・フーバ
　　ー］と一緒に 14 日間で書かれたのですが、しかるに詩人は音楽がよく解り、すでに
　　何度も音楽のために書いていて、私はいつでも彼と話し合うことができました。…
　　私としてはやはりホメロスやクロプシュトック、シラーに音楽を付けたいところで、

1034

第35章 1824年 《第9》の完成

少なくともさまざまな困難を克服しなければならないとすれば、こうした不滅の詩人たちがそれに値します。私がベルナルトとともにオラトリオの変更をやり終えたら、私はあなたにすぐにそのことを報告し、同時に、協会が確実にそれをあてにできる時期をお知らせします、以上が目下のところ、これについて私が言えるすべてです。400グルデン・ヴィーン価のことですが、要求したわけでもなく私に送られてきましたが、私がこのオラトリオに関して私の予想をはるかに超えて長引くことが実際に見通すことができたのであれば、私の方からずっと前にお戻ししていたところですが、これについて表明できなかったことは私にはむしろつらいことになりました。これを鑑みて私は少なくともそうこうするうちに協会にこの額の利息を調達するために協会と一緒にコンサートをとも考えたのですが、シンドラー氏も弟もこれについて何かお伝えすることを委任されておりませんで、そのように進めていくべきだということは私からはかなり距離のある考えでしたが、このことはゾンライトナー氏によくお伝え下さいますようお願いいたします。[中略]お聞かせいただければたいへんうれしいのですが、もし協会が諸々の作品を、そのなかには新しいシンフォニー［原注：Op.125］もありますが、私のコンサートの後にお使いになりたいとのことでしたら、というのはそもそも大ミサ曲［原注：Op.123］はむしろオラトリオのスタイルで実際とくに協会向きでして…

同じ日にベートーヴェンはベルナルトにも、さまざまな手直しのみならず、全体の構想そのものも変更されざるを得ないこと、しかし自分にはいまとうてい対応する時間がない［シンフォニー第9番の完成とその初演準備のため］ことを申し伝えた［BGA 1775］。前記の要望書のなかで、第2の要望として出てくる「あなたのファンタジーによってそれに生命が与えられるのを待っている価値ある題材」とはこの《十字架の勝利》のことであり、1825年春にはそれを完成させて欲しい（「次の春は、待ち焦がれた賜物が開花するならば」）、という具体的な表明であった。

つまり1824年2月の連名要望書は、音楽愛好家協会のメンバーが中心となっており、この時期の一連の動きと関係があると見るべきで、その第1点の《第9》地元上演を要望する書、あるいは対"ロッシーニ旋風"の書、とだけ見てしまうと全体の脈絡を見失ってしまう。その背後にはヴィーン製オラトリオの実現により外来文化に対抗する、という音楽愛好家協会理事会の意向が含まれていた。

しかし結局、ベートーヴェンとベルナルトとによってなされるべき共同改訂作業はまったく進展せず、1820年前後には会話帖記入に頻繁に登場してあれほど親しかったベルナルトとの仲も悪くなっていき、彼は1824年以降、会話帖からほとんど姿を消す。この作品に関してベートーヴェンがこれ以上

1035

第Ⅱ部　歴史的考察

の作業をしなかったことで、報酬前払いを踏み倒したとか、約束不履行といった捉え方が確かにあるかもしれない。しかしこれは単に作品依頼の問題ではなく音楽愛好家協会との関係であり、ベートーヴェンとしては、「要求したわけでもない」入金についてはいつか何らかの形に変えて補償したいと思いつつ、また協会の方もこれ以上の作曲催促やそれに代る返金要求などはしないまま、時間が経過していったということであろう。いわばヴィーン音楽界全体が敬愛する超大家の活動を見守っていたのである。

　他方、ケルンテン門劇場の管理部も 1823 年初め以来、ベートーヴェンにオペラの作曲を委嘱しており、台本の選定にはリヒノフスキー弟が仲介に立ち、またオペラ計画には、すでに紹介したように、弟ヨハンが積極的で、さまざまな作品が検討された。最終的に選ばれたのは、グリルパルツァーによって 1823 年 3 月中頃に完成された台本『メルジーネ』であった［BGA 1784 注 5］。この件はそれ以後、1824 年 2 月中旬まで会話帖に、グリルパルツァー自身との打ち合わせを含めて、頻繁に登場する。1823 年 12 月 20 日に甥カールは又聞きの話として、デュポールが「あなたはドイツ・オペラを書くことができる唯一の作曲家です」と言ったとし、「それゆえどんな条件にも喜んで応じるでしょう」［BKh 5, Heft 50, 35 ページ］と書いた。その 1 ヵ月後、1824 年 1 月 25 日に弟は「ドイツ人作曲家への待望は大だ…いまあなた以外によいドイツ・オペラを作り出せる人はいない。すべてのドイツ人がそう言っている。あすにデュポール手紙を書くべきだ」と記入している［BKh 5, Heft 54, 119 ページ］。また新聞でも話題となって、たとえば『ヴィーン総合音楽新聞』で編集長のカンネは 1823 年 12 月 17 日号で「グリルパルツァーの美しきミューズが彼［ベートーヴェン］のために"メルジーネ"を詩作し、…彼の健康状態全般がよい状態にあることはベートーヴェンのこの 2 つ［引用者注：オペラとオラトリオ］の大きな課題が最も幸福に解決されることを期待させる」と述べている。1824 年 6 月にはライプツィヒの『総合音楽新聞』でさえ、「現在ベートーヴェンはグリルパルツァーのオペラ・メルジーネと、大きな、ベルナルトによって詩作されたカンタータ［引用者注：十字架の勝利］の作曲に取り組んでいる」と報道している。しかしこのときすでにベートーヴェンはこのオペラに対しても関心をすでに失っていて、4 月 18 日に弟が「デュポールはこのグリルパルツァーのオペラにたくさん払う劇場をいくつも知っている、あなたはすぐに始めないと」［BKh 6, Heft 62, 54 ページ］と言って以後、この話題は事実上、会話帖から消える。

1036

第35章　1824年　《第9》の完成

　ところで《フィデリオ》はその後 [872ページの記述に続く] も続演されるが、年間公演数は1816年に10回、1817年は8回、1818年5回、1819年3回と目に見えて減少していき、1819年5月23日に行なわれた初演5周年記念公演を最後に舞台から消えていた。その3年半ぶりの復活が1822年11月3日である。この日はケルンテン門劇場だけではなく、《フィデリオ》本来のブルク劇場でも上演されたことになっており、データ採りの誤りでなければ、同日に2劇場で並行上演されるという珍しい例である。そして1823年3月18日にかけて計7公演の再演が続いた。以後、ヴィーンで生前の上演はない。

　この一過的な再演の動きは明らかにロッシーニ・ブームへの対抗と見ることができるが、それが打ち上げ花火的に終わったことは当時のヴィーン音楽文化を象徴しているように思われる。1824年2月決起はそれに反発するマグマが溜まっていった結果、と言えるかもしれない。

4 ｜ 1823年以後のイタリア・オペラ団公演

　ロッシーニ自身が乗り込んできた1822年の公演以外は、この時期のヴィーンにおけるイタリア・オペラの趨勢について、よく知られていないのではないか。この機会に、ロッシーニ・オペラがヴィーンにさらにどのように浸透し、ブームはいつ頃、去ったのか、しばらく追跡してみよう。

　イタリア・オペラ団は1823年にも第2次公演（ロッシーニは不在）を行って、「外来文化」の席巻にいっそう貢献した。その期日は会話帖第39分冊にある注 [BKh 4 注104] によれば、4月14日から9月28日までとされ、その168日の間に82回の公演が執り行われたということだが、その情報は現在、修正されなければならないであろう。2文献を駆使してこの年の全オペラ公演をチェックし、そこに遺されているロッシーニ・オペラの原語連続上演の跡から判断すると、イタリア・オペラ団の公演は3月13日の《オテッロ》によって始まったように思われる。生前最後の《フィデリオ》公演の5日前である。4月14日に第2の演目《セヴィリアの理髪師》の初日を迎えるまでの1ヵ月間に、四旬節による前後10日ほどの休演を挟んで、ほぼ2〜3日に1回のペースで《オテッロ》は原語で8回、上演されており、その後はこの2作の交互上演が約1ヵ月続き、第3の演目《シンデレラ》と第4の演

1037

第II部　歴史的考察

目《ゼルミーラ》が始まると、《オテッロ》上演の頻度はぐっと下降する。したがって、第2次公演は《セヴィリアの理髪師》によってではなく、その1ヵ月前の《オテッロ》公演から始まったと見るべきで、また、この半年間の公演総数は65回と修正される。

1823.03.13. ～ 09.15.	17公演	Otello《オテッロ》	（初演 1816.12.04. Napoli）
1823.04.14. ～ 09.22.	23公演	Il barbiere di Siviglia	（初演 1816.02.20. Roma）
		《セヴィリアの理髪師》	
1823.05.17. ～ 08.02.	5公演	La Cenerentola《シンデレラ》	（初演 1817.01.25. Roma）
1823.06.02. ～ 09.17.	7公演	Zelmira《ゼルミーラ》	（初演 1822.02.16. Napoli）
1823.07.23. ～ 09.28.	8公演	La donna del Lago《湖上の美人》	（初演 1819.10.24. Napoli）
1823.09.04. ～ 09.24.	5公演※	La Semiramide《セミラーミデ》	（初演 1823.02.03. Venezia）

※ この作品のみブルク劇場

　この期間に初めて、今日、"コミック・オペラ作家"ロッシーニのいわゆる"代表作"である《セヴィリアの理髪師》と《シンデレラ》の原語上演が行なわれた。さらにシーリアス・オペラの代表作《湖上の美人》も初めての原語上演を迎え、第1回の中心演目であった《ゼルミーラ》の再演と、最後は直前の2月3日にヴェネツィアで初演されたばかりの最盛期の傑作《セミラーミデ》と、シーリアス・オペラの真髄が並んだ。当時のヴィーンの観客には、後世のバイアスが懸かった私たちとは違ったロッシーニ観が生まれたことであろう。ただし、すでに人気の陰りが見えてきたことが会話帖記入から読み取ることができる。弟ヨハンが7月3日に「イタリア・オペラ団はもう終りだ、フォドール、ラプラッシュ、トンゼッロ等々が歌ったにも拘わらず、会場はいつもがら空き。彼らは今年、100,000グルデン以上の損失。アウフ・デア・ヴィーデン［引用者注：同劇場はすでに廃止されアン・デア・ヴィーン劇場に替わっていたが、彼らは習慣で新劇場もこう呼んでいた］で彼らは晩にふつう50～60、あるいは100グルデンも稼ぐが、その結果、3カ月来、誰もギャラをもらっていない」［BKh 6, Heft 72, 293ページ］と書いている。この損失額は概算で約1億円ほどにもなり、また彼らの一晩の稼ぎは数万～10万円程度とイメージすることができる［その換算根拠については終章6］。

　ロッシーニ・オペラはこのほかにドイツ語での上演もあって、超人気の《タンクレーディ》の18回をはじめとして、8作の計49公演があったから、

1038

第35章　1824年　《第9》の完成

原語上演を足すと公演数は 114 回に達する。

　翌 1824 年も第 3 次の引越し公演が行なわれたと見られるのか、あるいは
バルバイアが個別に招聘したイタリア人歌手や宮廷劇場イタリア・オペラ団
所属の歌手たち［本章 8 以下にその実例が登場する］を使った公演か、その両方が
入り交じっていたか、イタリア・オペラ公演は 2 月から 12 月まで休みなく
続き、《第9》初演・再演はまさにそれを縫うようにして実現された。この
年のイタリア・オペラ公演数は 84 にも達し、数としては過年度を遙かに上
回っていた。しかし注意深く観察すると、2 つの時期に分かれて、要員の交
代があったような印象を受ける。その前半、2 月から 6 月までは、1822 年の
第 1 回のときに上演された《シャブランのマティルデ》を除いて、ヴィーン
で初めて原語上演される 5 作が提示された。未知の演目をバラエティ豊かに
並べ、次第に不入りとなっていった前年から挽回を図ろうと、新たな挑戦を
行なったようにも読み取れる。新作のひとつ《エレオノーレ》はロッシーニ
の作品表にはない 3 者（ロッシーニ、パチーニ、ロマーニ）による合成オペ
ラ（パスティッチョ）で、この機会に編作されたと思われる。

1824.02.07.〜02.09.	2 公演	Ricciardo e Zoraide	（初演 1818.12.03. Napoli）
		《リッチャルドとゾライデ》	
1824.02.20.〜05.03.	6 公演	Eleonore 《エレオノーレ》	
1824.04.10.〜05.28.	8 公演	Corradino ［Matilde Shabran ossia Bellezza e cuor di ferro］	
		《シャブランのマティルデ》	
1824.05.04.〜06.01.	5 公演	Edoardo e Cristina	（初演 1819.04.24. Venezia）
		《エドアルドとクリスティーナ》	
1824.05.26.	1 公演	L'Italiana in Algeri	（初演 1813.05.22. Venezia）
		《アルジェのイタリア女》	
1824.06.02.〜06.12.	4 公演	La Gazza ladra	（初演 1817.05.31. Milano）
		《泥棒かささぎ》	

　6 月 14 日からの後半は、前半でも上演された 2 作《シャブランのマティ
ルデ》と《アルジェのイタリア女》が 2 ヵ月近い間隔を置いて上演されたほ
か、他の 6 作は前年までに上演されたことのある作品の再演で、新作を上演
したグループとは別の陣容による公演であったかもしれない［1040 ページ］。

　この年、イタリア・オペラはロッシーニだけではなく、カラファ、ジェネ
ラーリ、メルカダンテのほか、チマローザおよびモーツァルトの古典的作品

1039

第Ⅱ部　歴史的考察

1824.06.14. ～ 11.06.	11公演	Zelmira《ゼルミーラ》
1824.06.24. ～ 12.19.	18公演	Il barbiere di Siviglia《セヴィリアの理髪師》
1824.07.03. ～ 12.29.	8公演	Otello《オテッロ》
1824.07.16. ～ 11.12.	9公演	Corradino《シャブランのマティルデ》
1824.07.20.	1公演	L'Italiana in Algeri《アルジェのイタリア女》
1824.10.06. ～ 12.26.	6公演	Mose in Egitto《エジプトのモーセ》
1824.10.20. ～ 10.21.	2公演	La donna del Lago《湖上の美人》
1824.11.30. ～ 12.16.	3公演	La Cenerentola《シンデレラ》

も上演されており、往年の宮廷劇場イタリア・オペラ団が復活したような印象を受ける。

　このほか、ドイツ語上演としては、《泥棒かささぎ》、相変わらず人気の《タンクレーディ》、そして最初期の1幕ファルサ《幸福な錯覚》が合わせて14公演あり、この年のヴィーンにおけるロッシーニ・オペラ公演は98回であった。

　しかしその流行も1825年1月9日～3月9日に打たれた16の公演で終わる。バルバイアは形式的には1828年までヴィーンの地位にあったが、1826年からはミラノ・スカラ座も手中に収め、彼のヴィーンでの活動は実質的には終息するからである。1825年はそのほかに、《タンクレーディ》のドイツ語上演が2公演（これも1月～3月）だけである。1826年にはイタリア・オペラ公演はなく、《タンクレーディ》と《幸福な錯覚》のドイツ語上演が27公演のみ、1827年においてベートーヴェンの生前の上演は《タンクレーディ》のみであった。

5 ｜ シュッパンツィクのヴィーン帰郷　《第9》初演のオーケストラ

　ロシアに出稼ぎに行っていたシュッパンツィクが1823年4月にヴィーンに戻ってきて［BKh 3 注451］、序曲《コリオラン》を含むプログラムにより、5月4日に最初のオーケストラ・コンサートを催した［BKh 3 注487］。そして新たに組織した四重奏団による木曜定例コンサートを6月14日に開始し、初日はベートーヴェンのOp.59-3のほか、ハイドンとモーツァルトの作品から成っていた［BKh 3 注773］。彼は11月に、メンツェルの死によって空席と

1040

第35章　1824年　《第9》の完成

なった宮廷楽団ヴァイオリン奏者の地位に応募したが叶わず、任用は1827年まで待たなければならなかった［BKh 5 注281］が、その間はフリーの音楽家として次第にヴィーン音楽界を主導していくこととなる。それは、数年来、外国勢に圧倒されていた地元音楽家が失地回復していく流れのなかにあり、要望書もまたそうした時勢のひとつの現われと見ることができる。

　ベートーヴェンは年来の親友が帰還した際にそれを歓迎する五重唱カノン《ファルスタッフちゃん、おいで》WoO 184を書いている。その自筆譜には1823年4月26日付で若干の言葉が添えられており、それは書簡として登録されている［BGA 1637］。同日、ベートーヴェンのもとで一緒に食事をした際に甥とシンドラー、他のもうひとりと歌われたと思われ、ファルスタッフとはその恰幅からベートーヴェンがシュッパンツィクに付けたあだ名である。

　これはシンフォニー第9番の作曲が苛烈に進行している最中の出来事であり、そのスケッチは第1・2楽章のそれとともにある［「アルタリア205/5」スケッチ帖］。こうして、ベートーヴェンが、久方ぶりの自主コンサートを主催するに際して、シュッパンツィクにオーケストラを任せることを念頭に置いたのは自然の流れであった。

6 ｜《第9》と《ミサ・ソレムニス》部分の初演・再演　その1　歌手の決定

　さていよいよ、書簡集および会話帖を丹念に追いながら、《第9》と《ミサ・ソレムニス》部分の初演（1824年5月7日）・再演（5月23日）に関する従来の把握を修正する試みに挑戦しよう。会話帖はもとより基本的には相手方の書き込みだけであるが、会話の流れからベートーヴェンの語った内容が想像できる場合と、肯定したのか否定したのかがまったく分らない場合とがある。その記入でいっときの会話が終了した、すなわち次はまったく別の話題となった（翌日のことかもしれない）ようなケースでは完全に後者である。いずれにしても事柄の結論は想定されるだけであり、そのようなことが話題に上ったことだけが判るのであり、その限りでは事実を実証する証拠とはならない。しかしながら長いスパンで追っていくと、当事者たちの間にあった共通認識とか、時代の空気のようなものを捉えることができる。またベートーヴェン自身の賛意がその時点では不明でも、事の結果から、彼の意思がどう働いたかを、事実確認に近い形で想定することができる。

1041

第II部　歴史的考察

アルト独唱を創唱したカロリーネ・ウンガー（1803-1877）は、まだ 16 歳であった 1819 年からケルンテン門劇場専属の宮廷歌手として活躍し、バルバイアと契約してイタリアに行くことになる 25 年まで、ヴィーンで高い人気を保持していた。会話帖ではすでに 1823 年 1 月 ［第 19 分冊］以降、彼女のことは関係者の口からよく話題になっている。現存会話帖で彼女自身の参加が確認される最初は 1824 年 1 月 29 日以後 31 日以前（たぶん 30 日）のことで ［TDR では 25 日の会話となっている］、その日はソプラノ独唱を歌うことになるヘンリエッテ・ゾンターク（1806-1854）と一緒に来る予定だったところ「ゾンタークはこのひどい天気で来ることが出来ませんでしたが、しかしそれ ［引用者注：悪天候］は私を妨げることは出来ませんでした」と書いている ［BKh 5, Heft 54, 104 〜 105 ページ］。

　話はいろいろ飛んで、彼女は突然、「あなたはコンサートをいつなさるのですか。いったん悪魔が乗り移るとうまくいくものです」と言って、「四旬節に 3 〜 4 日入っているノルマ日ならいちばんいいですね」と言った ［BKh 5, Heft 54, 105 〜 106 ページ］。この"ノルマ日"とは原注 ［BKh 5 注 230］によれば、カトリック教会最高の祝日で祝典ミサが行なわれ、公的な娯楽が禁止される日である。これが英訳・日訳 TDR では、「春 ［引用者注：四旬節ではなく］のふつうの日 ［引用者注：ノルマ日（「絶対祝日」とでも訳すのが適当か）ではなく"ノーマルな日"と捉えたか？］に 3 日か 4 日か催すのがいちばんよろしいでしょう」と訳されていた。"ノルマ日"はその後も会話帖でよく話題になっており、1824 年秋以降に 3 回目の《第 9》コンサート（結局、実現はしなかったが）を模索する際にも言及される。そのときの原注には"ノルマ日"の定義として、上記以外に、「皇帝家に関係する命日」が挙げられている ［たとえば BKh 9, 注 5］。

　この日にコンサートを開催するか自粛するかに関して、当時、2 通りの考え方があったようで、すなわち、コンサートが禁じられる日と受け止めるか、その日をライヴァル興行の少ない格好の機会と考えるかである。その背景には、啓蒙主義が進行するなかで、絶対祝日に抵抗しようとする考えも当然あった。この際のウンガーは後者に属するが、しかし当日がカトリック祭典ではなく皇帝家命日の場合は、〈歓喜の歌〉を含む公演はやはり適切ではないことになる。ただし、これは筆者が会話帖を通読して得た感触に過ぎず、その解釈は一筋縄では行かないというのがより正直な感想である。

　ところでウンガーはそれに続いて「あなたは自信がなさ過ぎです、いったい全世界の尊敬はあなたをもう少し誇らしくさせなかったのでしょうか。誰

が異議を唱えているのですか。あなたは信じよう、知ろうとなさらない、あなたをまた新しい作品で崇拝したい、と待ち望まれていることを。ああ、なんて頑固な方！」。これに対してベートーヴェンは話題をそらして「好きな人いるの？」とでも言ったらしく、彼女は「ひとりもいません」と答え、さらに「あなたは愛人は何人？」と切り返されて終わっている［BKh 5, Heft 54, 104ページ以下］。これが来るべき初演・再演コンサート計画について確認できる最初の記述である。

　上演に向けての準備は1824年2月末から始まり、その進行は会話帖にかなり克明に書かれている、という感覚を私たちはもっている。セイヤー伝記のなかで「この機会［引用者注：2大作の上演］の物語において私たちは、もちろん多くの出来事の目撃者であるばかりか、自身、際だってそれに関わったシンドラーに頼らざるを得ない」［TDR V, 66ページ］（この部分の英語版は「ニ短調シンフォニーのヴィーン初演の物語における主要な事実について私たちは、その目撃者であるだけではなく、行為の主体者であったシンドラーに多く負っている」［Krehbiel III, 153ページ /Forbes, II, 896ページ / 大築訳 1029ページ］となっている）と書いたのは、記述を1816年までで終えたセイヤーではなく、その後の部分を執筆したリーマンと考えられるが、実際の執筆者が誰であるかは問題ではない。そのような認識が当時以来ずっと維持されてきたことが重要である。上記に続けて「しかし彼の申告はここでもたびたび訂正が必要である。それはまさにここで非常に実りの多い会話帖によって補足されるが、そこではシンドラーがたびたび言葉を挟んでいる」［同 / 英語版はこの部分を省略］とシンドラー伝記に書かれていることへの警戒と、真実を覗き見ることができる会話帖への追従が、二律背反的に表明されている。会話帖という生の資料を全面参照すれば補正が可能との立場だが、しかしシンドラーがその部分に記入している量は、その言説の影響を免れがたいほどに他を圧している。しかし彼は自らの思惑を語っているに過ぎない。

　会話帖には2月末（期日は特定できない）にシュッパンツィクが「このあいだ《魔弾の射手》でたいへんだった」と1月22日と2月6日にケルンテン門劇場で再演（ヴィーン初演は1821年11月3日）された上演に出演したことを振り返りつつ、「コンサートはどうなっているの？　遅くなってしまうよ、四旬節も長くは続かないからね」［BKh 5, Heft 57, 174ページ］と、華々しいコンサートの自粛が求められる四旬節明けの開催に向けて、準備を促している。さらに続けて、「腕の良いアマチュア奏者の手配はピリンガー［引用者

注：フェルディナント（1780-1829）、宮廷総合局登記事務官補で自身アマチュア・ヴァイオリニスト、ベートーヴェンのこの時期の最も親しい友人のひとり］、歌手の手配はゾンライトナー［一族のうち、《フィデリオ》の台本を書いた法律家ヨーゼフの甥レオポルト（1797-1873）で、協会コンサート理事、音楽愛好家協会演奏部会員］、告知と切符の手配はブラヘツカ［ニーダーエスターライヒの製紙工場主任］だ」［同］と準備の主導権を取っている。

　女性歌手2人については、途中でシュッパンツィクがソプラノに宮廷歌手のヴラニツキー嬢とか、優れたアルト歌手はヴィーンにはいないとか、勝手なことを言うシーンもあったが［Bkh 6, Heft 61, 37 ページ］、ベートーヴェンはもう最初からゾンターク（ソプラノ）とウンガー（アルト）と決めていたようで、シュッパンツィクが7年ぶりにヴィーンに帰還する以前に、すでにベートーヴェンと彼女らとの関係は築かれていたといってよい。

　男性歌手については幾重もの紆余曲折があった。最初にシュッパンツィクから名が挙がったのは、テノール歌手としては、アン・デア・ヴィーン劇場専属の2人、アントン・ハイツィンガー（1796-1869）［BKh 5 注161］とフランツ・イェーガー（1796-1852）［BKh 6 注343］であったが［BKh 5, Heft 57, 175 ページ］、後者はパートが低すぎることを理由にして断ってきた［BKh 6, Heft 61, 35 ページ以下］。その報はシンドラーからの情報としてシュッパンツィクによって4月12日頃に書かれているが、その直前にウンガーによる、自分たちの布陣と思われる「ゾンターク、バルト、ザイペルト」との書き込みが「ウムラウフ指揮」という言葉とともにある［BKh 6, Heft 61, 34 ページ］。すでに一部には宮廷歌手ヨーゼフ・バルト（1781-1865）が代役として考えられていることが窺える。

　しかしシンドラーは4月27日以後になおイェーガーのことでアン・デア・ヴィーン劇場事務局長のフォーゲルと折衝しており、その結果、「イェーガーはケルンテン門劇場では歌うことができない、それゆえあなたに非常に謝っていました。しかし彼はそこのテノール歌手と敵対したくなく、彼はデュポール［ケルンテン門劇場支配人］となおあからさまに反目しています」［BKh 6, Heft 63, 96 ページ］とあるので、辞退の理由は声域ではなく、劇場同士の歌手の支配関係にあったと見なければならない。そして「私たちはきのうすでにシュッパンツィクとこれについて準備しました。シュッパンツィクはバルトを提案しました。もちろん彼はイェーガーではありませんけれど、この作品にもしかしたら最上かもしれません」［同］と、ようやく決まったようである。ところがバルトのスケジュールが合わないことが発覚する。彼は劇場専属で

第35章　1824年　《第9》の完成

はなかったので劇場同士の支配関係の輪に入っていない利点があったのだが、雇い主のシュヴァルツェンベルク侯の用命でボヘミアに発たなければならなくなったのである［BKh 6, Heft 64, 103 ページ］。シンドラーは 4 月 29 日に「テノール・パートはいまやハイツィンガーが歌わなければならない」［BKh 6, Heft 64, 102 ページ］と、最初の候補者のひとりであったハイツィンガーの名を挙げて、歌手選定は振り出しに戻った。彼もまたアン・デア・ヴィーン劇場所属であったが、本番まであとわずかとなった時点で劇場関係者間に妥協が生じたのであろう。そして彼がイェーガーからパート譜を受け継いだのは本番の 4 日ほど前、ようやく 5 月 3 日頃のことであった［BKh 6, Heft 64, 118 ページ］。

　バス歌手として候補に挙がったのは、アマチュアとしての活躍歴が長く、1823 年 12 月 2 日にケルンテン門劇場でロッシーニの《泥棒かささぎ》においてプロ・デビューを果たしたところであったヨーゼフ・プライシンガー（1796-1865）［BKh 5 注 160］、宮廷オペラ専属のフランツ・アントン・フォルティ（1790-1849）［BKh 5 注 10］、アン・デア・ヴィーン劇場のヤーコプ・ラウシャー（生没年不詳）［BKh 5 注 342］の 3 人であった［BKh 5, Heft 57, 174 ページ］。それぞれを推す人たちの意見が開陳されるが、結局プライシンガーに決まった。しかしやがて彼が断ってくるのだが、その理由がシンドラーの伝記では、彼が最高音の嬰ヘ音が出ず、ベートーヴェンがその個所を変更したヴァージョンを作った、ということになっている。会話帖には「プライシンガーは低いバスを歌う。終楽章のレチタティーヴォをあなたは彼のために少し変更しなければなりません。さもないと彼はそれを歌えません」とあり、さらに「私たちのバス歌手は誰も嬰ヘ音を持っていません」と問題を一般化している［BKh 6, Heft 65, 139 ページ］［Schindler, I, 409 ページ］［大築訳 1040 ページ］。しかし実はこれは死後記入であり、この話自体が捏造であった。そして、シンドラーは提案する変更ヴァージョンを伝記第 2 巻 78 ページに挙げているが、それは 1 小節足りない。噴飯ものである。

　上記の死後記入は 5 月 4 日以後 6 日以前の個所に書き込まれたもので、その直前にある彼の臨場記入と関係がある。すなわち、「大巨匠への高い尊敬からザイペルト氏［引用者注：ケルンテン門劇場専属の中堅バス歌手ヨーゼフ・ザイペルト（1787-1873）］が、ドイツ人［引用者補：であること］を示すためにもバス・パートを引き受けると言っています、彼はヴィーン人ではありません。あなたはまさしく、彼に自筆の感謝状を交付する理由を持っています」［BKh 6, Heft 65, 138 ページ］とあり、彼はどうしてもプライシガーに歌わせたくなかったことが

1045

明らかである。ザイペルトの名はすでに上記に引用した4月12日のウンガーの布陣メモにあり、かつ、その直後に彼女は「プライシンガーは歌うべきでしたが、デュポールの意地悪いお世話から病気になって。というのはあの方は彼に歌うのを許したくなかった」［BKh 6, Heft 61, 34ページ］と続けている。プライシンガーの出演には劇場管理部筋からクレームが早くから付いていたことが判る。それに対してシンドラーには、臨場記入においても、また死後記入においても、歌手の変更を声域のせいにして、劇場支配人間の対立を隠そうとしている意図が見て取れよう。

　シンドラー自身は、1823年12月14日の弟ヨハンの記入「デュポールが私に言った、彼はシンドラーのプローベ［引用者注：入団試験］にきわめて満足したと」から、その直前にケルンテン門劇場のオーケストラ監督［コンサート・マスター］の採用試験を受けたことが判る。しかしそのときは叶わず、ようやく1825年に第3オーケストラ監督の地位を得る。《第9》初演準備をめぐる駆け引きは、この彼の応募から採用決定までの間に位置し、彼自身の劇場管理部との微妙な関係がこの背後にはあったのではないか。あるいは、歌手の声域に合わせることにより曲想に重大な変更を与える自分の提案にベートーヴェンは素直に従う、という関係性を見せつけようとしたのか。

7 │ 《第9》と《ミサ・ソレムニス》部分の初演・再演　その2　会場の決定

　歌手の登用は、本人のスケジュールのみならず、会場が劇場となる場合はそこの専属歌手との関係が生じる。会場と日程の決定が右往左往したこともコンサートの成否に大きく絡んだ。まず3月13日にベートーヴェンが宮廷官職首席宛、4月7日の晩に宮廷舞踏会場でのコンサート開催の許可を求めた記録が遺っている［BGA 1790］。その直前と思われるシュッパンツィクと弟ヨハンとの相談では開催予定期日は4月8日となっており［BKh 5, Heft 59, 210および213ページ］、同じく13日頃に宮廷音楽伯（宮廷楽団長）のディートリヒシュタイン伯に宛てた丁重な裁可願でも8日であった［BGA 1791］。16日付の宮廷官職首席の返書は、許可権限は当職にはなく、警察管理部宛、およびホール使用についてはケルンテン門宮廷劇場借用権者バルバイアに願い出るようにとのことであった［BGA 1794］。バルバイアのもとでケルンテン門劇場支配人を務め、2つの宮廷舞踏会場の委託管理も担当している、フラン

ス人の元舞踏手ルイ・デュポール［BGA 1798 注3］に宛ててベートーヴェンが3月末に書いた、フランス語にドイツ語が少し混ざった下書きが遺っており［BGA 1798］、それは会話帖に書き込まれたものであるが［BKh 5, Heft 60, 256-257ページ］、そのなかで彼は、提供されたと思われる小ホールの使用は断っている。その申請の前提となっているのが会話帖におけるシンドラーの記入で、この部分は死後記入としての解説も付け加え、「3月2日［引用者注：正しくは20日で、意図的かケアレスミスか、0が欠けている］の議事録、出席者：ベートーヴェン（音楽家）、リヒノフスキー伯（愛好家）、シンドラー（ヴァイオリニスト）、この時点で欠席：シュッパンツィク（ヴァイオリニスト、ファルスタッフ御前名代）」と記している［BKh 5, Heft 60, 228ページ］。それゆえに議事録風に印象づけられるが、実は彼が一方的にまくし立てるようにひとりで記入しているだけである。

> 改めて、新しい、重要でなくはない提案。私は、大天使ガブリエルがきょう私を夢のなかで、パルフィ［原注：アン・デア・ヴィーン劇場所有者］のところであなたの件を問い合わせるよう、庇護しました。それゆえ私たち両人はいまパルフィのところに居ました、同人は喜んであなたに彼の劇場、オーケストラ、合唱、照明その他付属物を供給するとのこと。それに対して彼が求めるのは当夜に1000グルデン。しかしあなたはそこで2度目、3度目のコンサートを行なうことを決意しなければなりません。つまりこのように読んでください、価格は少し高くして、そうしなければなりませんが、4000グルデン以上の収入となり、したがってあなたは2000グルデンを第1回に得ますが、第2回では写譜費用が要らないので3000グルデンの純益です。これはアン・デア・ヴィーン劇場での慈善演奏会の場合で、そこではすでにこのように仮定でき、したがって価格は舞踏会場［レドゥーテンザール］ほど高くはなりません。もしデュポール［引用者注：舞踏会場管理者］が300グルデンとると、会場設営にも300グルデン、照明も300グルデンで、舞踏会場［レドゥーテンザール］ではもうすでに900グルデンが確実な出費で、相当な負荷、無駄、やっかいです。

　このあたりから開催計画立案の主導権はシュッパンツィクからシンドラーに移っていることが見て取れ、またこれは事後の関係破綻の伏線であった。この種の会話は延々と続き、それを逐一追うには膨大な紙面が必要となるだけではなく、ただ原資料の提示だけでは話の筋を見通すことが難しい。また結果から見るとすべて実現はしなかった紆余曲折の物語なので、その紹介はほとんど意味がないであろう。ここでは大局的に事柄の推移の骨子を追うことにしよう。

第Ⅱ部　歴史的考察

　ベートーヴェンの意思は、事前申請に現れているように、ヴィーン会議中のコンサートで大入りの大成功を経験した大舞踏会場（レドゥーテンザール）の使用であった。しかし上記"議事録"では会場はもっぱらアン・デア・ヴィーン劇場の借用について語られており、それには、同劇場を 1813 ～ 25 年に所有していたパルフィ = エルデディ伯（1774-1840）［Bkh 6 注 37］が、「要望書」署名者のひとりであって、コンサート実現のために積極的な協力を期待できるという周囲（シンドラー？）の判断があったと見てよいであろう。その書き出しが「夢に現れた大天使ガブリエル」に誘われて新提案をする、というところに見て取れる。その提案によって、またデュポールの許可が小ホールの方であったと思われる［BKh 5, Heft 60, 252 ページ］ことにもよろうが、舞踏会場（レドゥーテンザール）の使用は断念された。そしてアン・デア・ヴィーン劇場について言えば、そこだとミヒャエル・ウムラウフ（1814 年に《フィデリオ》改訂版初演を指揮）と、シュッパンツィクを上演の中心に据えるというベートーヴェンの構想が進まない。すなわち、アン・デア・ヴィーン劇場のオーケストラと合唱団が格安で提供されても、同劇場首席楽長イグナーツ・フォン・ザイフリートは療養中［BKh 6, Heft 61, 18 ページ］なのでまだしも、同劇場オーケストラ監督フランツ・クレメントの面目が立たないということから、楽員たちの抵抗に遭って、実現を断念することになる［BKh 6 注 17］。

　ベートーヴェンの側では、会場手配だけではなく、どこを使うかによって変わってくる演奏員たちへの支払いコスト、パート譜の準備、テキスト付き作品なので警察の検閲も必要であり、そういった準備がまだまるで調っていなかった。だから、最も早くは、シンドラーが「アン・デア・ヴィーン劇場の人員ならあなたはまったく支払う必要はなく、あなたが望むなら今月［3月］22 日か、23 日、または 24 日」［BKh 5, Heft 60, 231 ページ］と言っても、それはそもそもとても無理な状況にあった。またアン・デア・ヴィーン劇場の方でも、元俳優の事務総長ヴィルヘルム・フォーゲル（1772-1843）が同劇場の資金難を口実にコンサート収益から 1000 グルデンの拠出を求めはしたが［BKh 6, Heft 61, 23 ページ］、彼にあっては他の詐欺行為が発覚して 5 月 31 日にパルフィ伯から解雇されることになり［BKh 6 注 450］、それどころではなくなった。

　一方、検閲当局へのお伺いは 4 月 10 日の直後あたりにベートーヴェンが同業務を管轄する政府顧問官・中央書籍監査局長フランツ・サルトリ宛に「《讃歌》というタイトルで 3 つの教会作品を上演する」許可を求めている［BGA 1810］。その際に会場はまだアン・デア・ヴィーン劇場とされている。

1048

第35章　1824年　《第9》の完成

これは最終的には会場がケルンテン門劇場に変わったために改めて同劇場支配人デュポールから申請し直される［BGA 1810 注6］。

　このことについては解説が必要かもしれない。ミサ曲は、前にも述べたように、カトリック教会の専用物であり、教会典礼としてではなくコンサートでそのまま上演しようとすれば教会筋はそれを力ずくで阻止する。前出、弟ヨハンのパチーニ宛書簡にあった「この冬［1822/23 年］、コンサートでオラトリオのように上演する」［BGA 1518］計画が実現しなかったのにはこうした障壁を簡単には乗り越えられないという要素もあった。

　それから1年以上が経過して改めて《ミサ・ソレムニス》の初演が模索されたところであったが、実はすでにこの直前に全曲上演が行なわれていた。それはカトリック教会の権威が及ばない異国において初めて可能なことであり、1824 年 4 月 7 日（露暦 3 月 26 日）にサンクト・ペテルブルクで、ガリツィン侯購入の浄書スコア譜からパート譜が作成されて、同地の音楽愛好家協会がコンサート上演したのである。その報は 5 月末になってもまだヴィーンに入っていなかったと思われ、5 月 27 日付『総合演劇新聞［Allgemeine Theaterzeitung］』は「サンクト・ペテルブルクでベートーヴェンの新しいミサ曲（同地ではそれをオラトリオと呼んでいる）が近く公に上演される」と報じている［BGA 1841 注4］。ベートーヴェン自身も確かにその前日の 5 月 26 日付ガリツィン侯宛書簡で「現在ペテルブルクでもミサ曲がオラトリオとして全曲上演される、と当地で聞いていますが」［BGA 1841］と書いている。しかしガリツィン侯は上演の翌日に当たる 4 月 8 日付で「当地で一昨晩、公衆に知らしめました」［BGA 1807］とベートーヴェンに報告した。「一昨晩」は明らかな間違いと思われるが、グレゴリウス暦使用のベートーヴェンに合わせるために日付を当時のロシアで使用されていたユリウス暦から換算したときのミスとも思われ、書いたのは 9 日であったかもしれない。いずれにしてもその受信がヴィーンで相当に遅れたのだろう。

　それはともかくとして、ヴィーンでは教会はどう出てくるのか、前例のない試みだけに、探りを入れて反応を見るという状況ではなかっただろうか。しかしそればかりではなく、《ミサ・ソレムニス》の全曲上演がこの際に視野に入っていなかったのは、今日でもこの 2 大曲の同時上演という企画がないように、上演時間を考慮したという側面も強いであろう。ところで、検閲の申請はそれ以外には確認されず、〈歓喜の歌〉の歌詞に対する当局のチェックについては不明である。また計画当初からベートーヴェンは「価格は少

1049

第Ⅱ部　歴史的考察

し高くして、そうしなければなりませんが」［前出/BKh 5, Heft 60, 228 ページ］と
煽られてもおり、その件は管轄の警察署に申請されることとなった。それに
ついては 4 月 27 日以後にシュッパンツィクが「高くするのは警察大臣が認
めなかった」［BKh 6, heft 63, 93 ページ］と報告している。

　アン・デア・ヴィーン劇場での実現性が危ぶまれてきた 4 月 10 日過ぎに、
甥カールの記入で、国 会 ホ ー ル［ラントシュテンディッシャーザール］が会場の候補に挙がっている［BKh 6,
Heft 62, 44 ページ］。これは 1819 年 10 月 1 日からヴィーン・コンセール・スピ
リチュエルがベートーヴェン作品をよく取り上げる定期演奏会を始めたホー
ルだが、500 人収容規模では狭すぎるとか、女性独唱陣の日程が合わない等、
反対の声が多くなる。その間に、プログラムに予定している《献堂式》序曲
［Op.124］の再演に関して、初演時に使用したパート譜が見つからないという
ことで、改めて作成が発注されるなどという混乱も生じ［BKh 6, Heft 62, 62 ペー
ジ］、さらには《第 9》および《ミサ・ソレムニス》の手直しなどもあって、
4 月 11 日直前から月末にかけて、それらに関連した、ペーター・グレザー
宛 4 通（うち 1 通は推定）が遺されている。彼は、シュレンマーの死後に、
主要コピストの役を一時的に引き継いだヨーゼフシュタット劇場のコピスト
で、シンフォニー第 9 番の初演譜作成作業を主導したが［BGA 1811 注 1］、彼
自身は写譜作業に直接には携わっていない。

　会場がケルンテン門劇場に最終決定していく具体的経過は会話帖の次の個
所からつかむことができる［BKh 6, Heft 62, 63 ページ以下］。4 月 19 日以後、20 ～
22 日あたりになされたシンドラーの記入である。

　これまで話は腹立たしく頭に来るものでした、いまそれは面白くなりそうです。時
　間がそれほど迫っていないのなら、あなたはパルフィとデュポール両人のささいな
　ことに腹を抱えて笑うに違いありません。

　デュポールは完全に諸条件を了承しましたが、パルフィにそれについて報告してく
　ださいと望んでいました。ですから私は本日朝、彼のところにいて、この変更につ
　いての彼の嘆きを聞きました。彼が言うに、コンサートを彼の劇場で行なう栄誉よ
　り、1000 グルデンを失う方がまだましだと。きょう夕方あたりに彼は自分でデュポー
　ルのところに出向いて、彼に同意するよう迫ると。［中略］
　さてしかしあなたはシュッパンツィクに関してアン・デア・ヴィーン劇場に最高の
　礼儀を尽さなければならないことを知っておかなければなりません。クレメントは
　あなたのコンサートを指揮するというこの栄誉を争いの具にさせたくはなく、オー
　ケストラも完全に彼の側で、シュッパンツィクのもとでは演奏したくないと宣言し

第35章　1824年　《第9》の完成

たらしいのです。このことについて私はパルフィとも話し合いました。同人はこの点について当惑しており、なぜならオーケストラに演奏しなければならないとただちに命令すると、全人員がシュッパンツィク氏に対して成そうとする陰謀や嫌がらせを彼は保証できないというのです。これが最大の障害で、そういうことはケルンテン門劇場には存在せず、というのはデュポールがすでに完全に賛意を表明しましたので。

　そしてシンドラーは4月24日にデュポールに宛てて次のように書いた［BGA 1818］。

　ベートーヴェン氏の仲介人として彼の希望をここに開陳いたします、彼は大コンサートをケルンテン門劇場で開催したいと考えており、それに対して、すべての独唱者、オーケストラと合唱のすべての人員、さらに照明込みの価格、400グルデン約定価でなんとかお願いしたい。
　もしこのコンサートの成功がベートーヴェン氏をして、8日から最高で10日の間を置いて1回か2回の再演を行なうことに誘えば、彼はそれに対してケルンテン門劇場を上記の条件で再び確保することを希望します。
　さらにベートーヴェン氏はこのコンサートの指揮はウムラウフ氏とシュッパンツィク氏に委ねると決意し、それゆえ彼は管理部の方でも、オーケストラについて何の問題も起こらないよう、必要な処置を執ってくださることを希望しています。
　独唱パートをベートーヴェン氏はゾンタークおよびウンガー両嬢、プライシンガー氏に委ねることを希望し、管理部が以上を鑑みて彼の希望に沿うことを期待しています。
　音楽協会［原注：ヴィーン音楽愛好家協会］はベートーヴェン氏への好意から、そのきわめて優秀なメンバーによってオーケストラを増強することを引き受け、そうすることで全体はヴァイオリン24、ヴィオラ10、バスとヴィオロンチェロ12、管楽器はダブル編成となり、それにより全オーケストラを舞台に載せることが必要になります、大オラトリオの際に一般的であるようにです。
　最後に少しだけ付け加えれば、パルフィ伯閣下とともにあった以前の計画は根底から覆りました、というのは目下のところアン・デア・ヴィーン劇場には優秀な歌手がいないために独唱パートをベートーヴェン氏の希望するようには編成することができないからであり、閣下がはっきりと望まれた、クレメント氏がオーケストラを指揮すべきということは、ベートーヴェン氏が以前からシュッパンツィク氏をと考えていたことから、諸般を考慮いたしまして断念に至りました。
　私が閣下にあと少し切にお願い致しますのは、これらすべてについてただちに書面でベートーヴェン氏にご説明いただくこと［原注：デュポールのベートーヴェンないしシンドラー宛回答書は現存しない］、さらにこのコンサートの最初の晩をできるだけ早くお決めくださること、それが5月3日ないし4日過ぎにずれないことだけであります。

1051

第II部 歴史的考察

　この決定が具体化する以前に、コンサートはアン・デア・ヴィーン劇場で
開催の予定ということが新聞報道されていたらしく、5月1日の『総合演劇
新聞［Allgemeine Theaterzeitung］』に以下の公告が載った［BGA 1824 注4］。

　　　ルートヴィヒ・ファン・ベートーヴェン氏の大コンサートについてのお知らせ

　　これは、我々が以前に告知したようにアン・デア・ヴィーン劇場ではなく、ケルン
　　テン門劇場において、そして1824年5月4日に、高名なる音楽家の利益のために開
　　催される。当夜は彼の最新諸作のみが上演される、すなわち、
　　　　3つの、独唱・合唱付き大讃歌
　　　　その後、フィナーレに導入されるシラーの歓喜に寄せる歌による独唱・合唱付
　　　　き新大シンフォニー　（独唱は女声がゾンターク、ウンガー、男声がイェーガー
　　　　とプライシンガーによって歌われる）
　　　　シュッパンツィク氏がオーケストラの統轄を、楽長ウムラウフ氏が全体の統轄
　　　　を執るが、それにはヴァン・ベートーヴェン氏自身が参加する。
　　このコンサートはドイツ音楽の愛好の士および祖国の巨匠の称賛に対して最も素晴
　　らしいハレの舞台を提供する。おそらくフランスおよびイギリスは、広範な世界で
　　最も天才的な作曲家として知られるベートーヴェンにひとりひとりが敬意を表する
　　ことができる歓びについて、我々を羨むことであろう。偉大さや美しさに暖かく胸
　　が高鳴る御仁には当夜は見逃せないであろう。

　ここで注目される事柄は4点ある。ひとつは、これはまず第1に会場変更
の告知であるということで、以前の告知について、セイヤーはその日付のみ
4月21日と挙げているが［大築訳1038ページ］、その日付はおそらく『ヴィーン
総合音楽新聞』紙上のことであり、これについては後述する。第2は、開催
日がこの時点では5月4日となっていることである。それは4月26日にシ
ンドラーが会話帖に「皇帝の出発に左右される」と記入している［BKh 6, Heft
63, 79ページ］ことと関係して設定された予定開催日であろう［BKh 6, 注188によ
れば、皇帝夫妻は5日にリンツを経由してプラハに発った］。第3は、この時点でなお男
性歌手陣が本番当日とまったく違うということである。この最終的な交替が
決定されたのはこの告知が出る直前で、ここに反映される時間的猶予がなか
ったと思われる。ただテノールのイェーガーが断ってきた4月12日から紆
余曲折を経て最終的にハイツィンガーに決定されるまで発表できる情報はな
く、外部には最初に決めた名前が残っていたということであろう。楽譜がハ
イツィンガーの手に渡ったのが、前述のように5月3日頃であったことは、

1052

4日と公表された上演期日の変更を余儀なくする一因であったと思われる。バス歌手については、プライシンガーの辞退も早くから取り沙汰されながら後任がなかなか決まらなかった。ザイペルトが引き受けたのが間際であったことは「感謝状もの」［前出、シンドラーの言］という表現に尽きている。

8 │《第9》と《ミサ・ソレムニス》部分の初演・再演　その3　演奏の準備状況

　我々はいままで見過ごしていたが、このコンサートはドイツ音楽再興の熱気に包まれていた。しかもそれはフランスとイギリス［イタリアではなく］に対して名指しで優越感を持とうとするものであった。「要望書」は2月末にベートーヴェン本人に手渡されただけではなく、4月15日付『総合演劇新聞』、および4月21日付『ヴィーン総合音楽新聞 [Wiener Allgemeine Musikalische Zeitung]』に掲載され［BGA 1784 典拠注］、この公告はまさにその直後であるばかりではなく、《第9》初演に先だって「要望書」の公表があったのである。両紙はその際に「覚書［プロメモリア］」としてコンサートの開催についても触れている。「以下に掲げる書状を高貴な心の音楽愛好家一同がベートーヴェン氏に送った」という導入に続いて、「ベートーヴェン氏が大シンフォニーとオラトリオの様式で書かれたミサ曲、その他の新しい大作品を個人の統轄で上演させる。これは4月22日または23日にヴィーン、アン・デア・ヴィーン劇場にて、同劇場の全人員により当地の音楽協会の共演のもとで、行なわれるということである。第2の要望に関してはベートーヴェンはすでにグリルパルツァーの「メルジーネ」を受け取っていて…」［BKh 6 注211］とある。「要望書」にある第1はいま実現されようとしており、第2もまた実現に向けて動き出した、という事柄の経過報告を含めて「要望書」は公開されたわけである。

　実施は5月4日とのデッドラインが設定されたが、準備状況は順調ではなかった。正確な期日は不明だが、シンドラーの『伝記』第3版（1860）第2巻69ページに引用されている、彼宛のベートーヴェンの書簡断片がある［BGA 1825］。

　　私は6週間に及ぶあっちへいったりこっちへいったりの話ですでに沸騰し、激昂し、焼き上がっている。たくさん議論したコンサートから最終的に何が生まれるのか、

第II部　歴史的考察

　　価格が値上げされない場合は？こんなに多くの諸費用の後で私には何が残るのか、
　　写譜費用だけでも相当に掛かっているが？

　内容から、料金の値上げが当局から否決された直後、4月末のものと思われるが、言い回しがベートーヴェンらしくなく、贋作ではないかと信憑性が疑われている［BGA 1825 典拠注］。これは、後で見るように、私たちが認識してきた 1824 年 5 月の《第9》初演・再演コンサートの物語がシンドラーによって操作されていることが明らかとなったいま、以下に記述するその具体的実態から大局的に判断する必要がある［1059 ページ参照］。

　その後、本番が 4 日から 7 日に変更されたことについて、新聞告知はない。もっぱら、寸前に作成されたポスター・チラシによって周知されたようで、それは不入りの原因のひとつとなった。順延の理由について会話帖に直接的な記入はないが、読み取ることは不可能ではない。会話帖は文章語ではなく、喋っている同士が通じ合う簡略表現の連続なので、全体の流れをつかんで積極的に解釈することが必要である。なかにはヴィーン訛りの発音をそのまま書き込む輩もいて、なかなかやっかいである。

　歌手の最終決定が遅れたほかに、指揮者のウムラウフにスコアが渡ったのもきわめて遅く、「ボイエルレ［引用者注：『総合演劇新聞』主筆］がきょうもうコンサートを告知します」との記入［BKh 6, Heft 64, 107 ページ］から 2 枚後に「ウムラウフがきょうの晩にスコアを手にできさえすれば、それで彼は明日［引用者注：5 月 2 日］までに目を通すことができる」［BKh 6, Heft 64, 108 ページ］とある。5 月 2 日は日曜日で、4 月 29 日頃の記入として「日曜朝、練習を持ちましょう、ディレッタントたちは仕事がないから。9 時から 2 時まで練習できます」［BKh 6, Heft 64, 103 ページ］とあって、練習がその日に開始された可能性は強い。上記に続いて、「ディルツカ［ケルンテン門劇場合唱監督］が月曜午後に合唱練習をあなたとウムラウフと一緒にと望んでいる」［BKh 6, Heft 64, 108 ページ］とあり、その通りに運んだとすれば 3 日にベートーヴェンの立ち会いで合唱の何度目かの練習が執り行われた。

　5 月 2 日日曜日の記入と見なしてよい個所に「あす、もうポスターが張り出されるはず、水曜日のために。それがうまくいかないのなら、変更しなければならない」［BKh 6, Heft 64, 116 ページ］とあって、4 日の予定が 1 日順延されて 5 日水曜日ということでポスターの作成準備が進行している気配である。そして「もし水曜でないなら、金曜までできない、木曜はイタリア・オペラ

1054

　　　　　　　　　　　　　　　　　　　　　第35章　1824年　《第9》の完成

だから」［同］と続く。6日木曜日は4日に初日を迎えたロッシーニの《エド
アルドとクリスティーナ》の再演で同劇場は塞がっていた［BKh 6 注258］。こ
の時点で5日本番が無理だということはみんな分っていたと思われる。とい
うのは、すぐ次に「女の子たち［引用者注：18歳のゾンタークと20歳のウンガー］は
自分のパートに出会っていない、彼女たちは練習を自分だけでしなければな
らない。つまり、彼女たちの同意を得た全員一致の決定は、金曜朝まで独唱
者たちとの練習、火曜は大［練習］、水曜は小［練習］、木曜がゲネプロという
ことになる」［BKh 6, Heft 64, 117ページ］とあり、さらに「ハイツィンガーはき
ょうようやくイェーガーからパート譜を入手。しかし女の子たちはふたりと
も自分が何を歌うか知らない」［BKh 6, Heft 64, 118ページ］という状態であった
からであり、しかもザイペルトに至っては、出演を承諾したのが4日のこと
であったと思われる。シンドラーが「私はすぐにザイペルトのところへ行き
ます、彼が楽しんでやってくれることを期待しています」［BKh 6, Heft 65, 130ペ
ージ］と書いているのが4日だからである。
　セイヤーの言っている「ロッシーニの音楽に慣らされていた主役歌手た
ち」［大築訳1040ページ］がベートーヴェンの作風に違和感を持ったという話の
出所はよくわからないが、このことは確かにウンガーには当てはまるかもし
れない。彼女は生粋のヴィーンの歌手でありながら、イタリアで教育を受け、
宮廷劇場の歌手陣のひとりとしてドイツ・オペラ団およびイタリア・オペラ
団の両方に所属し、5月4日と6日にはロッシーニの《エドアルドとクリス
ティーナ》に出演してエドアルド役を歌っており［BKh 6 注273］、さらには
1825年以後はバルバイアと契約してイタリアで活躍するからである。しか
し18歳になったばかりのゾンタークはその前年11月にヴェーバーの《オイ
リアンテ》初演時にタイトルロールを歌ってケルンテン門劇場でデビューし
たばかりのドイツ・オペラ団所属の新人であり、この定義にはまったく当て
はまらない。男性歌手たちもドイツ・オペラ団所属であって、ロッシーニの
ドイツ語上演には出演したかもしれないが、あったとしてもそう多い機会で
はなかったと思われる。
　こうした準備不足と独唱者の確定がずれ込んだことによって4日本番は実
現せず、5日も無理、6日は劇場が開いていない、であれば7日でいくしか
ない、ということになったのであろう。しかも泣きっ面に蜂というか、同意
された練習計画に従って2日に、全員を火曜日4日10時に［練習場所の］
ラントシュテンディッシャーザール
国　会　ホ　ー　ルに集めるという指令が出たが、それが不徹底であった。4

1055

第II部　歴史的考察

日当日には「私たちはきょう練習はありません、劇場オーケストラには何も通知されていません」［BKh 6, Heft 65, 124 ページ］とウムラウフが記入していて、しばらく後にシンドラーの記入で「デュポールがあなたに千回謝りたいと。ゴットダンク［引用者注：ケルンテン門劇場舞台監督］がオーケストラを頼むのを忘れました。あなたは何も邪推すべきではありません。あす９時に彼はすべて頼んであります」［BKh 6, Heft 65, 124 ページ］とあって、４日の大練習が翌朝に流れたことが判る。

シュッパンツィクはまた「この音楽がだいなしにならないように、もっといいのはもう何日かあること」［BKh 6, Heft 64, 117 ページ］と口を挟む。しかしこれ以上延ばせないのは、10 日以内に第２回を行なって採算の帳尻を合わせよう、それが遅くなるだけシーズンの終りが来てしまう、という計画の当初からある心配のためである。ベートーヴェンにとっては観客がただ埋まるのではなく、高額料金を支払う貴族層の呼び込みが最大の問題であって、甥カールがおそらく５日に「招待をしに行かなければ」［BKh 6, Heft 64, 148 ページ］と記入しており、シンドラーが「午後にあなたが行けるところ、メッテルニヒ［侯爵、首相］、ザウラウ［伯爵、宮内庁官房長・内務大臣］、リヒテンシュタイン［侯爵、元帥］、シュヴァルツェンベルク［侯爵、枢密顧問官・侍従］、コハリー［侯爵、ハンガリー王国宰相］、政府長官［ニーダーエスターライヒの政府長官はホッホキルヒェン男爵アウグスト・ライヒマン］、トラウトマンスドルフ［＝ヴァインスベルク侯爵、執事長］、ただ行くだけでよく、門衛に招待状とちらしを渡す」［同］と続けている。ポスター・チラシはようやく前日の６日に出来上がった［BKh 6 注 300］。その紙面にもそのことが確認される。

9 │ いよいよ本番　そして収益

皇帝夫妻はすでに旅立っていた。「大公も来るか？」［BKh 6, Heft 64, 119 ページ］というシンドラーの問いかけが５月２日頃にあって、「後に聖体の祝日［原注：1824 年は６月 17 日］に」「あと６週間」とメモが続き、遠方に居るルドルフ大公の来ヴィーン予定は当面ないという確認がなされている。

このようにして、計画が進行していく骨子を追うと、上記引用はほとんどがシンドラーの臨場記入であるが、４日のシュッパンツィクの記入「もしシンドラーがいなかったら、コンサートはまったくできなかったですね。シン

第 35 章　1824 年　《第 9》の完成

大
コ　　ン　　サ　　ー　　ト

L. ヴァン・ベートーヴェン氏による、

明日　1824 年 5 月 7 日、
ケルンテン門わきの帝国・王国宮廷劇場にて、
開催される。

―――――――――

その際に提示される曲目は最新の諸作品
ルートヴィヒ・ヴァン・ベートーヴェン氏の。
第 1 に　大序曲。
第 2 に　3 つの大讃歌、独唱・合唱付き［引用者注：《ミサ・ソレムニス》から、
　　　　キリエ、クレド、アニュス・デイ］。
第 3 に　大シンフォニー、フィナーレに導入される独唱・合唱付き、シラーの歌、
　　　　歓喜に寄せる、による。

独唱はゾンターク嬢とウンガー嬢　ハイツィンガー氏とザイペルト氏によって歌われる。
シュッパンツィク氏がオーケストラの統轄、楽長ウムラウフ氏が全体の統轄、そして音楽愛好
家協会が合唱とオーケストラの補強を好意から担当する。

ルートヴィヒ・ヴァン・ベートーヴェン氏自身、
全体の統轄に参加される。
入場料は通常通り

桟敷席と遮断席は上演当日にケルンテン門通り 1038 番の劇場窓口で、ケルンテン門角の建
物 1 階で、通常の取扱時間に入手のこと。
無料チケットは無効。
開始は夜 7 時。

ドラーがすべてアレンジした」［BKh 6, Heft 65, 131 ページ］から、シンドラーが
取り仕切っていたことは当事者間の認識でもあったことが判る。
　私たちから見れば音楽史上の大事件とも言えるこのコンサートがこのよう
なきわめて急ごしらえの、行き当たりばったりの、準備としては危うくさえ
もある、綱渡りに満ちた経過から生まれたこと自体がひとつの驚きである。
その上、開演日時が告知されたのは前日のチラシだけであって、それにもか
かわらず一定数の観客が即座に集まったということは、現代から考えると、

第II部　歴史的考察

不可思議にも近い出来事である。もともとヴィーンの有力者 30 名の署名による「要望書」に応える形で開催されたという事実がその辺の説明にある程度なるだろうか。彼らが格別の情報伝達システムを有していたという限りにおいてだが［1060 ページ参照］。

　そうした準備不足から、演奏の質がどうだったのか、気になるところだが、会話帖には事後の感想は書かれていない。音楽新聞の記事によってある程度客観的な反応をつかむことができよう。1824 年 7 月 1 日付のライプツィヒ『総合音楽新聞』に 6 ページにわたる長文の演奏評がある［AmZ XXVI, 437 ～ 442 ページ］。演奏の質に関わる部分を訳出しよう。

> …作曲者自身が全体の統轄に参加した。つまり彼は指揮を採る元帥の脇に立ち、各テンポの入りを自分のオリジナル・スコアを見ながら決定したが、というのは、それ以上の関わりを残念ながら補聴器の状態が彼には許さなかったからである。…歌唱パートに関しては少なくとも決して十分には完全ではなかった上演だが、格別な難しさにあって 3 回の練習も十分ではなく、それゆえに堂々たるパワー全開も、またしかるべき光と影の配分についても、音程の完全な確実性、より繊細な色合い、ニュアンス豊かな演奏についても、そもそも問題外である。それにもかかわらず印象は筆舌に尽しがたく偉大かつすばらしく、歓呼の喝采が熱狂的に、崇高なる巨匠に胸の奥底から払われ、その汲めども尽きない才能は私たちに新しい世界を開き、聖なる芸術の、決して耳にしたことのない、予想だにしたことのない、奇跡の神秘を顕わにした。…

　演奏の不十分さは、言及するのが「問題外」なほど、と指摘しつつ、「それにも拘わらず」それが問題とはならないほどに「筆舌に尽しがたい」ものであったと絶賛している。上演準備過程をここまで詳細に追ってきた私たちからも、両論、さもありなんと、まったく想像できるものである。

　観客数はどのくらいであったのか、証言はない。セイヤー（リーマン）は「貴賓席が空席であったほか、どこも満員になった」［大築訳 1041 ページ］とひとこと触れている。また収益については「総収入は 2200 フロリン［傍点は引用者、英語版からの訳なので「グルデン」ではなく英語表現が使われている］」「そこから事務費や写譜代を支払ったあと、残ったのはたった 420 フロリンだけとなり、この取るにたらぬ金からも、はした金がなおいろいろかかってきた」［大築訳 1044 ページ］と書いている。この部分の出所は明らかではないが、シンドラー『伝記』第 3 版（1860）第 2 巻 70 ページと酷似している。そこではただ「総収入は 2220 グルデン」［傍点は引用者］となっており、さらに「1000 グルデン

1058

が［引用者補：劇場］管理部に、800 グルデンが写譜代に」と明細に触れている
だけで、その他の表現はそのまま同じである。これは共通の情報源を有する
というよりは、出典を明記しない引用に近いものであり、ただ総収入額に転
記ミスがあったということであろうか。しかしその直後に続く「この結果は
周知の前提条件にあって、素朴な算術家ベートーヴェンただひとりを除いて、
誰も驚かさなかった」とのシンドラーの言までは引用しなかった。この言質
は、先に紹介した、贋作の疑いの掛かる書簡［BGA 1825/1053-54 ページ］がその
伏線として使われたのではないか、との連想をさせる。

　7月1日付『総合音楽新聞』に掲載された論説は最後に収支について言及
している。私たちから見れば演奏評として違和感があるが、当時は何ヵ月後
かに出る記事に関して事後調査を踏まえるのはふつうで、1回聴いただけで
ここまで解るはずはないのではという類いの、音楽内容についての細かい言
及もときに見られる。

> 収入は――桟敷席と遮断席の予約は充つることはなかったので――2200 グルデン・
> ヴィーン価、そこから管理部がオーケストラと歌手の人員［引用者注：独唱と合唱込
> み］に 1000 グルデンを取り、写譜に 700 グルデン、その他の支出 200 グルデンで、
> 余りは正味 300 グルデンもしくは 120 グルデン銀貨［引用者注：約定価、交換比率は
> 5：2］であった。

　ここでは「2200 グルデン」となっているので、セイヤーは転記ミスでは
なく、この記事の額を採用したのかもしれない。支出の細部が上記とは若干
異なり、その分、収益がいっそう悪いが、全体傾向としてはほぼ同じで、当
時の調査を反映したものと見ることができる。

　ここから逆算して、観客数のおおよそを計ってみよう。料金は、「デュポ
ールは料金を座席［引用者注：桟敷席と遮断席］が5グルデン、平土間および4つ
の上階席が3グルデンに、ただちにすべてを少し値上げしようとしている」
［BKh 6, Heft 63, 68 ページ］とあるが、事後の報告のなかで甥カールが「4 グルデ
ン［引用者補：を払う人々］よりも2グルデンを払う人々がもっといるからで、
私は改めて窓口で気付きました、4階の切符は 11 時にはなくなり、しかし
平土間と天井桟敷の通り抜け禁止席はゆっくりとなくなっていきました。シ
ンドラーがいろいろなところに送って 30［枚］以上さばいたにもかかわらず、
もっとたくさんが残っていました」［BKh 6, Heft 67, 177 ページ］と言っているの
で、実際は4グルデンと2グルデンであったと思われる。「貴賓席の空席」

第Ⅱ部　歴史的考察

率は 100% ではないとして、4 グルデンの入場者が仮に 200 人と仮定すれば、2 グルデン席は 700 人分となり、観客層数は 900 人にプラス招待客といった程度になる。300 人と 500 人の比で考えると 800 プラスアルファであり、だいたいこのくらいの入場者だったのではないか。これは 30 人の署名者が約 30 人に前日、声かけすれば到達する数字で、急遽の告知で集まった数としてありうる範囲であろう。

10 ｜ 事後の不穏　それはいつのことだったか

　以上は会話帖には出てこない話であるが、直後に書かれていることを見てみよう。まず、当日と思われるが、シンドラーが次のように記入している［BKh 6, Heft 66, 160 ページ以下］。これはセイヤーにおいても引用されているのでよく知られているが、日本語訳［大築訳 1043 ページ］は英語からの重訳で、英語版の意訳・誤訳によって、ここに訳出するものとさまざまに食い違っている。

　　　私は生涯で今日ほどの、激烈ではあるけれど心からの拍手は聞いたことがありません。第 2 楽章は 1 度拍手で完全に中断されました［傍点は引用者］。そして再演せよと。歓呼は帝室に対する以上でした、4 回目には民衆は嵐のようでした。最後には万歳が叫ばれました。管楽器は非常にあっぱれで、一片の乱れも聞かれませんでした。平土間が 5 回目の拍手喝采を始めたとき、警部が静かにと叫びました。宮廷は続けて 3 回しかないのに、ベートーヴェンは 5 回です。私の勝利がようやく遂げられたのです、それをいま私は心から語ることができます。私はまだきのうひそかに恐れていたのは、ミサ曲が禁止されるのではないかと。というのは大司教［原注：ヴィーンの侯大司教は 1822 年からフィルミアン侯レオポルト・マクシミリアン（1766-1831）］がそれに抗議していると聞いたからです。しかしいまや私は正解でした、私が警部に初めに何も言わなかったのは、神様のおかげでしょう。宮廷劇場ではこんなことまだありません。主はあなたとともに。

　シンドラーの演説調の記入は 2 ページ半も続く。ベートーヴェンも共有している当夜の模様をわざわざ会話帖に記す意図は何かと思うのだが、後半には「私の勝利」とか「私は正解」といった自画自賛となるので、再現してベートーヴェンにもその事実を承認させようとしたのか。しかしその最後に、あることをきっかけに不穏な空気が漂う。「私たちは会計の計算の正しさに

ついて話している、彼は欺くことができない」とシンドラーは言う。甥カールが「たくさんの人々の前で弟さんが、シンドラーも伝え聞いていると思いますけど、こう言いました。コンサートはやり過ごすだけにして、そのあとはもうシンドラーを追っ払うことにする、と」［BKh 6, Heft 66, 163 ページ］。これもセイヤー日本語訳では、事実関係は基本的に変わらないが、飾られて記述されている［大築訳1044 ページ］。これに対するシンドラーは「狼狽させるのか。嫌な奴を追っ払うのは人の慣い」［BKh 6, Heft 66, 163 ページ］と反応した。

　翌5月8日にもコンサートの余韻は継続し、シンドラーが「人々全員があなたの偉大さに圧倒され打ち砕かれました」と書いたが、この部分には抹消線が引かれた。続けて次のように書く［BKh 6, Heft 66, 166 ページ以下］［大築訳1043 ページ］。

　　　このコンサートはあなたにロンドンやパリだったら確実に 12 〜 15,000 グルデンをもたらしたでしょう、当地では何百というところですかね。あなたはきのうからはっきりと洞察しているに違いありませんが、あなたはあなたの利点を踏みつけています、もしあなたがなお長くこの城壁のなかに留まるのであれば。要するに、私は、私があなたの自分自身に対する不当さをどのように感じているか、表現する言葉を持たないのです。

　実はこれと同じ記述が前日にもあり、ただそこでは「何百」が「何グロッシェンにもならない」［BKh 6, Heft 66, 163 ページ］となっている。その表現が不穏な空気を誘発し、翌日、その言い回しを訂正したのかもしれない。おそらく、実利はわずかしかもたらさなかったコンサートについて、その事前準備を取り仕切っていたシンドラーが、ここに来て、余りにも無責任な言説を言い放ったので、弟が口にしていたコンサート後の彼の放逐について、甥カールが暴露した、という風に読める。セイヤー（リーマン）の作った構図は、弟ヨハンのシンドラーに対する嫉妬、というものだが、それでは説明の付かない数々の事件が起きる。

　そして5月9日だろうか、プラーターにあるレストラン〈野人館〉での有名な打ち上げのシーンが来る。セイヤーは出席者をシンドラー、シュッパンツィク、ウムラウフとし、甥とやってきたベートーヴェンは初めから不機嫌で、その席上、劇場支配人［デュポール］とシンドラーが彼から金をだまし取ったと攻撃し、他の2人が宥めに掛かったけれどもそれも虚しく、会席は決裂して、3人は席を去り、レオポルトシュタットの"さる料理店"にて彼ら

第Ⅱ部　歴史的考察

（伯父と甥）だけで食事をすませた、と伝えている。

　この出典はシンドラー『伝記』第 3 版（1860）第 2 巻 88 ページと注記されており、事実、基本的にまったく同じ話がそこに書かれているが、異同が多少ある。たとえば、彼ら 3 人が打ち上げの締め直しをしたのはレオポルトシュタットの〈金の子羊〉というレストランで、他方ベートーヴェンは「罪滅ぼしに豪勢な食事を甥と 2 人だけで食した」とシンドラーは結んでいる。重要なのは、セイヤーはその日付を明確にしていないが、書かれている個所 [TDR V, 94 ページ] からすれば第 1 回のコンサートの後となる。しかしシンドラー伝記は「第 2 回のコンサートの何日か後」としており、これははっきりと偽りである。そのことはセイヤーも認識するところとなり、他の点も含めて、引用はしながら手を加えて正すべきは正していった、ということであろう。

　しかしながら会話帖の当該個所 [第 67 分冊] には、ほとんどの分冊の冒頭と同じように、その巻の内容を概括的に示す摘要がシンドラー自身によって書き込まれている。まず「1824 年春、第 1 回と第 2 回のコンサートの間」とあり、『伝記』での日程設定と異なる。次いで「この分冊はとくに記憶すべき跡」「プラーターでのディナー、出席者はベートーヴェン、その甥、ウムラウフ、シュッパンツィク、シンドラー。10 枚目まで」と記され、さらにその分冊（50 枚）の後続する事項が列記されている [ここでは略]。

　この部分に登場する主たる話題は第 2 回のコンサートについてであり、そこではウムラウフが劇場管理部と裁判沙汰になっていて、7 ヵ月も仕事をさせてもらえていなかったという驚くべき事実も吐露される。こうした一面もコンサートの詳細が最後まで決まらなかったことに影響していたかもしれない。話題はウムラウフが 1814 年に《フィデリオ》最終稿を初演指揮したときのことや、シュッパンツィクがこのあいだのコンサートでヘンデルのマカベウスの合唱をやったことなどにも及び、和気あいあいという雰囲気であった。8 枚目裏でシュッパンツィクが「ケルンテン門劇場のオーケストラにちょっとした感謝の書状 [引用者注：後出] をしたためては？みんな喜びますよ」[BKh 6, Heft 67, 174 ページ] と、初めて 7 日のコンサートに言及した。そして数行後に、シンドラーが「私は正直な人間としてあなたにお願いがあります。[引用者注：後から抹消線]　覚えておいでですかクレメントの物語 [原注：アン・デア・ヴィーン劇場での開催という当初の計画において、同劇場コンサートマスターのクレメントに代えてシュッパンツィクを充てたいとするベートーヴェンの意向] を、あなたはご自分の

1062

第35章　1824年　《第9》の完成

計画を止めたくなかった。私はそのことの原因でもあったのですか？私はこれらの大作品が上演に至った原因だけではないのですか？［引用者注：「会場が変更となったのは自分の所為なのか。私がいたからこそ上演にこぎ着けたのではないか」の意］このことについて、あなたをよく思うみんなが私の悪口を言っている違いありません」と言い切る。そして突然、「さようなら［Adieu］、さようなら［Adieu］、さようなら［Gott befohlen］」と書き、以後、彼の記入はなくなる。ここには当然のことながらベートーヴェンの記入はないので、彼が激昂して何か言ったのかは分らない。その後はシュッパンツィクが「あわれな奴に責任はない」と彼を庇った発言で 10 枚目表が終り、10 枚目裏はシュッパンツィクの次回コンサートに関する記入 2 行だけで、その空白にシンドラーが後で『伝記』と同じ筋書きの長い解説的注釈を、以下の通り、書き込んでいる。

> NB. ディナーは中断し、参加者たちはそれぞれ四方八方に行く。シンドラーは、ベートーヴェンから侮辱されて、最初に去り、彼にウムラウフ、シュッパンツィクが続き、別のレストランに行く。ベートーヴェンと甥だけが残る。シュッパンツィクに対する最後の発言の後、ベートーヴェンは夜遅くまでこの 3 人について嵐のようなテンポで悪態をついていたという。彼は、帝室劇場の支配人デュポールとシンドラーが同劇場でのコンサートの際に彼を騙したという凝り固まった考えを持って就寝した。

これが書き込まれた 10 枚目裏はもともとはほとんど記入のないページであったが、そのことは必ずしも時間的断絶を示しているわけではなく、一転して別人が新しいページから書き込みを始めることはよくある。そして 11 枚目表は、宮廷楽団員であり、コンサートにおいてヴァイオリン・パートに参加していたヨーゼフ・ミヒャエル・ベーム（1766-1840）がヴィーン訛りの発音で、「コンサートに関してすでにはっきりしているのは、あすもう告知されること、人々はみんな喜ぶ。~~シンドラーは信頼されていない、彼はよく喋り、やるのはちょっと。~~［引用者注：後から抹消線］　率直に言って、あなたが彼にあんなに［so fiel（正しくは viel）］信頼［Zudraun（正しくは Zutrauen）］を寄せているのがよく分らない」と記入している。ベーム記入と同定し、その脇に「ヴィーン音楽院教授」と注釈したのもシンドラー自身であるが、この記入が 10 枚目までの話題に直接つながっていることは明らかであろう。ベームもプラーターでのディナーの参加者のひとりではないかと推理させる［注：書簡交換全集ではその説が採られている（BGA 1833 注 3）］。

1063

第Ⅱ部　歴史的考察

　ところで3枚目表、すなわち会食が始まって早々に、甥カールが「僕は出かけます。2時限目には少なくともきちんと行きたい」と記入しており、彼は中座し、大学の講義に出席するかのようなそぶりである（彼は当時、ヴィーン大学哲学部の学生）。そして以後、記入は確かにない。しかもこの記入からは場面は夜の会食ではなく、昼のディナーであることが連想される。9日は日曜日であり、日曜昼食が最大のディナー・タイムである一般的慣習とも合致する。であるから、3人が立ち去った後、ベートーヴェンが「罪滅ぼしに豪勢な食事を甥と2人だけで食した」［『伝記』第2巻88ページ］とか、「夜遅くまでこの3人について悪態をついた」とかとは違うのではないか。ただし日曜日に大学が開講していたとは考えにくい、という別の面がある。大学教会で行なわれる行事への参加か。

　この記入を9日と見る根拠は、シンドラーが「あすマイロード［引用者注：シュッパンツィク］とウムラウフを招きます」［BKh 6, Heft 66, 165ページ］とあって、その後に「あなたはすでにもう回復されましたか、昨日の緊張から」［BKh 6, Heft 66, 167ページ］とあるので、それはコンサートの翌日、8日の記入、そして9日に会食、と考えられるからである。そしてそれらが1日ずれて10日なのではという可能性がないのは、その前日も清算のために切符窓口へカールと一緒に出向くので、シンドラーが「5時に大学に迎えに行く」と書いていることから、その日が日曜日ではこれこそ説明が難しくなるからである。

　会話帖の分析はこうしたきわめてやっかいな問題点をひとつひとつ解決していかなければならず、万事、一点の曇りもなく解釈できるというわけではないが、シンドラーの評価については両論あって、シュッパンツィクらは肩を持ち、ベームは批判的であることが明らかである。シンドラーは他人の発言もベートーヴェンに対して、会話帖に「誰々はこう言っている」と代筆することがしばしばあり、「ベームが言っているように」という文言に抹消線が入っている個所がひとつあって［BKh 6, Heft 67, 174ページ］、彼の在席を否定するかのようであるのも気に掛かるところである。またこの席には関係者間で重要な役割を果たしていた弟ヨハンは出席しておらず、それがためか、シュッパンツィクは「彼［ベートーヴェン］が自分の音楽をやりたいとすれば、弟に干渉させないようにしないと、さもないと不快なことからサボりが生まれる。シンドラーがさんざん苦労した」とヨハンに対する衣着せない発言をしている。こうした複雑な人間関係のなかで初演計画は経済的にはかなり悲惨な結末となった。

1064

第35章　1824年　《第9》の完成

11 ｜ シンドラー追放

　会食が、どのようにかは別として、決裂したことは確かである。その数日後、13日にベートーヴェンはシンドラーにかなり長い書簡をしたためた。セイヤーは、その前段階としてシンドラーから、証拠はないものの、被った嫌疑に対する釈明の手紙があった、と断定しているが、その判断については留保しておく。また当時は翌14日の第2回のコンサートが予定されていたので、この文面で言われている叱責はその準備に対するものか、第1回の結果に対するものか、判断しがたい、というのがブランデンブルクの見解である［BGA 1833 注2］。しかし、そういった具体的な事象を対象にしたというよりも、彼への不信が積もり積もっていて、決裂後にはもうそのまま放置しておくわけにはいかなくなった、というベートーヴェンの気持ちが感じられる。その大要を紹介する［BGA 1833］。全文はセイヤーによって引用されている［大築訳1045ページ］。

> 私はコンサートであなたが何か悪いことをしたと咎めるのではないが、懸命ではないこと、勝手な振る舞いはいろいろ台無しにしました、しかしそもそも私は、あなたによって大きな不幸が私にもたらされるという恐れを抱いている。…［中略］あの日、プラーターで私はいくつかの点であなたからきわめて辛辣に痛めつけられたと思っている。…［中略］要するに、私は私の自由を非常に愛しており…［中略］友情に関しては、あなたとは難しい課題で、私の安寧をあなたに決して委ねないし、というのはあなたには思慮が欠け、あなたは勝手に行動し、私はあなた自身のことを以前からすでにあなたにとって不都合な形で知っているし、他の人たちも同様だ。告白しますが、私の性格の潔癖性が、あなたの私に対する親切を友情でお返しすることは許さないのだ、あなたの安寧に役立つことはやぶさかではないとしても。

　ここで言われていることと関連づけられるかどうかは分らないが、シンドラーの記入としていささか驚いて印象に残った例をひとつだけ挙げると、彼が第1回コンサートのスケジュールを取り仕切っている最中、「要望書」をきっかけにオペラ、オラトリオに今後取り組むことになる巨匠に対して、5月1日になされた自信に満ちた記入「もしあなたがオラトリオかオペラを書いたらそれは私に献呈ですね、ハハハ」［BKh 6, Heft 64, 109ページ］というのがある。

1065

第Ⅱ部　歴史的考察

　彼が上記書簡を受け取ったかどうかはわからない。翌14日頃から以前と
同じような調子で会話帖に参加し、再び第2回のコンサート準備を取り仕切
り始めた。しかしその当日〔23日〕、本番直前に最後の記入を遺して姿を消す。
この全面退場のきっかけが何であったか、会話帖にそのやりとりはない。そ
して5月27日頃にベートーヴェンがしたためた書簡スケッチ数行が会話帖
に遺されている〔Bkh 6, Heft 70, 237ページ〕〔BGA 1843〕。

　　私はあなたに切に求めます、理由は何も言いませんが、私のところへ、ひとりでも
　　誰かと一緒にでも、来ないでください。私は ...〔2行が重なり判読不能〕
　　私はとにかく3度目が起こったことが悲しい。

　会話帖にシンドラーの記入はそれ以後、1825年7月12日に1度だけ、さ
らに同年12月29日以前に1度という風に、たまに出会ったことが認められ
る。その後の会話帖への完全復帰についてはすでに第34章3で述べた。つ
まり、ここでもはっきりと、プラーターでの会食は第2回の後ではないとい
うことが証拠立てられる。

12 ｜ 再演　ロッシーニのアリアを交えるごたごた

　第2回コンサートについては、すでに第1回の前日、5月6日にシンドラ
ーが具体的な打ち合わせをデュポールとしていて、彼が管理する別の宮廷施
設、舞踏会場が提供されるという話が出ている〔Bkh 6, Heft 66, 160ページ〕。た
だし、オーケストラと合唱に劇場外での出演を命令できるかが問題というこ
とであった。次週のノルマ日であれば可能ということで、ベートーヴェンが
9日に当局宛、絶対休日にコンサートを開催する許可の願い出を行なったこ
とが宮内庁の文書記録簿に遺っている〔BGA 1830〕。それによると、「14日の
晩、ノルマ日に、コンサートを行なってよろしいか許可を願い出る」とある
のだが、会話帖 BKh 6 の注287によれば、その週では皇妃母マリア・ルド
ヴィカの命日である5月15日金曜日がノルマ日、となっている。BGA
1830ではそれに関する注はない。この辺りの矛盾はよくわからないが、ベ
ートーヴェンは、プラーターでの会食時になされた感謝の書状をというシュ
ッパンツィクの進言を実行しようとした。会話帖にその文案が記入されてい

1066

第 35 章　1824 年　《第 9》の完成

るが［BKh 6, Heft 67, 176-177 ページ］［BGA 1831］、書状ないし書簡の残存は確認できない。「私は感謝しております、私のコンサートにご参加いただき」云々と始まって、「今度の金曜日［引用者注：5 月 14 日］に第 2 回を国 会 ホ ー ル^{ラントシュテンディッシャーザール}にて開催し、すべての参加者に再びお集まりいただいて、私の作品を皆様方の協演によって輝かしくすることをお願いしても、決して拒絶されることはないと確信します」と書かれている。願い出が却下されたので［BKh 6, Heft 67, 193 ページ］、文書の発送も見合わされたかもしれない。

　シンドラーの会話帖不在期間中、コンサート準備を取り仕切っていたのはまもなく 18 歳となる頃の甥カールであった。1823 年秋以来、寄宿学校を卒業して伯父と同居し、自宅からヴィーン大学に通い、哲学部で言語学を学ぶ大学生となっていた。会話帖からは伯父を助ける好青年に成長したという印象を受ける。書簡の代筆や、この頃からいっそう頻繁となるサンクト・ペテルブルクのガリツィン侯とのフランス語によるやり取りを口述筆記するのも彼の重要な仕事であった。先に引用した、窓口で切符の売れ行きを見ていた話に、「しかし今回は確信します、すべて売り切れると」と続けて、さらに次のように書く［BKh 6, Heft 67, 178 ページ］。

　　国 会 ホ ー ル^{ラントシュテンディッシャーザール}は 500 席だから［引用者補：最高額の 4 グルデンとしても］2000 グルデンにしかなりません。管楽器群と合唱の人員で 400 グルデン、独唱者は別。多くの音楽愛好家はもう田園です。デュポールが独唱者たちをこちらに渡さないのは確実です。

　ベートーヴェンが予定している会場だと狭いのと、演奏者経費が余計掛かり、かつ第 1 回のときの独唱者たちを使えない可能性があること、また日程が遅くなるほどヴィーンは陽気がよくなり郊外に出かけてしまう度合いが多くなる、と冷静な判断を記入している。そして 2 日ほど後だろうか、次の記入がある［BKh 6, Heft 67, 183 ページ］。

　　舞踏会場^{レドゥーテンザール}だったらこの点でよりよい、そのすべての席があなたのものだから［引用者注：供託金の支払いはないとの意］。デュポールの、収入の 3 分の 1 を彼にという提案はまったく受け入れられないものでもありません。というのは彼が非常にたくさん支払わなければならないからです。でも私自身は一杯になるか疑っています、劇場［引用者注：ケルンテン門劇場］のときと同じように、天気が良ければ。だから劇場での方がよい。

1067

第II部　歴史的考察

　次いで、5月15日付の『ヴィーン総合音楽新聞』や『ヴィーン芸術・文学・演劇・流行雑誌［Wiener Zeitschrift für Kunst, Literatur, Theater und Mode］』などいくつかの新聞に「確かな筋によると、ベートーヴェンのコンサートの待ち望まれる再演は今度の火曜日［引用者注：5月18日］、ケルンテン門劇場で行なわれる」といった内容の記事が出た［BKh 6 注340］。これに関しては会話帖にベートーヴェンが文案スケッチを残している［BKh 6, Heft 67, 182ページ］［BGA 1834］。それには開催日と会場は書かれていないが、「流行雑誌」と宛名を記しているので、その結果が記事となったと考えられる。さらに、14日から19日までの間であることは確実だが、会話帖にピリンガーによって「コンサート予告。ベートーヴェンのコンサートの待ち望まれる再演が5月21日金曜、晩にケルンテン門劇場で行なわれる。詳細はいつもの劇場チラシ、ヴィーン新聞で［原注：そのような記事はない／注359］」［BKh 6, Heft 67, 190ページ］という書き込みがある。これを会話帖編纂者は5月21日（予告されたコンサートの当日）の記入としている［BKh 6, Heft 66, 169ページ］が、明らかにケアレスミスである。

　そして、経緯はまったく不明だがシンドラーが再登場し［BKh 6, Heft 67, 192ページ］、やがて主導権を回復したことが判る［BKh 6, Heft 67, 194ページ］。

> カンネ［『ヴィーン総合音楽新聞』編集者］は舞踏会場^{レドゥーテンザール}に賛成、ディルツカ［ケルンテン門劇場合唱指揮者］は反対。管理部［引用者注：宮廷ケルンテン門劇場と宮廷舞踏会場^{レドゥーテンザール}は共通の管理部］は日曜日［引用者注：5月23日］に舞踏会場^{レドゥーテンザール}を提供し、照明、設営、すべての経費を持ち、あなたに500グルデン約定価を保証します、それ以上は管理部の取り分です。…あるいはデュポールがすべて必要なものを与え、管理部に純益の3分の1を取ります。どっちがいいか考えて下さい。

　最初は14日、そして18日、21日、と予定は、もしかしたら勝手な憶測も交えて、次々に繰り延べられ、ようやく「23日日曜日に宮廷舞踏会場^{レドゥーテンザール}で行なうことを同支配人のデュポールが基本的に了承している」と、実際の日時と場所が立ち現れる。しかしその正式決定の告知は再びなく、20日になおシュッパンツィクが「コンサートはいつですか？　晩ですか？　舞踏会場^{レドゥーテンザール}ですか？　その方がいいでしょう、［ケルンテン門］劇場より利点がある。効果が宮廷舞踏会場^{レドゥーテンザール}と劇場ではまったく違う。［中略］なぜ明日の晩［5月21日］ではない？　日曜になって嬉しいです。というのは私はまだ体調が万全ではなく、まだ薬を服用しなければなりませんので」と記入している［BKh 6, Heft 68, 207ページ］。ウンガーも宮廷舞踏会場^{レドゥーテンザール}賛成派で、「宮廷舞踏会場^{レドゥーテンザール}がいずれに

1068

しても良い、第1にあなたは確実に 1200 グルデンを得る、第2に音楽が際立つ、第3に心配がいらない、第4に私の意見だから」[BKh 6, Heft 68, 201 ページ]と 19 日頃に述べている。これは 12 日にベートーヴェンがゾンタークとウンガーに「私のコンサートでのすばらしい共演を感謝しています、いちどプラーターかアウガルテンでお昼をどうですか、陽気もよいですし、来週の再演でもよろしくお願いしたい」[ゾンターク宛のみ現存 BGA 1832]と誘ったのに対して持たれた食事の席と思われる。会話帖では甥カールとシンドラーの同席が確認できるが、ゾンタークは欠席したようである。

　実現には細目の詰めが必要で、その最大の問題は第1回の演目は長すぎたという、大方の判断であった。「要望書」署名者のひとりで、『ヴィーン芸術・文学・演劇・流行雑誌』創刊者であるヨハン・シック（1770-1835）は「率直な意見を言わせてもらうと、ミサ曲の個々の部分とシンフォニーだといささか長すぎます」と感想を述べ、「あなたがこれらのすばらしい創造物によって最高の効果をと望まれるなら、そうしたまとまり[引用者補：がよいのか]か、短縮をなさるか、[中略]私は残念ながら、これらの作品を1回しか聴いてないので、あなたの質問にお答えする立場にありません。しかし私は思うのですが、アニュス・デイは結構ですが、おそらくキリエも、でも最後のシンフォニー楽章にはいささかの短縮をなさった方が」[BKh 6, Heft 67, 198 ページ]と書いた。甥カールも「コンサートが宮廷舞踏会場でだとしたら、デュポールは讃歌を止めて、その代わりにアリアかその他にするよう求めています」[BKh 6, Heft 68, 205 ページ]と報告している。

　一方シンドラーは 20 日か 21 日に、「チェルニーに何行かだけ書いて下さい、何かコンチェルトを彼が弾く？　変ホ長調[引用者補：第5番 Op.73]なら彼はよく弾いているから彼にはたいした骨折りにはならない。[中略]チェルニーは第1楽章だけがよいのでは。というのは全体が長すぎる。我々はいま、コンサートは讃歌1曲とコンチェルトの1楽章で2時間半と計算している[引用者注：《第9》と3曲で]。さらにチェルニーは貴族に大きな引き合いがあるので、これはそれら愚鈍な人々にも効果がある」[BKh 6, Heft 68, 208 ページ]と書いた。その提言がきっかけか、ベートーヴェンは 21 日にチェルニーに短い書簡をしたためた[BGA 1838]。

　私に好意をお示しくださりませんでしょうか、あさって宮廷舞踏会場大ホールで私のコンチェルト変ホ長調からアダージョとロンド[引用者注：第2・3楽章]を演奏す

第II部　歴史的考察

るという。あなたはそれによってそのコンサート全体をいっそう素晴らしくするでしょう。合唱が少ししか練習できず、讃歌から1曲以上は上演できないのです。私は期待します、あなたが私のお願いを拒否なさらないことを。

　それに対しておそらく同日中にチェルニーから長い断りの返事が来た［BGA 1839］。要するに、ヴィーンの玄人はだしの大公衆の前で、2日もないなかで何の準備もなしに、しかもあなたの最も偉大で最も練り上げられた作品のひとつを演奏するのは不可能、というものであった。書簡交換全集における原注［BGA 1839 注3］は、チェルニーが1818年4月12日に同小ホールで演奏したことがあるのだし、この説明は理解しにくいとしているが、それは6年も前のことであり、チェルニーの言い分は理解できるのではないか。

　そこで、シンドラーとデュポールが相談して、イタリア人歌手たちに三重唱を歌わせようということになった。しかも「三重唱はどうかと、デュポールが切迫してあなたに頼んでいる、それほど難しくなければ、土曜までに書いてくれと」［BKh 6, Heft 68, 210ページ］というのだから、この方がはるかに驚きである。ポスターにどう表示するかということになり、結果的に当日歌われた、未出版の《おののけ、不信心な者ども》［Op.116］が、1814年2月27日にすでに上演されていたにもかかわらず、「新しい三重唱」と告知された。これは、何もはったりなどではなく、直前までどうなるかわからないという事情があったと思われる［以下参照］。

　先に宮廷劇場イタリア・オペラ団所属の3人の歌手、ダルダネッリ［コロラトゥーラ歌手・舞踊手］、ドンツェッリ［テノール］、ボティチェッリ［バス］の出演が決まった。それに続いてシンドラーによる「彼［デュポール］はしかしさらにあなたに探りを入れに来るでしょう。すなわち、ダヴィドにも何かを歌わせる、すごく小さいアリエッタとか言っていました」［BKh 6, Heft 68, 212ページ］と決定的な記入がある。そして当日の演目にはもう1曲、加わった。「これならホールは満員まちがいなしです、あなたが同意されればですが。彼は貴族を必ずや来させようとし、そうすれば彼らはあなたの作品を聴かなければならず、あなたにとって有益ということになる。あなたはリスクをまったく負わない、第2の提案を受け容れれば。カールはそう考えている」と続く。

　ダヴィドとは誰か、プログラムにはファースト・ネームが記されていないので判然とはしない。原注［BKh 6 注387］は「有名なテノール、ジャコモ・

1070

第35章　1824年　《第9》の完成

ダヴィデ（1750-1830）[1822-24年に宮廷劇場イタリア・オペラ団所属] か、その息子ジョヴァンニ（1789-1851）[1822-27年に宮廷劇場イタリア・オペラ団所属] か、決めがたいが、1824年までヴィーンで大成功していたジャコモの方か？」としているが、デュポールが客寄せのために出演させようとしているということを考えれば、当時74歳に達しながら第一線で活躍していた、それほどに有名である父親の方であることは間違いないであろう。彼が独唱したのは、何とロッシーニの《タンクレーディ》から〈こんなにひどい胸騒ぎが di tanti palpiti〉であった。これには周辺が鋭く反応した。記入者は特定できないが、「ダヴィドが何か別のものを歌うのならともかく。公衆はあなた御自身を嘲笑します、ロッシーニを助けに呼ばなければならないんだってと言って。少なくとも di tanti palpiti には抗議するべきです」[BKh 6, Heft 68, 215ページ] とある。

　セイヤーは「パルフィは曲目の変更を希望した。この変更は明らかに民衆の好みを迎える企てであったであったが [傍点は引用者]、ベートーヴェンは同意したように思われる」[大築訳1045ページ] と総括したが、実際はそんな単純な構図ではなかった。まず、ここで問題となっているのが宮廷劇場または宮廷舞踏会場の貸借に関するそれらの共通の支配人デュポールとの交渉であったことは、コンサート直後にハスリンガーに宛てた書簡 [BGA 1840] のなかでベートーヴェンが「その他デュポールがやったすべては私にはまったく責任がなく、たとえば彼が三重唱を"新しい"としたのであって、私ではありません」と書いていることからも裏付けられる。パルフィ伯はそもそも民間のアン・デア・ヴィーン劇場の所有者であって、同劇場での開催話が初期段階で消えた後は無関係となっており、事実、会話帖にはこの前後に彼の名前はまったく見られない。セイヤーはこの部分を「シンドラーの言によると」と始めていて、参照個所 [シンドラー伝記第2巻73ページ] も挙げている。

　そこで私は、シンドラーが自らデュポールと交渉したにも拘わらずそれに失敗したことを誤魔化そうと、相手をパルフィにすり替えたのか、と思って調べてみたが、そうではなく、パルフィの名はそこには挙げられておらず、ただ「管理者」とか「管理部」となっていて、それをセイヤー（リーマン）が読み違えたと思われる。また、公衆の好みに迎合という点はその通りだが、それは曲目ではなく、歌手の登用にあったと見るべきである。ポスター・チラシを見てみよう [BGA VI, 326ページに写真]。

　冒頭にベートーヴェンの名前とともに4名のイタリア人歌手が大書きで列

第II部　歴史的考察

大 コ ン サ ー ト、

ルートヴィヒ・ヴァン・ベートーヴェン氏の、
そこではダヴィド氏、ドンツェッリ氏、ボティチェッリ氏、ダルダネッリ嬢も
歌うことになる、そして
日曜日　1824年5月23日、帝国・王国大舞踏会ホール、
昼の時間に、
開催される。
その際に提示される曲目は最新の諸作品
ルートヴィヒ・ヴァン・ベートーヴェン氏の。

第1に　　大序曲
第2に　　新しい三重唱、L. ヴァン・ベートーヴェン氏によって作曲された、
　　　　　ダルダネッリ嬢、ドンツェッリ氏、ボティチェッリ氏によって歌われる。
　　　　　［引用者注：《おののけ、不信心な者ども》（Op.116）］
第3に　　大讃歌、ゾンターク嬢、ウンガー嬢　ハイツィンガー氏、ザイベルト氏
　　　　　および全合唱人員によって歌われる。
　　　　　［引用者注：《ミサ・ソレムニス》から、キリエ］
第4に　　アリア〈こんなに胸騒ぎが〉　ダヴィド氏によって歌われる。
第5に　　大シンフォニー、フィナーレに導入される独唱・合唱付き、シラーの歌、
　　　　　歓喜に寄せる、による。

シュッパンツィク氏がオーケストラの統轄、楽長ウムラウフ氏が全体の統轄、そして音楽愛好
家協会が合唱とオーケストラの補強を好意から担当する。
ルートヴィヒ・ヴァン・ベートーヴェン氏は全体の統轄に参加される。
ホールへの入場は1グルデン、上階席は2グルデン約定価、

入場券はケルンテン門通り1038番の劇場窓口で、ケルンテン門角の建物1階で、通常の
取扱時間に、コンサートの当日に、もしくは午前11時にホール入口の窓口で、入手のこと。
開始は0時半。

記され、客寄せには彼らの出演がポイントであったことを窺わせる。一方、
曲目第4には作曲者名もオペラのタイトルもないが、その明示は大した問題
ではなかったのか、あるいはその必要のないほど有名なので明示はベートー
ヴェンを刺激するという配慮があったのか。ここには当時の微妙な雰囲気が
覗かれる。この原稿はベートーヴェン・サイドからのもので作曲者名はあえ
て伏せた、という可能性がないのは、三重唱が「新しい」とされているから
である。この前後の事情を、コンサートの翌日の24日に甥カールが説明し

1072

第 35 章　1824 年　《第 9》の完成

ている。ポスターはすぐに破棄され改訂版が張り直されたということが判る
［BKh 6, Heft 69, 228 ページ］。

> 最初のポスターは、その日の晩にまた破られましたが、そこには少なくとも"di Tanti
> palpiti"とありました。それが誰によるものかみな知っています。しかし最後のポス
> ターには"L.V.B 氏の最新作、第 4 番：アリア　ダヴィドによって歌われる"とありま
> した。まるでそのアリアはあなたの最新作のひとつであるかのように。
> いま思ったのですが、ロッシーニは何と考えるでしょう。彼の耳にすぐ入ります。
> 彼はあなたが彼のアリアをあなたのコンサートでやることを誇らしく思うかもしれ
> ません。

　つまり管理部は、客寄せのためにイタリア人歌手 4 人を出演させるという
ことを最優先したのであり、ロッシーニ作品で集客を図るという露骨な意図
はなく、シンドラーが「ダヴィドは別の曲を申告することがすぐにはできな
かった」［BKh 6, Heft 68, 216 ページ］と報告しているので、たまたまロッシーニ
の曲となって、タイトルのみ示すという配慮をしたが、それでも誰によるも
のかが自明であることに気づき、最後のポスターにある「L.V.B 氏の最新
作」という誤記となってしまうほどに気を遣った、というストーリーが見え
てくる。ベートーヴェンとしては同意するか拒否するかというレヴェルでは
もはやなく、任せるしかなかったのであろう。
　しかし周囲の受け取りは違ったので、世間一般の目線も同じようなもので
あったのではないか。すなわち、甥カールはコンサート終了直後に次のよう
に書いた［BKh 6, Heft 69, 227-228 ページ］。

> 満員ではありませんでした。まずひとつは、多くの人がすでに郊外にいます。多く
> は上階席の高い値段にも怖じ気づいて、それゆえにがら空きでした。一部は入場し
> ませんでした、あなたが収入を得ないだろうということが知られていたからです。
> 一部は外出していました、ロッシーニのアリアが不快だったからです、僕がそうだ
> ったように。［中略］
> あなたの作品は、いわばロッシーニの安物とひとつのカテゴリーに据えられること
> によって汚されます。

　コンサートが遅くなるほどに、陽気のよくなるこの時期には上流階級の
人々は郊外の田園に遊びに出かけてしまう、という第 1 回の日程設定の時か
ら危惧されていた問題が現実となっていた。そしてベートーヴェンが「収入

1073

第Ⅱ部　歴史的考察

を得ない」からは、売上げから諸経費を除いた「純益の３分の１」ではなく、500グルデンの保証額を選択したということが判り、客の入りはベートーヴェンの収入とは関係がなくなったので、演目について妥協したのだと思われる。さらに「ロッシーニのアリアが不快だった」は作曲者名明示の有無は関係なかったことを意味し、周辺の反ロッシーニ空気も推量される。しかも「ロッシーニの安物によって汚される」とは「要望書」の主旨と通底している。

　これは、少なくとも甥カールにはトラウマとなったようで、３回目のコンサート開催を模索する過程で９月初め頃に、アンドレアス・シュトライヒャーが「あなたが再びコンサートをするときは練習と本番に立ち会う以外は何もしてはなりません」と言ったことを受けて、カールは「〈こんなにひどい胸騒ぎが〉〔引用者補：もだ／引用者注：「取り上げてはいけない」の意〕」と応じている。

13 ┃ 再演の総括　シンドラーをめぐって

　シンドラーが消えた後で第２回のコンサートの総括を主導するのは甥カールである〔BKh 6, Heft 70, 250ページ〕。

> おそらくもう一回、コンサートとなるでしょう。主たる間違いは、広く知られなかったことにあり、『観察者［Beobachter］』も『ヴィーン新聞』も沈黙していました。ポスターだけでは十分ではありません。それは多くの人から気付かれませんでした。僕自身もそれを街角で他のポスターのなかに見つけ出すのに苦労しました。弟さんは、シンドラーに責任あり、と言っています、コンサートは彼がデュポールに宮廷舞踏会場がいいと提案し、また金曜ではなかった。

　天気のよい日曜日のマチネー・コンサートとなったことも客足をコンサート会場に向かわせる妨げとなった、と言いたいのだろう。そしていま見てきたように、第１回にも増して第２回はシンドラーがデュポールと直接交渉をして外枠が埋まっていったことが明らかで、それがまたロッシーニ作品を組入れるという結果にもつながった。周辺の空気はこういうものであったことが確かめられる。会話帖ではつねに沈黙しているベートーヴェン自身の判断は分からないが、「３度目が起こったことが悲しい」〔BGA 1843〕に集約されているかもしれない。

1074

第35章　1824年　《第9》の完成

　事態のより完全な理解のためにさらに以下の2点を考察しておきたい。シンドラーとベートーヴェンの直接の出会いのきっかけは、1822年10月3日にヨーゼフシュタット劇場で『献堂式』が上演された際にシンドラーがコンサートマスターを務めていたことであったとはすでに述べたが、実は、彼は1814年11月29日に舞踏会場でシンフォニー第7番等がヴィーン会議参加者たちの前で上演されたコンサートにヴァイオリン奏者として共演していた[BKh 5 注418]。また彼は1825年からケルンテン門劇場オーケストラの第3コンサートマスターを務めるほか、ベートーヴェンの死後はペシュト、ヴィーン、ミュンスター、アーヒェンの各地で同様の職に就いたので[BKh 1 注98]、ヴァイオリン奏者としての活動は相当のものであった。その彼は《第9》初演に参加しなかったのだろうか。最終的には宮廷劇場を使用することになり、オーケストラは、宮廷劇場専属の、勤務外出勤日当の支払いを受ける人員と、音楽愛好家協会演奏部所属のアマチュア（多くは下級貴族）の共演であることがポスターでも謳われており、弾ける人はできるだけ多く参加という構図ではなかったので、実際に彼の参加はなかった。会話帖でもそれを窺わせる記入はない。しかし当初はアン・デア・ヴィーン劇場の可能性が検討されていて、その所有者パルフィ伯との交渉をしていたのもシンドラーであった。前述のように、同劇場のコンサートマスターであるクレメントをベートーヴェンの求めによって外部のシュッパンツィクに変えようとしたことでこの案は潰れたが、その交渉過程でシンドラーは「クレメントが第2ヴァイオリンの首席を、しかし2回目のコンサートではシュッパンツィクが占めてはどうか」[BKh 5, Heft 60, 235ページ]と妙なことを言っている。この両者が2度のコンサートで第2ヴァイオリンの首席を分け合うという風にこの話を採れば、では第1ヴァイオリンの首席、コンサートマスターは誰かということになる。その後はともかく、オーケストラの編成の根本方針が定まっていなかったこの時点では、シンドラーはその任に当たる意欲を十分に持っていた可能性がある。

　いまひとつは、アルトのウンガーが、終演後の万雷の拍手に気づかずなお譜面に見入っているベートーヴェンを聴衆の方に向けさせた、という逸話についてである。これもシンドラーによって紹介されているもので[『伝記』第2巻71ページ]、それが強烈な印象を与えるだけに有名である。セイヤー伝記においても、ウンガーが1869年にグローヴ卿に全演奏の最後に起こったと言った、となっている。これは当事者の記憶として信頼度の高いものとされる

1075

第II部　歴史的考察

かもしれないが、第三者を介した二次証言である。また、コンサートに居合わせたタールベルクが1860年にセイヤーのインタヴューにスケルツォの後だったと証言したことも持ち出し、しかしタールベルクが証言したベートーヴェンの服装はシンドラーが書いていることとは違うという理由で、同人の記憶は間違いであるとしている［大築訳1042ページ］。この部分を執筆したのはリーマンであるが、セイヤーがその旨の2つのメモ書き資料を遺したということだろうか。

　オーケストラのなかにいてテンポの指示をしていた彼が演奏の大音響の終了に気付かないほどに耳の聞こえが悪化していたという話はどうも怪しい。仮にそうだとしても、演奏者の動きが止まるのだから、それは視覚的に判ることである。

　先に引用したシンドラーの臨場記入［BKh 6, Heft 66, 160ページ以下］は、第2楽章の終了時に拍手が起こった、としている［1060ページ］。それはベートーヴェンにとっては予想外のものであったろうし、もしかしたら、第3楽章が静かに始まるというのになんでここで拍手なんかするのか、とさえ思ったかもしれない。演奏はそれを無視して先に進むべきとして、その拍手に振り返らなかった、と想定すれば、耳の聞こえとは関係ない問題である。そう考えないと、テンポ指示等の演奏統轄も実はベートーヴェンにはできなった、ということになってしまうのではないか。いずれにしても、証明はできない逸話の類い、と片付けるのがこれまでの定番であったが、シンドラーは伝記においてこの場面を、自ら会話帖に臨場記入した際にどう書いたか忘れて、描いたと言わなければならない。

14 │《第9》と《ミサ・ソレムニス》の出版に向けて

　ガリツィン侯が、《ミサ・ソレムニス》のスコア筆写譜の高価な予約販売を勧誘するのではなく、4～5ドゥカーテンで印刷本の予約を始めたらどうか、という提案を1823年8月3日に行なっている［BGA 1724］。彼の考えでは、それによってベートーヴェンは少なくとも50の予約者たちからなるより大きな需要層を確実にするだろうというのであった。それに対してベートーヴェンは1824年5月26日の書簡で同意し、第2の勧誘リストを作成すると宣言し、半年以内に出版しその第1号をあなたに送るとした［BGA 1841］。

第35章　1824年　《第9》の完成

この書簡は、5月7日と23日のコンサートが彼から「時間もお金も失うものだった」という表現を2度も繰り返しながら、「当地では私の<u>ために</u>は何もなく、むしろ私に<u>抗って</u>事がなされる」［アンダーラインは原文のママ］とする失意の下で書かれたものであるが、永らく沙汰やみとなっていた出版計画に乗り出す決意表明でもあった。

　第33章6で《ミサ・ソレムニス》の本格的な出版勧誘が2月末から3月初めにかけて新たに3社に対してなされたことは触れたが、それはまさに初演コンサートの推進計画と並行していた。唯一、積極的に反応したショット社は3月24日に次の書簡を起草した［BGA 1797］。

　今月10日の書状を私たちはチェチーリア編集部［引用者注：ショット社がベートーヴェンに接近した部署］に閲覧のために回し、急いで私たちの関心が何かについてお答えします。
　たいへん喜んで私たちは私たちに提供された3つの手書き譜［引用者注：弦楽四重奏曲（Op.127）、《ミサ・ソレムニス》（Op.123）、シンフォニー第9番（Op.125）］を受け取りますが、今回、これほど強力な版を一気に作成することは私たちには可能でありません。したがって私たちは私たちの願いを限定し、私たちに四重奏曲の手書き譜を出版のためだけの所有権としてお譲りいただくことをあなたにお願いし、私たちは要求された50ドゥカーテン金貨を［引用者補：手書き譜の］受領後に折り返し送金するか、あなたが手書き譜を直ちに私たちに発送する際に、その額を同地の商社を通じて引き出すよう望まれる場合には、私たちは即刻のお支払いを遂行しますが、しかしこの手書き譜の所有にただちに至れるようお願い致します。
　あなたの大ソレム・ミサ、ならびにあなたの新しいシンフォニーは私たちにはきわめて切実でして、両作品を、私ども以外の出版目録のなかに、そのような輝かしい星として光り輝くのを見ることほど、辛いことはありません。したがいましてもういちどあなた様にお尋ねします、あなたが報酬を値引きされるおつもりはないとして、報酬を6ヵ月ごとの4期に分けて受け取られるのはいかがでしょうか。こうした状況下において私たちはこれらの非常に大きな、また非常に重要な作品の出版に挑戦いたし、そして誇りを持ってこれらの出版をあらん限りの美しさで装丁し、即座の演奏のためにパート譜で、ならびにスコア譜でも、彫版させます。
　あなたは私たちの率直さを誤認識されたり誤解釈されたりはなさらないでしょう、そして私たちは好意あるお答えを待っています。

　　ヴィーン宮廷楽長ルートヴィヒ・ヴァン・ベートーヴェン閣下殿

　ベートーヴェンが3月10日付［BGA 1787］で提示した報酬額は弦楽四重奏曲が50ドゥカーテン、《ミサ・ソレムニス》が1000グルデン、シンフォニ

第II部　歴史的考察

ー第 9 番が 600 グルデンであった。ショット社が巨匠の最後に信頼を勝ち得ていくのは、2 大作品に真摯に対応した唯一の出版社であったことが大きいが、この高額な（出版社にとって）稿料に分割払いを持ちかけたり、へりくだった文面や「宮廷楽長閣下」という架空の敬称で対応したり、という巧みな術も好感を与えたことであろう。この 2 大作に作曲者が 400 グルデンの差をつけていることも興味深い。「私の最大の作品」という文言がただ規模の大きさだけではない、彼自身の価値観から発せられたことが判る。しかしこの価格差には、ミサ曲演奏のコンサート収入は見込めず、作曲の労苦に見合う報酬を誰が払うでもない畢生のミサ曲は出版でしか報われない、という想いが反映していないだろうか。

　ショット社は以後、支払い条件を明確化したり、使者を送ったり、『チェチーリア』誌を寄贈したり、ということを口実に、巨匠の心をつなぎ止めるために、立て続けに 3 通の書簡［4 月 10 日付（BGA 1809）、4 月 19 日付（BGA 1813）、4 月 27 日付（BGA 1819）］を発信する。ベートーヴェンは初演準備が佳境に入ってこれらにまったく対応できない。しかし再演コンサートの 4 日前、5 月 20 日に会話帖にシンドラーが「マインツからの人が私と会った。彼は予想と違ってあすもう発たなければならない。だから今日中か、より確実にはあす朝にあなたのところに来るだろう」と記入した［BKh 6, Heft 68, 214 ページ］。ショット社からの使者、ナッサウ公楽長クリスティアン・ルンメル（1787-1849）は公爵のヴィーン訪問に随行して 4 月 28 日にヴィーンに到着した［BGA 1813 注 2 および BKh 6 注 260］が、ベートーヴェンと接触するまでに時間を取っていた。ルンメルの訪問は 5 月 22 日頃のことであったが［BKh 6, Heft 69, 224 ページ］、彼が訪問したいとの情報をシンドラーから得てベートーヴェンはおそらく慌て、5 月 20 日付でショットに「あなたにこれ以上早くに答えるのは不可能でした、私は目が回るほど忙しかったので」と始まる返書［BGA 1835］をしたため、「明後日、あなたが私に推薦した人が来ることになっている」と書いている。そして、支払い方法について商売に長けた知人に書かせた別添文書［BGA 1836］を同封した。そのなかで計 1600 グルデンの支払いについては「今から 1 ヵ月後に 600 グルデン、2 ヵ月後に 500 グルデン、4 ヵ月後に 500 グルデン」と提案した。交渉はその後も続いて、ショット社が最初の額面 500 グルデンの小切手を送ったのは 8 月 12 日のことであった［BGA 1861］。

　ベートーヴェンはこの間、まず、ペンツィングのヨハン・ヘール［BKh6 注

1078

第35章 1824年 《第9》の完成

218] という仕立屋所有の住居に、家具などを買い揃えて［BKh 6, Heft 71, 254 ペー
ジ］6月3日から9日の間に引っ越した［BKh 6 注 471］。そこは夏を過ごすた
めに5月1日に契約して借りておいたものだが［BKh 6, Heft 63, 100 ページ］、そ
の支払い180グルデン［BKh 6, 100 ページ, 脚注 91：領収書はベルリン国立図書館蔵］は
初演・再演コンサートの収益300グルデンの過半であった。しかしいろいろ
不都合が出て［省略］、1ヵ月もしないうちにバーデンに移る。この辺りにつ
いてもセイヤー伝記の記述は訂正されなければならないが、ここではこれ以
上の深入りはしない。

　彼は体調を崩してバーデンに結局11月まで滞在することになるが、その
間にガリツィン侯との約束の1曲目、ショット社にもすでに提示してしまっ
ている弦楽四重奏曲［Op.127］の創作に休み休み立ち向かった。シンフォニー
第9番の版下原稿は初演に使用したものを充てることとしたが、訂正追加す
るべきページがいくつかあり［BGA 1881 注 5］、また《ミサ・ソレムニス》の
方は改めて作成しなければならず、それをヴィーンでさせてもただちにはチ
ェックできない状況が続いた。

　両方の版下原稿がショット社のヴィーン代理店に引き渡されたのは、ベー
トーヴェンがルドルフ大公に浄書譜を献呈してから2年近くが経過した
1825年1月16日のことであった。彼は1週間後の22日付書簡［BGA 1925］
で《ミサ・ソレムニス》をシンフォニー第9番の原稿とともに代理店に託し
たことを確認し、その2作品の所有権証明書を送った。3月19日以後に起
草された書簡（受領4月1日）でショット社に一連の作品に対して123から
127までの作品番号を指示した［BGA 1950］。彼が《ミサ・ソレムニス》のラ
テン語タイトルと巻頭に掲げるべき筆写譜購入者リストをショット社に送っ
たのはようやく11月25日になってからで［BGA 2094］、メトロノーム記号表
示については次回にとした［これは果たされずに終わった］。と同時に、シンフォ
ニーのそれらについては少し時間が欲しい旨と出版を3ヵ月延ばすよう依頼
した。すでに検討したように［第32章参照］、それにはイギリスでの版権問題
が絡んでおり、刊行は1年半後の1826年8月のことで、ロンドンでの原稿
の受領（1824年末）から出版は18ヵ月以降という契約は守られた。

　一方、《ミサ・ソレムニス》の出版はベートーヴェンの死の数日後、1827
年3月末か4月初めまで順延した。細目の指示等がシンフォニー第9番より
先立っていたにも拘わらず出版順が逆転した理由は何か。極大作品を2つ同
時に抱え込んだ出版社側の事情もあったとしても、それだけでは片付けられ

1079

第II部 歴史的考察

ない問題を孕んでいたように思われる。ルドルフ大公が早期の出版を望まなかったのではないかとの推測もあるが、それを証明できる材料はない。浄書スコア譜頒布の発送は1823年8月頃に始まり、24年5月頃までで一応終了したが、ラヅィヴィル侯への発送だけが遅れて1年後の1825年4/5月頃となった。先行取得の有用性を維持するために印刷による出版をできるだけ送らせた可能性はあるにしても、その後2年近い遅れまでにそのことが影響したとは思われない。その理由は謎のままである。

ショット社がこの件に関して次に反応するのはシンフォニーの出版が完遂した後、1826年11月28日のことで、「ミサ曲はついに印刷に入りました」とし、あとはタイトル・ページを飾る大公の紋章だけという最終段階に入った旨、報告した［BGA 2233］。ショットは年内にも刊行できる見通しをほのめかしていたが、病床での校正作業が遅滞し、出来上がった献本を手にできないままベートーヴェンは死去した。

第36章

1824〜27年

最後の創作
死去8ヵ月前に起こった事件

弦楽四重奏曲連作とガリツィンの謝金不払い／末弟ヨハンとのこと／
ホルツのこと／ヨハンの所領地グナイセンドルフでの2ヵ月／
甥カールとの関係の見直し／ヴィーン帰還はいつ／
シンドラーの再登場／汚された像

1. ガリツィンとの間の経緯
2. ガリツィンなる人物　遺族たちの回収努力
3. シュトライヒャーの新提案
4. 弟ヨハンのグナイセンドルフ領地
5. カール・ホルツのこと
6. 甥カールとの緊張高まる
7. カールの自殺未遂
8. カールの不行状
9. 伯父甥関係に懸けられたバイアス
10. 甥とグナイセンドルフへ
11. 会話帖を一方向から誤読
　　「バッハは小川ではない」逸話
12. グナイセンドルフを発つ準備
13. グナイセンドルフ旅立ちから医師の往診まで
14. シンドラーによって汚された像

第Ⅱ部　歴史的考察

　2大作品を社会に送り出した後、直ちに取り組んだのは弦楽四重奏曲の連作である。「教会音楽、シンフォニー、そしてせいぜい四重奏曲以外は書かないでしょう」[1822年12月20日、ペータース宛、BGA 1516]は本当だった。オラトリオ《十字架の勝利》とオペラ《メルジーネ》の計画もあったが、それは後回しにし、最優先はガリツィン侯との約束を果たすことであった。そしてそれはまだ5月中、おそらく再演コンサート[5月23日]の直後から開始された。夏に保養先のバーデンで取り組むも、なかなか進展せず、スケッチは1825年1月頃まで続き、再発足するシュッパンツィク弦楽四重奏団が1825年1月23日の第1回コンサートで初演しようとしていたところ間に合わず、《セリオーソ》Op.95で代用されたのはよく知られたエピソードである。初演は1ヵ月半後、3月6日の第2回コンサートに延期された。その完成作業と並行して第2作[Op.132]が1825年1月後半に着手され、創作は7月半ばまで続いた。さらにその進行と重複して、5月頃から12月まで第3作[Op.130]の第1〜5楽章と第6楽章初稿"大フーガ"[Op.133]が取り組まれる。ガリツィン侯献呈の3曲はこうして約1年半の間に順次、完成していった。
　久々の集中的な弦楽四重奏曲創作はその勢いが止まらず、1825年12月から1826年7月頃にかけて4曲目[Op.131]が作曲され、その月のうちに開始された5曲目[Op.135]はスコア譜の完成後ただちに自ら作成したパート譜に「1826年10月30日、グナイセンドルフにて」と書き込まれた。その最終段階の9月半ばからガリツィン第3作[Op.130]の第6楽章[Op.133]に差し替える新しいフィナーレ[Op.130第6楽章]が取り組まれ11月中頃に完成された。まさにベートーヴェンの創作生活の最後は、《第9》と《ミサ・ソレムニス》部分の初演・再演終了後の6弦楽四重奏曲への"芋づる式"取り組みであった。
　その間、1826年8月6日に起こった事件は彼の生涯で最もショッキングな出来事であった。順調に行っていたはずの甥カールとの関係が、将来の方向を転換したい旨の甥の申し出をきっかけに、一気に瓦解したのである。
　一方、最後に登場したパトロン、ガリツィン侯との関係はその1826年11月22日付書簡を最後に、報酬未払いのまま、途絶える。
　末弟ヨハンの所領地グナイセンドルフで生涯にわたる作曲の仕事を完全に

終えて、12月1日に同地を発ちヴィーンに向かった、とされていたが、この日付については『書簡交換全集』において1週間の前倒しが提示された［後述］。その見解に従うとすれば、無蓋馬車での一泊旅行で冷気に晒されたのが決定的であり、それが最後の病に直結した、という従来の定説が覆されることになり、病床に就くまでに何日かがあったとすれば、ベートーヴェンと末弟との関係、旅立ちの謎、甥カールの評価、等に全面的な見直しが必要となる。その結果はさらに、シンドラー伝記の徹底排除につながるべきであり、それはセイヤー伝記によって追認されてしまっている部分にも及ばせなければ、ということになる。

　ヴィーンに戻って病床に伏したベートーヴェンに近づいてきたのはシンドラーであった。1826年12月8日からシンドラーは会話帖に再び頻繁に登場する。そのことが後世のベートーヴェン理解にどのように作用したのだろうか。その重大性の総括が本書の最後から2つ目の大課題である。

1 ｜ ガリツィンとの間の経緯

　冒頭に引用した言説［1822年12月20日付BGA 1516］は、その約40日前、露暦10月28日（グレゴリウス暦11月9日）発信の書簡［BGA 1508］でサンクト・ペテルブルクのニコライ・ガリツィン侯が「1、2または3曲の弦楽四重奏曲」の作曲依頼をしたことと関係していると思われる。書簡がヴィーンに届くまで1ヵ月もかかったかもしれないとすれば、「せいぜい四重奏曲以外は」とは受信の直後の表明かもしれない。しかし弦楽四重奏曲をいつか創作しようとしていたことが窺われるのは、1822年6月5日にペータースに対して提供可能作品のリストを掲げたとき、その末尾にまだまったく手を付けていない「四重奏曲 50 ドゥカーテン」［BGA 1468］と記したことである。シンフォニーやオラトリオといった管弦楽大作は書いた後、収入に結びつけることが容易には見通せない。かといってピアノ曲は、売れ筋ではあっても、もはや書きたくない［第33章4］。弦楽四重奏曲は、その中間に位置する存在として、創作意欲と市場の接点にあったと見ることができよう。ペータースへの提示をきっかけに創作に向かったとか、したがってガリツィン侯からの委嘱は創作に拍車を掛けただけ、といった主張する向きも従来あったが、その証拠はまったくなく、スケッチが現れるのはまさしく《第9》初演・再演

第Ⅱ部　歴史的考察

後である。

　1823 年 1 月 25 日にガリツィン侯に宛てベートーヴェンは「1 曲につき 50
ドゥカーテン」で、「最初の四重奏曲を 2 月末に、または少し遅れて 3 月中
頃に仕上げる」、と委嘱を受諾の旨、返信した［BGA 1535］。自身の作業計画
について根拠のない見通しを立てるのはいつものことだが、この時期は
1822 年 10 月に始まったシンフォニー第 9 番のスケッチ作業が軌道に乗り始
めた頃であり、ロンドン・フィルハーモニック協会からのシンフォニー作曲
の委嘱に対し 12 月 20 日に「新しいシンフォニーを書くようにとの依頼を満
足して受け取った」とリースに返事して、1 ヵ月が経過したところであった。
それと並行して弦楽四重奏曲の創作も可能と思ったか。弦楽四重奏曲 1 曲に
作業期間 2 ヵ月とは、ほかに心配事もなく、それだけに集中的に取り組める
絶対的好条件が揃えば不可能な数字ではないとしても、実際に取り組んでみ
れば半年はかかる仕事であり、この時点で彼が 2 ヵ月後の完成を目論んだの
は、依頼者の期待にできるだけ早く応えられればそれに越したことはないと
いう程度の彼の気持ちの反映であろうか。この嬉しい知らせを真に受けてガ
リツィンは 1823 年 2 月 19 日に第 1 曲のための 50 ドゥカーテンを御用達銀
行シュティーグリッツのヴィーン代理店ヘニクシュタインに送金した旨を知ら
せ、あと 2 曲のための 100 ドゥカーテンも用意していると連絡した［BGA
1574］。これは自然な成り行きであったと言える。

　折からベートーヴェンは、《ミサ・ソレムニス》のヨーロッパ各王室に向
けた筆写譜の購入依頼の文書を王室に伝達するために、それを仲介してくれ
る人物の選定とその発送の作業をシンドラーとともに行なっていて、ここに、
ロシア皇帝に対しては、新たな関係ができたガリツィン侯を通じてという考
えが生まれた。会話帖へのメモ記入［BKh 3, Heft 27, 138 ページ］から、3 月 25
日に依頼の書簡［BGA 1619］が発せられたであろうと推察される。その件を
めぐるやり取りが両者間に何通か確認される。6 月 21 日にベートーヴェン
はピアノ・ソナタ Op.111 と《ディアベッリ変奏曲》Op.120 の印刷譜をガリ
ツィンに献呈しようと発送した可能性があるが［BGA 1724 注 6］、それについ
て何度もの喚起が両者の間で繰り返され、最終的に 1824 年 12 月 5 日付書簡
の追伸で侯が「あなたが私に去年送られたクラヴサンのための 2 作品を私は
決して受け取っていません」［BGA 1907］と記しているように、発送された小
包は郵送途中で紛失したと考えられている。

　ガリツィンからは、1823 年 8 月 3 日に発信されたと思われる書簡［BGA

1084

第36章　1824〜27年　最後の創作　死去8ヵ月前に起こった事件

1724]で、ミサ曲筆写スコア譜を自らも入手したいという希望がもたらされる。ベートーヴェンはさっそく9月17日にその予約の謝金として50ドゥカーテンの振込を依頼した[BGA 1743]。それに対してガリツィンは10月3日にヴィーン代理店ヘニクシュタインに対し、2月に四重奏曲第1作分としてすでに振り込んだ50ドゥカーテンをミサ曲分に転用するよう依頼し[BGA 1747]、同代理店は同月25日にガリツィンにその指示を遂行した旨、報告した[BGA 1749]。ベートーヴェンは前後してすでに同月22日に筆写スコア譜をヴィーンでヘニクシュタインに渡した[BGA 1757 注1]。侯はその受領を12月30日に確認し[BGA 1763]、さっそく初演の準備に入った[第35章7]。そして1824年4月から5月にかけてサンクト・ペテルブルクとヴィーンにおいて《第9》と《ミサ・ソレムニス》の3回にわたる記念碑的上演が続いたわけである。

　5月中にいよいよガリツィン委嘱四重奏曲の1曲目が着手された事実はスケッチ帖に明白に跡づけられる。そして再演コンサートの4日後の、すでに2度引用した、5月26日付書簡でベートーヴェンは「あなたに長らく御約束しておりますあなたの四重奏曲をあなたはまもなく入手されるでしょう、もしかしたら他のものも」と書いたが、これは連続的な創作の態勢に入ったことを自身で告げるものであった。ただし、「あらゆる方面からの大作品の問い合わせと鼓舞[原注：ベートーヴェンは「要望書」でオラトリオとオペラの作曲を迫られていた]がそれほど強くなければですが」[BGA 1841]と付け加えた。

　この書簡はガリツィンとの関係においてきわめて重要なもので、内容が多岐に渡っており、長い間の交信の不通と依頼に応え切れていないことについてのベートーヴェンの気持ちが満載されている。そもそも、残存するベートーヴェンのガリツィン宛書簡にあって、これ以外の3通は甥カール筆の、口述筆記または翻訳によってフランス語が使用されたものだが、これだけはドイツ語による自身の執筆で、23日のコンサート終了後に真っ先に手掛け、かつ急いでしたためたと察せられる。「まもなく入手される」とは、「2〜3ヵ月の内に」という常識的な意味ではなく、「それに取りかかりますよ」といった程度のことで、多方面からの強い要請があればそうはいかないという条件も付いている。後段ではさらに4つの重要な事柄が述べられている。①「新しい序曲[原注：Op.124]と3人のイタリア人によって歌われ素晴らしい演奏だった三重唱[原注：Op.116]を送ります」、②「フィナーレに合唱と独唱が入ってくる新しいシンフォニー[原注：Op.125]を望まれるならスコア譜で写

1085

第II部　歴史的考察

譜させます、写譜費用の弁済だけでその他の報酬は要りません」、③「もしかしたら、殿下のご尽力によってミサ曲をロシアの皇妃に献げることは可能でしょうか」、④「もしかしたらしかも、ロシア皇帝のような雅量に富む君主が私に年金を下賜されることは可能でしょうか、それに対しては私はすべての大作品を真っ先に送らせていただきます。そして付託を閣下がすぐさま叶えられますと、それにより困窮したる者は世俗的に助けられることになりましょう」である。

　①について、新カタログは「［引用者補：4月8日付書簡［BGA 1807］において］大いに感激してガリツィン侯は4月7日の《ミサ・ソレムニス》上演を報告した。作曲者はそのことによって［daraufhin］1824年5月26日に序曲と三重唱曲を送ると約束した」と、書簡の日付順に因果関係を捉えているが、前にも述べたように、4月8日付書簡はベートーヴェンに5月26日時点では届いていないことは確実で、事実、5月26日付ベートーヴェン書簡［BGA 1841］は《ミサ・ソレムニス》のサンクト・ペテルブルクにおける先行上演についてまったく触れておらず、その予定をうわさとして聞き知ったというレヴェルに留まっている。したがって序曲等の送付についての言及は、初演の労に対する応報としてではなく、むしろ大きな仕事から解放された直後に、積年の約束を果たすという責任の自覚の表明とともに、③と④のお願いを前提とした、直前のコンサートでの上演曲目すべてを提供する用意があるとするもの、と解釈するべきであろう。ガリツィンはさっそく6月16日付でその3曲の入手希望を表明するが［BGA 1845］、叶ったのは最終的に序曲のみであったことは、その後にガリツィンに対する不信感がベートーヴェンに芽生えた結果である［後述］。

　1825年7月6日頃に書かれた書簡下書き［BGA 2003］でベートーヴェンは2つの序曲［原注：Op.124およびOp.115］の送付を表明した。そして送られたのは、Op.115（《聖名祝日》）の方は4月にシュタイナー社から出版されたばかりの印刷スコアと考えてよいが、Op.124（《献堂式》）の方は筆写スコア譜で、そこには甥カール筆で献呈の辞が書かれていた。直後の13日にバーデンから甥カールに宛てて［BGA 2006］、ガリツィン宛の献呈の辞を書いて代理店のヘニクシュタインに送るよう指示しており、その実物と見られる侯所有由来の筆写譜［Quelle II, 6］が伝承されている。さらにこの作品が1825年12月にショット社から出版されたとき、侯への献呈の辞が付された。②についてはその送付は確認できず、後述する理由から、ベートーヴェンがそれを思いと

1086

第36章　1824〜27年　最後の創作　死去8ヵ月前に起こった事件

どまった可能性がある。

　④については、大コンサートが期待した収入につながらなかった直後の、八方塞がりのなか、経済状況改善のすがるような気持ちが映し出されているが、第Ⅰ部第7章16で指摘したように［262ページ］、この表明と、1826年1月26日のショット社宛書簡［BGA 2110］において断念（皇帝死去のため）に言及するまでシンフォニー第9番をロシア皇帝に献呈しようとしていたこととは関係があると見なければならない。しかし少なくともガリツィンとの間では、侯が1824年6月16日付返信［BGA 1845］で皇帝の外務大臣ナッセルローデ伯に掛け合うようにと提案しただけで、この話は終わった。③についてもすでに第Ⅰ部第7章で触れたが、以上のような経過を確認すると、この時点でベートーヴェンは《ミサ・ソレムニス》とシンフォニー第9番のロシア皇帝夫妻への献呈の可能性を探っていたことが判る。この事実は後世においてきちんと認識されてこなかったのではないか。

　8月末に会話帖に記されたベートーヴェンのメモ書き［BKh 6, Heft 73, 311 ページ、および Heft 74, 314 ページ］から、およびガリツィンの12月5日付書簡［BGA 1907］の冒頭に「あなたの先便」とあるので、ベートーヴェンが再び早急の四重奏曲送付を約束し、併せて、四重奏曲の送金を改めて依頼した可能性がある［BGA 1907 注1］。書簡交換全集では一般に、確実に消失した書簡は番号が振られて登録されているのだが、この場合はその扱いになっていないので見落とされがちである。そうしてガリツィンは同書簡（12月5日付）において再度の50ドゥカーテンの送金を告げた。これがガリツィンのベートーヴェン生前最後の支払いとなる。ベートーヴェンは同書簡の落掌後直ちにか、18日に消失書簡［BGA 1913a］において「14日以内に四重奏曲第1作（Op.127）を送る」と言明した。しかしそれが完成したのは1825年1月末頃で、ガリツィン侯に送付するのは1825年3月［BGA 1913a 注1］となり、委嘱受諾から約2年後のことであった。ガリツィンは4月29日付書簡［BGA 1962］において受領の確認をしている。

　2作目［Op.132］は1作目の完成前から書き始められたが、4月後半から1ヵ月ほどベートーヴェンは腸カタルに悩まされ、新しい主治医ブラウンホーファーの何度もの往診を受けて、食事療法に励んだ。第3楽章が「快癒を神に感謝する聖なる歌、リディア旋法による」とタイトル付けられることとなった由縁である。全曲は1825年7月中頃にほぼ完成し、9月頃に書かれたと思われるガリツィン宛書簡［BGA 2062］で「あなたに四重奏曲第2番をお

第II部　歴史的考察

送りすることを光栄に存じます、第3番はまもなく終えることをお知らせします」とした。ところがガリツィンは約4ヵ月後の1826年1月14日付で、2序曲の送付を感謝しつつ、「四重奏曲の発送を待っている」と書いており［BGA 2106］、このときも郵便が大幅に滞ったと推察される。侯は同書簡で併せて2作目に対する50ドゥカーテンと序曲［Op.124］の献呈に対する25ドゥカーテン、計75ドゥカーテン（約340グルデン）を振り込むとした。

　郵便がどうやら著しく遅れていることに対して、2月8日に会話帖でシュッパンツィクが郵便紛失物についての善後策を議論している［BKh 8, Heft 103, 311 ページ］。ガリツィン所有由来の筆写パート譜［Quelle II, 2］が現存するので、いつかの時点で届いたことは確かである。3作目［Op.130］は病気回復の5月以降に早くもスケッチが本格化し、1825年12月に完成、1826年1月に献呈用パート譜［Quelle II］が作成された。今度は一般郵便に荷物を託すことが見直され、帝国・王国宮廷・政府御用達搬送業者アウグスティン・リプシャーに委ねる話が1月16日から21日の間にホルツによって会話帖に記入されている［BKh 8, Heft 102, 277 ページ］。その後、ペテルブルクに向かった業者から連絡が「まもなく入る」、そして「入った」、と4月11日［BKh 9, Heft 108, 182 ページ］と23日［BKh 9, Heft 109, 222 ページ］に書かれている。そのまとめの報告が5月10日から12日の間にホルツによって記入される［BKh 9, Heft 110, 229 ページ］。業者はガリツィン侯から献呈の謝金を、いわば着払いのような形で、回収する使命を帯びていたことがわかる。

> 輸送業者リプシャーは、四重奏曲第3番を持っていき、お金を持って帰ることになっていましたが、彼がペテルブルクからこう書いてきました。彼は侯のところに居ました、侯はそのとき時間がなく別の日に来てくれと謝っていました。リプシャーはそこで5〜6回赴きましたが接見が叶わず、あらゆる逃げ口上が使われました。執事を通じて侯爵への取りなしを再び付けるべく、5グルデンのいわゆる青紙［引用者注：青色の紙幣を賄賂に使った？］が最終的に彼を助けました、彼は少なからず困惑し、楽譜をパラパラとめくり、最後にこう言ったそうです、リプシャーはヴィーンの帰路に発つ前にお金を受け取るために彼のところに現れるようにと。同人はいますべてをロシア手管と思っています［傍点は引用者（後出）］。ですがこう付け加えました、そうに簡単にはぐらかされるものか、4〜5週間、当地に居るつもりです。現在、彼が四重奏曲第2番を持っていることも確かです。

　セイヤーは、この後に、シンドラーの書き込み「もし私の忠告に従っていたら、四重奏曲は1作だけ送るのがせいぜいで、あとは思いとどまっていた

でしょうに、云々」[BKh 9, Heft 110, 234 ページ] を紹介しているが、これは典型
的な死後記入である。

　7月初めにヴィーンに戻ったリプシャーから報告を受けたホルツが7月中
頃に、「侯爵はたいへん丁重であったが、その後は絶えず拒否を貫いた」と
会話帖に記入している [BKh 10, Heft 115, 49 ページ]。さらにその数日後、7月下
旬の記入で「搬送業者が考えるに、最善はシュティーグリツ銀行に問い合わ
せることで、大使館と掛け合うよりもやりやすいのではないか」[BKh 10, Heft
115, 61 ページ] とあり、それにしたがってベートーヴェンは8月2日にサンク
ト・ペテルブルクのシュティーグリツ銀行本店に宛てた消失書簡 [BGA 2179]
でガリツィン侯に謝金 125 ドゥカーテンの未払いを想起するよう依頼した。
同銀行は直ちに8月13日付で返事を寄こし、侯爵は目下、当地に不在で、
タンボフ行政管区の小都市カズロフ近郊にいると思われ、当地に戻り次第、
未払いの喚起を行なうとした [BGA 2185]。そしてついに11月22日付でカ
ズロフからガリツィンの書状が来る [BGA 2230]。新しい傑作2曲 [引用者注：
四重奏曲第2作と第3作] を落掌しながら [引用者補：半年以上も] 連絡しなかったこ
との詫びに続いて次のようにある。

　　　破産を何度ももたらすほどの莫大な損失により、またあなたに説明しかねるような
　　　他の状況により、不幸な状況に見舞われて、日常的な活動からも遠ざかるようなこ
　　　とになっていました。
　　　現在はロシアの奥地の田舎におりますが、数日中には参戦のためにペルシャに向け
　　　て出発することになっております [原注：ロシア・ペルシャ戦争（1826-28）]。その前に
　　　シュティーグリツ銀行に 125 ドゥカーテンを絶対に送る所存です。……

　ベートーヴェンがこれを受け取ったのは間違いなくグナイセンドルフから
ヴィーンに帰還してからで、以後、死の床で未払い金との格闘が続くことに
なる。侯がここで述べていることを実行したとすれば、シュティーグリツ銀
行が請求に対する払い出しに応じるかどうかという次元の話となるが、それ
は実行されなかったことが以下のやり取りから判る。

　1827年1月18日付 [原注：グレゴリウス暦で30日ではないか] のシュティーグリ
ツ銀行の書状 [BGA 2251] に「現在、以前と同じ件に関する1月10日の第2
の書状 [原注：現存しないが、BGA 2248 から類推される] が私どもの手元にあります」
とあり、「ニコラス・ガリツィン侯爵氏にすでにタンボフ行政管区カズロフ
へあなたの件を書きまして、あなたのご要請、125 ドゥカーテンについて彼

第Ⅱ部　歴史的考察

に喚起しました。私どもはそれについて彼の返答を待っているところであり、私どもは受領後必ずあなたにお知らせします」と続いた。そしてさらに2月12日にシンドラーが会話帖に「あとせいぜい14〜20日、1月27日付あなたの最後の書簡の返信を待って、その後は何の遠慮も要らずバッハ博士に委ねるべきです」[BKh 11, Heft 136, 191ページ]と記入しているので、これがペテルブルクとの交渉をほのめかしているとすれば、催促する消失書簡は1月27日付のもう1通［BGA非登録］あることになる[BKh 11 注355による]。そして死の5日前、3月21日付のシュテグリッツ銀行宛書簡[BGA 2285]はベートーヴェンの名による最後の書簡であるが、甥カールが所有していた下書きによってその内容が判明する。そこには「本年1月10日に…［中略］の内容であなたに書きましたが、その文書の受け取り確認もないままなので、紛失の場合もあるかと思い、その内容を詳しく確認し、ペルシャへ発つ前に寄託したいと書かれているガリツィン侯の書状［原注：1826年11月22日付 BGA 2230］の抜粋を添付します」と書き出され、シュテグリッツ銀行の1月18日[露暦]/30日の返書[BGA 2251]がまだ届いていないことが読み取れる。そして「この金額を私は、とくにすでに長く続いている病気にあって必要としています」と結ばれていた。その、おそらく甥による口述下書きには、ベートーヴェンの自筆で「ガリツィン侯に、125ドゥカーテンのために1827年3月21日に」とのメモ書きがあったとされる[TDR V, 570ページ以下、BGA 2285の典拠注による]。

2 │ ガリツィンなる人物　遺族たちの回収努力

　侯のこの借財は、形の上では、2度に分けてようやく1835年に50ドゥカーテン、1852年に75ドゥカーテンが甥カールに支払われた[BGA 2285 注3]が、ベートーヴェン自身にとっては、約束のすべてを誠実に果たした彼の努力に報いるものではなかったし、また返済の仕方も無責任なものであった。
　ガリツィン（1794-1866）は、自身にいかなる事情が発生したとはいえ、社会的契約を一方的に履行しなかった。伝承資料のひとつひとつが参照可能となった現在、以上のようにその経緯の詳細を追うと、その反社会性は問われるべきであるし、その対応にも大きな問題があった、と言わなければならない。その言い逃れ様には"ロシア手管"といった当時の認識以上のものがあり、没落貴族のやむなき選択、最後は完済した、では済まされない。リプシ

第36章　1824〜27年　最後の創作　死去8ヵ月前に起こった事件

ャーの名はその後、会話帖に登場しないので真相は分からないが、彼の業務経費も相当になったはずであり、そのコストは本来ガリツィンが負担すべき性質のもので、しかしそれは最終支払額に反映されてはいない。ことに1827年に入ってからの、回収に向けてのベートーヴェンの必死の努力には痛々しいものがある。最晩年の経済的窮状の一因がこの件にもあったことは後世にとって衝撃で、「とくにすでに長く続いている病気にあって必要としている」との最後の言葉は心に迫るものがある。窮状については次章で詳述する。

　死後のやり取りについては新資料がなく、シンドラーやセイヤーらによる記述を参照して、事実関係についてはこれまで知られていたことに基づきながら、再検証するほかない。それによると、甥カールは、後見人の宮廷書記官ヤーコプ・ホチュヴァル（1780頃-1842）を立てて、1829年3月20日に帝国・王国の管轄役所にサンクト・ペテルブルク駐在大使館を通じての未払い回収を申し立てた。1832年11月9日に50ドゥカーテン［大築訳ではケアレスミスか30ドゥカーテンとなっている］の支払いがあったことが、カール・ヴァン・ベートーヴェンの領収書によって判明するという。カールはなお残金の75ドゥカーテンの請求を続け、ガリツィンは1835年6月2日［露暦］/14日に支払いを約束したが、ただし負債の清算としてではなく、「私と親しかった彼を偲んで」と、10年もの未払いという事実は認めたくないという貴族のメンツに拘った。しかも実行はされなかった。ここにまたシンドラーが介在したということになった［シンドラー伝記第2版163ページ］が、後にその記述は削除された［シンドラー伝記第3版］。セイヤー伝記第5巻では、1852年4月16日付のガリツィン侯のカール宛書簡が引用され［TDR V, 573-575ページ］、1852年10月13日［ユリウス暦（露暦）］/25日［グレゴリウス暦］にガリツィンが75ドゥカーテンを、あくまで上記の主旨で支払い、カールも個人に対する任意の寄付という意思を了承して受領書に署名した、ということになっている。しかしながら、半年前の書簡は支払った事実を証明するものではなく、またカールの領収書についても明示はない。

　当時、音楽界でこの件が明らかになっていったとき、ガリツィンの対応に対する非難は当然に起きた。フランツ・ブレンデル Franz Brendel 著『イタリア、ドイツ、フランスにおける音楽の歴史 Geschichte der Musik in Italien, Deutschland und Frankreich』（1852）やハインリヒ・デーリング Heinrich Döring 編『ドイツ古典家伝記集 Biographien Deutscher Classiker』（1853-54）においてガリツィンが四重奏曲の報酬をごまかしたといった言説が公刊され

1091

第II部　歴史的考察

る。それに対してガリツィン側は態度を硬化させた。

　セイヤー（1897 年没）→ダイタース（1907 年没）→リーマンと受け継がれた「セイヤー伝記」（全 5 巻の完成は 1908 年、リーマンによる第 1 〜 3 巻の改訂の完成は 1917 年）の英語版の作成に最初に携わったのはクレービールであった。彼はそれを全 3 巻にまとめて 1921 年に出版したが、その作業過程で「主としてセイヤー氏の書類から引き出される小史」という文書をしたためた。セイヤー＝クレービールの『ベートーヴェンの生涯 The Life of Beethoven』（1921）を増補改訂したのがフォーブズによる『セイヤーのベートーヴェンの生涯 Thayer's Life of Beethoven』全 2 巻（1967）であるが、その付録 H「ガリツィン侯の支払いをめぐる後日談」のなかでクレービール筆の「小史」が紹介されている。それによると、ニコラス・ガリツィンは 50 歳代後半で早くも田舎の領地に隠退しており、代わって息子のゲオルギーが交渉に当たり、その対応は「自分は過去について何事も知り得ないし知りたいとも思わない」という態度で、デーリンク編の著者に対して、「著述を刊行することによって、その機会に質問を私に投じたことになるので、そういう誤解に終止符を打つ義務がある」として、「ベートーヴェンの家族が死去［引用者注：カール・ヴァン・ベートーヴェンは 1858 年 4 月死去］してしまったのだから、ドレスデンのカスケル銀行に預けてある金はあの著名な芸術家の名前や作品に直接関連があるような慈善またはその種の目的に使うほか、処理の道はないだろう。ドレスデンにて、1858 年 7 月 3 日［ユリウス暦］/15 日［グレゴリウス暦］」と書いた、ということである［出典なし］。そしてカールの遺族、その夫人は資金の回収にさまざま手を尽くしたが、1861 年になお資金はカスケル銀行に預けられたままであった。やがてセイヤー自身がそれに協力することとなるが、その成否についてはクレービールは確認できていない。

　書簡交換全集［BGA 2285 注 3］は、未払いは 1852 年に完済という立場を取っている。その典拠は、セイヤー伝記第 5 巻 571 ページ以下、と表示されているので、リーマンの 1908 年の結論を尊重してのことと思われる。その後にクレービールはセイヤーの残した資料に基づいて再調査したが結論は出なかったわけである。この未払い問題がここまでこじれたポイントは、カールの 1852 年 10 月受領証の有無であろう。これが確かなものであれば、事後の迷走は別の性格を帯びたものであったことになるが、当時の資料を知悉しているセイヤーがカールの死後にその遺族の回収努力に協力したのは受領の事実を疑ったからではないだろうか。

1092

第36章　1824〜27年　最後の創作　死去8ヵ月前に起こった事件

　しかしここで考えるべきは、未払いになっていた 125 ドゥカーテンが 25 年後に最終的に支払われその時点で債務は解消したのか、という事実関係ではない。前にも述べたようにリプシャーに依頼した運搬と回収の経費等はまったく問題になっていないだけではなく、そのリプシャーを追い返し、その後も書面［BGA 2230］では支払うとしながら、すなわち支払い義務を認めながら、それを履行せず、債権者が死去したとなれば自分は隠遁して息子に交渉させる、その上で支払い義務を否定して慈善事業への寄付であれば、といったガリツィン自身の一連の不誠実な対応が問題なのである（ニコラウス・ガリツィンは 1866 年没）。

　セイヤーが執筆のために材料を集めていた時期にこの問題はまだ未解決であり、だから彼は故カールの夫人の側に立って調停に努力するべく巻き込まれていったのであるが、シンドラーを含めて、彼らは 1850 〜 60 年代においてガリツィン未払い問題に対処する当事者であった。したがって真相の追究は、相手方とともに問題を解決しなければならない立場を前提にしており、1826 年以来のガリツィン侯の対応に対する評価は棚上げにせざるを得なかった。これがベートーヴェン研究におけるガリツィン問題に対する扱いの当初のスタンスであるが、それ以降の後世がそこで敷かれた方向付けを継承することで終わっていたのは、シンドラー、セイヤーを乗り越える再検討が滞っていたからである。

　初版譜において Op.127、Op.132、Op.130［Op.133の"大フーガ"を含まない、全6楽章］の 3 曲の弦楽四重奏曲がガリツィン侯に献げられたことはそれぞれに明示されており、それは歴史的事実であって、それらを"ガリツィン四重奏曲"、あるいは"ガリツィン第1番"などと呼ぶことは社会的にも定着はしている。しかしこうした再検証を経ると、その呼称を使い続ける是非は問われるのではないだろうか。ちなみに、その呼称は初版譜に明示された被献呈者名を尊重してのものであるが、Op.130 に関して言えば、ベートーヴェンがガリツィン侯の負託に応え、それゆえに同侯への献呈の辞を付した清書筆写譜が献げられたのはその後に出版されて「Op.130」となった作品ではなく、その第 1 〜 5 楽章に、第 6 楽章としては、後に別に刊行される Op.133［"大フーガ"］が付いた、Op.130の"初稿"であった。そしてその第 6 楽章は、Op.133 として別個に出版されたとき、ルドルフ大公に献呈されたのである。ここでも、作曲の委嘱およびそれに対する献呈の辞付き清書筆写譜の献呈と、出版時に明示される作品の献呈行為は別個のものである、ということが明らかである。

1093

3 │ シュトライヒャーの新提案

　前述したように、シュッパンツィクが弦楽四重奏コンサート活動を再開し
たのは 1823 年 6 月 14 日であった。新メンバーは第 2 ヴァイオリンがカー
ル・ホルツ（1799-1858）、ヴィオラがフランツ・ヴァイス（1778-1830）、チ
ェロがヨーゼフ・リンケ（1783-1837）となった。この団体の活動が 1 年後
に、「要望書」が言うところのヴィーン音楽の復興に貢献していくことは確
かで、またベートーヴェン最晩年の弦楽四重奏曲連作の試演の場となったこ
とも事実だが、よく言われる、その再結成がいわゆる"ガリツィン四重奏曲"
の創作を後押しした、ということではない。本章 1 で見たように、この 2 つ
のできごとに因果関係はなく、四重奏曲の作曲は純粋に、1824 年 5 月に大
仕事から解放されて、1823 年 1 月に承諾した作曲依頼に応える、というベ
ートーヴェンの自発的意志から生まれ出たことである。
　1824 年 5 月の 2 回の大コンサートが経済的にほとんど何ももたらさなか
った現実に対して、周囲から新しい提案が出された。「要望書」署名者のひ
とりで、ピアノ製作者のヨハン・アンドレアス・シュトライヒャー（1761-
1833）が 1824 年 9 月 5 日に、「すでに 36 年来の知己たる友人の意見として」
と締める書簡 [BGA 1870] をしたためた。その内容の要点は、①この冬に 6
回の予約演奏会の開催　600 名の予約者として 7200 グルデン、諸経費 2400
グルデン　4800 グルデンの純益、②全集の出版　少なくとも 10,000 グルデ
ン約定価 /25,000 グルデン・ヴィーン価の売上げでモーツァルト、ハイドン、
クレメンティのようなもの [原注：ブライトコップ & ヘルテル社がそれぞれ 1798, 1799,
1803 年に発刊したピアノ作品集]、半年前に全ヨーロッパに告知する、という 2 点
であった。
　一方、シュッパンツィク四重奏団は、同年 11 月 28 日から「日曜連続演奏
会第 2 ツィクルス」を始めており、それは 12 月 5 日、12 日、19 日、26 日
と続いた [BKh 7 注 716]。そして年が明けて、1825 年 1 月 23 日からレストラ
ン〔赤いハリネズミ〕の協会ホールで 6 連続演奏会を開始した。1 月 25 日
付『コレクター [Sammler]』紙は「シュッパンツィク氏の 6 人気予約四重奏
が始まった」と報道している [BKh 7 注 267]。これはシュトライヒャー提案①
の 6 連続演奏会と関連しているだろうか。プログラムの全容はもはや突き止

め不能 [BKh 7 注 716] であるが、その第 1 回には出来上がるはずの変ホ長調
作品（後の Op.127）の初演が組まれており、また各回にほとんど必ずベー
トーヴェン作品が含まれていた。提案のようなベートーヴェン主催とはなら
なかったので、収益からどの程度、彼自身に分配されたかは分からない。演
奏著作権保護の問題については次章で総括する。

　シュトライヒャー提案②の全集刊行については、構想としては生涯に何度
か生まれ、その嚆矢はヘルテルが 1803 年 6 月 2 日付書簡 [BGA 141] でベー
トーヴェンに働きかけたものであるが、そのときはブライトコップ & ヘル
テル社が他の作曲家の一連の全集を刊行し始めた流れのなかにあった。また
1810 年にベートーヴェンから提案した件については第 25 章 11 で扱った。
彼はその後も作品全集の計画を追究し、1817 年以来、何年かの間にいくつ
もの出版者と連絡を取ったが、大規模で費用もかさむ企画には全員がほとん
どなびくことはなかった [BGA 1925 注 10]。

　まさしくこの時期に、2 大作品 [Op.123, Op.125] とガリツィン侯献呈第 1 作
[Op.127] の出版で良好な関係が構築されたショット社と全集計画に向けての
相談が始まった。それが最初に確認されるのは 1825 年 1 月 22 日付書簡
[BGA 1925] であるので、4 ヵ月前のシュトゥライヒヤーの提案が後押した可
能性がある。しかしこれも行き詰まる。

4 ｜ 弟ヨハンのグナイセンドルフ領地

　末弟ヨハン（1776-1848）が 1822 年から秘書役を務めていたことについて
は第 33 章 6 で触れた。彼が現存する会話帖に初めて記入するのは 1822 年 6
月初めのことなのでそうとしか言えないのであるが、会話帖は 1820 年 9 月
半ば以後それまで約 1 年 8 ヵ月にわたって欠落しているので、その間のある
ときから兄弟の交流がヴィーンで再開され、そして末弟の秘書業務が実質的
に始まっていたことは確かであろう。

　そこはいきなりの、「あした私はシュタイナーとミサ曲のために話をする
つもりです、そしてアルタリアと、それがあなたによいことであるなら [前
出 985 ページ]」[BKh 2, Heft 17, 262 ページ] との書き込みであり、すぐ次に彼の夫
人テレーゼも記入しているので、このときは夫婦でやってきたわけである。
1808 年にリンツで開いた薬局が、ナポレオン戦争が続いた時節柄、大成功

第II部　歴史的考察

して、彼は 1819 年 8 月 2 日にヴィーンから西に約 70 キロのドナウ河沿いにあるクレムス（Krems an der Donau）から北に 3 キロの小村グナイセンドルフ（Gneixendorf）で、「ヴァッサーホーフ」と呼ばれる元伯爵所有の大きな館のある領地を買収した。

　彼の所有地の面積は大築訳［1154 ページ］では 400 エーカー（英語版では「400 エーカー近く」［1116 ページ］）となっている。原書で「400 モルゲンを大きくは下回らない」［TDR V, 385 ページ］とされている部分だが、一定の作業量を単位とする、という点で似た英語表現であるエーカーにそのまま置き換えたものである。エーカーは現在の国際基準では約 4047㎡ なので約 162 万㎡ となり、1 モルゲンは約 30 アールだから約 120 万㎡ となるが、エーカーもモルゲンも当時、地域によってかなり差があり、現在の換算基準をそのまま当てはめるとかなりの違いが出る。いずれにしても、日本的に東京ドーム（グラウンド面積：13,000m²）を物差しにすると、400 エーカーは約 125 個分、400 モルゲンは 90 個分ほどに相当する広さである。

　弟は会話帖で「私の所有地では 1 階と 2 階に 10 部屋、山々とドナウのすばらしい景色です」［BKh 7, Heft 84, 153 ページ］と説明している。そして兄を一度来てみてはと、たびたび誘った。たとえば 1825 年 1 月初めに「あなたが私のところに来ればそれはできます、私は一番高い山に住んでいます、まったく単独で。私のところから 30 分で素晴らしい景色のたいへん美しい森です」［BKh 7, Heft 80, 60 ページ］と記入している。このことから 5 年たってもベートーヴェンがまだ一度も訪れていないことが判る。

　土地の多くを小作人に貸し、前所有者に毎年、1900 グルデン約定価の割賦金を支払っていた［BKh 6, Heft 75, 358 ページ］。1824 年 12 月 26 日に甥カールの記入として「弟さんはリンツで薬局から 1800 グルデン約定価の年収があり、リンツに 2 軒の家を持っていて、3 軒目［グナイセンドルフか?］からさらに年収 1800 グルデン約定価を得ている」とあるが、これは、弟と甥カールと 3 人で談笑しているときで、弟が喋ったことを甥カールがそのまま書いたように感じられる［BKh 7, Heft 79, 336 ページ］。この合計 3600 グルデン約定価はヴィーン価に換算すると 9000 グルデンであり、ベートーヴェンの年金と比べると 2．5 倍以上の開きがある。彼はこの館を 1836 年に売却した［https：//de.wikipedia.org/wiki/Schloss_Wasserhof_（Gneixendorf）］。ヴィーンの街中にも妻の実家であるパン屋の一角に住まいがあって、そしておそらく 1820 年冬から兄の元へ頻繁に顔を出すようになり、同年 12 月にオリヴァが去ってから自然と秘

1096

書役を受け持つようになったのであろう。しかも 1822 年 10 月から 23 年 5 月まではベートーヴェンもそこに、弟夫婦と扉ひとつ隔てて、住んでいた。

1822 年 11 月以降、シンドラーが押しかけ秘書として幅をきかすようになると、同人が 1824 年 5 月末に追い出されるまで、弟とシンドラーとの間には役割をめぐる衝突や意見の違いが当然のように起きる。シンドラーは会話帖を管理し、伝記も書いたので、弟ヨハンのイメージ作りに主導権を持つこととなり、そして後世はその完全な影響下にあった。セイヤー（リーマン）もそれに染まらざるを得ず、しばしば「嫉妬に駆られた弟が」といったネガティヴな記述に出会う。弟が窮状に見かねて生活資金を用立てし、ベートーヴェンはその返済ができず、作品の出版権を譲渡することでそれに替えた。1825 年 1 月 26 日付のプロプスト宛書簡 [BGA 1926] で「これらの作品 [Op.121b, Op.122, Op.124, Op.126, Op.128 の 6 作品] はみな私の弟のもので、彼は、私の状況がきわめて立派というわけではなかったものですから、その総額を私に立て替えてくれ、それによってそれらの所有者となったのです [原注：ヨハンは 1822 年秋に兄に、金額は知られていないが、貸金をした]」とある。セイヤーはプロプストへの提供額約 100 ドゥカーテン（1000 グルデン・ヴィーン価以上）を借金の額と見たが、弟はすでにその 1 ヵ月前、彼の 1824 年 12 月 29 日付ショット宛書簡 [BGA 1918] でそれらを 130 ドゥカーテンで売ったことを確認している。

甥カールは 1823 年 8 月までブレヒリンガー経営の寄宿学校に居て、休暇をバーデンで伯父と過ごし、そのときから身辺の世話をはじめとして秘書的な仕事も次第にこなすようになっていった。秋に入ってカールはヴィーン大学に入学し、教養学部で言語学を学び始める。バーデンから戻ったときベートーヴェンは、弟夫婦のもとではなく、10 月 13 日にヴィーン郊外ラントシュトラーセのウンガルンガッセにある「美しき女奴隷 Zur schönen Sklavin」という名のアパートに引越して [BGA 1775 注6]、初めて甥との本格的な共同生活に入った。甥は自宅から大学に通いつつ、伯父の生活全般の面倒と仕事の補助をいっそう引き受けるようになった。そうして、ベートーヴェンから見れば生活上の甥への依存度が、甥から見れば伯父からの拘束度が、互いに強まっていく。会話帖では弟の記入が減り、ときおり訪れるシンドラーの発言力が増していくが、そのなかに前章で詳しく扱った 2 大作品の披露コンサートをめぐるやりとりがあった。

そしてシンドラーが追放された 1823 年 5 月末以降は、会話帖記入はほと

第Ⅱ部 歴史的考察

んどが甥カールとベートーヴェン自身のメモ、ときおり弟、そしてたまに来訪者、ということになる［Heft 71 以降］。そこに若干の変化が見られるのは1825年1月下旬から弟の記入が多くなることで［Heft 83 以降］、これは弟が冬をヴィーンで過ごしたためと思われる。ちょうどガリツィンに第1作を送り、支払い交渉が難儀を迎える頃である。3人の和気あいあいとした会話が続く一方、カールの進路変更の話も出てくる。そして彼は3月23日に商人の道を歩むという決意を表明し［BKh 7, Heft 85, 191 ページ］、大学を中退して、実業学校［Polytechnisches Institut］に入学することを決心する［BKh 7 注455］。しかし新学期は5月初めにまだ始まっていなかった［BKh 7, Heft 88, 255 ページ］。

　ベートーヴェンは4月後半に入って腸カタルを患い、これは2年後の死に結びついていくのだが、18日にブラウンホーファー医師の最初の往診を受け、その指導の下に、甥カールと弟に看病されながら、5月初旬まで徹底した食事療法が展開される［BKh 7, Heft 87 ～ 88, 221 ～ 225, 227, 229, 232 ～ 236, 241, 243 ページ］。医師に自然のなかでの療養を勧められて、5月7日にバーデンへ移り、その後、何度か診察を受けにヴィーンに短期間戻ることはあっても、10月15日まで同地に滞在した。おそらくそうした計画も関係して、甥カールは5月6日から学校近くの宮廷官房書記官マティアス・シュレンマー［1823年に死去した主要コピストと同姓だが関係はない］宅に賄い付き下宿をすることとなる［BGA 1969 注7］。実業学校入学を勧め、そのための下宿についても心を砕いたのは、商人として実績を積んだ弟であった［BGA 2035 注4］。そして彼もリンツへ出張し、そのままグナイセンドルフに戻ったことが1ヵ月後に甥に宛てた書簡［BGA 1989］（後に引用）の書き出しから判る。これをきっかけに、肉親3人による、会話帖に見る限り結構うまく行っていた関係が終了する。以後、3者間では書簡のやり取りが基本となるが、甥カールは5月22日に「週に1回、僕は必ず現れることができます、日曜ごとに来て帰る、朝来て、夕方に帰る」［BKh 7, Heft 89, 284 ページ］と書いているので、毎週、バーデンに伯父を訪ね、雑用処理、手紙代筆、世間の出来事の報告等をしていたことが見て取れる。

　ちなみに、カールは寄宿学校で高度な教育を受け、外国語の能力も身に付けて、そしてとりあえず言語学に興味を持ち、大学でその方向に進んだ。とくにイギリスやロシアも含めて文通で用いられるのは当時の国際語のフランス語であって、ベートーヴェン自身もある程度の読み書き能力を持っていたが、カールと同居後は彼に口述筆記ないし代筆をさせるようになった。それ

1098

は 1823 年 12 月 13 日付ガリツィン侯宛フランス語書簡［BGA 1757］に始まって、やがてドイツ語でも出版社宛等の公用のものはカールの代筆や、宛名はカールが書くといったものが多くなる。1824 年 9 月以降にそれはほぼ習慣化していた。それが、別居後にも 1 週間ごとにカールがバーデンまで通い、ないしベートーヴェンが所用でヴィーンに出てきたときに、カールが行なう主たる用務のひとつであった。会話帖を精査して彼らの行動を把握すると、1825 年 7 月 19 日になされたペータース社への連絡がなぜカール自身によって起草され、「私のおじは現在、そのきわめて衰弱した健康を快復させるため、バーデンにおりますので、勝手ながら、書面による彼の委任に従い、あなたに彼の名において…」［BGA 2014］となっているかが解る。これは数日前に会話帖に口述筆記した文章［BKh 7, Heft 90, 318 ページ］に基づくものだが、清書してベートーヴェン自身がサインするという通常の形ではなかったのは、日曜日の 7 月 17 日中にその処理が出来ず、カールはヴィーンに持ち帰えらざるを得なかったためであろう。カールの代筆書簡はたくさんあるが、カール自身が出版社と連絡を取ったのはこれが唯一である。

　カールと別居後 10 月までバーデンに移り住んだベートーヴェンは、1 週間ごとのカールとの邂逅の狭間には大量の書簡ないしメモをカールに書き送った。その最初のものは別居直後の 1825 年 5 月 14 日以前のものと思われ、その前にカールが書簡［消失］でせがんだ本代 25 グルデンを送る件、5 月 14 日土曜日に来て日曜か月曜に帰る話、カールの下宿代と学習費用に年額 2000 グルデンも掛かっていること、などが述べられている［BGA 1969］。カールの最初のバーデン来訪があった次の週は連日、ベートーヴェンは計 6 通の書簡を書いた［BGA 1970 〜 1975］。その内容は、日記のような日常の風景や甥への励ましを綴ったものである。

　しかし毎週、往復 50 キロの距離を馬車で移動し、伯父の身の回りの世話と溜まった秘書業務をこなすのはかなりの負担であったことは想像に難くなく、2 週目にベートーヴェンがヴィーンに来たとき［BKh 7, 274 ページ注記］、カールは苦情を述べる。宿題がたくさんあって週末にはそれに時間を取られること、宿題をこなすのに必要なものを全部持って移動するのは大変なこと、バーデンから戻ったときのヴィーンでの住居探しを伯父さんに同伴してやらなければならないこと、などである［BKh 7, Heft 89, 282 ページ］。その滞在時にベートーヴェンは、彼の監視の目が届かない週日にはカールが母親と会っている、と耳にしたらしく、バーデンに戻って書いた 5 月 22 日付書簡［BGA

第II部　歴史的考察

1978] でそれを「きわめて忌まわしい忘恩」と罵り、「神に誓った"協定（パクトゥム）"が
おまえの重荷なら、おまえを神の摂理に委ねる」とも書いた。ここには、母
親とは会わないという約束があって、それが反故にされた、という関係が読
み取れる。以後は、7月15日金曜に4通を書くという例外もあるが、週末
に出会うというサイクルのなかで火曜か水曜あたりに1通出すというのが平
均的であった。そうして5月7日から10月15日まで、約160日間のバーデ
ン滞在中に書いた計47通が現存している。それらの文面からカールが書簡
を出したことが類推される形跡は4例あるが、いずれも現存しない。

　これまでに紹介されている書簡は、来る1826年8月の悲劇［後述］につな
がる予兆を描くことが意図されてか、伯父と甥との間に生じていく緊張関係
を垣間見せる傍証として、持ち出されるものが多かった。甥の負担とそれへ
の抵抗、伯父の叱責、とくに甥の金銭的ふしだらさ、などが強調されてきた
ように思われる。しかしそういったシーンは、全体を見れば例外的であり、
むしろヴィーン不在中の金銭の管理、日常的な心配や配慮、次回のための用
事の言いつけ、出版社等に送る書簡の内容指示、といった、公私にわたる甥
との関係から必然する用件が一般的である。会話帖には、甥が往復の馬車代
や食事代、お小遣い等の計算メモが毎週のようにあり、それは伯父に請求す
るために必要なことと考えられるが、それを「カールの手もとにあるクロイ
ツァー銅貨の一枚一枚にまで、監視の目を光らせていたことが、会話帖の勘
定書からわかる」［大築訳1146ページ］と解釈するのは、2人の関係を歪んだも
のと印象づけようとする意図があるのではないかとさえ思わせてしまう。

　こうした脈絡に、家政婦から1グルデン15クロイツァーを借りたシーン
もあり、「あの下品な台所婆さんから…借りたんだね、それはだいぶ前に禁
止していたことだ」［大築訳1092ページ］とその部分だけが抜き書きされている。
いかにもカールの浪費癖と身分下からの借財を叱責したような印象を与える
が、わずか数千円にも満たない額を週の中間に一時用立ててもらうことは経
費を毎週清算していた両者の関係からはあって仕方のない程度のことであろ
う。これは1825年8月16日から20日の間に書いたと思われる書簡［BGA
2035］であるが、このとき家政婦バルバラ・ホルツマン（1755年生）は身の
回りの世話のためにバーデンにまで来ており［BKh 7, Heft 92, 39ページ］、そして
彼女から報告を受けたのであろう。彼女のことは「婆さん［Alte］」とか「シ
ュナップス婦人」（酒好きだったから?）、「悪魔女［Satanas］」「老いぼれ魔女
［alte Hexe］」など、またそこに尾ひれとして「200年前だったらきっと焼かれ

1100

てしまったような」［引用者注：魔女裁判］と、ぎょっとさせる関係文が付くこともある。「なんとか我慢できる料理をする」などとも、ベートーヴェン一流の表現で名指される名物家政婦である。もう10年も務め［BKh 7, Heft 90, 307ページ］、むしろ静養先まで呼び寄せるほどの良好な関係が窺われる。彼女はすでに70歳で、聖マルコ市民病院の看護対象者であり、管理者の許可を得て外出していた［BGA 2057 注2］。確かに「老いた［alte］」「身分の低い［gemein］」「台所人［Kuchelmensch］」という言葉が使われてはいるが、甥に対しては"高貴な"家系の者として矜持を説いたものと解されよう。

　ベートーヴェンはヴィーンに出てきたとき、弟夫婦のヴィーン宅を利用していたと思われる［BGA 1980注4］。彼らは夏にはグナイセンドルフで仕事があったので、そこは空いていた。弟は離ればなれになった兄と甥を心配し、別居の1ヵ月後、1825年6月10日付で甥カールに宛てて書簡［BGA 1989］を書いた。実業学校へと進路の変更をした甥が、その道の先輩である叔父に将来のこと、新生活のことを相談する書簡［現存せず］を出し、それに対する返信である。きのうリンツから来て、君の書簡を見つけた、君の語学力をおろそかにしないように、英語、イタリア語、フランス語を操ることもしないのではただの卑しい番頭になってしまうと説き、伯父さんへの書簡を書いたので［現存せず］、日曜ごとに彼のところへ行っているそうだから渡して欲しい、と書いた後、次のように続ける。

　　彼と一緒なのはたいへんだというのは確かだが、君の伯父さんがすでに君に対して
　　してきたこと、確実に10,000グルデン以上を君のためにすでに使い、どんな苦労や
　　面倒を君が彼にすでに掛けたか、を考えても見なさい。若いうちはそういうことを
　　見通しにくいが、年を重ねれば君もこのことがもっとよくわかるだろう、だから私
　　が君にお願いしたいのは、彼を助けるために君に出来ることをするように。という
　　のは君は彼にしてあげられるたくさんのことがあるからだが、しかし君の学業を妨
　　げないよう君は整理しなければならない。冬に関してだが［引用者補：夏が終わってベ
　　ートーヴェンがヴィーンに戻ってきてから］、私自身は、君がいま居るところに留まって、
　　君がやらなければならないように君の青春を使うのが、一番いいと思う、…そうす
　　れば君は、君の年取った伯父さんに負担を掛けている、という不快な気持ちをもう
　　持たなくてすむに違いない。

　5ヵ月のバーデン生活の間にベートーヴェンが弟に出した書簡は2通、遺っている。最初の7月13日付［BGA 2005］で「おまえの住いを一度だけ利用した、しかしオーブンがほとんど具合が悪く、したがって一度だけだ。私は

第II部　歴史的考察

いま住いをすでに持っているので、たぶんもうそれを利用しない」と語り、10月15日の帰還後に住むことになる、そして終の棲家となる、"シュヴァルツシュパニアーハウス[ベネディクト修道会系黒衣スペイン僧教団所有?]"をすでに借用していることがここに読み取れる。この書簡は、12日にヴィーンでブラウンホーファー医師の診察を受けて夕方バーデンに戻って[BKh 7, 注682]その晩から朝にかけて書いたと思われ、同日付の甥宛書簡[BGA 2006]に同封して、甥に投函を依頼した。偶然と思われるが、その日の午後に弟が妻の兄のパン職人レオポルト・オーバーマイアーを伴ってバーデンに兄を訪問した[BGA 2205 注2]。兄の健康状態を心配し、グナイセンドルフでの保養を勧めるためである。会話帖には「私たちは来ました、あなたに会いに、あなたに申し上げるために、あなたが私と一緒に領地に行くべきと。お体はいかがですか？…彼[オーバーマイアー]はきょうちょうどメートリング[引用者注：ヴィーンとバーデンの中間地点]で市場をやっていて、それで彼が一緒に来た」[BKh 7, Heft 90, 321ページ]と記入されている。

　もう1通は8月4日付書簡[BGA 2024]で「おまえに頼みたいのだが、2～3日、現れてくれないか、さもないとシンドラー氏をまた受け入れなければならなくなってしまう、同人はすでにここに居た、そして私に手キスをした[原注：シンドラーはベートーヴェンに1825年7月12日にヴィーンで出会い、その機会に彼が続けて仕える用意のあることを約束した]」と書いている。診察を受けにヴィーンに行った折で、会話帖にはシンドラーによる「もし私があなたに私のわずかな微力でどんな形にせよ常にお役に立てるとすれば、おわかりですね、この世で、私ほどすべてあなたのために生きている者はいないはずです、このことを私は神に賭けて申し上げます」[BKh 7, Heft 90, 321ページ]との現場記入がある。

　1週間ごとの甥の来訪では身の回りの処理がこなしきれず、甥もかなり無理をして通って来るのが分かるので、それをなんとかしたいと考え始めたように見受けられる。そうはいってもシンドラーは困るということなのだろう。

5 ｜ カール・ホルツのこと

　新シュッパンツィク四重奏団の活動は1825年に入ってベートーヴェンの新しい弦楽四重奏曲群の初演にも携わる。そこでのさまざまなトラブルについては本書では扱わない。ベートーヴェンに関連するすべての問題を扱うと

1102

第 36 章　1824 〜 27 年　最後の創作　死去 8 ヵ月前に起こった事件

執筆が止めどもなくなり本書の完成と刊行それ自体が、時間的にも規模的にも、怪しくなっていくからである。ここで立ち入りたいのはその第 2 ヴァイオリンを担当しているカール・ホルツ（1799-1858）のことである。

　彼がベートーヴェンに個人的に初めて接触したのは 1825 年 4 月 2 日であった。甥カールが「ホルツがきょう来る、日曜に舞踏会場^{レドゥーテンザール}でやるシンフォニーのテンポを教えて欲しいと、きょうプローベがある、彼は指揮をしなければならない」[BKh 7, Heft 86, 207 ページ] と記入している。

　8 月に入って、弦楽四重奏曲 [Op.132] を自筆スコア譜から被献呈者（ガリツィン侯）と出版社（パリ、シュレザンジェ）用にパート譜への写譜を急がなければならず、その初演を 1 ヵ月後に控えた演奏者たちがその作業を手伝うことになった。シュレンマーの死後はコピストの調達に苦労していて、事実、その版下用原稿は第 1 〜 4 楽章がリンケ、第 5 〜 6 楽章がホルツの手で書かれている [Quelle II, 1]。そのためにバーデンとヴィーンの間で原譜の行き来があった。その件で 10 日にベートーヴェンは初めてホルツに書簡を書いた [BGA 2028]。そしてホルツがバーデンにやってきて会話帖に「来週月曜に持ってくることができるようにと思っています、あなたのような方にお仕えできるのは大変光栄です」[BKh 8, Heft 91, 38 ページ] と記入し、ベートーヴェンに頼まれた、この時点ではさしあたって運び手としての、使命を果たそうとし、そして彼がそのことに精神的充足感を抱いていることが分かる。彼の本業は公務員（ニーダーエスターライヒ地域徴税局窓口係）であるが、仕事の合間を縫って、以後、彼はたびたびバーデンを訪れるようになり、カールと一緒に来るときもあって、次第にそれまでカールがこなしていた用務をホルツも手伝うようになる。「私は喜んであなたの秘書でありたいです、あなたの負担でなければ。こうすればよいのでは、あなたが通信のために構想ノートに書き留める。そのノートによって私が書簡を書く、あなたは必要な直しを入れて、私がそれを清書する」[BKh 10, Heft 121, 228 ページ]。

　ベートーヴェンがホルツ宛に書いた書簡ないしメモは全部で 58 通が現存しているが、バーデンからの 6 通のほかは、すべてヴィーンに帰還した 10 月後半以降である。後で見るように、ホルツとの濃密な関係の進展は、甥カールとの距離感が希薄になっていったことの反転と考えてよいだろう。書簡の多くは 2 〜 3 行ないし数行の、「すぐ来られないか」といった類いのメモ書き、ないし簡単な用務の依頼で、10 通ほどが多少込み入った内容である。ホルツ発信は 2 通のみ確認されるが、いずれも現存はしない。それよりも会

1103

第II部　歴史的考察

話帖へのホルツの記入は日増しに多くなり、とくに12月末以降はカールの記入をも凌ぐようになり、さらに1826年2月後半になるとホルツの記入が圧倒的となる。

6 ｜ 甥カールとの緊張高まる

　"シュヴァルツシュパニアーハウス"［アルザーグルント200番地］が終の棲家となったのは結果に過ぎないが、1825年6月1日の新聞に貸家として広告され、それをベートーヴェンが会話帖にメモし、前述のように、少なくとも7月13日にはそこに移ることが決まっていた。そこはかつて、1804年5月に、シカネーダーとの契約が破綻してアン・デア・ヴィーン劇場内の住いを飛び出て2ヵ月間居候したシュテファン・フォン・ブロイニングの住い［アルザーグルント197番地］と角を接したところにあった。1809年にブロイニングが結婚した際に、ヴァイオリン・コンチェルトとそのピアノ・コンチェルト編曲を夫妻に献げたが、1年もしないうちに新妻が死去し、そして1815年以後、彼との関係は疎遠となっていた。彼はやがて再婚するが、同年3月27日か28日に街でカールと出会ったらしく、カールは会話帖に「ブロイニングがあなたによろしくと、用事が済んだらあなたを訪ねると」［BKh 7, Heft 86, 203ページ］と記入している。そして5月初めに「この暑さで無理をしないで、私たちはともにいっそう歳を取っていますね。私には子供が3人居る」［BKh 7, Heft 88, 262ページ］と書き入れ、旧交を温めた。旧友のごく近くへの転居はそれからしばらくしてのことであるが、広告を見た直後の6月9日の時点では「アレーガッセ［引用者注：カールの下宿のある通り］に私によいアパートが見つかればそこでもいい」［BGA 1988］と書いていて、甥カールの近くか、旧友シュテファンの近くか、判断基準を見定めていたのだろう。ブロイニング一家との共生という選択は晩年の日常生活に潤いを生み、またブロイニング自身、カールの自殺未遂後には1826年9月26日からカールの後見人を引き受けるが、ベートーヴェンの存命中に彼もまた病に倒れ、約2ヵ月後に後を追うこととなる。

　"シュヴァルツシュパニアーハウス"は、カールの下宿先、そして実業学校と、そう遠くない距離にあったが、彼は伯父との同居を選ばなかった。したがって伯父と甥の意思疎通は書簡と来訪によってしか確保されないが、10

　　　　　　　第 36 章　1824 〜 27 年　最後の創作　死去 8 ヵ月前に起こった事件

月 15 日以降、カールが自殺未遂を企てる 1826 年 8 月までの約 10 ヵ月間に、
残存書簡は 7 通しかなく、その前 5 ヵ月間と著しく対照的である。また会話
帖は移動の前後、10 月 1 ヵ月分が完全に消失しており、そこに転居後の同
居についてやり取りが書かれていた可能性は強い。

　11 月から途切れることなく残存している会話帖には、初めのうちはカー
ルが定期的に伯父を訪れ、以前と同じように身の回りの雑事をこなしている
様が跡づけられるが、11 月 7 日に、前日のリンケ主催で行なわれたシュッ
パンツィク四重奏団のコンサートが大成功したことをシュッパンツィクと甥
カールが報告に訪れたとき、カールは「僕の時間はきっちり分けられていま
す。朝 7 時半から 8 時半まで［注：英語訳は、ドイツ語特有の時間の言い回しを把握し損
ね、したがって日本語訳も「8 時半から 9 時半」となっていて、以下と矛盾する］補習援助者^{コレペティトール}
が来ます、その後、9 〜 12 時が授業、午後は 3 〜 5 時が授業、5 〜 6 時は自
分の時間、夜に僕は全部の宿題をやる。つまり［引用者補：来ることができるのは］
5 時以後、今日のように、それはいつもです。ただ 15 分位、遅くなるでし
ょう」［BKh 8, Heft 98, 183 ページ］［大築訳では 1136 ページ］と記入している。15 分と
は、授業が終わって伯父宅まで来る徒歩の時間と思われる。そして目立って
くるのは、報告や用務事項以外に、勉強のこと、来訪する時間がないこと、
母親のことなど、緊張関係を孕んだ会話である。それらは日本語では、大築
訳で 1136 ページから 1140 ページにかけてかなり詳しく紹介されている。た
だし、その原文である、会話帖の英語訳が、前後関係から切り取られた抜き
書きにありがちな理解不足を補おうとしたためか、脚色が多く、その結果、
関係が過度に劇的に描かれている感は免れない。その一例を紹介しよう。

　日本語訳　「家庭教師の勉強は、私にとってむつかしいことはないのです。
とはいっても、あの人に教わることを、前もってやろうとしてもできないで
しょう。あの人とは、大学で受けるような勉強だけをやっているのですから。
あの人についてやる勉強のうち、何時間かを少なくし、その時間は自分一人
で勉強すべきだったかもしれません。」［大築訳 1137 ページ］

　ドイツ語原文の直訳　「勉強［引用者注：前後関係から「家庭教師との」と読める］が
たいへんだということではありません。あの人とやることを前もってはでき
ないでしょう、というのは私たちは学校ではやられない対象だけをやるので
すから［引用者注：カールは途中入学のため、受けられなかった前期分の補習をしてもらてい

1105

第Ⅱ部　歴史的考察

た］。僕はあの人との勉強によって、僕が自分一人でしなければならないはずの、いろいろな勉強をせずに済んでいます。」［BKh 8, Heft 98, 195 ページ］

　意味がかなりずれてしまっていることは明白であろう。日本語既訳は、家庭教師へのベートーヴェンの出費を少なくするという経済的配慮が頭の片隅にあったか、意味を取り違えている。

　また、「このごろは、やることが山ほどあります。日曜も返上するのは、うんざりです」と訳されている個所を私が試訳すると、「ほかのときだったらねえ、僕はそこにいられたのですが［引用者注：以上は省略されている］。いまやらなければならないことがとてもたくさんあって、日曜はもの凄く課されているんです」［BKh 8, Heft 100, 232 ページ］となり、きつさは和らぐ。「日曜も返上する」という語句はなく、また僕が「うんざり」なのではなく、主語のない受動態によって表現され、「日曜に関しては」「もの凄く課されている」、つまり宿題が恐ろしく多い、と言っているのである。

　こうしてカールの足は次第に遠のいていくが、学業の束縛もさることながら、その背後には重大な理由があった。1826 年 3 月 1 日に弟ヨハンによって、カールが伯父をあまり訪ねない理由が明かされる［BKh 9, Heft 105, 75 ページ］［大築訳では 1138 ページ］。

> 私は彼とこの何日か、真剣に彼とですが、話しました、なぜ彼がこんなにわずかしかあなたのところに顔を出さないのか。答はほぼ次のようでした。彼はあなたのところにいたいのは山々なのですが、ただ彼はたびたびの喧嘩や過去の失敗に対するたびたびの叱責を、また使用人たちとのたびたびの喧嘩を、怖れており、私があなたにお願いするのはひとつだけ、この件で彼を責めないでと、さもないと彼は私に対しても何も言わなくなってしまいますから。

　しかしその後から会話帖でのカールの記入量は回復し、日常的なやり取りが戻った印象を受ける。弟の忠告が効いたのだろう。

　この時期のカール宛残存書簡 7 通のうち、5 通は数行の連絡メモに過ぎず、内容から日付が類推できるが、他の 2 通には深刻な心情が吐露される一方、いつ、そのような重要な事態に至ったのかを推測させるような記述はまったくない。書簡交換全集は、その学術的性格から、いずれもを 1825 年 10 月 15 日から 1826 年 8 月初の間と、約 10 ヵ月間の幅を持たせるほかなかった。セイヤーは、ひとつを、明示は避けているが、ヴィーン帰還直後の 10 月中

1106

第 36 章　1824 ～ 27 年　最後の創作　死去 8 ヵ月前に起こった事件

と考えているようで、転居直後の脈絡のなかで引用している。「私の大切な
息子よ」という呼びかけで始まる前者［BGA 2074］は以下の内容である。

　　どこかへ行かないで、私の腕のなかだけに来ておくれ、厳しい言葉をおまえは聞か
　　ないだろう、おお神よ、自分の不幸のなかに行ってしまわないように、いつものよ
　　うに愛されておまえは受け入れられるだろう、よく考えるべきこと、将来に関して
　　すべきこと、それを私たちは愛情深く話し合おう、誓って叱責はしない、こうなっ
　　た以上それはもはや何にもならないのだから、愛情深い世話と援助こそおまえは私
　　から期待してよい——来るのみ——おまえの父の変わらぬ心に来い。
　　　　　　　　　　　　　　　　　　　　　　　　ベートーヴェン
　　これを受け取ったらすぐ帰ってきなさい。

　　ただお願いだからきょうまた家に来なさい、おまえにどんな危険が起こるか分らな
　　い、急いで急いで
　　［原注：以下のフランス語文は宛先記入ページにある］　もしあなた［引用者注：フランス語
　　では親称ではなく敬称が使われている］が来なかったら私を確実に打ちのめすだろう。
　　この手紙を読んだら、あなたの家にいるように、私を抱擁しに来なさい、あなたの
　　父はあなたのことを本当に思い詰めている、我々の間にあるすべてのものを確信し
　　なさい。

　フランス語が使用された理由は、それが上流階級ならびに知識階級以外の
一般人には理解しにくいところから、他人の目に入る宛先面に書いたからに
ほかならないだろう。しかし受け取ったカールが事柄の緊急性を読み取って
すぐに開封する期待も込められていたかもしれない。カール発信の書簡はベ
ートーヴェンの手元でほとんど失われるのだが、1 通だけ残存しており、そ
れは内容から 1825 年 11 月 8 日の少し後と考えられる。それが実はフランス
語文なのだが、このことから理論的には、カールは伯父にフランス語で書く
ことを習慣としていた、といった想定もありうるが、常識的には、ドイツ語
ネイティヴ同士のフランス語書簡は双方にとって特別なことが起きた結果と
考えるのが自然であろう。しかし書かれていることには伯父の例に見るよう
な機密性はなく、家庭教師への支払いが 11 月 8 日期限であるところその履
行がまだで、その額 40 グルデンの支給をお願いする、その受け渡しの方法、
そして家庭教師への依存ができるだけ早く終了するよう努力する、といった
内容である［BGA 2088］。もしかしたら、伯父がフランス語で書いてきたこと
に反応したのかもしれない。するとこの書簡は、セイヤーの見立てほど早く
はないが、1825 年 11 月中頃、転居後しばらくしてという可能性がある。

1107

第Ⅱ部　歴史的考察

　もう 1 通は、セイヤー伝記において、引用が据えられている位置としては 1826 年 6 月頃のように見受けられるが、その特定は避けられている。しかし日本語訳は積極的に「6 月」と補足している。口論の後の関係修復の試みといった模様である［BGA 2075］。

> おまえが私に従ってさえくれれば、すべては赦し忘れよう、言葉で、それについて、おまえときょうは完全に落ち着いて。おまえを不幸にしたり、私の命を縮めるような行為はしないでくれ――3 時頃ようやく眠りに就いた、というのは夜通し咳き込んでいた。私はおまえを心から抱擁する、そして確信している、おまえが私をまもなくもう誤解しなくなると、おまえの昨日の行動もそう判断している［引用者注：「誤解に根ざしたものだと」?］。私はおまえに、きょう 1 時にきっと、と期待している、私にこれ以上、悲しませたり心配させたりしないでくれ、ではさようなら。
> 　　　　　　　　　　　　　　　　　　　おまえの本当の誠実な父より
> 私たちだけとしよう、だからホルツは来させない、昨日のこと［傍点は引用者］は知れ渡って欲しくないと願っているので、来るように――私の哀れな心をもう痛ませるな。

　「言葉で…きょうは」と切り出しているので、その前提に暴力沙汰があった可能性もなしとしないが、実際にセイヤー伝記第 5 巻には、そのシーンを目撃したホルツが会話帖に書き込んでいるかのような引用がある［TDR V, 348 ページ］。そこに挙げられている文献から、それはおそらく 1901 年に『ミュンヒェン総合新聞』にヴァンクサ Vancsa が寄稿した記事に基づくと思われるが、信憑性は疑わしい。刊行された会話帖全集においてそれを確認することはできない。英訳本は、クレービールもフォーブズもそれを取り上げており、後者の翻訳である日本語版によって暴行シーンは知られている。上記引用書簡の追伸に相当する部分に、「ホルツは来させない」とあるので、昨日の事件にホルツが居合わせたと想定することはできるかもしれない。

　そのような 3 者を含んだ激しい口論の形跡は 6 月 25 日にある［BKh 9, Heft 113, 322-323 ページ］。もう 1 個所は 7 月 21 日以後に、下宿代の領収書をめぐって口論があるが、その際にはおそらくホルツは居合わせておらず、大家夫人ロザーリア・シュレンマーの記入が付随している［BKh 10, Heft 115, 57 ページ］。したがってこの書簡［BGA 2075］は 1826 年 6 月 26 日と考えてよいのだろうか。

1108

7 │ カールの自殺未遂

　カールの自殺未遂事件が起こったのはいつであったか、セイヤー［TDR V, 360ページ］を含め、多くの伝記記述はそれを 1826 年 7 月 30 日としてきた ［BKh 10 序文 7 ページ］。その日が日曜日であったことは明白であっても、事件対応が記されている会話帖第 116 分冊全体の日付特定が容易ではなく、即座にベートーヴェンが、1816 年に甥の鼠径ヘルニア手術を執刀した外科医カール・フォン・スメタナ（1774-1827）に「救助はまだ可能と期待しています、とくに貴殿によって、もし貴殿がすぐに現れてくだされればですが。カールは頭に弾丸がひとつあります、どうしてだかはもうお分かりになるでしょうが──とにかく急いでください、お願いです急いで」［BGA 2181］と書いたのも 7 月 30 日と判定されていた。マンハイム宮廷劇場演出家ヴィルヘルム・エーラース宛に"8 月 1 日"と明記された書簡［BGA 2178］は、それとは相反して何事もないかのような書きっぷりなので、その日付は誤記と見なされた。

　カールが警察によってヴィーン総合病院に運び込まれたのが 8 月 7 日であることは、セイヤーの問い合わせに対する、当時の病院長ヘルムの 1862 年 9 月 22 日付回答書によって証明されている［TDR V, 39 ページ］。それにもかかわらず、さまざまな傍証を挙げて、8 月 6 日に起こったということは「きわめてありそうにない」とした［同上］。その結果、「ベートーヴェンがこの自殺未遂者を［引用者補：最初に運び込まれた］母親の手もとに 1 週間以上もおかざるをえなかったのは、警察筋がそう命じたことであったらしい」［Krehbiel III, 260 ページ］［大築訳 1145 ページ］と解釈せざるを得なかった。そうなると、病院での治療はようやく 1 週間後に始まったことになり、その間ケガ人は母親宅でどのような生活をしていたのか、また警察はなぜそう命じたのか、疑問は尽きない。そのひとつひとつをここで反証するのは膨大な紙面を要することになる。会話帖全集（1993 年）がその日を「おそらく［wahrscheinlich］8 月 6 日」として前後の時系列を固め、書簡全集（1998 年）は上記のスメタナ宛書簡を「たぶん［wohl］8 月 6 日」と設定して、その見方を追認した。以下、その成果を前提に議論する。

　会話帖第 116 分冊の 31 枚目表の冒頭にいきなりホルツが「警察を呼びま

第Ⅱ部　歴史的考察

しょう」と記入している。カール失踪の情報をどこかで得て、ベートーヴェンに第一報をもたらした、といった感じである。30枚目までの記入もホルツだが、それは何日か前のものと見なしてよい。「シュレンマーを呼びに行かせましょうか」と下宿の大家に事情を聞くことになる。そのページは余白を残して、31枚目裏にシュレンマーが「事柄を手短に、いずれにしてもホルツ氏によって情報がもたらされているわけですから」と書き始め、32枚目表にかけてびっしりと、以下のように、事情説明を書き込んでいる。これまで紹介されていた日本語訳は元の英文に従って、例によってきわめて尾ひれを付けて長く飾って書かれている〔大築訳1141-1142ページ〕。ここではその比較対象はしない。

> 私はきょう聞き知ったのですが、甥御さんが遅くとも次の日曜までに自殺しようとしていると、私が耳にした限りですが、借金のためではないかと、しかしまったく確かということではありませんが。部分的にはですが、彼はそのことを認めました、これまでの悪さ〔引用者注：同巻序文6ページでは賭博の負債の可能性がほのめかされている〕から来ているようです。私は前兆があるかと探ってみましたら、彼の箱のなかにまさしく、装填されたピストルを発見しました、残りの弾と火薬も一緒です。したがって私はこの件をあなたにお知らせします、同人の父親として行動されているわけですから。ピストルは私が預かっています。

　ここでいったん切れていて、ベートーヴェンが何か言ったかもしれない。「きわめて愛情を込めて彼に接してください、さもないと彼は喪失してしまいます」とシュレンマーは続けた。お金が絡んだ可能性があるということからか、家賃はきちんと払ったかなどと、ベートーヴェンが質問したようである。次の記入は「私はまったく満足しています、今月までですが〔原注：月々に支払われるべき家賃80グルデン〕」とあり、一呼吸おいて「8月分はまだです」と続く。ここに「今月までは」とあるのが7月30日説を支えるひとつだと申し添えておく。領収書の筆跡のこととか、ホルツが捕まえ損ねたこと、9月5日〔引用者注：日本語訳にある、3日ではなく〕の試験の心配、下宿料の残額などが綴られた後、シュレンマーが「弾を外しておきます、2つめのピストルは私の妻が持っています、私が家にいなかったので、それが発見されたとき」と記入している。ベートーヴェンが、「〔引用者補：それなら〕彼は身投げする」と書き込んだ。声が周りにどう響いたか自分の耳では確認できないので、ときに彼は大事なことをもう一度言う代わりに皆と同じように会話帖に記入す

1110

ることがあった。そのあとシュレンマーの書き込みがあって、次の紙［注：
35枚目と36枚目の間、英文・日本語訳は「何頁か」となっているが、会話帖全集では序文で「何
枚か」、そして本文中では単数の「紙」とされている］が切り取られている。おそらく警
察から事件の第一報が入って、人の目に触れられたくない、あるいは後の審
理に影響するような、いろいろな反応や対応が記されていたのではないだろ
うか。続くのは事件後の事柄である。

　カールは、自分で希望したのであろう、まずは母親ヨハンナのところに担
ぎ込まれていたので、一同はまずそこに向かった。カールは「やってしまい
ました。黙っていてくれる外科医がひとりだけ、スメタナです、彼がここに
いるなら。いま非難したり嘆いたりで僕を苦しめないでください、もう終わ
ったことです。後ですべてをしましょう…」と記入した。ベートーヴェンが
「いつだったんだ」と書き、ヨハンナが「彼はちょうど来たところです、御
者がバーデンで彼を岩のところから担ぎ下ろして、そしていまあなたのとこ
ろへ向かったところです」と応えている。その後は、カールの供述をホルツ
が筆記したと思われる顛末が書かれている。それを時系列を追ってまとめる
と次のようになる。

　用意した2丁のピストルがシュレンマー夫妻の監督下に置かれてしまった
ので、カールは一度は拘束されたホルツのところを去ってから改めて街に行
ってピストルを購入しバーデンへ行った。それは8月5日の晩のことだと思
われる［BKh 10 注290］。翌6日に［引用者補：伯父たちとピクニックに行ったことのある］
バーデン近郊のヘレーネ渓谷で頭に傷を負った姿で御者によって発見され、
自身の希望により母親宅に運ばれた」［BKh 10 序文7ページ］。

　自殺行為は、宗教的には神から授かった命に対する冒涜と考えられ、また
刑法的にも犯罪とされていたので、行為者は、宗教者による訓戒と、警察で
の審理を受けなければならなかった。しかし負傷者の治療が優先と判断され、
37年後の病院の回答書にあるように、「1826年8月7日に担当警察官により
病院に搬送され、9月15日に退院し、警察署に送られた」のである。

8 ｜ カールの不行状

　自殺の原因は、警察での尋問の重要な対象であるが、会話帖においてもさ
まざまな詮索が跡付けられる。その真相について議論することはもとより本

第Ⅱ部　歴史的考察

論の記述対象ではない。しかし、会話帖を通読し書簡全集を分析して大変気になるのは、ベートーヴェン伝記において甥の非行と伯父の激しい叱責という観点から両者の対立が劇的に描かれるのが通例となっていたことである。巨匠に忘恩の精神的負担を掛けた若者と、弟の遺児を裁判沙汰の挙げ句にいわば強制的に自分の支配下に置き、その手段としての叱責と喧噪の積み重ねが破局を呼んだ、あるいはまた、両者の関係が破綻の一点に向かって進行していった、というような像は、会話帖を紐解き終わって得られた全体的印象と、また書簡交換における甥の絶えざる貢献とは、結びつかないのである。この局面にもシンドラーに発する意図的な曲解が忍び込んでおり、その清算の試みが必要ではないかと強く思われる。

　1995 年にはシュテファン・ヴォルフ Stefan Wolf 著『ベートーヴェンの甥との葛藤 Beethovens Neffenkonflikt』という専門書も刊行されている［新カタログ文献表になし］。これは両者の関係が始まった 1815 年の弟の死から、二次にわたる裁判を経過し、自殺未遂と、その後の共生と別離に至る関係全体を、心理学的考察、また往時の社会規範的な考察を含めて辿った大著であるが、ここでは、そのような巨視的なパースペクティヴからではなく、会話帖と書簡から読み解く、2 人に実弟ヨハンが絡んだ関係の本質を洗い直したい。弟も、芸術には疎いが金儲けには目のない凡人、とネガティヴに描かれるのが常であった。

　カールは 1823 年 10 月から大学で言語学を学ぶが、1825 年 2 月に退学し、実業学校に入り直して商人の道を目指すことになる。実際の授業は 5 月過ぎに始まるが、前年 11 月からのコースに後れて入ったので補習を受けつつ、毎週のテストにも取り組む。伯父がバーデンで療養することをきっかけに別居することとなり、ほとんど毎週のようにバーデンの伯父のもとに通うし、10 月からはヴィーンの街中で離れて暮しながら、定期的に種々の秘書業務をこなし、かつ世間の動きを会話帖に記入して報告していた。勉強と伯父訪問のやり繰りが容易ではないこと、その不満が滞積していったことは会話帖から肌で感じることができる。ただそれは伯父向けのよい子の側面であるかもしれず、種々の疑念を抱くようになったベートーヴェンが叱責を繰り返すことにより、関係はぎくしゃくしたものになっていく。ここに、どちらに非があるのか、後世の道徳観念によって断罪し、甥の非行が強調される一方、ベートーヴェンの叱責が自殺未遂に追い込むほどのものであった、といった両成敗的に捉えられがちな構図が成立している。

1112

第36章　1824〜27年　最後の創作　死去8ヵ月前に起こった事件

　カールが賭けビリヤードで相当の借財を作り、その返済に迫られていて、それが自殺の引き金になったとか、映画化された際には甥が伯父の財布から現金を抜き取るシーンもあったと記憶するが、その他、諸々の、後世が描いてきた非行はどの程度、現実であったのだろうか。

　まず最初に、下宿の大家シュレンマーからカール失踪の第一報が入ったとき、同人は、前述したように、借金の可能性について言及しているので、甥の生活を見ていた大人たちの認識としてその危惧は現実のものであったと思われる。会話帖全集の編集者のコメントもそれを追認している。

　伯父の現金に手を付けたかもしれないことをほのめかす記述は、カールが病院から警察に身柄を移される際、その日、1825年9月22日かその直前に、ベートーヴェン自身が警察の刑法違反訴追の担当官チャプカに宛てて書いた書簡のなかに出てくるだけである。カールを退院後に母親と接触させないよう要請するために、「あの女はたびたびカールをそそのかして金をせしめ、おそらく彼女は彼とその金を山分けした」［BGA 2206］とあるくだりで、ヨハンナがいかに相応しくない人物かを強調するだけであり、窃盗の事実を問題にしているのではない。ここで使われている「せしめる［ablocken］」という語は必ずしも盗むという意味ではない。会話帖のなかに、そのことをめぐっての言い争い、ないし譴責のシーンは、現存している範囲内では登場しない。

　それに対して書簡および会話帖でたびたび言及されるのは、カールが1825年7月14日から1年間、補習補助者（コレペティトール）（「家庭教師」と訳してもよい）として勉強を見てもらっていた6歳年上の学生ヤーコプ・クレプスへの毎月の支払い40グルデンに関してである。ベートーヴェンは再三、その領収書をもらうように促しているのだが（たとえば1825年8月22日直後 BGA 2039、9月14日付 BGA 2057）、自殺未遂後の調査により、カールは30グルデンしか払っていないことが判明する。ホルツが尋問の報告として1826年8月27日（?）にそのことを述べている［BKh 10, Heft 119, 160ページ］。しかもその時点で6月分と7月分が未払いであることも判明する。

　この件は不思議とセイヤー伝記では言及されていないが、カールの不始末としては最大のものである。月々10グルデン、さらに2ヵ月の未払いがあったとすれば150グルデンにも達し、下宿代と補習費で年額2000グルデンも都合しなければならなかったベートーヴェンを経済的に苦しめ、その親心を裏切っていたことは明らかである。ベートーヴェンがカールの要求以上に誤って与えてしまった［大築訳1139ページ］というようなことではないし、ま

第II部　歴史的考察

たブロイニングが会話帖に「カールが多額の借金をこしらえた」と書いた
［大築訳1139ページ］という事実は確認できず、最終的にリーマンがまとめた事
実関係は信頼性に乏しい。セイヤー伝記は「コーヒーハウスで御者と、また
下賤な人々にまざって遊んでいた」［TDR V, 351, 注2］というシンドラーの証言
に言及している。ベートーヴェンもそのような行為を疑っていたようで、会
話帖にホルツが「私は彼を試してみました、私とビアホールに行って、彼が
たくさん飲むかどうかを私が見るためにです。しかしそうではないと思いま
した。今度、ビリヤードに誘ってみます、そこですぐに、彼がそれをすでに
長くやっているかが、判るでしょう」［BKh 8, Heft 94, 110 ページ］［大築訳では 1092
ページ］と記入している。しかしビリヤードはどうだったのかをホルツは書
き遺していない。またゲームを楽しむことは賭博による借金とは直ちには結
びつかず、伯父からの支給を浮かせた資金の使途までは不明である。

　自殺を準備する段階で、7月27日にカールが自宅から御者に本を大学ま
で運ばせたことは、ホルツがシュレンマーから聞いたこととして会話帖に記
入している［BKh 10, Heft 118, 143 ページ］。その直後の記入に「そこには古本屋が
あります。それらの書籍で彼は 50 〜 60 グルデンを得ることができたでしょ
う」とあるが、カールは相当な読書家で、かなりの書籍を伯父に買ってもら
っていたと思われる。この期日もセイヤーが自殺未遂の決行日を 7 月 30 日
とした根拠のひとつであった［TDR V, 360］。しかし購入資金の出所から言え
ば「伯父の書籍を売った」で間違いはないとしても、「刑事犯罪となるため、
悪事をおかした良心の呵責」［大築訳1146ページ］とはならないのではないか。
事後に、「書籍については、彼は 1 点を除いてもう要らない、と言いました」
とホルツが書いている［BKh 10, Heft 119, 158 ページ］。またベートーヴェンから最
も禁じられていたこと、すなわち母を訪ねることもたびたびで、それはホル
ツが「彼は取り調べのときにこうも言った、彼はいつも母親のところに居た
と」［BKh 10, Heft 119, 148 ページ］と報告する通りである。

　このように試験勉強が続くかたわら、コーヒーハウス、ビアホール、ビリ
ヤード場にも出入りする一方、週 1 回の秘書業務をこなさなければならず、
そして伯父に隠れて母親と交流もし、それを咎められる。そして家庭教師代
から長期にわたってかすめて、伯父を騙している、いつかは知れるだろう、
そうしてバランスが取れなくなっていったと思われる。ところが、金銭的非
行を知らない周囲は、そしてセイヤーを含めた後世の見方一般も、カールの
警察で陳述から、「彼はあなたの束縛以外の理由を挙げていません、束縛と

1114

は自分の好きにすることへの障害、と彼は言っていました」［BKh 10, Heft 119, 156ページ］というもの以上ではなかった。周囲の見方も最初からそういう気配で、母親と接したホルツがその反応を次のように伝えている［BKh 10, Heft 116, 116ページ］。

> 彼を悪く取らないでください、しかし彼はあなたの才能を高く尊敬しており、あなたのすべてを神託からのように聞いているので、彼が自分自身について冷静になるよう、彼を喜ばせてください。母親は私にそう言いました。
> 私たちが母親のところで突然、彼に会ったとき、彼女は彼にこう言いました、「原因を伯父さんに言いなさい、何かおまえの心に持っているなら。いまがその時ですよ、いまあの人は弱っている、いまならおまえがしたいことすべてをわかってくれるでしょう」。しかしカールは頑固にこう答えました、「僕は何も知らない」。

　また事件から3週間ほどたった頃、シュレンマーが「私には、すべてがあなたに向かっているように思われる、そして、あなたがカールを大変苦しめ、彼は行動を起こしたのではないか、あなたが彼にお金を与えるとき、報告を求めるのは正しいが」と書いている［BKh 10, Heft 118, 142ページ］。さらに、事件の余韻が一段落して、カールの軍隊での訓育を議論するなかで、9月26日に後見人を引き受けたシュテファン・フォン・ブロイニングはその日に「私が怖れるのは、彼がここにいて、あなたが意見をしすぎてそれが新たな刺激にならないか、ということ。なぜって、彼は警察の審判のときに、あなたが彼を責めすぎて、それが引き金になったと表明したから」［BKh 10, Heft 122, 239ページ］［大築訳では1146ページ］と書いた。

9 ｜ 伯父甥関係に懸けられたバイアス

　伝記における伯父甥関係の叙述にはさまざまなバイアスが懸かっている。なかでも、カールを非行少年として描く方向と、ベートーヴェンの甥に対する教育が度を超えた厳しさを伴っていたとする方向である。前者からはカールの、それこそ献身的ともいえる、無給の秘書活動を非行と相殺してしまうばかりか、彼の聡明な判断、伯父に対する深い尊敬といった、会話帖の行間に溢れる好青年の側面を等閑視する。シンドラー伝記における捏造に対しては、会話帖へのでっち上げ死後記入の問題が発覚してからは、警戒心が強く

第II部　歴史的考察

働くようになったが、既存の大部な諸伝記はそれ以前に書かれたものであり、シンドラーの言説はどうもおかしいという現場感覚の範囲で疑いが差し向けられたに過ぎなかった。たとえばセイヤー伝記もその影響力をできるだけ排除することに努めるという程度に留まっていた。しかし、ことに会話帖の全公開を経て、捏造部分、ないし根拠のない推定部分を客観的に是正することは、カールが秘書役となって発言が重要性を増す第5巻（1824-27年を扱う）について可能であるが、まだそれは為されていない。その試みを全面的に行なうことは、セイヤーが各巻の執筆に数年かけたと同じくらいの集中的作業が求められる。筆者の以上の記述はその作業のほんの一部分を試みたに過ぎない。

　英語版新版（1967年）を編纂したフォーブズは、その前身版（1921年）を作成したクレービールについて、「クレービールは自分の主観に熱がこもって、その間柄にかなり個人的な解釈を下している。筆が走るほど、ベートーヴェンの苦労がしのばれて、怒りを増すというのである」［大築訳 xiv ページ］と客観的に述べている。しかし本人も同じような轍にはまっており、たとえば、「会話帖に証拠があるわけではないにしても、たぶん行きつけの遊び場で借金を作ったことは疑いない」［大築訳 1146 ページ］などとの記述もある。さらに日本語に訳す段階になると、小さなことかもしれないが、ただ「言った［会話帖原文では gesagt、英語版では said］」［BKh 10, Heft 116, 85］だけであるのに、それを「ほざいた」と訳すなどは、訳者自身の思考がこの枠組みにはまってしまっている例であろう。

　前々から気になっていたのだが、カールが自殺するために購入したピストルは4丁ある。最初に準備行為が発覚したとき、現在の解釈では8月5日土曜日のことだが、シュレンマーが会話帖に「弾を外しておきます。2つめのピストルは私の妻が持っています、それが発見されたとき私が家にいなかったので」［前出］と記入し［BKh 10, Heft 116, 85 ページ］［大築訳では 1143 ページ］、そして事後にホルツが「自分の時計を彼は土曜に売って、それで［dafür］新しい拳銃2丁を手に入れた」［BKh 10, Heft 116, 595 ページ］［大築訳では 1143 ページ］と書いているからである。これもただ「時計を売った［verkauft］」が、さもありなんとしても、英語版で「質屋に直行し、自分の時計を入質した」［Forbes II, 996 ページ］と敷衍され、日本語版［大築訳 1143 ページ］は忠実にそれを訳している。

　ここで浮かぶのは、物価の相対的関係として、時計1個を売ってピストル2丁が買えるだろうか、という素朴な疑問である。宝石をちりばめた高価な

1116

第 36 章　1824〜27 年　最後の創作　死去 8 ヵ月前に起こった事件

懐中時計であればあり得る話かもしれないが、しょせんベートーヴェンが甥に買い与えた代物であろう。カールの傷が癒え、入隊に向けた準備が始まると、「自殺の直前に古い時計を売ったカールのために時計を買う」[BKh 10 注 647] というシーンが出てくる。そこでホルツは「最高の銀時計を 20 グルデン・ヴィーン価で見つけます」と記入している [BKh 10, Heft 121, 232 ページ]。この価格はまっとうであろうが、しかしそれによるピストル 2 丁の入手はありえず、それで賄えるのはバーデンへの交通費と 1 泊の宿泊代プラスアルファその程度ではないだろうか。確かに「それで [dafür]」と書かれているので、「売った金で」と読めてしまうが、会話のなかのひとこまなので因果関係の正確さが保証されているわけではない。その金は新規購入の一部に充てられたかもしれないが、伯父から家庭教師代として支給される金銭の誤魔化しや書籍の古本屋への転売がピストル 4 丁の購入資金となっていたと考えるのが自然ではないか。

　会話帖を通読して気付いたのだが、カールの自殺願望は実行の 2 年前にその兆候があり、すでに 1824 年 7 月 3 日に彼は「プロテスタントは祭壇をまったく持たない、おそらく自殺者は埋葬されない」[BKh 6, Heft 72, 295 ページ] と記入している。カール自身に留まらず、若者の自殺願望の空気は当時のヴィーン社会にかなり共通したものであったことを、前出のヴォルフは指摘している [Wolf 前掲書 191 ページ]。ことにピストル自殺は、ゲーテの『若きウェルテルの悩み』(1774 年出版) が若者の心を捉えて以来、「ウェルテル効果」というほどのものになっていたという。新聞紙上でも自殺者についての報道は日常茶飯事と言ってもよく、会話帖にもそうした事件への言及はたびたびある。またなぜ事前に 2 丁ずつが用意されたかというと、当時市販されていたピストルは、連発能力が低く、殺傷力など、性能に大きな制約があったことが指摘されている。またかなり大きなもので、片手でこめかみに命中させるのは難しく、第 1 弾は外れ、第 2 弾はかすめた。だからカールは一命を取り留めたともいえるのだが。

　一方、カールの賢さは会話帖の端々に見られ、たとえば《第 9》初演の準備に際して発揮した彼の聡明なさまざまな判断は、伯父との同居が始まった、まだわずか 17 歳のときであった。また 1825 年 9 月 4 日にパリからモーリス・シュレザンジェ (ベルリンのシュレジンガー出版社の息子) が訪れたときの模様を紹介しよう。訪問者は Op.132 となる四重奏曲の買い付けのためにやってきたのだが、その作品を聴きたい旨、希望を表明した。ベートーヴ

1117

第II部　歴史的考察

ェンは、プロプストとの間の破談にも見るとおり、作品を吟味してから取引をすることを極度に嫌がっており、それを拒否したと思われる［会話帖では無言］。そこでカールは、「すでにショットに送った第1番［Op.127］も聴きたいと望んでいる」［BKh 8, Heft 94, 92ページ］［大築訳では1098ページ］と取りなすのである。カールの有能ぶり、またすぐれた能力についてはホルツもときに言及している。たとえば、自殺未遂の4ヵ月前、1826年4月11日には「19歳。私たちはカールについて話している、彼はとてもたくさんの能力を持っている。商人に彼はなるだろう」［BKh 9, Heft 108, 182ページ］との記入がある。

10 ｜ 甥とグナイセンドルフへ

　カールが退院し、警察の取り調べも終り、宗教者の側からの指導もクリアして、改めて軍隊に入って生活習慣を立て直す方向が決まると、入隊が正式に受理されるまでの期間の過ごし方が問題となる。ひとりにしておくわけにはいかないし、まして母親の許はあり得ない。そこで弟ヨハンが再三申し出ているグナイセンドルフでの保養という件が具体性を帯びた。そしてベートーヴェンは甥とともに初めて、この風光明媚なドナウの丘を訪問することになる。その出発は1826年9月28日のことであった。その2日前、ヨハンナは息子を気遣って夕方やって来て彼に餞別を渡した［Bkh 10, Heft 122, 242ページ］。約70キロの行程で、途中、沿道の村落シュトッケラウで1泊した［BKh 10 注673］。道中の会話には弟も登場するので、3人での旅行であったと思われる。馬車の切符を予約するといったことについては何も書かれていないので、おそらく弟所有の自家用馬車が使われたのであろう。

　翌29日金曜日にベートーヴェンと甥はグナイセンドルフに落ち着き、そのまま馬車でか、弟はさっそく2人に領地を案内する。本章4での説明に追加して、この時期に交わされた会話帖記入から、いくつかを紹介する。弟の説明を甥が筆記するという形を採っている。

　たとえば、「果樹園はここから2時間続きます。水はありません。……ワイン農家があって、20万から30万グルデンを有します」［Bkh 10, Heft 122, 252ページ］とか、「彼は下にさらにもうひとつ18家族が住む館を持っています」［同］というのがあって、その原注702には「館は2つ、ヴァッサーホーフと、より小規模なトラウティンガーホーフ」が挙げられている。さらに「彼は

第 36 章　1824 〜 27 年　最後の創作　死去 8 ヵ月前に起こった事件

45 のワイン農園地区と 150 ヨッホ［ひとつの軛で繋がれた何頭かの牛が 1 日に耕す面積で、1 ヨッホは 30 〜 65 アール］の畑を持っています」とあるので、畑の面積は最低でも 50 万㎡程度あり、それは東京ドーム 40 個分程度の広さである。そこでは「小麦、ライ麦、大麦」［同］が収穫され、「これが、私が 2 年前に初めて設置した農園からの最初のブドウ」［同 253 ページ］と弟自身が実りを手に説明している。

　買収の残金は「毎年 1500 グルデン約定価をあと 3 年」で、「そして年に 500 グルデン約定価の税金」の支払いがあることなども記入されている。「ここから 30 分のクレムス」にはどうやら「もう一軒、6 部屋のアパートも」あるらしい［同 252 ページ］。

　弟がクレムスにでも出かけたか、弟妻は 11 月 4 日に義兄と甥と 3 人で居るときに、「彼は今後 2 年、払うだけです。全部で 18,500 グルデン約定価でした。30,000 グルデン約定価以下では売却されないものでした。彼はよい買い物をしました、前の持ち主はそれをどうしても売らなければならなかったのです」［Bkh 10, Heft 123, 266 ページ］との説明を加えている。

　こうして会話帖とともに全景を案内され、その購入についてまで説明をしてもらうと、弟ヨハンは、戦争負傷者の手当という、いわば時流に乗って、大変な資産家となっていたことが解る。そこからは、「兄への貸付金の抵当として 6 作品を自己所有とし、その刊行を出版社と掛け合った」ということが、それほど金銭に細かかったというよりも、冬の短い間ヴィーンに暮らすなかで、秘書役を買って出て、なんとかそういう作品も売ろうと、兄のために努力した結果のように思われてくる。

11 ｜ 会話帖を一方向から誤読　「バッハは小川ではない」逸話

　カールについてホルツがかつて書いた「彼はあなたの弟さんから、金への執着を植え付けられたのです」［大築訳 1092 ページ／傍点は引用者］という言説は、そのあとに「それは大事な教育です」と続くので、「彼の経済観念はあなたの弟さんから得たのですね［傍点は引用者／引用者注：ここには動詞が書き込まれておらず、完了形の助動詞 haben しかなく、どうしたって「植え付けられた」とはならないであろう］」［Bkh 8, Heft 94, 110 ページ］ぐらいの訳がいいのではないか。ヨハンは伝記中に絶えずネガティヴな存在として描かれ、訳者にもそうしたイメージが出来上が

1119

第Ⅱ部　歴史的考察

ってしまっていた。弟としばしば対立し、その存在を疎ましく思っていたシンドラーによって書き遺された言説の影響が、警戒心を持って接しても、端々に行き渡っていたといえる。その代表的な事例に、ヨハンは兄からも商売人らしく宿泊費を徴収したという件がある。

　セイヤー伝記では、その件に関するヨハンの記入は「いろいろ変化している」とされ、「ある箇所では」「金を払う必要はありませんと述べているかと思えば」「その先では」「私たちと暮らす御希望なら、月に約40グルデン」「1年間で500グルデンということになります」「さらにまた」「兄さんの下宿料は半額でよろしい」「最初の2週間は何も請求しません」［大築訳1164ページ以下］と、その言説の一貫性のなさも問題とされているような感じになっている。記入の個々の紹介にそれほど間違いがあるわけではないのだが、前後の状況を十分に斟酌するとまるで違う話になる。

　そもそもこのような会話が出てくるのは滞在が当初予定の2週間を大幅に過ぎて、1ヵ月半近くにも及び、次第に寒さも忍び寄ってくるという11月10日前後のことであり、おそらく前日と翌日に渡って繰り広げられた会話が「いろいろ変化し」という風に捉えられてしまった。そろそろヴィーンに戻る話が出てきて、ベートーヴェンが間違いなく、感謝の表明と実費くらいは払わせて欲しい、と切り出した後だと思われる。「あなたはここでは金は要りませんよ」［BKh 10, Heft 123, 268ページ］が弟の最初の反応である。最後の弦楽四重奏曲［Op.135］を書き終え、そして大フーガに差し替えるOp.130の第6楽章の作曲も当地で順調に進んだことから、ここに移住しても仕事ができるといった話になったようである。その経費を問われた弟が「私たちのところで暮らそうするなら、全部込みで毎月40グルデン約定価、1年で500グルデン約定価となります」［BKh 10, Heft 123, 270ページ］と書いた後、しばらくして「ここではあなたはあなたの年金［Pension］の半分も必要としませんよ」［BKh 10, Heft 123, 271ページ］と記入したが、それが「兄さんの下宿料［Pension］は半額でよろしい」に変質した。そしておそらく一晩考えた翌日か、弟が「8ヵ月はいつもここに、5月［引用者注：英文および日本語訳では「3月」に置き換えられた］から11月まで［引用者注：正確には7ヵ月］、あなたはそんなに大きなスペースを必要とはしませんよね、春と夏はもっとずっと美しいです、ここは」［BKh 10, Heft 124, 280ページ］と、毎年滞在する場合の具体的な提案をした。そうしてあすの予定などふたこと三言のやりとりがあって、「こうしましょう、最初の14日はいりません、私が税金で迫られていなければもっとなのです

1120

第 36 章　1824 〜 27 年　最後の創作　死去 8 ヵ月前に起こった事件

が［引用者注：以下参照］」［BKh 10, Heft 124, 280 ページ］と続いた。

　つまり滞在の終り近くになって 2 人分の食費や光熱水費などについてベートーヴェンがいくらか払いたいということを切り出して［ベートーヴェンの発言はそもそも想像するしかない］、弟は、まったく要らないでは兄も負担に感じるだろうし、来年、来にくくなってしまうだろう、ということで［こうしたやり取りの常識の範囲でこれも想像した］、2 週間はお客さん、後の 1 ヵ月半は実費をいただきます、というごく一般的な感覚のやり取りではなかったろうか。

　ちなみに、実費がいくらだったか、原注［注 764］として、「イェンガーによれば、グナイセンドルフの滞在費は 1 日当り 4 グルデン・ヴィーン価」とあり、その出典の文献名が挙がっている。これには少し解説が必要で、その文献とは F. Pachler, Beethoven und Marie Pachler-Koschak（Berlin 1866）であるが、さらに別の注 842 および 843 によると、1825 年に軍事省参事官に就任してヴィーンに赴任したイェンガーは、グラーツにいた時代には音楽愛好家協会書記も務めていたアマチュア音楽家であり、同協会のパハラー夫妻とも知り合いで、ベートーヴェンをグラーツに招待したいという内容のパハラー夫人マーリエの書簡 2 通を携えて、ヴィーン帰還直後の 12 月 10 日以後にベートーヴェンを訪問した［BKh 10, Heft 126, 309 ページ］。後年、おそらく彼女の夫であろうファウスト・パハラーがベートーヴェンと彼女との交流について書物を著わし、そのなかでイェンガーから聞き知ったこととして 1 泊料金を記した。注 843 によれば、イェンガーは 1826 年 12 月 29 日付マーリエ・パハラー宛書簡でベートーヴェン訪問について証言している。これら 3 通の書簡はセイヤー伝記第 5 巻ですべて全文が紹介されており［TDR V, 432, 433, 434 ページ］、その 3 通目にこの 1 泊料金が言及されている。イェンガーは、この時期から再びベートーヴェンに接近したシンドラーを通じて、ベートーヴェンに紹介された人物であって［BKh 10, Heft 127, 316 ページ］、その書簡のなかで「彼［ベートーヴェン］が私に会いたがり、というのは私の友人シンドラー、この人はベートーヴェンに非常に認められていますが［セイヤー（リーマン）による注：私たちはこの一般化が正しくないことを知っている］、同人から彼が、私がグラーツから手紙を彼のために持って行くと聞いていたからです」と書き、弟邸滞在の実態についてかなりネガティヴに描いている。

　1 泊 4 グルデン・ヴィーン価という額は、会話帖の少し後に（同日か翌日）にカールが「14 日だと 56 グルデン・ヴィーン価」と記入していることによって補完される。実際に支払う段階になって、2 週間分を単位に計算し

第II部　歴史的考察

始めたと思われる。その後に数式があって 56 ＋ 125 ＝ 181 とあり、125 は
31 日分 124 を切り上げた数字、そして 181 は約 45 日分に相当し、無料の 2
週間に続く 11 月末まで、1 ヵ月半の概算額となる。食費・光熱水費込みの
応分の負担と見なせるのではないか。

　ところで、少し話が逸れるが、なぜベートーヴェンの会話帖そのものにイ
ェンガー訪問時になされた 1 泊料金についての言及がないのかを考えてみる
必要もあろうかと思われる。最初の自己紹介だけが会話帖に記入され、それ
以後の会話は訪問客が自ら差し出した手帳に記された可能性が考えられる。
手帳は持ち去られるわけだから、場合によってはベートーヴェンの常用会話
帖には会見そのものの痕跡が遺っていないこともあり得るのではないか。

　というのは似たような例がいくつもあり、たとえばブレスラウのオルガニ
スト、フロイデンベルクの 1825 年 7 月とされるベートーヴェン訪問もその
ひとつである。その際にベートーヴェンがヨハン・ゼバスティアン・バッハ
を「彼は小川ではなく大海と呼ばれるべき」と述べたとする有名な話が後年
の回想録［1870 年、40 ページ以下］に書かれているのだが、会話帖にはその痕跡
がない。それは 1824 年の出来事ではないかともいわれるが、会話帖は途切
れなく現存していると思われるこの両年の 7 月分のみならず、そもそもフロ
イデンベルクの名前自体が会話帖のどこにも見られない。ちなみに、回想録
の当該箇所はベートーヴェンがロッシーニ、スポンティーニ、シュポア、と
次々にそれぞれについて短評を重ねていく場面で、セイヤー伝記第 5 巻にか
なり長く引用されているが［TDR V, 224 ページ］、バッハに関する肝心のくだり
を抜き書きすると次のようになる［大築訳では 1095 ページ］。

　　ゼバスティアン・バッハをベートーヴェンは非常に尊敬していました。小川ではな
　　く大海と彼は呼ばれるべきで、彼の不朽の、音のコンビネーションとハーモニーの
　　汲めども尽きない豊かさゆえにです。バッハはオルガニストの理想です。私も、と
　　ベートーヴェンは言いました、若い頃、たくさんオルガンを演奏しましたが、私の
　　神経はこの巨大な楽器の力に耐えられませんでした。私は、オルガニストが自分の
　　楽器の主人であるならば［引用者補：「自分の楽器の真の使い手であるならば」の意］、そ
　　のようなオルガニストを名匠の上位に置きます。ベートーヴェンはヴィーンのオル
　　ガニストたちを非常にけなしていました。⋯

　このようにしてもっぱら、オルガニストの立場からオルガニストについて
語られており、「小川ではなく大海」とはその限定のなかでなされた言説で

1122

あることが判る。

12 | グナイセンドルフを発つ準備

いまひとつ、その後、帰り支度に入って、甥との深刻な口論がなされた件に言及しておこう。これもまた伯父と甥の関係についての議論のなかでよく言及されるシーンである。ヴィーンに戻るということはカールはいよいよ入隊ということを意味し、その話が出るとカールが塞ぎがちになるのはあって当然であろう。「ここからはヴィーンへは郵便馬車［Post］はなく、ザンクト・ペルテン行きのみです。ここからは定期馬車［Landkutscher］以外に機会はありません」［BKh 10, Heft 124, 285 ページ］［大築訳では 1166 ページ］。そのあとカールが「次はトリです」と書いているので、食事中なのかもしれない。ここからカール［K］とベートーヴェン自身［B］の記入やりとりとなり［同］、食事中のマナーとして喋るのは避けた食後の会話か、翌日か。

> K「あなたの事柄について、僕はそれには加わりません」
> B「どうしたのだ、なんでおまえはいま頭を垂れている？ きわめて誠実に心を尽しているではないか、欠けている点はあるかもしれないが十分ではない？」
> 不特定人物［反対側から記入］「郵便配達が来ました、2 通で 30xer…」
> K「思い違いです」
> B「おまえはいつもここから出て行かなければならないと心を痛めている、私もそのことは考えていたよ」

弟が「それに寒すぎますよ」と口を挟んだ。そのページはそのあと空白で、カールの長い記述が次のページから始まるが、その記入はまた別の機会と思われる［BKh 10, Heft 124, 286 ページ］［大築訳では 1165-1166 ページ］。

> 僕が何か言葉を喋ったと見たのですか、そんなことはほとんどありません、僕は喋る気にまったくなっていませんでしたから。あなたが策略について話すすべては反駁してはならないのです。だからあなたにお願いするのは、僕を究極的にいちど静かにさせてください。あなたが出発したい、結構です、したくないも結構です。ただ僕はあなたにもう一度お願いします、僕をこんなに苦しめないでください、あなたがしているように。あなたは最後に後悔するかもしれませんよ、僕がうんと耐えて、でも多すぎると僕は耐えられません。そうしてあなたはきょう弟さんにも訳も

第Ⅱ部　歴史的考察

なくやりました、他の人も人間だということをよく考えなければなりません。

［別の機会に記入したか、ベートーヴェンによる数式が挟まる。そして以下はまた別の機会なのか］

これは永遠の不当な叱責です。しかしなにゆえにあなたはきょうそんなに騒ぐのです？いま少しも僕を行かせたくないですか？僕は本当に気晴らしが必要です。あとでまた来ます。僕はただ自分の部屋にいたいだけです。僕は外出はしません、ただ僕はいまちょっとひとりでいたいのです。あなたは僕を僕の部屋に行かせたくないのですか？

　こうしたやりとりは、ヴィーンに帰還することが2人にとってかなりナーバスな問題となっていたことを示している。弟が「月曜［原注：11月27日であると思われる（これについては後述する）］に発つなら日曜に車が予約されなければ」［BKh 10, Heft 124, 286ページ］と書いていることから、この会話は11月21日火曜日以降であろう。そしてこの「月曜に発つ」と関連するのが弟の兄宛書簡［BGA 2232］で、これは書簡として登録されてはいるが、おそらくこの会話のすぐ後に、カールの面前で語るのを避けて書簡形式で渡された文書ではないかと思われる。全文はセイヤー伝記第5巻で紹介されており［TDR V, 411ページ］、かつ英語版、したがって日本語訳でも紹介されている［大築訳1163ページ以下］のでよく知られているが、書簡交換全集において新たな光が当てられた。
　内容は、第1パラグラフがグナイセンドルフでのカールの保養についてのこれまでの経過を述べたものであり、後見人の「ブロイニングは出発の際に14日間だけの時間を与えた」が、「いまや2ヵ月であり」「ブロイニングの書簡［原注：現存せず］から、同人の意思が、カールは早く自分の職に就くべき、ということであるのが分かるでしょう」「ここに居れば居るほど彼にとっては不幸になり」と続く。第2パラグラフは「この才能ある若者がこんなに自分の時間を浪費するのがなんとも残念」とし、自分たち伯父と叔父の責任について言及する。第3パラグラフでは、「彼の振る舞いから、彼が私たちのところにいたがっていることが見て取れるが、そうすれば彼の未来はだいなしとなり、したがってそれは不可能です」として、ベートーヴェンの決意を促し、かつ「カールに拒否させないよう」と念を押す。ヨハンの結論は「したがって次の月曜までにと思います」であった。

1124

第36章　1824〜27年　最後の創作　死去8ヵ月前に起こった事件

　ここで、前記の「月曜に発つなら車の予約は日曜」という弟の会話帖記入が結びつく。そして彼は第3パラグラフの最後に、「あなたは私をどうしたって待つわけにはいきません。私は金なしにここを出るわけにはいかないからです。私がそこそこを集金してその結果ヴィーンに行けるまでにはまだ長くかかります」と書かれている。それが全文なのかは分らないが、この文書はここで終わっている。日本語訳は「私がヴィーンへ行けるだけの費用を収金するには」とか「金がなくては当地を出発できず」となっていて、弟がヴィーンに戻る金もないような印象を与えるが、ここでまた解説が必要であろう。弟は小作人たちからの集金の時期に来ており、たとえば1820年から不払いが続いているそのうちの1名を告訴する［BKh 10 注 721］といった事態になっていた。つまり1年の終りに「そこそこの」集金をしてからでないとヴィーンには戻れない、というのは彼の本業に関わる重大な問題であった。なおかつ、この分冊［124］は弟の「私はリンツに書きます、私のところがたいへん騒がしいのです」という記入で終り、彼は東のヴィーンに向かう前に西に行かなければならなくなる可能性も窺える。

13 ｜ グナイセンドルフ旅立ちから医師の往診まで

　この文書を会話帖全体の流れのなかで捉え直すことは、二重の意味で、従来のベートーヴェン像を大きく変えることになる。そのひとつは甥との関係であるが、上に引用した、帰還をめぐっての言い争いは、そこで言及されている内容が問われるのではなく、単に、甥を伯父の過度な叱責が追い詰める、というその場を支配した空気が問題とされた。しかし、おそらく即座に、顔を突き合わせている弟があえて書簡の形で兄に訴え、そのなかで自分たちの甥について兄と共感して心配していること、そしてその結果として彼らの早急なヴィーン帰還が実現したことを踏まえると、帰還イコール入隊という新生活を控えたカールの不安な心理状態が問題の会話を支配していたのではないか、と思えてくる。

　もうひとつは、ヴィーン帰還の過酷な旅程が結果的にベートーヴェンの致命傷となったとされるだけに、そのような無理をさせたヨハンが断罪される、というのがこれまでの伝記記述の全体的傾向であった。その大元を作ったのはシンドラーであり、セイヤー（リーマン）もまた、先達の過度な部分は修

1125

第Ⅱ部　歴史的考察

正しながらも、その筋書きの全面的否定という方向転換には至らなかった。

　いまひとつは、出発に関する事柄、とくに旅立ちの事情と弟との関係であり、それはシンドラーらの記述全体に対する強い疑いに発展する。実際の出発はこれまで 12 月 1 日金曜日と見なされてきた。言い争いのしばらく後から会話帖記入はなくなり、出立に際する情報は得られず、残存会話帖は 12 月 4 日頃、ヴィーンで再開され、医者が手配されることとなる。そしてロンドン在住のヨハン・アンドレアス・シュトゥンプフ宛 1827 年 2 月 8 日付書簡 [BGA 2256] で「私はすでに 12 月 3 日以来現在まで水腫症で伏せっています」と書いた（シンドラー代筆）ので、ヴィーン到着は 12 月 2 日であろう、したがって出発は 1 日、と推測されていただけである。会話帖全集ではその期日の特定は避けられ（該当の第 10 巻の刊行は 1993 年）、「月曜に発つなら」の月曜を推定する際に「12 月初めにすでにヴィーンに居たので」[BKh 10 注 779] と言及された。

　12 月 3 日からヴィーンで床に伏していたのだから、発つとされる月曜日は 12 月 4 日ではありえず、11 月 20 日以前は 9 月 28 日からの滞在が「いまや 2 ヵ月」と言える範囲内か微妙だとすれば、11 月 27 日が有力候補日ということであろう。しかし書簡交換全集（該当巻の刊行は 1996 年）は、月曜日の特定についてその見立てを踏襲した上で、さらに一歩踏み込んで「ベートーヴェンは 11 月末にヴィーンに戻った」[BGA 2232 注 1] と断定した。それのみならず、その根拠として挙げられたホルツ宛書簡 [BGA 2234] では、「何日か前に起こった私の到着後すぐに、私はあなたに書いたのですが、その手紙は置き忘れられていました。しかしそれのみならず私は [darüber bin ich aber] 体の調子が悪くなり [unpäßlich geworden]、床を離れない方がよいと思っています [für besser halte]」と書かれている [冒頭のこの 2 行はカールによる代筆] 事実に基づき、その書簡が床に伏した 12 月 3 日以降に書かれたものであり、かつ何日か前の到着後に書かれた手紙が置き忘れられていた期間を計算して、「おそらく 11 月 27 日にグナイセンドルフを出発し、1826 年 11 月 28 日にヴィーンに着いた」[BGA 2234 注 2] とした。弟の提案通りに 11 月 27 日に発った可能性が高いというわけである。

　これらの推測は、従来紹介されていた説明に対する疑念を次々と彷彿させる。ベートーヴェンが弟の進言を尊重してただちに出発したとすれば、問題になっていたのはカールの将来のことであり、それは 3 者間の大きな問題であって、ただ伯父の叱責が過ぎるといった緊張関係ではなかったこと、そし

第36章　1824～27年　最後の創作　死去8ヵ月前に起こった事件

て弟の同行できない事情を超えて即座に行動に移す必要に迫られたことが判る。その上で、この帰還計画がこれまでどのように評価されてきたか、シンドラー説とセイヤー説をまとめて紹介してみよう [TDR V, 415ページ]。明らかに校訂者リーマンの筆である。

> この帰路にシンドラーはヨハンに対する厳しい非難を寄せている。同人 [ヨハン] が彼 [ベートーヴェン] に近くのクレムスまでの旅程に自分の屋根付き都市馬車を使わせなかったので、それは無蓋の簡素な四輪馬車において為されなければならなかった。その結果が激しい下腹部感冒であった、というわけである。シンドラーは以前の版では帰路全般について語り、第3版で初めてクレムスまでの旅程に限定した。彼は車両の拒絶に関してベートーヴェン自身の報告を引き合いに出している。セイヤーも、この事実自体は疑わず、弟の出発も間近に迫っていたのだから、弟の行為は重大な問題だと見なされるし、私たちは他の情報に欠けているため、病気のベートーヴェンの表明を判断する物差しがない、と異議を唱えている。

　この最後の部分について、英語版、したがって日本語訳は「シンドラーはグナイセンドルフにいたわけではなく、ヨハンを嫌っていたことも知られているとおりだから、その証言はますます評価しにくい」[大築訳1166ページ] としている。シンドラー伝記初版（1840年出版）ではこの冒頭に「ベートーヴェン自身から確かめた話なのだが」[179ページ] とあり、そして第3版（1860年出版）ではそのフレーズは消えたものの、「同人は」という部分が「極度の思い遣りのなさにより、この偽弟は」[II, 131ページ] と代わっていて、英語版ではこれらが多少の修正を加えて採用されている。「偽の弟」という言葉は日本語版では「弟らしからぬ弟」となっていて [大築訳1166ページ]、何のことだかよくわからなくなった分、本来のきついニュアンスは薄められた。

　床に伏すベートーヴェンを連日往診して発病当初の証言者となったウァヴルッフが後に伝えた経過もセイヤー伝記で紹介されており、それは、帰路の辛苦と死に至る病がイメージとして強く直結され、後世に伝わる大元となった。

> その12月は寒くじめじめして、こごえるように冷たかった。…［中略］やむをえず村の旅館で一夜をあかすことに…［中略］真夜中ごろ発熱の悪寒が始まり、それに激しい渇きをともなうから咳と、両脇の切りこむような痛みにおそわれた。熱にさい

1127

第II部　歴史的考察

なまれつつ……［中略］病み衰えた彼は枠付き馬車にかつぎこんでもらい、やっとヴィーンに到着した際は、疲れきり、力も尽きはてていた［大築訳1167ページ］。

　ヴァヴルッフはベートーヴェンの死後まもなく、1827年5月20日付で「ベートーヴェンの最後の生存期に関する医者の回顧」と題するエッセイを書いたが、それが公表されたのは彼の死（1842年）後のことで、『ヴィーン雑誌［Wiener Zeitschrift］』1842年4月30日号においてであった［TDR V, 419ページ, 注2］。上記部分のほかにも、「彼の磊落な［jovial］発言によれば、きわめて惨めな悪魔の荷車たる牛乳運搬車を帰還に」［TDR V, 415ページ］使用したとも述べている。この季節の描写は半年ほど前のことなので正確であると思われ、事実この年のヴィーンの初雪は11月8日であり、さらに雪は11日、12日、24日、29日と続いた［BKh 10 注753］。しかも旅程に関する彼の記述は、彼自身は同行していないのだから、ベートーヴェン自身、そしてカールから直接、聞き取ったものであろう。しかしながら二次証言であり、裏付けを取る必要がある。彼はただの医者ではなく、チェロを能くする音楽愛好家で［TDR V, 421ページ］、診察が終わった後、改めて正式な挨拶をし、会話帖に自ら「あなたのお名前の大いなる讃美者が、すぐよくなりますよう、できる限りのことをさせていただきます。ヴァヴルッフ教授　自筆」［BKh 10, Heft 125, 298ページ］と書き込んだ。

　11月28日に帰還したと仮定すれば、ヴァヴルッフ初診の12月5日まで1週間の開きがあり、先に引用した、病床に伏したばかりの12月3日頃に書かれたホルツ宛書簡も「体の調子が悪くなり、床に伏せった方がよい」となるまでに相当の時間が経過したことを窺わせて、5日ほどは通常の生活をしていたとも考えられる。しかもその書簡は［注：以下の部分から自筆］「だからあなたが私を訪問してくだされば大変嬉しい［傍点は引用者］。あなたにはそれほど大変なことではないでしょう、デープリンクからみなさんは市内に［引用者補：戻って］いるのですから［原注：ホルツは夏にしばしば何日か、デープリンクに彼の未来の義父ボグナーの別荘に過ごした。冬の間は同家族はヴィーンに住んでいた］」と続き、最後の行に「私たちはすべてを一緒に間違える、別の間違いをするのは各人だけ」という歌詞を付けた4小節の「音楽による戯れ」（謎のカノンか？）［WoO 198］の譜面が付されている。グナイセンドルフに居る間はホルツとの交信はなく、そしてその間に彼は婚約して、ボグナーの別荘で時間を過ごすことが多くなっていた。帰還直後の再会を待ち望む行動と添えられた親愛の標し、

1128

第36章 1824～27年 最後の創作 死去8ヵ月前に起こった事件

それを書き記す余裕は、「疲れきり力尽きていた」という報告との間に違和感を生じさせる。しかもこの書簡がまずあって、ホルツと再会し、そしてヴァヴルッフに往診を頼むことに至るわけだから、「手紙が置き忘れられていた何日かの間」は医者を呼ぶような状況ではなかった、したがって、床に伏す12月3日の前日ヴィーン帰還、ではない、というのが書簡交換全集の結論である。

シンドラーは伝記第3版（1860）で「彼［ヴァヴルッフ］自身の口から聞きました。街のコーヒーハウスの使用人（ビリヤードの採点係）が医院へ遣いにやられ、同人が彼に打ち明けたのですが、ベートーヴェンの甥が何日か前にそこでビリヤードを遊んだとき、同人に、彼の伯父さんのために医者を探すよう言いつけたが、同人は気分がすぐれずこの言いつけを果たすことができず、同人は彼［ヴァヴルッフ］にいまベートーヴェンのところに行って欲しいと懇請した、というのです」［Schindler/Beethoven 1860, 132ページ］と書いている。セイヤー伝記はそれを紹介して証言の矛盾点を突き［TDR V, 419ページ］、「博士を呼びにやらせたのは明らかにホルツ」［大築訳1167ページ］とした。その上で会話帖からもヴァヴルッフを呼びに至った経緯を抜き書きしているのだが、その前後の状況は省略したので現実は正しく把握されなかった。

まずベートーヴェンは、直近に、すなわち1826年2月に診てもらったブラウンホーファー医師に、いつものように往診を頼んだ。それを手配したのはカールであろうことが会話帖から窺われる［BKh 10, Heft 125, 297ページ、および注819］。しかし同医師は不在で、「医者の助けなしには難しかったので、彼［ホルツ］がヴィヴェノットを寄こそうとした」［同上］が、ヴィヴェノット自身が病気で、ホルツはヴァヴルッフ教授に頼むことにした。会話帖においてホルツのこの記入は抹消線が引かれているが、そこに添えられた原注822は「この記入は、シンドラーの伝記での主張、甥はベートーヴェンに医学的手当を受けさせずビリヤード遊びの際に採点係に医者の手配を言いつけた、を否定するものである。この部分の削除はシンドラー自身によるかもしれない」としている。

ホルツは続けて、「私はヴァヴルッフを個人的には知りませんが、彼は最もすぐれた医者のひとりとして当地で知られています。彼はボグナーのところの医者です。彼は病院の教授です。食事の後、彼は来るでしょう」［BKh 10, Heft 125, 298ページ］［この部分は大築訳あり、1168ページ］とあるが、ボグナーとはホルツの許嫁の家であり、その伝手で医者を早急に手配する運びになったこ

第II部　歴史的考察

とがここから窺われる。彼は 1812 年から 19 年までプラハ大学医学部教授を務め、19 年にヴィーン大学に招聘された臨床外科の教授であった。ベートーヴェンと同じ通り（アルザーガッセ）に住んでおり、かかりつけの医者が都合で来られず、ホルツの知り合いが近所に居住する医師を紹介した、という構図ではないか。ホルツのこの記入は、ヴァヴルッフが往診に来る当日（または直前）に経緯を改めてホルツがベートーヴェンに説明しているシーンである。前日にカールが「彼自身は家にいました。雇い人がこの紙［引用者注：おそらく往診依頼書］を持って行きました。あす、彼が来ることは確実です」［BKh 10, Heft 125, 294 ページ］と記入しており、ここからは、ホルツに紹介されたヴァヴルッフのところへカールが前日に赴いて、翌日の往診を依頼したことが見て取れる。

　「食事の後、彼は来るでしょう」に続くのは、再びカールによる「あなたは痔で苦しんだことがありますか」［BKh 10, Heft 125, 298 ページ］と始まり長々と続く記入であるが、これは明らかにヴァヴルッフの問診をカールが筆記したものであって、診察に立ち会っていることが判る。カールは次の分冊［Heft 126］の冒頭に、12 月 5 日から 14 日まで毎日 1 回、ときに 2 回、ヴァヴルッフの往診も記録しており、彼がこの時期、伯父にずっと付き添っていた。

14 │ シンドラーによって汚された像

　ヴィーン帰還は 11 月 28 日の可能性が高いとすると、会話帖には出発間際の様子は書かれていないわけだから、その何日か前から、そして 12 月 4 日頃再開まで、少なくとも約 10 日ほど、会話帖に空白があることになる。1 冊が破棄された可能性はある。出発をめぐってベートーヴェンにとって消し去りたい事情が書かれていたか、あるいはシンドラーが自説を主張するために差し障りのある証拠を消したか。

　現存する、帰還後最初の会話帖分冊［Heft 125］は、記入されている内容の前後関係からいって 6 枚目から開始されて 15 枚目まで書かれ、1 〜 5 枚目の使用はその後である、と判定されている。医者とのやり取りが始まるのは 10 枚目表の途中からで、それは 12 月 5 日のことであった。最初は弟のところのワインの出来についてカールが記入しており、そのあとに「あす彼［医者］が来ることは確実」というカールの発言がある。それに続く 6 枚目裏は

1130

第36章　1824〜27年　最後の創作　死去8ヵ月前に起こった事件

カールが書いた九九の表で、それが意味するところは不明だが、7枚目表は御者を呼んでブロイニングのところに赴き、2人で師団長シュトゥッターハイムを訪ねて入隊の挨拶をしてきたという報告である。つまりカールは医者の手配が済むとすぐに自分の将来について行動を起こした。グナイセンドルフを早急に去ることになった理由がそれであったことが窺える。そしてベートーヴェンとしては、Op.130の第6楽章を仕上げるまでは動くことができなかったが、その完成とともに、帰還の具体化について弟と甥との間で合意を図り、実行に移した、という構図ではないか。

　ところで、書簡交換全集において新たな光が当てられたヨハンの文書［BGA 2232］［大築訳では1163ページ以下］は、シンドラーの遺産のなかに発見されるまで公開されていなかった。シンドラーが伝記でこの文書を使用しなかったことについて、彼自身が、その余白、およびさらに1ページを付け加えて、長文の説明書き［BGA 2232 典拠注］［TDR V, 412ページ］を遺した［英語版・日本語訳はこの説明書き部分を取り上げておらず、それがないことになっている］。彼が伝記自著のなかでこれを取り上げなかった理由は、それがもっと何枚か続く文書の一部分だからということである。そしてそれ以上が書かれなかった理由として彼が想像するのは、グナイセンドルフ出発直前に兄弟間のきわめて激したシーンがあり、ヨハンの死後にカールのために遺す遺産に関して、弟妻に遺産が渡らないようにすべきという兄の主張を弟が受け入れなかった、ということである。

　この文書は突然終わっており、相応しい後書きがなく、書簡と見た場合には完結していないような印象を確かに与える。しかしそれは「兄と議論するのを避けるため」［大築訳1163ページ］にそれ以上を書かなかったのではなく、前にも述べたように、甥に知られないよう会話帖とは別に記した文書だとすれば、だからこそスタイルとしては書簡らしくないのである。しかも余白を1ページも残しているのであって、後に続く部分が消失したというのは勝手な想定である。そして文書が中途で終わっているからというのは、それを取り上げない理由にはならない。

　こうした証拠の隠匿が意図的なものであることは明らかであり、そういう事実はセイヤーも認識し、だから彼らもすでにシンドラー伝記全体に対し懐疑の目を向けていた。シンドラー自身、第1〜2版（1840-45）と最終の第3版（1860）とでは記述にかなりの違いがあり、また最終版もそれ自体に矛盾する記述、また敵愾心のこもった表現が散見され、客観性に疑問符が付い

1131

ていた。事実を突きつけずとも疑わしさは多々ある、といった程度に留まっていた状況にあって、この文書を封印した行為の見直しは疑惑を歴然とさせるものであったと言えよう。

1970 年代末に会話帖改ざんが決定的に暴露されてようやく、ベートーヴェン研究はシンドラーの邪な意図の排除へ向かい始めた。しかしながら個々の捏造事項を確認する段階にあって、全体像がどれほど浸食されてるかは、底知れないものとの予感はあるとしても、まだ描くことはできていない。2013 年にブレンナーが『アントン・シンドラーとそのベートーヴェン伝記への影響』［Brenner/Schindler］を著わしたが、その各論は主として作品論に対する影響を扱うもので、ここで議論したような全体像への浸食についてまで論じられてはいない。本章はその最初の部分的な試みである。書簡全集も、ヴィーン帰還期日について初めて大きな変更を迫ったが、そう考えたとき全体像はどう立て直さなければならないかについてまでは踏み込まずに終わっている。

一方ではシンドラーが同時代人として私たちに知り得ない事情を実感していたという面を全面的に否定することは難しく、甥の不行状についてもあり得る話と想定する必要があるかもしれない。しかしそのひとつが、ピストル 4 丁購入の件によって、ここでほぼ完全な反証に到達したと言えるだろう。

その上で、青年となった甥と伯父との結びつきを会話帖全体のなかで捉えると、この若者がベートーヴェンの創作活動に及ぼしたポジティヴな側面は否定しようがない。また叱責が過度であったとか、ときおり生じる緊張関係が強調されるきらいがあったが、たまに起きるその程度の衝突は一般的な父子関係としてごくありふれたものであり、保護者としての金銭管理や進路の心配もまた特別視するようなものではない、と実感する。

シンドラーは初め押しかけ助手として近づいた。しかし 1 年半（1822 年 11 月～24 年 5 月）ほどして、凡俗で、無思慮に行動し、仕事の妨げになる、として遠ざけられた。1826 年 12 月、病が進行するなかでシンドラーはまた忍び入るように接近してきて、しかしベートーヴェンにはどうしても遮断するという気力もなく、なすがままに親切を受け容れた。それが仇となって、最後の看取りと死後の後始末に主導権を握られ、虚飾に満ちた言説を振りまかれて、誤った像を決定的にされた。

それは、彼が最重要書類を管理したに留まらず、伝記を書き遺したからである。一方 1825 年 7 月末から、グナイセンドルフでの 2 ヵ月は除いて、最

第36章　1824〜27年　最後の創作　死去8ヵ月前に起こった事件

後まで、同じく約1年半にわたって最大の側近であったホルツは後世にとってほとんど無名の存在となる。彼自身が何も遺さなかったからである。歴史は叙述されて初めて歴史となる。そうして形成されてきた像は、いま改めて書かれることによって、再構築されようとしている。

終　章

ベートーヴェンの経済生活について

1827年最後の日々／
遺言と遺産　そこから経済生活を遡る

1.　自筆遺言状のあと口述筆記
2.　ロンドン・フィルハーモニック協会からの見舞金
3.　遺産の検証
4.　8枚の銀行株券購入とシュタイナーからの借財
5.　音楽家の経済生活
6.　年金支給　その実額イメージ
7.　支出の重要費目
8.　出版収入の構成要素
9.　楽譜出版社との交渉全貌
10.　シュタイナー社からの借金と作品譲渡
11.　出版収入の分析
12.　演奏著作権と写譜料
13.　借金の分析
14.　**1820年代の出版収入**

パトロネージの時代が終わり、音楽家が宮廷や教会の保護から経済的に自立しなければならなくなると、それに代わる新しい生活基盤を提供したのが主催コンサート（収益を上げるという面が強調されて「受益コンサート」と訳されることがあるが、かえって意味が取りにくい）、楽譜出版活動、個人教授、さらには音楽学校勤務、などであった。ベートーヴェンの生きた時代はちょうどその端境期であり、ボンの宮廷楽師を出発点とし、ヴィーンに出てからは、パトロン（一時的に年金を支給する者もいた）に囲まれながらコンサート活動、個人教授、楽譜出版活動と、1809年以後は貴族からの生涯にわたる年金支給もそれに加わって、ベートーヴェンの生計は維持された。

　ベートーヴェンの経済生活については2通りの対立する見方が以前からある。ひとつは、甥にある程度の資産を遺したのだから、ペンだけで生計を立てた作曲家としては経済的に成功したとする見方である。いまひとつは、年金契約の履行不調、何度もの借金、オーストリア経済の破綻から年金が実質的に大幅に目減りし窮状を訴える数々の書簡などを通じて、かなり厳しい生活であったとする見解である。それぞれにそれなりの根拠があり、実は表面的にはその両方が正しい、と言える。問題はその先にある。

　ベートーヴェンの経済状況については裕福だったという観測、あるいは願望が一般的にあるかもしれない。その説の有力な証拠は、1801年6月29日付ヴェーゲラー宛書簡［BGA 65］にある「作品は私にかなりの収入をもたらし、こなしきれないほどの注文があると言ってよい。私はどの件にも6、7社と対しており」である。この、いささかの誇張［第16章］が一人歩きして、ベートーヴェンは作品出版によってかなりの収入を上げたという印象が後世に生まれたのは間違いない。すでに見た、イギリスでの高い需要など、ヨーロッパ各地で楽譜を通しての人気は証明されているところであり、そこから、現代の感覚で、ヴェーゲラー宛書簡における言説の正当性に疑いがはさまれない、という構図もあろう。しかしその高い需要はほとんどが海賊版で維持されていたのであり、ベートーヴェンの収入に結びついたわけではない。そして、これもすでに本論で繰り返し論じたところであるが、楽譜出版により自立していくパイオニアであるベートーヴェンの闘いは想像を絶するもので

1136

あった。上昇気流に乗っていた頃に高く設定した報酬要求は半額程度の妥結にしか至らず、戦況悪化のせいで出版社は益々、買い叩こうとし、要求額に近い対応をするのはイギリスのみであった。

ベートーヴェンが生計を作品の出版に頼らざるを得なくなったのは、"時代の趨勢"ばかりではなく、耳疾の進行がその他の音楽活動を厳しく制限していった結果でもある。一方、後世から見ると自立した音楽活動の模索は"時代の趨勢"に見えるかもしれないが、宮廷雇用は彼の願望であり続け、年金契約もその願望が叶うまでの、つなぎの資金提供であることが契約書そのものに謳われていた。終生、いわば、年金を受け取らざるを得なくなったのはそれが叶わなかったことの皮肉な結果とも言えるのだが、それには耳疾が宮廷勤務を難しいものにしたという側面もある。また演奏活動をほぼ生涯、続けることができたなら、経済生活は大きく変わっていただろう。

経済事情の悪化によって年金が目減りするという予想しがたい事態が、締結後すぐに到来したのは偶然とはいえ、ベートーヴェンの経済生活を完全に狂わせた。その分析の不足が後世の裕福説を支えている。年金契約の完全履行のためにベートーヴェンが費やしたエネルギーは大変なものであった。その甲斐あって和解が成立するが、もしそれに失敗して年金契約が相続人に対しては無効とされていたら、彼の生活が立ちゆかなくなったことは疑いない。生計の半分以上が年金によって支えられていたからである。その意味で、"時代の趨勢"はまだ動き出したばかりであり、音楽家の権力からの完全自立までまだ道半ばであった。しかしベートーヴェンの出版社との闘いは楽譜出版者も成長させ、著作権の保護を進展させて、次の世代になると事情は大きく変わる。ベートーヴェンは時代をその寸前まで進めさせた張本人であるかもしれない、という見方は、彼が当時の楽譜出版界で超特大の大物になっていたことを考えるとき、正当な評価のように思える。

収入は消費される。その生活ぶりを問題にしても意味はない。しかし生活に要した資金を分析することは経済生活を考察する上で欠かせない。最後に残った生活資金、すなわち遺産の確認をその出発点とするが、その背景を説明するために、まず1827年の経過から始める。生涯に何回かある借金は、基本的に言えば、資金枯渇の指標となる。最後の借金の時点、1822年をゼロベースとし、かなり正確につかめる晩年の収入をそれに対比させる。

1 | 自筆遺言状のあと口述筆記

1826年12月5日にヴァヴルッフ博士による初診の後、10日にベートーヴェンの容態は急変し、黄疸が現れ、腹水もたまってきた。医師団が形成され、20日に外科医のヨハン・ザイベルト博士の執刀で1回目の腹水除去手術が行なわれた。弟ヨハン、甥カール、シンドラーが立ち会った。カールは12月12日に、ブロイニングの仲介により第8モラヴィア歩兵連隊に士官候補生として正式に入隊が認められた [BKh 10注 660]。連隊を率いていたのは1801年からルートヴィヒ大公で、師団長はヨーゼフ・フォン・シュトゥッターハイム男爵元帥が務めていた。弦楽四重奏曲 Op.131（1827年6月にショット社から出版）の被献呈者を予定していたヴォルフマイアーから急遽、シュトゥッターハイムに代えたのは、カールを引き受けてくれた同男爵に対する謝恩であった。

年が明けるとすぐ、1827年1月2日にカールは入隊する連隊の駐屯地イグラウ［現チェコ共和国イフラヴァ］に向けてヴィーンを出立しなければならなかった。これは両者にとって永遠の別離となるが、のみならず、当時の通信および交通手段の事情によるのであろう、カールは葬儀に参加することもできなかった。翌3日にベートーヴェンは遺言を、バッハ弁護士宛書簡 [BGA 2246] という形で書く。

> 私は、私の死を前に、カール・ヴァン・ベートーヴェン、我が愛する甥を、私のすべての所有物、そのなかの主たるは7枚の銀行株券や現金として存在するもの、私の全財産の、私の唯一の相続人であると宣言します。もし法律がこの点で修正を規定している場合は、できるだけ彼の利益となるよう、お取りはからい下さい。貴殿を私は彼の管財人に任命し、貴殿に彼の後見人である宮廷顧問官ブロイニングとともに、彼に対して父親代わりを務めていただくようお願いします。——神があなたをお守り下さいますように——あなたが私にお示し下さった愛と友情に千の感謝を申し上げます。

彼はこの時点で自分の死が近いことを覚悟した。そして1月8日に2回目の腹水除去の手術を受け、2月2日には3回目、そして2月27日が4回目、最後の手術となった。ヴィーン帰還後の書簡はカールの代筆であったが、そ

れは以前までのような秘書役としてではなく、病床に伏している現実から来るやむを得ざる口述筆記であった。

　カールがいなくなると、バッハ宛遺言以後、シンドラー宛の短いメモ [BGA 2249] を除いて、しばらく書簡が途絶える。さしあたって代筆者がいなかったか、病状が重かったか。1 月 27 日付のショット社宛 [BGA 2254] はホルツとシンドラーの 2 人が口述筆記をしている。そしておそらく前述したガリツィン宛消失書簡もこの日に書かれた。2 月 8 日以後の代筆はもっぱらシンドラーとなり、彼が見舞いに来た日に体調も良かった場合はまとめて何通かが書かれる（たとえば 2 月 22 日には 3 通）、といったことが見受けられる。そうしたやり取りを通じて、ベートーヴェンの最後の日々に、経済状態がどうであったかを垣間見ることができる。

2 ｜ ロンドン・フィルハーモニック協会からの見舞金

　1826 年 12 月 14 日にベートーヴェンは、ロンドン在住のヨハン・アンドレアス・シュトゥンプフ（1769-1846）からヘンデル作品全集（アーノルド版、1787 〜 97 年出版）全 40 巻が届いたことに対する受領の確認をした [BGA 2207a 注 3]。シュトゥンプフはテュービンゲン出身のハープ製作者であるが、1824 年 9 月 25 日にヴィーンに到着し、そのすぐあとにバーデンにベートーヴェンを訪ねた [BKh 6, Heft 76, 354 ページ以下、および注 428] [BGA 1884 注 2]。そのときに彼が示したヘンデルへの関心の深さに印象づけられ、進呈しようと決心したと思われる。これに対する御礼の書簡をベートーヴェンはようやく 1827 年 2 月 8 日に書いた [BGA 2256 原文消失、セイヤーの遺品のなかにあった写本により伝承（TDR V, 459 〜 460 ページ）]。病に伏せていてそれどころではなく、気がかりとなっていたところ、シンドラーに口述筆記を頼んでようやく果たしたのであろう。病状などさまざまの事柄を記述しており、前述のように、発病時点も判るのである。先の引用の続きは次のようになっている。

> ご想像いただけると思います、このこと [引用者注：12 月 3 日以来、床に伏していること] が私をどんな状況にもたらしているかを！私は日常的に私の精神労働の成果のみによって生きており、私と私のカールの万事はそれによって賄われているのです。残念ながらここ 2 ヵ月半、私は音符を書く状態にありませんでした。
> 私の給与はわずか、そこから半年の家賃を支払うことのできる程度であり、残るの

1139

は何百グルデン・ヴィーン価でしかありません。……［中略］
私はよく思い出すのですが、フィルハーモニック協会が何年も前ですが私の利益のためのコンサートを開催しようとされました［原注：この提案をフェルディナント・リースが 1816 年 3 月 19 日に行なった（BGA 917）。チャールズ・ニートもベートーヴェンにそのような提案を語っている（1816 年 5 月 18 日付 BGA 937）。ベートーヴェンは 1816 年 10 月 7 日（BGA 983）に、また同年 12 月 18 日（BGA 1016）にも、この計画に言及している］。あなたがこの計画を思い起して下されば私には幸甚であり、私はもしかしたら私にさし迫っているあらゆる貧窮から救われるかもしれません。それゆえ私はスマート氏に書きます。そして尊い友であるあなたがこの目的のために何か貢献して下さるなら、あなたはただスマート氏とご協力いただきたいのです。そのためにモシェレスにも書きましょう。そして私のすべての友人の協力によって、この件で私のために何かが為されると信じています。［以下略］

　ここで述べられているスマート宛とモシェレス宛は 2 月 22 日にシンドラーによって口述筆記された［BGA 2259, BGA 2260］。同じような内容で、そして双方と、およびシュトゥンプフと協力するよう、述べられている。ロンドン音楽界の重鎮スマート卿は、すでに述べたように、1814 年 2 月 25 日に《オリーブ山のキリスト》をイギリス初演して以来、ベートーヴェンのオーケストラ作品上演の指揮を執り、1825 年 9 月には初めてヴィーンを訪れ、ベートーヴェンと親しく交友した。モシェレスは元々ベートーヴェンの弟子であり、1822 年 2 月 25 日に《合唱幻想曲》をパリで披露［BKh 6 注 21］した後、ロンドンに行き、同地でピアノ・ヴィルトゥオーゾとしての名声を高めていた。以後も 1823 年、26 年とヴィーンに来演し、直近では 1826 年 10 月 21 日と 25 日にケルンテン門劇場でコンサートを催した［BGA 2261 注 4］。この機会にはグナイセンドルフに居たベートーヴェンとの再会はなかったであろう。
　シンドラーもまた、口述筆記しただけではなく、同じ 2 月 22 日に旧友モシェレスにベートーヴェンの現状を、またモシェレスの去った後にヴィーンで起こったさまざまな出来事を詳しく報告する長文の書簡［BGA 2261］を書いた。そこで「スマート宛書簡を英語に翻訳するために、ベートーヴェンは彼［甥］にすでに 14 日前に送ったのだが、きょうまで何の返事もない」とこぼしている。これを解きほぐすと、外国語の書簡は甥カールに代筆させる方が手早く、ことに英文の場合は彼を頼っていたという事情がある。シンドラーのレヴェルではドイツ語を解する相手（シュトゥンプフ、モシェレス）は問題なかったが、スマート卿に対してはそういうわけにはいかなかった。2 週間前といえば 2 月 8 日であり、シュトゥンプフに書いたのと同じ日にスマ

1140

終章　ベートーヴェンの経済生活について

ート卿にも協力を頼んだ可能性がある。その書簡が現存しないのは、そのときはまずイグラウに居る甥に翻訳を頼むこととし、宛先人への発送はなく、そして甥のところでそれは消失したのではないか。こういった議論は書簡交換全集ではなされていないが、彼らはしびれを切らして2月22日に合計3通の書簡を一気に送ったということだろう。その際、スマート宛はモシェレス宛に同封され、スマートに渡して欲しいと書かれているので、モシェレスからの翻訳を期待したと思われる。そこから伝わってくるベートーヴェンの切迫感については後に改めて触れる。

　しかしフィルハーモニック協会理事会はそれとは関係なく、すなわちその3通がロンドンに届く前、2月28日に100ポンドの見舞金をベートーヴェンに送ることを決定した。議事録には次のようにある［BGA 2267 注4/ ロンドン大英図書館 Loan 48/3］。

　　当協会は金100ポンドを当協会構成員に託するものとし、モシェレス氏の手を介して、ベートーヴェンの信頼するさる友に送り、病にある彼の安楽と必要に供するものとする。

　シュトゥンプフは翌3月1日付でその決定を知らせた［BGA 2267］。その核心部分を引用する。

　　あなたの御希望に寄り添って私は寸分の遅滞もなく、フィルハーモニック協会理事でもあるスマート氏およびモシェレス氏にもお知らせして、この良い件に誘い込み、そしてただちに協議しました。何はさておき、金100ポンドをただちに当地のロスチャイルド男爵に手渡し、そしてすぐの便でヴィーンのロスチャイルド男爵銀行に送付するようお願いし、その金はあなたの必要が求めただけ、少額でもより大きな額でも、エスケレス銀行の支配人ラウ氏を通してあなたによって受け取られることができる、という指示を付しました。この良い件に非常に関心を持たれたモシェレス氏は、両方の銀行と取引がありましたので、それを実行するのに役立ち、そして私の求めに応じてすでに本日の郵便で、委託指示を含んだ上記の人々宛の書簡を発送させました。

　そのモシェレスも同日、ベートーヴェンに同じ内容を書き送った［BGA 2268］。原文は現存しないのだが、シンドラー伝記（1840年版187ページ、1860年版第2巻140ページ）から、捏造されたものではないとして、書簡交換全集に転写された。

1141

しかしそれがまだヴィーンに届かない3月6日にスマートに宛てて［BGA 2271］、そうとは知らないベートーヴェンが改めてシンドラーに筆記させドイツ語で「2月22日の私の書簡についてですが、あなたのあらゆる影響力を駆使して、フィルハーモニック協会を動かし、私の利益ためのコンサートに関するあなたの以前の御決意をいま実現して下さるようお願いします。これについてこれ以上語ることは私の体力が許しません。私に対するあなたの高貴で友情あるお気持ちを強く確信しています…できるだけ早いお返事をお待ちしています」と頼んでいるのが悲壮である。

　ヴィーンとロンドン間の通信時差は10日から2週間くらいだろうか。2月22日の3通はおそらくフィルハーモニック協会の決定には影響を与えず、それは主として、ベートーヴェンが2月8日に書き送った書簡を受け取ったシュトゥンプフがスマート卿やニート、クラーマー、チプリアーニ・ポッターといった協会理事たちに働きかけて実現したのであろう。シュトゥンプフはほかにも同業者のシュトライヒャーからすでに1月5日付で、彼が寄贈したヘンデル全集は、重病、かつ困窮しているなかにあってベートーヴェンにはことさら大きな喜びであった、との報告［BGA 2247a］を受けており、いまヴィーンで起きている状況をいち早くキャッチしていた。

　3月14日にもなおベートーヴェンはモシェレスに「私のあなた宛最初の書簡2月22日のものはすでに届いていると思いますが」「スマート卿、シュトゥンプフ氏、ニート氏、その他の私の友人たちと協力してフィルハーモニック協会で私に対する良い決定が得られるよう」［BGA 2281］と書いている。その2～3日後に見舞金は届いたようである。銀行支配人ラウは3月17日付でモシェレスに書簡を書き、ベートーヴェン自筆の1000グルデン約定価の領収書を同封するとし、「私は彼に、まずは500グルデン約定価を受け取って、残りの500グルデン約定価は必要となるまでエスケレス銀行に預けることを提案したのですが、…彼のさし迫った希望により、100ポンドすなわち1000グルデン約定価全額をお渡ししました」［BGA 2283］と報告した。この領収書は現存しないが、モシェレスのシンドラー宛4月2日付書簡から、領収書の日付はラウ書簡と同じ3月17日であることが判る［BGA 2283 注2］。ラウから見舞金を受け取ったのは3月15日と思われる［BGA 2286 注4］。後述する。この日、モシェレスはまだベートーヴェンの死（1827年3月26日）を知らず、ベートーヴェンにも3月14日付書簡を受け取ったことを告げている［BGA 2290］。

終章　ベートーヴェンの経済生活について

　ベートーヴェンも3月18日付でモシェレス宛書簡を「どんな気持ちで私が3月1日付のあなたの書簡を読み通したか、とても言葉では書き尽くせません」［BGA 2284］と始めた。その中段に次のようにあるのは読む者の心を打つ。

　　フィルハーモニック協会が私のために開催することを決定したコンサートに関してですが、協会にはこの尊いご計画を放棄されないよう、また貴協会が私に現在すでに前もってお送り下さったこの1000グルデン約定価は、このコンサートの売上げから差し引くよう、お願いいたします。また協会が私に残金をさらに慈悲深く送って下さろうとするのなら、協会に私の厚き感謝を、すでにスケッチして私の机のなかにある新しいシンフォニー、あるいは新しい序曲［引用者注：イギリスの序曲好みに配慮?］、あるいは協会が望まれる他の何かを書かねばと、御約束いたします。"

　シンドラーもまた、尽力してくれたモシェレスに御礼とベートーヴェンの近況を知らせる書簡［BGA 2286］を3月24日にしたためた。もうすでにベートーヴェンは口述筆記すら無理な状況にあり（最後の口述筆記書簡は3月21日付サンクト・ペテルブルクのシュティーグリツ銀行宛［BGA 2285］／前述）、シンドラーの自主的な行為であろう。彼とモシェレスとは同年代（1794/95年生れ）であり、ベートーヴェンと同年代（1769/70年生れ）のシュトゥンプフに対してより書きやすかったのではないかと思われ、そこに生々しい一節がある。これは針小棒大などと侮れない、生きた重要な証言であろう。

　　彼はこの1000グルデン約定価を部分的に引き出すこともでき、私はラウ氏とそう申し合わせたのですが［引用者注：シンドラーは病床にあるベートーヴェンの資金管理も担当していた］、しかしベートーヴェンはあなたの書簡の文章の最後に頼りました。要するに、苦悩や心配はとたんに消えて、お金がそこにあったものですから、彼は満足げに「さて私たちは再びしばらく快適な1日を持てるね」と言いました。というのは金庫にはもう340グルデン・ヴィーン価しかなく、それゆえ私たちはここしばらく牛肉と野菜に限っていまして、それは彼には何よりも辛いことでした。先日、金曜日ですが［原注：3月16日と思われる］、彼はただちに好物の魚料理を作らせました、そこからついばむことができただけですが。［中略］大型のいわゆる"お爺ちゃん椅子"も、30グルデン・ヴィーン価するものですが、すぐに手に入れなければならず、彼は毎日少なくとも30分はそこで休み、それによってベッドを調えさせることができました。［中略］1000グルデン約定価のうち、余った分で彼に相応しい埋葬をさせたいと思います。［中略］その後、家賃の支払いがあり、半年分は考えておかなけれ

1143

ばならず、もろもろの小さな出費、医者のとか。すると 1000 グルデン約定価はちょうどということになり、多くは余りません。

　フォーブズ英語版は「牛肉と野菜の量を節約した」［1042 ページ］と訳したが、それだと貧窮の度合いが強調される。ドイツ語は、ヴィーンでは安価な「牛肉と野菜に限った」という意味であり、その後にあるように、好物の魚料理は高価でそれまで食べさせられなかった、と解される。また金曜日にそれが実現し、"お爺ちゃん椅子"が購入できてそこに座る 30 分が確保できたので寝具の交換ができた、とは次の週の 23 日のことでは多分なく、16 日であるとすれば、見舞金の到着は 15 日、領収書は 2 日後の 17 日に書いた、との考察となる。

　重要なのは「金庫には 340 グルデン・ヴィーン価」（流通紙幣のヴィーン価は 340 グルデン）しかない、という証言である。

3 ｜ 遺産の検証

　遺産の検証をしよう。セイヤー伝記第 5 巻の付録Ⅲとして、1827 年 11 月 5 日に行なわれた遺品競売目録での査定額を含めて、遺産目録が掲載されている。これはセイヤーが蒐集した資料のひとつであり、オットー・ヤーンの遺品のなかにあって、元々はフィッシュホーフが所有していた写本である。そこには部屋のカーテンから楽器、書籍、ルイ 18 世肖像金メダル、銀スプーンに至るまで、数々の遺品が挙がっている。フォーブズ英訳版の付録 A ～ I は原書とはまったく別の構成であり、原書付録Ⅲの遺産目録のほかに、遺品競売目録全編が掲載され、そこには査定額とともに落札額も記されている。付録Ⅲとして掲げられている遺産目録の原本は、おそらく死の直後に裁判所に提出するために作成されたと思われ、その後競売されることになる楽譜や書籍は 480 グルデン 30 クロイツァー約定価と一括査定されている。それらすべてを含めた総資産は約定価で計算され 9885 グルデン 30 クロイツァー、その他に現金 600 グルデン・ヴィーン価、となっているが、足し算に誤りがあり、約定価の部分は 9881 グルデン 30 クロイツァーと修正される。

　物品も全部含めれば 2500 万円を超える資産を遺した［現代の円換算については後述］ということになり、それなりの生活水準を維持できたという結論に傾

く。しかし、王侯貴族から献上された報償品や日常的に使用する食器などを換金すれば何とかなるではないか、という前提から経済生活を見るのではなく、ベートーヴェンが生計をどのように成り立たせていたか、作品に対して応分の支払いを受けていたか、という観点から、彼の経済生活を見ることが本章の課題である。現金、有価証券等の流動資産と負債の動きで生活の質は捉えられるべきという前提に立つ。

　死の直後に発見された現金は 1215 グルデン約定価（銀行券）と 600 グルデン・ヴィーン価（補償紙幣）であり、ほかに銀行株券（1819 年 7 月 13 日付、死亡日の交換相場により 1063 グルデン約定価）が 7 枚、計 7441 グルデン約定価分あった。合計 8656 グルデン約定価と 600 グルデン・ヴィーン価（補償紙幣）が遺産の中核である。現金のうち 650 グルデン約定価は葬儀費用その他として甥の後見人ブロイニングに託され、残り 565 グルデン約定価と 600 グルデン・ヴィーン価は銀行預金とする、とされている。

　これは、ロンドンのフィルハーモニック協会から贈られた 1000 グルデン約定価から支払い必要な分を差し引いた余りと、シンドラーが残金とした 340 グルデン・ヴィーン価を足した額と見てよいであろう。ヴィーン価はその時点から 260 グルデン（104 グルデン約定価）増えたわけだが、それはロンドンからの 1000 グルデン約定価のうち消費するためにヴィーン価に交換した余りと見ることができよう。すなわち最後の 10 日間で消費したのは 1000 － 565 － 104 ＝ 331 グルデン約定価ということになる。シンドラーの申告に間違いはなかったと思われる。

　そのほかに「未収の生計費扶助」という項目がある。

　　ルドルフ大公私金庫から　年 600 グルデン約定価のうち、1827 年 3 月 1 日～ 26 日分
　　　　　　　　　　　　　　　　　　　　　　　　　　　43 グルデン 20 クロイツァー
　　ロプコヴィッツ侯金庫　年 700 グルデン・ヴィーン価または 280 グルデン約定価のうち未払い　　　　　　　　　　　　　　　　66 グルデン 53 クロイツァー
　　ルドルフ・キンスキー侯のプラハ主要金庫から　年 1200 グルデン・ヴィーン価または 480 グルデン約定価のうち、1827 年 3 月 1 日～ 26 日分
　　　　　　　　　　　　　　　　　　　　　　　　　　　34 グルデン 40 クロイツァー

　これには解説が必要である。まず日割り計算は 1 ヵ月を 30 日としてその 26 日分である。ロプコヴィッツ侯の場合のみ、期間について何も書かれていないが、3 ヵ月分 70 グルデンから 4 日分 3 グルデン 7 クロイツァーを引

けばこの額になるので、未払いは1月1日からであって、計算間違いではないと思われる。ルドルフ・キンスキーとは亡くなったキンスキー侯の長子で債務継承者である。フォーブズ英訳版は「ルドルフ大公［!!］所管キンスキー金庫」としている。ここに見る年金の分担額とその表記については後述する。

甥への遺産として手を付けてはいけないとしてきた株券を除くと、現金と未収金の合計は1359グルデン約定価で、残っていたのはちょうど1年の年金分、ということが確認される。もしロンドンからの見舞金がなかったならばほとんど底を突くところだった、ということになる。

4 │ 8枚の銀行株券購入とシュタイナーからの借財

オーストリア銀行の株券は、ベートーヴェンが1819年7月13日にアルンシュタイン・エスケレス銀行の頭取フォン・エスケレス男爵の助言に従い、購入した株券8枚のうちの7枚である。セイヤー伝記ではこの購入に関して、当該巻の執筆者リーマンは何もコメントしておらず、すなわちTDR IV（1817〜23年）に記述はなく、フォーブズ英訳版［729ページ］が「この金はヴィーン会議のときに貴族によってベートーヴェンに提供されたが、彼はそれを甥のために取っておくお金と考え、手を触れないこととした。その金は最初、1816年7月にシュタイナーに8％の利子で預けた」との説明を追加した。資金の出所については曖昧な表現であり、いつ誰によっていくら提供されたのか具体性を欠いている。書簡交換全集では、おそらく1816年7月27日に書いたと思われるシュタイナー宛書簡［BGA 954］に対する注3として、「この資金の由来は知られていない。ベートーヴェンはこれをシュタイナーに8％の利子で預け、それを1819年7月に8枚の銀行株券の購入に充てた」［BGA 954 注3］とだけ説明されている。

それぞれ後半部分にある、1816年7月にシュタイナーに8％の利子で預け、さらにそれを1819年7月に8枚の銀行株券の購入に充てた、は事実として確認できるが、資金がどのように調達されたかについて証拠は確かに何もない。しかしすでに見たように、1815年末時点で、年金裁判が解決したことによってロプコヴィッツ侯から計2058グルデン20クロイツァー・ヴィーン価、キンスキー侯から2479グルデン・ヴィーン価、計4537グルデン20クロイツァー・ヴィーン価（1800グルデン約定価強）を臨時に収入し、

1146

終章　ベートーヴェンの経済生活について

1816年からは3400グルデン・ヴィーン価を安定的に得る見通しが立っていた。1816年3月にバーチャルからも130ドゥカーテン（約585グルデン約定価）、同年2月6日直後にチャールズ・ニートがヴィーンを離れる［BGA 888 注1］ときに75ギニー（約750グルデン約定価）の支払いがあった［BGA 917 注］から、以上で3000グルデン約定価は超える。ヴィーン会議中に王侯貴族から下賜された確実な金品はロシア皇帝・皇妃からの計150ドゥカーテン（約675グルデン約定価）であるが、それにプラスして、大舞踏会場を満員にしたコンサートの収益は大半が弟の援助に費やされたとしても300グルデン約定価程度の余剰があるとすれば、総計4000グルデン約定価に達する。

　たぶん資金の捻出の大筋は、未払い年金の一括支給が1815年に溜まっていったことをベースに、イギリス関連の出版収入と、残りはヴィーン会議関連の収入、という組み立てであろう。それよりも重要なのは、ベートーヴェンがなぜ、一見、生活に余裕ができたように見える貯蓄をしたのかということである。1815年11月15日に弟カスパール・アントン・カールが死去し、義妹と争いはしたが、1816年1月9日にニーダーエスターライヒ貴族裁判所から甥カールの後見人に指定され［BGA 876］、引き取った甥を2月2日にジャナンタージオ寄宿学校に入学させた。このようにして保護者としての活動を全面的に開始することになったことが4000グルデン約定価をいわば定期預金して甥の将来のための資金としてプールすることを決意させたのである。これは甥に遺す資産の確保であり、遺贈引当金のような固定負債、と言ってよいであろう。つまり、決して手を付けてはいけない資金である。そのような強い意志を持ったものであることはさまざまな局面で確認することができる。たとえば、死の床にあってイギリスに資金援助を頼んだとき、シンドラーとシュテファン・ブロイニングは、もし知られたら悪い印象を生みかねないと、この方針に反対で、銀行株券のことを思い出させようとしたが、この株券は甥の触れてはならない相続財産であるとの、ベートーヴェンの断固たる抗言に遭遇した［TDR V, 461 ページ］。

　4000グルデン約定価を供託した当時、およびその後の事実関係もそのことをはっきり示している。すなわち、彼はシュタイナーが提供してくれた8% という有利な金利条件に頼って貯蓄する一方、彼への負債は返済しないばかりか、生活に貧窮するにしたがって彼からも、また別口で、さらに借金を重ねていくのである。それはまさに、自分の生計分と甥への遺産分をはっきりと区分して生活設計していたことを物語る。当初はシュタイナーが預け

1147

金を担保に6%の利息で生活費を融資してくれるという誘いも決断を後押ししたかもしれない。シュタイナーへの基金預託がいつ為されたのか、その期日までは分からないが、その件が初めて触れられるのは1816年7月16日付書簡［BGA 949］である。この時期、2人の関係はまったく良好であった。

> 私が完全にあなたを信頼していることはおわかりでしょう、あなたにいま友愛のこもった心配をお願いするのです、私の唯一の資本［原注：おそらく、BGA 954で言及している4000グルデン約定価が念頭にある］ができるだけ多くなることを、またできるだけ確実であることを。私の状態は目下、私のかけがえのない甥によって悩まされており、しかしながらあなたは私を、あなたに対して名誉ある人間であるだけではなく、真の友人であることがわかるでしょう。

　1816年6月1日にオーストリア銀行が設立されて、流通紙幣のヴィーン価には安定の兆しが見え始め、対約定価の交換率も多少の揺り戻しはあるが全体としては改善されていった。書簡交換全集第1巻序文の最後で検討されている当時の経済状況の分析によると、1815年の年平均交換相場は100：351で、ベートーヴェンの年給3400グルデン・ヴィーン価は969グルデン約定価であったが、1816年は100：327で1040グルデン約定価と好転し、1817年は100：333で1021グルデン約定価と少し下がるものの、1820年には1対2.5という公定交換率が導入された［BGA I, LIXページ］。これとは少し違った記述がセイヤー伝記にあり、リーマンによって「政府はオーストリア銀行を設立し、この新しい機関と、銀行が補償紙幣を2.5対1の割合で買い戻さなければならないとする約定を結んだ。それは1817年7月15日に全面施行となった」［TDR IV, 54ページ］と書かれている。

　いずれにせよ、その底がいつかは別として、約定価から見るとヴィーン価への交換率は次第に下がっていったわけだから、この傾向は約定価での定期預金には不利に働いた。この時期に自身の財政状況についてベートーヴェンの嘆きが滞積する由縁である［BGA I, LIXページ］。

　そういう方向にあったから、ベートーヴェンはシュタイナー基金預託の3年目の満期を迎えた1819年7月に、それを原資として7月13日付で額面500グルデン約定価［BGA 1348注12］の株券8枚を購入した。その間の利息は8%で計算すると1000グルデン約定価以上になり、それは生活費に充当されたのだろう。株券は、死亡時には1枚1063グルデン約定価と、2倍以上に増えていた。

1148

終章　ベートーヴェンの経済生活について

　ところが1820年［注：書簡交換全集第1巻序文では「1821年」（BGA I, LIX ページ）と
なっているが、誤植か？］にそのうち1枚を抵当に取られて失った。1820年12月
17日付アルタリア宛書簡［BGA 1420］に次のようにある。

　　750グルデン・ヴィーン価を前貸し下さったことに対して心から感謝し、枢機卿殿下
　　［引用者注：ルドルフ大公］の保証による領収書［原注：次回の半年分年金と思われる］を
　　お渡ししましたが、新たに、私の8枚の銀行株券のうち1枚を失うという一大事と
　　なり、なお150グルデン約定価を貸して下さるようお願いいたします。それは本日
　　の日付から最高で3ヵ月以内にお返しします。

　750グルデン・ヴィーン価は300グルデン約定価で、このとき450グルデ
ン約定価相当の緊急な支出があったことがわかる。すなわち、株券ほぼ1枚
相当分を失うという事態となった。その1年少し前に、ベートーヴェンは夏
の滞在地メートリング116番地にある「クリストホーフ館」という家の購入
に関心を示した。郊外になると土地・家屋の価格はかなり下がり、市民が所
有する例も増えつつあった。1819年10月13日に行なわれた競売で別人の
手に渡り［BGA 1343 注1］、その価格は8315グルデン（約定価）であった
［Smolle, 66ページ］。ちなみに、翌年5月から10月まで、ベートーヴェンはこ
の家の店子となる。1819年7月に彼は株券を購入したばかりであったが、
不動産に代えることを検討したのであろうか、シュタイナーに相談をし、
1819年10月10日付で「資本は決して小さくなってはいけない」と述べて
いる。原注は、「たぶん、ベートーヴェンが、もともとはシュタイナーに、
そして1819年7月以来は8枚の株券の形でオーストリア国民銀行に、出資
している4000グルデン約定価のことと思われる。ベートーヴェンはそれを
甥に遺贈するべき手を付けてはいけないもの見なしていたが、のちに、困窮
から株券の1枚を売らざるを得なかった」［BGA 1343 注2］としている。
　この注で触れられている株券1枚の売却はほぼ1年後のことである。この
事実関係に関して、フォーブズ版の日本語訳は「1枚を紛失した」と訳して
おり、「なくしてしまった」というニュアンスとなって、この件はこれまで
日本では大きな誤解を生んでいた。ベートーヴェンは、その理由は不明だが、
1820年末にアルタリアからの借金450グルデン約定価に加えて、1000グル
デン約定価（約250万円／円換算については後述）に近い支出をせざるを得
ない事態に陥ったわけである。資金繰りは、この頃を境に急速に悪化したと
思われ、シュタイナーから借金をどんどん増やす事態になっていった。それ

1149

について、1820年12月29日にシュタイナーがベートーヴェンに宛てた書簡［BGA 1422］を引用する。

　あなたにお送りした私の計算書についてのあなたの所見に私は満足しませんしできません［原注：この文書は現存せず］。——というのは、私はあなたに、現金でお貸したお金の利息を6%と計算しました［原注：ベートーヴェン自身の計算によると借金は利息別で2420グルデン・ヴィーン価。彼は1200グルデン約定価、すなわち3000グルデン・ヴィーン価を返済する準備をした。つまりシュタイナーはおよそ580グルデン・ヴィーン価の利息を課したことになる］、それに対して私はあなたに、私のところにあるあなたのお金に8%を、これは前もってきっちりとお支払いし［引用者注：利息先払い?］、そしてあなたの元本もすぐに支払いました。——つまりひとつの正義となっているのは、他人には公正であれということです。加えて私は、お金を利息なしで貸すことができるという状況にはありません。——私はあなたに友人として苦境のお役にたちましたし、私はあなたの名誉にかけた約束のうえに立っていますし、信じてきました、そして私はせき立てもしませんし、あなたを別の形で苦しめたこともありませんので、私になされた非難に対しておごそかに抗議しなければなりません。——私のあなたに為した貸金の一部はすでに5年目となっていることを考えてくだされば［原注：ベートーヴェンの計算（引用者注：本書簡3ページ目に鉛筆で書き込まれている）の4つの内訳の由来は完全には解明できない。最初の1300グルデンは1816年5月4日、2番目の750グルデンは1819年10月30日、3番目の70グルデンはもしかしたらシュタイナーがベートーヴェンに代わって1816年8月10日にベルナルトに支払った72グルデンと関係があって（BGA 957）、最後の300グルデンはヨハンナの1818年の利息280グルデンにほぼ合致している（BGA 1250）］、あなたは私がせっつく債権者ではこれっぽっちもないことに満足するでしょう。私はあなたをいまも大切にしていますし、辛抱して待っています、私は誓って、目下、私の事業で現金をなんとしても必要としてはいませんから。［中略］私が難しい状態にあったとしても、喜んでまだしばらく辛抱します。しかしながら、私があなたご自身に17ヵ月前に現金4000グルデン約定価または10000グルデン・ヴィーン価の元本をお返しした［原注：1816年夏、ベートーヴェンは彼の蓄え、4000グルデン約定価をシュタイナーに預けた。1819年7月に彼はこの資金から国民銀行の8枚の株券を購入］ことを振り返りますと、そしてこの返金の際に、あなたの求めに応じ、私への返済分をそのときすぐに差引はしませんでした。［中略］私の計算書をできるだけ早く清算する方策を探しましょう。

　ここにシュタイナーに関する預金と貸金の関係が一挙に示されている。要するに、4000グルデン約定価＝1万グルデン・ヴィーン価を3年間、預けるかたわら、2420グルデン・ヴィーン価を借りていて、それは預金の返金を受けたときに清算できない額ではないまま、一部は5年も借り続けている、という状況が続いていた。ここにすでにはっきりと、日常資金の不足は借金

1150

終章　ベートーヴェンの経済生活について

で賄い、遺贈資産は確保する、というプリンシプルが後半生の生活設計であったことが現れている。

5 ｜ 音楽家の経済生活

　ベートーヴェンが 1827 年 2 月 8 日に、コンサートを催してくれれば「私はさし迫っているあらゆる貧窮から救われるかも」［前出 BGA 2256］と書いたとき、「精神労働の成果のみによって生きている」「私の給与はわずか、そこから半年の家賃を支払うことのできる程度であり、残るのは何百グルデン・ヴィーン価でしかない」と言っているのが、彼の経済生活を探る原点である。収入と支出の実態的関係がこの一言で言い尽くされているからである。
　「ペンで暮らしていく」［BGA 1851］とか「私の精神的制作物のみで生きる」［BGA 1920］といった言説は生涯に何度も登場するもので、ことに晩年に多く、本章の始めに引用したシュトゥンプフ宛書簡はその最後のものである。すなわち、作曲することで生計を立てるということだが、これは耳疾の進行とともにコンサート活動および個人教授からの収入がほとんど期待されなくなった結果であり、作品を出版することで報酬を得るのが、年金以外で、唯一の収入源となった現実を述べたものである。1817 年 4 月 19 日のニート宛書簡［BGA 1116］の書き出しはこれを直截的に語っている。

> 10 月 15 日以来、私をひどい病が襲い、その余波にまだ苦しみ治癒しておらず、ご存じのように、私は作曲のみで食べていかなければならないのですが、この病気以来ほんのわずかしか作曲できず、ほとんどまったく稼ぐことができませんので、もしあなたが私のために何かやってくださるのなら大歓迎です。

　ヴィーンでの活動が軌道に乗り始めて収入も確実に増えていった 1790 年代後半の始めあたり、プラハ・ベルリン演奏旅行もこなした頃、作曲、演奏、教育というフリーランス音楽家の生計の三本柱が全開していた時期が、視野を生涯に拡げてみると、ほんの一時のことに終わってしまったのが、ベートーヴェンにあって決定的であった。
　18 世紀末から 19 世紀初めにかけて、宮廷・教会・都市という社会的権威に奉仕することで成り立っていた音楽家の生計が、その 3 大権威が揺らぎ始

1151

めたことによって、大きな転換期を迎えていた。それは誰にでも共通する社会的構造の変化であった。しかしベートーヴェンにあっては、その上に音楽活動を決定的に阻害する要因が次第に深刻な問題となっていったのである。ピアノ教授活動の縮小は1800年以降、顕著となるが、それには作曲家としての成功がその時間と優先順位を奪っていったという側面も大いにあった。

ピアニストとしてのコンサート活動は、すでに見たように、ピアノ・コンチェルト第4番の初演、1807年3月が実質的な終息点であった。プライヴェート領域で為されるピアニストとしての教授活動およびコンサート活動はそれ自体が記録されにくいもので、その上、収益額は見積もりがたく、音楽家の収入の全体像を描くことはできない。一方で、新聞に載るような公的コンサートで大観客を集めたときにピアニストの収入がどのくらいであったか、突出した例はいくつか知られている。たとえば、モシェレスは1824年にロンドンにおいて1コンサートで2万グルデン［おそらくヴィーン価］を稼いだ、とチェルニーが会話帖［BKh 4, Heft 39, 58ページ］においてベートーヴェンに報告している。世はピアノ・ヴィルトゥオーゾの時代に入っていたのである。ベートーヴェンにはこうした経験は望むべくもなかった。

一方、オーケストラ・コンサートの活動は、ベートーヴェンにあって知られているのは自作についてのみであり、それは1824年まですべてのシンフォニーで展開されるが、定期性はなく、そこからの収益はまちまちであり、純然たる臨時収入である。そのいくつか判明している、ないし推定可能なケースは本文にて言及した。問題なのは、1805年のナポレオンによるヴィーン占領以降、コンサート開催の機会が極度に少なくなり、シンフォニー等を書き揃えてもなかなか公開初演にたどり着けない、という現実の方である。それに加えて自作指揮も、オーケストラを操ることが次第に難しくなり、演奏の乱れを誘発して、初演の評判を悪くする、という負の方向に傾いていった。これも1807年の《ハ長調ミサ曲》から顕著で、1808年のシンフォニー第5番・第6番の初演も批評が演奏のあら探しで埋め尽くされてしまう事態となった。こうして、収入源としての音楽活動は作曲・出版活動に狭められていく。

他方、ベートーヴェンは社会的権威に雇用されることを本来的に望んでいた。ヴィーン宮廷は健在であり、宮廷音楽家たちの活躍をつねに横目で見ていたから、自分にもそうしたチャンスが巡っていることを期待してもいた。それがなかなか到来しないことへの焦りが、1803年に、光が差してきたパ

リに転出することを真剣に考えるようになったことに現れている。それが戦況の急激な変化で叶わなくなると、1807年には宮廷オペラ劇場への登用を求めて直訴もする。

そのような状況のなかで降って湧いたのがカッセル宮廷楽長への招聘であった。これもまたナポレオン戦争の所産のような職であり、彼の立場の将来的な保証はどこにもなかった。むしろそれを年金契約締結に転化できたことは、結果論として、幸運であったと言える。ところが年金契約締結の直後にナポレオンの第2次占領が始まり、オーストリアは政治的にだけではなく、経済的にも大打撃を受け、年金の実質は目的を果たすことができない。また年金契約には「将来、宮廷楽長という称号が得られたら、その給与額を年金から辞退」という条項があり、社会的権威による雇用は最も高次の期待値であり続けた。そして1811年9月にルドルフ大公がハンガリー・カトリックの総本山エステルゴム大司教に就任することが取りざたされると、大司教座楽長の地位を期待してテプリッツ滞在を切り上げてヴィーンに急ぐ。年金支給が滞り始めた矢先の出来事であり、その時点で支給不調となることを見越したわけではないとしても、より安定した地位は第一の関心事であり続け、年金契約はあくまでさしあたっての次善の選択であった。

6 │ 年金支給　その実額イメージ

一方、貴族から、雇用関係に基づかずに財政支援を受けることは、この時代の新しい芸術家保護の形式のひとつであった。ベートーヴェンにあっては、作品出版時の経済的支援や、廷内で催すコンサートを作品発表の場として提供することに始まって、その延長上に年金支給があり、リヒノフスキー侯爵から年600グルデンを受給するようになる。第7章5で見たように、その開始は1800年からと思われ、事件が起きたことでおそらく1806年に支給は終息する。以後2年間は無給状態が続き、その間に、生涯に何度も繰り返される（旅費を一時的に立て替えてもらうといったレベルではない）大規模な借財（このときは末弟から）の最初のケースが見られる［後述］。

1809年3月に始まる生涯年金の支給については、その支給実態、裁判の経緯、1815年前半にすべての和解が成立してようやく順調に進行するようになったこと等、その都度、細かくチェックした。そもそも4000グルデン

1153

という支給金額はベートーヴェン自身の申し出によるものであり、その時点ではある程度の生活が保障される納得のいく額であった。支給が決定された直後に生じたオーストリアの政治危機が目算を狂わせたわけだが、その程度は状況によってさまざまで、グルデン・ヴィーン価と約定価の交換相場は、最終的に落ち着く 1820 年まで、5 分の 1 から 5 分の 2 の幅があり、また 3 人の支給方法にもばらつきがあって、加えて不支給の時期もある、そして最後は 4000 グルデンから 3400 グルデンへの減額となった、という細かい推移はすでに見てきた。ここではその総体として、年金支給がベートーヴェンの生活実態に占めた意味を考察する。すなわち、約定価で 1000 グルデンから 1360（3400 グルデン・ヴィーン価の 5 分の 2）グルデンの幅で、年金がベートーヴェンの経済生活に成した寄与を考える。

　1809 年当時、次弟カール［官吏］の年給 1000 グルデンは、ヴィーン価制度が始まってレートが 5 分の 1 となったときはわずか 200 グルデン約定価であり、この下落は公務員の生活に大きく影響したことはすでに述べた［826 ページ］。1000 グルデンは単身者が生計を辛うじて立てられる最低賃金に近い額と考えられる。それに対して年金契約時の 4000 グルデンはまあまあ暮らせる額としてベートーヴェン自身が希望したもので、弟の 4 倍を選択したことは確認しておこう。これを元に生活水準を考えていくときにどうしても避けて通れないのが現在の貨幣価値でどの程度のものなのかというイメージをつかむことである。ただその前提として考えなければならないのは、生活実態がまったく違う過去との比較を厳密に行なうことの無意味さを一方で意識しつつ、考察はあくまでイメージ形成の補助、仮想世界として限定的に扱われるべきことである。たとえば、私たちの経済生活では自家用車とか電化製品といった耐久消費財の購入、あるいは住宅ローン、教育費に大きな比重があり、支出額にそれらが占める割合は大きい。一方、過去においては支出の構造がまったく異なっていて、市民生活は基本的に借家住いであり、家事のための使用人の賃金が大きな比重を占めていた。ベートーヴェン自身も 1817 年秋から、ナネッテ・シュトライヒャーの助言に従って、家政婦を雇うようになる［BGA I, LXII ページ /BGA 1172 ～ 1190］。また 1816 年以降のことであるが甥の教育費は莫大なものとなる。後述する。

　書簡交換全集では、換算それ自体が難しいこと、およびすぐに旧くなってしまう（すなわち、現在の物価変動が激しいから）ことを理由に現代通貨への換算を放棄しているが、1969 年にゲオルゲ・マレク［George Marek : Ludwig van Beethoven. Das Leben eines Genies, München 1970] が出した試算を紹介している。それによると 1811 年以前は 1 グルデン約定価が 15 ドイツ・マルク、1811 年以後は 1 グルデン・ヴィーン価が 2.5 〜 3 ドイツ・マルク、というものである。この大雑把すぎる二元的物差しは誤解を生む源で、1811 年のどん底以後、1 対 5 から 2.5 まで回復していくことを考慮に入れなければならない。

　ベートーヴェンの催したコンサートの入場料が桟敷席「通常通り」価格が 4 グルデンであったことを確認したが [527 ページ]、平土間席 1 〜 2 および桟敷席 2 〜 3 グルデンのこともあり [843 ページ]、また慈善コンサート相場が 5 〜 10 グルデンであった [842 ページ]、等々から、私は、1 グルデンを 2500 〜 3000 円くらいの感覚で捉えることができるのではないか、と考えながら執筆を続けてきた。その最低価を基準にすると、慈善コンサートの最高額は 3 万円、一番安いコンサート席が 2500 円、そして桟敷席は 1 万円である。マレクの試算の年、1969 年は 10 月以降、円安となり一気に 6 〜 7 円上昇するが、年の大半は 1 ドイツ・マルクは 90 円前後で、15 マルクは 1350 円、当時から今日までの物価上昇を仮に 2 倍と想定すると、2700 円で、私の想定に近い。1811 年以降の 2.5 〜 3 マルクは 225 〜 270 円の 2 倍として 450 〜 540 円ということになるが、前述したように、1 対 2.5 に回復したときにはその倍の額、私の推定値では約 1000 〜 1200 円程度、と理解するべきであろう。以後は計算の便宜上、円換算は約定価 2500 円、ヴィーン価 1000 円として、おおよそのイメージをつかむことにする。

　一方、ベートーヴェンの言説、「私の給与は半年の家賃を支払うと残るのは何百グルデン・ヴィーン価でしかない」[前出 BGA 2256] との整合性を考えてみる。これをそのまま真に受けると、年給 3400 グルデン・ヴィーン価（1360 グルデン約定価）では 1 年分の家賃を賄うに至らずということになるが、これでは家賃は 5000 グルデン・ヴィーン価ほどもするのかということになり、すでに 1 対 2.5 の時期であるから 500 万円程度、月額 40 万円以上とはとても考えられない。これは死の床にある 1827 年 2 月 8 日の口述筆記であり、ここで「家賃」とシンドラーが書き取ったのはそれを含めた生活費総額のことではないか。この場合、年金 3400 グルデン・ヴィーン価は 340 万円程度前後と見なしてよいことになる。月額にして 28 万円程度で、退職後の年金であればともかく、現役世代の給与としてはかなり低い。

1155

7 | 支出の重要費目

　経済勅書以前の段階として、1 グルデンを 2500 円とすると、下級役人が
250 万円の年収となり、4000 グルデンは 1000 万円であって、ベートーヴェ
ンはそのくらいの待遇を望んだのだろうか。ここで想起すべきなのは、契約
そのものには結局、明記されなかったが、その作成過程において彼が、まず
カッセル宮廷から 600 ドゥカーテン（約 2700 グルデン）での招聘があって、
その要請を断ってヴィーンに居続ける決意をした、という条文に拘ったこと
である。その対価として 4000 グルデンを希望した、という構図は、この機
会に俸給額をつり上げたような印象を伴ってきた。しかし条文には、「現今
のインフレにあって年 4000 グルデンを下回らない額とする」とあり、厳し
いインフレの進行中という認識は全員にしっかりとあった。そしてその上昇
率は、実は 1 対 2.5 に限りなく近づいていた［第 26 章 1］のだが、そこまでの
正確な把握はなく、1.5 倍の 4000 グルデンという甘い選択となったのでは
ないか。すでに当時 4000 グルデンは 1000 万円もの価値はなく、400 万円程
度でしかなかった。しかもそれは 2 年ほどのうちにかつての下級役人のレヴ
ェルまで減り、下級役人の年給はというと最悪の何ヵ月間は 50 万円程度ま
で下落し、持ち直しても 100 万円程度であった。ベートーヴェンは 1811 年
9 月から 1815 年 4 月まではルドルフ大公からだけの 600 グルデン約定価と
なり、大公は契約時の実質相場を維持してくれたとは言っても 150 万円程度
（約定価は価値単位としては不変で 1 グルデンは 2500 円）の支給しかなくな
ったのだから、困窮の度合いがよく理解できる。
　以上を前提にベートーヴェンの経済生活を覗き見つつ、以上の想定もまた
論証してみよう。1804 年 9 月末頃から 08 年夏まで住んでいた"パスクァラ
ーティ・ハウス"4 階に、1810 年 4 月に舞い戻ったとき、家賃は年 500 グル
デンであった。その家主のひとりであるペーター・フォン・レーバー（パス
クァラーティ男の義兄弟）に宛てた、4 月 24 日から入居するにあたって手
付け金を払う相談する、1810 年 2 月 8 日付書簡［BGA 425］にその額が記され
ている。この時期は経済勅書発効前、すなわちヴィーン価導入以前であり、
しかも、一部、遅配があったとしても、短期間ではあるが 4000 グルデン満
額を得ており、総年金額の 8 分の 1 の家賃支払いは問題なかったであろう。

1156

終章　ベートーヴェンの経済生活について

その後、家賃値上げがあったかどうか、情報はないが、理由不明で1814年2月に隣のビル"バルテンシュタイン・ハウス"の1階に移り、夏をバーデンに過ごした後、宛先を友人宅気付として住所不定になり、11月から翌年春までの短期間、再び"パスクァラーティ・ハウス"4階に戻るという行動を取っていて、住居について何らかの問題を抱えていた様子である。

　そして、1815年春にそこを出てザイラーシュテッテにある"ランベルティ伯ハウス"に移り、1817年4月までそこを本拠とする。家賃にはかなりのインフレが反映されており、1815年11月22日付リース宛書簡で「私は1000グルデンを支払っている」[BGA 854]と書いている。このときはおおざっぱに切りの良いところで1000と言ったのか、1816年5月8日付リース宛の自筆書簡[BGA 933]では1100グルデン（ヴィーン価）として、それをもとに家計の全体構造に言及している一節がある。

> 私の俸給は紙幣で3400グルデンです——1100グルデンの家賃を払い、使用人夫妻に900グルデン近く、残りを計算してみてください、小さな甥の面倒を見なければなりませんし、いままで彼は学校で1100グルデンかかりました。その際、もっと悪いのは、彼を引き取るために家の中を整えなければなりませんでした。

　「紙幣で3400グルデン」とは"補償紙幣で"という意味であり、すなわちヴィーン価であるが、この年は平均100（約定価）：327（ヴィーン価）の時期であるから、260〜320万円程度と考えてよいであろう。うち、家賃が1100グルデン・ヴィーン価で85〜100万円程度、使用人が60〜85万円程度、と見なせる。家賃は高騰し、しかも年金収入は安定したが切り下げられていたので、家賃が占める割合は3割を超える。甥の学費を払って残りはほとんどない。「ペンで生活している」とはまさにその通りであった。家賃が確認できるのは以上に言及した2件だけだが（夏季の借家を除いて）、末弟ヨハンがベートーヴェンに私たちと一緒に住むならと言ったときの家賃額が1年で500グルデン約定価[BKh 10, Heft 123, 270ページ]であった[第36章11]ことが比較値として挙げられる。これは1250グルデン・ヴィーン価である。このほかに、夏季を過ごす避暑地での借家、またはホテル代が200グルデン約定価/500グルデン・ヴィーン価（50万円）程度かかることはシンフォニー第9番終了後の夏の借家家賃計算書[第35章10]が示している。

　その10日後、5月18日付ニート宛書簡[BGA 937]は他人が書いた英文で、

1157

ベートーヴェンは署名のみであるが「…紙幣で3400グルデンの年給では3ヵ月間私ひとりで生活するのがやっとなのに、いまや哀れな孤児を養う重荷が加わり…」と書かれているのが驚きであり、10日前の証言と大きく食い違っている。1年にはその4倍、13600グルデン・ヴィーン価も必要ということになると、ひとりの生活費が1000万円を超える額とはあり得ないであろう。ハッタリを超越したとんでもない額であり、これは明らかに英文の書き手が誤解し、あるいは聞き取り違えて、そのまま書き、本人も点検できずに署名してしまった、と考えるほかない。こういう文書が、全体像に位置づけられることなく、それだけが引用されるなど一人歩きして、実態を見えにくくする。

　収入から差し引かれる税金の負担も、オーストリア経済の悪化とともに侮れないものとなっていった。第30章6で引用したが、1815年2月［日付不明］のトムソン宛書簡［BGA 784］において、前年1814年の税金支払いが60ポンド（540グルデン約定価）に達した、と言っている。家賃はまだ半額の500グルデン・ヴィーン価で、甥の学費も使用人もいない時期だが、年金はといえばルドルフ大公だけからで、その600グルデン約定価の大半が税金に持って行かれたという信じられないことになる。1814年11月のコンサート等からの破格の収入がそのような異常事態を発生させたのだろうか。

　度重なる裁判費用も生計を圧迫した。弁護士費用への言及があるのは1件だけだが、1817年10月13日に「おそらく800グルデンを失いそう、悪しき弁護士と、友だちを装ったもっと悪い偽証者のために」［BGA 1190］とある。原注は、どの裁判か不明、メルツェルとはずっと以前であるし、ヨハンナの未払いカール養育費かもしれない、としている。

　甥カールとの生活費、その教育費が圧倒的に負担となっており、母親にも養育費を分担させることになった。前述したように、1816年2月からはジャナンタージオ寄宿学校の学費が年間1100グルデン・ヴィーン価であり、それは1818年1月まで2年、続いた。その後、家庭教師を付けたり、1819年6月から1823年8月まではブレヒリンガーの寄宿学校に入れ、その学費は年に900グルデン・ヴィーン価であった。1819年10月27日にバッハ弁護士に述べているところによると、それを含めて衣服、個人教授等々で少なくとも1300グルデン・ヴィーン価かかる［BGA 1349］、ということである。その後は、いったんヴィーン大学に通い共同生活を始めたが、1825年2月に退学し、実業学校に進学した。それには、途中入学のために補習が必要で、

終章　ベートーヴェンの経済生活について

家庭教師（副校長ライサー）の費用と下宿代で年間 2000 グルデン・ヴィーン価（200 万円）の支出であった。1825 年 5 月 14 日以前にカール本人への書簡 [BGA 1969] で、「わかっているよね、学習補助者と諸費用、下宿とで年額 2000 グルデン［・ヴィーン価］かかるという話は」と述べている。

8 │ 出版収入の構成要素

　ベートーヴェンの経済生活に関してはいろいろな研究、というよりも感想めいた見方があるが、そこで思い描かれる見取り図はまちまちであり、食い違う各主張の信頼性は乏しい。年金契約とそれが軌道に乗るまでの支給実態、グルデンの二重体制、インフレの進行とその回復、といったややこしい問題を多少なりとも整理してきたが、それ以上にやっかいなのが、しかも収入として最も比重を占める、出版活動の報酬が図り難いことである。そのこと自体は現在でも結論は変わらないが、しかし図り難さには一定の線が引けるようになってきた。というのは、出版活動の全貌とその性質について、どこまでは明らかにすることができ、どこからは推量となるか、そしてその精度をいかに高めるか、ということが見通せるようになってきたからである。
　書簡交換全集において、ベートーヴェン自身が収入や支出のおおよそについて語っていることも、信頼できない虚言と突き放すのではなく、ことに年金以外には出版活動からしか収入を得られなくなった晩年については、そこでの言及を他の事実と照らし合わせていくことがかなり可能になったと言える。直接、収入に結びつく原版出版がどれだけあり、それらは作品のジャンルによっておおよその額が推定でき、その他の出版からは収入はどうだったのか、ということが見極められるようになってきた。
　海賊版は"盗まれた版"であり、本人の知らないまま出版されたもので、出版関係業者だけの利益となることは説明するまでもない。ところが、原稿が作曲者に由来するものであっても、その意味ではその出版物が"原典資料"として有効でも、作者に報酬支払いをする必要がないと社会的に認識されていたと考えられる領域がある。すなわち、何らかの手を加えれば著作権の侵害にならない（現代では手を加えること自体が侵害であるが）、という了解がこの時代にあった思われることである。ヘルテルも作品全集の構想について議論するなかで「新しい版は、はっきりと分かる形で変更しないと、以前の

1159

権利の侵害と見られかねません」[BGA 469] と述べている [515 ページ]。また
この時期には編曲版の刊行が大流行していたが、それは消費者にとって楽し
める範囲を拡げたという性善説的見方だけで済む話ではなく、出版者にとっ
て報酬支払いを逃れる方便でもある、という背景を持っていた。だからそれ
を何とか乗り越えようとするさまざまな工夫があり、そうして生じたグレー
ゾーンが「編曲版」の定義にはやっかいな問題となる。

　すでに本篇でそのような事例をさまざまに紹介してきたが、ここで次のよ
うにまとめることができる。

　① 編曲版にも著作権を確立するためには、自らが手掛け、ないし校閲し
て、報酬を得る。

　② Op.29 に関して、裁判に訴えたが、その違法性は確立されなかった。
こうして判例となる。

　③ 同一地域内では原版の続版は著作権の侵害となる。

　④ オーストリア、ドイツ各国、フランス、イギリスといった地域（国）
を超えればそれは認められる。だからベートーヴェンはその各地に自らの著
作権を確立しようとし、「時間差多発出版」を試みた。

　⑤ 「時間差多発出版」の根源は、ベートーヴェンがボンの出身でヴィーン
に移住して活躍し始めたことにある。すなわち、ヴィーン移住後もボンで関
係していたジムロック社に原版を提供していたことに発する。ジムロック版
の一部が原版である証拠はさまざまあり、1803 年 8 月 6 日付リース書簡
[BGA 152] に添付された計算書はそのひとつである（第 3 章 3）。

　⑥ 楽器を変更すれば「編曲版」の範疇に入る。Op.69 のアルタリア版の
ケース。同社は地元でこのチェロ・ソナタを"ヴィオロンチェロ付きチェン
バロ・ソナタ"として堂々と出版できた。

　⑦ パート譜で出版された原版からスコア譜を作成しても、それは著作権
的には「編曲版」の範疇に入った。1822 年以降のジムロック社によるシン
フォニー・スコア譜出版の例。

9 ｜ 楽譜出版社との交渉全貌

　基本的に言うと、原版の出版は原稿の買取りによって成立し、報酬の支払
いが伴っている。しかしその額については、書簡等で数字が示されていない

終章　ベートーヴェンの経済生活について

と、突き止めがたい。したがってヴィーンの出版社と口頭のやり取りであった時期、すなわち初期ヴィーン時代の出版については把握できない。しかしベートーヴェンにとってこの時期は、生活できるだけの収入があり、それに応じた支出があって、借金はまだしないで済んだ時期、と言うこともできる。

　ヴィーン外の出版社との交渉は書簡に見ることができる。成約したものすべてを追跡する。記述の順は、書簡交換全集における書簡番号［BGA］、書簡の発信日、発信者（ベートーヴェン本人の場合は省略）、宛先、作品が同定できる場合その作品番号、簡略作品タイトルまたはジャンル、書簡に記された価格、特記事項（コメント）、「書簡から引用」、である。1件の交渉ごとに案件番号を付してひとまとめにすることで、場合によっては交渉経過が分かる。出版社からベートーヴェンに送られた書簡は消失したものが多いので成約の直接的確認はなかなか困難だが、その後のベートーヴェン発信書簡から成約が読み取れるなどの場合、その書簡番号の下で、成約とする（その反対は破談）。それ以外、契約は不成立である。不調に終わったやり取りは、収入に結びつかなかったため、およびそのすべての掲載は膨大なものとなるので、いくつかの例示にとどめる。貨幣単位は文書に書き表わされている通りとし、［　］でグルデン（1811年以後は約定価）の概算額（「約」は省略）を付記する。

　※＝筆者の特別なコメント。

1．［BGA 54］　1801年1月15日またはその頃　⇒　ライプツィヒ、ホフマイスター宛　成約
　　Op.20　七重奏曲　　　　　　　　　　20ドゥカーテン［90グルデン］
　　　「より売れるためにピアノ編曲することも可能」
　　Op.21　シンフォニー第1番　　　　　20ドゥカーテン［90グルデン］
　　Op.19　ピアノ・コンチェルト第2番　10ドゥカーテン［45グルデン］
　　Op.22　ピアノ・ソナタ第11番　　　20ドゥカーテン［90グルデン］
　　　「ソナタ、七重奏曲、シンフォニーに差を付けなかったのは疑問に思うかもしれないが、七重奏曲やシンフォニーはソナタほどには売れないだろうと見るから…」

2．［BGA 81］　1802年3月28日　次弟　⇒　ライプツィヒ、ブライトコップ＆ヘルテル宛　成約
　　Op.29　弦楽五重奏曲　　　38ドゥカーテン［171グルデン］

3．［BGA 85］　1802年4月22日　次弟　⇒　ライプツィヒ、ブライトコップ＆ヘルテル宛
　　ピアノ・ソナタ　　　　　50ドゥカーテン［225グルデン］
　　Op.30　3伴奏付きソナタ　130ドゥカーテン［585グルデン］

［BGA 90］ 1802 年 6 月 1 日　次弟 ⇒ ライプツィヒ、ブライトコップ & ヘルテル宛
「50 ドゥカーテン、130 ドゥカーテンは高すぎないと思います」
編曲は 1 曲につき 18 ドゥカーテン［81 グルデン］
　　［BGA 92］ 1802 年 6 月 10 日　ブライトコップ & ヘルテル ⇒
　　ピアノ・ソナタ　　　　　　　130 グルデン（アウクスブルク値）＝約定価
　　3 伴奏付きソナタ　　　　　　　300 グルデン（アウクスブルク値）＝約定価
　　シンフォニー　　　　　　　　200 グルデン＝バンコ（銀行券）
　　ピアノ・コンチェルト　　　　200 グルデン＝バンコ（銀行券）
　　※次弟の提示額より半額近く安い

4．［BGA 103］ 1802 年 9 月 25 日以前　次弟 ⇒ ライプツィヒ、ホフマイスター宛
　　Op.34　ピアノ変奏曲　　　　　16 ドゥカーテン［72 グルデン］
　　Op.38　ピアノ・トリオ編曲　　25 ドゥカーテン［112.5 グルデン］

5．［BGA 107］ 1802 年 10 月 18 日 次弟 ⇒ ライプツィヒ、ブライトコップ & ヘルテル宛
　　Op.34+Op.35　ピアノ変奏曲　　　　　50 ドゥカーテン［225 グルデン］
　　Op.40+Op.50　ヴァイオリン・ロマンス　24 ドゥカーテン［108 グルデン］
　　［BGA 108］ 1802 年 10 月 18 日 ⇒ ライプツィヒ、ブライトコップ & ヘルテル宛
　　Op.34+Op.35　ピアノ変奏曲　　　　　50 ドゥカーテン［225 グルデン］
　　［BGA 109］ 1802 年 11 月 3 日　ブライトコップ & ヘルテル ⇒　　　　　　成約
　　Op.34+Op.35　ピアノ変奏曲　　　　　50 ドゥカーテン［225 グルデン］

6．［BGA 110］ 1802 年 11 月 13 日　　⇒ ライプツィヒ、ブライトコップ & ヘルテル宛
　　Op.31-3 ピアノ・ソナタ　　　　　　40 ドゥカーテン［180 グルデン］

7．［BGA 112］ 1802 年 11 月 20 日　ブライトコップ & ヘルテル ⇒
　　ハイドン　Op.77　2 弦楽四重奏曲　　　50 ドゥカーテン［225 グルデン］参考値

8．［BGA 113］ 1802 年 11 月 23 日　次弟 ⇒ オッフェンバッハ、アンドレ宛
　　Op.37　ピアノ・コンチェルト第 3 番　　300 グルデン
　　3 ピアノ・ソナタ　　　　　　　　　900 グルデン「すべてヴィーンの価で」
　　Op.40+Op.50　ヴァイオリン・ロマンス　135 グルデン
　　Op.49　2 易しいソナタ　　　　　　　280 グルデン

9．［BGA 125］ 1803 年 1 月 22 日　次弟 ⇒ ライプツィヒ、ブライトコップ & ヘルテル宛
　　Op.36　シンフォニー第 2 番
　　Op.37　ピアノ・コンチェルト第 3 番　　合計 600 グルデン
　　Op.43　《プロメテウス》序曲等 4 曲　　60 ドゥカーテン［270 グルデン］

終章　ベートーヴェンの経済生活について

ライヒャ	3 弦楽四重奏曲	50 ドゥカーテン［225 グルデン］	参考値
	3 シンフォニー	60 ドゥカーテン［270 グルデン］	
	フルート・ソナタ	20 ドゥカーテン［90 グルデン］	
	弦楽トリオ	15 ドゥカーテン［67.5 グルデン］	
	ヴァイオリン・コンチェルト	20 ドゥカーテン［90 グルデン］	
	3 ピアノ・ソナタ	60 ドゥカーテン［270 グルデン］	
	3 ヴァイオリン・ソナタ	60 ドゥカーテン［270 グルデン］	

［BGA 126］　1803 年 1 月 28 日　ブライトコップ & ヘルテル ⇒
Op.36　シンフォニー第 2 番
Op.37　ピアノ・コンチェルト第 3 番 合計 500 グルデン

10.［BGA 129］　1803 年 3 月 26 日　次弟 ⇒ ライプツィヒ、ブライトコップ & ヘルテル宛
Op.36　シンフォニー第 2 番　　　　合わせて
Op.37　ピアノ・コンチェルト第 3 番 700 グルデン　　　　　　　BAI 社　成約
他社では　3 ピアノ・ソナタ　　　200 ～ 220 ドゥカーテン［900 ～ 990 グルデン］

11.［BGA 138］　1803 年 5 月 21 日　次弟　ライプツィヒ、ブライトコップ & ヘルテル宛
Op.43　《プロメテウス》序曲　　25 ドゥカーテン［112.5 グルデン］
編曲は 1 曲につき 20 ドゥカーテン［90 グルデン］

12.［BGA 139］　1803 年 5 月 25 日　次弟 ⇒ ボン、ジムロック宛
Op.47　ヴァイオリン・ソナタ　　30 ドゥカーテン［135 グルデン］
Op.55　シンフォニー第 3 番　　　400 グルデン
編曲は 1 曲につき 14 ドゥカーテン［63 グルデン］

13.［BGA 152］　1803 年 8 月 6 日　リース ⇒ ボン、ジムロック宛
Op.47　ヴァイオリン・ソナタ　　50 ～ 55 ドゥカーテン［225 ～ 247.5 グルデン］
　　　　　　　　　　　　　　　　50 ドゥカーテン　　成約［BGA 152 注 12］

［一覧表］（ヘルマン・ミュラーによる転写 / 貨幣単位誤りの可能性［BGA 152 注 13］）

Op.34	ピアノ変奏曲	1 ターラー［ラインターラーであれば 2 グルデン］
Op.66	ピアノ・チェロ変奏曲	1 ターラー［同 2 グルデン］
WoO 72	ピアノ変奏曲	0.45 ターラー［同 1 グルデン 30 クロイツァー］
WoO 45	ピアノ・チェロ変奏曲	0.45 ターラー［同 1 グルデン 30 クロイツァー］
Op.30-1+2	ヴァイオリン・ソナタ	3.36 ターラー［同 7 グルデン 12 クロイツァー］
WoO 121	ピアノ伴奏歌曲	0.15 ターラー［同 30 クロイツァー］
WoO 15	ピアノ舞曲編曲	0.30 ターラー［同 1 グルデン］
Op.20	七重奏曲の五重奏編曲	2.30 ターラー［同 5 グルデン］

1163

WoO 123+124　2 ピアノ伴奏歌曲　　0.30 ターラー［同 1 グルデン］

WoO 14　ピアノ舞曲編曲　　　　　0.30 ターラー［同 1 グルデン］

Op. 46　ピアノ伴奏歌曲　　　　　0.40 ターラー［同 1 グルデン 20 クロイツァー］

Op. 43　《プロメテウス》弦楽四重奏曲編曲　3 ターラー［同 6 グルデン］

Op. 48　ピアノ伴奏歌曲　　　　　1.30 ターラー［同 3 グルデン］

14.［BGA 153］　1803 年 8 月 27 日　次弟 ⇒ ライプツィヒ、ブライトコップ & ヘルテル宛

Op. 49　2 易しいソナタ + 同種の 1 曲

Op. 121a ピアノ・トリオ変奏曲

WoO 28 オーボエ・トリオ変奏曲

Op. 40　ヴァイオリン・ロマンス　以上すべてで　150 ドゥカーテン［675 グルデン］

［BGA 156］　1803 年 9 月 20 日　ブライトコップ & ヘルテル

「お受けできない」

15.［BGA 154］　1803 年 9 月 10 日　ライプツィヒ、ホフマイスター & キューネル社内連絡

Op. 44　ピアノ・トリオ変奏曲

Op. 39　2 ピアノ・プレリュード

Op. 40　ヴァイオリン・ロマンス（「ヴァイオリン・ソナタ」とある）

Op. 43　《プロメテウス》序曲

Op. 41+Op. 42　2 ノットゥルノ　以上すべてで　50 ドゥカーテン［225 グルデン］

［BGA 157］　1803 年 9 月 20 日頃　ホフマイスター & キューネル社宛　　成約

「50 ドゥカーテンで同意します」

［BGA 174］　1803 年 12 月 21 日　ホフマイスター & キューネル社内連絡

「50 ドゥカーテンは私たちには高すぎる。これでは利益はない、それにこんなに悲惨
に書かれていて…」

16.［BGA 155］　1803 年 9 月 13 日　リース ⇒ ボン、ジムロック宛

Op. 52　ピアノ伴奏歌曲集

WoO 55 ピアノ・プレリュード

以上　200 ターラー［ラインターラーであれば 400 グルデン］

［BGA 155 注 8］　この価格は不相当に高く、ターラーではなくグルデンではないか、ヘ
ルマン・ミュラーによる転記ミスの可能性［引用者注：それでも高すぎる］

17.［BGA 158］　1803 年 9 月 15 ～ 27 日 ⇒ ライプツィヒ、ブライトコップ & ヘルテル宛

WoO 78+79　2 ピアノ変奏曲

WoO 129　　ピアノ伴奏歌曲

Op. 45　　　3 ピアノ 4 手行進曲　　以上で　300 グルデン

18.［BGA 161］　1803 年 10 月 5 日 ⇒ エディンバラ、トムソン宛

終章　ベートーヴェンの経済生活について

　　　6 ソナタ　　300 ドゥカーテン［1350 グルデン］
　　［BGA 170］　1803 年 11 月 8 日 トムソン
　　　　　　　　150 ドゥカーテン［675 グルデン］
　　「3 曲は近日中に、3 曲は 6 ヵ月後に入手。ロンドンでの出版後はドイツでベートーヴェ
　　ン自身の責任により出版しても差し支えない」

19.［BGA 163］　1803 年 10 月 14 日次弟 ⇒ ライプツィヒ、ブライトコップ & ヘルテル宛
　　Op.55　シンフォニー第 3 番
　　2 シンフォニー　または　1 シンフォニー + サンフォニー・コンセルタンテ
　　　　　　以上で　700 グルデン
　　［BGA 164］　1803 年 10 月 22 日 ⇒ ブライトコップ & ヘルテル
　　　　　　以上で　500 グルデン
　　［BGA 171］　1803 年 10 月 14 日次弟 ⇒ ライプツィヒ、ブライトコップ & ヘルテル宛
　　「500 グルデンは受け入れられない」
　　Op.85　《オリーブ山のキリスト》　　1500 グルデン
　　「ピアノ編曲、四重奏編曲可、スコア譜印刷も」

20.［BGA 165］　1803 年 10 月 22 日　リース ⇒ ボン、ジムロック宛
　　Op.47　ヴァイオリン・ソナタ 50 グルデン［原注：ドゥカーテンの誤り（225 グルデン）］
　　Op.55　シンフォニー第 3 番 100 グルデン［原注：ドゥカーテンの誤り（450 グルデン）］
　　「ロプコヴィッツ侯が 400 グルデンで買おうとしている」［引用者注：侯は 1804 年 11 月
　　に、Op.56 トリプル・コンチェルトと合わせてそれらの半年独占上演権に 700 グルデンと 80
　　ドゥカーテン（360 グルデン）、計 1060 グルデンを払った］

21.［BGA 178］　1804 年 5/6 月 ⇒ エディンバラ、トムソン宛
　　［一覧表］　　　　　　　　　　　1 ドゥカーテン = 4 グルデン 30 クロイツァー
　　シンフォニー　　　　　　　　　　30 ドゥカーテン［135 グルデン］
　　コンチェルトまたはコンセルタンテ　30 ドゥカーテン［135 グルデン］
　　序曲　　　　　　　　　　　　　　12 ドゥカーテン［54 グルデン］
　　変奏曲（伴奏有または無）　　　　　8 ドゥカーテン［36 グルデン］
　　1 ソナタ、同　　　　　　　　　　20 ドゥカーテン［90 グルデン］
　　3 ソナタ、同　　　　　　　　　　60 ドゥカーテン［270 グルデン］
　　1 アダージョ、同　　　　　　　　 8 ドゥカーテン［36 グルデン］
　　1 ロンド、同　　　　　　　　　　 8 ドゥカーテン［36 グルデン］
　　3 アリエッタ、チェンバロ伴奏付き　10 ドゥカーテン［45 グルデン］
　　1 弦楽四重奏曲　　　　　　　　　20 ドゥカーテン［90 グルデン］
　　3 弦楽四重奏曲　　　　　　　　　60 ドゥカーテン［270 グルデン］
　　［BGA 253］　1806 年 6 月 1 日　トムソン ⇒
　　　　6 トリオと 6 五重奏曲、できればフルート入り　100 ポンド［900 グルデン］

1165

以後、トムソンにはこの種の"料金表"が繰り返し提出されるが、すべては無為に帰するので、初出のみの掲載とする。また成約した歌曲集については、第30章で詳しく検討したので、ここに再掲しない。

22. ［BGA 187］ 1804年7月末/8月初　次弟 ⇒ ヨハン・ジークムント・リツィ
　　　　　　　　　　　　　　　　　　　　　　（BAI社社員）宛
　　　「自分に150グルデンを、兄に147グルデン30クロイツァーを支払って欲しい、少なくとも内50グルデンを」［第4章9］

23. ［BGA 188］ 1804年8月26日 ⇒ ライプツィヒ、ブライトコップ & ヘルテル宛
　　Op.55　シンフォニー第3番
　　Op.56　トリプル・コンチェルト
　　Op.85　《オリーブ山のキリスト》
　　Op.53、Op.54、Op.57　ピアノ・ソナタ3曲
　　　以上で2000グルデン　　※生涯の最高値
　　　「ソロ・ソナタで60ドゥカーテン［270グルデン］近くが払われています」
　　　［原注：ジムロックがOp.47で50ドゥカーテン（225グルデン）払った］
　　［BGA 194］ 1804年10月10日次弟 ⇒ ライプツィヒ、ブライトコップ & ヘルテル宛
　　　以上で1100グルデン
　　［BGA 198］ 1804年11月3日　ブライトコップ & ヘルテル ⇒
　　　「1100グルデンを受け入れたい」
　　［BGA 205］ 1804年12月22日　ブライトコップ & ヘルテル ⇒
　　　「［ヴィーン代理店に預けてある］1100グルデンを引き上げる」
　　［BGA 218］ 1805年4月18日　⇒ ライプツィヒ、ブライトコップ & ヘルテル宛
　　　「すでにあなたの手中にある3作品に700グルデン、残りの2作品に400グルデン」
　　［BGA 223］ 1805年5月 ⇒ ライプツィヒ、ブライトコップ & ヘルテル宛　　　　［破談］
　　　「この報酬は私がふつうに受け取っているよりもかなり低い……私から得た草稿すべてを送り返して下さい……これ以下の報酬は受け取れない」

24. ［BGA 243］ 1806年3月27日　次弟 ⇒ ライプツィヒ、キューネル宛
　　Op.58　ピアノ・コンチェルト第4番
　　Op.85　《オリーブ山のキリスト》　以上で　　600グルデン
　　［BGA 249］ 1806年4月12日キューネル ⇒
　　　「考えたい」

25. ［BGA 254］ 1806年7月5日 ⇒ ライプツィヒ、ブライトコップ & ヘルテル宛
　　Op.58　ピアノ・コンチェルト第4番

終章　ベートーヴェンの経済生活について

　Op.59　3 弦楽四重奏曲
　Op.72　オペラ・ピアノ編曲
　Op.85　《オリーブ山のキリスト》
　　「所用でライプツィヒに行く弟に持たせる」
　［BGA 255 消失］　1806 年 7 月 11 日　ブライトコップ & ヘルテル ⇒
　　関心を表明
　［BGA 256］　1806 年 9 月 3 日 ⇒ ライプツィヒ、ブライトコップ & ヘルテル宛
　　Op.58　ピアノ・コンチェルト第 4 番
　　Op.59　3 弦楽四重奏曲
　　Op.60　シンフォニー第 4 番
　　Op.72　オペラ・ピアノ編曲
　　Op.85　《オリーブ山のキリスト》
　　「私からただちに［上記 5 作品］をお持ちになれます」
　［BGA 257 消失］　1806 年 9 月 13 日　ブライトコップ & ヘルテル ⇒
　　価格の提示を要請
　［BGA 260］　1806 年 11 月 18 日 ⇒ ライプツィヒ、ブライトコップ & ヘルテル宛
　　Op.58　ピアノ・コンチェルト第 4 番　　　　　300 グルデン
　　Op.59　3 弦楽四重奏曲　　　　　　　　　　600 グルデン「約定価で」
　　Op.60　シンフォニー第 4 番　「まだお渡しできません、さる高貴な方が得るから」
　［BGA 261 消失］　1806 年 11 月 26 日　ブライトコップ & ヘルテル ⇒　　　　［破談］
　　戦争による契約状況の悪化に言及し提供された作品の買い取りを断念

26. クレメンティとの契約　1807 年 4 月 20 日　　　　　　　　　　　　　　　　［成約］
　　Op.58　ピアノ・コンチェルト第 4 番
　　Op.59　3 四重奏曲 3 作
　　Op.60　シンフォニー第 4 番
　　Op.61　ヴァイオリン・コンチェルト / 同ピアノ編曲
　　Op.62　コリオラン序曲　　　　　　　　　200 ポンド［1800 グルデン］
　［BGA 277］　1807 年 4 月 26 日　パリ、プレイエル宛
　　　　　　　　　　　　　　　　1200 グルデン・アウクスブルク値（約定価）
　［BGA 278］　1807 年 4 月 26 日　ボン、ジムロック宛
　　　　　　　　　　　　　　　　1200 グルデン・アウクスブルク値（約定価）
　［BGA 282］　1807 年 5 月 31 日　ジムロック ⇒
　　　　「1600 リーブル［1000 グルデン］まで」
　［BGA 287］　1807 年 7 月 23 日以前 ⇒ グライヒェンシュタイン宛
　　　　上記 6 作品に関して、BAI 社との交渉指示 1500 グルデン
　［BGA 289］　1807 年 7 月 23 日 ⇒ BAI 社宛
　　　　「あなたがそれを受け容れて下されば大変嬉しいのですが」

1167

27.［BGA 327］　1808 年 6 月 8 日 ⇒ ライプツィヒ、ブライトコップ & ヘルテル宛

Op.67　シンフォニー第 5 番　　　　　300 グルデン

Op.68　シンフォニー第 6 番　　　　　300 グルデン

Op.69　チェロ・ソナタ　　　　　　　100 グルデン

Op.86　ミサ曲　　　　　　　　　　　200 グルデン

以上すべてで　　　　　　　　　　　900 グルデン「約定金でヴィーン価により」

　［BGA 328 消失］　1808 年 6 月 18 日　ブライトコップ & ヘルテル ⇒

Op.67 ～ 69 には関心を示す。Op.86 は拒否。

　［BGA 329］　1808 年 7 月 10 日頃 ⇒ ライプツィヒ、ブライトコップ & ヘルテル宛

以上 4 点のほかに「2 ピアノ・ソナタ、あるいはその代わりにシンフォニーもう 1 曲
で、700 グルデン約定金」

　［BGA 330 消失］　1808 年 7 月 20 日　ブライトコップ & ヘルテル ⇒

Op.86 は改めて拒否。

　［BGA 331］　1808 年 7 月末 ⇒ ライプツィヒ、ブライトコップ & ヘルテル宛

Op.67　シンフォニー第 5 番

Op.68　シンフォニー第 6 番

Op.69　チェロ・ソナタ

Op.70　2 トリオ　　　　　　　以上で　　　　　　600 グルデン

1808 年 8 月 24 日　ヘルテル　ヴィーン着［BGA 335 注 2］

1808 年 9 月 14 日　Op.67 ～ 70 契約締結［BGA 335 注 2］　　　　　　　　　成約

28.［BGA 341］　1808 年 11 月 23 日　ジムロック ⇒ ブロイニング宛

Op.86　ハ長調ミサ曲　　　　　「100 グルデン約定価で頂きたい」

　［BGA 366］　1809 年 3 月 12 日　ジムロック ⇒ リース宛

Op.86　ミサ曲　　　　　　　　「提供価格の 100 グルデンで受け入れる」

　［BGA 375］　1809 年 4 月 5 日 ⇒ ライプツィヒ、ブライトコップ & ヘルテル宛

Op.85　オラトリオ

Op.72　オペラ

Op.86　ミサ曲

「次の郵便で 3 作品すべて送ります。250 グルデン約定価以上を求めません。ジム
ロックがミサ曲で 100 グルデンを私に与えようとしました。また化学印刷所
からもっと多く得ました［原注：この取引については何も知られていない］」

　［BGA 387］　1809 年 5 月 5 日 ⇒ ジムロック宛

Op.86　ミサ曲

「100 グルデン約定価を当地だけに送金してください、そうすれば私はミサ曲を当地
でお渡ししたとき、私は直ちにその額を受け取るにちがいありません」

　［BGA 388］　1809 年 5 月 30 日　ジムロック ⇒

Op.86　ミサ曲

「本書状の持参人［原注：おそらくリース］があなたに 75 グルデンをお渡しします」

終章　ベートーヴェンの経済生活について

　　　［原注：この取引は不成立。ブライトコップ & ヘルテルに渡す］　　　　　　破談

　　［BGA 398 消失］　1809 年 8 月 21 日　ブライトコップ & ヘルテル ⇒
　　「250 グルデンは約定価ではなくヴィーン価の銀行券で支払ってよいか」

　　［BGA 400］　1809 年 9 月 19 日 ⇒ ライプツィヒ、ブライトコップ & ヘルテル宛
　　「ヴィーンの通貨、（しかし多くなく）で払わせいたいので結構です［原注：報酬は
　　約定価で契約した。これは安定した銀貨であったが、戦時のため入手しにくくなった。それ
　　に対してヴィーン銀行券はますますインフレに屈していった」

　　［BGA 410 消失］　1809 年 11 月 28 日　ブライトコップ & ヘルテル ⇒
　　Op.72, Op.85, Op.86 の報酬として 500 グルデンをヴィーン銀行券で送金

　　［BGA 419］　1810 年 1 月 2 日 ⇒ ライプツィヒ、ブライトコップ & ヘルテル宛
　　いざ受け取ってみると［原注：『ヴィーン新聞』によれば 1809 年 12 月 30 日のレートは
　　100 グルデン・アウクスブルク値が 445 〜 463 グルデン・ヴィーン価］、5 分の 1 近くに下
　　落しており、もういちど 250 グルデン約定価での支払いを要請。500 グルデン・ヴィ
　　ーン価の手形を送り返す。

　　［BGA 420 消失］　1810 年 1 月 10 日　ブライトコップ & ヘルテル ⇒　　　　成約
　　250 グルデン約定価の手形を送り直す。

29.［BGA 423］　1810 年 2 月 4 日 ⇒ ライプツィヒ、ブライトコップ & ヘルテル宛
　　Op.73 〜 82　　　　　　　　1450 グルデン約定価

　　［BGA 446］　1810 年 6 月 6 日 ⇒ ライプツィヒ、ブライトコップ & ヘルテル宛
　　Op.84　「エグモントへの音楽 10 曲を加えて、1400 グルデン銀貨または約定本位」
　　※ 1 曲追加の上で 50 グルデン約定価値引き

　　［BGA 447］　1810 年 6 月 20 日　ブライトコップ & ヘルテル ⇒
　　Op.73 〜 82, Op.84
　　「上記全作品に 200 ドゥカーテン［900 グルデン約定価］の現金報酬を提供」「トレッ
　　ク［引用者注：ヴィーン代理店］での小売価格で 60 〜 80 銀貨（ターラー）分のス
　　コアを進呈」

　　［BGA 451］　1810 年 7 月 2 日 ⇒ ライプツィヒ、ブライトコップ & ヘルテル宛
　　Op.73 〜 84　「250 ドゥカーテン［1125 グルデン約定価］の報酬で譲渡する」

　　［BGA 456］　1810 年 7 月 11 日　ブライトコップ & ヘルテル
　　Op.73 〜 84　「全作品に 200 ドゥカーテン［900 グルデン約定価］の提供」

　　［BGA 464］　1810 年 8 月初 ⇒ ライプツィヒ、ブライトコップ & ヘルテル宛
　　　　改めて 250 グルデンを主張

　　［BGA 465］　1810 年 8 月 21 日 ⇒ ライプツィヒ、ブライトコップ & ヘルテル宛
　　「コンチェルト、序曲等々、私に届けさせるもの［引用者注：私がこれから送るもの］
　　を整理すると、250 ドゥカーテンがわずかな報酬であることを見て取るでしょう。……

　　［BGA 469］　1810 年 9 月 24 日　ブライトコップ & ヘルテル ⇒
　　「200 ドゥカーテンの報酬を超えることができず、というのは音楽商の不幸な状況が
　　私の両手を縛っている」「トレック［引用者注：同社ヴィーン代理店］に 50 ドゥカーテ

1169

ン［原注：ターラーの誤り］分の楽譜をあなたが私の倉庫から持ち出すことを指示」

※ 50 ライヒスターラー［75 グルデン約定価］分の現物供与、すなわち 200 ドゥカー

　テン + 50 ライヒスターラー ＝ 975 グルデン約定価

［BGA 471 消失］　1810 年 10 月 6 日　ブライトコップ & ヘルテル ⇒

［BGA 472］　1810 年 10 月 6 日　⇒ ライプツィヒ、ブライトコップ & ヘルテル宛

同日に互いに書簡を発信。

※ヘルテルからのものに妥結額が記されている可能性がある。

［BGA 474］　1810 年 10 月 15 日　⇒ ライプツィヒ、ブライトコップ & ヘルテル宛　成約

※「最初の書簡では 80 ターラー、なのに 50 ターラーとは。あと 30 ターラーお願い

したい」と現物供与分の増額を掛け合っていることと、ヘルテルが折れたとは考え

にくいことから現金報酬は 200 ドゥカーテンで決着か？

30. クレメンティ社第 2 次契約分　1810 年 5 月頃　　　　　　　　　　　　　　成約

［BGA 399 注 4/BGA 432 注 3］

Op.73 ～ 82 など　13 作品で約 1800 グルデンを得た可能性［第 5 章 8］［第 26 章 2］

31.［BGA 492］　1811 年 4 月 12 日　⇒ ライプツィヒ、ブライトコップ & ヘルテル宛

Op.97　ピアノ・トリオ　「あなたは 100 グルデン約定価を承認しようとしなかった」

「私はそれで 50 ～ 60 ドゥカーテンを得ました」［BGA 950］

ほかに、Op.81a, Op.82, Op.83 を勧誘

32. シュタイナー社

1815 年 4 月 29 日　シュタイナー社との 13 作品譲渡契約書

※別立てで、本章 10 で詳しく論ずる。

33. ロンドン、バーチャル社関係

［BGA 809］　1815 年 6 月 1 日　⇒ ロンドン、ザロモン宛

Op.72　　《フィデリオ》スコアで　　　　30 ドゥカーテン［135 グルデン約定価］

Op.91　　《ウェリントンの勝利》スコア　80 ドゥカーテン［135 グルデン約定価］

パート譜 ... ドゥカーテン

［原注：判読できず］［引用者注：20 か？（BGA 908 注 2 参照）］

Op.92　　シンフォニー第 7 番　　　　　価格無記入

Op.93　　シンフォニー第 8 番　　　　　価格無記入

Op.95　　弦楽四重奏曲　　　　　　　　価格無記入

Op.96　　ヴァイオリン・ソナタ　　　　60 ドゥカーテン［270 グルデン約定価］

Op.97　　ピアノ・トリオ　　　　　　　60 ドゥカーテン［270 グルデン約定価］

"Op.136"《栄光の時》パート譜で　　　30 ドゥカーテン［135 グルデン約定価］

［BGA 908］　1816 年 2 月 28 日　⇒ ロンドン、リース宛

Op.91, Op.96, Op.97 で　　　　　　　140 ドゥカーテン［630 グルデン約定価］

終章　ベートーヴェンの経済生活について

「うち、少なくとも 10 ドゥカーテンは経費［写譜代・送料］」　　成約　［BGA 996］

［BGA 982］　1816 年 10 月 1 日 ⇒ ロンドン、バーチャル宛

　Op.101　ピアノ・ソナタ　　　　　　　40 ポンド［360 グルデン約定価］

　Unv 10　ヘ短調ピアノ・トリオ　　　　50 ポンド［450 グルデン約定価］

［BGA 1017］　1816 年 12 月 18 日 ⇒ ロンドン、スマート宛

　"Op.136"《栄光の時》　　　　　　　　50 ポンド［450 グルデン約定価］

「高すぎるというのであれば 10 ポンドは成功報酬として」

34. ［BGA 950］　1816 年 7 月 19 日 ⇒ ライプツィヒ、ブライトコップ & ヘルテル宛

　Op.97　ピアノ・トリオ

　Op.101　ピアノ・ソナタ

　Op.113-6, 7　《アテネの廃墟》部分

　Op.121a　ピアノ・トリオ変奏曲

　18 のスコットランド歌曲（同定できず）

　　以上で 130 ドゥカーテン［585 グルデン約定価］

35. ［BGA 1258］　1818 年 5 月 19 日またはそれ以前 ⇒ ロンドン、リース宛　　成約

　Op.104　弦楽五重奏編曲

　Op.106　ピアノ・ソナタ第 29 番 以上で　　50 ドゥカーテン［225 グルデン約定価］

［BGA 1479］　1822 年 7 月 6 日受領報告　　26 ポンド［234 グルデン約定価］

36. ［BGA 1365］　1820 年 2 月 10 日 ⇒ ボン、ジムロック宛　　成約

　Op.107　10 民謡変奏曲の内の 8 曲　　　　70 ドゥカーテン［315 グルデン約定価］

　Op.108　25 スコットランド歌曲集　　　　60 ドゥカーテン［270 グルデン約定価］

　Op.123《ミサ・ソレムニス》　　　　　125 ルイ・ドール［1125 グルデン約定価］

［BGA 1372］　1820 年 3 月 18 日 ⇒ ボン、ジムロック宛

　Op.123《ミサ・ソレムニス》

「あなたの申し出た 100 ルイ・ドール［900 グルデン約定価］でよしとします」

　　　　　　　　　　　　　　　　　　　それでも　破談

37. ［BGA 1374］　1820 年 3 月 25 日 ⇒ ベルリン、シュレジンガー宛

　Op.107　10 民謡変奏曲の 8 曲　　　　　70 ドゥカーテン［315 グルデン約定価］

　Op.108　25 スコットランド歌曲集　　　60 ドゥカーテン［270 グルデン約定価］

［BGA 1388］　1820 年 4 月 30 日　　シュレジンガー社宛

　Op.109　ピアノ・ソナタ第 30 番　　　40 ドゥカーテン［180 グルデン約定価］

　Op.110　ピアノ・ソナタ第 31 番　　　40 ドゥカーテン［180 グルデン約定価］

　Op.111　ピアノ・ソナタ第 32 番　　　40 ドゥカーテン［180 グルデン約定価］

［BGA 1391］　1820 年 5 月 20 日　　シュレジンガー ⇒

　Op.108　25 スコットランド歌曲集

1171

Op.109〜111　3 ピアノ・ソナタ　以上で　150 ドゥカーテン［675 グルデン約定価］

※　ベートーヴェンの要求額より 30 ドゥカーテン少ない

　　［BGA 1393］　1820 年 5 月 31 日　⇒　ベルリン、シュレジンガー宛　　　成約

　　　「これではあなたは各ソナタを 30 ドゥカーテンで報いたいということ…あなたの希望
　　　に従って譲渡します」

38.［BGA 1787］　1824 年 3 月 10 日　⇒　マインツ、ショット宛

　　Op.123 《ミサ・ソレムニス》　　　　　1000 グルデン約定価

　　Op.125 シンフォニー第 9 番　　　　　600 グルデン約定価

　　Op.127 弦楽四重奏曲　　　　　　　　50 ドゥカーテン［225 グルデン約定価］

　　［BGA 1797］　1824 年 3 月 24 日　ショット ⇒　　　　　　　　　　成約

　　「50 ドゥカーテンは受領後すぐ送る。他の 2 作品は 6 ヵ月ごとの 4 期で支払いたい」

　　［BGA 1836］　1824 年 5 月 20 日　　ショット社宛

　　　「今から 1 ヵ月後に 600 グルデン、2 ヵ月後に 500 グルデン、4 ヵ月後に 500 グルデ
　　　ンで」

39.［BGA 1901］　1824 年 11 月 23 日頃　⇒　マインツ、ショット宛　　　成約

　　Op.121b 《奉献歌》

　　Op.122 《盟友歌》

　　Op.124 《献堂式》序曲

　　Op.126 ピアノ・バガテル集

　　Op.128 アリエッタ《くちづけ》　　以上で　　130 ドゥカーテン［585 グルデン約定価］

40.［BGA 1966］　1825 年 5 月 7 日　⇒　マインツ、ショット宛

　　WoO 18, 19, 20, 24　管楽行進曲

　　WoO 3　祝賀メヌエット　　　　　　以上で　　25 ドゥカーテン［112.5 グルデン約定価］

　　Op.131 弦楽四重奏曲　　　　　　　　60 ドゥカーテン［270 グルデン約定価］

41.［BGA 2015］　1825 年 7 月 19 日　⇒　ベルリン、シュレジンガー宛　　成約

　　Op.130 弦楽四重奏曲　　　　　　80 ドゥカーテン［360 グルデン約定価］

　　Op.132 弦楽四重奏曲　　　　　　80 ドゥカーテン［360 グルデン約定価］

　　Op.135 弦楽四重奏曲　　　　　　80 ドゥカーテン［360 グルデン約定価］

42.［BGA 2136］　1826 年 3 月 28 日　⇒　マインツ、ショット宛

　　Op.131 弦楽四重奏曲　　　　　　80 ドゥカーテン［360 グルデン約定価］

　　　最初の勧誘、1825 年 5 月 7 日［BGA 1966］に返事がなく、改めて値上げ

　　［BGA 2143 消失］　1826 年 4 月 6 日　ショット

　　　40 ドゥカーテンずつ、支払いを 2 回に分けることを提案

　　［BGA 2154］　1826 年 5 月 20 日　⇒　マインツ、ショット宛　　　　成約

終章　ベートーヴェンの経済生活について

> Op.131　弦楽四重奏曲　　　　　　　80 ドゥカーテン［360 グルデン約定価］
> 「報酬支払いを 2 回の時期に分けるというあなたの提案を受け入れます」
> ［BGA 2143 消失］　1826 年 6 月 8 日 ⇒ マインツ、ショット ヴィーン代理店宛
> 　40 ドゥカーテン 1 回目の支払い指示
> ［BGA 2173］　1826 年 7 月 29 日 ⇒ マインツ、ショット宛
> 　40 ドゥカーテン 2 回目の支払い手形（1826 年 8 月中頃支払い可）の受け取り確認
> Op.131 の近日中の発送を約束
> 　※ 支払いの細かい過程が確認できる珍しい例である。この場合は、手付け金のような形で半額の前払いがあり、2 度目の半額は予定された作品受領後に引き落し可となる小切手払い。この例から、報酬の支払いは一般に、刊行後ではなく、原稿受領とともに行なわれたと思われる。
>
> 43.［BGA 2192］　1826 年 9 月 5 日以前 ⇒ ヴィーン、マティアス・アルタリア宛　　成約
> 　Op.130　弦楽四重奏曲　　　　　80 ドゥカーテン［360 グルデン約定価］［BGA 2131 注 3］
> 　Op.134　弦楽四重奏曲ピアノ 4 手編曲　　　12 ドゥカーテン［54 グルデン約定価］

10 ｜ シュタイナー社からの借金と作品譲渡

　シュタイナー社からの報酬については、借金と絡んでいそうだと思われても、それを証明する文書資料は皆無で、確たることは何も言えない。しかしその関係の形成を詳しく分析することで、その構図をイメージすることができる。まず、同社からのベートーヴェン作品出版の全貌と、「13 作品譲渡契約書（案）」にある作品が実際にいつ出版されたかの関係図を見てみよう。理解しやすさのために、作品番号順に並べる。☆印は 1815 年 4 月 29 日付「13 作品譲渡契約書」に記載された作品。

> 出版の一覧
> ☆ Op.72　《フィデリオ》スコア　　　　　出版されず
> 　Op.90　ピアノ・ソナタ第 27 番　　　　1815 年 6 月
> ☆ Op.91　《ウェリントンの勝利》　　　　1816 年 2 月
> ☆ Op.92　シンフォニー第 7 番　　　　　1816 年 11 月
> ☆ Op.93　シンフォニー第 8 番　　　　　早ければ 1817 年復活祭
> 　Op.94　歌曲《希望に寄せて》　　　　　1816 年 4 月
> ☆ Op.95　弦楽四重奏曲第 11 番　　　　　1816 年 12 月

1173

☆ Op.96	ヴァイオリン・ソナタ第 10 番	1816 年 7 月
☆ Op.97	ピアノ・トリオ第 6 番	1816 年 9 月？
Op.98	歌曲集《遙かな恋人へ》	1816 年 10 月
Op.99	歌曲《約束を守る男》	1816 年 11 月
Op.100	二重唱曲《メルケンシュタイン》	1816 年 9 月
Op.101	ピアノ・ソナタ第 28 番	1817 年 2 月
Op.112	《海の凪と成功した航海》	1822 年 5 月？
☆ Op.113	《アテネの廃墟》	1823 年 2 月
Op.114	《アテネの廃墟》部分曲	1822 年 10 月
☆ Op.115	序曲《聖名祝日》	1825 年 4 月頃
☆ Op.116	《おののけ、不信心な者ども》	1826 年 2 月
☆ Op.117	《シュテファン王》	1826 年 7 月頃
Op.121a	ピアノ・トリオ変奏曲	1824 年 5 月
☆"Op.136"	《栄光の時》	1835 年秋　ハスリンガー社
☆「12 のイギリス歌曲」		出版されず

借金と作品譲渡、預金の関係一覧

1813 年 12 月 25 日　ヨハンナが 1500 グルデン・ヴィーン価を借金［BGA 789 注 3］
1814 年 9 月 14 日　上記を引き継ぐ［BGA 789 注 3］
1815 年 4 月 29 日　シュタイナー社との 13 作品譲渡契約書

1816 年 5 月 4 日　1300 グルデン・ヴィーン価の貸付［BGA 932 注 1］
1816 年 8 月 10 日　72 グルデン・ヴィーン価を立替え［BGA 957］
1818 年　300 グルデン・ヴィーン価　ヨハンナの最初の借金の利息分
　（1500 グルデン・ヴィーン価に対する 1815 〜 18 年の利息 280 グルデン 25 クロイツァー・ヴィーン価［BGA 1250］にほぼ相当［BGA 1422 注 5］）
1819 年 10 月 30 日　750 グルデン・ヴィーン価、さらに借金［BGA 1422 注 5］
　以上の合計［利息別で］2420 グルデン・ヴィーン価（ベートーヴェン自身の計算による）
　（1820 年 12 月 29 日付書簡［BGA 1422］にベートーヴェンがメモ［BGA IV, 429 ページ］に写真］）

　この間に、シュタイナーへの預金とその引き出しが挟まる。
1816 年 7 月　4000 グルデン約定価［10000 グルデン・ヴィーン価］の預金［BGA 954］
1819 年 7 月　4000 グルデン約定価［10000 グルデン・ヴィーン価］の預金を回収し、
　　　　　　　8 枚の銀行株券購入［BGA 1422 注 6］

終章　ベートーヴェンの経済生活について

　ベートーヴェンは 1200 グルデン約定価を返済する覚悟であった ［BGA 1422 注4］。3000 グルデン・ヴィーン価である ［1150 ページ］。実際の返済は 1824 年までかかる。というより、1823 年 9 月 5 日付のハスリンガー宛書簡 ［BGA 1738］ に見るように、ようやく 1823 年に返済しなければということになり、2 度に分けて 600 グルデン約定価ずつという計画が言及されている。1824 年 7 月 13 日のシュタイナー宛書簡 ［BGA 1851］ では、「昨年、私は利子と罰金 ［引用者注：延滞金］ 600 グルデン約定価（1500 グルデン・ヴィーン価）を払わなければなりませんでした、今年はこれを成就できません」と書いている。そこで、第 I 部第 5 章 10 で言及したが、キンスキー侯からの年金半年分 600 グルデン・ヴィーン価 とルドルフ大公からの 750 グルデン・ヴィーン価 とにより計 1350 グルデン・ヴィーン価 を支払って、なお 150 グルデン・ヴィーン価、足りない、という議論をしている。

　前述したように ［本章4］、10000 グルデン・ヴィーン価の預金と 3000 グルデン・ヴィーン価の借金は別口であった。ただ預金の預け入れと引き出しは、時期的にいっても、関係の良好と破綻の指標である。ベートーヴェン自身の負債となった 1814 年 9 月以後、預金を引き出した 1819 年 7 月までの時期は、著作権者ベートーヴェンと出版社シュタイナーとの間で、版権絡みの関係が継続していたと言える。ここで重要なのは、1816 年 5 月 4 日に為された貸付金の清算に向けてはこれだけのやり取りがある一方、1815 年 4 月 29 日に譲渡契約をしたと思われる各作品に関する報酬の記述が、その一部を貸金から差し引くなどといったことを含め、下記引用書簡を除き、いっさいないこと、および 1814 年 9 月 14 日にヨハンナから引き継いだ 1500 グルデン・ヴィーン価の元金についてはその後に話題になっていないこと、である。ここから、13 作品譲渡契約は 1500 グルデン・ヴィーン価を対価としていたのではないか、との類推も可能である。約定価にすれば 600 グルデンで、13 作品からすれば 1 曲あたり 50 グルデン約定価にもならないが、シュタイナーはそのうち 6 曲しかすぐには出版しなかったという結果が示しているところからすれば、1 曲 100 グルデン約定価となる。これはブライトコップ＆ヘルテルが 12 曲に対して 900 グルデン約定価あるいは 1125 グルデン約定価と値引き交渉をしていたのを想起すれば、仕方のない妥結額とも思える。

　1 年後、1816 年 5 月 4 日の新たな 1300 グルデン・ヴィーン価の借入れに関わると思われる文面として、その日以後に書かれたシュタイナー宛書簡 ［BGA 932］ に次のような個所がある。引用の後、解説する。

1175

陸軍中将はここにピアノ歌曲に関して御約束のものを入手します［原注：高額からいって1曲ではなく曲集、Op.98 であろう］。しかしそれは 50 ドゥカーテン金貨そのもので引き渡されることもありです、それを中将はただちに中将の戦費調達金庫に納入すべし、金庫が中将に 1300 グルデンの負債があるならば、ただちにきっかり 50 ドゥカーテン［225 グルデン］が払い込まれるということにならなければならない。上述の負債額に関しては、まずは、中将を国家に対するその功績に鑑みさらに別の恩恵を与えることで満足させるということが考えられよう。連隊憲兵将校たる悪魔［原注：ディアベッリ］がこの書状を中将への心からのご挨拶と共にもたらす。

　つまり、シュタイナー［陸軍中将］は、譲渡契約にはない、歌曲集《遙かな恋人へ》Op.98 を入手するがこれに対して 50 ドゥカーテンを支払ってくれてもいいが、負債の返済［中将の戦費調達金庫に納入］に充当してもよい。シュタイナー［中将］がベートーヴェン［国家］に対して貢献していることを鑑みて、さらなる作品提供［さらに別の恩恵を与える］をして満足させる、という内容と解される。歌曲集が 225 グルデンとはベートーヴェンの破格の言い値で、あるいはそれ自体がおふざけの延長上かもしれない。またそれ以後に契約にない 3 曲（Op.99 〜 101）が続くが、ことに Op.100 はわずか 14 小節のピアノ伴奏二重唱曲であって、ブライトコップ＆ヘルテル社との関係においても見たように、たくさんの作品を引き受けてくれた御礼としての"贈り物"［BGA 395］であろう。事実、Op.99 については、1816 年秋/夏に「直ちに兵器庫へ運び込んでよいささやかな軍用品［原注：たぶん Op.99］を、（贈り物として）［カッコはママ］送ります」［BGA 964］と言っている。Op.101 については同じ書簡に、「新しいピアノ・ソナタについては 60 ドゥカーテンが提示されなければならず、すぐに出版できます」とあり、最後に「1300 グルデンの国家の負債に関しては次の給料 0000 ［引用者注：3 者年金半年分は 1675 グルデン・ヴィーン価］で差し引かれてもよい」と述べて、別途支払いを求めているので、そのまま受け入れられたかは不明だが、ある程度は支払われたと思われる。またこの時点では、すなわち預け入れをした頃には、借金はすぐに返済と考えていたことが分かる。

　その反面で、10000 グルデン・ヴィーン価預金の 8% 利息も 3 年預ければ 2400 グルデン・ヴィーン価にもなり、それは、1819 年 7 月に解約したとき、3 ヵ月後の 10 月に確認される元金 2420 グルデン・ヴィーン価に匹敵し、計算上は利息分で元金の返済は可能であった。しかしそれはできない窮状であったのであろう。

11 | 出版収入の分析

　ベートーヴェンの出版収入について書簡に遺されている言及を一望した。
以上を総括するにあたって、比較を容易にするためにすべての通貨をグルデ
ン（約定価）に換算して示す。これはアウクスブルク市場で約定された銀貨
で、その価値は不変である。それに対して銀行紙幣はヴィーン価と称される
ようになり、交換相場において対約定価で下落していった。たとえば年金
4000 グルデンは 4000 グルデン・ヴィーン価と表記されるようになり、5 分
の 2 に下落すれば 1360 グルデン約定価の価値しかなくなったわけである。
外貨はグルデン約定価の交換率によって換算され、その交換率はこの時代、
ほぼ安定していた。ベートーヴェンがシュタイナー社との関係を悪くしてか
らヴィーン社との取引を止めて、もっぱら外貨（ドゥカーテン）取引を行な
ったのはその方がはるかに有利であることを理解したからであろう。最後の
弦楽四重奏曲群の出版に割って入ったマティアス・アルタリアはヴィーンの
アルタリア社とは関係はなく、出身がマンハイムであり、1822 年にヴィー
ンで出版社を開業するが、ベートーヴェンとの取引はドゥカーテンによって
行なわれた。
　作品の販売価格は時期や相手、その地域によって大きく異なる。後世から
見た作品価値の評価とそれがほとんど関係ないのは当然で、当時の社会的価
値によって価格の多寡が決まる。
　興味深いのは、いよいよオーケストラ作品が市場に出ていく初めの頃、
「シンフォニーはソナタほどには売れないだろうから差を付けない」という
現実である。しかしその考えは自ずと修正されていく。シンフォニー第 1 番
は 90 グルデンであったが、第 2 番は BAI 社がピアノ・コンチェルトと込み
で 700 グルデン（400 グルデンと 300 グルデンと想定することも可能）で成
約した。ベートーヴェンはひとつの出版社と何曲かまとめて交渉するのが一
般的で、作品個別の価格が分からないケースが多いが、総合的に見て、大曲
をソナタより高く設定するようになっていく。
　版権と専有上演権の価格を同列で考えることはできないが、第 3 番に対し
てロプコヴィッツ侯がトリプル・コンチェルトと合わせて 1060 グルデンを
払う頃、この 2 曲に《オリーブ山のキリスト》と 3 ピアノ・ソナタをプラス

して計 6 曲に 2000 グルデンを要求したのは、仮に比較すれば、当然と言える。その内訳を推定すると、シンフォニーとコンチェルト各 400 グルデン、オラトリオ 450 グルデン、そして「ソロ・ソナタで 60 ドゥカーテン［270 グルデン］近くが払われています」の言質からソナタ 250 グルデン、といったところか。しかしこの生涯最高要求額はまったく相手にされず、額としては約半分の 1100 グルデンで妥結するが、しかし破談となる。シンフォニー第 3 番と第 4 番を買い入れたのは BAI 社であり、支払額の記録はないが、第 2 番の買取り価格を考えるとベートーヴェンの希望額（1 曲 400 グルデン？）を支払った可能性は大で、シンフォニー第 3 番の出版までに半年独占上演権の期限が切れた後なお 2 年近くを要した背景には、このような厳しい価格交渉があったのではないか。

　ヴィーンでの取引きが文書を介して直接的になされることは、口頭でのやり取りが難しくなるまではほとんどなく、アルタリア社、BAI 社、その他、ことに初・中期作品の報酬について、他社宛書簡で言及されている以外には、具体的に把握することはできない。

　その、また別のひとつの例だが、1810 年 8 月 21 日付ブライトコップ＆ヘルテル社宛［BGA 465］に「紙幣が金貨や銀貨よりほんの少し低いだけであった時期に、私は 3 ソナタに対して 100 ドゥカーテン［450 グルデン約定価］を受け取りました」という一節がある。解説すると、グルデン銀行紙幣がドゥカーテン金貨やグルデン約定価（銀貨）に対する下落がまだ大きくなかった時期、すなわち 1808 年以前に、ある社から 450 グルデンを受け取った、ということである。この時期に 3 ソナタをまとめて買い取った社とは 1805 年 5 月～07 年 2 月にピアノ・ソナタ Op.53、Op.54、Op.57 を出版した BAI 社以外には考えられない。

　さらに、末弟への借金返済について、1807 年 7 月 23 日以前に「最も良いのは 1500 グルデン全額を BAI 社から受け取り弟に支払ってやること」［BGA 287］と言った［第 22 章 3］とき、その収入予定は時期的に見て、またその総額からいって、同年 4 月にクレメンティとも 1800 グルデンで妥結した Op.58 ～62 ではないだろうか。実際、7 月 23 日以後のグライヒェンシュタイン宛書簡［BGA 290］で「少なくとも 60 グルデンを、1500 グルデン 以外に、支払わせるよう、あるいは 1600 グルデンを」と書いているが、その原注は「BAI 社に売った Op.58 ～ 62 に対する報酬」［BGA 290 注 1］と見ている。

　シンフォニーの希望額は 1808 年 6 月 8 日にブライトコップ＆ヘルテル社

終章　ベートーヴェンの経済生活について

宛書簡［BGA 327］において、1曲 300 グルデンとなっている。1803 年、ハイリゲンシュタット以後の高揚期に報酬を高く設定するも、1805 年頃からナポレオン戦争の影響でドイツの経済事情が悪化し、出版社もできるだけ買い叩こうとする姿勢が強まる。その間、比較的悠長であったのがヴィーン（BAI 社）だが、第 2 次占領以前からすでにそれも立ちゆかなくなり、ベートーヴェンはブライトコップ＆ヘルテル社との関係修復に動く。その結果が、1808 年 9 月 14 日の 2 シンフォニー（第 5 番・第 6 番）と 3 ソナタ（チェロ・ソナタと 2 ピアノ・トリオ）を 600 グルデンでという契約で、その総額からシンフォニーの価格は 200 グルデン以下と見ざるを得ず、そしてソナタ 1 曲は 70 グルデンにも満たなくなる。

　大陸の経済事情の悪化を救ったのがイギリスとの関係である。1807 年 4 月 20 日のクレメンティとの契約はたまたま同人がヴィーンを来訪したという偶然がきっかけとなったが、シンフォニー第 4 番をはじめとする 8 作品に 1800 グルデンは大きかった。3 弦楽四重奏曲やヴァイオリン・コンチェルトのピアノ編曲版を含めての価格であるから、シンフォニーには 400 グルデン相当の価格が念頭に置かれたと考えてよい。エディンバラのトムソンとの関係は 1803 年以来のことであるが、実際に同社からの継続的な支払いが始まったのは 1810 年後半と思われる。ところが早くも同年 7 月には、「トムソンからしこたまもらっている」［BGA 456 注 2］といううわさとなって、それはブライトコップ＆ヘルテル社との交渉の障害になるほどであった［第 26 章 2］。同社との第 2 次契約（上記 29.）において倍の 12 作品で 900 グルデンという低価格を了承したのも、そのほとんどがクレメンティ社にも 1800 グルデンで売れた可能性があることと無縁ではないかもしれない［断定はできないことについては第 22 章 10 で触れた］。

　クレメンティがロンドンに持ち帰った原稿がすべて刊行されると、1815 年にはザロモンやリースといったロンドン在住の知人を頼ってバーチャル社との関係を構築する。要するに、戦禍の及ばないイギリスの経済状況がベートーヴェンの経済生活に救いの手を差し延べたという側面があり、その一方で、ドイツ圏で作品を出版しようとするならば、出版社が耐えられる範囲の報酬に甘んじるほかなかったと言えよう。

　年金受給がオーストリアの国家経済の悪化に翻弄されたように、楽譜出版から期待できる収入もまた政治経済事情に左右され、1803 〜 04 年時のような大きな希望価格は諦めざるを得ない環境に置かれていたのである。後世か

1179

ら見たその極致は、1809年4月5日［BGA 375］の「3大作品」（Op.72, Op.85, Op.86）に対する250グルデン約定価という安さであろう。この額について、同年7月26日付［BGA 392］でヘルテルに対し、「私の現在の状況が成すのは、また再びあなたとケチの勝負」と言っているのが象徴的である。

最後の3ピアノ・ソナタに関してシュレジンガー社が1820年に支払った報酬は妥結額全体からすると、1曲につき135グルデン約定価（30ドゥカーテン）という計算となる。Op.47ヴァイオリン・ソナタが1803年に50ドゥカーテンであったことと比較して、この時点でもなお、買い叩かれる構造は持続していたと言わなければならない。

1824年3月10日にショット社に対して提示した3つの価格のうち、「私の最大の作品」《ミサ・ソレムニス》の1000グルデン約定価とシンフォニー第9番600グルデン約定価は、中期のシンフォニー価格400グルデンを鑑みると、同じレヴェルの価格表を念頭に置いたものと考えてよい。弦楽四重奏曲（Op.127）に対する50ドゥカーテン（225グルデン約定価）は1806～07年のOp.59に対する値付け（150～200グルデン程度と思われる［総額表示なので個別は難しい］）より多少高くなったか、という程度である。同社はそれらを素直に受け入れた。以後、弦楽四重奏曲をめぐる各社の獲得競争は烈しくなり、60ドゥカーテン、80ドゥカーテンと釣り上がっていき、残り4曲に対しては80ドゥカーテン（360グルデン約定価）が支払われた。しかもOp.130はマティアス・アルタリア社とシュレジンガー社の2社がともに同額を支払って、同時多発出版となった。

12 ｜ 演奏著作権と写譜料

収入問題でもうひとつ考えなければならないのは演奏著作権についてである。現在は各国に演奏のチェック機関があり、日本ではJASRACがかなり厳しく管理している。そうした体制は何世紀にもわたって次第に構築されていったのであり、ベートーヴェンの時代はどうだったのか。正直に言って、この件に関して考察する手掛かりは何もない。したがって研究もまったくない。証憑書類が皆無であることにより、おそらくその種の報酬は存在しなかったのではと考えざるを得ない、というのが一般的な見方であろう。

それに対して、本研究を通じていくつかの感触のようなものを得ることが

終章　ベートーヴェンの経済生活について

できたので、記述しておく。

まず 1807 年 11 月 12 日に 20 回シリーズ「音楽愛好家コンサート」が開始される。その最終回は 1808 年 3 月 27 日だが、そこでは毎回のようにベートーヴェン作品が上演された。入場料収入があり、プロ演奏者たちには労働の対価が支払われたはずだが、ベートーヴェンには毎回 12 枚の無料入場券が供与された［BGA 320 注 2］。これは著作権料の代替と考えることができるかもしれない。

1813 年のグラーツ、ウルズラ修道会の対応については詳しく述べた［第 27 章 10］。上演団体が収益の一部を自主的に作曲者に還元することがあった一例にすぎないかもしれない。しかしベートーヴェン本人はそれをあくまで写譜料として受け取ろうとし、遠慮がちであったことが見て取れるので、そのときはまだ正当な報酬という観念はなかったように思える。そのやり取りから判断して、すなわち、当時、演奏著作権という考え方は社会的にも通念とはなっていなかったのではないか。

しかし 10 年以上後には変化が起きていたようである。1825 年 2 月 11 日付リース宛書簡［BGA 1935］（カール代筆ドイツ語）は、直接的には、リースが第 7 回ニーダーライン音楽祭で《オリーブ山のキリスト》を上演するためベートーヴェンにそのメトロノーム表示を問い合わせてきた書簡に対する返信だが、話は逸れて、音楽祭のコンサートで 2 〜 3 回にわたって使用できるオーケストラ作品として、シンフォニー［引用者注：もちろん第 9 番だと思われる］、ミサ曲［Op.123］、序曲［Op.124］を挙げ、それらのスコア譜を送る用意があると述べている［引用者注：リースは Op.125 がすでに出版されたと誤解。上記のいずれの作品も未出版］。その際に、「もしかしたらそれに 40 カロリーネンは多すぎはしないでしょう」と述べている。リースは同年 6 月 9 日付で次のように書いた［BGA 1987］。

　　私がアーヒェンから戻って何日かがたちまして、あなたに最大の喜びを持って申し上げますが、あなたの新しいシンフォニーがきわめて精度高く演奏され［原注：Op.125 でスケルツォはカットされた］、最高の拍手をもって迎えられました。…前日に私はフィナーレを 3 時間にわたって練習しました…これは比類ない作品であり、あなたはこの作品以外に何も書かなかったとしても、不滅となったことでしょう。あなたは我々をどこへ導いて下さるのでしょうか?? …［中略］オーケストラと合唱は計 422 名…［中略］私は練習のために 5 月 3 日以来すでにアーヒェンにいまして…［中略（2 日間の演奏曲目を挙げる。そのなかに《オリーブ山のキリスト》もあり）］。お約束の通り 40 ルイ・ドールを送金します…

カロリーネンとルイ・ドールは呼称の違いで、ポンドと同じ、約9グルデン約定価に相当するので、360グルデン約定価である。

これには写譜料金も含まれる。出版社の報酬も基本的に同様だが、トムソンとの取引は例外で、ふつう写譜料金と送料が別記される［BGA 813, 931 など］。写譜料金は用途によっても異なるが、出版社用の版下原稿の場合、多くのケースで4ページ当り1グルデンというところで、シンフォニー第9番の場合は約460ページの規模であるから115グルデン・ヴィーン価（46グルデン約定価）、《オリーブ山のキリスト》は340ページの規模で115グルデン・ヴィーン価（34グルデン約定価）、演奏されなかった序曲は72ページの規模で18グルデン・ヴィーン価（7.2グルデン約定価）となるから、この3曲で写譜代は90グルデン約定価近くに上る。送料もあるから、したがって演奏著作権料として270グルデン約定価くらいの実際の支払いがあったことになる。これまでの換算で言えば70万円近い収入となる。

13 │ 借金の分析

収入をひととおり可能な限り把握したが、支出は当時の物価、生活習慣、生活レヴェル、節約や乱費、といった特定しがたいパラメーターが絡み、見通すのは不可能である。それでも、ベートーヴェンが生涯にたびたび借金をしていることはよく知られており、それは不動産とか何か大きな買い物のためではなく、生活資金のためと思われる。とすれば、彼は、遺贈引当金を別にして、無一文に近い状況に何度か追い込まれたようだ、と考えてよいかもしれない。そうした前提でこの問題に接近してみよう。

その最初は1807年6月23日以前に末弟に金を借りたことである。前年、《レオノーレ（フィデリオ）》第1改訂版初演は2回の上演だけで終り、収入は期待通りにはならず（1806年3/4月）、秋にはリヒノフスキー侯と衝突した後、侯からの年金がたぶん打ち切られたことによって追い打ちをかけられた。1807年4月にクレメンティとの出版交渉はうまくいったが報酬の入金（1810年4月）はいつまでもなく、末弟からの借金は、おそらく同じ作品群を売ったBAI社からの収入予定を目処に、一時、立て替えてもらった、という性質のものであろう。貧困ゆえというほどのことではなく、資金繰りに余裕がなくなったのであろう。弟が1808年3月に薬局を買収する際に返済

した［第22章11］。その間、1807年9月のアイゼンシュタットでのミサ曲上演も報われない結果となり、さらに12月4日には宮廷劇場管理部に専属オペラ作曲家への登用の請願も拒絶される。こうした八方塞がりのなかで進行したのがシンフォニー第5番・第6番の作曲であった。

　こうして見ると、この頃にヴィーン脱出を再び考えるようになったのは当然の成り行きのように思われる。しかしその具体的行動が年金契約という意外な方向での解決を生み、しばらくは生活の安定が見られる。しかし戦禍にまみれることとなって、貨幣価値の下落と年金不払いというほとんど予測していなかった展開を迎える。一方、耳疾の好転を求めて、医師から処方された1812年のボヘミア温泉地長期滞在と、この機会に末弟を訪ねようとリンツまで足を伸ばした大旅行で、おそらく資金が底を突き始め、2度目の借金を1813年秋にメルツェルからすることになる。その額は50ドゥカーテン（225グルデン約定価）と数十万円程度のものだが［第28章3］、これも作曲中の作品を担保にした一時的な前借りと見てよいであろう。とはいえ、資金繰りに支障が出たことは確かであった。

　それとまったく同時期に、次弟の発病に端を発する生活苦により義妹がベートーヴェンを保証人にして借金をしたことから、彼も負のスパイラルに巻き込まれていく。しかし保証人としての借金の付け替えではなく、彼自身がシュタイナーから借財するのは1816年5月以降のことであり、しかも貸主には定期預金を預けていたから、困窮というよりは、作品譲渡が絡んだ戦略のようなものであったかもしれない。しかしこの年から甥の保護者となることで彼の経済生活は大きく変貌し、日常的出費の増加は著しかった。

　それ以前、1813年から14年は、年金支給が滞る上、ブライトコップ＆ヘルテル社およびクレメンティ社との取引は終息するがシュタイナー社との関係はまだ始まらないという時節で、出版見通しも立たず、生涯で最も経済的に苦しい時期であった［第28章］。1814年中頃、"日記"に「私はF. A. B.［引用者注：フランツとアントーニエのブレンターノ夫妻］に1100グルデンの負債がある。いちどは［引用者注：「かつては」かもしれない］1100グルデンと60ドゥカーテン［270グルデン約定価］」［日記、第33段落］との記入がある。フランクフルトに戻った夫妻とはその後、頻繁なやりとりが再開されていた。そして1816年にボンのジムロック社との取引が再び始まると、彼らは同社との間を取り持ち、原稿の送付［BGA 1384/1820年4月23日付］や、送金［BGA 1400/1820年7月23日付］を受け持ったり、《ミサ・ソレムニス》の預かり金をする［BGA 1445/1821年11月

12日付] などした［第33章4］。書簡はけっこう遺っているが、そのなかで借金については まったく言及がなく、"日記"に現れる金銭の貸借関係がその後どのように展開したか手掛かりはない。"日記"には1817年4月22日［BGA 1117］、26日［BGA 1118］、29日［BGA 1119］、5月21日［BGA 1127］、12月6日［BGA 1198］、12月27日［BGA 1204］、1818年1月3日［BGA 1218］、1月10日［BGA 1222］と立て続けに8通の書簡を書いたことが記入されているが、そのいずれも伝承されておらず、中味は不明である。ソロモンは注釈で「借金を彼は完全には返済しなかった」［43ページ］との見解を述べているが、その根拠は挙げていない。

　1820年12月にアルタリアに750グルデン・ヴィーン価の前借りと150グルデン約定価（375グルデン・ヴィーン価）の借用を申し入れたことは前述したが、アルタリア社からの出版は1819年2月（Op.104）と9月（Op.105およびOp.106）が最後となった（結果的に）ので、前借りではなく、1125グルデン・ヴィーン価の借金をしたということであろう。

　最後の借金は再び末弟からであった。1822年夏/秋にヨハンからの借金が約100ドゥカーテン［450グルデン約定価、1125グルデン・ヴィーン価］に上り、その代償に作品（Op.121b, Op.122, Op.124, Op.126, Op.128）の所有権を提供したことについては第36章4で詳しく述べた。

　他人に金を借りるというのは、一概には言えないとしても、基本的には、支払いに窮してのことであり、入金の予定があっても先方の事情で支払いが遅延しているなど、ベートーヴェンの資金繰りが不調の証拠と考えてよい。メルツェルからの50ドゥカーテンを別にすると、借金はその都度、1000グルデン・ヴィーン価（100万円）を超えるもので、これは支払資金が底を突いた指標となる。死去したときの現金が未収分を含めて、年金1年分ほどであったことは、病床がさらに長く続けばいずれ遺贈引当金に手を付けなければならない、というレヴェルにあったことを示している。

14 ｜ 1820年代の出版収入

　1822年に最後の資金繰り困難があったことを確認した。それに対して収入はどうなっていき、最後に年金1年分の留保との結末を迎えたのか。1820年代の出版収入は、上記から抜き書きすることで、かなり正確に把握するこ

とができる。一覧表にする。付言すれば、報酬の受領がすべて文書的に確認できるわけではないが、遺産目録にある"未収金"リストには出版社の未払金は見当たらず、また死ぬ間際まで催促状を発送したガリツィン問題のような形跡もないので、すべて生前に入金されたと思われる。

Op.104	リースを通じて、ラヴェヌ社	
Op.106	同　ザ・リージェント・ハーモニック・インスティテューション社	
	以上、合わせて送金	234 グルデン約定価
Op.107	ジムロック社	315 グルデン約定価
Op.108〜111	シュレジンガー社	675 グルデン約定価
Op.121b, Op.122, Op.124, Op.126, Op.128		
	ショット社	585 グルデン約定価
Op.123	ショット社	1000 グルデン約定価
Op.125	ショット社	600 グルデン約定価
Op.127	ショット社	225 グルデン約定価
Op.130	シュレジンガー社	360 グルデン約定価
Op.130	M. アルタリア社	360 グルデン約定価
Op.131	ショット社	360 グルデン約定価
Op.132	シュレジンガー社	360 グルデン約定価
Op.134	M. アルタリア社	54 グルデン約定価
Op.135	シュレジンガー社	360 グルデン約定価
	小計	5488 グルデン約定価

その他に《ミサ・ソレムニス》の予約特別頒布筆写譜が50ドゥカーテン（225グルデン約定価）で10部の売れ行き［第7章22］　　　　　　2250 グルデン約定価

さらに、
ドレスデン王立劇場から《フィデリオ》筆写譜の引き合い　40ドゥカーテン［BGA 1681］
180 グルデン約定価

会話帖、1825年5月21日、カールによる記入
　「ライサー［引用者注：甥カールの監督者で、ベートーヴェン讃美者］が《ミサ・ソレムニス》を写させて欲しい、と。上演については何も言わなかった。彼はただ持っていたいだけ。彼はその出費をたいへん喜んでいます。220グルデン約定価、550グルデン・ヴィーン価。あなたには十分な額ですね。」
これを含めると、　　　　　　　　　　　220 グルデン約定価

　　　　　　　　　　以上の総計は、　　8008 グルデン約定価

1グルデン約定価を約2500円と見積もると、約2000万円である。写譜と送料、およびベートーヴェンの点検作業を含めた経費が10%と見て約200万円、さらにシュタイナーへの借金返済3000グルデン・ヴィーン価（約300万円）があって、残るのは約1500万円。これを7年で割ると、出版収入からの支出可能額は年当り約215万円（2150グルデン・ヴィーン価）ということになる。

カールの年間経費はこうして捻出されたのであった。

出版作品一覧表

出版作品一覧表を提示するにあたって作成について留意した事項

　記載は出版年月の順とする。

　収録範囲は、生前にあっては、ベートーヴェンの出版活動が一望できるよう、基本的に、新カタログにおいて原版と認定された出版物に限定する。

　ただし、Op. 番号付けと No. 番号付けの推移や、版権のない編曲版（非真作）、原版に先行した版権のない初版（「初版」は原版ではないとの意）、1822 年以後に立ち現れる版権のないスコア譜出版など、この問題全体を理解するために必要な周辺の出版物についても、区別できる形で、掲載した。

　また、1811 ～ 12 年に出現する《オリーブ山のキリスト》Op.85 およびミサ曲 Op.86 の原版スコア譜出版と対照させるため、新カタログにおいて原版パート譜出版と 1822 年以後のスコア譜出版（版権の有無に拘わらず）が明示されている範囲で、それらを区別して記載した。これは没後についても継続した。

　作品番号継続を追跡するため、1838 年最後の作品番号 138 で《レオノーレ》序曲第 1 番のスコア譜パート譜が出版されるまで（Op.138 の初出は 1833 年）を収録範囲とし、これを死後出版と定義する。

　なお、死後出版において、作品番号が付されるか付されないかは偶然の結果と思われるので、この時期に初めて出版された作品はすべて掲載した。

凡 例

［出版年］	ca	頃
	/	または
［時季・月］	──	不明

［出版時番号］	***	番号なし
	（　）	再版時番号
	イタリック	手書き

［出版社］　　　原綴で簡略表示とする。

　　　　　　　　都市名は特別なケースのみ挙げる。

　　　　　　　　太字出版社名は原版出版に関して一定期間、重要な関係にあったもの。

略号	BM	Bureau de Musique
	BAI	Bureau des arts et d'industrie
	B&H	Breitkopf und Härtel
	H&K	Hoffmeister und Kühnel
	Mv	Musikverlag

　　　　　　　　雑誌等の付録は「付録」とし、場合によって出版社、都市、書籍を並記。

［Op./WoO］　　新カタログにおける登録番号

［Op. 認証 /　　当該 Op. 番号が認証された（当該 Op. 番号の初出ではない）文献略号。
以前番号］　　　認証以前の文献における番号。

　　　　　　　　(1819 年［A, B］、1837 年［C］、1851 年、1865 年)

出版作品一覧表

文献略号［A, B, C は 158 ページの略号と共通］

A	Domenico Artaria: Catalogue des Oeuvre de Louis van Beethoven qui se trouvent chez Artaria & Compag ... ［アルタリア社 Op.106 出版譜第 2 刷付録］（1819）
@	同上の作成のために同社が問い合わせた 1819 年 7 月 24 日付書簡［BGA 1317］において、「欠けている番号」および「作品番号を持っていない」とされている作品（A においてすでに訂正されたものを除く）
B	Friedrich Hofmeister: Thematisches Verzeichnis von Beethovens Composition für Instrumentalmusik（1819）
C	Artarias Oeuvre-Katalog 改訂版［Opus 106 再版時の付録］（1837）
1851	［Breitkopf & Härtel 責任表示なし］Thematisches Verzeichniss-sämmtlicher im Druck erschienenen Werke von Beethoven
1865	Thayer: Chronologisches Verzeichnis der Werke Beethovens Thematisches Verzeichnis der im Druck erschienen Werke von Ludwig van Beethoven.

［ジャンル］　楽器等簡略表示

略号	Pf	ピアノ	Pf4H	ピアノ 4 手（連弾）
	Vn	ヴァイオリン	Vc	チェロ
	Fl	フルート	Orch	オーケストラ
	StQua	弦楽四重奏曲	StQui	弦楽五重奏曲
	Sy	シンフォニー	Conc	コンチェルト

原曲（編）- 編曲　（編）の前に原曲［ジャンル簡略表示または
　　　　　Op. 番号を記載］
　　　　　（編）の後に - 付きで編曲稿を示す
　　　　　特記以外はベートーヴェン自身による編曲

［時間差年］　作曲完了から出版までの隔たり
　　　　　1 年以内を 0 として、おおよその推定年数
　　　　　入稿直前の最終的な手直しは除く（それを考慮すると、原理的にほとんどの作品が 0 となるため）

［コメント］　各出版社との関係、作品番号混乱期、出版企画等
　　　　　略号　B　　ベートーヴェン

その他　　　アミカケ(4段階)はとくに留意すべき欄

1189

出版年	時季・月	出版時番号 (再版時番号)	出版社	Op./WoO	Op. 認証 / 以前番号	ジャンル (簡略表示)	時間差年	コメント

ボン時代

1782	―	***	@ Götz	WoO 63			0	
1783	秋	***	Bossler	WoO 47			0	
	10/11 月	***	Bossler	WoO 107			0	
	10/11 月	***	Bossler	WoO 48			0	
1784	2 月	***	Bossler	WoO 49			0	
	9 月	***	Bossler	WoO 108			1	
1791	8 月	***	Götz	WoO 65			0	

ヴィーン時代

1793	7 月	Op.1 (No.1)	Artaria	WoO 40		Vn+Pf変奏曲	0	Artaria ほぼ独占状態
	8 月	***	Simrock	WoO 66			1	
1794	8/9 月	***	@ Simrock	WoO 67		Pf4H変奏曲	2	
1795	7 月	Op.1	Artaria	Op.1			0	
	12 月	***	@ Artaria	WoO 8		Orch舞曲 (編)-Pf	0	
	12 月	***	@ Artaria	WoO 7		Orch舞曲 (編)-Pf	0	
	12 月	Op.2 (No.2)	Traeg	WoO 69		Pf変奏曲	0	Traegとの関わり 始まる
1796	2 月	No.3	Artaria	WoO 68		Pf変奏曲	0	
	3 月	Op.3 (No.3)	Traeg	WoO 70		Pf変奏曲	0	
	3 月	Op.2	Artaria	Op.2			0	
	3 月	***	Artaria	WoO 10		Orch舞曲 (編)-Pf	0	
	春?	Op.3	Artaria	Op.3			0	
	春?	Op.4	Artaria	Op.4		StQui パート譜	0	
	11 月	***	Artaria	WoO 121			0	
1797	2 月	Op.5	Artaria	Op.5			0	
	2 月	***	@ Artaria	"Op.46"	A: Op.46 B: Op.48	歌曲	0	
	4 月	No.4	Artaria	WoO 71		Pf変奏曲	0	
	4 月	***	Artaria	WoO 122			0	
	夏 / 秋	No.5	Artaria	WoO 45		Vc+Pf変奏曲	0	

出版作品一覧表

	月	No./Op	出版社	Op./WoO	1851	説明	数	備考
(1797)	10月	***	@ **Artaria**	"Op.51-1"	1851/ C: No.1	Pfロンド	?	
	10月?	Op.6	**Artaria**	Op.6		Pf4Hソナタ	0	
	10月	Op.7	**Artaria**	Op.7			0	
	10月	Op.8	**Artaria**	Op.8			0	
ca1798	—	No.6 (No.12)	**Simrock** Cappi(1803)	WoO 64		Cappiは続版	6	
1798	7月	Op.9	Traeg	Op.9			0	Wienの他社とも
	9月	No.6	@ Traeg	"Op.66"	1851/ C: No.6 Op.66 二重登録	Vc+Pf変奏曲	2	
	9月	Op.10	Eder	Op.10			0	
	10月	Op.11	Mollo	Op.11			0	
	11月	No.7	Traeg	WoO 72		Pf変奏曲	0	
	12月	***	Traeg	WoO 7		(Orch) 手書き譜販売	3	
	12月	***	Traeg	WoO 8		(Orch) 手書き譜販売	3	
	12/1月	Op.12	**Artaria**	Op.12			0	
1799	2月末	No.8	**Artaria**	WoO 73		Pf変奏曲	0	
	春	***	**Artaria**	WoO 11		弦楽トリオ舞曲 (編)-Pf	0	
	秋	Op.13	Hoffmeister	Op.13			0	Hoffmeisterとの 関係始まる
	12月	No.10	Hoffmeister	WoO 76		Pf変奏曲	0	
	12月	No.9	Mollo	WoO 75		Pf変奏曲	0	しばらくMolloと
	12月	Op.14	Mollo	Op.14			0	
	12月	***	Broderip, London	WoO 125		英語歌曲	0	イギリス人に提供
1801	3月	Op.15	Mollo	Op.15		PfConc パート譜	0	
	3月	Op.16	Mollo	Op.16			4	
	3月	Op.17	Mollo	Op.17			0	
	6月	Op.24	Artaria	Op.43		プロメテウス全曲 (編)-Pf	0	Artariaとの 良好な関係終了
	6月頃	Op.18	Mollo	Op.18-1,2,3		StQua パート譜	1	
	8月	No.11	Traeg	WoO 77		Pf変奏曲	0	
	10月	Op.18	Mollo	Op.18-4,5,6		StQua パート譜	1	
	10月	Op.23	Mollo	Op.23/24		"2つのソナタ"	0	

出版年	時季・月	出版時番号	出版社	Op./WoO	Op.認証/以前番号	ジャンル	時間差年	コメント
(1801)	11月	Op.21	Hoffmeister, BM	Op.21		Sy.1　パート譜	1	ヴィーンHoffmeister, ライプツィヒBM本格稼働
	11/12月	Op.19	Hoffmeister, BM	Op.19		PfConc　パート譜	3	
1802	春	Op.*23*	Mollo	Op.23		Op.23の2曲が1曲ずつ Op.23とOp.24で再出版		作品番号混乱 第1次Op.23~24
	春	Op.*24*	Mollo	Op.24				
	春?	***	Mollo	WoO 46		Vc+Pf変奏曲	0	
	3月	Op.22	Hoffmeister, BM	Op.22			1	
	3月	Op.25	Cappi	Op.25			0	一時Cappiと
	3月	Op.26	Cappi	Op.26			0	
	3月	Op.27	Cappi	Op.27-1			0	
	3月	Op.27	Cappi	Op.27-2			0	
	4月	***	Mollo	WoO 14-1,4,7~10		Orch舞曲(編?)-Pf	0	
	6月	Op.20	H&K	Op.20		七重奏曲 パート譜	2	ヴィーンHoffmeister ライプツィヒ Hoffmeister & Kühnelと社名変更
	7/8月	Op.28	BAI	Op.28			0	BAIとの関係始まる
	8月?	***	BAI	Op.14-1		Pfソナタ(編)-StQua	0	
	9月	***	Artaria	WoO 15		弦楽トリオ舞曲 パート譜	0	
	9月	***	Artaria	WoO 15		弦楽トリオ舞曲(編)-Pf	0	
	9月	***	@ Artaria	"Op.51-2"	1851/ C: No.2	Pfロンド	0	
	12月	Op.29	@ B&H	Op.29	C: No.29	StQui パート譜	0	ライプツィヒから初名乗り
1802/03?		***	Mollo	WoO 14-1~12		Orch舞曲 パート譜	0	
1803	4月	*** Op.*31*-1,2 Op.29-*1,2*	Nägeli **Simrock** (1803秋) Cappi(1803)	Op.31-1,2	1851/ B: Op.31 C: Op.29		0	作品番号混乱 第2次Op.31~32 第1次時間差 多発出版 Op.31
	4月	Op.34	B&H	Op.34			0	

出版作品一覧表

(1803)	5月	Op.33	**BAI**	Op.33			0	
	5月	Op.30	**BAI**	Op.30-1			0	
	6月	Op.30	**BAI**	Op.30-2,3			0	
	6月	***	Traeg	WoO 123, 124			8	
	8月	Op.35	**B&H**	Op.35			0	B&H 第1次撤退
	夏	***	@ Mollo	"Op.48"	A: Op.48 B: Op.32	歌曲集	1	
	10月	***	@ Löschenkohl	"Op.88"	A: Op.88	歌曲	0	Hoffmeisterとの縁切りシリーズ
	12月	Op.39	H&K	Op.39		Pf 2つのプレリュード	14	
	12月	Op.40	H&K	Op.40		Vn+Orch ロマンス　パート譜	2	
	12月	Op.41	H&K	Op.41 編曲校閲		Op.25 (編)-Fl+Pf	非真作	
1804	1月	Op.44	H&K	Op.44		Pfトリオ変奏曲	12	
	2月頃	Op.42	H&K	Op.42 編曲校閲		Op.8 (編)-Fl+Pf	非真作	
	2月頃	Op.43	H&K	Op.43		プロメテウス,序曲 パート譜	3	
	3月	Op.36	**BAI**	Op.36		Sy.2　パート譜	2	BAIとの関係本格化
	3月	Op.45	**BAI**	Op.45		Pf4H行進曲集	0	
	3月	No.24	**BAI**	WoO 129		歌曲	0	
	3月	No.25 *** ***	**BAI** Preston (1804以後) *Clementi* (1804)	WoO 78		Pf変奏曲 イギリス国歌主題 Clementiは続版	0	第2次時間差多発出版 WoO 78, 79
	6月	No.26 ***	**BAI** Preston (1805以後)	WoO 79		Pf変奏曲 イギリス国歌主題	0	
	秋	Op.37	**BAI**	Op.37		PfConc パート譜	1	
	11月	*** Op.31-3 Op.29-3	Nägeli **Simrock** (1807?) *Cappi* (1804/05)	Op.31-3	1851/ A: Op.33 C: Op.29-3		1	
1805	1月	Op.38	**BAI**	Op.38		Op.20 (編)-Pfトリオ	2	作品番号混乱第3次 Op.46~52
	1月	No.27	**BAI**	WoO 74		Pf4H変奏曲	1	

1193

出版年	時季・月	出版時番号	出版社	Op./WoO	Op.認証/以前番号	ジャンル	時間差年	コメント
(1805)	1月	Op.49	**BAI**	Op.49			8	
	1月	No.28	**BAI**	WoO 82			?	
	1月	***	@ **BAI**	WoO 55	A: Op.71	Pfプレリュード	2~12	1805年公告でNo.29
	4月	Op.47	**Simrock,** Bonn/Paris Birchall(5月)	Op.47			2	**第3次時間差多発出版 Op.47**
	5月	Op.50	**BAI**	Op.50		Vn+Orchロマンス パート譜	7	BAIついに独占
	5月	Op.53	**BAI**	Op.53			0	
	6月	Op.52	**BAI**	Op.52		歌曲集	10	
	7月	***	@ **H&K**	"Op.65"	A: Op.65 B: Op.46	ソプラノ+Orch パート譜 (編)-Pf伴奏	9	H&K最後の怪しい出版物
	9月	No.32	**BAI**	"Op.32"	A: Op.32	歌曲	0	
	9月?	No.35	**BAI**	WoO 57			1	
	—	***	**Simrock**	WoO 117 第2稿		斉唱曲(別歌詞で)第1稿非出版	10	
1806	4月	Op.54	**BAI**	Op.54			2	Artaria最後の怪しい一連の出版物
	4月	***	@ **Artaria**	"Op.87"	A: Op.29 B: Op.87	オーボエ・トリオ	11	
	7月	***	**Artaria**	"Op.63" 他者編曲	A: Op.63	Op.4 (編)-Pfトリオ	非真作	
	中頃	***	**BAI**	Op.36 編曲校閲?		Sy.2 (編)-Pfトリオ	?	
	10月	Op.55	**BAI**	Op.55		Sy.3 パート譜	2	
1807	2月	Op.57	**BAI**	Op.57			0	1807年4月20日 Clementiと出版契約
	4月	No.36	**BAI**	WoO 80			0	
	5月	No.64	**Artaria**	"Op.64" 他者編曲	A: Op.64	Op.3 (編)Vc+Pf	非真作	Artaria最後の怪しい一連の出版物
	6/7月	Op.56	**BAI**	Op.56		トリプルConc パート譜	1	
	—	***	**Cappi**	Op.72-3, 9 第1稿 Op.72-3 第2稿		フィデリオ (編)-Pf 初版	1	原稿漏出?

年	月		出版社				備考
1807/08	—	Op.62	BAI Simrock (1808.4月?)	Op.62		0	第4次時間差多発出版(本格的) Op.58~62
1808	1月	Op.59	BAI Simrock (1808.4月?) Clementi (1809頃)	Op.59	StQua パート譜	1	
	初	***	Mollo	WoO 133 第2稿	イタリア語歌曲 第1稿非出版	0	原稿漏出?
	初	***	Simrock	WoO 41	Vn+Pfロンド	15	
	4月	***	Simrock	WoO 127, 126, 117	歌曲集"3つのドイツの歌" (WoO 117は斉唱曲[本来の歌詞で]第1稿非出版)	9~13	
	4月	***	付録[Wien]	WoO 134-1	(全曲は1810,5月)	0	
	8月	Op.58	BAI	Op.58	PfConc パート譜	2	1808年9月14日 B&Hと出版契約
	8月	Op.61	BAI Clementi (1810.8/9月)	Op.61 Pf-Conc		2	
1808/09	—	Op.60	BAI	Op.60	Sy.4 パート譜	2	
1809	初	Op.61	BAI Clementi (1810.8/9月)	Op.61 Vn-Conc		2	BAIとの関係終わる / 作品番号混乱 第4次 Op.63~66 欠番
	4月	Op.69	B&H	Op.69		0	Bの指示はOp.59 作品番号混乱 第5次 Op.67~72
	4月	Op.67	B&H	Op.67	Sy.5 パート譜	0	
	5月	Op.68	B&H	Op.68	Sy.6 パート譜	0	
	7月	Op.70-1	B&H Artaria (1810.3月)	Op.70-1		0	第5次時間差多発出版 Op.70
	8月	Op.70-2	B&H Artaria (1810.3月)	Op.70-2		0	B&Hとの蜜月
	11月	***	付録[B&H]	WoO 132		3	
1810	2月	***	B&H @ Clementi (1810.10月)	WoO 137		0	第6次時間差多発出版 WoO 136, 137, 139 Op.73~82

出版年	時季・月	出版時番号	出版社	Op./WoO	Op. 認証/以前番号	ジャンル	時間差年	コメント
(1810)	3月	***	**B&H** @ **Clementi** (1810.8月)	WoO 136	A: Op.72 C: Op.72		1	Artariaとの関係 徐々に再開
	春/前半	Op.81	**Simrock**	"Op.81b"	1851/ A: No.81		15	1810年4月 Clementiと 第2次出版契約
	4月	***	@ **B&H**	"Op.71"	1851/ A: Op.51		13	
	5月	***	**BAI**	WoO 134		歌曲集	0	
	7月	***	**Artaria**	WoO 137, 139, 138, Op.75-5,6		ライシッヒの詩に よる18の歌曲集 第1, 6, 9, 16,17番	0	
	7月	***	@ **B&H**	Op.72 第2稿	1865/ A: 空欄 B: Op.88	レオノーレ, 序曲 第3番 パート譜	4	B&H問合せ返 答なし Op.72は 1865まで空白
	8月	***	@ **B&H**	Op.72 第2稿	1865 A: 空欄 B: Op.88	レオノーレ, ほぼ全曲 (C.Czerny編)-Pf	4	
	8〜10月	*** Op.75	**Clementi** @ **B&H** (1810.12月)	Op.75		歌曲集	0	
	8月	*** Op.76 Op.76	**Clementi B&H** (1810.11月頃) **Artaria** (1810.12/1月)	Op.76			0	
	8月	*** Op.77 Op.77	**Clementi B&H** (1810.11月頃) **Artaria** (1810.12/1月)	Op.77			0	
	8月	Op.63-1 Op.78 Op.78	**Clementi B&H** (1810.11月頃) **Artaria** (1810.12月)	Op.78			0	
	8月	Op.63-2 Op.79 Op.79	**Clementi B&H** (1810.11月頃) **Artaria** (1810.12月)	Op.79			0	

出版作品一覧表

(1810)	9月	Op.62 Op.74	Clementi B&H (1810.11月頃)	Op.74		StQua パート譜	0	
		Op.74	Artaria (1810.12月)					
	10月	Op.65 Op.80	Clementi B&H (1811.7月)	Op.80			0	
	10月	***	Clementi	WoO 139			0	
	10月	***	付録 [B&H]	Op.75-4			0	
	11月	Op.64 Op.73	Clementi B&H (1811.2月)	Op.73		PfConc パート譜	1	
	12月頃	Op.84	B&H	Op.84		エグモント, 序曲 パート譜	0	
181011	—	***	Chemische Druckerei	WoO 18, 19		管楽軍楽行進曲	0	Steiner の前身
1811	1月	*** Op.81	Clementi B&H (1811.7月)	"Op.81a"	1851/ A: Op.81		0	
		Op.81	Artaria (1811.9月)					
	2月	*** Op.82	Clementi @ B&H (1811.3月頃)	Op.82			1	大規模時間差 多発出版終了
	2月頃	Op.84	B&H	Op.84		エグモント, 序曲 (編)-Pf	0	
	10月	Op.85	B&H	Op.85		オリーブ山 スコア譜 (編)-Pf伴奏	2	
	11月頃	Op.83	@ B&H	Op.83			1	
1812	1月頃	Op.84	B&H	Op.84		エグモント, 歌と幕 間音楽 パート譜	1	
	5月頃	Op.84	B&H	Op.84		エグモント, 歌と幕 間音楽 (編)-Pf	1	B&H 第2次撤退
	9月頃	Op.86	B&H	Op.86		ミサ曲 スコア譜	2	
1813	—	Op.63	Hoftheater- Mv	WoO 2a		タルペヤ行進曲 (編?)-Pf 初版	0	出版活動停止期 (1815年6月
	年末	***	付録[Wien]	WoO 142		チェンバロ伴奏歌曲	0	まで)
1814	3月	***	Preston/ Thomson	WoO 152		(Irish Airs) Vol.1	1	
	6月	Op.179	@ Hoftheater- Mv	WoO 94		よい知らせ, 終曲 (編)-Pf	0	

1197

出版年	時季・月	出版時番号	出版社	Op./WoO	Op. 認証 / 以前番号	ジャンル	時間差年	コメント
(1814)	7月	***	付録[Wien] **Simrock** (1816.12月)	WoO 140			2	
	7月	***	Maisch	WoO 42			18	
	7/8月	***	@ **Artaria**	Op.72 第3稿	1865/ A: 空欄 B: Op.88	フィデリオ, 全曲 (Moscheles編) -Pf伴奏	0	例外：フィデリオ 大々的出版 地元 Artaria が 引き受け
	8月	***	**Artaria**	Op.72 第3稿		フィデリオ, 序曲 (Moscheles編)-Pf	0	
	12月	***	**Artaria**	Op.72 第3稿		フィデリオ, 序曲 (Hummel編)-Pf4H	0	
	12月	***	**Artaria**	Op.72 第3稿		フィデリオ, 全曲 (Moscheles編)-Pf [歌唱声部なし]	0	
	12月	***	**Artaria**	Op.72 第3稿		フィデリオ, 11曲 (Sedlak編) -9管楽器	0	
1815	2月	***	@ Mechetti	"Op.89"	A: Op.89 B: 空欄	Pfポロネーズ	0	作品番号混乱 第6次 Op.87~89
	6月	***	Mechetti	WoO 143			0	
	6月	Op.90	**Steiner**［ライセンス出版］ **B&H** **Simrock**	Op.90			0	Steiner との蜜月
	7月	***	@ **Steiner**	WoO 97	A: Op72	凱旋門, 終曲 (編)-Pf伴奏	0	
	年末	***	付録[Wien]	WoO 144			0	
1816	1月	***	**Birchall**	Op.91		ウェリントンの勝利 (編)-Pf	2	第7次時間差 多発出版 Op.91~92, 96~97
	2月	Op.91	**Steiner**, その他7社 各国販売店	Op.91		ウェリントンの勝利 スコア譜パート譜 ほか6種	2	第1次国際出版 **Op.91~93, 95**
	2月	***	付録 [Wien] **Simrock** (1816.12月)	WoO 145			0	
	4月	Op.94	**Steiner**	Op.94			0	

(1816)	5月	***	@ 付録[Wien]	WoO 165	カノン	1	
	5月	***	Preston/Thomson	WoO 153	(Irish Airs)Vol.2	1	
	6月	***	**Artaria**	WoO 146	3人歌曲集の1	0	
	7月	Op.96	**Steiner Birchall** (10/11月)	Op.96		3	
	9月	Op.100	**Steiner**	Op.100		1	
	9月?	Op.97	**Steiner Birchall** (12月)	Op.97		5	
	10月	Op.98	**Steiner**	Op.98	歌曲集	0	
	11月	Op.99	**Steiner**	Op.99		1	
	11月	Op.92	**Steiner,** その他8社 各国販売店	Op.92	Sy.7 スコア譜 パート譜ほか6種	3	シンフォニー スコア出版の開始
	12月	Op.95	**Steiner,** その他8社 各国販売店	Op.95	StQua パート譜	6	
1817	1月	Op.98	**Birchall**	Op.92	Sy.7(編)-Pf	4	
	2月	***	付録[Wien] **Simrock** (1817)	WoO 148		0	
	2月	Op.101	**Steiner**	Op.101		0	
	3月	***	付録 [Wien]	WoO 168-1	カノン [WoO 168-2の出版は旧全集]	1	
	復活祭?	Op.93	**Steiner,** その他8社 各国販売店	Op.93	Sy.8 スコア譜 パート譜ほか6種	4	
	5月	***	Preston/Thomson	WoO 155	(Welsh Airs)Vol.3	2	
	6月	***	付録[Wien]	WoO 147		0	
	—	Op.102	**Simrock Artaria** (1819.1月)	Op.102		1	Bの指示はOp.101 **第8次時間差 多発出版 Op.102**
1818	3月	***	付録 [Wien]	WoO 149		0	
	8月	***	Preston: Thomson	Op.108	(Scottish Airs)	0	

出版年	時季・月	出版時番号	出版社	Op./WoO	Op.認証/以前番号	ジャンル	時間差年	コメント
1819	2月	*** *** Op.104	**Artaria** Lavenu (1819?) **Artaria** (ca1820)	Op.104		PfTrio (編)-StQui	1	作品番号混乱 第7次 Op.102~104 Op.103欠番 Op.104は再々版 時
	5月	***	Preston: Thomson	Op.105 Op.107- 2,6,7		(National Airs)	0	
	9月	Op.105	**Artaria,** その他 13 社 各国販売店	Op.105		Fl/Vn+Pf変奏曲	0	**第9次時間差 多発出版** Op.104, Op.106
	9月	Op.106 ***	**Artaria,** その他 13 社 各国販売店 Regent H.(1819.12月)	Op.106	Artaria 作品番号一覧の添付を目指し 欠落番号と番号なし作品 (@)の指摘		0	**第10次時間差 多発出版** Op.105, Op.107, Op.108 (Thomsonと 独社) **第2次国際出版 Op.105, 106**
	12月	***	**Steiner**	WoO 200		4小節カノン/ 変奏付き	1	4社入り乱れての 時期
1820	3月末	***	付録 ［Wien］	WoO 150			0	
	8/9月	Op.*107*	**Simrock**	Op.107		Fl/Vn+Pf変奏曲	1	Simrock問合せ 返答なし 作品番号混乱 第8次 Op.107~108
1821	6月	***	Bermann	Op.119- 7~11		シュタルケ篇: 24人の作曲家による ピアノ曲集に所収	0	
	9月	Op.109	**Schlesinger,** Berlin その他 3 社 **Schlesinger,** Paris, その他 4 社 (1822.初)	Op.109			0	**第3次国際出版 Op.109~111**
1822	2月	***	@ **B&H**	Op.72 第 3 稿		フィデリオ, 序曲 パート譜	7	

(1822)	春	Op.21	**Simrock**	Op.21		Sy.1 スコア譜		以前のシンフォニー
	春	Op.36	**Simrock**	Op.36		Sy.2 スコア譜		スコア出版開始
	—	Op.55	**Simrock**	Op.55		Sy.3 スコア譜		
	5月	***	Preston/ Thomson	WoO 156: 16, 19		Select Melodies of Scotland	3	
	5月?	Op.*112*	**Steiner**	Op.112		海の凪 スコア譜パート譜 (編)-Pf伴奏付声楽 パート譜	6	作品番号混乱 第9次 Op.112~119
	7月	Op.108	**Schlesinger**	Op.108		(Scottish Airs)	1	Bの指示は Op.107
	7月以後	Op.110	**Schlesinger, Paris** その他5社 **Cappi** (1822.9月?) **Clementi** (1823)	Op.110			0	**第11次時間差 多発出版** Op.110, 111
	10月	Op.114	**Steiner**	Op.114		アテネの廃墟, 行進曲と合唱 (編)-Pf, Pf4H	11	
1823	2月	Op.113	**Steiner**	Op.113		アテネの廃墟, 序曲 スコア譜パート譜 (編)-Pf, Pf4H	12	
	4月?	Op.111	**Schlesinger, Paris** その他4社 **Clementi** (1823.4月) **Schlesinger, Berlin** (1823.5月?)	Op.111			0	
	6月	Op.120	Cappi & Diabelli	Op.120		Pf変奏曲	0	
	6月	***	付録[Wien]	WoO 185		カノン	0	
	6月	***	**Clementi**	"Op.119"	1851/ C: 空欄	Pfバガテル	0	
	—	Op.60	**Simrock**	Op.60		Sy.4 スコア譜		
1824	5月	Op.121 ***	**Steiner** Chappell (1824初夏)	"Op.121a"	1851/ C: No.121	Pfトリオ変奏曲	8	**第12次時間差 多発出版** Op."121a"

出版年	時季・月	出版時番号	出版社	Op./WoO	Op. 認証 / 以前番号	ジャンル	時間差年	コメント
(1824)	12月	***	付録 [Schlesinger]	WoO 60			6	
	12月	***	ミュラー自家 出版 ワルツ集	WoO 84			0	
1825	4月	Op.115	Steiner	Op.115		聖名祝日 スコア譜パート譜 (編)-Pf, Pf4H	10	最後に信頼を 勝ち得たのは Schott Op.121~127, 131
	4月	***	付録[Schott]	WoO 180		カノン	5	
	4月	***	付録[Schott]	WoO 187		カノン	0	
	4月	Op.126	Schott	Op.126		Pfバガテル	1	
	6月	***	Preston/ Thomson	WoO 156: 8~10, 12, 13, 17, WoO 157: 4		トムソンの撰集 第6巻	2	
	春	Op.121	Schott	Op.128	C: Op.128	歌曲	2	作品番号混乱 第10次 番号誤 指示により Op.121, 128
	7月	Op.121	Schott	"Op.121b"	1851/ C: Op.121	オーケストラ合唱 伴奏歌曲 スコア譜パート譜 (編)-Pf伴奏	0	
	7月	Op.122	Schott	Op.122		管楽合唱伴奏歌曲 スコア譜パート譜 (編)-Pf伴奏	0	
	12月	Op.124	Schott	Op.124		献堂式, 序曲 スコア譜パート譜	3	
	12月	***	ミュラー 自家出版 ワルツ集 (寄稿)	WoO 85			0	
	12月	***	ミュラー 自家出版 ワルツ集 (寄稿)	WoO 86			0	
1826	2月	Op.116	Steiner	Op.116		オーケストラ伴奏 3重唱(編) チェンバロ伴奏	23	
	中頃	Op.116	Steiner	Op.116		オーケストラ伴奏 3重唱 パート譜	23	
	3月	Op.127	Schott, Paris/Mainz	Op.127		StQua パート譜	0	

出版作品一覧表

(1826)						
	3月	Op.67	**B&H**	Op.67	Sy.5　スコア譜	
	5月	Op.68	**B&H**	Op.68	Sy.6　スコア譜	
	6月	Op.127	**Schott,** Mainz	Op.127	StQua　スコア譜 (編)-Pf4H	0
	7月頃	Op.117	**Steiner**	Op.117	シュテファン王, 序曲 スコア譜パート譜	14
	8月以前	***	@ Farrenc, Paris	Op.72 第3稿	1865/ A: 空欄 B: Op.88	全曲　スコア譜	
	8月	Op.125	**Schott**	Op.125	Sy.9 スコア譜パート譜 (編)-Pf, Pf4H	2
	―	Op.114	**Steiner**	Op.114	アテネの廃墟, 行進曲と合唱 スコア譜パート譜	15

死後出版

出版年	時季・月	出版時番号	出版社	Op./WoO	Op. 認証/以前番号	ジャンル	時間差年	コメント
1827	3/4月	Op.123	**Schott**	Op.123		ミサ・ソレムニス スコア譜パート譜	4	関係は最晩年
	4月	***	Cappi & Czerny	WoO 24		管楽軍楽行進曲 (編)-Pf4H	10	
	5月	Op.130	Math. Artaria	Op.130		StQua スコア譜パート譜	0	
	5月	Op.130	**Schlesinger,** Paris	Op.130		StQua パート譜	0	
	5月	Op.131	**Schott**, Paris	Op.131		StQua パート譜	0	
	5月	Op.133	**Schlesinger,** Paris	Op.133		St-Qua大フーガ パート譜	1	
	5月	Op.133	Math. Artaria	Op.133		St-Qua大フーガ スコア譜パート譜	1	
	5月	Op.134	Math. Artaria	Op.134		Op.133 (編)-Pf4H	0	
	6月	***	**Haslinger**	WoO 30-1,3		ベートーヴェン 埋葬時の葬送歌	14	Steiner後継
	6月？	Op.131	**Schott,** Mainz	Op.131		StQua パート譜	0	
	8月	Op.118	**Haslinger**	Op.118		弦楽伴奏合唱曲 スコア譜パート譜	12	
	8月	Op.132	**Schlesinger,** Paris/Berlin	Op.132		StQua パート譜	2	
	8月	Op.135	**Schlesinger,** Paris	Op.135		StQua パート譜	0	
	夏	Op.137	**Haslinger**	Op.137		StQuiフーガ スコア譜パート譜 (編)-Pf, Pf4H	9	
	10月	Op.132	**Schlesinger,** Berlin	Op.132		StQua スコア譜	2	
	秋	Op.135	**Schlesinger,** Berlin	Op.135		StQua スコア譜パート譜	0	
	秋	Op.135	**Schlesinger,** Paris	Op.135		StQua スコア譜	0	
	12月	Op.86	**B&H**	Op.86		ミサ曲 (編)-Pf伴奏	20	

1828	1月	Op.posthuma	Diabelli	"Op.129"	C: Op.129	Pfロンド	32	作品番号混乱 第11次 誤指示の調製による Op.129
	1月	***	@ B&H	Op.72 第3稿		フィデリオ序曲 スコア譜		
	2月	Op.131	Schott, Mainz	Op.131		StQua　スコア譜	1	
	6月	***	@ B&H	Op.72 第2稿	1865/ A: 空欄 B: Op.88	レオノーレ序曲 第3番　スコア譜		
	7月以前	Op.20	Pleyel, Paris	Op.20		七重奏曲 スコア譜		
	11月	***	Artaria	WoO 36		最初期: ピアノ四重奏曲集	33	
	11月	Op.29	Schlesinger Berlin	Op.29		StQui　スコア譜		
	—	Op.132	Schlesinger Berlin	Op.132		StQua（編)-Pf4H	3	
	—	Op.135	Schlesinger Berlin	Op.135		StQua（編)-Pf4H	1	
	—	***	付録[Wien]	WoO 163		カノン	14	
1829	3月	***	Haslinger	WoO 30-2		ベートーヴェン 埋葬時の葬送歌	16	
	6月	***	Diabelli	WoO 6		Pfコンチェルト・ロンド 独奏パートのみ	34	
	秋	Op.4	André	Op.4		StQui　スコア譜		
	秋	Op.18	André	Op.18		StQua　スコア譜		
1830	9月	***	Diabelli	WoO 25		最初期: 管楽ロンディーノ	37	
	秋	***	@ Artaria	"Op.103"	1851/ C: 空欄	最初期: 管楽八重奏曲	37	
	11/12月	***	Dunst	WoO 51		2つのPf曲	32	
	—	***	Dunst	WoO 38		最初期: Pfトリオ	39	
	—	***	Dunst	WoO 39		Pfトリオ [単一楽章]	18	
1831	7月	Op.84	B&H	Op.84		エグモント全曲 スコア譜		
1832	7/8月	***	Artaria	WoO 3		祝賀メヌエット パート譜	9	

出版年	時季・月	出版時番号	出版社	Op./WoO	Op. 認証/以前番号	ジャンル	時間差年	コメント
(1832)	—	***	付録[ザイフリート著ベートーヴェンの学習]	WoO 159, 160-1,2, 191, 205c		カノン	37	
1833	10月	Op.138	**Haslinger**	"Op.138"		レオノーレ序曲第1番(編)-Pf, Pf4H	25	取り置きされた最後の番号
	11/12月	Op.74	André	Op.74		四重奏曲スコア譜		
1834	—	Op.15	Dunst	Op.15		Pf-Conc　スコア譜		
	—	Op.19	Dunst	Op.19		Pf-Conc　スコア譜		
ca1835	—	Op.37	Dunst	Op.37		Pf-Conc　スコア譜		
1835	秋	***	**Haslinger**	"Op.136"	1851/ C: 空欄	栄光の時スコア譜豪華版	20	作品番号混乱第12次死後に発生 Op.136
1836	1月	***	雑誌付録	WoO 58-1		Mozart, KV 466 カデンツァ	27	
	—	Op.56	Dunst	Op.56		トリプルConc スコア譜		
1837	4月	***	Diabelli	WoO 118, 135		歌曲	41, 22	
	8月以前	***	**Haslinger**	"Op.136"	1851/ C: 空欄	栄光の時スコア譜普及版		
	8月以前	***	**Haslinger**	"Op.136"	1851/ C: 空欄	栄光の時(新版"芸術の賛美")スコア譜パート譜声楽パート譜(編)ピアノ伴奏版, Pf, Pf4H		
1838	4月	***	Diabelli	WoO 62		StQua (編)-Pf, Pf4H 24小節の未完作品	12	
	春	Op.138	**Haslinger**	"Op.138"		レオノーレ序曲第1番スコア譜パート譜		

索 引

ベートーヴェン像

作品

人名

一般事項

キーワード

各索引の特記事項は当該欄の冒頭に記す
1字下げは関連項目及び発展項目

〈 〉〈 〉…………………………………音楽作品

「 」………………………文学作品・台本・著書等

（ ）［ ］………………………………補記・注記

→………………………………………他項目を参照

⇒………………………………………他項目も参照

ベートーヴェン像
Leben und Werk

略号＝Ｂ像

Leben
（生涯・人生）

学習

····課題実施・レッスン（対位法・声楽法等）　302-03, 332, 335, 341-42, 347, 357, 362, 368, 377, 381, 384-85, 396, 401, 436, 438, 440, 442, 480-84

ネーフェの課題・指導　289, 294-98, 317, 321, 332, 334-35, 342, 396, 752

オペラ公演の環境　54, 287, 294, 324-29, 333, 438, 480, 482

修練（精進）

少年期の作品出版　78-82, 96, 108, 177, 294-95

オルガニストとして　289-91, 301, 304, 317, 321, 333, 351, 354

ボン宮廷楽団の楽師として　109, 294, 377, 1136

オペラ公演参加　294, 333-34, 438

イタリア・オペラ作曲　54, 362, 438, 480, 482-84, 680

アリアを書く　342, 347-48, 430, 435-40, 485

《十字架上の最後の七言》体験　311-12, 315, 548

謝恩

ネーフェ　354

ケルン選帝侯　241, 463, 477

リヒノフスキー侯　111, 227, 236, 241, 267, 456-57, 463, 505

リヒノフスキー伯　247

ハイドン　227, 237, 241, 268

スヴィーテン男　242, 463

シュトゥッターハイム男　265, 1138

シュミット博士　91, 100, 496, 505-06, 510

年齢問題　294-98, 318, 322, 751-53

1 歳若く　294-300, 318, 322, 751

2 歳若く　294-95, 318, 320, 504, 751-52

3 歳若く　504

ハイリゲンシュタット → 一般事項／[14]地名[2]

····の遺書　208, 488, 494, 500-07, 751, 812, 821

····での作曲　48-49, 90, 114, 507, 509-10, 512-13, 518-20, 534-35, 552, 567

····からの帰還（後）　48, 87, 90, 99, 188, 499, 518-19, 522, 534-35, 553, 567, 582, 755, 1179

療養　494, 507

恋愛・"婚活"　748-54, 756, 763

ヴィルマン、マグダレーナ　308-09

グィッチアルディ伯女ユーリエ（ジュリエッタ）　243, 487

ケグレヴィチ伯女　238, 457

ゼーバルト、アマーリエ　816

ダイム、ヨゼフィーネ（ブルンスヴィク）　249-50, 269-70

ブルンスヴィク、テレーゼ　763, 818

マルファッティ、テレーゼ　227-28, 746, 749, 752-54, 763, 786

"不滅の恋人"　233, 250, 269, 309, 778, 789, 804, 806, 811-14, 818, 821, 836

　····の該当条件　812

　····候補探求　250, 811, 818

ブレンターノ、アントーニエ　272, 779, 789, 813 ⇒ ソロモン（メイナード・）

就職活動

カッセル宮廷楽長招聘（受諾）　378, 685, 697-98, 707, 709, 718, 722, 730, 733, 735, 750, 859, 1153, 1156

宮廷劇場専属オペラ作曲家への登用　485, 623, 657, 679-81, 698-99, 707-08, 726, 728, 1183

パリ進出（旅行）　37, 40, 42, 92, 245, 330, 378, 562-64, 567-69, 570-71, 574-76, 596, 602, 605, 607, 651

ロンドン進出（旅行）　261, 378, 640, 821, 836, 840, 847-51, 887, 942-50, 954-57

人物像　631, 817-18, 924

裏付けのある逸話　621, 634, 734-36

売筋作品（楽譜出版）への反発　983-84, 1083

言行不一致　156, 186, 516, 970

克己心（精進・意気）　352-53, 438, 441, 480-01

自由主義的態度　339, 577
信条(＝創作態度／「精神的制作物」)　18, 108, 223, 275,
　518, 978-79, 987-88, 1082-83, 1158
生活態度(「休養は皆無……睡眠以外には何もしらない」)　488
政治観　245, 1000, 1006-07
親ロシア観　245
誠実さ　634, 801, 856, 920
遊巡　189, 234, 242, 261, 266, 271, 460, 477, 482, 626,
　947-50, 964
読書　759, 822
肉親の情　499, 827
筆無精　473-74, 498

健康状態　28, 149, 316, 447, 476, 786, 825, 923, 925,
　947, 950, 966, 971, 974-75, 1036, 1099, 1102
耳疾(難聴)　50, 91, 378, 405, 446-50, 468-69, 473, 486,
　494, 496, 501-02, 601, 749-50, 786, 795, 836, 880,
　933, 992, 1011, 1076, 1137, 1151, 1183
　絶対的難聴　995
　補聴器　806, 820, 836, 849-50, 852, 856, 1058
　その他の疾病(下腹部疾患・黄疸・頭部疾患等)　146, 447-
　49, 641, 662, 786, 923-24, 963, 971-72, 974, 980,
　1087-88, 1090-91, 1098, 1127, 1138, 1151
病床　28, 466, 474, 554, 786, 924, 928, 943, 949, 955,
　1080, 1083, 1126-29, 1139, 1143, 1184

経済生活(生計・経済状態)　619, 663, 838, 885, 890,
　897, 988, 1137-86
「生活はペン(作曲のみ)で維持」　108, 138, 924, 935, 951,
　1136, 1151, 1157
「パンのための仕事」→ Leben と Werk の接点
経済的安定　474-75, 494, 507, 528, 742, 785-86
経済的苦境　619, 640, 657, 662, 698, 718, 782, 789,
　826, 838
貴族からの財政支援
　年金(固定収入・給与[Gehalt])　76, 138, 740, 754, 778,
　781, 844, 896, 971, 988-89, 1086, 1096, 1120,
　1136-37, 1151, 1153-54, 1159, 1183
　……支払いの実額イメージ　1153-55, 1157, 1159, 1177,
　1184
　リヒノフスキー侯　236, 377, 432-33, 468, 474, 494,
　528, 619, 623, 627, 663, 698, 707, 731, 784, 1032,
　1153, 1182
　3者年金(1809年、年金契約／ルドルフ大公、ロプコヴィッツ
　侯、キンスキー侯)　131, 137, 240, 252, 254-55, 274,
　378, 623, 643, 685, 688, 710, 718, 722-35, 737,

　741, 748, 753, 779, 781-85, 788, 790, 807, 811,
　824-26, 828, 859, 882-84, 890, 896, 917-18, 923,
　938, 945, 947, 983, 1146-47, 1149, 1153, 1159,
　1175-76, 1183
　インフレ・年金先行き不透明と民謡編曲の関係
　890
コンサート収益　172, 334, 404, 430, 445, 450, 820,
　859, 923, 935, 971, 1136-37, 1151-52 ⇒ コンサート
　活動
出版収入　76, 108, 227, 404, 570, 988, 1136-37, 1152,
　1159, 1160-80 ⇒ 楽譜出版
出版価格交渉 ⇒ 作品の各項
　シンフォニー　570, 950, 1162, 1165, 1177, 1179-80
　コンチェルト　570, 1162, 1165
　序曲　903-04, 1165
　弦楽四重奏曲　1077, 1165, 1180
　ソナタ　1161-62, 1166, 1177-79
　変奏曲　1165
　歌曲(集)　978, 1164, 1176
　小品類　149
　編曲もの　1162-63
　組み合わせ価格　51, 115-16, 118, 120, 123-26, 146,
　529, 574, 648, 675, 695, 697, 774, 785, 898, 903-04,
　913, 938, 983, 1162, 1164-65, 1167-71, 1177-78
借金
　……の分析　1182-86
　アルタリア社から　1149, 1184
　シャーデン男から　302, 309, 320
　シュタイナー社から(借金の形)　71, 131, 138, 203,
　790, 827, 885-86, 972, 1147, 1149-50, 1173-76,
　1183, 1186
　ブレンターノから　143, 789, 1183
　末弟ヨハンから　101, 151, 657, 663, 677, 1178, 1182,
　1184
　メルツェルから　838, 848, 1183
外貨払い　719, 742, 753, 785, 811, 897, 913, 1177
銀行株券購入　133, 1138, 1145-50, 1174
遺贈引当金　1147, 1182, 1184

住居・滞在地(近郊) ⇒ 一般事項／[14]地名[2]
　47, 49, 53, 91, 125, 232, 239, 258, 378, 432, 435, 446,
　471-72, 475-78, 484, 494-95, 497-98, 500, 509, 511-
　12, 518, 522, 524, 590, 597, 601-02, 641, 720, 722,
　727, 779, 784, 786, 798-800, 807-09, 813-16, 818,
　835, 924, 961, 996, 1010, 1079, 1098-99, 1100, 1121,
　1153, 1157

バッハ頌
「音楽の父」 489-91
「小川でなく大海」 490, 1122
「バッハ全集(旧)」 491, 698
スザンナ・バッハ募金 498

ロッシーニ観 1022(ベートーヴェン自身) 1072-74(周囲)

裁判
⋯⋯に見る当時のヴィーン社会のあり方 1014-15
アルタリア社(Op.29の版権) 89-93, 127, 171, 1160
著作権保護 94-95, 932-33
甥の後見権 28, 165, 378, 922-23, 927, 948, 967, 992, 996, 1000-01, 1009-14, 1112, 1147
年金 256, 623, 731-32, 753, 782, 784, 807, 824-26, 859, 881-86, 918, 921, 1014, 1146, 1153
メルツェル(Op.91の著作権) 834-36, 847-51, 939
ヨハンナの借金の保証人 827, 885
弁護士 → 人名／弁護士

筆跡 17, 33, 172, 228-30, 333, 444, 554, 799, 804, 968, 1000, 1010-11
⋯⋯鑑定 298, 572
⋯⋯研究 → 一般事項／[1]音楽史・音楽学

遺言と遺産
遺言(状) 508, 1138-39
遺書 208, 488, 494-97, 499, 500, 502-08, 511-12, 516, 523, 553, 555, 751, 812, 821 ⇒ ハイリゲンシュタット
遺作 → 楽譜出版／死後出版
遺品 207-09, 516, 600, 789, 812, 821, 1144
遺産 299, 504-05, 826, 1012, 1131, 1137, 1144-47, 1185 ⇒ 遺品
⋯⋯(遺品)競売 26, 28, 31, 165, 206, 208, 265-66, 299, 300, 336, 346, 1144
⋯⋯相続 508, 560
⋯⋯目録 31, 573, 631, 776, 827, 1144

書簡
⋯⋯の残存数(量) 59, 86, 114, 149, 242, 276, 473-75, 489, 495, 497, 891, 1105-06
⋯⋯の消失 6, 37, 85, 113, 124, 145, 201, 237, 254, 258, 263, 310, 354, 446, 470, 473-75, 489, 497, 695, 789, 824, 892-93, 895, 925, 950, 954, 973, 1087, 1089-90, 1099, 1131, 1139, 1141, 1161, 1167-70, 1172-73
代筆(者) 50, 86, 106, 205, 299, 1139
  末弟ヨハン 985
  甥カール 106, 1098-99, 1126, 1138, 1140, 1181
  オリヴァ 772, 799
  グライヒェンシュタイン 665
  シンドラー 106, 1064(会話帖),1067, 1126, 1139
  ヘリング 933, 935-36
口述筆記 106, 265, 985, 1067, 1085, 1098-99, 1138-40, 1142-43, 1155
書簡集(全集)[BGA] → 一般事項／[5]基礎研究
⋯⋯からの引用・言及箇所 → 別掲(1219-24)

会話帖
⋯⋯の改竄 → シンドラー
⋯⋯の残存 993-98
⋯⋯の消失 7, 992-94, 997-98
伝承経路 995, 1003-04
第1の管理者 7, 29, 1000, 1006, 1008
第2の管理者 7, 1000 ⇒ シンドラー
空白期間 993-95, 997, 1000, 1007-08, 1019, 1022, 1067
生前の破棄 1000, 1004-08
死後破棄と記入 1002-03, 1050, 1062 ⇒ シンドラー
遺す意思と消す意思 997-1004
会話帖(全集)[BKh] → 一般事項／[5]基礎研究
⋯⋯からの引用・言及箇所 → 別掲(1224-26)

"日記"(雑記帳) 820-22 ⇒ 一般事項／[5]基礎研究
⋯⋯からの引用・言及箇所 → 別掲(1226)

Leben と Werk の接点
「パンのための仕事」
141, 146, 708-09, 732, 754, 971-80, 981, 983-84, 987, 1024

Werk
（音楽家としての活動の全局面）

創作活動
‥‥としての楽譜出版　73-106
‥‥の完了と作曲の完了（＝原版出版）　53-55, 58-73, 76, 86-87, 120
　演奏可状態（事実上の完成）　52-53, 55-56, 58-59, 64-66, 70-73, 76, 133, 137, 410, 563, 568, 809
トータルな‥‥　73-106, 916, 986
作曲作業としての‥‥
　実質的創作期（＝集中的創作期）　20, 53-56, 106, 383, 439, 459, 478, 533, 648, 686, 708, 754, 756, 803, 913, 922, 980, 1024, 1082
　集中的・主たる取り組み［Hauptarbeit］　47, 53, 73, 271, 416, 645, 684, 686, 747, 758, 922, 927, 951, 960, 979, 1084
創作の作業スタイルの変化　819-20, 987
創作集中期と出版集中期の交代　747, 918, 922
創作活動全般の"停滞"　332, 925, 928
　"沈黙の年"　747
　"沈黙の1年"（1816年11月~17年10月）　946
　"沈黙の時代"（1813年4月末~7月末）（"休眠期"）説　747, 755, 916, 927-28, 951, 962
　"作曲休止期"　918
「教会音楽、シンフォニー、四重奏曲以外は書かない」 978-79, 1082-83　⇒　信条

創作物
「精神的制作物（Geistesprodukte）」として　18, 108, 223, 275, 987-88
「作品の完成」から「作品の完了」へ　43-56, 193
作品の社会化・出口　497, 742, 887, 916, 960, 986-87
作品の改訂（改訂作業）　35-36, 40, 47, 51, 53-54, 60, 62, 68-69, 72-73, 120, 130, 171, 186, 208, 216, 264, 337, 381, 399-401, 416, 441-42, 460, 474, 523, 530-33, 535-36, 549, 555, 581-82, 600, 609-10, 612-13, 616, 622, 634-35, 645, 771-73, 846, 858-64, 866-67, 870, 873-74, 881, 913, 916, 919, 977, 982, 1034-35, 1048, 1182
　改訂稿　36, 130, 214, 336, 399, 444, 455, 531, 610, 869-70, 874, 881, 919
　改訂版　217, 1073
　最終稿　52, 55, 66, 267, 336, 400, 439, 460, 474, 530, 532, 581, 586, 647, 670, 858, 874, 1062

編曲（稿・版）　→　編曲
台本（歌詞）への手入れ　533, 549, 554, 611, 704
セット意識　178, 396, 401-03, 409, 441, 460, 571, 634, 661, 687, 691
「大作品（größere Werke）」　525, 726-28, 732, 764, 769
プライヴェートな創作　76-80, 83, 229, 236, 258, 275, 755, 919, 922, 965
プライヴェート作品　77-78, 80, 83, 229, 258, 275, 775, 919, 922, 965　⇒　作品
遺作　→　死後出版
未完作品　33, 52, 79, 300, 335, 421, 634, 636, 710, 981　⇒　作品
非真作　88, 159-60, 166, 182, 220, 248　⇒　作品
偽作および疑わしい作品　78, 80, 97, 158, 166, 221　⇒　作品

作品番号
Op.＝作品番号［語義］　76, 168, 170, 213, 215
‥‥での出版対象作品　83-84
‥‥と WoO 番号　76-77, 129, 213
‥‥と No. 番号　87-88, 110-11, 154, 164, 167, 169, 185, 188-90, 409, 517
　後世の認識　110, 154, 156, 158, 168, 220, 942
No.＝作品番号［語義］　87-88, 110-11
WoO＝作品整理番号（Werke ohne Opuszahl 作品番号のない作品）［語義］　76
‥‥での出版対象作品　77-83
‥‥と No. 番号　111
派生番号（a&b）　83, 198
未完作品番号（Un vollendete Werke/ Unv）［語義］　33
非真正 Op. 番号（unechte Opuszahl/ " "付き表記）　10, 44, 97, 157［語義］, 158-61, 166, 198
作品番号
‥‥のコントロール　153-224, 410, 445, 499, 663, 710-11
‥‥の空白（欠番・欠落）　10, 34, 77, 85, 108, 144, 154, 157, 161, 165, 175-80, 192, 206, 209-12, 336, 418, 663, 685, 763, 771, 821, 1010
　空白番号の補充　77, 99, 418
　永久欠番　144, 199, 201, 203-04, 206
‥‥の混乱　71, 166, 168-69, 176, 201, 203, 211-12, 215, 403, 498, 518, 689
‥‥の指示・誤指示　154-56, 174, 179, 181, 186-89, 191-

94, 196-203, 211-12, 266, 714, 1079
‥‥の二重登録（カタログへの）　165
‥‥を二重に数える（Op.59~62）　192
‥‥を二重に番号付け（Op.113と114）　175, 214, 216
‥‥数字の手書き補充　140, 157, 160-61, 170, 174, 176-78, 182-83, 193, 904
‥‥のない作品　10, 76, 164-69, 175-76 ⇒ WoO番号
‥‥なしで出版　34, 38, 71, 76, 99, 100, 119, 127, 138, 143, 156-62, 164, 166-67, 169, 175-76, 179, 190, 196, 201, 206-09, 212-13, 215, 217, 223-24, 230, 237, 239, 243-44, 248, 267, 335, 410-11, 418, 422, 518, 672, 759, 764, 770, 949, 978
‥‥決定の主導権（裁量）　155, 181, 188, 191, 194, 201, 203, 207, 211, 234-35, 425
‥‥と編曲版の関係　217-24, 942
‥‥順と作曲順　71, 155, 173-74, 180, 191, 211, 714, 747
‥‥順と出版順　71, 88, 131, 156, 175, 567, 713
「作品1」　78, 88, 111, 169, 226-27, 236, 239, 241, 243, 245-49, 296, 354, 380-81, 385, 388-92, 396-97, 410, 430, 433-34, 456, 460, 639, 709

スケッチ
‥‥の3つの段階
　①楽想を書き付ける場（メモ・スケッチ）　33, 38-39, 41
　②楽想を発展させる実験場（構想［コンセプト］スケッチ）　33, 41
　③草稿を練る場（草稿［ドラフト］スケッチ）　33, 41
"楽想の貯蔵庫"・備忘録として　32-34, 41, 625, 760, 975
「同定できない」楽想（スケッチ）　41
デスク・スケッチ［サイズ大］　25, 28
ポケット・スケッチ［サイズ小］　25, 28, 803
　「Wien A 45」　33
　「アルタリア 205/2」（1811.08.~09.）　803
ルーズリーフ　27-28, 31, 33, 35-36, 230
スケッチ帖 ⇒ 一般事項／［5］基礎研究
‥‥の3つの層　25
　①原型スケッチ帖（＝年代設定可能）　25-26, 28, 30, 48
　　「フィッシュホーフ雑録」　27, 29, 33, 36, 230, 332-33, 399, 444, 821
　　「カフカ雑録」　27-29, 36, 230, 300, 332, 335, 348, 444, 795
　　「グラスニック 1」（1798夏/秋~99.02.頃）　26, 444
　　「グラスニック 2」（1799.02/03.~99晩夏）　26, 444
　　「ランツベルク 7」（1800夏/秋~01.03.頃）　48, 474, 486

「ケスラー」（1801.12.頃~02.07.頃）　25, 30, 35, 48-49, 494, 509, 512
「ヴィエルホルスキー」（1803秋~03.05.頃）　35, 54 509, 512, 518-19, 523, 525, 568
「ランツベルク 6（エロイカ）」（1803.06.頃~04.04.頃）　26, 36-40, 58, 90, 519, 530, 567-68, 597, 634 690
「メンデルスゾーン 15（レオノーレ）」（1804.04/05.~05.10.頃）　28, 30, 602, 653
「ミサ曲ハ長調」（1807.07.頃~07.08.頃）　30, 618, 641, 645, 804
「1807/08」（1807.09.頃~08.02.頃）　31
「パストラール」（1808.01.頃~08.09.頃）　30, 686, 710, 803
「グラスニック 3」（1808.12.頃~09.初）　693, 703
「ランツベルク 5」（1809.03.頃~09.10.頃）　703, 741-42, 760, 795
「ランツベルク 11」（1809/10冬~10.秋頃）　742, 762
「ペッター」（1811.09.頃~12.12.頃）　710, 802-03, 809-10, 815, 819-20, 830, 837
「デッサウアー」（1814.03.頃~14.09.頃）　871, 919
「メンデルスゾーン 6」（1814.09.頃~15.02.頃）　879
「シャイデ」（1815.03.頃~16.05.頃）　879
「ヴィトゲンシュタイン」（1819.04/05.~20.03/04.）
「アルタリア 197」（1820.05.頃~21.02/03頃）　837
「アルタリア 201」（1821.12.頃~22末/23初頃）　33
「ランツベルク 8-1」（1823.04.頃）
「ランツベルク 8-1」（1823.05.頃~24.06.頃）
「アルタリア 205/5」（1823.04/05.頃）　803, 1041
②再編合本スケッチ帖（＝年代設定不可能）　25-26, 28, 30-31, 49, 629, 635, 686, 795, 837, 870
「グラスニック 20a」　26, 603, 618
「グラスニック 20b」　26
「ランツベルク 9」　26, 870
「ランツベルク 10」　26, 31, 36, 48, 618, 629, 686, 690, 837
「ランツベルク 12」　31, 686, 795
③図書館再編合本スケッチ帖（＝年代設定不可能）　26
ベルリン国立図書館「ベートーヴェン 19e」（1814-15/1800「1800年夏」/1804）　26, 41, 58, 464, 634
大英図書館 Add. Ms. 29801　27, 795
大英図書館 Add. Ms. 29997（もうひとつの"カフカ雑録"）　26, 28
離散スケッチ帖　30-31, 49, 486, 802
「ザウアー」（1801.04.頃~01.11.頃）　49, 486
「1810/11」（1810末頃~11夏頃）　802

「海の凪」(1814.12.頃~15.02.頃) 881
消失スケッチ帖(スケッチ帖の欠損) 30-32, 411-42, 444, 519, 635
「ボルドリーニ」(1817秋~18.04.頃) 31

手書き楽譜(手稿譜)
自筆資料 26, 45
自筆譜 11, 25, 28-29, 31-32, 38, 51, 58, 60, 78-79, 89, 110, 226-29, 238, 253, 258, 265, 273, 299-300, 335-37, 348, 417, 426, 438, 440, 444, 447, 460, 462, 517, 559, 621-22, 631, 635, 648-49, 652, 671, 684, 693-94, 706, 712-14, 721, 749, 756, 760, 767, 775-76, 789, 791, 804, 809-10, 819, 821, 830, 835, 875, 912, 919-20, 922, 925, 1041, 1103
　スケッチ → スケッチ(帖)
　下書きの草稿 38, 65, 444
　書き下ろし原稿 32, 35-36, 38, 51, 64, 133, 440, 761, 771
　校閲(=自筆)筆写譜 11, 45, 51, 65-66, 68, 197, 221, 226, 230, 232, 260, 275, 299, 424, 427, 600, 609-10, 648, 653, 662, 665-66, 668, 712-14, 740-41, 772, 788, 830, 847, 852-53, 860, 863, 911-12, 972, 979
　筆写譜
　　コピスト 31, 60-61, 65, 67-69, 116, 226, 441, 468, 571, 573, 605, 621, 642, 653, 662, 686, 696, 712, 767, 769-70, 952, 1003, 1050, 1103 ⇒ 人名
　　浄書・清書(稿・譜) 32, 67, 444, 558-59, 571-74, 576, 632, 649, 917, 974, 979, 988-89, 1093
　　版下原稿 18, 31, 65, 67-68, 70, 73, 85, 117, 126, 152, 171-72, 198, 206, 424, 572, 631, 641, 648, 651-52, 666, 671, 743, 760, 767, 770, 776, 787-88, 982, 1079, 1182
　　予約特別頒布筆写譜 260, 263, 275-78, 872, 985-89
　　写譜経費・勘定書 67, 85, 275, 573, 630-31, 643-44, 797, 824, 843, 846, 871, 913, 935, 939, 989, 1047, 1054, 1058-59, 1171, 1181-82, 1186
被水による損傷 621-22, 651, 653
資料系統図(Stemma) 648, 671

出版楽譜
出版(楽)譜 10, 32, 51, 61, 65, 88, 142, 166, 170, 210, 213, 218, 226-27, 232-33, 244, 260-61, 266, 268, 272, 295, 330, 388, 456, 553, 561, 567, 590, 632, 671, 688, 700, 706, 713, 764, 779, 788, 920, 930, 932, 949
印刷(楽)譜 10, 18, 110, 126, 167-68, 188, 226, 231, 233, 295, 297, 561, 622, 668, 713, 715
彫版作業(=印刷プレートの版刻) 63, 69, 89-90, 109, 113, 121, 138, 155, 174, 176-77, 193, 265, 276, 295, 386-87, 458, 473, 497, 590, 622, 667-68, 670-72, 707, 753, 766-67, 772-73, 872, 902, 904, 907, 935, 985, 1077
訂正表(誤植の正誤表) 18, 62-63, 65, 76, 176, 264, 949
自家用本[Handexemplar] 231, 297
▪ 版[Ausgabe/Edition]
原版[Originalausgabe] 8-12, 34, 45-47, 52-53, 58, 63-64, 67, 69, 71-73, 82, 85, 89-95, 100, 103, 108, 111-13, 120, 125-29, 131, 135, 139, 142-43, 147-48, 157, 162, 167, 171, 177, 179-80, 184, 187-88, 190, 198, 200, 210, 212-13, 215, 217, 220, 227, 233, 250, 255-57, 264, 406, 411, 417, 422, 424, 427, 517, 526, 531, 536-37, 539-44, 546, 566, 628, 635, 641, 650, 652, 656, 658, 660, 667-68, 670-71, 675, 693-94, 712, 715-16, 761, 792, 831, 873, 894, 901, 910-11, 930, 932, 949, 957, 972, 978, 1159-60
　…の語義 45
　初版との相違 46, 82
初版[Erstausgabe/Erstdruck] 8, 10, 12, 34, 46, 51, 63, 71, 82-83, 109, 135, 139-40, 144, 157-60, 200, 216-17, 221, 224, 232, 249-50, 254, 264, 301, 403, 406, 441, 464, 531, 536, 539-44, 546, 561, 570, 628, 635, 641, 650, 652, 693-94, 712, 715-16, 761, 773, 1093, 1127
　作者非承認版 112
再版[Titelauflage](原版の) 11, 71, 83, 111, 151, 158, 164-65, 170, 174-75, 178, 200-01, 204, 206, 208, 908-10
　版権の継承 112-13, 121, 201
続版[Nachdruck]("海賊版") 11, 34, 93-94, 97, 99, 103, 111-16, 123, 126-27, 129, 151, 159, 164, 167, 174, 176-79, 181, 184, 188, 200, 426, 656, 668, 670, 675, 772-73, 932, 935, 957, 972, 978, 1160
編曲版 → 編曲

挑戦・課題 8, 283, 362, 396, 431, 458, 485, 619
自らに課した課題 342, 417, 431, 438-39, 442, 465, 482
未踏分野に挑戦 408, 450, 513
ヴィーン・バイエルン旅行 306, 314-17, 435
「世界半分を遍歴していた…」 450, 487
皇帝カンタータ 315, 339-46, 350-51, 548-50
弦楽四重奏曲 Op.18 418, 440-41

1213

シンフォニー　397, 430, 440-42, 684, 747
イタリア語歌詞付曲　435, 438, 465, 469, 480-02
オペラ　39, 442, 465, 483-84, 525, 534, 575, 582-83, 708
オラトリオ　275, 525, 530-36, 582, 636, 708
オールマイティ（全能の）作曲家として　485, 489
作品全集構想　747, 772-74, 1094-95, 1159

作曲計画
シンフォニー　630, 709 ⇒ 挑戦・課題
　《エロイカ》後の"第2のシンフォニー"　37-40
オペラ（原作／台本）　582-84, 685, 743-44, 798, 1036,
　1065, 1082 ⇒ 挑戦・課題
　《アルフレッド大王》　744
　《ヴァンダ》　744
　《ヴィッラ・ベッラのクラウディーネ》　744
　《ヴェスタの火》　39, 55, 374, 484, 575, 580-83, 595-
　　97, 606, 614-15
　《裏切られた夫、または裕福な小作人》　744
　《ウラジミール大王》　743
　《オレスト》　744
　《カリローエ》　743
　《5月の夜、またはブロックスベルク》　744
　《シャクンタラー》　744
　《神殿でのジュピター・アムモン礼賛》　743
　《罪》　743
　《テオドールとエミーリエ、または情熱の戦い》　743
　《ドラホミア》　744
　《バッカス》　743, 925
　《バビロンの廃墟》　743, 798
　《人質》　744
　《ファウスト》　743
　《フィエスコ》　744
　《ペンシルヴァニア創設、またはペンシルヴァニア人の
　　アメリカ到着》　743
　《マクベス》　30, 710, 802
　《マティルデ、または十字軍》　743
　《メルジーネ》　744, 1036
　《最も高貴なひと》　744
　《ロムルスとレームス》　743, 925
オラトリオ（原作／台本）　534, 708-10, 743-44, 927, 948,
　1021, 1034-36, 1065, 1082 ⇒ 挑戦・課題
　《アナヒド》　744
　《イェルサレムの解放》　636, 708, 744
　《生き抜く道》　744
　《基本元素》　744
　《救世主の冥土行き》　744

《荒野のイスラエル人》　744
《サウル》　744
《十字架の勝利》　744, 921, 1034-36, 1082
　ヴィーン製オラトリオの実現　1035
《世界の審判》　744
《デワジャニ》　744
《熱情　音楽の力への讃歌》　744, 909, 927, 931
《ネロによるキリスト教徒迫害》　744
《ノアの洪水》　744
《プロイセン王妃ルイーゼの死に寄せるカンタータ》
　744
《ポリヒムニア［讃歌の女神］、または音の力》　744
《モスクワの火事》　744
《ユダのオラトリオ》　744
《ラ・テンペスタ》　744

作曲技法・書法　441-42, 520, 855, 967, 975, 1025
オーケストレーション　64-65, 443, 520, 855, 967, 975,
　1025
弦楽合奏　481
楽器法 → 一般事項／楽器
劇作法（ドラマトゥルギー）　479-80, 548-51, 863
対位法　343, 514-15, 551
フーガ　515-16, 520, 553, 691
動機労作　405, 479
変奏手法　405-07, 511-17, 520
変奏曲とソナタの統合　516-17

音楽様式（スタイル）　54, 328, 343, 704, 893, 907, 987,
　1033
イタリア様式　417, 561
オラトリオ‥‥　1035, 1055
カンタービレ‥‥　904
教会‥‥　701
シェーナ‥‥　481
セレナータ‥‥　417
通奏低音‥‥　392
多感‥‥　296

編曲（編作）　65, 78, 83, 88, 91, 95-98, 100, 119, 125-
　26, 138, 140, 143-45, 160, 166, 172, 175, 181, 185-
　87, 189-90, 196, 207-08, 210, 213-14, 217, 219, 222,
　233, 239, 242, 253, 264, 369, 417, 427, 479, 484, 496,
　510, 529, 590, 595, 657, 659-60, 662, 764, 769, 775-
　76, 787, 820, 831, 873, 880, 882, 887, 895-96, 898,
　901-02, 924, 931, 934-35, 941-42, 949, 957, 972, 976,

1214

ベートーヴェン像　索引

1039, 1104, 1161-65, 1167, 1171-73
…の意義・重要性　223, 217-24, 417, 482
…と作品番号の関係　83, 222-24
編曲稿　210-11, 217, 220-22, 462, 665, 941
編曲版(出版)　11, 45, 95, 101, 104, 127-28, 130, 134-
　35, 138-39, 142-43, 156, 166, 171-72, 175, 189, 193,
　195-97, 208-10, 212-13, 214-16, 217-224, 233-34,
　237, 244, 256, 264, 272, 443, 456, 479, 765-67, 769,
　771, 775-76, 788, 830, 873, 887, 931, 938-42, 954,
　957, 1160, 1179
…蔑視の思想　220-21, 660
ピアノ編曲版　104, 130, 138-39, 156, 171-72, 193, 196,
　209, 212-13, 216, 233-34, 237, 256, 272, 443, 456,
　765, 767, 769, 771, 775, 788, 830, 873, 887, 938-42,
　1179
ピアノ伴奏版　130, 253, 531, 764-65
民謡編曲(＝編作)　80, 104, 719, 765, 890, 893, 895,
　900, 910-11, 913, 916-18, 920-22, 924, 927, 933, 938,
　971-72
責任編集　264, 764
焼き直し・転用　342, 436, 760, 775, 801-02, 976
ベートーヴェン"関与作品"　97
他者編曲　83, 88, 96-97, 113, 158-59, 219-20, 222,
　224, 264, 411

作曲委嘱
オペラ　485, 522, 524-25, 535, 580, 921, 944, 1036
オラトリオ　530, 921
ミサ曲　639-40, 644
シンフォニー　624-25, 630, 635, 647, 952, 1084
コンサート序曲　887, 940, 942
弦楽四重奏曲　430, 440, 983
"大ソナタ"　408
アリア　436, 438
民謡編曲　911
企画曲集　974, 979-80
Op.17　ホルン・ソナタ　469
Op.18　6つの弦楽四重奏曲　240, 441
Op.29　弦楽五重奏曲　90
Op.43　プロメテウスの創造物　48, 172, 450, 465, 474,
　478-80
Op.47　ヴァイオリン・ソナタ　55, 566
Op.59　ラズモフスキー四重奏曲　240, 246
Op.60　シンフォニー第4番　253, 366, 624-26, 628,
　630-33, 688
Op.61　ヴァイオリン・コンチェルト　678

Op.82　4つのアリエッタと1つのデュエット　762
Op.86　ミサ曲ハ長調　249, 276, 618, 639, 684
Op.91　ウェリントンの勝利　836, 853
Op.96　ヴァイオリン・ソナタ　820
Op.100　二重唱曲　257
Op.102　チェロ・ソナタ　143, 254
Op.109~111　ピアノ・ソナタ　145
Op.127/132/130　ガリツィン四重奏曲　240, 247, 263,
　983, 1083-85, 1087
Op.125　シンフォニー第9番　952, 1033
WoO 2a　《タルペヤ》への行進曲　830
WoO 37　トリオ　300(最初の委嘱?)
報酬(委嘱料)　266, 630, 632-33, 688
領収書(受領書)
　Op.18　441
　Op.60　253, 625, 630-32

コンサート活動
初演　11, 40, 44, 46-49, 51-53, 55, 58-59, 61-62, 64,
　67-69, 72, 87, 100, 130, 133, 140, 152, 171-73, 185,
　208, 230, 239, 261, 286-88, 311-12, 325-28, 333, 343,
　352, 354, 357, 360-62, 368, 373-75, 380-81, 397-401,
　410-12, 414-16, 420, 423, 430, 435-36, 439-40, 443,
　445, 454-55, 457-59, 463, 469-70, 478-80, 482-85,
　522-24, 526, 529-30, 532-33, 549-50, 553, 555, 563-
　66, 568, 573, 575-76, 581-82, 584-92, 594, 598-601,
　603-04, 606-10, 612, 615, 626, 633-36, 638, 642-43,
　647-50, 652, 666, 687, 693-94, 696, 701-03, 710, 713,
　715, 736, 738, 741-42, 765, 768-69, 791-95, 797-98,
　820-21, 828, 834, 839, 841, 844-45, 851, 855, 858,
　860, 864, 866-70, 872-74, 880-81, 919, 934, 939, 941-
　44, 946, 953-57, 978, 985, 988, 1002-03, 1016-19,
　1024-25, 1030, 1032-35, 1037-41, 1043, 1046, 1048-
　50, 1053-55, 1062, 1064, 1075, 1077-79, 1082-83,
　1085-86, 1095, 1102-03, 1117, 1140, 1152, 1182
　非公開試演　51, 55, 60, 64, 66, 461, 525, 573, 809,
　828
　再演　55, 152, 185, 208, 310, 399, 412, 414, 418, 421,
　438, 455, 470, 482, 522, 526, 529, 552, 581, 606, 643,
　650, 678, 796-97, 820, 831, 841, 845, 856, 858, 860,
　875, 877, 880-81, 934, 1002-03, 1016, 1025, 1037,
　1039, 1041, 1043, 1050-51, 1054, 1068-69, 1082,
　1085
　改訂再演　208, 399, 552, 581, 858
　主催コンサート(自主コンサート)　650, 685, 700-03, 705-
　07, 729, 736, 741, 798, 841, 859, 881, 957, 1041, 1136

1215

デビュー・コンサート[1800.04.02.] 67, 169, 173, 239, 316, 414, 421, 430, 439-44, 453-64, 468-69, 471, 474-76, 480, 485, 495, 507, 604, 647

《プロメテウスの創造物》の上演[1801.03.26.から02.08.29. まで28回] 462, 478-80

第2回主催コンサート[1803.04.05.] 185, 235, 239, 497, 518, 522-55, 580, 707, 854

ロプコヴィッツ主催「シンフォニー回顧展」(シンフォニー全曲2演奏会[1807.03.]) 626, 633, 635, 677, 702, 713-14, 845

ロプコヴィッツ主催予約コンサート[1811.01.13.] 793-95

第3回主催コンサート[1808.12.22.] 58-59, 61-62, 482, 634, 644, 650, 652, 685, 700-02, 705, 707, 715, 722, 768, 794-95, 845, 860

4連続大コンサート[1813.12.08.~14.02.27.] 705, 841-46, 858, 916, 939

ヴィーン会議中公式コンサート[1814.11.29.] 208, 244, 859, 875-78, 1048, 1075

第9初演・再演コンサート[1824.05.07.+23.] 152, 352, 416, 845, 869, 881, 953, 1002, 1039, 1041, 1054, 1057, 1072, 1079, 1082-83, 1094

「要望書」(芸術愛好の士からの) 352, 1031-35, 1041, 1048, 1053, 1058, 1065, 1069, 1074, 1085, 1094

慈善(義援)コンサート 362, 397, 418-19, 454-55, 457, 485, 627, 633, 678, 680, 699-700, 705, 725-26, 728, 796-98, 812, 814, 835, 841-42, 844, 868, 877-78, 880, 881, 925, 941, 946, 1047, 1155

他者主催コンサート 55, 399, 438, 445, 461, 524, 566, 635, 650, 677-78, 690, 702, 716, 830, 1181

実現しなかったコンサート計画 49, 235, 455-56, 481, 494, 496, 523, 566, 627, 640, 699-702, 794-98, 830, 836, 842, 845, 934, 1042, 1055, 1047-49(《ミサ・ソレムニス》)

入場料 363, 454, 459, 527-28, 607, 842-44, 1049-50, 1056-57, 1065, 1155

指揮者として 55, 678, 700, 705, 725, 728, 796, 838, 858, 868, 877, 881(大規模コンサート最後), 925

ピアニストとして 365, 397, 399-400, 416, 438, 685, 702(コンチェルト演奏最後), 707, 816, 868, 880

即興演奏 397, 416, 815

ピアノ競演
シュタイベルト 243, 415, 470-71
シュテルケル 344

ピアノ教授活動 85, 243, 249, 377, 404, 457, 470, 475, 1136, 1151, 1152

ルドルフ大公へのレッスン供与 252, 721-22, 741, 790-91, 793, 795, 799, 947, 948

作品献呈

‥‥という行為 225-78

‥‥の許諾 235, 244, 411

‥‥先の変更・代替・取り止め 234, 247, 254-55, 257, 259-60, 262, 265-66, 268, 270-72, 456, 477, 720, 723, 788, 1138

‥‥自筆譜 78, 228, 749

演奏の献呈 229

自筆譜の献呈 226-29, 258

筆写譜の献呈 226, 230-32, 253, 256, 264, 266, 451, 979, 1093

特製筆写献呈楽譜 226, 260, 263, 275-78, 1185

出版楽譜の献呈(自筆サイン付き) 226, 231, 233, 257, 271-73, 456

献呈本[Widmungsexemplar] 231-33, 274, 672

「一般出版計画」 231, 233

出版楽譜のタイトルページ
献呈の辞[Dedikation] 172, 226-27, 230, 232-35, 237, 241-42, 244, 249-51, 254, 256-59, 263-70, 272, 296, 330, 440, 456, 461, 500, 688, 720, 775, 788, 988, 1086, 1093

イタリア語表記 127-28, 168, 241, 417, 424, 457-58, 487, 561-62, 601, 635, 693, 713, 768, 930

フランス語表記 51, 168, 295, 298-99, 404, 417-18, 424, 561-62, 601, 714

作品と被献呈者とのマッチング(吟味) 266-68, 270, 430, 456, 477, 720-21

弟子・恋人への献呈 233, 238, 243, 249-50, 257, 261, 456

二重(共同)献呈 61, 240, 246, 250, 269-70, 632, 684-89 ⇒ 作品／シンフォニー第5＆6番

被献呈者 → 作品＆人名

無献呈 233-34, 237-38, 242, 248-50, 254-57, 259, 268-73, 405, 407, 411, 413, 417, 456-57, 763 ⇒ 作品

楽譜出版

出版

‥‥活動の協力者 84-86 ⇒ 次弟カール、末弟ヨハン、フェルディナント・リース

秘書 82, 86, 98, 763 ⇒ 人名／親族、交友関係
"秘書の秘書" 554

"ベートーヴェン・オフィス" 95-101, 178-79, 183-84, 187-89, 218-20, 498, 763, 856

1216

⋯契約書
 アルタリア社　70, 386-90
 クレメンティ社　125, 624, 656-61, 664-66, 669-70,
  673, 697, 720, 791
 シュタイナー社　140, 195, 886-88, 934, 1170, 1173-
  74
 トレック社　70
 ブライトコップ＆ヘルテル社　61, 122, 695-97
⋯公告　11, 46, 51, 55, 58, 64, 70-73, 88, 90, 99-100,
  112, 117, 120, 127-29, 132-33, 144, 163, 170, 180,
  182, 189-91, 199, 208, 247, 249, 273, 296-97, 304,
  388-91, 397, 404, 406, 409, 412, 417, 419, 421-23,
  425-26, 434, 443, 456-58, 463-64, 525, 620, 663-64,
  667, 714, 756-57, 763, 845, 873-75, 905, 909, 930,
  979, 988, 1052-53
⋯対象作品　77-84 ⇒ 作品番号
⋯番号　73, 109, 177, 185, 195-96, 209, 215, 389, 652,
  667, 677
パート譜出版　66, 95, 134-35, 142-43, 156, 171-72,
  175, 179, 193, 207, 209, 214-15, 218, 222, 233, 273,
  411, 441, 443, 531, 573, 668, 694, 712, 764-67, 769,
  771, 775, 788, 894, 917, 931, 938, 1160
スコア譜出版　95, 116-18, 123, 134-35, 141-42, 195-
  96, 207-09, 213-16, 222, 257, 529, 531-32, 572, 696,
  712, 765-67, 769, 771, 872, 876, 887-88, 894-95, 902,
  931, 938, 940-41, 1086, 1160, 1165, 1170
セット出版　83, 84, 233, 245-46, 337, 370, 401-03, 408,
  418, 620, 661, 687
雑誌等の付録　80-82, 128, 194, 201, 233, 422, 425-26,
  755-58, 804, 919
非出版（生前）　77-79, 96, 100 ⇒ 作品
死後出版（遺作）　32, 65, 71, 77, 137, 147, 152, 165-66,
  203, 207-212, 229, 236, 265, 335-37, 384, 410, 775,
  909, 911, 920 ⇒ 作品
競売遺品からの出版　165
共同出版　70, 92-93, 567, 659, 931
同時多発出版　264, 1180
時間差多発出版（多地域時間差出版）　91-93, 101-05,
  123, 126-28, 134-36, 139, 143, 147-48, 162, 177, 200,
  655-81, 762, 891-93, 902, 908, 931-32, 940, 949, 954,
  957, 972, 1160
 第 1 次　91-93, 136, 177
 第 2 次　101-03, 136, 892
 第 3 次　92-93, 103, 136, 931
 第 4 次　103, 126, 136, 139, 656, 658, 661-62, 669,
  931

第 5 次　103, 128, 136, 162
第 6 次　104, 123, 126-27, 136, 162, 669, 674-76,
 685, 762, 931
第 7 次　104, 136, 902
第 8 次　104, 136, 143, 162, 254, 972
第 9 次　104, 136, 200, 949
第 10 次　104-05, 136, 888, 891, 908, 972
第 11 次　105, 127, 136, 147, 949
第 12 次　105, 136, 957
国際出版　104-05, 144, 148, 162, 196, 772
 第 1 次　130-38, 195
 第 2 次　136, 143-44, 908
 第 3 次　136, 145-47
ライセンス出版　104, 136
営利事業としての出版　227
出版社への無償提供（作品）　79-80, 82, 755, 759-60,
 840
売れ残り作品　348, 776
海賊版との闘い　69, 85, 89, 93, 264, 772-73, 894, 932,
 954, 1136, 1159 ⇒ 続版
予約者リスト　296, 387-89, 639
独占販売権　387
筆写譜販売　146, 381, 443, 872, 962, 986, 988-89, 1076
印刷記録簿［Druckbuch］　46, 764, 769, 1066
領収書（トレック社）　70

著作権
版権
⋯独占所有　87, 113, 119-20, 123, 203, 246, 668, 696,
 950, 953-54
⋯（所有権）証明（書）　94, 97, 113, 117, 123, 140, 199,
 1079
⋯保護　93-95, 111, 115, 932, 1095, 1137
⋯侵害　128, 772-73 ⇒ 続版（出版）
演奏（上演）著作権　823-24, 1095, 1180-82
専有（独占）上演権（＝期限付き専有権）　89-91, 120, 123,
 206, 266, 388, 496, 571, 625, 631-32, 658, 951, 953-
 54, 1165, 1177-78
 半年専有上演権（＝半年専有権）　55, 59, 66-68, 90-
  91, 240, 263, 570-72, 575, 628, 630, 633, 650, 658,
  660, 688, 695-96, 723, 755, 1178 ⇒ 人名／ロプコ
  ヴィッツ侯
 18 ヵ月専有権（ロンドン・フィルハーモニック協会）　953, 960
  ⇒ 作品／シンフォニー第 9 番
献呈筆写譜の専有使用権　388
献本制度（原版保護）　94, 772

イギリスとの関係

イギリス出版界進出　887, 938-40
イギリス市場の需要　658, 731-32, 890
　いくつもの窓口　930
作品の売買価格　124, 126, 661, 697, 893
スコア譜出版　894-95, 931
《オリーブ山のキリスト》英語歌詞付ピアノ伴奏ヴォーカル・スコア譜出版　901
《ウェリントンの勝利》イギリス出版計画　887, 901-02, 937-38
関連人物　→　人名／イギリス在住
　　→　ウェニントン
　　→　クレメンティ
　　→　コラード
　　→　ザロモン
　　→　シュトゥンプフ
　　→　ジョージ4世
　　→　スマート卿（ジョージ・）
　　→　スマート（ヘンリー・）
　　→　トムソン
　　→　ニート
　　→　バウアー
　　→　ブロードウッド
　　→　ポッター
　　→　リース（ハリエット・）
　　→　リース（フェルディナント・）
関連出版社　→　一般事項／出版社
　　→　クレメンティ社
　　→　クレメンティ・バンガー・ハイド・コラード & デイヴィス社
　　→　チャペル社
　　→　チャンケッティーニ & スペラーティ社
　　→　チャンケッティーニ & チマドール社
　　→　トムソン（社）
　　→　バーチャル社
　　→　プレストン社
　　→　モンザーニ社
　　→　モンザーニ & チマドール社
　　→　モンザーニ & ヒル社
　　→　ラヴェヌ社
　　→　ザ・リージェンツ・ハーモニック・インスティテューション
　　→　ロングマン・クレメンティ社
音楽愛好家協会［ロンドン（ロイヤル）・フィルハーモニック協会］　→　一般事項／団体
出版管理局　73, 95, 664, 761

■ イギリスにおける原版出版

（【 】内はロンドンでの作品番号／作品名）

弦楽四重奏曲 Op.59【Op.59】　67, 136, 250, 657, 667, 669-70, 931, 1167
ヴァイオリン・コンチェルト Op.61【Op.61】　125-27, 657, 667-70, 940, 1167
ヴァイオリン・コンチェルト Op.61 ＝ピアノ・コンチェルト版　125-26, 664-66, 1167
Op.73~82 の作品（イギリスでの原版出版の時間的先行）　104, 123, 127, 136, 255
ピアノ・コンチェルト第5番 Op.73【Op.64】　8, 10, 12, 123, 127, 136, 193, 255, 656, 669, 675-76, 685, 762, 785, 791, 793, 931, 1170
弦楽四重奏曲 Op.74【Op.62】　127, 136, 676, 742, 762
《6つの歌曲》Op.75【作品番号なし／お気に入りのアリエッタ】　676, 757, 762
6つのピアノ変奏曲 Op.76【作品番号なし】　123, 672, 676, 762
ピアノ幻想曲 Op.77【作品番号なし】　676, 762
ピアノ・ソナタ（第24番）Op.78【Op.63】　127, 250, 676, 762
ピアノ・ソナタ（第25番）Op.79【Op.63】　127, 676, 762
《合唱幻想曲》Op.80【Op.65】　127, 675-76, 762
ピアノ・ソナタ（第26番）"Op.81a"【作品番号なし】　127, 676, 918
《4つのアリエッタと1つの二重唱曲》Op.82【作品番号なし】　127, 193, 669, 676, 757, 762, 785, 791
《ウェリントンの勝利》Op.91 ピアノ編曲版【作品番号なし】　104, 134, 136, 138, 195-96, 256, 887, 901-02, 938
シンフォニー第7番 Op.92 ピアノ編曲版【Op.98】　104, 139, 196, 233, 938, 941-42
ヴァイオリン・ソナタ（第10番）Op.96【Op.96】　104, 136, 139, 195-96, 938-39, 1170
ピアノ・トリオ（第6番）Op.97【Op.97】　104, 139, 195-96, 938, 1170
弦楽五重奏曲（ピアノ・トリオOp.1-3の編曲）Op.104【作品番号なし】　104, 136, 949, 964, 1171, 1185
民謡変奏曲 Op.105-1~6 + Op.107-2,6,7【作品番号なし／「12の国民歌曲」（ただし9曲のみ）】　136
ピアノ・ソナタ（第29番）Op.106【作品番号なし】　104, 136, 949, 964, 1171, 1185
25のスコットランド歌曲集 Op.108【作品番号なし】　104, 136, 909-10, 973
ピアノ・ソナタ（第31番）Op.110【Op.110】　105, 127, 136, 145, 148, 200, 259, 271, 949
ピアノ・ソナタ（第32番）Op.111【Op.111】　105, 127,

ベートーヴェン像　索引

136, 145, 147, 200, 271-72, 949, 978

ピアノ・バガテル集"Op.119"【作品番号なし】 34-35, 127, 159, 957, 976, 978

ピアノ・トリオ変奏曲"Op.121a"【作品番号なし】 96, 105, 159, 204, 957

《ゴッド・セイヴ・ザ・キング変奏曲》WoO 78　103, 136, 931-32

《ルール・ブリタニア変奏曲》WoO 79　103, 136, 931-32

《女暴君 La tirana》WoO 125【A Favourite Canzonetta お気に入りのアリエッタ】 81, 422, 424, 930, 932

《想い Andenken》WoO 136【Remembrance　お気に入りのアリエッタ】 81, 124, 136, 757

《遙かよりの歌 Lied aus der Ferne》WoO 137【Anxiety of Absence】 129, 675, 757, 759

《恋する男 Der Liebende》WoO 139【The Lover お気に入りのアリエッタ】 81, 129, 757, 759

アイルランド歌曲撰集第1巻 WoO 152-1~29　909

アイルランド歌曲撰集第2巻 WoO 153-30~59　909

アイルランド歌曲撰集第3巻 WoO 154-60~63　910

ウェールズ歌曲撰集第3巻 WoO 155-1~26　904, 909

22のスコットランド歌曲 WoO 156-1~22　909-10

4つのイギリス歌曲 WoO 157-1~4　910

書簡・会話帖・日記

書簡 BGA（番号順）

1	296-97	65	405, 446, 468-69, 473-74, 476, 1136	116	564
3	302, 305, 309, 316			118	115
6	354	66	451	119	87, 89, 169, 184
8	257	67	451, 468, 498	123	87, 154, 184, 186-87, 190, 517
9	383	68	113		
11	356	69	113, 241-42	125	120, 564-65, 1162
12	383	70	450, 474, 486-87, 494, 749	126	120, 1163
13	335, 337, 383, 430	77	243	127	511, 524
14	335, 384	81	50, 89, 1161	128	179, 511
15	110, 433	85	49-50, 235, 456, 495-96, 1161	129	120, 179, 554, 1163
17	111			133	247, 511
18	242, 432	86	495	138	1163
19	473	87	50, 495, 497	139	91, 176, 181, 469, 567, 893, 1163
20	432	90	160, 217, 1162		
22	446	92	1162	141	115, 772-73, 1095
23	446	96	90, 497	145	176
30	404	97	217, 219, 497	149	102, 892
42	441	98	462, 497	152	85, 101, 563, 567, 1160, 1163
43	471	99	176, 510		
45	455	103	1162	153	96, 99, 115, 1164
49	267, 498	106	496, 500-01	154	96-97, 1164
53	489	107	444, 511, 1162	155	96, 98-99, 499, 1164
54	489, 893, 1161	108	511, 1162	156	115, 570, 1164
57	462	109	94, 1162	157	97, 1164
59	490-91	110	1162	158	95-97, 101, 1164
60	173, 491, 498	111	369	161	892, 1164
63	37, 442, 463	112	1162	163	570, 1165
64	241, 477	113	99, 499, 534, 582, 1162	164	1165

165	37, 55, 231, 563-64, 567, 569, 576, 580, 893, 1165	**259**	893	**336**	720
		260	625, 1167	**337**	757
167	101, 892, 930	**261**	118, 620, 622, 625, 658-59, 695, 1167	**340**	631-32, 687, 697, 733
169	582, 596			**341**	1168
170	893, 1165	**262**	627	**342**	700, 709
171	529, 1165	**265**	743	**344**	706, 709-10, 733
173	37, 181, 563, 570	**267**	627	**350**	668, 705, 707, 718
174	248, 1164	**268**	627	**351**	191
176	524, 583-84, 595, 603	**274**	627	**352**	724
177	563, 596, 602	**275**	627	**353**	723, 725
178	390, 893, 1165	**276**	624	**355**	724
181	574	**277**	126, 661, 1167	**357**	697, 749
187	98, 119, 1166	**278**	126, 1167	**359**	192, 254, 687, 721
188	116, 179, 530, 532, 552, 572, 621, 765, 1166	**279**	68, 250, 641	**360**	720
		280	641	**366**	1168
189	116, 531, 659	**281**	250, 641, 662, 665, 673	**370**	63, 693
193	70, 181, 567	**282**	620, 628, 661, 664, 1167	**375**	732, 1168, 1180
194	1166	**287**	119, 662, 666, 677, 1167, 1178	**380**	254, 270, 688, 720-21
198	116, 118, 1166			**387**	735, 1168
199	68	**289**	119, 641, 1167	**388**	1168
205	1166	**290**	677, 1178	**392**	740, 757, 759, 764, 1180
209	68	**291**	640	**394**	760
211	117, 552	**293**	642	**395**	759, 1176
218	69-70, 117, 621, 1166	**294**	269	**398**	1169
221	267	**296**	270	**399**	126, 664, 672, 674, 761, 785, 1170
223	116, 118, 1166	**297**	270		
226	105, 117, 621, 757	**298**	643	**400**	531, 764, 767, 770-71, 785, 860, 1169
229	619	**302**	485, 679		
231	604	**303**	485	**401**	891, 895, 899
232	612	**316**	678	**405**	748
235	605, 612	**317**	679	**407**	758
237	603	**320**	1181	**409**	719, 895, 896
243	105, 648, 1166	**321**	699	**410**	531, 785, 1169
244	612	**322**	699	**419**	753, 781, 785-86, 1169
245	610	**323**	699	**420**	530, 785, 1169
246	636	**324**	699	**422**	105, 753
247	612	**325**	58, 630, 632	**423**	674, 731, 753, 759-60, 762, 767-68, 1169
248	613	**326**	699		
249	1166	**327**	59, 120, 121, 695, 696, 780, 1168, 1179	**425**	228, 720, 1156
251	614			**426**	786, 895-96
252	181, 219-20	**328**	1168	**428**	749
253	891, 1165	**329**	1168	**429~431**	749
254	118, 1166	**330**	1168	**432**	662, 672-73, 749, 785, 1170
255	1167	**331**	709, 1168		
256	1167	**332**	708	**436**	763
257	908, 1167	**335**	668, 695, 1168	**439**	474, 749, 751

ベートーヴェン像　索引

445	752	**573**	800	**664**	825, 881
446	123, 724, 765, 770, 781,	**576**	797, 807	**671**	900
	785, 1169	**577**	124, 234, 809-10	**679**	827
447	122, 127, 1169	**580**	810	**680**	840, 842
448	814, 817	**581**	811	**681**	843
450	753	**582**	812	**691**	847
451	770-71, 1169	**583**	812	**692**	850, 852
456	123, 155, 193, 764, 785-86,	**585**	393	**693**	852
	1169, 1179	**587**	797, 809, 814	**695**	860, 863
457	765, 785-86, 891, 912	**590**	892, 912	**696**	731, 844, 860
462	774	**591**	814-15	**698**	866
464	771-73, 1169	**592**	811, 814-16	**699**	867
465	155, 173, 193, 231, 234,	**593**	816	**701**	846
	237, 723, 743, 764, 771,	**594**	816	**705**	861, 867
	773, 781, 788, 1169, 1178	**595~601**	816	**707**	860-61
466	895	**598**	816	**709**	863, 868
468	753, 771	**604**	892, 899, 912	**713**	892, 901, 912
469	156, 193, 761, 770, 773,	**605**	897-98, 900	**719**	870-71
	1160, 1169	**606**	820	**719~721**	870
471	1170	**607**	811, 826	**724**	872
472	1170	**608**	782, 784, 811, 816,	**725**	872
474	80, 234, 257, 748, 771, 778,		825	**728**	836, 847, 856
	787, 1170	**614**	820	**732**	875, 881-82
475	237	**615**	820	**737**	875, 882
477	766-67, 770	**622**	783, 811	**739**	875, 903
479	763	**623**	892, 897-99, 903, 912	**740**	939
483	789	**627**	825	**742**	851, 933
484	767	**628**	825	**747**	881-82
485	788-89	**629**	912-13	**752**	901-03
486	766-68, 786	**630**	823-25	**753**	901, 913
492	256, 1170	**632**	824	**754**	902-03
493	256, 787-89	**633**	818, 824-25	**756**	876
496	769	**637**	896, 899	**762**	877
504	798	**638**	828, 830	**772**	882
505	799	**638~645**	828	**774**	883
509	787	**639**	829	**775**	882, 885
515	799, 891, 895, 897, 912	**640**	829	**776**	882
519	535, 555, 799	**641**	829	**777**	882
522	801	**642**	829	**778**	882, 885
523	69, 234, 530, 532, 554, 623,	**652**	826	**780**	885-86
	787, 801, 961-62	**652~655**	824	**782**	882
525	800	**654**	824	**784**	903, 912, 933, 1158
531	796-97, 799	**656**	835	**788**	886
549	797	**661**	824, 826, 835, 918	**789**	125, 1174
553	778, 782	**662**	828, 836	**790**	902, 933-34
556	892, 897, 900, 903	**663**	825, 883	**791**	921

792	903, 913	1084	197-98	1297	906
802	882	1085	905, 912, 924	1300	1009
809	935, 941, 1170	1092	258	1301	907
810	879, 934, 939	1093	258	1303	907, 912-13
813	1182	1099	882	1305	996
825	904, 912	1116	140, 923, 943, 1151	1307	922, 1021, 1034
844	138, 938	1117	1184	1308	1034
854	886, 1157	1118	1184	1311	1009
855	938	1119	1184	1317	162, 1010
859	883	1127	1184	1321	1010
863	921	1129	943	1327	965, 967
867	936, 938	1132	924	1330	1010
874	904, 912	1133	905, 912	1331	1010
876	923, 1147	1140	945	1341	967
880	1147	1158	143, 222	1345	967
888	936	1161	924	1343	1149
899	67	1170	946	1348	1010, 1148
908	1170	1172~1190	1154	1349	1158
917	936, 1140, 1147	1190	1158	1350	1011
923	936	1196	852-53	1351	1011
929	882	1198	1184	1357	901, 907
930	882	1204	1184	1361	927, 967
931	912, 1182	1206	852	1363	1011
932	1174, 1175	1207	906	1365	140, 145, 967, 973,
933	1157	1217	925		984, 1171
937	1140, 1157	1218	1184	1367	1012
946	911-12	1222	1184	1369	1012
949	1148	1238	926	1372	1171
950	923, 1170-71	1240	926	1374	145, 973, 1171
954	1146, 1148, 1174	1242	925	1375	968, 970
955	923	1243	926	1376	969
957	1150, 1174	1244	905, 912	1378	968-70
960	774	1247	947	1381	973
964	1176	1250	1150, 1174	1384	140, 984, 1183
971	882	1252	265	1388	145, 974, 1171
979	474	1258	144, 948, 1171	1391	145, 1171
982	196, 1171	1259	1034	1393	1172
983	880, 936-37, 1140	1262	905, 912	1394	908
987	140, 936, 943	1274	948	1398	145
996	1171	1275	912, 932	1400	199, 1183
1016	937, 941, 1140	1283	906, 913	1402	980
1017	1171	1285	949	1403	199, 980
1019	882	1286	1009	1409	980
1058	274	1292	962-63	1416	258
1059	274	1294	949, 963-64	1419	141
1065	257	1295	962, 964, 969, 971	1420	1149

ベートーヴェン像　索引

1422	132, 1150, 1175, 1174	1559	277	1757	1085, 1099
1428	200, 258	1562	278	1759	1002
1436	980-81	1563	278	1763	1085
1445	141, 974, 981, 1183	1567	277	1772	1021, 1034
1446	146, 985	1569a	278	1773	530, 534, 536, 553, 1034
1458	146	1570	975	1773~1775	953
1462	259	1572	259	1775	953, 1035, 1097
1464	141	1574	1984	1779	278
1465	147-48, 774	1575	975	1782	146, 985
1468	148, 774, 975, 985, 1083	1576	277	1783	150, 979
1469	148-49	1579	277	1784	953, 1031, 1036, 1053
1473	137, 149	1580	978	1787	151, 986, 1077, 1172
1479	104, 985, 1171	1585	277	1788	150, 986
1489	985	1592	259	1790	1046
1491	146, 259	1599	277	1791	1046
1494	142	1604	149, 975	1794	1046
1496	149	1607	142	1797	151, 1077, 1172
1505a	981	1617	952	1798	1047
1507	981	1619	1984	1807	1049, 1086
1508	247, 1083	1620	277	1809	1078
1510	950, 954	1623	277	1810	1048-49
1512	982	1625	277	1811	1050
1516	978, 1082-83	1636	948	1813	1078
1517	950	1637	1041	1818	1051
1518	978, 983, 985, 1049	1641	261, 948	1819	1078
1519	978	1647	978	1824	1052
1525	275, 277, 987-88	1660	277	1825	1053-54, 1059
1526	277	1667	146, 278	1830	1066
1527	277	1669	232	1831	1067
1528	277	1681	1185	1832	1069
1529	277	1683	147	1833	1063, 1065
1530	277	1699	276	1834	1068
1531	277	1700	276	1835	152, 1078
1532	277	1703	260	1836	1078, 1172
1535	263, 1084	1705	150	1838	1069
1536	277	1707	955, 1003	1839	1070
1537	277	1716	1022	1840	1071
1547	277	1724	278, 1076, 1084-85	1841	262-63, 1049, 1076, 1085-86
1549	951, 954	1731	263, 978	1843	1003, 1066, 1074
1550	277-78	1738	1175	1845	1086, 1087
1551	277	1739	953	1846	146
1552	277	1740	952, 955	1851	108, 138, 1175
1553	277	1743	1085	1855	143
1554	277	1747	1085		
1555	277	1749	1085		
1558	277	1751	277		

1856	1151	**1987**	1181	**2206**	1113
1858	981, 983	**1988**	1104	**2207**	1139
1861	1078	**1989**	1098, 1101	**2227**	71
1865	981, 983	**1992**	138	**2230**	1089-90, 1093
1867	149	**2003**	1086	**2231**	262
1868	983	**2005**	1101	**2232**	1124, 1126, 1131
1870	1094	**2006**	1086, 1102	**2233**	1080
1881	1079	**2014**	150, 1099	**2234**	1126
1884	1139	**2015**	106, 146, 957, 1172	**2236**	474
1889	981	**2017**	984	**2246**	1138
1900	980	**2024**	1102	**2247a**	1142
1901	152, 1172	**2028**	1103	**2248**	1089
1907	263, 1084, 1087	**2035**	1098, 1100	**2249**	1139
1913	152	**2039**	1113	**2251**	1089-90
1913a	1087	**2057**	1101, 1113	**2254**	1139
1914	953-54	**2062**	1087	**2256**	1126, 1139, 1151, 1155
1917	151	**2074**	1107	**2257**	474
1918	1097	**2075**	1108	**2259**	1140
1920	1151	**2088**	1107	**2260**	1140
1924	955	**2094**	1079	**2261**	1140
1925	1079, 1095	**2106**	264, 1088	**2262**	205, 265
1926	1097	**2110**	262, 1087	**2267**	1141
1930	955	**2131**	1173	**2268**	1141
1931	152	**2136**	1172	**2271**	1142
1935	1181	**2143**	1172-73	**2278**	265
1943	201	**2148**	222	**2281**	1142
1949	201	**2154**	1172	**2283**	1142
1950	156, 201, 1079	**2173**	1173	**2284**	956, 1143
1962	1087	**2178**	1109	**2285**	1090, 1092, 1143
1966	152, 1172	**2179**	1089	**2286**	1142-43
1969	1098-99, 1159	**2181**	1109	**2290**	1142
1970~1975	1099	**2185**	1089	**2292**	265
1978	1100	**2192**	1173		
1980	1101	**2205**	1102		

会話帖 BKh(番号順)

(巻 - 分冊, 頁)		**1, 注759**	1012	**3, 118p**	277
1-2	1006	**1, 注901**	969	**3-27, 138p**	1084
1-5, 147p	251	**2, 175pp**	1013	**3-34, 333p**	303
1-7, 269p	1006	**2, 200pp**	1014	**3, 注451**	1040
1-9, 328p	1006	**2, 262p**	1003	**3, 注487**	1040
1-17, 262p	985	**2-17, 262p**	1095	**3, 注773**	1040
1, 300p	968	**2-17, 269p**	1019	**4-39, 58p**	1152
1, 311p	968-69	**2, 348p**	278	**4-74, 321p**	318
1, 注98	1001, 1075	**2, 注589**	1018	**4, 注104**	1037
1, 注160	969	**3-25, 107p**	259	**4, 注112**	1033

ベートーヴェン像　索引

5, 24p	752	**6-64, 108p**	1054	**6-72, 295p**	1117
5, 63p	1004	**6-64, 109p**	1065	**6-73, 311p**	1087
5-50, 35p	1036	**6-64, 116p**	1030, 1054	**6-74, 314p**	1087
5, 47p	1025	**6-64, 117p**	1055, 1056	**6-75, 341**	989
5-53, 80p	1033	**6-64, 118p**	1045, 1055	**6-76, 354pp**	1139
5-54, 104pp	1043	**6-64, 119p**	1030, 1056	**6-76, 358p**	1096
5-54, 104-05p	1042	**6-64, 148p**	1056	**6-76, 注 428**	1139
5-54, 105-06p	1042	**6-65, 124p**	1056	**6, 注 17**	1048
5-54, 119p	1036	**6-65, 130p**	1055	**6, 注 21**	1140
5-57, 174p	1043, 1045	**6-65, 131p**	1057	**6, 注 37**	1048
5-57, 175p	1044	**6-65, 138p**	1045	**6, 注 188**	1052
5-59, 210p	1046	**6-65, 139p**	1045	**6, 注 211**	1053
5-59, 213p	1046	**6-66, 160p**	1066, 1076	**6, 注 258**	1055
5-60, 228p	1047, 1050	**6-66, 160pp**	1060	**6, 注 260**	1078
5-60, 231p	1048	**6-66, 163p**	1061	**6, 注 273**	1055
5-60, 235p	1075	**6-66, 165p**	1064	**6, 注 287**	1066
5-60, 252p	1048	**6-66, 166pp**	1061	**6, 注 300**	1056
5-60, 256-57pp	1047	**6-66, 167p**	1064	**6, 注 340**	1068
5, 注 10	1045	**6-66, 169p**	1068	**6, 注 343**	1044
5, 注 122	1033	**6-67, 174p**	1062, 1064	**6, 注 387**	1070
5, 注 160	1045	**6-67, 176-77p**	1067	**6, 注 450**	1048
5, 注 161	1044	**6-67, 177p**	1059	**6, 注 471**	1079
5, 注 230	1042	**6-67, 178p**	1067	**7-79, 336p**	1096
5, 注 281	1041	**6-67, 182p**	1068	**7-80, 60p**	1096
5, 注 337	1033	**6-67, 183p**	1067	**7-81, 78p**	1022
5, 注 342	1045	**6-67, 190p**	1068	**7-84, 153p**	1096
5, 注 418	1075	**6-67, 192p**	1068	**7-85, 191p**	1098
6-61, 17p	262	**6-67, 193p**	1067	**7-86, 203p**	1104
6-61, 18p	1048	**6-67, 194p**	1068	**7-86, 207p**	1103
6-61, 23p	1048	**6-67, 198p**	1069	**7-87~88**	1098
6-61, 34p	1044, 1046	**6-68, 201p**	1069	**7-88, 255p**	1098
6-61, 35pp	1044	**6-68, 205p**	1069	**7-88, 262p**	1104
6-61, 37p	1044	**6-68, 207p**	1068	**7-89, 282p**	1099
6-62, 44p	1050	**6-68, 208p**	1069	**7-89, 284p**	1098
6-62, 54p	1036	**6-68, 210p**	1070	**7-90, 307p**	1101
6-62, 62p	1050	**6-68, 212p**	1070	**7-90, 318p**	1099
6-62, 63pp	1050	**6-68, 214p**	1078	**7-90, 321p**	1102
6-63, 68p	1059	**6-68, 215p**	1071	**7-92, 39p**	1100
6-63, 79p	1052	**6-68, 216p**	1073	**7-221~225**	1098
6-63, 93p	1050	**6-69, 224p**	1078	**7-227**	1098
6-63, 96p	1044	**6-69, 228p**	1073	**7-229**	1098
6-63, 100p	1079	**6-69, 227-28p**	1073	**7-232~236**	1098
6, 100p 注 91	1079	**6-70, 237p**	1066	**7-241**	1098
6-64, 102p	1045	**6-70, 250p**	1074	**7-243**	1098
6-64, 103p	1045, 1054	**6-71, 254p**	1079	**7, 274p 注記**	1099
6-64, 107p	1054	**6-72, 293p**	1038	**7, 注 716**	1094

1225

7, 注716	1095	9, 注38	781	10-123, 266p	1119
7, 注267	1094	9, 注62	1016	10-123, 268p	1120
7, 注455	1098	10, 序文	1109	10-123, 270p	1120
7, 注682	1102	10, 序文,7p	1111	10-123, 271p	1120
8-91, 38p	1103	10, 80-81p	1003	10-124, 280p	1120
8-94, 92p	1118	10-115, 49p	1089	10-124, 285p	1123
8-94, 109p	265	10-115, 57p	1108	10-124, 286p	1123-24
8-94, 110p	1114, 1119	10-115, 61p	1089	10-125, 297p	1129
8-98, 183p	1105	10-116, 85p	1116	10-125, 298p	1128-29
8-98, 195p	1106	10-116, 116p	1115	10-125, 294p	1130
8-100, 232p	1106	10-116, 595p	1116	10-125, 298p	1130
8-102, 277p	1088	10-118, 142p	1115	10-126, 309p	1121
8-103, 311p	1088	10-118, 143p	1114	10-127, 316p	1121
9-105, 75p	1106	10-119, 148p	1114	10, 注290	1111
9-108, 182p	1088, 1118	10-119, 158p	1114	10, 注647	1117
9-109, 222p	1088	10-119, 159p	1115	10, 注660	1138
9-110, 234p	1089	10-119, 160p	1113	10, 注673	1118
9-110, 229p	1088	10-120, 178p	1020	10, 注721	1125
9-113, 322~323p	1108	10-121, 228p	1103	10, 注753	1128
9, 184pp	222	10-121, 232p	1117	10, 注779	1126
9, 193pp	222	10-122, 239p	1115	11-136, 191p	1091
9, 254p	222	10-122, 242p	1118	11, 注355	1090
9, 282p	223	10-122, 252p	1118		
9, 注5	1042	10-123, 127p	1157		

"日記"(雑記帖)引用

第16段落	856	第20段落	865	第33段落	1183
第18段落	846	第22段落	862	第147段落	828

作　品

*作品タイトルは新カタログの欄外に記された簡略タイトルによる。
*ただし、同一のタイトルの場合、区別するため慣用の番号等を（　）で補足した。
*"Op."は「非真正番号」［本文157ページ参照］

作品番号のある作品　［Op.］

Op.1　3つのピアノ・トリオ（第1~3番）　65, 73, 84,
154, 336, 396-97, 399, 411, 425, 433-34, 460, 709
　献呈　リヒノフスキー侯　51, 111, 227, 236, 241,
　246, 267, 387, 408, 413, 463
　出版・作品番号　88, 111, 154, 169, 224, 389-90,
　402, 411-13, 426
　出版契約書　70, 386
　出版基金拠出　385-87
　初演　65（試演）, 380-81
　スケッチ時期　65, 380-81
　売上げ　111, 239, 354, 387-89
　ハイドンの批評　380-85, 391-93, 430, 460
　Op.1-3　弦楽五重奏編曲（Op.104）　143, 221-22,
　224, 924

Op.2　3つのピアノ・ソナタ（第1~3番）　84, 268, 397,
402, 404, 425
　献呈　ハイドン　227, 238, 241, 246, 268, 407-08,
　417, 463
　出版・作品番号　84, 406-08, 426
　4楽章構成　408

Op.3　弦楽三重奏曲　65, 72, 159, 220, 224, 397
　献呈　なし　237, 248, 417, 457
　出版・作品番号　72, 88, 110, 219, 224, 417
　校閲筆写パート譜の現存　65
　存在感の薄さ　416
　編曲問題("Op.64")　→　偽作および疑わしい作品

Op.4　弦楽五重奏曲（管楽八重奏曲"Op.103"の改作）
65, 163, 220, 224, 416-17
　献呈　なし　237, 248, 416-17, 457
　出版・作品番号　88, 164, 217, 224, 417
　校閲筆写パート譜の現存　65
　「編曲」ではない理由　217, 416-17
　存在感の薄さ　416
　編曲問題("Op.63")　→　偽作および疑わしい作品

Op.5　2つのチェロ・ソナタ（第1~2番）　180, 426, 445
　献呈　プロイセン国王　237, 262, 411, 413

　出版・作品番号　412-13, 426

Op.6　ピアノ4手ソナタ　238, 408, 426, 656, 984
　献呈　なし　238, 248, 407
　出版・作品番号　407, 426, 656, 931

Op.7　ピアノ・ソナタ（第4番）　73, 409, 426
　献呈　ケグレヴィチ伯女　238
　出版・作品番号　73, 406-08, 426
　4楽章構成　409

Op.8　弦楽三重奏セレナーデ　73, 97, 111, 158, 223
　献呈　なし　238, 248, 417
　出版・作品番号　73, 111, 220, 223, 417
　存在感の薄さ　416
　編曲問題(Op.42)　→　偽作および疑わしい作品

Op.9　3つの弦楽トリオ　70, 84, 402, 417
　献呈　ブロウネ=カムス伯　238, 402
　出版・作品番号　70, 112, 238, 402, 417
　存在感の薄さ　416

Op.10　3つのピアノ・ソナタ（第5~7番）　36, 84, 402,
409, 426, 450
　献呈　ブロウネ=カムス伯夫人　238, 246, 407
　出版・作品番号　112, 238, 402, 406-08, 426

Op.11　ピアノ、クラリネット、チェロのためのトリオ
411, 414-15, 426, 470
　献呈　トゥーン=ホーエンシュタイン伯夫人　238,
　413
　出版・作品番号　112, 412, 470
　通称：《ガッセンハウアー・トリオ》　411-15

Op.12　3つのヴァイオリン・ソナタ（第1~3番）　84,
402, 415-16, 426, 457
　献呈　サリエリ　237, 246, 413, 457, 458
　出版・作品番号　402, 412, 426, 930
　初演　415

Op.13　ピアノ・ソナタ（第8番）　36, 178, 236, 267,
402-03, 409, 426
　献呈　リヒノフスキー侯　267, 407, 456
　出版・作品番号　113, 236, 401-02, 406-09, 426, 475

標題：《悲愴ソナタ》 267, 406
Op.14 ２つのピアノ・ソナタ(第9~10番) 84, 119,
　189, 217-18, 222, 401, 403, 408-09, 426, 456
　献呈 ブラウン男夫人 239, 407, 456
　出版・作品番号 112, 119, 169, 217, 223, 401, 404,
　　406, 408-09, 456, 930
Op.15 ピアノ・コンチェルト第１番 172-73, 238,
　253, 396, 424, 426-27, 459-60, 646-47, 650, 652, 679
　献呈 オデスカルキ侯夫人 238
　出版・作品番号 169-71, 173, 238, 404, 426
　初演・(改訂再演) 172, 365, 397, 399-401, 410, 412,
　　414, 436, 439, 474, 647
　カデンツァ 253, 679, 721
Op.16 ピアノ五重奏曲－ピアノ四重奏曲 170, 172,
　217, 223, 410, 412, 414, 426, 436, 445
　献呈 シュヴァルツェンベルク侯 239
　出版・作品番号 170, 172-73, 217-18, 223, 239
　初演 410, 412, 414, 436
　再演 412, 414, 421
　編曲問題 218, 223
Op.17 ホルン・ソナタ 170, 246, 474
　献呈 ブラウン男夫人 239, 456
　出版・作品番号 170-71, 173, 239, 246, 456
　初演・(再演) 469-70
　演奏旅行 470
　プント 173, 245, 469-70
Op.18 ６つの弦楽四重奏曲(第1~6番) 53, 65, 84,
　170, 174, 181, 239-40, 245, 401, 416, 418, 440-42,
　468, 474-75
　献呈 ロプコヴィッツ侯 239-40, 498, 688
　出版・作品番号 112-13, 170-71, 173, 177, 402
　改訂問題 474
　校閲筆写パート譜 65
　コピスト作業 65
Op.19 ピアノ・コンチェルト第２番 30, 170, 253, 301,
　396, 402, 426-27, 459, 460, 474, 646, 653
　献呈 ニッケルスベルク男 242, 267-68
　出版・作品番号 97, 113, 170-71, 173-74, 241, 402,
　　426, 475, 489
　出版価格交渉 1161
　初演・(改訂再演) 333, 399-401, 438, 445(第4稿)
　カデンツァ 253, 721
Op.20 七重奏曲 88, 90, 101, 170, 189, 217, 224,
　414, 421, 461-63, 496, 797
　献呈 オーストリア皇妃 242, 421, 461-62
　出版・作品番号 170, 173, 224, 461, 510

出版価格交渉 1161, 1163
初演 173, 414(再演), 461
忘却されなかった理由 101, 462
Op.21 シンフォニー第１番 30, 55, 66, 170, 173,
　437, 439-41, 444, 450, 457, 459-60, 464, 479-80, 522
　526, 647, 689, 712-13, 716, 766, 957
　献呈 スヴィーテン男 272, 463
　出版・作品番号 97, 141, 170, 172-73, 766, 894, 93
　出版価格交渉 1161, 1177
　初演 173, 439, 454, 457, 463, 479-80, 634, 647, 71.
　再演 55, 522, 526
　献呈問題 241-42, 266, 268, 272, 463, 477
Op.22 ピアノ・ソナタ(第11番) 170, 409, 426
　献呈 ブロウネ＝カムス伯 238, 267
　出版・作品番号 170, 173, 426
　出版価格交渉 1161
Op.23 ヴァイオリン・ソナタ(第4番)
Op.24 ヴァイオリン・ソナタ(第5番) 54, 160, 170,
　174, 426, 810(Op.23)
　献呈 フリース伯
　出版・作品番号 83, 112, 160, 170-71, 243, 426
　Op.24 通称：《スプリング(春)》 54, 174, 474
Op.25 フルート、ヴァイオリン、ヴィオラのためのセ
　レナーデ 97, 158, 170, 223, 486
　献呈 なし
　出版・作品番号 112, 170-71, 174, 220, 223
　編曲問題(Op.41) → 偽作および疑わしい作品
Op.26 ピアノ・ソナタ(第12番) 54, 170, 217,
　401-03, 409, 426, 474, 880
　献呈 リヒノフスキー侯 236, 267
　出版・作品番号 170, 177-78, 402, 426, 518
　通称：《葬送行進曲付き》
Op.27-1 ピアノ・ソナタ(第13番) 35, 54, 84, 170,
　409, 426, 457, 474, 487
　献呈 リヒテンシュタイン侯夫人 243, 248, 639
　出版・作品番号 170, 177-78, 243, 401, 403, 425-
　　26, 518
Op.27-2 ピアノ・ソナタ(第14番) 54, 84, 170, 426,
　457, 486-87
　献呈 グィッチャルディ伯女 243
　出版・作品番号 170, 177-78, 243, 401, 403, 425-
　　26, 518
　通称：《月光》 243
Op.28 ピアノ・ソナタ(第15番) 54, 182, 409, 425-26,
　486
　献呈 ゾンネンフェルス男 244-45, 267-68

作品　索引

出版・作品番号　119, 169, 175, 177-78, 182, 426
通称：《田園》　267
Op.29　弦楽五重奏曲　54, 89, 163, 182, 486
献呈　フリース伯　243
出版・作品番号　87, 89, 91, 112, 114-15, 119, 164-65, 177-78, 182, 518
出版価格交渉　1161
期限付専有権の貸与　89-91
版権をめぐる裁判　89-91, 94, 112, 177, 469, 1160
Op.30　3つヴァイオリン・ソナタ(第6~8番)　84, 182, 402, 426, 509, 566
献呈　ロシア皇帝　244-46, 268, 875
出版・作品番号　178, 182, 402, 426, 518
出版価格交渉　1161, 1163(Op.30-1, 2)
献呈問題　244-47, 268, 875
Op.31　3つのピアノ・ソナタ(第16~18番)　183, 403, 509-10, 512, 518
献呈　なし
出版・作品番号　136, 164-65, 176-78, 181-83, 197, 212, 518
第1次時間差多発出版　91, 136, 177
出版価格交渉　1162(Op.31-2)
4 楽章構成(Op.31-3)　409
Op.31-2　通称：《テンペスト》　692
"Op.32"　歌曲《希望に寄せて》　158, 187, 602, 756
献呈　なし　267-68
出版・作品番号　88, 158, 164, 184-85, 187, 756
No.32 が Op.32 に　83, 164, 184-85, 187
Op.33　7つのピアノ・バガテル　182, 447, 486, 518
献呈　なし
出版・作品番号　178-79, 182, 509
Op.34　6つのピアノ変奏曲　54, 85, 115, 182, 445, 495, 509-15, 518, 520
献呈　オデスカルキ侯夫人(ケグレヴィチ伯女)　238
出版・作品番号　85, 87, 99, 114, 119, 154, 156, 177-78, 182, 409
出版価格交渉　1162-63
調性の変奏　512-14, 520
シンフォニー第 3 番終楽章との関係　520
Op.35　15 のピアノ変奏曲　54, 115, 182, 191, 445, 495, 509-16, 518
献呈　リヒノフスキー伯　247, 272
出版・作品番号　87, 99, 114, 119, 154, 156, 164, 177-78, 182, 409
出版価格交渉　1162
本来のタイトル：《変奏曲とフィナーレ・アッラ・フーガ》

517-18, 520
シンフォニー第 3 番終楽章との関係　443, 519
通称：《エロイカ変奏曲》《プロメテウス変奏曲》　509, 514
Op.36　シンフォニー第 2 番　37, 47-53, 55-56, 66, 69, 85, 87, 120, 179, 182, 185, 224, 235, 474, 482, 486, 494, 496, 509, 522, 526, 552, 565, 571, 624, 634, 678, 689, 712-13, 716, 766, 845, 874, 957
献呈　リヒノフスキー侯　236, 526
出版・作品番号　51, 120, 141, 178, 180, 182-83, 185, 217, 219, 224, 236, 628, 766, 894, 931
出版価格交渉　51, 155, 120, 1162-63, 1177
初演(・改訂再演)　47-52, 55, 69, 87, 185, 455, 522, 526, 565, 634, 715
作曲時期　53, 509, 552
半年専有権　571
ピアノ・トリオ編曲　185-87, 189, 219, 223
Op.37　ピアノ・コンチェルト第 3 番　30, 49-50, 55, 100, 120, 179-80, 182, 185, 253, 396, 400, 427, 441, 459-60, 494, 522, 552, 646-47, 652, 699, 702
献呈　プロイセン王子　247-48, 620
出版・作品番号　51, 100, 180, 247
出版価格交渉　51, 120, 1162-63
初演(・改訂再演)　55, 100, 185, 401, 522, 526, 874
カデンツァ　253, 721
Op.38　ピアノ、クラリネット、チェロのためのトリオ(七重奏曲Op.20ピアノ・トリオ用編曲)　88, 101, 182-83, 185, 249, 414
献呈　シュミット博士　91, 100, 120, 248, 496
出版・作品番号　88, 91, 98, 120, 179-80, 182, 185, 189, 217, 223
出版価格交渉　1162
期限付専有権　91, 120, 179
Op.39　ピアノのための 2 つのプレリュード(すべての長調をめぐる)　96, 182, 445
献呈　なし　248
出版・作品番号　96, 113, 119, 175, 177, 179-80, 182-83, 332, 336, 445, 498, 648, 763
出版価格交渉　1164
作曲時期　96, 113
Op.40　ロマンツェ　ヴァイオリンとオーケストラのため　96, 182, 444, 646-47
献呈　なし　248
出版・作品番号　96, 99, 113, 182, 444
出版価格交渉　1162, 1164
初演　647

1229

作曲時期　444-45

Op.41　非真作　→　偽作および疑わしい作品

Op.42　非真作　→　偽作および疑わしい作品

Op.43　バレエ音楽《プロメテウスの創造物》　48, 53, 96, 98, 113, 170, 172, 175, 180, 182, 209, 223, 248, 345, 443, 456, 462-63, 479-80, 514, 522, 678
　献呈　リヒノフスキー侯夫人　237
　出版・作品番号　96, 113, 170-71, 173-75, 182, 209, 213, 217, 223
　出版価格交渉　1164(全曲編曲版), 1162-64(序曲のみ)
　初演　172, 479
　宮廷からの初の委嘱　172, 450, 474, 478-80
　序曲　98, 113, 171, 174-75, 213, 233, 678
　ピアノ編曲版「Op.24」98, 170-75, 209-10, 213, 217, 223, 237, 248

Op.44　ピアノ・トリオのための14の変奏曲　96, 182, 336
　献呈　なし
　出版・作品番号　182-83, 445
　出版価格交渉　1164
　作曲時期　182, 336

Op.45　ピアノ4手のための3つの行進曲　90, 101, 182, 185, 187, 209, 408, 497, 519
　献呈　エステルハージ侯夫人　248, 639
　出版・作品番号　179-82, 187-88, 202, 209
　出版価格交渉　1164
　作曲時期　90, 182, 497

"Op.46"　アデライーデ　歌声とピアノのため　158, 426, 473, 880
　献呈　マッティソン　237, 422
　出版・作品番号　180, 237, 422, 426, 473

Op.47　ヴァイオリン・ソナタ(第9番)　48, 92, 119, 127, 182, 188, 509, 530, 563, 569-70, 619, 893
　献呈　クロイツェル　250, 268, 567
　出版・作品番号　70, 92, 103, 136, 139, 180-83, 188, 197, 203, 210, 212, 268, 570, 575, 931,
　第3次時間差多発出版　92-93, 103, 105, 136, 931
　出版価格交渉　563, 567, 1163, 1165-66, 1180
　初演　55, 530, 566
　委嘱者と被献呈者が異なる理由　566-67
　パリ・プロジェクト第2作として　567
　通称：《クロイツェル》　48, 70, 92, 103, 530, 564, 566, 569-70, 575

"Op.48"　6つの歌曲(ゲレルト)　100, 112, 158, 182, 486
　献呈　ブラウネ=カムス伯　238

出版・作品番号　100, 112, 158, 180, 182
出版価格交渉　1164

Op.49　2つの易しいピアノ・ソナタ(第19~20番)　84, 96, 115, 180, 182-83, 186-87, 189-90, 410, 445
　献呈　なし　249
　出版・作品番号　95-96, 98-100, 181-83, 185, 187 88, 410, 763
　出版価格交渉　1162, 1164
　"ベートーヴェン・オフィス"　95-101, 189, 763

Op.50　ロマンツェ　ヴァイオリンとオーケストラのため　99, 182-83, 185-87, 189, 444-45, 646
　献呈　なし
　出版・作品番号　99, 182-83, 185-87, 444, 763
　出版価格交渉　1162
　初演　455
　作曲時期　444-45

"Op.51-1"　ロンド　ピアノのため　159, 163, 406-07
　献呈　なし
　出版・作品番号　159, 406

"Op.51-2"　ロンド　ピアノのため　100, 159, 163, 243
　献呈　なし　243
　出版・作品番号　100, 159

Op.52　8つの歌曲　96, 99, 182-83, 185-87, 189, 422, 436, 498, 756
　献呈　なし
　出版・作品番号　96, 99, 182-83, 186-87, 189, 422, 436, 498, 763
　出版価格交渉　1164

Op.53　ピアノ・ソナタ(第21番)　39-40, 56, 86, 95, 105, 189, 209, 251, 255, 267, 269, 409, 519, 565, 572-73, 597, 621, 651, 658
　献呈　ヴァルトシュタイン伯　251, 267-68
　出版・作品番号　117, 182-83, 185, 189-91, 251, 684
　出版価格交渉　116, 1166, 1178
　パリ・プロジェクト第3作として　40, 571, 651
　通称：《ヴァルトシュタイン》　267

Op.54　ピアノ・ソナタ(第22番)　116, 118, 187, 191, 409, 572, 621
　献呈　なし　251
　出版・作品番号　181, 185, 187, 190-91, 251
　出版価格交渉　116, 1166, 1178

Op.55　シンフォニー第3番　37-40, 54-56, 66, 68-69, 86, 90, 100-01, 105, 116, 118, 128, 183, 187, 191, 261, 336, 443, 445, 484, 495, 514, 518-19, 522-23, 530, 549, 552, 558, 563, 565, 567-70, 572-73, 576,

作品　索引

580, 589, 621, 629, 634-35, 637, 651-52, 663, 678,
684, 686, 689-92, 696, 711-13, 715-16, 757, 765-66,
796, 950, 957

献呈　ロプコヴィッツ侯　240, 251, 688

出版・作品番号　55, 68, 141, 181, 186-87, 191, 561,
570-71, 651, 663, 713, 716, 766, 894, 931

出版価格交渉　116, 567, 574, 1163, 1165-66, 1177-
78

標題：《シンフォニア・エロイカ、ある偉大な人物の思い
出を祝うために》　略称：《シンフォニア・エロイカ》
［新カタログはこれを標題とする］、《エロイカ》　561-62

試演　55, 66, 372-73, 430, 573-76, 602, 650, 652

初演　373, 430, 573, 575-76, 634, 650, 700

再演　552, 650

半年専有権　55, 68, 570, 574-75, 650, 688, 696, 723

スケッチにみる着手時期　54-56, 495, 518-19, 567-
68

標題シンフォニー　561-62

イタリア語タイトル　128, 561, 713

ナポレオンとの関係　248, 558, 568, 572, 575-77,
637, 748, 794

パリ・プロジェクト第1作として　245, 562-64, 568,
575, 607

終楽章変奏曲とピアノ変奏曲(Op.34/35)の関係　495,
514-15, 520

Op.56　トリプル・コンチェルト　68-69, 116, 118, 121,
191, 252, 268, 427, 566, 570-71, 574, 646-47, 652-53,
679, 688, 874

献呈　ロプコヴィッツ侯　240, 251, 688

出版・作品番号　181, 191, 240, 650-54

出版価格交渉　116, 570, 574, 1165-67, 1177

試演(初演)・改訂　602, 650-52, 679

半年専有権　688

スケッチにみる着手時期　653

完成時期再検討　568, 651-53

被水による校閲筆写譜の汚濁　651

パリ・プロジェクト第4作として　571, 574, 651

Op.57　ピアノ・ソナタ(第23番)　69, 116, 118, 191,
270, 409, 602, 618, 621

献呈　フランツ・ブルンスヴィク伯　250, 266-67,
269, 471

出版・作品番号　181, 190-91, 622, 663

出版価格交渉　116, 1166, 1178

被水による自筆譜の汚濁　621

献呈問題　568-71

通称：《熱情(アパッショナータ)》　250-51, 267

Op.58　ピアノ・コンチェルト第4番　30, 119, 191,
253-54, 618, 620, 625, 646-48, 650, 661, 666-67,
701-02, 718-20, 736, 795

献呈　ルドルフ大公　252, 254, 267, 272, 718-19

出版・作品番号　136, 118, 125-26, 136, 139, 191,
252-53, 628, 657-58, 664-67, 669-70, 673, 702, 718

第4次時間差多発出版　126, 136, 139, 656, 658,
661, 669

出版価格交渉　1166-67, 1178-79

初演　626, 648-50, 652, 666, 702, 1152

献呈問題　252, 254, 267, 272, 719-20

カデンツァ　253, 721

Op.59　3つの弦楽四重奏曲(第7~9番)　26, 84, 118,
191, 240, 245, 250, 403, 618, 620, 626, 641, 667, 687,
900, 1040

献呈　ラズモフスキー伯　192, 246, 687

出版・作品番号　67, 103, 125-26, 136, 181, 191-92,
194, 245-46, 250, 403, 620, 625, 657-58, 664, 667,
669-70, 677, 931

第4次時間差多発出版　103, 126, 136, 139, 656,
658, 661, 669

出版価格交渉　1167, 1178-80

半年専有権　246

作曲の委嘱　240, 246-47

通称：《ラズモフスキー四重奏曲》　26, 67, 246

Op.60　シンフォニー第4番　30, 53, 66, 126, 191,
618-19, 625-26, 628-30, 632, 634, 636, 647, 649, 651,
658, 662, 667, 677-78, 684, 689, 696, 699, 709, 712-16,
796, 957

献呈　オッパースドルフ伯　253, 618, 633

出版・作品番号　118, 121, 125, 136, 141, 183, 190-
91, 627, 633, 657, 664-67, 670, 714-16

第4次時間差多発出版　126, 136, 139, 656, 658, 661,
669

出版価格交渉　1167, 1178-79

初演　633-34, 650, 678

作曲の委嘱と半年専有権　624-26, 630-31, 633, 658,
660, 696, 723

フルート1本編成　627-29, 646-47, 649-50, 653

Op.61　ヴァイオリン・コンチェルト　30, 58, 103, 125-
27, 232, 618, 629, 635, 641, 646-47, 656, 659-60, 664-
67, 671, 678, 721, 791, 940

献呈　シュテファン・フォン・ブロイニング　253,
1104

出版・作品番号　121, 126, 136, 190-91, 194, 217,
221, 224, 657-58, 664, 666-72, 931

1231

初演　635, 678（再演）

── ピアノ・コンチェルト編曲版　103, 125-27, 190, 221, 641, 659-60, 664-65, 721, 791, 940, 1179

献呈　ユリアーナ・フォン・プロイニング　253, 1104

出版・作品番号　126, 191, 221, 224, 657, 664-67

第4次時間差多発出版　103, 126, 136, 139, 656, 658, 661, 669-70

出版価格交渉　1167, 1178-79

Op.62　序曲《コリオラン》　30, 103, 193, 635, 638, 649-50, 678-79, 699, 700, 795-96, 1040

献呈　コリン　237

出版・作品番号　103, 119-21, 125, 136, 139, 189-91, 193, 237, 657, 664, 667, 684

第4次時間差多発出版　126, 136, 139, 656, 658, 661, 669

出版価格交渉　1167, 1178

初演（試演）　626, 635, 649, 679（再演）, 699, 796

交響詩のルーツ／「序曲ではない序曲」　635-39

コリン　237, 485, 604, 635-37, 649, 657, 685, 699-700, 708-10, 800, 802-03

"Op.63"　非真作　→ 偽作および疑わしい作品

"Op.64"　非真作　→ 偽作および疑わしい作品

"Op.65"　シェーナとアリア《ああ！不実な人》　159, 163, 229, 437-38, 445, 701, 845

献呈　なし　230, 436

出版・作品番号　159, 180, 188, 436-37

初演（・上演）　230, 436, 438-39, 482, 701

"Op.66"　チェロとのピアノのための12の変奏曲　102, 159, 413, 445

献呈　なし　413

出版・作品番号　112, 159, 165, 413

出版価格交渉　1163

モーツァルトの《魔法の笛（魔笛）》　102, 112

Op.67　シンフォニー第5番　31, 58-59, 63, 122, 255, 587, 618, 629-32, 634-36, 645, 669, 684, 686-89, 695-96, 699, 700-02, 708-09, 712-14, 716, 730, 736, 747, 756, 831, 957, 1183

献呈　ロプコヴィッツ侯およびラズモフスキー伯　192, 240, 246, 700

二重（共同）献呈　240, 246, 684-89

出版・作品番号　122, 124, 141, 191-93, 197, 211, 221, 240, 668-69, 685, 696, 710, 715, 747, 757, 764, 816, 1152

出版価格交渉　1168, 1179

初演　58-59, 61-64, 67, 482, 631（再演）, 634, 687,

700（再演）, 701-02, 710, 831（再演）

推薦のプロセス　40-41

半年専有権　66, 630, 723

"絶対性"と"標題性"　689-91

通称：《運命（シックザール）》　691-92

Op.68　シンフォニー第6番　30-31, 58-59, 62-63, 66-67, 122, 192, 479, 482, 632, 634, 637, 684, 686-87, 689-91, 695-96, 701, 706, 708-09, 712-16, 721, 730, 736, 747, 756, 796, 957, 1183

献呈　ロプコヴィッツ侯およびラズモフスキー伯　→ シンフォニー第5番

二重（共同）献呈　→ シンフォニー第5番

出版・作品番号　122, 141, 192, 221, 240, 696, 710, 714-15

出版価格交渉　1168, 1179

標題：《パストラール・シンフォニーあるいは田園生活の追想、絵画というより感情の表現》　略称：《田園（パストラール）》　562, 689-90, 693-94, 701

標題シンフォニー　562, 684, 690-91, 714

初演　58, 63, 482, 634, 687, 693-94, 701-02, 710, 716, 797（再演）, 1152

半年専有権　66, 630, 723

"絶対性"と"標題性"　→ シンフォニー第5番

Op.69　チェロ・ソナタ（第3番）　31, 122, 128, 162, 192-93, 695, 709, 756, 810, 1160

献呈　グライヒェンシュタイン男　254, 267, 272, 749

出版・作品番号　122, 127-28, 191-93, 203, 211, 696

出版価格交渉　1168, 1179

Op.70　2つのピアノ・トリオ（第4~5番）　30, 84, 124, 192, 686-87, 696, 709, 810

献呈　エルデディ伯夫人　24, 270, 272, 721

出版・作品番号　103, 122, 124, 128, 136, 162, 193, 270, 687

第5次時間差多発出版　103, 128, 136, 162

出版価格交渉　1168, 1179

Op.70-1　通称：《幽霊》

"Op.71"　管楽六重奏曲　159, 165, 419-20, 759

献呈　なし

出版・作品番号　159, 165, 193-94

Op.72　《フィデリオ》　5, 20, 40, 162-63, 193, 485, 529, 552, 580-83, 591, 594, 596, 598-604, 606-07, 610, 612, 615, 618, 620, 626-27, 634, 636, 657, 662, 677, 680-81, 698, 741, 785, 870, 888, 936, 940, 1185

献呈　ルドルフ大公（第3稿のピアノ編曲版）

出版・作品番号　118, 131, 140, 155-56, 163, 165, 175, 193-94, 212-13, 741, 747, 764, 770-71, 773,

860, 917

出版価格交渉 529, 1167-70(ピアノ編曲版),1173, 1180

タイトルの問題(レオノーレ&フィデリオ) 580-81, 599, 600, 610-11, 764, 863-64, 866

改訂(再改訂) 130, 208, 581, 612, 614, 616, 622, 635, 846, 858-66, 870, 1182

第1稿(初期稿) 581, 635, 831, 866

第2稿 581, 612-14,764, 867

第3稿(最終稿・決定稿) 253, 532, 581, 586, 602, 858, 864, 867, 874, 919, 1062

初演 208, 485, 532, 581-82, 591, 600, 604, 606-09, 636, 858, 863(第2稿), 866, 867(第2稿), 868, 1062

再演(改訂初演) 130, 208, 455, 532, 610, 612-14(第2稿), 843, 858, 860, 864, 867-69, 872-75, 916, 919, 1037, 1048, 1182

上演の評判 581, 606-08, 613-14, 874

序曲 31, 154, 156, 159, 163, 175, 193, 212-13, 233, 582, 609-10, 638, 764-65, 858, 862

レオノーレ序曲第1番 31, 58, 154, 159, 163, 175, 207, 209, 213, 582

レオノーレ序曲第2番 212, 609-10, 863, 866

レオノーレ序曲第3番 156, 193, 212, 233, 609-10, 764, 867

フィデリオ序曲 581, 867, 869, 919

台本 485, 580-82, 586, 590, 597, 612

オペラ劇場筆写譜頒布 871, 986

フランス・オペラとの接点 602, 604-05

ガヴォーとの関係 598

WoO 2b(《タルペヤ》第2幕導入曲) 831

ピアノ編曲版 130, 156, 193, 209, 212, 233-34, 272, 277, 765, 771, 873(モシェレス), 882

ピアノ伴奏版 765

Op.73 ピアノ・コンチェルト第5番 104, 155, 646-47, 675, 696, 704, 721, 741, 762, 770, 775, 785, 794-95, 797, 828, 917, 1069

献呈 ルドルフ大公

出版・作品番号 123-24, 126-27, 129, 136, 156, 193, 212, 221, 253, 255, 656, 669, 672, 675-76, 685, 759, 771, 917, 931

ロンドン、先行出版 8, 123, 255, 676, 791, 917, 931

第6次時間差多発出版 104, 123, 126-27, 136, 156, 193, 669, 674-76, 762, 931

出版価格交渉 1169-70

初演 741, 779, 792-93, 795, 797-98

初演時期の見直し 779, 791-95, 797

ルドルフ大公へのレッスン 252, 793

通称：《皇帝(エンペラー)》 794

Op.74 弦楽四重奏曲(第10番) 155, 672, 676, 741

献呈 ロプコヴィッツ侯 240

出版・作品番号 124, 127, 129, 136, 162, 676, 742, 762, 771

第6次時間差多発出版 104, 123, 126-27, 136, 156, 193, 669, 674-76, 762, 931

出版価格交渉 1169-70

通称：《ハープ》

Op.75 6つの歌曲 31, 129, 155, 163-64, 676, 719, 741, 758-59, 761

献呈 キンスキー侯夫人 255, 723

出版・作品番号 127, 129, 136, 164, 675, 757, 759-60, 762, 771

第6次時間差多発出版 104, 123, 126-27, 136, 156, 193, 669, 674-76, 762, 931

出版価格交渉 1169-70

Op.76 6つのピアノ変奏曲 675, 719, 741, 762, 801-02

献呈 オリヴァ 256, 266

出版・作品番号 123, 129, 136, 162, 256, 672, 676, 771

第6次時間差多発出版 104, 123, 126-27, 136, 156, 193, 669, 674-76, 762, 931

出版価格交渉 1169-70

Op.77 ピアノ幻想曲 269, 676, 741

献呈 フランツ・ブルンスヴィク伯 250, 269, 763

出版・作品番号 136, 162, 676, 762, 771

第6次時間差多発出版 104, 123, 126-27, 136, 156, 193, 669, 674-76, 762, 931

出版価格交渉 1169-70

献呈問題 269

Op.78 ピアノ・ソナタ(第24番) 155, 676, 719, 762

献呈 テレーゼ・ブルンスヴィク伯女 250, 763, 818

出版・作品番号 127, 136, 162, 250, 676, 763, 771

第6次時間差多発出版 104, 123, 126-27, 136, 156, 193, 669, 674-76, 762, 931

出版価格交渉 1169-70

通称：《テレーゼ》 763

Op.79 ピアノ・ソナチネ(ソナタ第25番) 155, 347, 676, 719, 741

献呈 なし 254, 763

出版・作品番号 127, 136, 155, 162, 254, 676, 762, 771

第6次時間差多発出版 104, 123, 126-27, 136, 156,

1233

193, 669, 674-76, 762, 931
　出版価格交渉　1169-70
　テレーゼ・マルファッティ　763
Op.80　ピアノ、合唱、オーケストラのための幻想曲
　129, 168, 376, 611, 675, 685, 693-94, 701, 703-05,
　707, 741, 768-69, 794, 797, 830, 874, 881, 917
　献呈　バイエルン国王　234
　出版・作品番号　124, 127, 136, 675-76, 762, 771,
　　917, 1140
　第6次時間差多発出版　104, 123, 126-27, 136, 156,
　　193, 669, 674-76, 762, 931
　出版価格交渉　1169-70
　初演　703, 705
　コンサート評　705-06
　献呈問題　234-35, 272, 273
　通称:《合唱幻想曲》　129
　ピアノ編曲版　830
"Op.81a"　ピアノ・ソナタ(第26番)　129, 159, 237,
　409, 676, 741, 766
　献呈　ルドルフ大公　267, 740, 788
　出版・作品番号　127, 129, 136, 159, 197-98, 253,
　　676, 762, 917, 1170
　第6次時間差多発出版　104, 123, 126-27, 136, 156,
　　193, 669, 674-76, 762, 931
　出版価格交渉　1169-70
　標題:《告別、不在、再会》　734
　完成時期の再検討　769-71
"Op.81b"　六重奏曲(弦楽四重奏と2ホルン)　197, 421
　献呈　なし
　出版・作品番号　139, 159, 197-98
Op.82　4つのアリエッタと1つのデュエット　104,
　163, 669, 676, 719, 741, 760-62, 766
　献呈　なし　254, 272
　出版・作品番号　127, 129, 136, 254, 669, 676, 757,
　　762, 771, 785, 791, 917, 1170
　第6次時間差多発出版　104, 123, 126-27, 136, 156,
　　193, 669, 674-76, 762, 931
　出版価格交渉　1169-70
　イタリア語歌詞への付曲　761-62
Op.83　《ゲーテ歌曲集》　133, 163, 256, 719, 762,
　766, 770, 799, 917
　献呈　キンスキー侯夫人　255
　出版・作品番号　133, 757, 771, 917
　出版価格交渉　1170
Op.84　《エグモント》への音楽　237, 742-43, 747, 760,
　762, 766, 769, 771, 785, 790, 917

献呈　なし　237, 254, 272, 788
出版・作品番号　254, 747, 765-66, 770-71, 790, 917
出版価格交渉　1169
初演　742, 765, 769
序曲　237, 643, 766, 771, 788, 796-97, 858, 874
ピアノ編曲版　765, 767, 769, 771, 787-88
ゲーテへの献呈　786-88
Op.85　オラトリオ《オリーブ山のキリスト》　20, 40, 55,
　84, 93, 116, 118, 233, 343, 522, 524-27, 529, 532-35,
　554, 572, 581-82, 587, 601, 610, 621, 636, 638, 644,
　646-48, 651, 658, 703-04, 741, 769-70, 785, 796, 799,
　811, 823-24, 845, 874, 881, 901-02, 918, 934, 942,
　1034, 1140, 1181-82
　献呈　なし　255
　出版・作品番号　118, 255, 747, 764, 769, 771, 860
　出版価格交渉　116, 529, 643, 1165-69, 1177-78,
　　1180
　初演(・上演)　40, 55, 69, 482, 522-27, 529-30, 533,
　　601, 647, 679, 823-24, 934(イギリス), 942(イギリス),
　　1140(イギリス), 1181
　再演　529, 796, 881
　改訂　40, 69, 523, 530, 549, 918
　台本　309, 534, 553, 610
　音楽的特徴　548-52
　歌詞全訳と解説　538-47
　"傑作"性　20, 522, 646
　ピアノ編曲版　233, 769, 771
Op.86　ミサ曲(ハ長調)　20, 58, 122, 124, 156, 169,
　194, 249, 276, 420, 618-19, 623, 645-46, 684, 694-95,
　701-02, 714, 747, 770, 785, 898, 918, 1152
　献呈　キンスキー侯　255, 272, 723
　出版・作品番号　122, 234, 741, 747, 764, 768-69,
　　771, 790, 816, 860, 886
　出版価格交渉　529, 1168-69, 1180
　初演(・上演)　58, 639-44, 701-02, 768, 987, 1152
　再演　643
　パート譜(作成)　255, 767-68
　演奏人員　641-42
　献呈問題　234, 255-57, 723, 748, 794
　"傑作"性　20, 529, 644-46, 747
　エステルハージ侯　248
"Op.87"　管楽トリオ[2オーボエとイングリッシュ・ホルン]
　419
　献呈　なし　419
　出版・作品番号　159, 251, 419
　通称:《オーボエ・トリオ》　150

作品　索引

"Op.88"　歌曲《人生の幸せ》　38, 756
　献呈　なし　244
　出版・作品番号　100, 159
　レッシェンコール（版元）　100, 756
"Op.89"　ピアノ・ポロネーズ　244
　献呈　ロシア皇妃　875
　出版・作品番号　159, 163, 244
　献呈問題　244-45
Op.90　ピアノ・ソナタ（第27番）　131, 256, 875
　献呈　リヒノフスキー伯　247, 267
　出版・作品番号　104, 131-33, 135-36, 169, 194-95,
　　203, 402, 409, 790, 887, 924, 1173
　ライセンス出版　104, 136
Op.91　《ウェリントンの勝利》　104, 138-39, 245, 276,
　823, 837, 839, 841, 843-45, 847-51, 877, 879, 887,
　901-02, 918, 935, 937, 939-40, 942
　献呈　イギリス摂政皇太子　196, 247, 256, 276, 879,
　　901, 904
　出版・作品番号　104, 131-36, 138, 147, 195-96, 887-
　　88, 902, 938, 941, 1173
　第7次時間差多発出版　104, 136, 902
　第1次国際出版　134, 136, 144, 195
　出版価格交渉　1170
　初演（・上演）　133, 839（イギリス）, 934-35, 939（イギリス）
　再演　841, 877
　作曲契機　138, 196, 806, 834-37
　メルツェルとの協働　133, 836-40, 844, 853-55
　ピアノ編曲版　104, 138-39, 196, 256, 887, 901, 935,
　　938-39
　別称"戦争交響曲"の由来　139
Op.92　シンフォニー第7番　5, 66, 131-33, 134,
　138-39, 219, 274, 573, 689, 702, 712-13, 715, 779,
　801-03, 806-07, 809-10, 814, 819-20, 841, 845, 858,
　877, 887, 904, 918, 940-41, 943-44, 946, 957, 1075
　献呈　フリース伯　243
　出版・作品番号　71, 95, 104-05, 131-32, 134, 136,
　　139-40, 145, 148, 162, 195-96, 219, 573, 712, 715,
　　765, 894, 922, 924, 938, 941, 943, 1173
　第7次時間差多発出版　104, 136, 902
　第1次国際出版　134, 136, 144, 195
　出版価格交渉　1170
　初演（・試演）　66, 133, 140（イギリス）, 715, 807, 809, 828-
　　31, 834, 836, 844-45, 918, 942-44（イギリス）, 946
　再演　482, 841, 845, 858, 877
　作曲開始時期の再検討　779, 801-04
　ピアノ編曲版「Op.98」　104, 139, 196, 233, 244, 938,

　　940-42, 957
Op.93　シンフォニー第8番　5, 66, 131-32, 134, 273,
　689, 702, 712-13, 715, 806, 809-10, 815, 819-20, 836,
　844-46, 887, 918, 925, 941
　献呈　なし　273
　出版・作品番号　104-05, 131-36, 148, 195, 257,
　　715, 820, 924, 941, 1173
　第1次国際出版　134, 136, 144, 195
　出版価格交渉　1170
　初演（・試演）　66, 482, 715, 807, 809, 828-30, 834,
　　836, 844, 845（再演）, 846, 918
　創作の作業スタイルの変化　819-20
　テプリッツからリンツへ　131, 806, 819, 822
Op.94　歌曲《希望に寄せて》（第2作）　195, 256, 921
　献呈　キンスキー侯夫人　884
　出版・作品番号　132, 195-96, 255, 1173
Op.95　弦楽四重奏曲（第11番）　131-33, 195, 762,
　774, 918, 940-41, 1082
　献呈　ズメスカル　257, 272
　出版・作品番号　104-05, 131-34, 136, 140, 195-96,
　　1173
　第1次国際出版　134, 136, 144, 195
　出版価格交渉　1170
　出版の大幅遅延の理由　132-33, 195-96
　初演　1082
　通称：《セリオーソ》　1082
Op.96　ヴァイオリン・ソナタ（第10番）　131-32, 195,
　253, 806, 820, 837, 939
　献呈　ルドルフ大公　196, 790, 884
　出版・作品番号　104, 131-32, 136, 138-39, 195-96,
　　253, 790, 884, 938, 942, 1174
　第7次時間差多発出版　104, 136, 902
　出版価格交渉　1170
　初演　820
Op.97　ピアノ・トリオ（第6番）　131-32, 195, 253,
　762, 774, 819, 868, 918, 938-39
　献呈　ルドルフ大公　196, 790, 884
　出版・作品番号　104, 131-32, 136, 138-39, 195-96,
　　253, 790, 938, 942, 1174
　第7次時間差多発出版　104, 136, 902
　出版価格交渉　1170-71
　初演　791
　ルドルフ大公へのレッスン　791
　通称：《大公トリオ》　790
Op.98　歌曲集《遙かな恋人へ》　132, 922
　献呈　ロプコヴィッツ侯　240, 273, 884

1235

出版・作品番号　104, 132, 195, 197, 888, 1174
出版価格交渉　1176
タイトルの意味　273-75
Op.99　歌曲《約束を守る男》　132, 195, 1176
献呈　なし　257
出版・作品番号　132, 195, 1174, 1176
Op.100　二重唱曲《メルケンシュタイン》(第2作)　132, 195, 877
献呈　ディートリヒシュタイン伯(詩人ルプレヒトからの献呈)　257
出版・作品番号　132, 195, 197, 199, 1174, 1176
Op.101　ピアノ・ソナタ(第28番)　132, 195, 922-23
献呈　ドロテア・エルトマン男夫人　257
出版・作品番号　104, 132-33, 143, 194-95, 197, 199, 1174, 1176
出版価格交渉　1171, 1176
Op.102　2つのチェロ・ソナタ(第4～5番)　84, 139, 204, 687, 804, 922, 940, 972
献呈　エルデディ伯夫人　254
出版・作品番号　104, 136, 143, 162, 197-99, 203, 210-12
第8次時間差多発出版　104, 136, 143, 162, 254, 972
"Op.103"　管楽八重奏曲　159, 336, 416, 418-20
献呈　なし　419
出版・作品番号　76-78, 159, 166, 217, 336, 384, 419
永久欠番　144, 204, 212
「8声のパルティー」　336, 384
ハイドン選帝侯宛書簡・選帝侯返書　336
Op.104　弦楽五重奏曲(ピアノ・トリオOp.1-3の編曲)　222, 224, 924, 949, 972
献呈　なし　258
出版・作品番号　104, 136, 144, 162, 199, 203-04, 212, 217, 221, 224, 948-49, 964, 972, 1184
第9次時間差多発出版　104, 136, 200, 949
出版価格交渉　1171
Op.105　民謡変奏曲　144-45, 891, 973
献呈　なし　258
出版・作品番号　104-05, 136, 143-44, 162, 204, 891, 894, 908-11, 972, 1184
第10次時間差多発出版　104-05, 136, 888, 891, 908, 972
第2次国際出版　136, 144, 908
フルート　144, 891, 894, 908
トムソン　144, 908, 912, 972-73
Op.106　ピアノ・ソナタ(第29番)　31, 166, 178, 180, 188, 201, 206, 267, 409, 925-27, 949, 962-63, 965-66,

971-73, 980, 984, 992
献呈　ルドルフ大公　267, 970
出版・作品番号　105, 136, 144, 148, 162-66, 204, 253, 927, 948-49, 962-64, 972, 1184
第9次時間差多発出版　104, 136, 200, 949
第2次国際出版　136, 144, 908
出版価格交渉　1171, 1185
ブロードウッド　926
ピアノの音域　926
「パンのための仕事」　971-72, 984
通称:《ハンマークラヴィーア》　143, 267
Op.107　民謡変奏曲　140, 145, 160, 910
献呈　なし　258
出版・作品番号　104, 136, 140, 145, 199, 203-04, 211-12, 891, 908-10, 912, 973
第10次時間差多発出版　104-05, 136, 888, 891, 908, 972
出版価格交渉　1171, 1185
フルート　145
トムソン　145, 911, 973
Op.108　25のスコットランド歌曲集　145, 258, 888
献呈　ラヅィヴィル侯　260
出版・作品番号　104, 136, 145, 200, 203-04, 212, 258, 888, 891, 906, 909-10, 973
第10次時間差多発出版　104-05, 136, 888, 891, 908, 972
出版価格交渉　1171, 1185
訳詞　906
トムソン　910
プロイセン皇太子　260
Op.109　ピアノ・ソナタ(第30番)　141, 145-46, 148, 271, 960, 966, 974-75, 980
献呈　マクシミリアーネ・ブレンターノ　258
出版・作品番号　105, 146, 148, 200, 204, 259, 973
第3次国際出版　136, 145, 148
出版価格交渉　1171-72, 1180, 1185
「パンのための仕事」　141, 146, 974, 980, 984
Op.110　ピアノ・ソナタ(第31番)　127, 141, 145, 148, 259, 960, 966, 974-75, 981, 985
献呈　なし　259, 271-72
出版・作品番号　105, 127, 136, 148, 200, 204, 259, 949, 975
第11次時間差多発出版　105, 127, 136, 147, 949
第3次国際出版　136, 145, 148
出版価格交渉　1171-72, 1180, 1185
「パンのための仕事」　141, 146, 974, 981, 984

作品　索引

献呈問題　257, 271
アントーニエ・ブレンターノ　258-59, 271-72

Op.111　ピアノ・ソナタ(第32番)　127, 141, 145, 147, 960, 966, 974-75, 981, 984, 992, 1084
献呈　ルドルフ大公　259, 267, 271-72
出版・作品番号　71, 105, 127, 136, 147, 200, 204, 253, 258-59, 949, 978, 985
第11次時間差多発出版　105, 127, 136, 147, 949
第3次国際出版　136, 145, 148
出版価格交渉　1171, 1180, 1185
「パンのための仕事」　141, 146, 974, 981, 984
献呈問題　258-60, 271-72
アントーニエ・ブレンターノ　258-60, 271-72

Op.112　《海の凪と成功した航海》　34, 136, 161, 200, 880-81, 920, 922, 940
献呈　ゲーテ　237
出版・作品番号　34, 71, 105, 136, 140, 161, 200-04, 211-12, 1174
初演　880, 941

Op.113　《アテネの廃墟》への音楽　27, 204, 214-15, 719, 795, 800-03, 823-24, 828-30, 843-44, 859-60, 869, 936-37, 940, 976, 981, 1005
献呈　なし
出版・作品番号　71, 135-37, 175, 201, 209, 214-17, 888, 976, 1174
出版価格交渉　1171(第6, 7曲)
作曲時期　137, 795, 800, 803
本来は序曲のみ　135, 215-16
ピアノ編曲版　209, 215

Op.114　《アテネの廃墟》から行進曲と合唱　175, 204, 214-15, 797
献呈　なし
出版・作品番号　137, 175, 214-17, 1174
作曲時期　136
ピアノ編曲版　209, 215-16

Op.115　序曲　135, 795, 830, 879-80, 920, 936, 940
献呈　ラヅィヴィル侯　260
出版・作品番号　137, 204, 260, 888, 1086, 1174
初演　261, 880(再演)
作曲時期　136, 261, 920
スケッチの時期的点在　261, 795, 830, 920
「序曲ではない序曲」第2弾　795
通称：《聖名祝日》　135, 261, 795

Op.116　《おののけ、不信心な者ども》　137, 263, 427, 437, 481-82, 494, 523, 845, 1070, 1072, 1085
献呈　なし

出版・作品番号　128, 137, 204, 426-27, 888, 1174
初演(・上演)　482, 523, 1070, 1072
作曲時期　137, 481, 494, 523, 845
チェンバロ伴奏　128, 426-27

Op.117　《ハンガリー最初の善政者(シュテファン王)》　27, 137, 795, 797, 800-01, 803, 823, 828-30, 936-37, 940, 1005
献呈　なし
出版・作品番号　137, 203-04, 212, 1174
作曲時期　136, 795, 800, 803, 888

Op.118　《悲歌》　71, 920, 976
献呈　パスクァラーティ　920
出版・作品番号　71, 76, 137, 204, 920, 976
死後出版　137, 201, 210, 212, 920
ハスリンガー　136, 201

"Op.119"　11のピアノ・バガテル　34, 159, 200, 509, 518, 966, 974-75, 977
献呈　なし
出版・作品番号　34-35, 105, 127, 159, 166, 200, 203-04, 212, 509, 957, 976-78
作曲時期　34, 974-75, 977
「パンのための仕事」　974, 977-78, 980, 984
Op.112(の番号づけ)　104, 200

Op.120　ワルツによる33変奏曲　140, 147, 232, 927, 951, 960, 980-82, 1084
献呈　アントーニエ・ブレンターノ　259-60, 271-72
出版・作品番号　147, 201, 204, 976, 978
作曲時期　927, 951, 960, 964, 966, 977, 980-81
献呈問題　259-60, 271-72
ルドルフ大公　259, 271
通称：《ディアベッリ変奏曲》　146

"Op.121a"　ピアノ・トリオ変奏曲　96, 923
献呈　なし
出版・作品番号　96, 105, 136, 159, 204, 957, 1174
第12次時間差多発出版　105, 136, 957
出版価格交渉　1164, 1171
作曲時期　923

"Op.121b"　奉献歌(第2稿)　150, 159, 201, 975, 979, 982, 1097, 1184
献呈　なし
出版・作品番号　152, 159, 202, 204, 422, 978, 986
出版価格交渉　1172, 1185
作曲時期　977, 982

Op.122　盟友歌　150, 975, 979, 982, 1097, 1184
献呈　なし
出版・作品番号　152, 168, 201-02, 204, 210, 978, 986

1237

出版価格交渉　1172, 1185
作曲時期　977, 982
Op.123　ミサ・ソレムニス　19, 35, 141, 146, 149, 151-
52, 164, 263, 340, 532, 642, 644-45, 718, 776, 927-
28, 960, 962-63, 968, 972, 975, 977, 982, 984, 986-
88, 992, 1010, 1024, 1032, 1035, 1049-50, 1056,
1072, 1077-79, 1082, 1085-87, 1181, 1183
　献呈　ルドルフ大公　261
　出版・作品番号　76, 146, 149-51, 199, 202, 204-06,
253, 388, 973, 976, 979, 988, 1025, 1077, 1095
　出版価格交渉　967, 1077, 1171-72, 1180, 1185
　初演（部分上演）　263（生前の完全上演）, 1024, 1041,
1049, 1057, 1072, 1082, 1085-86
　上演歌手　1041-46
　上演会場　1946-53
　上演の演奏準備　1053-57
　作曲時期・作曲計画　927, 960-69, 976, 980-84
　筆写譜販売（予約特別頒布）　253, 260, 263, 275-78,
746, 872, 962, 986-89, 1076, 1084-85
　《フィデリオ》筆写譜頒布との関連　872
Op.124　《献堂式》への序曲　146-47, 150, 213, 215,
952, 954, 976-77, 979, 981-82, 996, 1050, 1085-86,
1097, 1181, 1184
　献呈　ガリツィン侯　261, 1088
　出版・作品番号　147, 152, 204, 263, 954
　出版価格交渉　1172, 1185
　初演　954, 1050（再演）
Op.125　シンフォニー第9番　5, 25, 31, 66, 135,
146, 151-52, 263, 368, 482, 587, 691, 704, 712-13,
715, 809, 845, 869, 874, 881, 921, 950-51, 955, 960,
964-65, 967, 978-81, 983, 985, 1002, 1021, 1024-25,
1031-32, 1035, 1039, 1041-42, 1046, 1050, 1053-54,
1069, 1075, 1077-79, 1082-85, 1117, 1157, 1182
　献呈　プロイセン国王　206, 261, 272
　出版・作品番号　204-06, 264, 388, 482, 1025, 1079,
1095, 1181
　出版価格交渉　1078, 1172, 1180, 1185
　標題：《シラーの頌歌"歓喜に寄せて"による終結合唱
付き》　691
　初演　152, 352, 368, 869, 881, 953, 955-56（イギリ
ス）, 978, 985, 1002-03, 1024-25, 1032, 1079, 1034,
1039, 1041, 1043, 1053-54, 1078, 1082-83, 1117
　再演　152, 416, 482, 845, 1002-03, 1039, 1041, 1054,
1078-79, 1082-83
　委嘱と半年専有権　206, 951, 953-54, 1084
　上演歌手　1041-46

上演会場　1046-53
上演の演奏準備　1053-57
作曲契約　950
作曲時期　951, 960, 979, 981, 983
第3楽章第4ホルン・パート　1025-30
ロンドン・フィルハーモニック協会　206, 261, 951-52,
1033
ロシア皇帝　262, 272, 1087
フランス国王　261-62, 272
通称：《合唱シンフォニー》　715
Op.126　6つのピアノ・バガテル　979, 1097, 1184
　献呈　なし
　出版・作品番号　150, 152, 204, 978, 986
　出版価格交渉　1172, 1185
　作曲時期　979, 983-84
　「パンのための仕事」　978, 983-84
Op.127　弦楽四重奏曲（第12番／晩年第1作）　152,
240, 263-64, 403, 986, 1077, 1079, 1087, 1095, 1118
　献呈　ガリツィン侯　263-64, 1093
　出版・作品番号　205-06, 264, 403, 1095
　出版価格交渉　1172, 1180, 1185
　初演　1095
　作曲委嘱　240, 247, 263, 983, 1083-85, 1087, 1093
　作曲時期　152, 403, 979, 983
Op.128　歌声とピアノのための《くちづけ》　150, 202,
982, 1097, 1184
　献呈　なし
　出版・作品番号　152, 202, 204-06, 210-11, 976,
979, 986
　出版価格交渉　1172, 1185
　作曲時期　976-77
"Op.129"　ピアノのためのアッラ・インガレーゼ・クワ
ジ・カプリッチョ　207, 410, 440
　献呈　なし
　出版・作品番号　76-78, 83, 159, 205-07, 210-11
　死後出版　207, 410
　作曲時期　440
　通称：《なくした小銭への怒り》
Op.130　弦楽四重奏曲（第13番／晩年第3作）　264,
1082, 1087, 1093, 1120, 1131
　献呈　ガリツィン侯　240, 264, 1093
　出版・作品番号　76, 147, 205-06, 264, 403
　出版価格交渉　146-47, 1172-73, 1180, 1185
　作曲時期　1088
Op.131　弦楽四重奏曲（第14番／晩年第4作）　264,
1082

作品　索引

献呈　シュトゥッターハイム男　265, 272, 1138
出版・作品番号　151, 205-06, 265, 1138
出版価格交渉　1172-73, 1185
作曲時期　1082
献呈問題　265, 272, 1138
Op.132　弦楽四重奏曲(第15番／晩年第2作)　150, 240, 957, 1087, 1117
献呈　ガリツィン侯　264, 1082, 1093, 1103
出版・作品番号　147, 205-06, 264-65, 403
出版価格交渉　146-47, 1172, 1185
初演　957, 1103
作曲時期　150, 1082, 1087
通称:《聖なる感謝の歌》
Op.133　弦楽四重奏のための《大フーガ》　222, 224, 1082, 1093
献呈　ルドルフ大公　265, 1093
出版・作品番号　205-06, 224, 253, 264-65
作曲時期　1082
Op.134　ピアノ4手のための《大フーガ》　222, 224
献呈　ルドルフ大公　265
出版・作品番号　205-06, 217, 224, 253, 264-65
出版価格交渉　1173, 1185
作曲時期　264
Op.135　弦楽四重奏曲(第16番／晩年第5作)　264, 1120
献呈　ヴォルフマイアー　265, 272

出版・作品番号　205-07, 265
出版価格交渉　1172, 1185
作曲時期　264, 1082
"Op.136"　カンタータ《栄光の時》　71, 165, 343, 876-78, 940-41
献呈　なし
出版・作品番号　71, 76-78, 83, 137, 159, 165, 207-09, 211, 888, 1174
死後出版　137, 166, 203, 207
出版価格交渉　1170-71
初演　208, 343
作曲時期　876
ヴィーン会議　208, 343, 876
Op.137　弦楽五重奏のためのフーガ　76, 207
献呈　なし
出版・作品番号　207-08
死後出版　76, 207
作曲時期　208
"Op.138"　《レオノーレ》序曲第1番　31, 58, 582
献呈　なし
出版・作品番号　76, 78, 83, 159, 165, 175, 207-10, 213
死後出版　76, 159, 207-08
作曲時期　208
ピアノ編曲版　209-10
《フィデリオ》との関係　582

作品番号のない作品　[WoO]

＊新カタログの欄外にはジャンルの表示しかないので、各作品の冒頭に大書きされた簡略タイトルを採用。
＊被献呈者記載のもの、および「献呈　なし」は生前に出版された作品。
＊「死後出版」(1827～38出版)は出版作品一覧表に収録された作品。
＊「非出版」はそれ以外のもの。

WoO1~6（ボン時代のオーケストラ作品）

WoO 1　騎士バレエへの音楽　347
非出版
作曲時期　347
WoO 2a　悲劇《タルペヤ》への行進曲　83, 830
献呈　なし
出版　830-31, 976
作曲時期　831, 976
WoO 2b　《タルペヤ》第2幕導入曲　604, 609, 831, 866 ⇒ Op.72

WoO 3　祝賀メヌエット　78, 83, 147, 151, 977, 996, 1172
死後出版　プライヴェート作品　229
作曲時期　78, 977, 982
WoO 4　コンチェルト[ピアノとオーケストラ]　298-99
非出版
作曲時期　298-99
WoO 5　コンチェルト断章[ヴァイオリンとオーケストラ]　335
非出版
作曲時期　976

WoO 6　ロンド［ピアノとオーケストラ］　399
　非出版
　死後出版　400
　作曲時期　399

WoO 7~15（ヴィーン時代初期のオーケストラ舞曲）

WoO 7　12のメヌエット　81, 163, 399, 442-43, 514
　献呈　なし
　出版　78, 81, 443, 456
　作曲時期　442-43
　筆写譜販売　381, 443, 988
　美術家年金協会　442
WoO 8　12のドイツ舞曲　81, 163, 399, 442-43
　献呈　なし
　出版　81, 443, 456, 801
　作曲時期　78, 442-43
　筆写譜販売　381, 443, 988
　舞踏会　442-43
WoO 9　6のメヌエット　78, 443
　非出版
　作曲時期　78
WoO 10　6のメヌエット　81
　献呈　なし
　出版（ピアノ編曲版）　81, 443
　作曲時期　78, 443
WoO 11　7のレントラー舞曲　81
　献呈　なし
　出版（ピアノ編曲版）　81, 443
　作曲時期　78
WoO 12　偽作　→　偽作および疑わしい作品
WoO 13　12のドイツ舞曲　78, 443
　非出版
　作曲時期　78
WoO 14　12のコントゥルダンス　81, 434, 443
　献呈　なし
　出版（ピアノ編曲版）　81, 443
　作曲時期　443
　出版価格交渉　1164
WoO 15　6のレントラー舞曲　81
　献呈　なし
　出版　81, 100, 443
　作曲時期　443
　出版価格交渉　1163
WoO 16a　偽作　→　偽作および疑わしい作品
WoO 16b　偽作　→　偽作および疑わしい作品
WoO 17　偽作　→　偽作および疑わしい作品

WoO 18~24（軍楽）

WoO 18　行進曲第1番　982
　献呈　なし
　出版（第2稿）　78, 81, 774-75, 976, 982, 1172
　作曲時期　774, 976-77
　帰営ラッパ第1番　152, 774-75
　改訂（第3稿）　977, 982
　ペータース　975, 982
WoO 19　行進曲第2番　774-75, 982
　献呈　なし
　出版（第2稿）　78, 81, 976, 982, 1172
　作曲時期　774-75, 976-77
　帰営ラッパ第3番　774-75
　改訂（第3稿）　977, 982
　ペータース　975
WoO 20　行進曲　78, 83, 776, 976-77, 982
　非出版
　作曲時期　776, 976-77
　帰営ラッパ第2番　776
　ペータース　975, 982
WoO 21　軍楽のためのポロネーズ　ニ長調　78, 83,
775
　非出版
　作曲時期　775
WoO 22　軍楽のためのエコセーズ　ニ長調　78, 83,
775
　非出版
　作曲時期　775
WoO 23　軍楽のためのエコセーズ　ト長調　78, 83,
775
　非出版
　作曲時期　775
　ピアノ編曲版（チェルニー）　775
WoO 24　軍楽のための行進曲　ニ長調　83, 776, 977
　死後出版（ピアノ2手/4手）　976
　作曲時期　776, 976-77
　「大警備隊のための行進曲」　776
　ペータース　975, 982

WoO 25~35（ピアノなし室内楽）

WoO 25　管楽八重奏ロンド楽章　337, 418-19
　死後出版
　作曲時期　337
　"Op.103"　419
　通称：《ロンディーノ》

WoO 26 二重奏曲[フルート2本] 78, 335
　非出版
　作曲時期 335
WoO 27 偽作 → 偽作および疑わしい作品
WoO 28 8つの変奏曲[2オーボエとイングリッシュ・ホルン] 78, 83, 96, 419, 976
　非出版
　出版価格交渉 1164
　作曲時期 96, 419, 976
　《ドン・ジョヴァンニ》変奏曲 99, 419
　"Op.87" 99, 419
　通称:《オーボエ・トリオ変奏曲》 96, 1164
WoO 29 行進曲(管楽六重奏のため) 414, 420
　非出版
　作曲時期 414, 419
WoO 30 3つのエクアーレ[トロンボーン4本]
　死後出版
　作曲時期
　埋葬時の葬送歌
WoO 31 2声フーガ[オルガン] 78, 298
　非出版
　作曲時期 298

WoO 36~46 (ピアノ付き室内楽)

WoO 36 3つの四重奏曲[クラヴィーア、ヴァイオリン、ヴィオラ、チェロ] 78, 299
　死後出版
　作曲時期 78, 299
WoO 37 トリオ[クラヴィーア、フルート、ファゴット] 78, 300
　非出版
　作曲時期 78, 300
　自筆譜 300
　ヴェスターホルト=ギゼンベルク 300
WoO 38 トリオ[クラヴィーア、ヴァイオリン、チェロ] 78, 336
　死後出版
　作曲時期 78, 336
WoO 39 トリオ[クラヴィーア、ヴァイオリン、チェロ] 78, 258, 789, 810, 813, 820
　死後出版 プライヴェート作品
　作曲時期 78
WoO 40 12の変奏曲[クラヴィーアとヴァイオリン]《モーツァルトの〈フィガロの結婚〉変奏曲》 78, 81, 110-11, 169, 413
　献呈 エレオノーレ・フォン・ブロイニング 236, 413

出版・作品番号 78, 81, 110-11, 169, 412
　作曲時期 78
　「作品1」 78, 110, 169, 410, 413
WoO 41 ロンド[クラヴィーアとヴァイオリン] 78, 81
　献呈 なし
　出版 78, 81, 139, 335
　作曲時期 78, 335
WoO 42 6つのドイツ舞曲[クラヴィーアとヴァイオリン] 78, 81
　献呈 なし
　出版 78, 81
　作曲時期 78
WoO 43a ソナチネ[マンドリンとチェンバロ]
WoO 43b アダージョ[マンドリンとチェンバロ]
WoO 44a ソナチネ[マンドリンとチェンバロ]
WoO 44b 変奏曲[マンドリンとチェンバロ] 78, 230-31
　非出版
　作曲時期 78, 445
　クラム=ガラス伯 230
WoO 45 12の変奏曲(クラヴィーアとチェロのため)(ヘンデルの《ユダス・マカベウス》) 73, 78, 81, 445
　献呈 リヒノフスキー侯夫人 237
　出版・作品番号 78, 81, 237
　出版価格交渉 1163
　作曲時期 73, 78, 445
WoO 46 7つの変奏曲(クラヴィーアとチェロのため)(モーツァルトの《魔法の笛[魔笛]》) 78, 81, 172
　献呈 ブロウネ=カムス伯夫人 238
　出版・作品番号 78, 81, 112, 238
　作曲時期 78

WoO 47~86 (ピアノ[鍵盤楽器]曲)

WoO 47 3つのソナタ 79, 296, 403, 424-25
　献呈 ケルン選帝侯 296
　出版 78, 81-82, 109, 296, 425
　献呈文起草者 296, 297(ネーフェ)
　通称:《選帝侯ソナタ》 296, 403, 424
WoO 48 ロンド 79, 298, 424
　献呈 なし
　出版 79, 81, 425
　作曲時期
WoO 49 ロンド 298, 424
　献呈 なし
　出版 81, 298, 425
　作曲時期

WoO 50　ソナチネ　79
　非出版　プライヴェート作品
　作曲時期　79
WoO 51　2つの小品　79, 236
　死後出版　プライヴェート作品
　作曲時期　79, 236
　通称：《エレオノーレ・ソナタ》
WoO 52　バガテル　34, 36, 79, 83
　非出版
　作曲時期　977
WoO 53　アレグレット　79
　非出版
　作曲時期
WoO 54　楽しく－悲しく　79
　非出版
　作曲時期
WoO 55　プレリュード　81, 100, 163
　献呈　なし
　出版　79, 81, 88, 96, 98, 159, 184-85, 187
　出版価格交渉　1164
　作曲時期　96, 184, 186
WoO 56　バガテル　34-36, 79, 83, 597
　非出版
　作曲時期　36, 977
WoO 57　アンダンテ（Op.53の第2楽章初稿）　81, 164,
　267, 597
　献呈　なし
　出版・作品番号　79, 81, 164, 184-85, 187
　作曲時期　184, 186
　通称：《アンダンテ・ファヴォリ》
WoO 58　2つのカデンツァ（モーツァルトのピアノ・コンチ
　ェルトKV 466への）　79, 721
　死後出版
　作曲時期　79, 721
　ルドルフ大公　721
WoO 59　バガテル　34, 36, 79
　非出版　プライヴェート作品
　作曲時期　36, 228, 977
　テレーゼ・マルファッティ　227-28, 268, 749
　ノール（ルートヴィヒ・）　228
　通称：《エリーゼのために》　34, 36, 227, 269, 749
WoO 60　ピアノ曲　81
　献呈　なし
　出版　79, 81
WoO 61　ピアノ曲　79
　非出版

WoO 61a　ピアノ曲　79
　非出版
WoO 62　→　未完作品
WoO 63　9つの変奏曲（《ドレスラー変奏曲》）　81, 109,
　163, 295, 297
　献呈　ヴォルフ＝メッテルニヒ伯夫人　296
　出版　79, 81, 109, 295, 425
　作曲時期　81, 295
WoO 64　6つの易しい変奏曲（《スイスの歌による変奏
　曲》）［ピアノまたはハープ］　81, 111-12, 426
　献呈　なし
　出版　81, 111, 117, 184, 334
　作曲時期　79, 81
WoO 65　24の変奏曲（《リギニの〈愛よ来たれ〉変奏曲》）
　81, 334, 425
　献呈　ハッツフェルト伯夫人
　出版　109, 184, 334
　作曲時期　79, 81, 334
WoO 66　13の変奏曲（《ディッタースドルフの〈赤頭巾ちゃ
　ん〉変奏曲》）　81, 109, 406-07, 336-37, 425
　献呈　なし
　出版　81, 109, 139, 334, 406
　作曲時期　79, 81, 406
WoO 67　8つの変奏曲（ピアノ4手《ヴァルトシュタイン変
　奏曲》）　81, 109, 159, 163, 406-07, 425, 433-34
　献呈　なし
　出版　79, 81, 110, 139, 251, 334, 406
　作曲時期　79, 81, 406
WoO 68　12の変奏曲（《ハイベルの〈邪魔された結婚〉変
　奏曲》）　79, 81, 406-07, 426, 479
　献呈　なし
　出版　79, 81, 111, 406
　作曲時期　79, 406
WoO 69　9つの変奏曲（《パイジエッロの〈水車小屋の娘〉
　変奏曲》I）　81, 85, 406-07, 426
　献呈　リヒノフスキー侯　236, 456
　出版・作品番号　81, 85, 110-11, 406, 426
　作曲時期　79, 360, 406
WoO 70　6つの変奏曲（《パイジエッロの〈水車小屋の娘〉
　変奏曲》II）　81, 406-07, 426
　献呈　なし
　出版・作品番号　81, 110-11, 406, 426
　作曲時期　79, 360, 406
WoO 71　12の変奏曲（《ヴラニツキの〈森の娘〉変奏曲》）
　81, 406-07
　献呈　ブロウネ＝カムス伯夫人　237, 407, 427

作品　索引

出版　81, 237, 426
作曲時期　79, 406, 426
WoO 72　8つの変奏曲（《グレトリーの〈リチャード獅子心
王〉変奏曲》）　81, 102, 406-07, 426
献呈　なし
出版　81, 426
出版価格交渉　1163
作曲時期　79, 406
WoO 73　《サリエリ〈ファルスタッフ〉変奏曲》　81, 406-
07, 426, 513
献呈　ケグレヴィチ伯女　238, 407
出版　81, 238, 426, 457
作曲時期　79, 407
WoO 74　君を想う（ゲーテの詩による6つの変奏曲　ピア
ノ4手のため）　81, 249, 408
献呈　ヨゼフィーネ・ダイム伯夫人およびテレーゼ・
ブルンスヴィク伯女　249, 267, 269, 686
出版　81, 98, 184-85, 187, 267, 410
作曲時期　18, 79, 185
ヨゼフィーネ・ブルンスヴィク伯女　249, 267, 269
WoO 75　9つの変奏曲（《ヴィンター〈妨げられた奉納式〉
変奏曲》）　81, 406-07, 426
献呈　なし
出版　81, 112, 177, 426
作曲時期　79
WoO 76　6つの変奏曲（《ジュスマイヤー〈ソリマン2世〉変
奏曲》）　81, 406-07, 426, 513, 536
献呈　ブロウネ＝カムス伯夫人　238, 407
出版　81, 113, 238, 426
作曲時期　79, 406
WoO 77　6つの易しい変奏曲（《自身の主題による変奏
曲》）　81, 426
献呈　なし
出版・作品番号　81, 88, 184, 426
作曲時期　79
WoO 78　8つの変奏曲（《ゴッド・セイヴ・ザ・キング変奏
曲》）　45, 56, 81, 101-03, 853
献呈　なし
出版・作品番号　45, 81, 88, 102-03, 136, 184-85,
187, 931-32
第2次時間差多発出版　101-03, 136, 892
出版価格交渉　1164
作曲時期　79, 184-85
WoO 79　5つの変奏曲（《ルール・ブリタニア変奏曲》）
45, 56, 81, 101-03, 518, 853
献呈　なし　249

出版・作品番号　45, 81, 88, 102, 136, 184-85, 187,
931-32
第2次時間差多発出版　101-03, 136, 892
出版価格交渉　1164
作曲時期　79, 184-85
WoO 80　32の変奏曲《自身の主題による》　81, 156,
270, 618
献呈　なし　251, 270, 273
出版　80, 88, 156, 186-87, 251, 410, 663
作曲時期　79, 618
ヨゼフィーネ・ブルンスヴィク伯女　270
WoO 81　バガテル（アルマンド イ長調）　35-36
献呈　なし
出版　34, 36, 79
作曲時期　36, 977
WoO 82　メヌエット　81, 98, 187
献呈　なし
出版　79, 81, 98, 184-85, 187
作曲時期　184, 186
WoO 83　6つのエコセーズ　79
非出版
作曲時期
WoO 84　ワルツ　81, 979
献呈　なし
出版　81
作曲時期　79, 979
ミュラー（カール・フリードリヒ・）　979
WoO 85　ワルツ　81, 979
献呈　なし
出版　81
作曲時期　79, 979
ミュラー（カール・フリードリヒ・）　979
WoO 86　エコセーズ　79, 81, 980
献呈　なし
出版　81, 980
作曲時期　79, 979
ミュラー（カール・フリードリヒ・）　979

WoO 87~98（歌とオーケストラのための作品）

WoO 87　《ヨーゼフ2世の逝去を悼む葬送カンタータ》
79, 315, 339-42, 548
非出版
作曲時期　340, 347
成立事情　339-40
機会音楽というより自らの課題として　342
ハイドン《十字架上の最後の七言》との関係　315

1243

《オリーブ山のキリスト》《フィデリオ》との関係　342
ハイドンに見せたカンタータ？　344-46
作品のコンテクスト誤読　340-41
WoO 88　《レオポルト2世の即位を祝うカンタータ》
79, 342, 548, 550
非出版
作曲時期　342
成立事情　342-43
機会音楽というより自らの課題として　342
ハイドンに見せたカンタータ？　344-46
作品のコンテクスト誤読　342-43
WoO 89　アリア《口吻の試練》　79, 83, 249, 347, 975
非出版
作曲時期　79, 347, 975
ルックス（ヨーゼフ・）　79
ペータース　79, 975
WoO 90　アリア《娘たちと仲良く》　79, 83, 347
非出版
作曲時期　79, 347, 975
ルックス（ヨーゼフ・）　79
ペータース　79, 975
WoO 91　2つのアリア　79, 398, 435
非出版
初演　435
作曲時期　398, 435, 437
ヴィルマン（マグダレーナ・）　398, 435
WoO 92　アリア《初恋》　79, 308, 347, 435
非出版
作曲時期　347
WoO 92a　アリア《いいえ、心配しないで》　79, 83, 437, 976
非出版
作曲時期　79, 437, 481, 976
ペータース　79
WoO 93　二重唱《おまえの幸せな日々に》　79, 83, 523, 437, 976
非出版
作曲時期　79, 437, 481, 976
メタスタージオ　437, 481
ペータース　79
WoO 94　ゲルマーニア　79, 163, 865, 868, 880, 976
献呈　なし
出版　79, 81, 976
初演　868
作曲時期　976
パスティッチョ・ジングシュピール《良い知らせ》(1814

年4月11日、連合軍パリ入場祝賀作品)の終曲合唱として　163, 376, 865
ヴィーン会議　79, 880
トライチュケ　864-65
WoO 95　汝ら、幸せな国々の賢き建国者たちよ
79, 216, 875
非出版
作曲時期　875
通称：《連合君主に寄せる合唱》
WoO 96　劇『エレオノーレ・プロハスカ』への音楽
217, 880, 921
非出版
作曲時期　880
WoO 97　すべてが終わった（《凱旋門》の終結合唱）
81, 163, 880
献呈　なし
出版・作品番号　79, 81, 165
作曲時期　79, 880
WoO 98　若々しく息せき切るところ（合唱付舞曲）[祭典劇『献堂式』への]　79, 976, 981
非出版
作曲時期　977

WoO 99～151（歌とピアノ、ならびにア・カペラ作品）

WoO 99　多声イタリア語歌曲　79, 437
非出版　サリエリの許でのレッスン課題
作曲時期　437
WoO 100　太っちょシュッパンツィク礼賛[独唱と合唱]
79
非出版　プライヴェート作品
ア・カペラ　79
WoO 101　伯爵、伯爵、親愛なる伯爵[3声]　79
非出版　プライヴェート作品
ア・カペラ　79
WoO 102　別れの歌[2テノールとバス]　79
非出版　プライヴェート作品
ア・カペラ　79
WoO 103　田園のカンタータ[ソプラノ、2テノール、バスとピアノ]　79, 919
非出版　プライヴェート作品
作曲時期　919
WoO 104　修道僧の歌(3男声)　79, 919
非出版　プライヴェート作品
ア・カペラ　79
WoO 105　さあ、友よ、結婚の神を歌え[独唱、合唱とピアノ]　79

1244

非出版　プライヴェート作品
WoO 106　我らの尊き伯爵、万歳 ［独唱、合唱とピアノ］
　非出版　プライヴェート作品
　作曲時期　274
　通称：《ロプコヴィッツ・カンタータ》　79, 274
WoO 107　乙女を描く ［歌声とピアノ］　79-81, 298
　献呈　なし
　出版　80-81, 298
　作曲時期　79, 80
WoO 108　みどり児に寄せて ［歌声とピアノ］　79-81
　献呈　なし
　出版　80-81, 298（雑誌）
　作曲時期　79
WoO 109　喜びの手で杯を挙げよ ［斉唱とピアノ］　80
　非出版
WoO 110　むく犬の死に寄せる哀歌 ［歌声とピアノ］
　80, 757-58, 760
　非出版
　作曲時期　758
WoO 111　ポンチ酒の歌 ［斉唱とピアノ］　80
　非出版
WoO 112　ラウラに ［歌声とピアノ］
　非出版
WoO 113　嘆き ［歌声とピアノ］
　非出版
WoO 114　ひとりごと ［歌声とピアノ］
　非出版
WoO 115　→　未完作品
WoO 116　→　未完作品
WoO 117　自由な男 ［歌声とピアノ］　81, 422
　献呈　なし
　出版　80-82, 96, 99, 139, 201, 422, 751
　作曲時期　80, 96, 422
WoO 118　愛されぬ男のため息 (「相愛」付き) ［歌声とピアノ］　80, 83, 703
　死後出版　422, 976
　作曲時期　80, 422, 976
　ペータース　975
WoO 119　おお、いとしき森よ、おお、いとしき ［斉唱とピアノ］　422
　非出版
　作曲時期　80, 422
WoO 120　炎を隠そうとする ［歌声とピアノ］　80
　非出版
WoO 121　ヴィーン市民への別れの歌 ［歌声とピアノ］
　81, 423

献呈　カール・フォン・ケウェスディ
　出版　80-81
　出版価格交渉　1163
WoO 122　オーストリア軍歌 ［歌声とピアノ］　81, 423
　献呈　なし
　出版　80-81
　作曲時期　423
WoO 123　私は君を愛す、君が私をと同じほど (やさしい愛) ［歌声とピアノ］　81
　献呈　なし
　出版　80-82, 100, 422
　出版価格交渉　1164
　作曲時期　423
WoO 124　別れ ［歌声とピアノ］　81, 424
　献呈　なし
　出版　80-82, 100, 422
　出版価格交渉　1164
　作曲時期　422
　メタスタージオ　422
WoO 125　女暴君 ［歌声とピアノ］　81, 424
　献呈　なし
　出版　81, 422, 930
　作曲時期　422, 930, 932
　ウェニントン　422, 930
WoO 126　奉献歌 (第1稿) ［歌声とピアノ］　81
　献呈　なし
　出版　81-82, 99, 139, 422, 751
　作曲時期　422
　マッティソン　422
　ヴェーゲラー　751
WoO 127　新しい愛、新しい生 ［歌声とピアノ］　81
　献呈　なし
　出版　80-82, 99, 139, 751
　作曲時期　80
WoO 128　愛の喜び (消失) ［歌声とピアノ］　80
　非出版
　作曲時期　80, 422
WoO 129　《うずらの鳴き声》 ［歌声とピアノ］　80-81, 101, 187
　献呈　なし
　出版　81-82, 184-85, 756
　出版価格交渉　1164
　作曲時期　184-85, 756
WoO 130　僕のことを想っていて ［歌声とピアノ］　80
　非出版
　作曲時期　80

WoO 131 → 未完作品

WoO 132 《恋人が別れたいと思ったとき》[歌声とピア
ノ] 80-81
献呈 なし
出版 80-81, 756
作曲時期 81, 756
シュテファン・フォン・ブロイニング 756

WoO 133 《この暗い墓で》[歌声とピアノ] 81, 240
献呈 なし
出版 80-81, 756
作曲時期 81, 756
カルパーニ 756

WoO 134 《憧れ》[歌声とピアノ] 31, 80-81
献呈 なし
出版 80-81, 190, 756-57
作曲時期 757
ゲーテ 756-57

WoO 135 《声高な嘆き》[歌声とピアノ] 80
死後出版
作曲時期 80, 921

WoO 136 《想い》[歌声とピアノ] 80-81, 116, 118, 124,
163-65, 572, 759
献呈 なし
出版 80-81, 104, 124, 126, 136, 267, 760, 909, 931
作曲時期 80, 757
マッティソン 163, 757

WoO 137 《遙かよりの歌》[歌声とピアノ] 81, 124,
126, 128-29, 163-64, 753, 758-60
献呈 なし
出版 80-81, 104, 128-29, 136, 676, 760, 909, 931
作曲時期 757
ライシッヒ 757-59

WoO 138 《異郷の若者》[歌声とピアノ] 81, 758
献呈 なし
出版 80-81, 757
作曲時期 757
ライシッヒ 757-59

WoO 139 恋する男[歌声とピアノ] 81, 124, 128-29
献呈 なし
出版 80-81, 104, 126, 128-29, 136, 676, 757-58, 931
作曲時期 757
ライシッヒ 757-59

WoO 140 恋人に寄せて[歌声とピアノ] 80, 82, 803,
820
献呈 なし
出版 81-82, 804, 919

作曲時期 80, 919

WoO 141 ナイチンゲールの歌[歌声とピアノ] 835
非出版 80
作曲時期 835

WoO 142 吟遊詩人の亡霊[歌声とチェンバロ] 82,
425
献呈 なし
出版 81-82, 128, 425-26

WoO 143 兵士の別れ[歌声とピアノ] 82, 920
献呈 なし
出版 80, 82
作曲時期 758, 920

WoO 144 メルケンシュタイン(第1作)[歌声とピアノ]
82
献呈 なし
出版 80, 82

WoO 145 秘密(愛と真実)[歌声とピアノ] 82, 804
献呈 なし
出版 80, 82, 804

WoO 146 憧れ[歌声とピアノ] 82
献呈 なし
出版 80, 82
作曲時期 758

WoO 147 山からの呼び声[歌声とピアノ] 82
献呈 なし
出版 80, 82

WoO 148 いずれにしても[歌声とピアノ] 82
献呈 なし
出版 80, 82
アントーニエ・ブレンターノ 233

WoO 149 あきらめ[歌声とピアノ] 82
献呈 なし
出版 80, 82

WoO 150 星空の下の夕べの歌[歌声とピアノ] 80,
82, 966
献呈 なし
出版 80, 82
作曲時期 966

WoO 151 高貴なる人間は親切で善良であれ[歌声と
ピアノ] 79-80
非出版 80

WoO 152~158 (民謡編曲)

WoO 152-1~29 アイルランド歌曲撰集第 1 巻 80,
900, 909-10
献呈 なし

作品　索引

出版　909

WoO 153-30~59　アイルランド歌曲撰集第2巻　80,
901, 904, 909
献呈　なし
出版　909

WoO 154-60~63　アイルランド歌曲撰集第3巻　80,
904, 910
非出版

WoO 155-1~26　ウェールズ歌曲撰集第3巻　80,
904, 909-10
献呈　なし
出版　904, 909

WoO 156-1~22　22のスコットランド歌曲　80, 909-
10, 912, 927
献呈　なし
第8~10, 12~13, 17曲の出版　909
第16, 19曲の出版　908-09

WoO 157-1~4　4つのイギリス歌曲　80, 904, 909-10,
912, 927
献呈　なし
第4曲の出版　909

WoO 158-1~29　29のさまざまな民衆の歌　80, 901,
910-12
非出版

WoO 159~205（カノン作品および短い歌）

＊以下は、出版・死後出版以外はすべて非出版。
＊基本的にプライヴェート作品。
＊注："解きカノン"とは1声のみ記され、歌うときにカノン
　　として即興される。

WoO 159　恋人の腕のなかに憩いあり［ウェルツェンの
言葉によるカノン］　80
死後出版

WoO 160　2つのカノン
死後出版

WoO 161　永遠に君のもの［自身の歌詞によるカノン］

WoO 162　偽作　→　偽作および疑わしい作品

WoO 163　苦しみは短く［シラーの言葉によるカノン］
死後出版

WoO 164　友情は真の幸せの源［自身の歌詞によるカノン］

WoO 165　新年おめでとう［自身の歌詞による自由なカノ
ン］　80, 163
献呈　なし
出版　80

WoO 166　苦しみは短く［カノン］［シラーの言葉によるカノン］

WoO 167　ブラウフレ、リンケ［注: ともに友人の名］［自身の

歌詞によるカノン］

WoO 168　沈黙 － 語り　［2曲］［ヘルダーの言葉によ
る解きカノンとカノン］
献呈　なし
第1曲の出版　80

WoO 169　私はあなたにキスをする［自身の歌詞による
音による戯れ（解きカノン?）］

WoO 170　芸術は長く、人生は短し［ヒポクラテスの言
葉による解きカノン］

WoO 171　偽作　→　偽作および疑わしい作品

WoO 172　お願いだ、変ホ長調の音階を私に書いて
くれ［おそらく自身の歌詞によるカノン］

WoO 173　悪魔に食われてしまえ［自身の歌詞による解
きカノン］

WoO 174　信じ、期待せよ［自身の歌詞による4声楽曲］

WoO 175　聖ペテロは岩？ーベルナルトは聖者？［自
身の歌詞による2つの解きカノン］

WoO 176　新年、おめでとう［自身の歌詞によるカノン］

WoO 177　市民裁判所よ、汝は凍りつく［自身の歌詞
による音楽による戯れ（カノン?）］

WoO 178　師［注: シュタートラー］殿！［自身の歌詞による
カノン］

WoO 179　殿下！ お元気で、ご多幸を［注: ルドルフ
への新年の挨拶］［自身の歌詞による4声楽曲とカノン］　253

WoO 180　ホフマンよ、宮廷人でありなさるな［自身の
歌詞によるカノン］　80
献呈　"ホフマンなる方に"
出版　80

WoO 181-1　きょうはバーデンのことを忘れるな［自身
の歌詞によるカノン］

WoO 181-2　ごきげんよう［自身の歌詞によるカノン］

WoO 181-3　徳は空事にあらず［自身の歌詞によるカノン］

WoO 182　おお、トビアス［補: ハスリンガー］［自身の歌詞
によるカノン］

WoO 183　親愛なる伯爵様、あなたはおひとよし［自
身の歌詞によるカノン］

WoO 184　五重唱カノン《ファルスタッフちゃん、おい
で》［自身の歌詞によるカノン］　1041

WoO 185　人間は気高く、情け深く、善良であれ［ゲ
ーテの言葉によるカノン］
献呈　なし
出版　80

WoO 186　汝のみ敬愛す［メタスタージオの言葉による
解きカノン］

WoO 187　おふざけなしに向きを変えろ　80
献呈　カール・シュヴェンケ

1247

出版　80

WoO 188　神は堅き砦[ルターの言葉による解きカノン]

WoO 189　医者先生は死に神に門を閉ざす[自身の歌詞によるカノン]

WoO 190　私はお伺いしました、医者先生[自身の歌詞による解きカノン]

WoO 191　寒いよ、暖かくないよ[B-A-C-Hによるカノン]
献呈　[フリードリヒ・ダニエル・クーラウにと思われる]
死後出版

WoO 192　芸術は長く、人生は短し[ヒポクラテスの言葉による解きカノン]

WoO 193　芸術は長く、人生は短し[ヒポクラテスの言葉による解きカノン]

WoO 194　人は門ではなく[自身の歌詞による解きカノン]

WoO 195　人生を楽しめ[ウステリの言葉によるカノン]

WoO 196　そうあらねばならぬ[自身の歌詞によるカノン]

WoO 197　ここに作品がある[自身の歌詞によるカノン]

WoO 198　我らはみんな一緒に迷う[音楽による戯れ]

WoO 199　私は zu[注：所属の意]の殿[自身の歌詞による「音楽による戯れ」]

WoO 200　おお、期待[歌曲主題"ルドルフ大公のための課題"]　80
出版　80
ベートーヴェンの主題による40の変奏曲　260

WoO 201　用意はできている － アーメン[2曲][自身の歌詞による音による戯れ]

WoO 202　善なるものに美を[マッティソンの言葉による記念帳書き]

WoO 203　善なるものに美を[マッティソンの言葉によるカノン]

WoO 204　偽作　→　偽作および疑わしい作品

WoO 205　書簡に書き付けられた「音楽による戯れ」

——5a　男爵、男爵[ヅメスカル宛書簡]

——5b　ひとりで、ひとりで[モーリツ・リヒノフスキー伯宛書簡]

——5c　おお、副官[トビアス・ハスリンガー宛書簡]
死後出版

——5d　どこ？　どこ？[ナネッテ・シュトライヒャー宛書簡]

——5e　成就[ルドルフ大公宛書簡]

——5f　ひるむな[トライチュケ宛書簡]

——5g　トビアス！　パーテルノステル[注：我らが父]小路の住人[トビアス・ハスリンガー宛書簡]

——5h　トビアス、トビアス[トビアス・ハスリンガー宛書簡]

——5i　やあトビアス[トビアス・ハスリンガー宛書簡]

——5k　すべてのトビアスの第一人者[トビアス・ハスリンガー宛書簡]

■ヘス番号(本文で言及されたもののみ)

Hess 12 ＝ WoO 206　オーボエ・コンチェルト　335
Hess 13 ＝ WoO 207　コンチェルト　300
Hess 19 ＝ WoO 208　管楽五重奏曲　337
Hess 69 ＝ WoO 214　バガテル(ハ短調)[ピアノ]　34
Hess 107 ＝ WoO 29　"敵弾兵行進曲"　420
Hess 150 ＝ Unv 23　歌曲《野バラ》　33

■新番号(新カタログ)

WoO 206　コンチェルト(ヘ長調)[オーボエとオーケストラ](消失)　34, 80, 335

WoO 207　ロマンス・カンタービレ(ホ短調)[フルート、ファゴット、ピアノとオーケストラ]　300

WoO 208　五重奏曲(変ホ長調)[オーボエ、3ホルン、ファゴット]　337

WoO 209　メヌエット(変イ長調)[弦楽四重奏]

WoO 210　アレグレット(ロ短調)[弦楽四重奏]　925

WoO 211　アンダンテ(ハ長調)[ピアノ]

WoO 212　アングレーゼ(ニ長調)[ピアノ]

WoO 213　4つのバガテル(変ニ長調、ト長調、イ長調、イ長調)[ピアノ]　34-36, 977

WoO 214　バガテル(ハ短調)[ピアノ]　34-36, 977

WoO 215　3声のフーガ(ハ長調)[ピアノ]

WoO 216　2つのバガテル(ハ長調、変ホ長調)[ピアノ]

WoO 217　メヌエット(イ長調)[ピアノ]

WoO 218　メヌエット(ハ長調)[ピアノ]

WoO 219　ワルツ(レントラー、ドイツ舞曲；ハ短調)[ピアノ]

WoO 220　同盟を結んだ軍隊のための戦争歌(消失)

WoO 221　伯爵氏、質問に伺います[カノン(ハ長調)]

WoO 222　カノン(変イ長調)

WoO 223　開けろ[カノン風歌唱作品(ハ長調)]

WoO 224　糞たれは描かれず[カノン(変ロ長調)]

WoO 225　このようなご親切をありがとう[カノン]

WoO 226　太っちょさん[注：義妹テレーゼ]、不義の子は勝利した[カノン(調性判断できず)]

WoO 227　ロバのなかのロバ[カノン(ヘ長調)]

WoO 228a　ああ、トビアス[補：ハスリンガー][音楽による戯れ]　34, 80, 82

WoO 228b　トビアス[補：ハスリンガー][音楽による戯れ]　34, 80, 82

未完作品

■ 旧カタログ

WoO 62　五重奏曲[弦楽五重奏のため]　33, 79, 981

WoO 115　ミンナに[歌声とピアノ]　33, 79

WoO 116　時は長く[歌声とピアノ]　33, 79, 421, 427

WoO 131　《魔王》[歌声とピアノ]　33, 79, 421

　作曲時期　421

　ゲーテ　421

■ Unv （新カタログ整理番号）

Unv 1　シンフォニー楽章(ハ短調)[ピアノ譜スケッチ]　33, 332, 634

Unv 2　シンフォニー"第0番"(ハ長調)　440, 634

Unv 3　シンフォニー"第10番"(ハ短調/変ホ長調)

Unv 4　B-A-C-H による序曲(変ロ長調)

Unv 5　コンセルタンテ(ニ長調)[ピアノ、ヴァイオリン、チェロとオーケストラ]　494, 565

Unv 6　ピアノ・コンチェルト第 6 番(ニ長調)　221, 879, 921, 934

Unv 7　五重奏曲楽章(ニ短調)[弦楽五重奏]　925

Unv 8　二重奏曲楽章(変ホ長調)[ヴァイオリンとチェロ]

Unv 9　アレグレット(変ホ長調)[ピアノ、ヴァイオリンとチェロ]　1171

Unv 10　トリオ(ヘ短調)[ピアノ、ヴァイオリンとチェロ]　出版価格交渉　1171

Unv 11　ソナタ(イ長調)[ピアノとヴァイオリン]

Unv 12　作品(ファンタジー?; ニ長調/ニ短調)[ピアノ]

Unv 13　ソナタ(変ホ長調)[ピアノ]

Unv 14　変奏曲(イ長調)[ピアノ]

Unv 15　《ヴェスタの火》[オペラ]　39, 55, 374, 484, 575, 580-83, 595-97, 606, 614-15

　台本　シカネーダー　55, 374, 484, 528, 567, 580, 583, 597, 607

Unv 16　《マクベス》[オペラ]　30, 710, 802

　台本　コリン　710

Unv 17　《ヨーロッパ解放の時》[カンタータ]　844

Unv 18　《すべての上にオーストリア》[合唱とオーケストラ]

Unv 19　作品(カンタータ?; 変ロ長調)[4声とピアノ]　348

Unv 20　《ラメンタチオーネス・イェレミアエ》[歌パートとピアノ]　348

Unv 21　《ヘンリエッテンに(いとしいヘンリエッテ)》[歌パートとピアノ]　348

Unv 22　《休みなき愛》[歌パートとピアノ]　421

Unv 23　《野バラ》[歌パートとピアノ]　421

偽作および疑わしい作品

Op.41　セレナーデ[ピアノとフルート](Op.25の他者編曲)　83, 88, 96-97, 113, 158-60, 182, 218, 220, 223, 248, 264

　出版価格交渉　1164

Op.42　セレナーデ[ピアノとヴィオラ](Op.8の他者編曲)　83, 88, 96-97, 113, 158-60, 182, 218, 220, 222, 248, 264

　出版価格交渉　1164

"Op.63"　トリオ[ピアノ・トリオ](弦楽五重奏曲Op.4の他者編曲)　83, 159-60, 218, 220, 223

"Op.64"　ソナタ[ピアノとチェロ](弦楽三重奏曲Op.3の他者編曲)　83, 159-60, 218, 220, 223

WoO 12　12 のメヌエット[オーケストラ]　偽作(弟カールの作品)　78, 238, 434, 443

WoO 16a　12 のエコセーズ[オーケストラ]　偽作　78, 443

WoO 16b　12 のワルツ[オーケストラ]　偽作　78, 443

WoO 17　11 の舞曲[オーケストラ]　偽作　78, 443

WoO 27　3 つの二重奏曲[クラリネットとファゴット]　偽作　78

WoO 162　タタタ、メルツェル君[カノン]　偽作(シンドラーの作品)

WoO 171　幸せは君にはないよ、とりわけね[カノン]　偽作(ミヒャエル・ハイドンの作品)

WoO 204　ホルツは四重奏曲をこう弾く[音楽による戯れ]　偽作(カール・ホルツの作品)

以下、Anhang 1 〜 18 は「旧カタログ」と同じ。

人 名

親 族

ベートーヴェン、ルートヴィヒ・ヴァン（祖父） 84, 285-
86, 307, 639, 751
──、ヨハン・ヴァン（父） 286, 324
──、マリア・マグダレーナ・ヴァン（母） 302
──、ルートヴィヒ・マリア・ヴァン（兄） 750
──、カスパール・アントン・カール（次弟カール）
50, 78, 84, 96, 166, 433, 499, 500, 505, 508, 554, 624,
662-63, 719, 735, 753, 807, 826-27, 922, 1147, 1154,
1161-66, 1183
　出版社との交渉 50, 84, 218, 663, 753, 1161-66
　秘書として 37, 50, 86-87, 117, 499, 505, 624, 753,
　826
　作品の所有権 499
　遺言状 807, 826
　ベートーヴェンの経済的援助 499, 807, 826-28
──、ヨハンナ（カスパール・カール夫人、義妹ヨハンナ、生
姓ライス） 105, 130-31, 499, 790, 818, 827, 885, 922-
24, 927, 992, 1009-10, 1013-14, 1111, 1113, 1118,
1150, 1158, 1174-75, 1183
　保証人裁判 827
　カール後見権裁判 105, 378, 826, 885, 922, 924,
　927, 1009-10, 1014, 1147
　[関係者]ホーフバウアー、ヨハン[ヨハンナの愛人]
　1014

──、カール・ヴァン（次弟カールの息子、甥カール） 29,
35, 37, 105-06, 265, 303, 318, 458, 472, 499, 560,
752, 789, 822, 919, 923, 1036, 1050, 1057, 1059,
1061, 1064, 1069, 1072-74, 1082-83, 1096, 1098-
1108, 1138, 1147, 1158, 1185
　身辺の世話と秘書的な仕事 149, 1067, 1069, 1074,
　1085-86, 1090-91, 1097-99, 1132, 1140
　母親との関係 923, 1009, 1013-14, 1099, 1105, 1109,
　1111, 1113-15
　…の賢さ 1067, 1073-74, 1098-99, 1117-18
　…の不行状 1111-15
　自殺未遂 1109-11
　[関係者]クレプス、ヤーコプ[カールの家庭教師]
　1113
──、ニコラウス・ヨハン（末弟ヨハン） 96, 98-101,
131, 146, 151, 432, 439, 499, 500, 508, 623, 657,
662-63, 677, 817, 827, 1083, 1098, 1101-02, 1106,
1153, 1157, 1178, 1182-84
　作品の所有権 101, 152, 499, 1097, 1119, 1184
　グナイセンドルフの領地 1082, 1095, 1118-19
　秘書として 84, 138, 554, 1095-96, 1119
──、テレーゼ（ニコラウス・ヨハン夫人、義妹テレーゼ、生
姓オーバーマイアー） 817-18, 1095, 1119
オーバーマイアー、レオポルト（テレーゼの兄） 1102

コピスト

クルンパー、ヨーゼフ 59-62, 643, 651-53, 666, 686
グレザー、ペーター 1050
ゲバウアー、ベンヤミン 66, 571-72, 605

シュヴァルツ、マティアス 232
シュレンマー、ヴェンツェル 65-66, 69, 468, 498, 536,
643, 949, 968, 1003-04, 1012, 1050, 1103

師

ネーフェ、クリスティアン・ゴットロープ 289-90, 294-
300, 317, 319, 321, 324-25, 354, 752
　ボン時代の師として 289, 294-98, 332, 334, 342,
　354, 396, 752
　作品 295, 297
ハイドン、ヨーゼフ 30, 90, 116, 166, 218, 227, 239-
42, 246, 248, 311, 319-20, 335-37, 344-46, 349-54,

357, 363, 367-68, 372-74, 377, 380-85, 391-99, 401,
405, 407, 416-21, 423-25, 430-31, 435, 438, 440, 455,
460, 462-64, 480, 566, 573, 629, 639, 641, 645, 711,
716, 759, 773, 893, 896-98, 900-04, 908, 973, 1031,
1040, 1094
　師として協力者として 222, 227, 237, 353-54, 357,
　383-85, 396, 416, 430, 639

人名　索引

イギリス訪問　222, 329, 350, 368, 380, 419, 431
ボン訪問・滞在　333, 344, 349-51
[作品]
シンフォニー第100番 Hob.I:100　716
シンフォニー第104番 Hob.I:104　716
弦楽四重奏曲 Op.20-1, Hob.III:31　440
弦楽四重奏曲 Op.33, Hob.III:37~42　275
弦楽四重奏曲 Op.77(ロブコヴィッツ四重奏曲), Hob.
　III:81, 82　440, 1162
弦楽四重奏曲 Op.103, Hob.III:83　90, 123
クラヴィーア四重奏曲　300
バリトン・トリオ　418
小ソナタ Hob.XVI: 6　408
ピアノ変奏曲 Hob.XVII:6　239
管楽六重奏曲 Hob. VIII:6　420
《メヌエット・ディ・バッロ集》Hob.IX: 11　398
《テデスキ・ディ・バッロ集》Hob.IX: 12　398
オルゴール作品 Hob.XIX:25　420
《十字架上の最後の七言》Hob.XX/1A　311-12, 364,
　480, 902
《天地創造》Hob.XXII:2　239, 363-64, 373, 454,
　459
《四季》Hob.XXII: 3　239, 363
《戦時のミサ曲》Hob.XXII: 9　424
《テレージエン・メッセ》Hob. XXII: 12　461
《天地創造ミサ》Hob. XXII: 13　645
《テ・デウム》Hob.XXIIIc: 2　462
《オフェルトリウム》ニ短調 Hob.XXIIId:2(偽作)　969

《神よ、皇帝フランツを護りたまえ(皇帝讃歌)》Hob.
　XXVIa: 43　423
アイルランド歌曲 Hob. XXXIb: 61　901
アルブレヒツベルガー、ヨハン・ゲオルク　237, 372-75,
　384, 396, 440, 480
　ハイドン不在時(渡英)の指導　368, 377, 381
　『作曲基本指南』　368, 741
シェンク、ヨハン・バプティスト　359, 384, 680
　対位法レッスン　383-84
フェルスター、エマヌエル・アロイス　369
　『通奏低音入門』　369
　弦楽四重奏曲　369-70, 416, 418
　「我がいにしえの師[mein alter Meister]」　369
サリエリ、アントーニオ　94, 246, 328, 358, 364-65,
　370, 372-75, 397, 413, 416, 419, 425, 435-36, 457-58,
　464, 480-83, 705, 725-62, 839
　ヴィーン時代の師として　79, 237, 348, 362-63, 396,
　442, 457-58, 485-86, 489, 513, 523
　イタリア語付曲指導　362, 436-39, 480-81
　[作品]
　《アルミーダ》　291
　《煙突掃除人》　483
　《オルムスの王アクスール》　327
　《感謝》　364
　《トゥロフォーニオの洞窟》　325
　《ナウムブルクの前のフス教徒たち》　484
　《ニグロ》　484, 594
　《ファルスタッフ》　407, 457-58, 513

医　師

ヴァヴルッフ博士、アンドレアス　1128-30, 1138
　「ベートーヴェンの最後の生存期に関する医者の回
　　顧」　1128
ヴィヴェノット　1129
ヴェーゲラー、フランツ・ゲルハルト → 交友関係
ヴェーリング、ゲルハルト・フォン　448, 486
ザイベルト、ヨハン　1138
シュタウデンハイム　816, 974, 980
シュミット、ヨハン・アダム　91, 100, 120, 486, 496,

　504, 506-07, 510, 641, 749, 786
スメタナ、カール・フォン　1109, 1111
ブラウンホーファー、アントン　1087, 1098, 1102, 1129
フランク、ヨーゼフ　447
──、ヨハン・ペーター　447
ベルトリーニ、ヨーゼフ　919
ヘルム[病院長]　1109
マルファッティ、ヨハン　228, 749, 786, 919-20

弁　護　士

アドラースブルク、カール・フォン[メルツェル裁判]　825,
　836, 847, 851, 883
ヴァイス、レオポルド[WoO 102の依頼者]　919

ヴォルフ、アントン・ヴィルヘルム[プラハ]　825, 881-82
カンカ、ヨハン・ネポムク[プラハ]　875, 881-82
ドルナー、カール・アントン[年金契約]　725-26

1251

バッハ博士、ヨハン・バプティスト[後見権裁判] 142, 1001, 1010-13, 1015, 1038, 1090, 1158

リッパ、ヨハン・フランツ[キンスキー侯家] 825

交友関係
（友人・同僚・弟子・協働詩人など、被献呈者を含む）

アメンダ、カール 441-42, 451, 468-69, 471, 475, 477-78, 486, 498, 921

ヴァイセンバッハ、アロイス[ザルツブルクの外科医、《栄光の時》作詩者] 876-77

ヴァルトシュタイン伯フェルディナント・フォン 110, 250-51, 267-68, 321, 333-34, 337, 340, 347, 352-54, 356, 407, 498

ヴァレーナ、ヨーゼフ・イグナーツ・フォン 797, 799, 809, 814, 823, 825, 835

ヴィガノ、サルバトーレ 462, 464, 478-80
　〈ヴィガノ式メヌエット〉 407, 478
――、オノラート（サルバトーレの父） 478
　　［関係者］ボッケリーニ、ジョヴァンニ・ガストーネ（サルバトーレの母の弟）［舞踊手］ 478

ヴィルト［銀行家］ 55

ヴィルマン家 308, 311, 313, 317, 435, 476, 536
　ベートーヴェン家との関係 307, 536
　モーツァルトとの接点 308, 311

ヴィルマン、イグナーツ 307-08, 317
――、ヴァルブルガ 308, 311, 536
――、マクシミリアン（・フリードリヒ・ルートヴィヒ） 307-08
――、マグダレーナ → 女性

ヴェーゲラー、フランツ・ゲルハルト 319, 321-22, 336, 350-51, 404-05, 434-35, 446-51, 468-69, 473-78, 486, 488, 494, 496, 502, 560, 611-12, 749, 751-52, 1136
　『覚書』 12-13, 47, 248, 319, 321-22, 344, 347, 350, 392, 404, 411, 432, 447, 558, 560, 611 ⇒ 一般事項／[6]伝記
　文庫 79, 447, 474, 611

ヴォルフマイアー、ヨハン・ネポムク[Op.135の被献呈者] 265, 272, 1138

オリヴァ、フランツ・セラフィクス 256, 266, 753, 772, 783, 787, 799, 801, 811, 825, 1002, 1096
　秘書として 256, 746, 753, 799, 825, 1002

クッフナー、クリストフ 704, 830, 1032
　『基本元素』 774
　『サウル』 774
　『モスクワの火事』 744
　《合唱幻想曲》（作詩者?） 704, 830

クートリヒ、ヨハン

寄宿学校 1009

グライヒェンシュタイン男イグナーツ 192, 228, 267, 272, 559, 666, 672-74, 718, 720, 723-26, 730-31, 746, 748-49, 752-54, 796
　秘書として 119, 125-26, 254, 624, 657, 661-63, 665, 728, 749, 753, 1167, 1178

グリルパルツァー家 472, 590

グリルパルツァー、ヴェンツェル 472
――、アンナ・フランツィスカ 472
――、イグナーツ 472
――、フランツ 472, 1002
　『メルジーネ』 472, 744, 1036, 1053
　『ドラホミア』 744
　弔辞 472
――、ヨーゼフ 472

ゲーテ、ヨハン・ヴォルフガング・フォン 33-34, 133, 163, 187, 237, 256, 278, 347, 410, 421-22, 436, 742, 756-62, 765, 778-79, 786-88, 808, 814, 816, 880, 978
　『イタリア紀行』 307
　『ヴィッラ・ベッラのクラウディーネ』 348, 744
　『ヴィルヘルム・マイスターの遍歴時代』 756
　『エグモント』 742-43, 765, 778, 787, 801
　『ファウスト』 260, 743, 760
　『若きウェルテルの悩み』 1117
　連詩『静かな海』『成功した航海』 881

コツェブー、アウグスト・フォン 484, 608, 999, 1005-07
　『アテネの廃墟』 214, 800
　『ハンガリーの最初の善政者、シュテファン王』 800
　『ペシュトの王国自由都市への昇格』 800
　『ベラの逃亡』 800
　暗殺事件 999, 1006-07

コリン、ハインリヒ・ヨーゼフ・フォン 237, 485, 604, 636-37, 649, 657, 685, 699-70, 708-10, 800, 802-03
　『イェルサレムの解放』 636, 708, 744
　『コリオラン』 635-37, 657, 685, 708
　『ブラダマンテ』 709
　『マクベス』 710, 802
　［関係者］フェルディナント・ラバン『コリン伝』 636

ザイフリート、イグナーツ 361-62, 586, 588, 601, 603, 613-14, 925, 1048

《旅籠、金のライオン》 591
《流行の夫たち》 592, 594
《ローフス・プンパーニッケル》(ハイベルとの合作) 412
《フィデリオ》初演の指揮 601
——、ヨーゼフ・フォン 1016
シカネーダー、エマヌエル 39, 54-55, 248, 361-62,
374, 445, 478, 484, 524, 535, 560, 580, 585-89, 591-
97, 603, 614, 1104
『ヴェスタの火』(台本) 55, 374, 484, 528, 567, 580-
82, 595
魔法オペラ 584, 595, 607
神話オペラ 584, 607
英雄的喜劇 584
ジムロック、ニコラウス → 出版人
ホルン奏者として 109, 197, 291, 298, 334, 421, 567,
570
ジャナンタージオ・デル・リオ、カイエタン 923
寄宿学校 923-24, 1147, 1158
シュタイン、マリア・アンナ → シュトライヒャー
——、ヨハン・アンドレアス 305, 318
ピアノ 313, 318-19
ピアノフォルテ工房 305, 310, 312-13, 319, 820, 836
シュッパンツィク、イグナーツ 173, 412, 414-16, 436,
445, 459, 461, 468, 702, 796, 831, 839, 868, 877, 879,
978, 1034, 1040-41, 1043-44, 1046-48, 1050-52, 1056-
57, 1061-64, 1066, 1068, 1072, 1075, 1088, 1105
"少年四重奏団" 367, 416
新弦楽四重奏団 868, 1034, 1048, 1082, 1094, 1102,
1105
主催コンサート 412, 414, 436, 796, 831, 1040, 1082,
1094, 1102
《第9》初演 1040-41, 1044-46, 1048-57
シュトゥッターハイム男ヨーゼフ・フォン[Op.131の被献
呈者] 265, 272, 1131, 1138
シュトライヒャー[ピアノ工房] 148-49, 774, 926
シュトライヒャー、ヨハン・アンドレアス 318, 446, 491,
1074, 1094-95, 1142
——、ヨハン・バプティスト 318
——、マリア・アンナ(ナネッテ) 313, 318, 852, 926, 1154
シンドラー、アントン・フェリクス 7, 17, 29, 106, 164,
166, 252, 265, 276, 321, 345, 472, 499, 691-92, 789,
846, 868, 877, 955, 963, 993-95, 997, 999-1003, 1006,
1008, 1035, 1041-48, 1050-71, 1073-78, 1083-84,
1088, 1090-93, 1097, 1102, 1112, 1114-16, 1120-21,
1125-27, 1130-33, 1138-43, 1145, 1147, 1155
会話帖改竄 7, 17, 303, 715, 999-1008, 1024, 1043,

1046
死後記入 17, 999, 1000-04, 1006, 1008, 1024,
1045-47, 1089, 1115
臨場記入 1002-03, 1045-46, 1056, 1076
破棄 303, 994, 999, 1000, 1008
『ベートーヴェン伝』 → 一般事項/[6]伝記
押しかけ秘書として 106, 1002, 1075, 1097, 1102
ヴァイオリン奏者として 868, 1001, 1047, 1075
ゾンライトナー、ヨーゼフ 119, 472, 563, 580, 590-92,
596, 600, 602-04, 609-12, 861, 1035, 1044
『ヴィーン演劇年鑑』の編纂 590
古楽の楽譜集の構想 590
アン・デア・ヴィーン劇場監督として 583, 591, 603
宮廷劇場事務総長として 600, 603-04, 640
台本作家として 119, 485, 580, 583, 590-91, 596,
600, 604, 610, 612, 861
BAI社の顧問弁護士として 119, 472, 590, 628
——、イグナーツ 472
——、レオポルト 1044
チェルニー、カール 208, 264, 303, 336, 412, 415,
475-76, 704, 775, 797-98, 973, 1032, 1069-70, 1152
『回顧録』 189, 703, 742, 764
『ピアノフォルテ教本Op.500』第4巻 411
チェルニー、ヨーゼフ 1008
ズメスカル、ニコラウス・パウル 234, 240, 257, 272,
369, 468, 737, 828-29, 847, 852, 923-24, 946, 1032
トゥッシャー、マティアス・フォン 919, 1009
トライチュケ、ゲオルク・フリードリヒ 586, 704, 861-
63, 865, 868, 870-72, 986
台本作家として 484, 612, 863, 880
『ニグロ』 484
『バビロンの廃墟』 743, 798
『ロムルスとレームス』 743, 921
《フィデリオ》スコア譜販売 870-72, 986
パスクァラーティ・フォン・オスターベルク男ヨハン・バ
プティスト 233
パスクァラーティ・ハウス → 一般事項/[14]地名②
パスクァラーティ男ヨーゼフ 882
[関係者]レーバー、ペーター・フォン(パスクァラーティ
男の義兄弟) 1156
フーバー、フランツ・クサヴァー 535-36, 554-55, 592,
594, 607, 1034
『オリーブ山のキリスト』(台本) 309, 529, 533, 535-
37, 554-55, 592, 607
『サモリ』 592
ブルンスヴィク家 249-51, 470, 487

1253

ブルンスヴィク伯フランツ（ブルンスヴィク・デ・コンプラ伯フ
　ランツ・デ・パウラ）　240, 250-51, 266, 269, 470-71,
　641, 763, 860, 884
──、テレーゼ　→　女性
──、ヨゼフィーネ　→　女性
──、アンナ　→　女性
ブレンターノ家　78, 779, 788-89, 808, 810-11, 813,
　816, 819
ブレンターノ、フランツ　78, 141, 143, 146, 258, 779,
　788, 808, 812-14, 974-75, 1183
──夫人アントーニエ　→　女性
──嬢マクシミリアーネ　78, 258, 789, 810, 812-13
──、ベッティーナ　→　女性
──、クレメンス　258, 789, 808, 819
　『少年の魔法の角笛』編纂　788
　『プロイセン王妃ルイーゼの死に寄せるカンタータ』
　　744
ブロイニング家　319, 404, 560, 1104
ブロイニング伯　338
──、エレオノーレ・フォン　→　女性
──、クリストフ・フォン　433-34
ブロイニング、シュテファン・フォン　29, 234, 248, 253-
　54, 257, 265, 272, 319, 433-34, 448, 487, 559-60,
　574, 597, 611-12, 614, 624, 672, 750, 1104, 1115,
　1131, 1138, 1145, 1147, 1168
　『フィデリオ』台本改訂　609-12, 861
　甥カールの後見人として　29, 560, 993, 1104, 1115,
　　1138, 1145
　ベートーヴェン遺言書　1138
──夫人ユリアーナ　253, 257
──、ローレンツ（息子）　404, 433-34
ヘリング、ヨハン・フォン［在英経験者］　933-36
ベルナルト、ヨーゼフ・カール　845, 970, 1006, 1012,
　1034-35, 1150
　『ヨーロッパ解放の時』　844, 862
　『十字架の勝利』　744, 921, 1034, 1036
　『ヴィーン新聞』主筆として　845, 1012
　ヴィーン製オラトリオの実現　744, 1035
ヘンスラー、カール・フリードリヒ［ヨーゼフシュタット劇
　場監督］　229, 977, 982, 996, 1001
ホルツ、カール　166, 229, 265, 1089, 1094, 1108-11,
　1113-19, 1126, 1128-30
　秘書として　1102-04, 1133, 1139
　［関係者］ボグナー（許嫁）　1128-29
マルファッティ家　753
マルファッティ、ヤーコプ・フリードリヒ　228, 749

──、テレーゼ　→　女性
メルツェル、ヨハン・ネポムク　133, 806, 820-22, 837-
　44, 847-56, 939, 1158, 1183-84
　作品委嘱　133, 821, 834, 836, 838, 853-54
　楽器発明と販売　820
　パンハルモニコン　820-21, 836-37, 847, 853-54
　メトロノーム　837, 853
　協働作業（コンサート企画）　838-40, 844, 853-54
　著作権をめぐる争い　834, 839, 841, 847, 851-52,
　　855-56, 939
　補聴器　806, 820, 836, 847-50, 856
　イギリス演奏旅行計画　256, 837, 840, 850-51, 939
モシェレス、イグナーツ　12, 839, 853, 868, 936, 956,
　1033, 1140-43, 1152
　《フィデリオ》ピアノ編曲版　873
ライサー［甥カールの家庭教師、副校長］　1159, 1185
ライシッヒ、ルートヴィヒ　128-29, 757-61, 765
　詩集『孤独の小花』　758
　《18のドイツ詩、さまざまな巨匠によるピアノ伴奏付き、
　　ルドルフ大公に献ぐ》　128, 758, 760
ライス、ヨハンナ　→　親族
ライヒャ、アントン　294, 322-23, 329-30, 338, 434,
　564-66, 568, 748, 1163
　弦楽四重奏曲 Op.90　401-02
──、ヨーゼフ　312, 317, 322-23, 329
リース、フェルディナント　37, 39-40, 47, 50, 55, 67, 84-
　85, 90, 92, 98, 101-02, 147, 181, 185, 189, 231, 238,
　259-61, 272, 322, 336, 380-81, 385, 391-94, 400, 408,
　411, 415, 430, 434, 469, 496-97, 499, 533, 558-64,
　567, 569-71, 577, 580, 713, 719, 734-36, 751, 851-52,
　886, 893, 933, 935-36, 938-39, 942-51, 955, 957, 962,
　964, 967, 971, 978, 985, 1010, 1033, 1084, 1140,
　1157, 1160, 1163-65, 1168, 1170-71, 1179, 1181, 1185
　秘書として　84-85, 97-98, 106, 111, 127, 138, 143,
　　146, 176, 181, 259, 495, 499, 567, 571, 736, 851,
　　893, 933, 935, 938, 942-50, 957, 964, 978
　出版社との交渉　37, 67, 84-85, 90, 92, 97-98, 101,
　　106, 111, 127, 138, 143, 147, 176, 181, 231, 259,
　　261, 497, 562-563, 569-71, 713, 736, 851, 886,
　　893, 933, 938-39, 943-51, 954-55, 957, 962, 964,
　　967, 971, 978, 985, 1033, 1084, 1157, 1160, 1163-
　　65, 1168, 1170-71, 1179, 1181, 1185
　『覚書』　12-13, 47, 51, 238, 248, 303, 322, 381, 385,
　　391-94, 411, 415, 447, 469, 502, 526-27, 533, 558,
　　560, 713, 735, 751 ⇒ 一般事項／[6]伝記
──、フランツ・アントン　84, 291, 345

人名　索引

交友関係（女性）

ヴィルマン、マグダレーナ　308, 348, 398, 435-36, 536

エルデディ伯夫人アンナ・マリア　143, 192, 254, 270, 272, 672, 710, 718, 720-24, 735, 924
　年金計画の推進者として　255, 723, 728, 730

エルデディ伯夫人伯女ネスキー　254

エルトマン男夫人ドロテア　257-58

グイッチアルディ伯女（ガレンベルク伯夫人）ユーリエ（ジュリエッタ）　243, 423, 478, 487

クラーリ伯女（クラム＝ガラス伯爵夫人）　230

クラーリ伯嬢ヨゼフィーネ・フォン　438, 701

ケグレヴィチ伯女（オデスカルキ侯夫人）、バベッテ　238, 405, 407, 457

ゼーバルト、アマーリエ　808, 816

ダイム伯夫人ヨゼフィーネ → ブルンスヴィク、ヨゼフィーネ・フォン

チョッフェン夫人バルバラ　930

ドゥロスディック夫人テレーゼ・フォン　227 ⇒ マルファッティ、テレーゼ

ブルンスヴィク伯女テレーゼ　249-50, 269, 415, 763, 818

ブルンスヴィク伯女（シュタッケルベルク男夫人）ヨゼフィーネ　249-50, 267-70, 415, 461, 470, 641, 763, 818

ブルンスヴィク伯夫人アンナ　268

ブルンスヴィク伯女シャルロッテ　250

ブレンターノ夫人アントーニエ（生姓ビルケンシュトック）　78, 142, 233-34, 258-60, 271-73, 779, 789, 804, 808, 812-14, 919, 1183

ブレンターノ（アルニム夫人）、ベッティーナ　234, 272, 779, 787-89, 808

ブロイニング、エレオノーレ・フォン（後、ヴェーゲラー夫人）　236, 335, 413, 448, 460, 560

マリー・ビゴ・ドゥ・モローグ［フランス人ピアニスト］　622

マリア・ボッラ夫人
　主催コンサート　399, 438

マルファッティ、テレーゼ　228, 268, 746, 749, 752, 754, 761, 763, 784

マルファッティ、アンナ（テレーゼの妹、後にグライヒェンシュタイン男夫人）　753

後援・身辺貴族（被献呈者その他）

エスケレス男［アルンシュタイン・エスケレス銀行の頭取］　1146

エステルハージ（宮廷）　350, 366, 374, 566, 629
──家　248, 375, 643, 702, 967

エステルハージ侯アントン　350-51, 431
──侯ニコラウス　276-77, 639-45, 677, 679-80
──侯夫人侯女マリア・ヨーゼファ・ヘルメネギルト　30, 248, 462, 642

エステルハージ伯フランツ　640
──伯フランツ・ニコラウス　640
　［関係者］カルナー、ヤーノシュ［エステルハージ侯家宮廷顧問官］　643
　　ヅィーリンスカ伯女ヘンリエッテ　643

エステルハージ文庫　643

オッパースドルフ伯フランツ・フォン　58-59, 66, 253, 266, 366, 618, 624-26, 628, 630-34, 687-88, 697, 733
　宮廷楽団　629, 647, 650, 653-54

ガリツィン侯ニコライ・ボリソヴィチ　247, 261-64, 266, 278, 337, 403, 988, 1049, 1067, 1076, 1079, 1082-99
　弦楽四重奏曲の委嘱　240, 247, 979, 983, 1083-84, 1087
──侯ドミトリ・ミハイロヴィチ（息子）　247

キンスキー家　782, 882

キンスキー侯フェルディナント・ヨハン・ネポムク　131, 234, 255, 257, 272, 643, 718, 723, 726, 731, 740, 748, 782, 784, 790, 811, 813, 825-26, 881-86, 896, 921
　年金契約　131, 136, 255, 718, 723, 729-32, 741, 774, 780, 782-85, 811, 816, 825, 859, 883-85, 1145, 1147
　死　784, 824
──侯夫人マリア・シャルロッテ　255, 272-73, 783, 811, 824, 826, 884, 917
──侯ルドルフ（息子）　1145-46
　［関係者］オーバーミュラー、ヨハン・ミヒャエル［侯家顧問官］　825
　　リッパ、ヨハン・フランツ［侯家弁護士］ → 弁護士
　　カンカ、ヨハン・ネポムク［プラハの弁護士］ → 弁護士
──伯ヨーゼフ（息子）　881

グイッチアルディ伯フランツ・ヨーゼフ　243
──伯女ユーリエ → 女性

クラム＝ガラス伯
　楽譜文庫　230

シュヴァルツェンベルク侯　239, 420-21, 461, 485, 640,

1255

825, 1045, 1056
——侯夫人パウリーネ・カロリーネ 239
スヴィーテン男ゴットフリート・ヴァン 239, 242, 268, 272, 303, 374, 432, 463
ゾンネンフェルス男ヨーゼフ・フォン 244-45, 267-68
ツィッヒ伯シュテファン 640
トゥーン伯 338
——伯夫人アンナ・エリザベート 354
トゥーン＝ホーエンシュタイン家 387
　邸宅でのコンサート 239, 354
トゥーン＝ホーエンシュタイン伯 239, 354
——伯夫人マリア・ヴィルヘルミーネ 238, 354
——伯女 238, 413 ⇒ リヒノフスキー伯夫人
ニッケルスベルク男 242, 267-68
パルフィ・フォン・エルデード伯 308, 313
　伯邸でのコンサート 308
——伯フェルディナント 640, 798, 872, 876, 1047-48, 1050-51, 1071, 1075
ブラウン男ペーター・フォン 49, 235, 239, 456, 580, 584, 586, 588-92, 597, 603, 612, 614, 640, 680
——男夫人ヨゼフィーネ 239, 405, 407, 456
フリース伯モーリツ・フォン 89-90, 243, 415, 470
　伯邸でのコンサート 243, 470
——伯夫人侯女マリア・テレジア 238
ブロウネ＝カムス伯ヨハン・ゲオルク 50, 90, 238, 267, 417, 496-97
——伯夫人 237, 246, 405, 407
ラズモフスキー伯アンドレアス・キリロヴィチ 26, 61, 192, 238, 240, 245-47, 266, 337, 367, 369, 568, 622, 632, 684, 687-88, 695, 875, 879, 934
　弦楽四重奏団 367, 688, 1034
　伯邸炎上 857, 878-79, 1034
　被献呈作品 192, 240, 246, 337, 632, 684, 687-88
リヒテンシュタイン侯ヨハン・ヨーゼフ 1056
——侯夫人ヨゼフィーネ・ゾフィー 243, 409, 639
——侯女マリア・ヨーゼファ・ヘルメネギルト(妹) 639 ⇒ エステルハージ侯夫人
リヒノフスキー家 354, 387
リヒノフスキー侯カール・フォン 111, 117, 227, 236, 238-39, 241, 243, 246-47, 251, 267, 354, 356, 369, 380, 387, 397, 400, 405, 407-08, 413, 431-35, 445, 456-57, 463, 468, 491, 505, 527, 619-24, 626-27, 653, 688, 697-98, 707, 731, 801, 893, 930, 1032, 1153, 1182
　侯邸での試演 51, 65, 380, 391, 418, 526
　金曜日定例コンサート 236, 416

"少年四重奏団" 367, 415-16
年金支給 236, 377, 468, 474, 494, 528, 623, 627, 663, 698, 784, 1032, 1153, 1182
被献呈作品 51, 111, 227, 241, 246, 267, 387, 407-08, 413, 416, 463, 526
[関係者][グレーザー[リヒノフスキー侯付近侍官] 356
——侯夫人クリスティアーネ 172, 237, 411, 413
——侯エドゥアルト(息子) 1032
リヒノフスキー伯モーリツ・フォン(カールの弟) 243, 244, 247, 267, 272, 860, 863, 926, 939, 1031-32, 1036, 1047
——伯夫人ヨーゼファ 244
——伯女ヘンリエッテ(妹) 243
　カルネヴィユ伯シモン(妹の夫) 244
ルドルフ大公(ルドルフ・フォン・ハプスブルク) 66, 128, 208, 237, 239, 254, 276, 718-22, 728-31, 734, 740, 758, 770, 774, 788, 793, 798, 807, 809-10, 814, 816, 819-20, 828-29, 836, 844, 846, 852, 875, 877, 927, 961, 968-69, 980, 1009-10, 1056, 1079-80, 1146, 1149, 1153
年金契約 137, 252, 728-32, 737, 778, 780-81, 784, 790, 825, 883, 947, 1145, 1156, 1158, 1175
ベートーヴェンの弟子として 721-22, 780-81, 793-95
オルミュッツ大司教就任式 960-64, 969, 1012
被献呈作品 196, 232, 236, 252-54, 259, 261, 263, 265, 267, 270-72, 718-19, 788, 790, 798, 884, 982, 987-88, 1024, 1079, 1093
　楽譜文庫 232, 721, 741, 771
ロドリン伯ヒエロニムス 640
ロプコヴィッツ侯フランツ・ヨーゼフ 59, 61, 66-67, 192, 232, 248, 274-75, 376, 440-41, 451, 474, 569, 571-73, 576, 606, 614, 625-27, 632-33, 680, 686, 696, 731-32, 776, 784, 826, 828, 885, 921, 951, 1011, 1165, 1177
　宮廷楽団 61, 366, 372, 375, 415, 572, 829
　侯邸での試演 55, 60-61, 573, 575, 626-27, 633, 635, 647-52, 677, 700, 702, 710, 713-14, 723, 791, 793, 795, 798, 820, 828
　作品の半年専有権 55, 59, 66, 68, 240, 266, 569-72, 575, 630-33, 650, 660, 688, 695-96, 723, 951, 1165, 1177
年金契約 131, 729, 731-32, 737, 782, 784, 825-26, 859, 883-84, 921, 1145-46
　宮廷劇場管理 485, 636, 640
被献呈作品 239, 246, 251, 266-67, 273, 498, 561, 632, 684, 687-88, 700, 723, 884
　文庫 59, 65, 626, 631, 700
——侯夫人マリア・カロリーネ 239, 273, 451, 922

人名　索引

《遙かな恋人に寄せて》　274
―― 侯フェルディナント・ヨーゼフ・ヨハン（息子）
　274

［関係者］ペータース、カール［ロプコヴィッツ侯宮廷顧問
　官］
――夫人　247

一般政治家・貴族・官僚
（後援・身辺貴族を除く、国外の被献呈者含む）

アルベルト大公（神聖ローマ帝国皇帝フランツ2世の義伯父、
　カール大公の養父）　605
アレクサンドル1世　→　ロシア皇帝
アントン大公　→　神聖ローマ帝国皇帝フランツ2世の弟
アンハルト侯
　宮廷楽団　1029
イギリス国王ジョージ4世（1820年までイギリス摂政皇太
　子）　133, 138, 196, 256, 277, 839, 879, 934, 939
　［関係者］ウェリントン将軍　823, 836-39, 839, 843, 847
　　　　　ネルソン提督　605
　　　　　キャッスルリーグ子爵［イギリス全権大使］
　　　　　247, 939
ヴィトゲンシュタイン侯　808
ヴェストファーレン王ジェローム・ボナパルト（ナポレオン
　の弟）　697, 724, 727-28, 746
ヴュルツブルク大公　808
ヴュルテンベルク国王ヴィルヘルム1世　277
エッティンゲン＝ヴァラーシュタイン侯
　宮廷　302, 309, 322
オギンスキ伯［ポーランドの貴族］　376
オーストリア皇帝フランツ1世　→　神聖ローマ帝国皇帝
　フランツ2世
　皇妃マリー・テレーゼ　242, 373, 421, 461, 464, 479
　長女マリー・ルイーゼ　746　⇒　ナポレオン夫人
　皇妃マリー・ルイーゼ・ベアトリックス　774
オルミュッツ大司教アントン・テオドール・フォン・コロ
　レド枢機卿　252, 961
オルミュッツ大司教マリア・タデウス・フォン・トラウト
　マンスドルフ＝ヴァインスベルク伯　961
ガイウス・マルキウス［カイウス・マルティウス］［ローマ貴族］
　637
カール大公　→　神聖ローマ帝国皇帝フランツ2世の弟
カール大帝　615
クールラント王子　808
クレメンス・アウグスト・フォン・バイエルン　→　ケルン
　大司教選帝侯
ケーニヒスエック＝ローテンフェルス伯マクシミリアン・
　フリードリヒ　→　ケルン大司教選帝侯
ケルン大司教選帝侯クレメンス・アウグスト・フォン・

バイエルン　284-86, 320, 328
ケルン大司教選帝侯マクシミリアン・フランツ・フォ
　ン・ハプスブルク　241, 250, 284, 290, 321, 324,
　328, 338, 346, 377, 430, 434, 463, 476-77
　［関係者］シャル男クレメンス・アウグスト［ケルン選帝
　　　　　侯執事］　340
ケルン大司教選帝侯マクシミリアン・フリードリヒ・フォ
　ン・ケーニヒスエック＝ローテンフェルス伯　284,
　286, 290, 296
ケルン大司教選帝侯ヨーゼフ・クレメント・フォン・バ
　イエルン　285
コハリー侯［ハンガリー王国宰相］　1056
ザクセン公アントン　808
ザクセン国王フリードリヒ・アウグスト　277
ザクセン・ヴァイマール大公カール・アウグスト　277,
　808
――大公妃マリア（ロシア大公女マリア・パヴロヴナ）　245,
　470, 876
ジェローム・ボナパルト　→　ナポレオンの弟
シャフゴッチュ侯　→　ブレスラウ司教
ジョージ4世　→　イギリス国王
神聖ローマ帝国皇帝フランツ2世　261, 361, 369, 371,
　373-74, 424, 483, 560, 615, 619, 680, 774, 800, 807,
　880, 961
――フランツ2世の弟、カール大公（ルドルフ大公の兄）
　477, 559
――フランツ2世の弟、アントン大公（ルドルフ大公の兄）
　774-76
――フランツ2世の弟、ルートヴィヒ大公（ルドルフ大公の
　兄）　265, 1009, 1138
――フランツ2世の弟、ルドルフ大公　→　交友関係
神聖ローマ帝国皇帝フランツ・シュテファン（マリア・テレ
　ジアの婿）　321
神聖ローマ帝国皇帝レオポルト2世　252, 342-43, 350,
　371, 374, 461
――レオポルト2世の娘婿、アルベルト大公（フランツ2
　世の義伯父、カール大公の養父）　606
スウェーデン国王カール14世ヨハン　277
スペイン王（ナポレオンの兄）　823

1257

タレーラン、シャルル・モリス・ド［ナポレオン失脚後、フランス首相］ 858

デンマーク国王フレデリク6世 277

トゥルッフゼス＝ヴァルトブルク伯 697, 732

トゥルン・ウント・タクスィス侯 312

　宮廷 286, 312, 313

トゥレモン男（ルイ＝フィリップ・ギロー）［フランス国務院会計検査官］ 748

　『回想録』 576

トスカナ大公フェルディナンド3世 276-77

トラウトマンスドルフ＝ヴァインスベルク侯フェルディナント［ヴィーン宮廷執事長］ 1056

トラウトマンスドルフ＝ヴァインスベルク伯マリア・タデウス・フォン → オルミュッツ大司教

ナッサウ公ヴィルヘルム 277, 1078

ナポレオン（・ボナパルト） 134, 234, 256, 272, 276, 366, 378, 558-60, 565, 568, 573-74, 576-77, 606, 608, 615, 666, 697, 734, 739, 746, 748, 796, 806-07, 809, 820, 822, 835-36, 840, 858, 880, 926, 1005

　……軍 86, 423, 582, 606, 619-20, 748, 784, 834, 855

　……戦争 70, 114, 122, 126, 162, 245, 282, 284, 336, 338, 367, 423, 616, 658, 681, 800, 838, 858, 903, 931, 935, 1006, 1095, 1153, 1197

　……と《エロイカ》 248, 561, 568, 572, 575-77, 637, 691-92, 748, 794

　ヴィーン占領 121, 576, 582, 590, 606, 619, 681, 697, 718-19, 732, 734, 747, 750, 775, 803, 858, 896, 1152-53

　エジプト遠征 329

　ロシア遠征 746, 806-08, 822-23

　大陸封鎖令 121, 376, 666, 890

　［関係者］ジョルダン将軍 823

　　　　　ベルナドット将軍 606

　　　　　ユラン将軍 576, 606

——夫人（フランス皇妃）ジョセフィーヌ 746

——夫人（フランス皇妃）マリー・ルイーズ 576, 746, 808, 985

ナポレオン2世（フランソワ・ボナパルト） 746

ナポレオン＝ミュラ（義弟） 606, 746, 808

バイエルン国王マクスィミリアン・ヨーゼフ 234-35, 262, 277, 733

バーデン大公ルートヴィヒ1世 277

ハノーファー公アウグスト・フリードリヒ 277 ⇒ イギリス国王ジョージ4世

ハプスブルク家 134, 284, 321

ハーラッハ伯カール・レオンハルト 367

パルマ公女マリア・ルイジア（元オーストリア皇女・ナポレオン未亡人） 576, 746, 807, 985

ハンガリー大司教シャンドール・ルドゥナイ 277

プァルツ選帝侯（宮廷） 109

フュルステンベルク侯カール・エゴン2世 277

フランス国王 261-62, 272, 277

フランス国王ルイ16世 343

フランス国王ルイ18世 277

フランツ1世 → 神聖ローマ帝国皇帝フランツ2世

フランツ2世 → 神聖ローマ帝国皇帝フランツ2世

フランツ・フリードリヒ（メックレンブルク＝シュヴェーリン大公） 277

フランツ・シュテファン → 神聖ローマ帝国皇帝フランツ・シュテファン

フリードリヒ大王 → プロイセン国王フリードリヒ大王

ブレスラウ司教シャフゴッチュ侯 368, 372

プロイセン国王フリードリヒ大王 248

プロイセン国王フリードリヒ・ヴィルヘルム2世 237, 260-62, 272, 277, 338, 411, 413-14, 807, 1029

プロイセン国王フリードリヒ・ヴィルヘルム3世 260-61, 277, 338, 807, 880

プロイセン王妃ルイーゼ 789, 858, 1144

プロイセン王子ルイ・フェルディナンド（フリードリヒ・ヴィルヘルム2世の従弟） 247-48, 620

プロイセン公女ルイーゼ（ルイ・フェルディナンドの妹、ラヅィヴィル侯夫人） 260

　ルイーゼの夫、ラヅィヴィル侯アントン・ハインリヒ［ポーゼン総督］ 258, 260, 277, 988, 1080

プロイセン皇太子（1840年以後、フリードリヒ・ヴィルヘルム4世） 258

フンボルト男 808

ヘッセン選帝侯ヴィルヘルム2世 277

ヘッセン＝ダルムシュタット大公ルートヴィヒ1世 277

ボナパルト、ナポレオン → ナポレオン

——、ジョゼフ（兄） 823

——、ジェローム（弟） 697, 746

マクスィミリアン・フランツ・フォン・ハプスブルク → ケルン大司教選帝侯

マクスィミリアン・フリードリヒ・フォン・ケーニヒスエック＝ローテンフェルス → ケルン大司教選帝侯

ミュラ将軍 → ナポレオン＝ミュラ

メックレンブルク＝シュヴェーリン大公フランツ・フリードリヒ 277

メックレンブルク＝ノイシュトゥレリッツ大公ゲオルク・フリードリヒ・カール 277

メッターニヒ（メッテルニヒ）侯クレメンス・フォン 746,

人名　索引

878, 1056

ヨーゼフ2世(オーストリア皇帝)　303, 324-25, 339-40,
　358, 368, 483
　　啓蒙的改革　339, 342
　　国民オペラ運動の推進　368, 370, 483
ヨーゼフ・クレメント・フォン・バイエルン　→　ケルン
　大司教選帝侯
ラヅィヴィル侯[ポーゼン総督]　→　プロイセン公女ルイー
　ゼの夫
両シチリア王国フェルディナント1世　277
ルイ16世　→　フランス国王
ルイ18世　→　フランス国王
ルイ・フェルディナンド　→　プロイセン王子
ルートヴィヒ大公　→　神聖ローマ帝国皇帝フランツ2
　世の弟

レオポルト2世　→　神聖ローマ帝国皇帝
ロシア皇帝アレクサンドル1世　244-46, 262, 268, 272,
　277, 569, 807, 875, 878, 1004, 1084, 1086-87, 1147
ロシア皇妃(出生バーデン公女)　196, 233, 244, 263, 875,
　880, 1087
　　[関係者]ナッセルローデ伯[ロシア皇帝の外務大臣]
　　　1087
　　　　ナリシュキン侯[ロシア皇帝執事]　244
ロシア大公女マリア・パヴロヴナ　→　ザクセン＝ヴァイ
　マール大公妃
ロシア大公女アレクサンドラ・パヴロヴナ(ハンガリー副
　王ヨーゼフ大公フォン・ハプスブルク妃)　245, 470
ロートリンゲン(ローレーヌ)公カール・フォン　283, 321
ローマ教皇　284, 963

出 版 人

⇒　一般事項／[10]出版社・商社

アルタリア、カルロ　90, 111, 413-14
──、ドメニコ　27-28, 112, 144, 162
──、マティアス　205, 222, 264, 879, 1173, 1177,
　1180
アンドレ、ヨハン　51, 99, 113-15, 134, 164, 371, 498,
　534, 1162
エーバール[ホフマイスター＆キューネル社ヴィーン支社長]
　242
カッピ、ペーター(ピエトロ)　147
──、ヨハン(ジョヴァンニ)　147
キューネル、アンブロジウス　113
クレメンティ、ムツィオ　106, 125-26, 656 ⇒ 作曲家
ゲッツ、ヨハン・ミヒャエル　109
コラード[クレメンティの共同出版者]　126, 656, 658-59,
　664-65, 670, 674
シュタイナー、ジークムント・アントン　108, 147, 885
シュレジンガー、アドルフ・マルティン　145-46, 148
シュレザンジェ、モーリス(アドルフ・マルティン・シュレジン
　ガーの息子)　145-46, 1117
ジムロック、ニコラウス　93, 109, 111, 141, 220, 298,
　350, 567, 570, 619, 661 ⇒ 交友関係
──、ハインリヒ(アンリ)　111, 570
──、ペーター・ヨーゼフ　139-40, 198, 774, 804
ショット、ベルンハルト　350
──、ヨハン・アンドレアス　151

──、ヨハン・ヨーゼフ　151
ディアベッリ、アントン　147, 335, 886, 973, 1032 ⇒
　作曲家
トムソン、ジョージ[エディンバラの出版者]　86, 101-04,
　126, 389, 667, 672, 785-86, 799, 820, 875, 890-913,
　917-18, 920-24, 927, 930-33, 941, 972-73, 1158,
　1164-66, 1179, 1182
　　出版活動　114, 140, 145, 194, 243, 890-913, 931,
　　973
　　民謡撰集　104, 719, 765, 890-913, 918, 920-22, 931,
　　933, 971, 973
トレック、ヨハン・バプティスト　110-11
ネーゲリ、ハンス　510
ハスリンガー、トビアス　147, 876, 886
パチーニ、アントーニオ　978, 983, 985, 1049
プロプスト、ハインリヒ・アルベルト　150
ペータース、カール・フリードリヒ　35, 113, 148-49,
　975
ホフマイスター、フランツ・アントン　112, 161, 177,
　241 ⇒ 作曲家
ホーフマイスター、フリードリヒ　151, 161
モッロ、トランクィーロ　90
ライデスドルフ、マックス・ヨーゼフ　1032
リスナー、カール[サンクト・ペテルブルクの出版者]　978

1259

周辺の人々

ヴィーンまたはその周辺に在住

ヴィリゼン、カール・ヴィルヘルム・フォン［テプリッツへの同行者］ 811

ヴィンター、カール・アグヌス［裁判所の担当係官］ 1012

ウムラウフ、ミヒャエル 369, 869, 1051-52, 1054, 1056-57, 1061-64, 1072

　《フィデリオ》改訂版（1814年）の指揮 1048, 1062

　第9シンフォニー初演の指揮 368, 869, 1044

カウフマン［ヴィーン音楽愛好家協会演奏家部員］ 222

カールハインツ、フランツ・クサヴァー［Op.41/42の編曲者］ 97, 160

キルヒホッファー、フランツ・クリスティアン［ロンドン音楽愛好家協会ヴィーン代理人］ 953

グレーザー［ヨーゼフシュタット劇場楽長］ 229

ゴットダンク［ケルンテン門劇場舞台監督］ 1056

ザイラー、ヨハン・ミヒャエル［大学教授、後にレーゲンスブルク大司教］ 1009

ザウラウ伯［宮内庁官房長・内務大臣］ 1056

サルトリ、フランツ［政府顧問官検閲官］ 1048

シュヴァルツ、マティアス［豪華装丁手書き楽譜全集作成者］ 232

シュタートラー師、マクシミリアン 247, 272

シュタルケ、フリードリヒ 34-35, 974, 977

シュトル、ヨハン・ルートヴィヒ［雑誌『プロメテウス』発行人］ 803

シュネラー、ユリウス［グラーツのリツェウム教授］ 796

シュレンマー、マティアス［甥カールの下宿先き大家/宮廷官房書記官］ 1098, 1110-11, 1113-16

── 、ロザーリア 1108

ゼッケンドルフ［『プロメテウス』の編集者］ 757, 803

ダム、ヴェンツェル・カスパール［ロプコヴィッツ侯家会計係］ 232

チャプカ［刑法違反訴追の担当官］ 1113

ツィッターバルト、バルトロメウス［アン・デア・ヴィーン劇場所有者］ 584, 591, 597

ディートリヒシュタイン伯モーリツ・ヨーゼフ・ヨハン［宮廷楽団長］ 636, 1046

──伯ヨーゼフ・カール［ニーダーエスターライヒ政府長官］ 257

デュポール、ルイ・アントワーヌ［元舞踏手、ケルンテン門劇場支配人］ 1044, 1046, 1048-51, 1056, 1059, 1061, 1063, 1066-71, 1074

ドゥンカー［官房書記官］ 880

トロイアー伯フェルディナン［オルミュッツ大司教執務参事官］ 969-70

トロワ、フランツ・ドゥ［画家］ 797

ヌスベック、レオポルト［ヴィーン市強制執行人/甥カールの後見人］ 1010-11

バウアー、カスパール［オーストリア在ロンドン大使館記官］ 951-52

バウマイスター、イグナーツ・フォン［ルドルフ大公秘書官］ 810

ハッゲンミュラー男 942-43

ハッツフェルト侯［プロイセン国王ヴィーン駐在大使］ 262

バッハ、アンナ・カロリーネ・フィリッピーネ 382

──、レギーネ・スザンナ 490-91

　スザンナ・バッハ募金 498

パハラー、ファウスト 1121

──、マーリエ 1121

バラーニャ、ヨーゼフ［エステルハージ侯秘書］ 643

バルト、ヨーゼフ 1044

ハルトゥル、ヨーゼフ［宮廷劇場支配人］ 699, 700, 702, 742, 796

バルバイア、ドメニコ 1018, 1033, 1040, 1042, 1046, 1055

ハルム、アントン 222

ハレム、ゲルハルト・アントン・フォン［詩人］ 347-48, 757

ピラート、ヨーゼフ・アントン［『オーストリアの観察者』編集者］ 842

ピリンガー、フェルディナント 1043, 1068

ビルケンシュトック、ヨハン 789

フィルミアン侯レオポルト・マクシミリアン 1060

フォーゲル、ヴィルヘルム［元俳優、アン・デア・ヴィーン劇場事務局長］ 874, 1044, 1048

ブラヘッカ［ニーダーエスターライヒ製紙工場主任］ 1044

ブリディ、ジュゼッペ・アントーニオ［ブリディ・パリジ商会代表］ 925

フリーデルベルク、ヨーゼフ 423

ブレヒリンガー、ヨーゼフ 1000, 1010, 1013

　寄宿学校 1009, 1014, 1097, 1158

プロナイ、ジギスムント［園芸家、植物学者］ 232

ベーア、ヨーゼフ 413, 414, 459

ヘーゲリン、フランツ・カール［検閲官］ 583

ヘニクシュタイン、フランツ・ヨーゼフ・ブロイス・フォン 933, 1084-86

人名　索引

ヘニング[編曲者]　264

ベーム、ヨーゼフ・ミヒャエル　1063-64

ヘール、ヨハン[家主]　1078

ホチュヴァル、ヤーコプ[宮廷書記官]　1091

ホッホキルヒェン男アウグスト・ライヒマン[ニーダーエスターライヒ政府長官]　1056

ホルツマン、バルバラ[家政婦]　980, 1100

マイアー、ゼバスティアン　605, 612

マイスナー、アウグスト・ゴットリープ[プラハ大学美学教授]　582-83

『生き抜く道』　744

『ネロによるキリスト教徒迫害』　744

マイスル、カール　976, 996

マシェク、パウル　361

マレク、ゲオルゲ　1154-55

ミュラー、カール・フリードリヒ[ワルツ集出版]　979-80

モーゼル、イグナーツ・フランツ[宮廷秘書官]　853

モーツァルト、レオポルト　375

──、コンスタンツェ　310-11, 371

ヤイテレス、アロイス[学生詩人]　273

ヤーン、イグナーツ　414, 461

フウ、ゼバスティアン[エスケレス銀行支配人]　1141-43

リツィ、ヨハン・ジークムント[BAI社社員]　119, 1166

リプシャー、アウグスティン[運送業者]　1088-91, 1093

ロスチャイルド男[銀行]　1141

ヴィーン以外のドイツ在住

ヴィーデバイン、ゴットロープ[ブラウンシュヴァイク在住]　574

ヴェーゼンドンク、オットー　733

ザント、カール　1005

マッティソン、フリードリヒ・フォン　237, 422, 473,

756-57, 978

『アデライーデ』　163, 237, 473

リスト＆フランケ[ライプツィヒの古書籍商]　346

ルスト、ヴィルヘルム・カール　698, 708

──、イェッテ(ヴィルヘルムの姉)　708

ボンまたはその周辺に在住

アヴェルドンク、ゼヴェリン・アントン　340, 342

ヴェーゲラー、フランツ・ゲルハルト　→　交友関係

ヴェスターホルト＝ギゼンベルク男フリードリヒ・ルドルフ・アントン　300

──男女マリア・アンナ・ヴィルヘルミーネ　300

ヴォルフ＝メッテルニヒ伯夫人アッセブルク男女アントーニエ　296

──、フェリーチェ・フォン(娘)　296

シャーデン男ヨーゼフ・ヴィルヘルム・フォン　302, 309-10, 312, 316-17

──男夫人ナネット　309-10, 312

シュナイダー、オイロギウス[ボン大学教授]　339-42

『詩集』　339

ツドーニ、ヨーゼフ(ジュゼッペ)[ボン宮廷楽長]　285-86

デーゲンハルト、ヨハン・マルティン[法律家]　335

トレヴィサーニ、ジョセッフォ[ボン宮廷楽長]　285

ドンニーニ、ジローラモ[ボン宮廷楽長]　285

バウムガルテン[洗礼立会人]　751

ハーピヒ[舞踊手]　347

フィッシャー[ボンのパン職人]　251

ミュラー、ゲルトルート(現姓バウム)[ボン、隣家の夫人]　751

リース、フェルディナント　→　交友関係

──、フランツ・アントン　→　交友関係

ルックス、ヨーゼフ[ボン宮廷礼拝堂歌手]　79, 348

音 楽 家 等

ヴィーンで活躍する歌手

イェーガー、フランツ　1044-45, 1052, 1055

ヴァインミュラー、カール・フリードリヒ[兼ヴィーン宮廷劇場舞台監督]　843, 845, 859-60, 868

ヴィルト、フランツ　880

ヴラニツキー嬢　1044

ウンガー、カロリーネ　1042, 1044, 1046, 1051-52, 1055, 1057, 1068-69, 1072, 1075

エーラー、ヴィルヘルム　982

ガスマン、テレーゼ　455

カポーニ　285

キリッチュキー、ジョセフィーネ(シュッパンツィクの妹)　702

ゲルハルディ、クリスティーネ　447, 455

コルブラン、イザベラ　1018

ザイペルト、ヨーゼフ　1044-46, 1053, 1055, 1057, 1072

ザール、イグナーツ　455, 459

──、テレーゼ　455, 459

シボーニ、ジュゼッペ　845-46

ゾンターク、ヘンリエッテ　1042, 1044, 1051-52, 1055, 1057, 1069, 1072

1261

ダヴィデ、ジャコモ　1071
――、ジョヴァンニ　1071
ダヴィド　1070-73
ダルダネッリ[兼舞踊手]　1070, 1072
デンナー、フリードリヒ[フロレスタン役創唱]　609
ドゥシェック夫人、ヨーゼファ　230, 416, 701
トンゼッロ　1038
ドンツェッリ　1070, 1072
ハイツィンガー、アントン　1044-45, 1052, 1055, 1057, 1072
パエール、フランチェスカ　599
フィッシャー、ルートヴィヒ・カール　311, 445
　主催コンサート　445
フォーグル、ヨハン・ミヒャエル　859
フォドール　1038
フォルティ、フランツ・アントン　874, 1045
ブライシンガー、ヨーゼフ　1045-46, 1051-53
ヘーニヒ夫人　868
ヘンスラー嬢[アマチュア歌手]　831
ボティチェッリ　1070, 1072
ミルダー、パウリーネ・アンナ(ミルダー゠ハウプトマン夫人)　702, 845-46, 868
　[ミルダーの夫]ハウプトマン、ペーター　702
ラウシャー、ヤーコプ　1045
ラートマイアー、マティアス　455
ラブラッシュ　1038
ランゲ、アロイジア　311
レッケル、ヨーゼフ・アウグスト　609, 614

ヴィーンまたはその周辺で活躍する 楽器奏者・音楽関係者

ヴァイス、フランツ[シュッパンツィク四重奏団ヴィオラ奏者]　416, 1094
ヴァイトリンガー[クラッペン・トランペット製作者]　1025, 1030
カルクブレンナー、フレデリク[ピアニスト]　1033
クラフト、ニコラウス・アントン[チェロ奏者]　416, 791, 829
クラーマー、ヨハン・バプティスト[ピアニスト]　773, 794, 1142
クレメント、フランツ　55, 635, 678, 796, 1048, 1050-51, 1062, 1075
　主催コンサート　635, 796
ジーナ、ルイ["少年四重奏団"第2ヴァイオリン奏者]　416
シュタイベルト、ダニエル[ピアニスト]　243, 415, 470-71, 660, 773

シュタイン、フリードリヒ[ピアニスト]　702
シュタウファー、フランツ(「12歳になる男の子」)　880
シュライバー[ヴィオラ奏者]　459
ジュリアーニ[ギター奏者]　699, 839
シントレッカー[チェロ奏者]　459
セドラク、ヴェンツェル[《フィデリオ》編曲(吹奏楽)]　873
タイマー、ヨハン[オーボエ奏者]　418-20
――、フィリップ[オーボエ奏者]　418-20
――、フランツ[オーボエ奏者]　418-20
ツェルヴェンカ、ヨーゼフ[オーボエ奏者]　420
――、ヨーゼフ[オルミュッツ大聖堂オルガニスト]　969
ディーツェル[コントラバス奏者]　459
ディルツカ[合唱監督]　1054, 1068
トゥレメル[宮廷劇場舞台装飾家]　797
ニケル(またはニックル)[ホルン奏者]　414, 459
フェルスベルク[宮廷秘書官/アマチュア・ピアニスト]　679
ブラニツキー、アントン[指揮者]　868
フルト[《第9》ホルン奏者]　1030
プント(本名ヨハン・ヴェンツェル・シュティヒ)[ホルン奏者]　169, 173, 245, 450, 469-70
ベーア、ヨーゼフ[クラリネット奏者]　414-15, 459
ヘリング、ヨハン・バプティスト[指揮者]　678
マイゼーダー、ヨーゼフ[ヴァイオリン奏者]　791, 831
マタウシェク　→　マトゥシェク
マトゥシェク[ファゴット奏者]　414, 459
ミュルナー嬢[ハープ奏者]　699
ラム、フリードリヒ[オーボエ奏者]　311
リンケ、ヨーゼフ[チェロ奏者]　254, 831, 1094, 1103
　主催コンサート　1105
レヴィ[《第9》ホルン奏者]　1030
ロイター[オーボエ奏者]　420

ヴィーン外ドイツの演奏家等

イェーガー[アンスバッハの音楽監督]　313
シュテルツェル、ハインリヒ[ホルン奏者/ヴァルブ・ホルン製作者]　1029-30
シュナイダー、フリードリヒ[ライプツィヒ]　792, 793
――、ヨハン[ライプツィヒ]　792
シュピカー、ザムエル・ハインリヒ[ベルリンの司書/Op. 108の歌詞翻訳者]　146
シュミット、カール・ヨーゼフ[フランクフルト劇場音楽監督]　871
――、クラーマー・エーバーハルト・カール[WoO 89の作詩者]　347-48
――、ジョヴァンニ・フェデリコ[翻訳者]　599
シュライバー、クリスティアン[ライプツィヒのプロテスタント

人名　索引

神学者、Op.82のドイツ語訳者］　761, 768
シュルツ、ヨハン・ラインホルト［ロンドンの楽譜商］　957
シュンケ［ベルリンのホルン奏者］　1030
タールベルク、ジギスムント　1076
デュポール、ジャン゠ピエール［ベルリンのチェロ奏者］
　411
――、ジャン゠ルイ［ベルリンのチェロ奏者］　411
ドレッリ（デュレッリ／ドゥレッリ）、アントン［ミュンヒェン宮廷
　歌手］　309, 312
ハイゼル、フランツ・クサヴァー［グラーツ劇場音楽監督］
　871
プァッフェ［ホルン奏者］　1030
ブリュール伯爵［ベルリン王室劇場総監督］　1032-33
フロイデンベルク［ブレスラウのオルガニスト］　290, 1122
ポッレドゥロ、ジョヴァンニ・バッティスタ［ヴァイオリン奏
　者］　814-15
ボーデ、F.［ベルリンのホルン奏者］　1030
ルンメル、クリスティアン［ナッサウ公楽長］　1078
レンス［ベルリンのホルン奏者］　1030

ロンドン在住

ウェニントン、ウィリアム　422, 930, 932
ザロモン、ヨハン・ペーター　138, 349, 887, 935-38,
　941, 1179

イギリス出版仲介　106, 138, 902, 937, 1170, 1179
シュトゥンプフ、ヨハン・アンドレアス　1126, 1139-41,
　1143, 1151
スマート、ヘンリー　934
スマート卿、ジョージ　839, 852, 887, 902, 933, 935-
　37, 942, 944, 946, 948, 953, 956-57, 1140-42, 1171
ニート、チャールズ　140, 376, 671, 880, 887, 923, 936-
　37, 940-47, 949, 953-57, 1140, 1142, 1147, 1151,
　1157
ブリッジタワー、ジョージ　55, 530, 566
　主催コンサート　530, 566
ブロードウッド、トーマス　925-26, 972
　ピアノ寄贈　247, 925-26, 972
ポッター、チプリアーニ　52, 413, 1142
モシェレス、イグナーツ　→　交友関係
リース、フェルディナント　→　交友関係
――夫人、ハリエット　260, 271-72

パリ在住

アダン、ルイ　564
クロイツェル、ロドルフ　250, 268, 564, 566-67
ホルナー、ヨハン・ヤーコプ［ネーゲリの友人］　510
ロード、ジャック・ピエール・ジョセフ［ヴァイオリニスト］
　820, 837

作　曲　家

アイプラー、ヨーゼフ　363-65, 398, 412, 725
　《飼い葉桶そばの羊飼い》　364, 373
アグリーコラ、ヨハン・フリードリヒ　297, 438
アルブレヒツベルガー、ヨハン・ゲオルク　→　師
アーン、トーマス・オーガスティン　481
アンフォッシ、パスクァーレ　326, 360, 481
イズアール、ニコロ
　《トルコの医者》　592
ヴァイグル、ヨーゼフ　358-59, 361, 363, 365, 372, 374,
　413, 415, 484, 681, 867
　《アマルフィの王女》　364, 374
　《ヴィーナスとアドニス》　364
　《ヴェスタの火》　374, 581, 607, 615
　《ハドリアヌス帝》　591
　《船乗りの愛、または海賊》（愛ゆえの海賊）　411
　三重唱〈急げ、君を栄誉が呼んでいる〉（共作《良い
　　知らせ》第3曲）　865
ヴァーグナー、リヒャルト　733
ヴァーゲンザイル、ゲオルク・クリストフ　481

ヴァンハル、ヨハン・バプティスト　368
ヴィヴァルディ、アントーニオ　287, 481, 489
ヴィオッティ、ジョヴァンニ・バッティスタ　660, 815
　ヴァイオリン・コンチェルト　660
ヴィット、フリードリヒ
　ト短調シンフォニー　716
ヴィンター、ペーター、フォン　84, 359, 361, 365, 370,
　535, 681
　《妨げられた奉納式》　407
　《戦いのシンフォニー》　371
　《タメルラン》　591
　《ティモテウス、または音楽の力》　364
ヴェーバー、カール・マリア・フォン　370, 871, 896
　《オイリアンテ》　1055
　《魔弾の射手》　1033
ヴェルフル、ヨーゼフ　359, 375, 412
ヴェント、ヨハン・ネポムク
　"新しいテルツェット"　420
ウムラウフ、イグナーツ　359, 368

1263

《美しい女靴職人、または蚤色の靴》　325-26, 368, 398, 435, 437-38

ヴラニツキー、アントン　359, 361, 371, 415, 573, 681
　《オベロン》　371
　《森の娘》　238, 407
──、パウル　372, 829
　《フランス共和国との和平のための性格的大シンフォニーOp.31》　424

エーバール、アントン　372
　変ホ長調シンフォニー Op.33　373, 716

カウアー、フェルディナント　361-62, 370

ガヴォー、ピエール　485, 590, 598-99
　《子の愛》　598
　《小さな水夫、または即席の結婚》　593, 598
　《レオノール、または夫婦の愛》　590, 598-600

ガスマン、フローリアン　364, 368, 374, 438, 455, 481

ガッツァニガ、ジュゼッペ　360

ガッティ・ドッラ・ガッタ　481

カファロ・パスクァーレ　481

カラファ・ミケーレ　1039

カルダラ、アントーニオ　438, 481

ガルッピ、バルダッサーレ　288
　《田舎の哲学者》　287, 481
　《結婚》　287
　《胸騒ぎ》　287

カルテッリエリ、アントン　363, 365, 375, 397
　《ユダヤの王ヨアシュ》　364, 375, 397

カンネ、フリードリヒ・アウグスト　376, 681, 704
　《オルフェウス》　376
　アリア〈きょう特別な数字の旗が見える〉（共作《良い知らせ》第6曲）　376, 865
　『5月の夜、またはブロックスベルク』（台本）　744
　『ヴィーン総合音楽新聞』主筆として　376, 1036, 1068

ギロヴェッツ、アダルベルト・マティアス　372, 681
　《アグネス・ソレル》　591
　《ヴァンドーム公爵の小姓たち》　591
　《エメリカ》　591
　アリア〈私はこっそりニュースのあとをつける〉（共作《良い知らせ》第2曲）　865

グリエルミ、ピエトロ・アレッサンドロ　358-60, 481
　《ロベルトとカリステ》（原題《貞淑なる妻》）　327

グルック・クリストフ・ヴィリバルト　239, 354, 364
　《アルチェステ》　291
　《オルフェオ》　291
　《メッカの巡礼》（原題《予期せぬ出会い》）　326

グレトリー、アンドレ＝エルネスト＝モデスト　360, 594,

606
　《青ひげラウル》　592, 594
　《カイロの隊商》　594
　《ピョートル大帝》　598
　《ペテン》　325
　《やきもちやきの情夫》　325
　《リチャード獅子心王》　102, 407, 585, 587, 593

クレメンティ、ムツィオ　106, 773, 1094 ⇒ 出版人（社）

クロムマー、フランツ（クラマーシュ、フランティシェク）　371

ケサン、アドリアン
　《ソロモンの審判》　594

ゲリネック、ヨーゼフ　412

ケルビーニ、ルイジ　587-93, 601, 603, 797
　《アルマン伯爵、または忘れがたき2日間》《危険に満ちた2日間》（原題《2日間、または水運び人》）　585-86, 588-89
　《エリザまたはベルナール山》　585, 588-89, 593
　《囚われの女》（ボイエルデューとの合作）　585, 588-89
　《ファニスカ》　590-91, 610
　《ポルトガルの宿》　586, 588
　《メデー》　586, 588-89, 598
　《ロドイスカ》　585, 587-88, 593-94, 598

コジェルフ、レオポルト　369, 371-72, 398, 896, 900, 908

ザイフリート、イグナーツ　→ 交友関係

サッキーニ、アントニオ
　《愛の島》　326

サリエリ、アントーニオ　→ 師

サルティ、ジュゼッペ　328, 358, 438, 481-82
　《メドンテ、エピロの王》　482
　《澱みではよく釣れる》（原題《2人が争えば3人目が喜ぶ（漁夫の利）》）　327

サレス、ピエトロ、ポンペオ　438

シェンク、ヨハン・バプティスト　→ 師

ジェネラーリ、ピエトロ　797, 1039

シャック、ベネディクト　361-62

シュヴァイツァー、アントン
　《至福の園》　289

シュスター、ヨーゼフ
　《たくらみに貪欲な人々》　326
　《文句博士》（原題《反抗心》）　326
　《錬金術師》　325-26

ジュスマイヤー、フランツ・クサヴァー　359, 362, 365, 373, 398, 535-36
　《カール大公の到着を》　423, 534
　《危機に瀕した救済者》　364, 423

《義勇軍》 423
《高潔な復讐》 536
《前夜のカンタータ》 536
《ソリマン2世》 407, 513, 534
《平和のための戦い》 424
《魅せられた魔法使い》 359
《腕白小僧》 536
シュテークマイアー、マテウス 361
シュナイダー、ゲオルク・アブラハム 1029
シューバウアー、ヨハン・ルーカス
《村の代議員》 327
シューベルト、フランツ 348
《冬の旅》 859
シュポア、ルイ 839, 1022, 1122
ショパン、フレデリク 244
ゾンカ、ジュゼッペ 286
《アベルの死》 285
タイバー、アントン 252, 723
──、フランツ 594, 723
《うっかり者》 607
《シェレディンとアルマンゾル》 592, 594
ダッラバーコ、ヨーゼフ（ジョセフ）・クレメンス（クレマン）
285-86
ダライラック、ニコラ＝マリー 328, 361, 601
《アドルフとクララ》 593
《ゲーテブルクの塔》(原題《レエマンまたはノイシュタット
の塔》) 585, 589, 593, 601
《澄ました女》 603
《ニーナ》 325-27
《2人の小さなサヴォワ人》 327, 603
《水と火》(原題《巻き毛》) 585
《野蛮人》(原題《アゼミア》) 326
《レオン、またはモンテネッロの城》 603
タルキ、アンゲロ 481
ダントワーヌ[ケルン選帝侯付将官]
《終わりよければすべてよし》 327-28
チマローザ、ドメニコ 358, 374, 481, 1039
《宴》 325
ヅィンガレッリ、ニコロ・アントーニオ 358
ディアベッリ、アントン 146, 232, 335-36, 408, 774, 886,
973, 978, 981-84, 1032, 1176 ⇒ 一般事項／出版社
《祖国の芸術家同盟による変奏曲集》 973
ディッタースドルフ、カール・ディッタース・フォン
328, 336, 353, 359, 362, 368, 372, 398
《赤頭巾ちゃん》 109, 327, 334, 336, 368, 407
《医者と薬剤師》 325, 327, 368

《メタモルフォーゼン（変身物語）》 690
デッラ＝マリア、ドミニク 589
《古城》 593
《囚われの人》 593
《召使いのおじさん》 585
デュティリュー、ピエール 358-60
テレマン、ゲオルク・フィリップ 685
ドゥヴォルザーク、アントニン 711
トゥーシェムラン、ジョセフ 286
ドゥゼード、ニコラ 328
《3人の小作人》 325
《ジュリー》 325
トゥリット、ジャコモ 358, 360
トラエッタ、トムマーソ 481
ドラゴネッティ、ドメニコ 839
トリーベンゼー、ヨーゼフ 375, 414
オーボエ・コンチェルト 364
ナソリーニ、セバスティアーノ 358
ネーフェ、クリスティアン・ゴットロープ → 師
パイジエッロ、ジョヴァンニ 247, 328, 358, 360, 364,
438, 481
《偽りの女庭師》 326
《ヴェネツィア王テオドーロ》 326-27
《讃歌》 364
《邪魔の入った愛、または水車小屋の娘》 110, 360,
407, 456
《セヴィリアの理髪師》 326-27, 584
《フラスカーティの乙女》 325
ハイドン、ヨーゼフ → 師
──、ミヒャエル
《聖テレジア・ミサ》 462
ハイベル、ヤーコプ 361-62
《邪魔された結婚》 111, 407, 478
《ローフス・プンパーニッケル》(ザイフリートとの合作)
412
パエール、フェルディナンド 358-60, 374, 599-601, 605,
797
《愛の策略》 599
《アキレウス》 484
《かんしゃく持ち》 484
《レオノーラ、または夫婦の愛》 599
パガニーニ、ニコロ 412
ハッセ、ヨハン・アドルフ 438, 481
バッハ、ヨハン・ゼバスティアン 166, 226, 393, 469,
489-91, 537, 698, 759, 1122 ⇒ B 像／バッハ頌
《マタイ受難曲》 645

1265

《ヨハネ受難曲》 645
《ロ短調ミサ曲》 989
平均律クラヴィーア曲集 297, 369, 490
ブランデンブルク協奏曲 226
「バッハ全集(旧)」 491, 698
――、カール・フィリップ・エマヌエル 297-98, 382
《荒野のイスラエル人》 925
クラヴィーア・ソナタ曲集 297, 759
『クラヴィーア奏法第 2 部』 741
パルマ、シルヴェストロ・ディ 360
ビアンキ、フランチェスコ 358, 481
ビショップ、ヘンリー
カンタータ"ザ・ジョリー・ベッカーズ" 906
ピッチンニ、ニコロ 288, 358, 481
《善い娘》 287
フィオラヴァンティ、ヴァレンティーノ 358
フィッシャー、アントン 594
《エルベ沿いの城壁》 615
《スヴェタルドの魔法の谷》 607, 615
《障壁》 592, 594
フェラッリ、ジャコモ 358
フェルスター、エマヌエル・アロイス → 師
フォーグラー(フォーグラー師)、ゲオルク・ヨーゼフ 102,
535, 573
《サモリ》 592
フックス、ヨハン・ヨーゼフ
『グラドゥス・アド・パルナッスム』 741
――、ヨハン・ネポムク 639, 642
プニャーニ、ガエターノ 358, 438
プラインドル、ヨーゼフ
《テ・デウム》 969
ブラームス、ヨハネス 52
プロコフィエフ、セルゲイ
シンフォニー第 4 番 53
フンメル、ヨハン・ネポムク 346, 412, 839, 871, 896,
957
ミサ曲変ロ長調(Op.77) 967, 969
パスティッチョ・ジングシュピール《良い知らせ》
序曲 865
第 4 曲 四重唱〈男盛りの若者〉 865
第 5 曲 二重唱〈帰還せよ、忠実なる鳩よ〉 865
第 7 曲 合唱付き歌〈来たれ、友よ、すべてを仰
ぎ見よ〉 865
《ロンド・ブリランテ》 880
ベーケ、イグナーツ・フォン 309
ペルゴレージ、ジョヴァンニ・バッティスタ 481

ベルトーニ、フェルディナンド 481
ベルナスコーニ、アンドレア 481
ベンダ、ゲオルク 359
《ナクソス島のアリアドネ》 289, 325
《村の年市》 289
《メデア》 289
《ロメオとユーリエ》 325
ヘンデル、ゲオルク・フリードリヒ 242, 393, 1139
《ティモテウス(アレクサンダーの饗宴)》 838
《メサイア》 116
《ユダス・マカベウス》 413, 880, 1062
作品全集(アーノルド版) 1139, 1142
ヘンネベルク、ヨハン・バプティスト 361-62, 374
ボイエルデュー、アドリアン
《アウローラおばさん》 592
《囚われの女》(ケルビーニとの合作) 586, 588, 598
《バグダッドのカリフ》 592
ボッケリーニ、ルイジ 478
ホフマイスター、フランツ・アントン 112, 361 ⇒ 出版
人(社)
ボルギ、ジョヴァンニ・バッティスタ 481
ポルトガル、マルコス・アントニオ 360
ボンノ、ジュゼッペ 370
マイアーベア、ジャコモ 839
マイル、ヨハン・シモン 358, 605
《スコットランドのジュネーヴ(ゲノフェーファ)》 484
《リディアのエルコーレ(ヘラクレス)》 584
《レオノーラ、または夫婦の愛》(イタリア語) 600
マウラー、フランツ・アントン
《この家売ります》 585
マルティン・イ・ソレル、ヴィチェンテ 328, 358
《ディアナの木》 325
《リッラ、または美と徳》(原題《稀なる出来事、または美と
徳》) 327
ミスリヴェチェク、ヨーゼフ 481
ミュラー、ヴェンツェル 361-62, 372, 535
《プラハの姉妹たち》 615
メユール、エティエンヌ = ニコラ 589, 601
《アリオダント》 592, 603
《気質》(原題《怒りん坊》) 585
《きつね同士》(原題《狂気》) 585, 598
《宝探し人》(原題《偽りの財宝、または盗み聞きの危険》)
585
《ヘレネ》 585-86, 589, 594, 598
《ヨハンナ》 585, 594
メルカダンテ、サヴェリオ 1039

人名　索引

メンデルスゾーン、フェーリクス
　序曲《ヘブリデス諸島（フィンガルの洞窟）》　639
モシェレス、イグナーツ　→　交友関係
モーツァルト、ヴォルフガング・アマデウス　15, 218,
　239, 247, 295, 299-303, 308, 310, 314-15, 319, 328,
　338, 345, 352-54, 358-60, 362, 364-65, 367, 369, 371-
　73, 375, 393-94, 408, 416, 418, 440, 451, 454, 459,
　645, 711, 721, 773, 1031, 1039-40, 1094
　［作品］
　《イドメネオ》　636
　《ハーレムからの奪還（後宮からの逃走）》　325, 327, 483,
　　606, 738
　《フィガロの結婚》　110, 169, 326, 345, 413, 416
　《女はみんなこうしたもの、または恋人たちの学校》
　　484
　《ドン・ジョヴァンニ》　116, 326, 419, 607
　《ティトの慈しみ》　397, 484
　《魔法の笛（魔笛）》　112, 165, 238, 362, 375, 413, 606
　《レクイエム》　116, 373, 759
　シンフォニー第38番　716
　シンフォニー第39番　716
　シンフォニー第41番　716
　ピアノ・コンチェルト第20番　397, 721
　　カデンツァ　79
　ピアノ・コンチェルト第25番　311
　ピアノ・コンチェルト第27番　413
　「ハイドン四重奏曲集」第1番　440
　　　　　　　　　　第5番　440
　ピアノ四重奏曲［KV 478, KV 493］　300
　クラヴィーア変奏曲［KV 264］　328
　アリア《アルカンドロよ、わしはそれを告白する》［KV
　　512］　311
　アリア〈ああ、なんと過ぎゆく時と時間が〉（共作《良
　　い知らせ》第2曲/〈クローエに〉［KV 524］の転用）　865
　ヘンデル作品の編曲　242
モーツァルト2世　865
モンシニー、ピエール＝アレクサンドル
　《フェリックス》　327
　《ローズとコラス》　592
ヨメッリ、ニコロ　438, 481
ライヒャ、アントン　→　交友関係
―――、ヨーゼフ　→　交友関係
ライヒャルト、ヨハン・フリードリヒ　324, 709, 732-33,
　735
　《ブラダマンテ》　709
　『1808年末から1809年初にかけてのヴィーン旅行中

　に書いた私信』　706
ラティッラ、ガエターノ
　《玉座にいる女羊飼》　287
ラフ、ヨアヒム　690
ラ・ボルド、ジャン・バンジャマン
　《水車小屋の娘》　327
ランゴー、ルーズ
　シンフォニー第5番　53
ランプニャーニ、ジョヴァンニ・バッティスタ　481
リギニ、ヴィンチェンツォ　109, 298, 334, 364
リスト、フランツ　639
リックル、ヨハン・ゲオルク　361
ル・ジュール、ジャン・フランソワ　589
　《コジレの洞窟》（原題《カリプソ島のテレマク、または知恵
　　の勝利》）　585
ルッケージ、アンドレア　288, 290-91, 329
　《アデミーラ》　290
ルブラン、ルイ＝セバスチャン　586, 589
　《賃借人ロベール》（原題《マルスラン》）　585
レオ、レオナルド　438, 481
ログロッシーノ、ニコラ　481
ロセッティ、アントン（本名: アントン・レスラー）　309
ロッシ、ガエターノ　600
ロッシーニ、ジョアキーノ　992, 1000, 1015-16, 1018-
　22, 1034, 1037-40, 1045, 1055, 1071, 1073-74, 1122
　‥‥旋風　992, 1015, 1018, 1033, 1035, 1037
　‥‥・フェスティヴァル　992, 1015-16, 1018-20, 1033
　ヴィーンにおけるロッシーニ受容　1015-18, 1040
　ベートーヴェンとの対置　1020-22
　［作品］
　《アルジェのイタリア女》　1016-18, 1039-40
　《アルミーダ》　1018
　《イギリスの女王エリザベス》　1017, 1019
　《イタリアのトルコ人》　1017
　《エジプトのモーセ》　1018, 1040
　《エドアルドとクリスティーナ》　1039, 1055
　《エレオノーレ》（＋パチーニとロマーニとの合成オペラ）
　　1039
　《オテッロ》　1016-17, 1037-38, 1040
　《幸福な錯覚》　1016-17, 1040
　《湖上の美人》　1016, 1018, 1038, 1040
　《試金石》　1018
　《シャブランのマティルデ》　1019, 1039-40
　《シンデレラ》　1016, 1018, 1037-38, 1040
　《セヴィリアの理髪師》　1016-18, 1021, 1037-38,
　　1040

1267

《セミラーミデ》 1038
《ゼルミーラ》 1019, 1038, 1040
《タンクレーディ》 1016-17, 1038, 1040, 1071
《トルヴァルドとドルリスカ》 1018
《泥棒かささぎ》 1016-19, 1039-40, 1049

《バビロニアのキュロス》 1016-17
《リッチャルドとゾライデ》 1017, 1019, 1039
ロマーニ、ピエトロ 1039
ロンベルク、ベルンハルト 797, 839
ロシア主題による変奏曲 831

文人・詩人・台本作家 等

アベル、ヨハン・アウグスト
『カリローエ』 743
アリオスト、ロドヴィーコ
『狂乱のオルランド』 708
アルニム、アヒム・フォン 234, 808
『少年の魔法の角笛』（編纂） 788
ヴィリエール、ピエール
『トルコの医者』 592
ヴィンター、ヘルムート
『テオドールとエミーリエ、または情熱の戦い』 743
ヴェルナー、ザカリアス
『ヴァンダ』 744
オシアン 759
ガーディナー、ウィリアム
『ユダのオラトリオ』 744
ガメッラ、ジョヴァンニ・デ 437, 584
『メドンテ』 482
カーリダーサ
『シャクンタラー』 744
カルパーニ、ジュゼッペ 240, 756, 1020
カント、イマヌエル 822
カンネ、フリードリヒ・アウグスト → 作曲家
クッフナー、クリストフ → 交友関係
グリルパルツァー、フランツ → 交友関係
クロプシュトック、フリードリヒ・ゴットリープ 1034
ゲーテ、ヨハン・ヴォルフガング・フォン → 交友関係
コツェブー、アウグスト・フォン → 交友関係
コッティン、ゾフィー
『マティルデ、または十字軍』 743
コリン、ハインリヒ・ヨーゼフ・フォン → 交友関係
コリンス、ウィリアム
『熱情　音楽の力への讃歌』 744, 905
ゴルドーニ、カルロ 287
ザイデル、ハインリヒ
『救世主の冥土行き』 744
ザウター、ザムエル・フリードリヒ 756
ザック、クリスティアン・コルネリウス
『世界の審判』 744

サン＝シィル、ジャック＝アントワーヌ・レヴェロワ・ドゥ
『エリザ、またはモン・サン・ベルナール氷河への
旅』 585
サン＝ジュスト、クロード・ゴダール・ドコール・ドゥ
『囚われの女』 585
『バグダッドのカリフ』 592
サン＝テニャン、エティエンヌ
『ポルトガルの宿』 586
シェイクスピア、ウィリアム
『マクベス』 710
シーベラー、ダニエル
『荒野のイスラエル人』 744
シュナイダー、オイロギウス → 周辺の人々［ボン］
シュポルシル、ヨハン
『ウラジミール大王』 743
『神殿でのジュピター・アムモン礼賛』 743
シュミット、ジョヴァンニ・フェデリコ［《レオノーレ》イタリ
ア語翻訳者］ 599
シュライバー、クリスティアン［ライプツィヒのプロテスタント
神学者、Op.82のドイツ語訳者］ 761, 768
『ポリヒムニア［讃歌の女神］、または音の力』 744
シラー、フリードリヒ・フォン 712, 759, 822, 1034
「頌歌」（歓喜に寄せて） 691, 830, 1042, 1049, 1052,
1057, 1072
『人質』 744
『フィエスコ』 744
スデーヌ、ミシェル＝ジャン
『青ひげラウル』 592
『リチャード獅子心王』 585
『ローズとコラス』 592
ゾンライトナー、ヨーゼフ → 交友関係
ダ・ポンテ、ロレンツォ 483
チンティ、ジャコモ［パエールの《レオノーラ》台本作者］
599
ツェルター、カール・フリードリヒ 278
ティートゲ、クリストフ・アウグスト 756
デュヴァル、アレクサンドル
『この家売ります』 585

人名　索引

『召使いのおじさん』 585
デルシ、パウル
　『カリプソ島のテレマク、または知恵の勝利』 585
ドゥ・ジュイ、エティエンヌ
　『囚われの女』 585
トライチュケ、ゲオルク・フリードリヒ → 交友関係
ナウマン、マリアンネ
　『アルフレッド大王』 744
――、ヨハン・フィリップ
　『シャクンタラー』 744
ハンマー゠プルクシュタル、ヨーゼフ・フォン
　『アナヒド』 744
　『デワジャニ』 744
　『ノアの洪水』 744
ブイイ、ジャン゠ニコラ 484, 591-92, 598, 604
　『狂気』 585, 598
　『ピョートル大帝』 598
　『2日間、または水運び人』 585-86
　『ヘレネ』 585-86, 598
　『レオノール』 590, 597-600
フーバー、フランツ・クサヴァー → 交友関係
プルタルコス 448
ペスタロッチ、ヨハン・ハインリヒ 250
ヘルクロッツ［ガヴォー《小さな水夫》ドイツ語台本作者］
　598
ベルゲ、ルドルフ・フォン
　『バッカス』 743, 921
ヘルダー、ヨハン・ゴットフリート・フォン 80
ベルターティ、ジョヴァンニ 359
　『魅せられた魔法使い』 360
ベルナール゠ヴァルヴィル、フランソワ
　『マルセラン』 585
ベルナルト、ヨーゼフ・カール → 交友関係
ホフマン、エルンスト・テオドール・アマデウス 689

ホフマン、フランソワ゠ブノワ
　『偽りの財宝、または盗み聞きの危険』 585
　『巻き毛』 585
　『メデア』 586
ホメロス 759, 822, 1034
ポルタ、ヌンツィアート
　『ラ・テンペスタ』 744
マイスナー、アウグスト・ゴットリープ → 周辺の人々
マッティソン、フリードリヒ・フォン → 周辺の人々［ドイツ］
マルソリエ、ブノワ゠ジョゼフ
　『怒りん坊』 585
　『ヨハンナ』 585
　『レエマンまたはノイシュタットの塔』 585
ミュルナー、アマデウス・ゴットフリート・アドルフ
　『罪』 743
メタスタージオ、ピエトロ 229, 285, 375, 422, 436-38,
　757, 761-62, 765
　『オリンピアーデ』 481
　『スキューロス島のアキレウス』 438
　『ラ・テンペスタ』 744
　カンタータ詩『ニチェに』（パリ版は『嵐』） 481
モリエール
　『裏切られた夫、または裕福な小作人』 744
ライシッヒ、ルートヴィヒ → 交友関係
ルップレヒト、ヨハン・バプティスト 257
　『ペンシルヴァニア創設、またはペンシルヴァニア人
　のアメリカ到着』 743
レルシュタープ、ルートヴィヒ
　『オレスト』 744
ロロー、クロード゠フランソワ・フィレット
　『ロドイスカ』 585
ロンシャン、シャルル・ドゥ
　『アウローラおばさん』 592
　『囚われの女』 585

画家・美術家

カノヴァ、アントニオ 878
プッサン、ニコラ 797
フランツ・ドゥ・トロワ 797
ヘッフェル、ブラジウス 874

マッコ、アレクサンダー 582-83, 596
ラファエロ 797
レトロンヌ 874

蒐集家（コレクター）

ヴィエルホルスキー伯 29
カフカ、ヨハン・ネポムーク［ピアニスト］ 27-29 ⇒ B

像／カフカ雑録
フィッシュホーフ、ヨーゼフ［ピアニスト］ 27, 821, 1144

1269

フェルテン、アンドレアス　821　　　　　　　　フックス、アロイス　623

文献・著作・論文・研究一般

アイヒナー、S.
　『ブダペシュトのベートーヴェン』　470
アゾフ、ヘートヴィヒ・ミュラー・フォン　501
アンダーソン、エミリー　981
　英訳書簡集　6, 496
ヴァンクサ［新聞寄稿者］　1108
ヴィストリンク、カール・フリードリヒ
　『音楽文献案内』（ヨーロッパ規模の刊行楽譜目録）
　　11, 151, 161
ウィル、リチャード　690
ウィレッツ、パメラ　937
ウィンター、ロバート　8, 24
　スケッチ帖研究（JTW）→　一般事項／[5]基礎研究
ヴェッツシュタイン、マルゴット　251
ヴォルフ、シュテファン　1117
　『ベートーヴェンの甥との葛藤』　1112
大崎滋生
　『オーケストラの社会史』　291, 628
　『楽譜の文化史』　93, 168, 275
　『文化としてのシンフォニー I』　454, 628, 894
　『文化としてのシンフォニー II』　637-38, 690, 710
　「ナチュラルホルンの時代」（論文）　1030
大築邦雄　14, 1031
　セイヤー＝フォーブズ日本語訳版　→　一般事項／
　　[6]伝記
オルトレップ、エルンスト
　『ベートーヴェン　空想的描写』　577
ガイスラー、ヨハン・バプティスト
　『ベートーヴェンの印刷出版されたすべての作品の主
　　題目録』　165
カストナー、エメリヒ　→　カストナー＝カップ書簡集
カップ、ユリウス　→　カストナー＝カップ書簡集
キーゼヴェッター、ラファエル・ゲオルク［オーストリア陸
　　軍省顧問官、手稿譜蒐集家］　530, 1020-21, 1032, 1034
　『ヨーロッパ西洋の、あるいは私たちの、今日の音楽
　　の歴史』　1020-22
キューテン、ハンス・ヴェルナー　445, 837
キルンベルガー、ヨハン・フィリップ
　『音楽純正作曲法』　741
キンスキー、ゲオルク　4, 9-11, 177, 180
　『キンスキー＝ハルム目録』→　一般事項／[5]基礎
　　研究・作品カタログ

クック、ニコラス　879
グティエレス＝デンホフ、マルテッラ
　「"なんと不運な布告"」（論文）　884
クーパー、バリー　18, 34, 664-65, 667-68, 670, 672,
　674
　『伝記』　18
グリージンガー、ゲオルク・アウグスト［B&H社の仲介
　　者］　39, 115, 583, 596, 695, 785-86
　『ハイドン伝』　121, 382
クリュザンダー、フリードリヒ
　『ヘンデル伝』　13
グリュンバウム、ヨハン・クリストフ　1016
グレッファー、アントン　162, 821
　『ベートーヴェンの自筆譜・自筆ノート』（目録）　336
クレービール、ヘンリー・エドワード　14-15, 559, 692,
　876, 1021, 1092, 1108, 1116
　セイヤー伝記英訳版　14, 301, 817, 1092　⇒　一般
　　事項／[6]伝記
　「主としてセイヤー氏の書類から引き出される小史」
　　1092
クレメム、オットー　313
グレンザー、カール・アウグスティン
　『ライプツィヒ音楽史1750-1838』　715, 792-93
グローヴ卿、ジョージ　1075
　『ベートーヴェンとその9つのシンフォニー』　51
ケッヒェル、ルートヴィヒ　883
　『ベートーヴェン書簡』　6
　『モーツァルト作品目録』　11
ケーラー、カール＝ハインツ　7, 999, 1006
　会話帖編集（BKh）→　一般事項／[5]基礎研究
ゲルチュ、ノルベルト［新カタログ編纂］　4
ゲルバー、エルンスト・ルートヴィヒ
　『音楽家事典』　310, 752
児島新　319, 434, 668
　『ベートーヴェン研究』　319
サイアー、キャサリン　519, 530
シェドロック、ジョン　659
シッツ、アルトゥール　230-31
シューテブリン、リタ　793
シュトラムベルク、ヨハン・クリスティアン・フォン
　『ライン古事録』（編）　84
シュピッタ、フィリップ

1270

『バッハ伝』 13, 16

シュミット、ハンス

『ベートーヴェンのスケッチ目録』 24

『ボン・ベートーヴェン・ハウスのベートーヴェン手
稿譜』 24

ジョンソン、ダグラス 8, 24, 333, 381

スケッチ帖研究（JTW）→ 一般事項／[5]基礎研究

スモッレ、クルト 472, 477, 495

『ルートヴィヒ・ヴァン・ベートーヴェンの住居
1792年からその死まで』 432

セイヤー、アレクサンダー・ウィーロック 8, 12-18, 47-
48, 91, 130, 167, 213, 228, 244, 287, 296, 299, 308,
320-21, 325, 330, 344-45, 381-82, 397, 412, 414, 447,
459, 471-72, 476-78, 497, 529, 559, 589, 599, 601,
608-09, 614, 618, 623, 626, 631, 636, 642, 644, 649,
674, 691, 698, 700, 706, 737-38, 748, 782, 784, 787,
792-93, 796, 806-08, 816-18, 827, 835, 840-41, 846,
850-52, 855, 861, 866, 868, 870, 875, 877-78, 882-83,
942, 950, 955, 971, 993-94, 1003, 1025, 1032, 1043,
1052, 1055, 1058-62, 1065, 1071, 1076, 1088, 1091-
93, 1097, 1106-07, 1109, 1114, 1116, 1121, 1127,
1131, 1139, 1144

セイヤー伝記（『ベートーヴェンの生涯』[TDR]）→ 一
般事項／[6]伝記

『ベートーヴェンの作品の年代順目録』 167, 213

ソロモン、メイナード 295, 318, 656, 813, 819, 822

『伝記』 18, 812

『日記』（編纂） 8, 821-22, 1184 ⇒ 一般事項／[5]
基礎研究

「不滅の恋人アントーニエ・ブレンターノ説」 272

タイソン、アラン 8, 24, 348, 645, 667, 671, 949

スケッチ帖研究（JTW）→ 一般事項／[5]基礎研究

ダイタース、ヘルマン 13, 1092

セイヤー伝記（TDR）→ 一般事項／[6]伝記

ディース、アルベルト・クリストフ

『ハイドン 伝記に関する報告』 349, 382

デーリング、ハインリヒ

『ドイツ古典家伝記集』 1091

デル・マール、ジョナサン 649, 651

ドイッチュ、オットー・エーリヒ

『モーツァルト資料集』 311

ドゥフナー、イェンス 59

トーマス、カール 643

ドルフミュラー、クルト[新カタログ編纂] 4

ノッテボーム、グスタフ 24, 31, 217, 381, 384, 704,
809, 901

『ベートーヴェニアーナ』 17

『第2ベートーヴェニアーナ』 17

ノール、ルートヴィヒ 31, 229, 383

『新ベートーヴェン書簡 いくつかの未印刷作品付
き』 228, 724

『伝記』 12

ノルト、ミヒャエル

『人生の愉悦と幸福──ドイツ啓蒙主義と文化の消
費』 306-07

バウアー、アントン 587

『ヴィーンのオペラとオペレッタ 1629年から現在ま
でのその初演のリスト』 357, 484, 584, 587

ハウシルト、ペーター 649

パップ、ヴィクトール 643

『ベートーヴェンとハンガリー』 642

ハーバーカンプ、ゲルトラウト[新カタログ編纂協力者] 4

ハーバール、ディーター

『ベートーヴェンの第1回ヴィーン旅行』 303-05,
307-10, 313-14, 316-17, 536

ハーリヒ、ヨハン

『アイゼンシュタットのベートーヴェン』 643

ハルム、ハンス 4, 9

『キンスキー＝ハルム目録』→ 一般事項／[5]基礎
研究・作品カタログ

ハンスリック、エドゥアルト 346, 1020

パンツァービーター、エドゥアルト 304-08, 433

「ベートーヴェンの第1回ヴィーン旅行(1787年)」（論
文） 301

ビサロヴィツ、カール・マリア 308

ビーバ、オットー 39, 350, 583

フィッシュマン、ナタン

ロシア語版書簡集 6

フォーブズ、エリオット 14-15, 17, 130, 344, 433, 470,
472, 576, 692, 737-38, 748, 755, 817, 827, 835, 852,
876, 917, 1022, 1108

英語版セイヤー伝記(日本語訳版)→ 一般事項／
[6]伝記

フォルケル、ヨハン・ニコラウス

『バッハ伝』 102, 409

ブランデンブルク、ジークハルト 90, 95, 100, 110, 116,
130, 149, 198, 238, 457, 496, 565, 653, 786, 810, 947,
954, 969-70, 975, 981, 1065

「書簡交換全集」（「ベートーヴェン書簡」）→ 一般事
項／[5]基礎研究、B像／書簡BGA

『ベートーヴェンとボヘミア』（論文集編者） 884

フリードマン、アルミン 346

フリンメル、テオドール・フォン　799

ブルジー、カール　318
　旅行記　313

ブレンデル、フランツ
　『イタリア、ドイツ、フランスにおける音楽の歴史』
　　1091

ブレンナー、ダニエル
　『アントン・シンドラーとそのベートーヴェン伝記への
　　影響』1132

ヘス、ウィリー　444
　『全集では出版されなかった作品のカタログ』333
　Hess 番号　333

ベッカー、アルフレト　322

ベック、ダグマー　7
　会話帖編集（BKh）→　一般事項／[5]基礎研究

ヘッレ、グリタ　7
　会話帖編集（BKh）→　一般事項／[5]基礎研究

ヘール、ヨーゼフ　321

ホテク伯、ヨハン・ネポムク　794
　日記　793

ボッジュ／ビーバ／フックス
　「ヨーゼフ・ハイドンとボン」（展示会カタログ）　350

ボートシュティーバー、フーゴー　13

ホーボーケン・アントニー・ヴァン　350
　コレクション　389

ポール、カール・フェルディナンド　399, 644
　『ハイドン伝』13

ホルマイヤー、ヨーゼフ・フォン［歴史家］　734-35, 737

マルクス、アドルフ・ベルンハルト
　『伝記』12

ミショット、エドモンド
　『私的回想録　ヴァーグナーのロッシーニ訪問』
　　1020

ミュラー、クリスティアン
　「ベートーヴェン諸録」　1007

──、エーリヒ・ヘルマン［書簡編纂］　85, 1163-64

茂木大輔　345, 351, 649

本池立
　『ナポレオン　革命と戦争』　565, 808, 834-35

モロー、メアリー・スー　445, 454

ヤーン、オットー　13, 301, 303, 412, 461, 475, 623,
　742, 821, 1144
　『モーツァルト伝』13

ユンカー、カール・ルートヴィヒ［キルヒベルクの司祭、ボ
　スラー通信］　320, 336

ライニッツ、M.　827

ライヒャルト、H. A. D.
　『劇場年鑑』（編）　324

ラウマー、フリードリヒ・ルートヴィヒ・ゲオルク・フォン
　『歴史便覧』　878

ラープ、アルミン［ハイドン研究所長］　102
　『ベートーヴェン事典』（編）　25

ラ・マラ　415
　『ベートーヴェンとブルンスヴィク』　240, 268

リーマン、フーゴー　13-15, 344-45, 659, 674, 955, 1021,
　1024, 1032, 1043, 1058, 1061, 1071, 1076, 1092,
　1097, 1114, 1121, 1125, 1127, 1146, 1148
　セイヤー伝記（TDR）→　一般事項／[6]伝記

リューニング、ヘルガ　609, 864

リンデ、ベルナルド・ファン・デア　651

レーシュ、ハインツ・フォン
　『ベートーヴェン事典』（編）　25

レスティ、フリードヘルム　651

ロックウッド、ルイス　352
　『伝記』　18, 352, 354, 637

ローデス、ブリギット　274

ロホリッツ、フリードリヒ［『ライプツィヒ総合音楽新聞』主
　幹］　490, 583, 595, 876

ロンゲ、ユリア［新カタログ編纂］　4, 396

一般事項

［1］音楽史・音楽学

音楽史・音楽学　9, 11, 13, 15, 18-20, 44-45, 226, 286, 302, 314, 328, 359, 427, 465, 619, 710, 733, 819, 821, 992, 1021-22, 1057
体系的考察と歴史的考察　19
Leben und Werk（全生涯・全作品）　9, 13, 16, 711, 894
　Leben（生涯・人生）→ B 像
　Werke（作品・音楽家としての活動）→ B 像
■ 音楽史
逸話音楽史　13, 24
感動音楽史　18, 24, 52
音楽社会史　19
■ 音楽史観
作品（傑作）中心主義　18, 478, 916
　大作曲家中心主義　19, 226, 315, 464, 478, 916
　大作曲家傑作中心主義　19, 916
器楽中心史観　19, 522-23
後世中心史観　52, 463, 755, 927-28
絶対音楽（視）　19, 684, 689, 691
標題音楽　190, 480, 562, 637, 684, 690-91
機会音楽（作品）　340, 342, 485, 677, 680, 854, 876
"番外"作品　206, 523, 890
"傑作の森"　19, 86, 88, 95, 115, 119, 183, 618, 645, 663, 681, 685, 747, 755, 764, 894, 918
編曲版蔑視（の思想）　220-21, 660

■ 音楽史方法論
基礎研究　5, 8, 12, 20, 24　⇒［5］基礎研究
様式研究　54
用紙研究　519
筆跡研究　228, 460, 519　⇒ B 像／筆跡
スケッチ（帖）研究　17, 24-42, 73, 381, 420, 519, 534, 762　⇒［5］基礎研究、B 像／スケッチ（帖）
原典資料　29, 51, 59, 300, 464, 631, 651, 671, 700, 712, 1159
原典主義　220
原典版［Urtext］　44-45, 52, 54, 650
　…信仰（オリジナル至上主義）　9, 44-45, 52, 54, 219-20, 660
最終稿思想　44, 52-55
■ 音楽受容
芸術保護（パトロネージ）　263, 733-34, 1136-37, 1151-53
国民（国語）オペラ運動　368, 370, 483
　ドイツ語劇場運動　324
伝記記述　12, 15, 17, 821, 853, 1109, 1125　⇒［6］伝記
　大作曲家伝記　13
　音楽学的伝記著述　15
　作品論・音楽論　5, 13-14
音楽愛好　489（語義）
　…家協会　→［13］団体・組織
レプレゼンタツィオン（権勢の誇示etc.）　733-34

［2］パースペクティヴ（歴史解釈の視座）

⇒ キーワード［1］総括的なこと

歴史解釈　8, 20, 301, 637-38
歴史学　220, 560
歴史像　8, 42, 77
全体像（歴史的全体把握・全体的展望）　7-8, 16-20, 24, 52, 108, 210, 314, 456, 595, 599, 619, 634, 638, 664, 719, 782, 802, 806, 886, 890, 916, 931, 945, 965, 971, 1016, 1152, 1158
仮説（歴史はすべて）　20, 39, 65, 110, 130, 192, 209, 269, 304, 308-09, 317, 630, 649, 651, 675-76, 818
「歴史は叙述されて初めて歴史となる」　1132-33
歴史に「もし」　301, 580, 950, 952, 956, 984, 1137, 1146

再考・再検証（討）　202, 389, 430, 435, 471, 476, 494, 522, 524-27, 619, 644-46, 692, 693-94, 703-04
事実（の裏付け・根拠あり）・証明　173, 194, 129, 307, 316, 390-91, 430, 572, 575, 591, 633, 641, 653, 670, 733, 754, 1029
可能性・蓋然性（あり、高い）　52, 85, 96, 100, 110-11, 122-23, 129, 140, 142, 148, 172, 178-79, 183, 186, 189, 199, 209-10, 229-31, 240, 242-43, 246-47, 252, 257, 296-97, 310, 315, 322, 335, 342, 350-51, 383, 391, 393, 405, 409, 414, 419-20, 432-33, 436, 438,

443, 445-46, 462, 477-78, 499, 559, 564, 575, 583, 598, 612, 622, 648, 653, 665, 670, 679, 696, 698, 714, 720-21, 758-59, 762, 764, 772, 785, 793, 801, 810, 822, 830, 863, 888, 895, 920, 941, 1075, 1087, 1095, 1105, 1107, 1141, 1178

傍証あり・説明できる　197, 270, 303, 354, 409, 415, 419, 623, 672, 698

間接的(説得力ある)証明・状況証拠・真実味あり　92, 147, 244, 270, 305, 372, 377, 385, 403, 414, 419, 573, 692, 721, 731, 1065

推察・推測・推量 etc.(ではないだろうか／かもしれない)　35, 39-40, 65-66, 90, 126, 149, 173, 177, 187, 209-10, 244, 249, 261, 271, 290, 294, 302, 311-13, 314-15, 319-20, 346, 350-51, 356-57, 366, 384-85, 396, 430, 432, 435-36, 443-44, 455, 458, 460, 462-63, 471, 476-77, 486, 496, 512-13, 535, 562, 573, 592, 596, 616, 640, 644-45, 653, 664-66, 667, 668-69, 673-74, 676-77, 698, 702-03, 714, 720, 730, 751, 754, 771, 784, 795, 803-04, 807, 811, 818, 822, 824, 834, 836, 860, 910, 913, 967-68, 1000, 1014, 1028, 1059, 1069,

1071, 1073-74, 1088, 1103, 1126-27, 1159, 1178

類推　102, 140, 142, 177, 222, 229, 248, 271, 310, 314 (…のアクチュアリティ), 351, 456, 489, 527-28, 720 753, 853, 860, 863, 891-92, 936, 1089, 1100, 1106 1175

想定(考えられるのは・もあり得る)　27, 39, 45, 49, 98, 122 130, 134, 173, 177-78, 188, 209, 230, 276, 297, 306 315, 328-29, 356, 390-91, 396, 414, 463-64, 499, 518 524, 535, 555, 574, 583, 588-89, 625, 630-33, 636 649, 650, 670, 700, 714, 718, 721-22, 723, 761, 762 764, 770, 784, 802, 812, 844, 994, 996-99, 1007-08 1041, 1076

想像　92, 109, 172, 231, 242, 245-46, 261, 308, 317-18, 320, 349, 356-57, 387, 391, 401, 458, 476, 573 643, 702, 722, 1000, 1002, 1007, 1019, 1058

後世の陥穽　633-34, 690, 918, 1093

伝説・神話・逸話(批判)　209, 294, 301, 380, 392-94, 415, 432-33, 435, 447, 469, 470-71, 561, 645, 692 926, 962-963, 972, 1007-08, 1015, 1019-22, 1075-76

［3］思想・哲学

イルミナート(秘密結社)　321
インド哲学　822
共和思想　1005
芸術至上主義　340
啓蒙主義　244, 306, 321, 342, 1042

国民意識(ナショナリズム)　16, 34-35, 134, 168, 577, 1005
　ドイツ・ナショナリズム　16, 134, 168, 577
自由主義　34-35, 577, 1005-06
　…思想(リベラリズム)　1005
「哲学」　489

［4］季　節

クリスマス　304, 314, 362-64, 373, 418-19, 454-55, 525, 705, 716, 792
枝の主日(聖金曜日前日曜日)　311, 728, 797, 824
聖週間　311-12, 315, 348, 615, 699
復活祭　132, 134, 142, 191, 195, 197, 257, 311, 315,

362-66, 375, 435, 454-55, 457, 525, 570, 583, 615, 666, 669, 708, 716, 730, 924, 1173
ミヒャエル祭(9月29日)　191, 716
"絶対祝日(ノルマ日)"　627, 1042(語義), 1066

［5］基礎研究

作品全集(楽譜全集版)
「ベートーヴェン全集」(旧全集)　5, 34, 36, 167, 175, 340, 347, 419, 422, 437, 757, 901, 910, 976
　全集版補遺　34
「新ベートーヴェン全集」(新全集／NGA)　5, 24, 44, 59, 396, 436-37, 481-82, 538-40, 555, 581, 650-51, 668, 684, 694, 704, 758, 762

全集版ガイドライン　44
校訂報告書　5, 25-26, 47-48, 59, 66, 139, 185, 216, 298, 333, 341, 346, 397-400, 425, 445, 460, 534-35, 552-53, 567-68, 581, 630-33, 643, 648-49, 651-53, 693, 696, 700, 703, 751, 756, 830, 835, 837, 852, 894, 953

一般事項　索引

作品番号カタログ（個別19世紀）

アルタリア社カタログ　158, 166, 174, 178, 187, 201,
　209
ホーフマイスター社カタログ　151, 158, 161, 213
ブライトコップ＆ヘルテル社カタログ　158, 166, 175,
　200, 208, 216
セイヤー『ベートーヴェンの作品の年代順目録』作品
　カタログ　167
「ベートーヴェン全集」(旧全集)カタログ　167
『全集(旧)では出版されなかった作品のカタログ』(ヘ
　ス)　333

作品カタログ（目録）

「旧カタログ」(キンスキー＝ハルム目録)　4, 9-10, 33, 45,
　47, 73, 80, 91, 129, 136, 140, 151, 157, 167, 172, 180,
　200-02, 208, 210, 250, 273, 296, 300, 332, 337, 346-
　47, 380, 388, 420, 604, 762, 775, 809, 819, 831, 835,
　900-01, 904, 908, 978
「新カタログ」(ベートーヴェン作品目録[K. ドルフミュラー／
　N. ゲルチュ／J. ロンゲ編])　4-5, 8-12, 14, 16-18, 20,
　25-26, 32-34, 37, 39-40, 44, 46-47, 51, 67, 72-73, 80,
　82-83, 88, 90-92, 97, 100, 103, 110, 126, 128-29, 135,
　140, 142-43, 148, 151, 157-58, 165-67, 170-72, 177,
　192-93, 197-98, 201, 207, 210-11, 215-16, 221, 231,
　233, 236, 245, 256, 264, 274-76, 295-97, 300, 303,
　335, 337, 341, 346-47, 353, 381, 387-90, 396-97, 399,
　419, 432, 435-36, 441, 445, 458, 462, 470, 475, 481-
　82, 487, 514, 517, 519, 522, 526, 531, 535, 552-53,
　568, 573, 575, 577, 580, 604, 609, 612, 614, 622-23,
　629, 633, 636, 639-41, 643, 648-49, 651-52, 656-57,
　664, 666-68, 670-71, 679, 686, 693-94, 696, 701, 703-
　04, 714, 720, 743, 748, 762, 767, 770, 775, 779, 789,
　791, 793-94, 797, 801-04, 809-10, 819, 831, 835, 843,
　846, 860, 865, 868-69, 873, 881, 888, 901, 904, 910-
　11, 913, 932, 944, 949, 951, 962-63, 965, 1012-13,
　1086, 1112

スケッチ研究

スケッチ帖　→　B像／スケッチ
　8, 11, 12, 17, 24-42, 48-49, 54, 58, 90, 332, 380, 437,
　441-44, 464, 474, 486, 488, 494, 509-10, 512, 518-19,
　522-23, 525, 530, 534, 567-68, 597, 602-03, 618, 621,
　625, 629, 635, 641, 645, 648, 653, 686, 690, 693, 703,
　710, 741-42, 760, 762, 775, 795, 801-04, 809-10, 815,
　819-21, 830, 837, 846, 870-71, 879, 881, 919, 975,
　977-78, 1041, 1085

『ベートーヴェン・スケッチ帖　歴史・復元・現況調
　査』(D. ジョンソン／A. タイソン／R. ウィンター共著／JTW)
　8, 24, 30, 33, 648
『ベートーヴェニアーナ』『第2ベートーヴェニアーナ』(G.
　ノッテボーム)　17
『ベートーヴェンのスケッチ目録』(H. シュミット)　24
『ボン・ベートーヴェン・ハウスのベートーヴェン手稿
　譜』(H. シュミット)　24
『ベートーヴェン事典』(H. v. レーシュ／A. ラープ編)　25

書簡編集

『書簡交換全集』(ベートーヴェン書簡／BGA)(S. ブラン
　デンブルク)　5-7, 12, 17, 98, 305, 470, 487, 495, 564,
　576, 604-05, 610-11, 631, 672-74, 679, 724, 749, 753,
　760, 778, 780, 782-83, 788-89, 801, 803, 807, 810,
　812-14, 818, 825, 840, 842, 846, 851-52, 863, 864-65,
　868-69, 884, 886, 934, 847, 955, 962-64, 970, 1011-
　13, 1033, 1063, 1070, 1083, 1087, 1092, 1106, 1124,
　1126, 1129, 1131, 1141, 1146, 1148-49, 1154, 1159,
　1161　⇒　B像／書簡(番号順)
アンダーソン英語編集版　6, 496
カストナー＝カップ編集版　6, 496
ケッヒェル編集版　6
フィッシュマン(ロシア語)編集版　6

会話帖編集

『ベートーヴェンの会話帖』(会話帖全集/BKh)(K. = H.
　ケーラー／G. ヘッレ／D. ベック)　7, 12, 17, 781-82,
　879, 1108-09, 1111, 1113, 1126　⇒　B像／会話帖(番
　号順)

"日記"編集

『日記』(M. ソロモン)　8, 821-22, 846, 856, 862, 1183-
　84　⇒　B像／"日記"

エンサイクロペディア

MGG 音楽事典第1版[MGG 1]　308, 313-14, 470
MGG 音楽事典第2版[MGG 2]　302, 314, 446, 585,
　599, 806, 817
ニューグローヴ音楽・音楽家事典[NG]　460, 1020
ニューグローヴ・オペラ事典[NGO]　357, 585

研究機関

ベートーヴェン・ハウス、ボン　4-5, 24, 440, 751, 995,
　1012
『ベートーヴェン・ヤールブッフ』　24, 313, 346

1275

ベートーヴェン・アルヒーフ(資料館・研究所) 5, 102,
197, 695, 721, 748

ボドマー・コレクション 234, 260, 386

[6] 伝 記

セイヤー伝記 12-17, 20, 282, 301, 305, 321, 323, 345,
356, 433, 470, 495, 576, 659, 692, 724, 734, 754-55,
851, 886, 1014, 1021, 1024, 1031, 1043, 1075,1079,
1083, 1091-92, 1108, 1113-14, 1116, 1120-22, 1124,
1127, 1129, 1144, 1146, 1148 ⇒ TDR
TDR(セイヤー＝ダイタース＝リーマン『ベートーヴェンの生
涯』) 12-17, 84, 89, 131, 139, 224, 282, 285-86, 290-
91, 299, 302, 309, 320-21, 323, 325, 330, 333, 335-
36, 338, 340, 345, 356, 369, 377, 385-88, 397, 413,
415-17, 447, 471, 477, 524-27, 559, 588, 599, 600,
606, 608-09, 614, 618, 622-24, 626, 631, 636, 644,
656, 659, 668, 677, 690-92, 695, 698, 700, 702, 706,
708, 724, 726, 729, 731, 734, 737-38, 780-82, 784,
787, 789, 792, 796-97, 800, 807, 817-18, 820, 826-27,
835-36, 839-40, 842, 844-46, 850-53, 855, 861, 866,
868, 870, 874-78, 882-83, 886, 925, 942, 994, 1003,
1011, 1013, 1021, 1024, 1042-43, 1062, 1090-91,
1096, 1108-09, 1114, 1121-22, 1124, 1127-29, 1131,
1139, 1146-48
「セイヤー」原書 282, 299, 818
「セイヤー＝リーマン」(増補版) 692 ⇒ TDR
「セイヤー＝クレービール」(TDR英語増補抄訳版)
1092 ⇒ TDR

「セイヤー＝フォーブズ」(クレービール抄訳版の改訂
版) 301, 321, 328, 439, 446, 459, 476, 576, 642,
692, 755, 797, 945, 994, 1092, 1116, 1144, 1146,
1149
大築訳日本語版 282, 320, 323, 330, 405, 447,
945, 994, 1007, 1015, 1022, 1024-25, 1031,
1043, 1045, 1052, 1055, 1058, 1060-61, 1065,
1071, 1076, 1091, 1096, 1100, 1105-06, 1109-
10, 1113-16, 1118-20, 1122-24, 1127-29, 1131
ヴェーゲラー／リース『ベートーヴェンの伝記に関する
覚書』(『覚書』) 12-13, 47, 51, 238, 248, 303, 319,
321-22, 344, 347, 350, 381, 385, 391-94, 404, 411,
415, 432, 447, 469, 502, 526-27, 533, 558, 560, 611,
713, 735, 751
シンドラー伝記 12, 303, 642, 692, 853, 875, 936,
1003, 1019-20, 1025, 1043, 1045, 1053, 1058, 1062-
63, 1071, 1075-76, 1083, 1091, 1097, 1115, 1127,
1129, 1131, 1141
マルクス伝記 12
ノール伝記 12
ソロモン伝記 18, 812
クーパー伝記 18
ロックウッド伝記 18, 352, 354, 637

[7] 音楽ジャンル等

アンテルメデ(幕間劇) 289
イタリア語オペラ 285, 288-89, 358-59, 361, 370, 374,
438-39, 442, 465, 480, 483-85, 584, 599, 739
…のドイツ語上演 360, 484, 739, 869, 1040, 1055
オペラ・セーリア 374, 1020
オペラ・ブッファ 326, 374
コミック・オペラ 287, 411, 536, 1020-22, 1038
ドランマ・ジョコーゾ 287, 326, 458
ドランマ・ペル・ムジカ 287
パスティッチョ 376, 865, 880, 1039
イタリア・オペラ団 312, 599, 944, 1016, 1022, 1037-
40, 1055, 1070-71
イタリア語オラトリオ 439
イタリア語カンタータ 285, 976
オペラ

神話… 584, 607, 708
魔法… 584, 595-96, 607
"救出"(レスキュー)… 587
オラトリオ 116, 275, 362-64, 454, 523, 550, 554, 645,
755, 766, 1049, 1053
オペラとの社会的機能の違い 525
作曲の共通性 525
ドイツ語オラトリオ 242, 536
「音楽による戯れ」 79-80, 253, 1128
カルーセル音楽「国土防衛隊行進曲」「帰営ラッパ(門
限合図)」「警備隊行進」 774-76
カンタータ 275, 422, 861, 876, 919, 941, 976, 1036
教会音楽 122, 287-89, 329, 333, 376, 979, 984, 1082
ミサ・ブレヴィス 967, 970, 980
軍歌 423

軍楽　78, 81, 83, 336, 775-76, 977
交響詩　635-39, 650
序曲　638-39, 795
　「コンサート序曲」(演奏会用序曲)　638, 710, 743
　「序曲ではない序曲」　638, 650, 703, 795
　性格的序曲　208-09
シンフォニー
　オラトリオ型…　710
　標題…　562, 684, 689-91, 693-94
シンフォニア・カラクテリスティカ(性格的シンフォニー)
　424, 690
ドイツ語オペラ　324, 358-60, 368, 370, 374, 421, 483-
　84, 592, 594, 681, 739, 742
　喜劇オペラ[Lustspiel]　483
　コーミッシェ・オーパー(喜劇オペラ)　289
　ジングシュピール(歌芝居)　289, 348, 362, 584, 588,
　　864, 888
　　パスティッチョ・ジングシュピール　376, 865
　ドゥオドラマ(2人劇)　289
　メロドラマ(音楽劇)　289, 798, 863

モノドラマ(1人劇)　289
序劇 (フォアシュピール)　289, 801
後劇 (ナッハシュピール)　801
ドイツ・オペラ団　1055
ドイツ語オラトリオ　242
「トルコ音楽」(トルコ風管楽合奏団)　775
　"フル・トルコ楽団"　887
バラッド・オペラ　289
バレエ音楽
　標題音楽のルーツのひとつ　480
　オペラ作曲の学習過程として　465, 480
付随音楽　742, 778, 801
フランス・オペラ　584-90, 592-96, 598, 601-02, 604,
　606-07, 738, 742
　…の翻案(ドイツ語上演)　360, 585, 587-92, 596, 603,
　739-40, 869
フランス系オペラ　592, 594, 607, 615, 681
フランス語による上演　738-40, 764
フランス・オペラ団　739

[8] 楽器・奏法等 (ピアノ・弦楽器を除く)

クラヴィコード　297, 424
クラヴィーア　424-26
チェンバロ　128, 137-38, 290, 295, 299, 404, 425, 427,
　652-53
　(=クラヴサン　110, 295, 298-99, 404, 425, 1084)
ピアノフォルテ　318, 397, 404, 424, 653
　付加鍵　659, 791
オルガン　290, 313, 348, 768, 1122
　…・パート　255, 642, 767, 768
ヴァイオリン・オーケストラ　628-29
フルート
　…・ソロ　345, 629
　…1本編成　439, 444, 618, 628-29, 646-47, 649-50,
　　652-53
　…2本　298, 323, 646, 649
ピッコロ　630, 801
オーボエ　291, 439, 444, 481-82, 629, 646, 649, 873
クラリネット　291, 411, 413-14, 444, 481, 482, 510,

　646-47, 873
ファゴット　286, 414, 439, 444, 481, 549, 629, 646, 875
コントラファゴット　774, 801, 846, 873
ホルン　439, 444, 481, 549, 629, 646, 774, 776, 829-30,
　873, 1025-30
　ヴァルヴ・ホルン　1028-30
　ナチュラル・ホルン　1025, 1028-30
　ハンド・ストップ奏法　1025, 1028, 1030
トランペット　343, 439, 444, 481-82, 602, 646-47, 653,
　767
トロンボーン　533, 549, 630, 767, 774, 776
ティンパニ　343, 439, 444, 481-82, 641, 646-47, 767
マンドリン　78, 230, 439, 445
古楽器　1025-26
発明楽器　→ メルツェル
　オーケストリオン　820
　自動トランペット　820
　パンハルモニコン　820-21, 836-37, 847, 853-54

[9] 劇場・劇団・コンサート会場・施設・銀行

アイゼンベルク城(ボヘミア)　375, 574
アウアースペルク宮　311

アウガルテン(奏楽堂)　→ ヴィーン
アウフ・デン・ヴィーデン(劇場)　→ ヴィーン

アルンシュタイン・エスケレス銀行　1142, 1146
アン・デア・ヴィーン（劇場）→ ヴィーン
ヴァッサーホーフ → グナイセンドルフ
ヴァラーシュタイン　305-06, 309
　宮廷　309-10, 313, 317
ヴィルト［ヴィーンの銀行家］の私邸　55
エスケレス銀行　1141-42
　ラウ［エスケレス銀行支配人］　1141
エラール社（パリ、ピアノ製造）　39, 564
カスケル銀行（ドレスデン）　1092
クロス一座　324
グロスマン・ヘルムート劇団　289
ケルンテン門劇場 → ヴィーン
ザイラー劇団　289
シュティーグリツ銀行（サンクト・ペテルブルク）　1084, 1089,

　1143
ドゥルリ・レイン劇場 → ロンドン
バロー商会（トリエステ）　925
フリース & Co.（トムソンのヴィーンでの代理店）　672, 892,
　897-98
フリース銀行　243
ヘニクシュタイン（シュティーグリツ銀行ヴィーン代理店）
　1084-86
ベーム一座　291
ホーフブルク（ブルク）劇場 → ヴィーン
ヨーゼフシュタット劇場 → ヴィーン
ラウドニッツ城（ボヘミア）　248, 375, 574
ラントシュトラーセ劇場（ヴィーン郊外）　398
レオポルトシュタット劇場 → ヴィーン
レドゥーテンザール（ヴィーン宮廷）→ ヴィーン

［10］出版社・商社

原版出版社　45, 82, 94, 108, 111-12, 125, 167
再版・続版（海賊版）の出版社　93-94, 97, 99, 111,
　113-15, 151, 177-78, 184, 200, 773, 932, 978

アルタリア社　27, 65, 70, 73, 89-90, 93, 97-100, 103-
　05, 109-12, 124, 126-30, 135-36, 142-45, 160-66,
　169, 171, 173-75, 177-78, 180, 187, 199, 201, 203-04,
　206, 208-09, 212-13, 215, 220-21, 223-24, 229, 254,
　299, 386-91, 406, 409, 412-14, 417, 419, 422-23, 425,
　440, 443, 456-58, 469, 674-76, 757-58, 760, 773, 790,
　821, 873-74, 894, 908-09, 972, 985, 1010, 1019,
　1032, 1095, 1149, 1160, 1177-78, 1184
　第 2 次国際出版（主幹）　105, 135-37, 143-44, 908
アルタリア社（マティアス）　205-06, 222, 264, 879, 1173,
　1177, 1180, 1185
アンドレ社　51, 99, 113-15, 134, 164, 371, 409, 534,
　1162
エダー社　112-13
エリザベス・ラヴェヌ社（ロンドン）　949
オッフェンハイマー & ヘルツ（ヴィーンの商社）　753
化学印刷所（ヴィーン）　775, 1168 ⇒ シュタイナー社
カッピ社　91, 111-12, 136, 148, 160, 164, 171, 174,
　177-78, 184, 212, 220, 223, 401, 425
カッピ & ディアベッリ社　145, 147-48, 973, 984
クレメンティ社　34, 93, 103, 106, 116, 123-27, 129,
　136, 145, 193-94, 200, 250, 255, 259, 624, 640, 656-
　60, 662-65, 668-77, 685, 697, 719-20, 742, 757, 761-
　62, 766, 791, 887, 890, 931-32, 949, 957, 976, 978,

　1167, 1170, 1178-79, 1182-83
クレメンティ・バンガー・ハイド・コラード & デイヴ
　ィス社（=クレメンティ社）　103
クンツ商会（B&H社のヴィーン代理店）　759
ゲッツ社（マンハイム）　294
コラード & デイヴィス社（クレメンティ社）　103, 931 ⇒ ク
　レメンティ社
ゴンバルト社（アウクスブルク）　144, 804
ザウアー & ライデスドルフ社　145, 978
ザ・リージェント・ハーモニック・インスティテューショ
　ン社　104, 136, 949, 1185
ジムロック社　67, 70, 85, 91-93, 98-99, 101, 103-104,
　109-11, 115, 120, 126, 134-36, 139-45, 152, 160, 162,
　164, 176, 178, 180-83, 188, 197-200, 202-04, 210,
　212-13, 219-20, 254, 298, 334-35, 345, 406, 421-22,
　424, 433, 475, 490, 562-63, 567, 570-71, 575, 620,
　627, 658, 661, 664-65, 667, 735, 751, 773, 804, 892-
　93, 908-10, 931, 967, 972-73, 975, 984, 1160, 1163-
　68, 1171, 1183, 1185
シュタイナー社　71, 104-05, 121, 130-31, 136, 138-40,
　142-45, 147, 160, 162, 194, 196, 199-204, 211-12,
　214, 257, 260, 274, 482, 775, 790, 807, 827, 859, 876,
　884-88, 924, 934, 938-39, 941, 957, 972-73, 978, 985,
　1032, 1086, 1095, 1146-50, 1170, 1173-75, 1177,
　1183
　「13 作品譲渡契約書」　140, 195, 790, 886-88, 934,
　972, 1170, 1173-75
　第 1 次国際出版（主幹）　104, 130-38, 144-45, 195

1278

ライセンス出版　104, 136
シュレジンガー社(ベルリン)　104, 106, 134, 136, 142, 145-47, 152, 200, 202, 205, 212, 258-60, 264, 776, 888, 906, 909, 973-75, 1117, 1171-72, 1180, 1185
シュレザンジェ社(パリ)　34, 146, 148, 200, 204, 206, 259, 264, 978, 985-86, 1103, 1117
第3次国際出版(主幹)　105, 135-36, 145-48
ショット社(ショット兄弟社)　72, 135, 143-44, 151-52, 156, 201-02, 204-06, 210-12, 243, 260-65, 298, 334, 338, 350, 776, 953, 976, 986, 1077-80, 1086-87, 1095, 1097, 1118, 1138-39, 1172-73, 1180, 1185
チャペル社(ロンドン)　105, 136, 901, 957
チャンケッティーニ & スペラーティ社(ロンドン)　894
チャンケッティーニ & チマドール社　931
ツーレーナー社(マインツ)　115, 151
ツーレーナー社(エルトヴィッレ)　134, 151
ディアベッリ社　201, 204, 206, 419, 422, 976 ⇒ カッピ &ディアベッリ社
トレック社　70, 85, 100, 110-12, 165, 184, 381, 406, 412, 417, 422, 425, 443, 988, 1169
トレック商会　128, 129
トフウトヴァイン社(ベルリン)　264
ネーゲリ社(チューリヒ)　85, 91, 119, 134, 136, 175-77, 212, 490, 510, 518
ハスリンガー社　71, 137, 147, 201, 204, 207-09, 212-13, 232, 876, 888, 976, 1174
バーチャル社　67, 70, 92, 104, 136, 138-39, 196, 256, 887, 902, 931, 937-38, 940-41, 1170, 1179
ハミルトン社　931
ビュロー・デ・ザール・エ・ダンデュストゥリー [BAI]社　51, 55, 88, 96, 98-99, 101, 103, 115, 117, 119-22, 125-126, 136, 156, 175, 177-84, 187-88, 190-92, 194, 202, 210, 212, 217-18, 223-24, 254-55, 422, 436, 444, 472, 518, 561, 590, 622, 628, 651, 661-64, 666-68, 671, 677, 684, 695, 702, 714, 756-57, 773, 887, 892, 894, 1163, 1166-67, 1177-79
ビュロー・ドゥ・ムジク社(ライプツィヒ)　97, 113, 179
ファルター社(ミュンヒェン)　144
ブージー &(チャペル&)クレメンティ社　145
ブライトコップ & ヘルテル(B&H)社　5, 34, 37, 49-51, 55, 59-61, 63, 68-70, 80, 85, 87, 89, 95, 97, 99, 101, 103, 105, 113-30, 133-37, 141-42, 159, 161-62, 164-66, 169, 175, 177-79, 190-92, 194, 197-98, 200, 202, 211-12, 217, 234, 250, 255-56, 270, 376, 419, 444-45, 490, 495, 497, 511, 518, 529, 531-32, 536, 554, 565, 570, 572, 583, 620-21, 625, 649, 668, 674-75, 685, 693, 696-97, 705, 707, 709, 718-19, 723, 730, 732-33, 740, 742, 747-48, 753, 757-65, 770, 772, 778, 781, 785-87, 790-92, 809, 816, 860, 873, 886, 892, 922, 1094-95, 1161-71, 1175-76, 1178-79, 1183
「ベートーヴェン作品全集」　167
プレイエル(パリ)　126, 661, 664-65, 1167
プレストン社(ロンドン)　103, 136, 930, 932
ブロードリップ & ウィルキンソン社(ロンドン)　422, 930
プロブスト社　150, 152, 979, 986, 1097, 1118
ペイン & ホプキンソン社　908
ペータース社　35, 79, 113-14, 134, 137, 142, 148-50, 152, 201, 774, 776, 975, 977-78, 982, 985, 1082-83, 1099
ベーム社(ハンブルク)　144
ヘルテル、ゴットフリート・クリストフ　→ B&H 社
ボスラー社(シュパイアー)　109, 296
「詞華集」(週刊の楽譜集)　297, 299, 320
ホフマイスター社　112-13, 171, 173, 177-78, 444, 461-62, 894
ホフマイスター & キューネル(H&K)社　51, 88, 96-98, 100, 105, 113-14, 119, 134, 160, 170-71, 174-75, 179, 181-83, 188, 213, 218, 220, 223-24, 230, 241, 248-49, 336, 469, 490, 497, 648, 1164
ホーフマイスター社　134, 151, 158, 161, 165, 213
メケッティ社　145, 148
メケッティ・カッピ & ディアベッリ社　148
モッロ社　112-13, 170-171, 173-75, 177, 180, 212, 217-18, 223, 240, 406, 412, 425, 443, 456, 470, 756, 773
モンザーニ社(ロンドン)　892
モンザーニ & チマドール社(後継社はモンザーニ&ヒル社)　931
ラヴェヌ社　104, 136, 949, 1185
リコルディ社(ミラノ)　144
レッシェンコール社(ヴィーン)　85, 100, 756
ロングマン・クレメンティ社(=クレメンティ社)　656, 931

[11] 新聞・雑誌・刊行物

『アウクスブルク官報』　305, 310, 313
『アウクスブルク総合新聞』　969
『アテネウム』(ロンドンの雑誌)　659
『ヴィーン演劇年鑑』　590

『ヴィーン芸術・文学・演劇・流行雑誌』 1068
　創刊者＝シック（ヨハン・） 1069
『ヴィーン雑誌』 1128
『ヴィーン新聞』 70, 72-73, 90, 129, 190-91, 208, 308,
　356, 385, 388-89, 397, 456, 463, 475, 525, 667, 700,
　739, 781, 839-45, 848, 873, 875, 879, 921, 926, 934-
　35, 1012, 1034, 1068, 1074, 1169
『ヴィーン総合音楽新聞』 376, 969, 1036, 1052-53,
　1068
『ヴィーン祖国新聞』 837
『ヴェスターマンの月刊誌』（ブラウンシュヴァイク） 724
『演劇年鑑』 326, 329
『音楽雑誌』（クラーマー編） 295, 297, 319
『音楽通信』（ボスラー社発行） 299, 320, 336
『グレンツボーテン』紙 644
『劇場年鑑』（H. A. D. ライヒャルト編） 324
『月刊音楽録』（ロンドン） 659
『豪奢と流行のジャーナル』（ヴァイマール） 72, 626,
　666, 702
『コレクター』紙 1094
『シュターツ・リストレット』紙（フランクフルト） 389
『上流界新聞』（ライプツィヒ） 666
『新自由新聞』 346

『新ベートーヴェン年鑑』 313
『総合演劇新聞』 1049, 1052-54
『総合音楽新聞』（ライプツィヒ） 72, 80, 102, 192, 197,
　366, 464, 469, 490-91, 502, 527, 532, 583, 588, 590,
　599, 608, 614, 626, 667, 693-94, 705-07, 716, 732-33,
　759, 786, 792-93, 797, 815, 831, 837, 839, 842-43,
　845, 848, 852, 868-69, 874, 877, 1007, 1029, 1036,
　1058-59
『祖国新聞』 695
『　直　言　』紙 529, 608
『ハルモニコン』（雑誌） 84
『ハンブルク・ミューズ年鑑』 348
『プロメテウス』（雑誌） 756-57, 803
『平和誌』（文芸雑誌） 804
『ベルリン音楽新聞』 300, 354
『ボン　報　知　』紙 287
『ミューズ年鑑1776』（ゲッティンゲン） 128, 348, 425
『ミュンヒェン新聞』 301, 305, 307-09
『ミュンヒェン総合新聞』 1108
『リンツ音楽新聞』 817-18
『歴史便覧1863年』（ラウマー編） 878
『レーゲンスブルク日誌』（週刊新聞） 304-05, 312

---

［12］政治・政治的事件

アスペルン・エスリングの戦い 736
アミアンの和約 565, 568, 590
イエナ・アウエルンシュタットの戦い 620
ヴィーン会議 79, 132, 203, 244, 246-47, 261-62, 343,
　746, 845, 855, 858-59, 874-80, 916, 920, 939, 941,
　988, 1004-05, 1048, 1057, 1146-47
　祝賀コンサート 208, 261, 343, 859, 875-78, 880,
　1075
ヴィーン議定書 1005
ヴィーン体制 1006
ウルムの会戦 605
オーステルリッツの戦い 615
王政復古 858, 1004
カールスバルト決議 999, 1005, 1007
カルボナーリ 1005
共和思想 1005 ⇒ ［3］思想・哲学
ジャコバン党 339, 598
「自由主義の3年間」 1006
神聖同盟 1004, 1006
神聖ローマ帝国 283-84, 330, 560, 1005

…の崩壊・消滅 340, 615, 619, 680
スペイン継承戦争 284
スペイン立憲革命 1006
大司教選帝侯制
　…の崩壊 285
対仏戦争 382, 565, 568-69, 731, 778, 890, 1005
対仏同盟
　第1次 333
　第2次 245, 378
　第3次 245, 378, 569, 575, 605
　第4次 666
　第5次 709, 734, 746, 749
　第6次 823, 834
ツナイムの戦い（南モラヴィア） 737
ドイツ統一 7, 134
ドイツ連邦 1005
ドイツ・ポーランド戦役 620, 666, 697
ナポリ革命 1005
バイエルン王国とオーストリアの同盟 834
バウツェンの会戦 823

1280

一般事項　索引

ハーナウの戦い　838
パリ条約　858
ハンガリー議会　961
秘密結社　321, 1005
仏墺同盟　746
普仏戦争　577
フランス革命　282, 339, 343, 565, 577, 587, 598, 660
フランス元老院　858
フランス護民院　565
フリーメーソン　371, 750
ブルシェンシャフト(学生同盟)　1005

プレスブルク条約　615, 619
プロイセン・ロシア同盟条約　822
ペンタルキー(5ヵ国体制)　1004
ミラノ勅令　283
メッテルニヒ体制　261, 992, 1004-07
モンテノッテの会戦　423
「4ヵ国同盟」　1004
ライプツィヒの戦い(諸国民の戦い)　133, 371, 732, 808, 822, 834, 838-39, 854-55
ライン同盟　619, 746, 807, 823
ラシュタット条約　284

［13］団体・組織

ウルズラ会　797, 824 ⇒ ウルズラ修道会
ウルズラ修道会(グラーツ)トンキュンストラー・ゾツィエテート　807, 814, 824, 1181
音楽家共済会(ヴィーン)　307, 362-66, 371
　主催コンサート　362-63, 365-66, 373, 375, 397, 412, 414, 418, 435, 454, 457, 459, 627, 705
音楽愛好家協会(ヴィーン)ムジークフロインデ[楽友協会]　222, 243, 255, 257, 416, 472, 475, 591, 921, 942, 1021, 1032, 1034-36, 1044, 1051, 1057, 1072
音楽愛好家協会(ロンドン)フィルハーモニック[ロイヤル・フィルハーモニック協会]　140, 206, 261, 887, 917, 934, 936, 940, 942-57, 1033, 1084, 1139-45
音楽愛好家協会(サンクト・ペテルブルク)　278, 988, 1049

音楽愛好家協会(フランクフルト・チェチーリア協会)　988
学生同盟ブルシェンシャフト　1005
巡業オペラ団　288, 328
帝国・王国上級警察庁　89
帝国・王国冬期騎馬協会　838
ドイツ騎士団(カトリック修道会)　250-51, 321, 324, 333, 338, 347, 477, 774
読書とレクレーションの協会(読書協会)　338-39, 342
美術家年金協会　363, 398, 442
　主催仮面舞踏会　398, 422
木材保護協会　824
連携騎士団　239, 242, 640, 680

［14］地　名

① オーストリア／ヴィーン

■ オーストリア
…国家の財政破綻(貨幣価値下落)　256, 732, 737, 740, 778, 780, 785, 896-898, 1154, 1156, 1169, 1177-78, 1183
…経済
　グルデンの二重体制　1159
　銀行紙幣(＝ヴィーン価)　826, 1177-78
…国民銀行株券　133, 1138, 1145-46, 1148-50, 1174
戦時のインフレ　680, 727, 731-32, 740, 779, 781, 811, 1156-57, 1159, 1169
経済勅書の公布　778-80, 796, 800, 825-26, 1156
流通紙幣(ヴィーン価)　1148
　対約定価の交換率　673, 781, 785, 1148, 1177
銀行券(紙幣)　778, 1145, 1162, 1169

補償紙幣の交換率　778, 780-82
■ ヴィーン
政治状況(フランス軍による占拠・包囲下)　121, 576, 582, 590, 619-20, 681, 697, 718-19, 732, 734, 736-38, 740, 747, 750, 757, 775, 800, 803, 896, 1152
経済状況　→　オーストリア
通貨(約定価とヴィーン価)　123, 130, 132, 137, 146-47, 149-50, 529, 673, 695, 719, 778-81, 783-85, 811, 814-15, 843, 850, 882-84, 898, 913, 938, 983-84, 989, 1010, 1034-35, 1059, 1094, 1096-97, 1117, 1121, 1140, 1144-52, 1155-59, 1168-69, 1174-77, 1182, 1184-86
…音楽界
　1790 年代　355-78
　フランス・オペラ旋風　584-96, 601-04, 606-07, 738-40, 742
　包囲下のオペラ公演　738-40

1281

ロッシーニ・オペラの隆盛　992, 1015-20

コンセール・スピリチュエル　1050

…宮廷　66, 151, 308, 436, 458, 738, 1152

…の劇場・コンサート会場

▪宮廷劇場

ホーフブルク劇場(ブルク劇場)　16, 49, 239, 357, 359, 365, 371-72, 397-98, 411, 414, 418, 454, 458-59, 462, 483-84, 584, 586, 588, 590-91, 600, 604, 610, 633, 678, 681, 699, 705, 736, 738-39, 742, 764, 801, 830, 869-70, 874-75, 1016-17, 1037-38

ケルンテン門劇場　49, 311, 357, 361, 368, 371, 398, 412, 433, 458, 469, 482, 484, 584, 586-87, 589-91, 599, 600, 681, 736, 739, 742, 796-97, 830, 846, 858, 861, 865, 869-70, 880, 953, 1016-18, 1020, 1030, 1033-34, 1036-37, 1042-46, 1049-52, 1054-57, 1062, 1067-68, 1072, 1075, 1140

宮廷舞踏会場(レドゥーテンザール)　244, 398, 438, 629, 843, 845-46, 859, 875, 877, 880, 925, 1046-48, 1067-69, 1071, 1074-75, 1103

国会ホール(ラントシュテンディッシャーザール)　1050, 1055, 1067

アウガルテン(奏楽堂)　529, 796, 830-31, 868, 1069

▪私営劇場

アウフ・デア・ヴィーデン劇場(フライハウス劇場、ヴィーデン劇場)　360-62, 368, 373-75, 398, 445, 478, 524, 583-84, 587, 705, 1038

アン・デア・ヴィーン劇場　54-55, 59, 65, 248, 361-62, 445, 484-85, 522, 524-25, 531, 535, 560, 571, 580-81, 583-85, 587-93, 596, 598, 601, 603, 605-07, 612, 615-16, 619, 627, 640, 678, 680-81, 699, 700, 705, 728, 796, 798, 830, 861, 925, 1016-18, 1038, 1044-45, 1047-48, 1050-53, 1062, 1071, 1075, 1104

ヨーゼフシュタット劇場　214, 229, 362, 954, 976, 996, 1001, 1050, 1075

レオポルトシュタット劇場　229, 360-62, 370-72, 374, 398, 584

…音楽愛好家協会(楽友協会)　→ ［13］団体・組織

…古典派　352

…大学　346, 868, 1001, 1010, 1064, 1067, 1097-98, 1112, 1130, 1158

講堂　133

新館ホール　830, 841, 848

…の裁判所

市民裁判所(ヴィーン市庁民事司法部)　1009-13, 1015

ニーダーエスターライヒ貴族裁判所　825-27, 882-83,

1011, 1013-15, 1147

ニーダーエスターライヒ控訴裁判所　883, 1011-13, 1015

ヴィンター(カール・マグヌス・)［控訴裁判所担当官］　1012

…国立図書館　352, 671

…市立博物館　729

…戦争文書館　748

…総合病院　447, 1109

プラーター　737, 1061-63, 1065-66, 1069

② ベートーヴェンの住居・街・滞在地

アン・デア・ヴィーン劇場(専用居室)　248, 560, 580, 589, 601-03, 1104

ヴァッサークンストバスタイ　476-78

「美しき女奴隷」(ウンガルンガッセ)　1097

エルデディ伯夫人のマンション(クルーガー通り 1074)　701, 710, 720-22, 724, 730, 735

オギルヴィッシェス・ハウス(クロイツガッセ 35)　239, 385, 397, 434-35, 446, 475

シュヴァルツシュパニアー・ハウス(アルザーグルント 200番地)　1102, 1104

ティーファー・グラーベン　241(3階)　459, 475-76

パスクァラーティ・ハウス(メルカーバスタイ)　601, 603, 710, 720-23, 735, 737, 842-43, 868, 1156-57

バルテンシュタイン・ハウス(メルカーバスタイ)　1157

ペンツィング(ヨハン・ヘール所有の住居)　1078

ラウエンシュタインガッセ(次弟宅の地下室)　785

ランベルティ伯ハウス(ザイラーシュテッテ)　1157

リヒノフスキー・ビル(アルザーガッセ 45番地)　356, 432, 1130

ローテス・ハウス(ブロイニングのアパート/アルザーグルント 173番地)　248, 560, 574, 597, 1104

▪夏季滞在地

ウンターデープリング　471-73, 494, 498, 590, 980

オーバーデープリング　47-48, 603

カールスバート　778, 787, 789, 812-16, 870-71, 1005

グナイゼンドルフ　1082, 1089, 1095-1102, 1118, 1121, 1123-32, 1140

ヴァッサーホーフ　1096, 1118

トロッパウ　621, 623, 651, 698, 801

…近郊オーバーグロガウ　624, 647

…近郊グレーツ　621, 697

テプリッツ　812-18, 822, 961-62, 1153

デープリング　472

ハイリゲンシュタット　30, 47-50, 53-54, 86-87, 90, 99,

一般事項　索引

100, 114, 119, 175, 177, 183, 187, 208, 269, 378, 444,
468, 471-72, 488, 494-97, 499-512, 518-20, 522-23,
534-35, 552-53, 564, 567, 582, 589, 597, 603, 641,
720, 722, 750-51, 755, 812, 821, 845, 924, 1179
バーデン　50, 98, 152, 471-72, 496, 574, 603, 641,
662, 720, 741, 753, 772, 774-75, 814-15, 834-36, 875,
974, 981, 1008, 1079, 1082, 1086, 1097-103, 1111-
12, 1117, 1139, 1157
　被災義援コンサート　814-15
　ヘレーネ渓谷（バーデン近郊）　1111
フランツェンスバート（またはフランツェンスブルン）　789,
813-15, 819
ヘッツェンドルフ　232, 476-78, 1002
メートリング　471-72, 926, 980, 995, 1010, 1102, 1149

3 都市・国・地域

アイゼンシュタット　30, 58, 122, 248-49, 319, 374-75,
383-84, 396, 420, 462, 639, 641, 643, 645, 702, 710,
720, 1183
アウクスブルク　134, 144, 302, 305-06, 309-10, 312-13,
315-19, 424, 446, 804
　…巾場　780, 1177
　…値（クーラント）　780, 1162, 1167, 1169 ⇒ 1 ヴィ
　ーン、通貨
　約定銀貨　883
アシャッフェンブルク　334
アンスバッハ　313
ヴァイマール　72, 626, 666, 787
　宮廷（劇場）　742
イギリス ⇒ ロンドン、B 像／イギリスとの関係
　…市場　658, 660, 662, 697, 890, 894, 917, 934-35,
　941, 972, 1136
　…の経済事情　126, 1179
　…の音楽レヴェル　906-07, 950, 1143
　…のベートーヴェン研究　8, 10
　…のベートーヴェン受容　656, 890, 894, 906, 931,
　937, 939
　…向け作品　138-40, 144, 196, 887, 892, 894, 935,
　972
　…の出版（社）　67, 70, 73, 86, 92, 95, 102-04, 114,
　116, 123, 125-26, 138-40, 145-46, 196, 200, 233,
　262, 272, 567, 620, 658, 668, 673, 675, 685, 696,
　759, 761-63, 766, 773, 785, 791, 838, 852, 887-88,
　892-94, 897-98, 901-02, 908, 930, 932-33, 935,
　937-39 ⇒ 10 出版社各欄
　スコア譜出版　766, 901, 942

対仏戦　519, 565, 568-69, 605, 734, 823, 835-36,
　839-40, 854-55, 890, 1004
　郵便事情　102, 665-66, 891, 917
イタリア　128, 425, 628, 746, 786
ヴィルンスベルク（ドイツ騎士団本拠地）　251
ヴェストファーレン（王国・宮廷）　697, 725, 732-33, 746,
825
ヴェネツィア　287-88, 290, 325, 327, 428, 484, 599,
911, 926, 1038
　…・オペラ　288
ヴェルゲス　356
ウルム　605
エッティンゲン゠ヴァラーシュタイン　305-06, 309
　宮廷　309-10, 313, 317
エディンバラ　101, 104, 114, 140, 194, 667, 785, 890,
900, 905, 917, 930, 1179
オッフェンバッハ　51, 99, 114-15, 134, 499, 1162
オランダ　242, 350, 807, 1014
オルミュッツ　961-62, 968
　ルドルフ大公大司教就任式　960, 962-64, 966, 968-
　69
カウフボイエルン　313
カッセル　378, 708, 722, 730, 735-36, 750, 859, 933
　宮廷　275, 378, 685, 697-98, 707, 709, 718, 730,
　732-33, 1153, 1156
カディス大聖堂（スペイン）　311
グラーツ　796, 799, 814, 823-24, 870-71, 1121, 1181
クールラント［現ラトヴィア共和国領］　451, 471, 808
クレーヴェ（ライン河下流）　333
クレムス（ドナウ河沿岸）　1096, 1119, 1127
ゲッティンゲン　348
ケルン　291, 300, 306, 309, 328, 330
　ケルン大司教選帝侯宮廷 → ボン
　…大学　357
ゴータ　120, 325
　宮廷　289
コブレンツ　306, 333, 356, 447, 474, 735, 749-51
ザクセン　736, 823
サンクト・ペテルブルク　125, 256, 263, 326, 373, 584,
　736, 753, 933, 978, 1002, 1049, 1067, 1083, 1085-86,
　1089, 1091, 1143
　…音楽愛好家協会　278, 988
ザンクト・ペルテン　1123
シチリア王国　606, 746
シュトゥットガルト　36, 870-71
シュトラスブール　339

1283

シュパイヤー　81
スイス　144, 746, 911, 1030
スウェーデン　133, 569, 605, 911
スコットランド　102, 718, 890, 896, 898, 900
ダルムシュタット　870-71
トゥリアー　324
ドレスデン　173, 306, 325-26, 350, 370, 382, 400, 435, 440, 445, 450, 479, 599, 600, 604, 799, 807, 871, 1092
　王立劇場　1185
　宮廷劇場　599
　宮廷楽団　815
ナポリ　134, 146, 360, 374, 461, 746, 808, 846, 1005, 1018-19
　宮廷オペラ団　1015, 1018
ニーダーライン音楽祭　1181
ノイシュティフト
　バイム・ファザーン劇場　398
バイエルン(…王国、…公国、…地方)　284, 315-16, 435, 734, 748, 834, 838
ハノーファー
　宮廷　289
パリ　34, 37, 39-40, 42, 70, 91-92, 94, 111, 123, 126, 145-48, 178, 200, 244-45, 250, 259, 263-64, 284, 294, 306, 315, 325, 327-30, 339, 359, 370, 376, 378, 402, 434, 481, 510, 562-71, 574-77, 585-86, 588-90, 592, 594, 596, 598, 600, 602, 605, 607, 622, 651, 659-61, 734-35, 738, 748, 772, 807, 820, 823, 858, 864, 879-80, 892-93, 898, 926, 978, 1020, 1061, 1103, 1117, 1140, 1167
　国立図書館　110, 748
　フェイドー劇場　585, 588, 590, 598, 601
ハレ　120
ハンガリー　169, 250, 404, 621, 734, 737, 800, 898, 911, 962, 1153
ハンブルク　134, 144, 289, 329, 382, 393, 479, 685, 822, 870
　…大学図書館　508
ビーブリヒ(マインツ対岸)　350
ブダペシュト　121, 230, 245, 400, 450, 468, 470-72, 641
ブラウンシュヴァイク　134, 574, 724
ブラティスラヴァ　230, 238, 376, 400, 446, 450
プラハ　65, 78, 208, 230, 249, 256, 269, 310, 322, 326, 338, 350, 354, 372, 375, 400-01, 432, 435, 438, 440, 445, 450, 470, 479, 582, 604, 616, 623, 638, 701, 775-76, 784, 794, 799, 801, 808, 811-13, 817, 825-26,

860, 870-71, 875, 881-84, 1052, 1145, 1151
　…大学　582, 1130
　ボヘミア貴族裁判所　881-82
　国立図書館　65, 230, 860
　国民劇場　208
フランクフルト　112, 134, 141, 257, 306, 309, 316, 325-26, 342, 350-51, 356, 389, 779, 788, 804, 810, 819, 851, 870, 871, 1183
　チェチーリア協会　278, 988
フランス　10, 86, 94, 111, 115, 144, 283-84, 289, 328, 330, 333, 339, 478, 566, 570, 577, 606, 614, 620, 629, 658, 661-62, 708, 735, 739, 834, 893, 911, 1053, 1160
ブルノ　274, 615, 870-71
プレスブルク　982　⇒　ブラティスラヴァ
プロイセン　133-34, 261, 333, 619-20, 807, 822-23, 834, 1004-05
ペシュト　734, 740, 800, 802, 844, 937, 1075
　新国立ドイツ劇場　214, 799, 800, 844
ベルリン　7, 35, 106, 134, 145-46, 148, 200, 230, 237, 248, 258-59, 264, 327, 348, 350, 375, 400, 411, 414, 435, 439-40, 442, 445-46, 450, 479, 598, 629, 776, 779, 789, 808, 822, 870-71, 1030, 1033, 1117, 1151, 1171-72
　宮廷楽団　1029
　王室劇場　1032
　王立オペラ劇場　375
　劇場(シャウシュピールハウス)　1033
　国立図書館(王立図書館)　7, 17, 26-27, 789, 821, 840, 853, 892, 994, 1079
　ベルリン・プロイセン文化財団国立図書館　125
ボストン
　ニュー・イングランド音楽院　625
ボヘミア　236, 241, 274, 366, 648, 731, 737, 772, 775-76, 806, 814, 835-36, 918, 1045, 1183
　アイゼンベルク城　574
　ラウドニッツ城　248, 574
ポーランド　144, 258, 260, 375-76, 807, 911, 1034
ボン　70, 81-82, 85-86, 91-92, 106, 109-12, 115, 126, 134-35, 178, 199, 236, 250-51, 274, 283-86, 288-90, 300, 302, 304-10, 312-13, 315-19, 321-25, 328-30, 333-36, 338-39, 344, 347, 349-51, 354, 356, 377, 382-85, 396, 398, 404, 420, 433-34, 450, 476, 483, 490, 562, 564, 566-67, 570, 619, 661, 735-36, 750-52, 804, 957, 1136, 1160, 1163-65, 1167, 1171, 1183
　オペラ　285, 294, 324-29, 483
　ヴィーンの影響　284, 318-20, 329

宮廷　281-90, 328, 339, 346, 361, 366, 377, 483
宮廷楽団　84, 197, 285-88, 298-99, 307, 317, 322,
　334-35, 344, 348, 377, 570
国民オペラ劇場　29, 361
国民劇場　435
ドイツ騎士団　338
読書とレクレーションの協会(読書協会)　→　[13]団
　体
ホッホシューレ　338
…大学　13, 338-39, 357, 821
マルトンヴァシャール(ハンガリー)　404, 470, 621
マインツ　81, 115, 143-44, 151, 263, 283, 298, 313,
　317, 324, 333-34, 350, 742, 776, 834, 870-71, 953,
　1078, 1172-73,
　アシャッフェンブルク(マインツ選帝侯離宮)　334
　…大学　357, 1302
マンハイム　81, 109, 294-95, 315, 834, 1005, 1177
　…楽派　328
　国民劇場　289
ミュンヒェン　84, 134, 144, 301-02, 304-13, 317, 483,
　588, 822, 847-52, 939, 1009
　バイエルン選帝侯宮廷(楽団)　286, 312, 326, 365,
　370
　バイエルン国立図書館　9
ミラノ　134, 144, 146, 327, 481, 746
　スカラ座　1040
メルゲントハイム(ドイツ騎士団本拠地)　320, 324, 334,
　336, 344-46, 351
モデナ　346
　エステンゼ図書館　285
ライプツィヒ　36-37, 51, 55, 58, 63, 72, 81, 85, 88-89,
　92, 94, 96-97, 105, 112-14, 117, 120, 123, 129, 134-
　35, 146, 160-61, 164, 175, 177, 179, 191, 230, 241,
　250, 256, 297, 336, 346, 444, 461-62, 464, 469, 475,
　490-91, 497, 524, 528-29, 531, 571, 577, 582, 596,
　626, 648, 658, 666-67, 669, 684-85, 695-96, 701, 707-

08, 714, 716, 730, 742, 752, 768-69, 776, 778-99,
　791-94, 834, 860, 917, 1036, 1058, 1161-71
　…ゲヴァントハウス　278, 679, 716, 792
　…大学(楽器博物館)　420
ラインラント　86, 324, 330, 350, 619, 735
　見本市　148
ランツフート(ミュンヘン近郊)　1009
リンツ　131, 306, 356, 433, 499, 677, 806, 816-19, 822,
　824, 1052, 1095-96, 1098, 1101, 1125, 1183
レーゲンスブルク　303-07, 309-13, 316, 356, 1009
　宮廷　286, 483
ロシア　133, 144, 146, 245, 605, 665-66, 807, 822, 1005,
　1034, 1040, 1049, 1088, 1090, 1098
ローマ　126, 285, 287, 326, 478, 595, 637, 674, 746,
　761
ロンドン　8, 10, 12, 34-36, 70, 81, 92, 103, 105-06,
　116, 122-23, 126, 129, 138, 140, 143, 145, 147, 159,
　195-96, 222, 233, 244, 250-51, 255-56, 259-61, 271,
　344, 349, 350, 367, 370, 372, 376, 378, 382-83, 385,
　398, 419, 422, 424, 431, 439-40, 656, 658-61, 664-70,
　672-75, 736, 759, 761, 785, 791-93, 821, 836, 838,
　840, 847-52, 886, 893-94, 898, 900-02, 905, 917, 923-
　26, 930-37, 939-43, 945-57, 960, 964, 978, 1033,
　1061, 1079, 1126, 1140-42, 1152, 1165, 1170-71,
　1179
　出版管理局　→　B像／イギリスとの関係
　大英(帝国)図書館　26-28, 102, 297, 671, 795, 891,
　940, 946, 953, 1141
　ドゥルリ・レイン劇場　839, 852, 934-35
　ロンドン(ロイヤル)・フィルハーモニック協会　→
　[13]団体・組織
　シンフォニーの委嘱　261, 943, 949, 951-53, 1033,
　1084
　ベートーヴェン招聘計画　261, 942-47, 949, 955-57
　ベートーヴェンへの経済援助(見舞金)　956, 1139-46
ワルシャワ公国　376, 746

キーワード

＊目次には示されていない事項で、ベートーヴェン像理解について鍵となる概念を探すための索引。単語の羅列だけは理解不能なので、キーワードを文脈のなか置いて太字で示す。

［1］総括的なこと

1. **日本でのベートーヴェン理解** ヴィーン通貨「グルデン」を英語圏での通称「フローリン」とするのに象徴的、**セイヤー伝記英語増補縮小版の翻訳**(1971/74年)**が基礎 セイヤー原書にまで遡っての議論**はなきに等しかった 14, 282, 299, 336, 1058

2. **英語版 ドキュメントを取捨選択**(カット部分に重要情報あり) **意訳しすぎ 劇的に脚色**する傾向 **日本語訳もそれを助長** 15, 92, 299, 336, 344-45, 404, 446-67, 476, 486, 488, 500, 503, 506-07, 559-60, 569, 588, 599, 607-09, 737-38, 755, 781, 783, 797, 817-18, 827-28, 876, 994, 1021-22, 1042-43, 1060-61, 1071, 1091, 1105-06, 1110-11, 1116, 1119, 1120, 1125, 1127, 1144, 1146, 1149

3. **セイヤー原書**における**シンドラー証言への警戒感には限度** 692, 955, 1058-59, 1061, 1097, 1115-16
   ことにセイヤーが執筆の断念を余儀なくされた **1817 年以降**(原書第4・5巻)**の記述は事実関係の信頼性が薄い** 14, 955, 1021, 1024, 1032, 1043, 1076, 1109-18, 1123-30, 1146
   ヴェーゲラー＝リース『覚書』等によって形成された**伝説**に対しても批判が足りない 322, 392-94, 415, 434-45, 447, 470, 533-34, 559-61, 577, 611, 719, 1024
   リースの証言で真実と認定できそう 622, 643, 735-36
   上記以外の**セイヤー**(=ダイタース=リーマン)**による歪み・に対する疑義** 344-45, 436-37, 472, 589, 599, 623, 631, 644, 692, 792-93, 806, 817-19, 827-28, 852, 861, 864-65, 950-51, 1024-25, 1032, 1042-43, 1055, 1061-62, 1071, 1079, 1083, 1092, 1100, 1109, 1112-14, 1120-22, 1123-30, 1146

4. シンドラーが為したのは**会話帖の改竄**に留まらない 303
   意図的証拠隠匿 伝記執筆によるねじ曲げ 1130-32
   破棄は改竄と連動 破棄された期間で伝えられている**出来事は捏造された可能性** 1004, 1007-08, 1115, 1125-30, 1130-35
   シンドラー発信のフェイクを除染することが決定的に重要 715, 955, 963, 1024, 1043-46, 1065, 1076, 1083, 1112, 1089
   従来のベートーヴェン像がどれほど**汚染**されているか、その底知れなさが実感されるに至っていない 1003-04, 1007-09, 1132
   晩年の人間関係と第9シンフォニー初演・再演に関してその**解析を試みる** 868, 1024-25, 1041-76
   晩年の姿はシンドラーによってねじ曲げられたもの 1125-32
   甥カールの不行状・自殺をめぐる後世の逸話を是正 1111-14
   伯父・甥関係にも後世のバイアス 1115-18, 1125, 1129-30
   ピストル購入資金 1113-14, 1116-17, 1132

1286

キーワード　索引

末弟ヨハンもシンドラーの標的となり虚像化　セイヤー(リーマン)もその上塗り　1097,
　1112, 1119-22, 1123-32
シンドラーとの決裂　1063, 1066
　解雇証明書　955, 1002

⑤　キンスキー＝ハルムの旧カタログは戦前のドイツでの受容や研究に基づく　656
　当時のイギリスでのベートーヴェン受容が霞んでいる　656, 761, 930-31
　クレメンティ社から連綿と続く原版出版(Op.73～82)もヴィーン原版を使用した"続版"との理
　解だった　事実は正反対でこれらはまずロンドンで刊行された　656, 668-69

⑥　書簡交換全集(全7巻)と会話帖全集(全11巻)の全文と膨大な注が研究の最前線を提供　そ
　して2014年11月刊行の新作品目録(新カタログ)がベートーヴェン像を塗り替える　新
　全集・校訂報告書も続刊中　4-8, 10-12, 17-18

⑦　新カタログのポリシー　11, 44-45
　作品ごとに残存するすべてのスケッチ断片を列記　11, 45
　原版の認定　11
　複数ある原版は出版順に　11
　自筆譜、原版の詳しい記述　11
　筆写譜ごとにコピストの特定　11
　1830年までのあらゆる出版楽譜のリストアップ　11, 45
　作品完成時期の特定はできない　44, 46-47
　原版出版時を月単位で追究　44
　初演の特定　11
　被献呈者の詳細履歴　236

⑧　本書が最新研究に対して反論・異議、また説明回避の件について解説　95-100, 127-28,
　129-30, 148-49, 183, 197-98, 202, 233, 245, 388, 390, 419, 432, 436, 457, 535-36, 580,
　641, 649, 668-70, 672-673, 761-62, 782-783, 801, 809-10, 819, 835-36, 843, 888, 901,
　944, 947-48, 954, 963, 969-70, 975, 1037, 1062, 1065, 1070-71, 1086-87, 1090, 1093,
　1132, 1141, 1146-47, 1149

⑨　それ以外、また下記以外に、本書の新見解・新しい像　50-51, 134-36, 202-04, 210-211,
　227-29, 245, 262, 315, 316-17, 318, 330, 340-42, 354, 382, 390, 455, 458, 460-63, 490,
　495-97, 498-99, 508, 510, 512-13, 526-27, 534-35, 552-55, 562, 566, 574-75, 580-84, 588-
　90, 592-600, 614-16, 618, 630-33, 637-38, 640, 643-53, 671-72, 673-74, 764-75, 684, 686-
　89, 689-91, 707-08, 710-15, 748, 761-62, 766-67, 779, 784, 792-95, 802, 806, 816-19, 834-
　35, 869-70, 872, 876-77, 885-88, 895-98, 913, 917-24, 927-28, 932-36, 941, 945, 951-54,
　961-63, 967-69, 971-84, 986-89, 993-94, 998-1001, 1003-04, 1007-09, 1012-15, 1020-22,
　1025-30, 1032-40, 1043-44, 1052-53, 1064, 1067, 1071, 1073-76, 1083, 1085-87, 1090-94,
　1116

⑩　J. S. バッハを「音楽の父」と言ったのはベートーヴェンだった　490-91
　今日までそれが見過ごされたのはなぜか？　489-490
　「バッハは小川ではない」はオルガン音楽についてのこと　1122-23

1287

［2］スケッチ帖

① 新カタログが提示する**スケッチ断片の年代**により**各作品の作曲経過の追跡が可能**　25-26,
37-41

② **スケッチ帖には３つの層**　原型スケッチ帖（作品の成立経過が跡づけられる）、再編合本スケ
ッチ帖と図書館再編合本スケッチ帖（綴じが崩され、年代設定困難）　25-26

③ **スケッチ帖には３つの段階**　楽想を書き付ける場（メモ・スケッチ）・楽想を発展させる実験
場（コンセプト・スケッチ）・草稿を練る場（ドラフト・スケッチ）　32-33, 41

④ スケッチ帖は**楽想の貯蔵庫** / 同定できない無数の断片 / 生涯、保持していた理由　33-36
ときおりスケッチ帖に立ち戻る　34-36
楽想の書き付けは作曲の開始とは言えない　その見直しによる作曲時期の修正　39, 625,
960

⑤ **スケッチ帖の分析は文書証拠の批判的検証にきわめて有用**　42

［3］作品番号

① "作品番号"は、本来、**出版物識別番号**　それを作品の番号と理解したのは後世　そこに
さまざまな齟齬が　168, 215-16
作品番号のあるなしは**出版時の事情によって決定される**　作品の性質とは関係ない　175,
221
編曲版・序曲等部分出版が別番号の例　174-75, 196-97, 209, 213-17, 223

② 齟齬のひとつが **Op. 番号**（作品番号がある作品）と **WoO 番号**（作品番号のない作品）としたこ
と　213
この二分法のベールにより作品像は透視しにくくなった　76, 129
作品番号がない理由の２種が区別されない　76
①番号を付さずに出版されたもの　②出版されなかったために番号がないもの
Op. と WoO はどこかの局面を捉えると、**どのようにまとめられたかだけの違い**　129, 158

③ ベートーヴェン自身は当初 **Op. 番号**と **No. 番号**の２系統　87, 110, 169, 184-190, 409
No. 番号は 1851 年まで持続　記憶が完全に途絶えるのは旧全集（1862-65）により　166

④ **作品番号付の一般原則**：創作順・より大きい作品に Op.　小さい作品に No.　131, 155-
56, 173, 186-87, 196
この原則を自ら表明したため後世に誤解が生まれる　155-56
現実としてその徹底はまったく阻まれ、Op. 番号には **17 もの番号空白**　154, 157-58
新カタログにおいて「非真正番号」は "Op. "　157-59

⑤ **作品番号はなぜ途切れ途切れとなったのか**　108
番号は一人歩きする　番号コントロールの実際　110-12, 154-61, 171-80, 187-191
大曲に取り組むなかで**当座の生計のために**ベートーヴェン・オフィス主導で各社に作品を
提供し作品番号のコントロールが効かなくなる　95-100, 157, 183-190, 445, 499, 663

キーワード　索引

主要出版社の交替の際、番号引継ぎに齟齬　191-92, 194, 202, 211
ベートーヴェン自身による**指示の錯誤**　156, 192, 198, 201-02, 211
錯誤により自信喪失に陥り**出版社任せ**となる　193-94
指示の再開がまた錯誤を呼ぶ　198-99, 202, 211
シュタイナー社第 2 次 **Op.112 以降、大混乱**　200-01, 203-04
最後の弦楽四重奏曲をめぐる混乱　202, 205-06
死後出版の混乱　207-08

6　その他
Op.31、Op.32 の数字を印刷した当時の出版物は存在せず　178
ピアノ大変奏曲 **WoO 80** が作品番号なしとなった理由　156, 186-87, 190, 410, 663
BAI 社
Op.49 ～ 52　作品番号管理の問題点　182-91, 210-11
Op.58 ～ 62　**出版順が乱れた**　ロンドンとの最初の並行出版が事故に遭遇したことと
関係　191, 664, 666-67, 677
シュタイナー社
Op.90 ～ 101 の出版順が乱れたのはなぜか　195-97
Op.138 まですべての番号が埋まったのは没後 40 年近い **1865 年**　154, 213
Op.72《フィデリオ》は最後まで埋まらなかった、しかし"Op.72"ではない理由　154, 162,
193, 212-13

7　新カタログの処理・指摘は不十分
Op.24《プロメテウスの創造物》こそ"**真正番号**"?　171-74, 210, 237, 248
Op.24《春》　"**Op.24**"とすべき、とまでは言わないが　174-75
Op.32　空白の理由　178-79, 518
Op.46 ～ 48 は空白　**Op.47** はジムロックが適当に付した番号　180-81, 210
Op.69 が最初「**Op.59**」とされたのは誤植ではない　127, 193
Op.67 ～ 69 としたのは「**正しく**」(新カタログ)ではなく、さらに誤って　193

[4] 創作活動

1　**創作活動**は「作曲の完了」(=作品成立)で終りではなく**原版の出版**をもって**完遂**　52
後世は作曲家を「作曲した人」としか見ないで来た　916
着手から原版出版までが**トータルな創作活動**　18-19, 38, 58, 71-72, 76, 80, 86-87, 108,
404, 916-17, 960, 986

2　**着手** → **集中的取り組み**(実質的創作期) → "**演奏可状態**"(作曲が一応の完了) → 彫
琢・手直し → 試演 → 改訂 → 版下原稿 → 出版社渡し → 校正 → 原版出版
47, 53-54, 73, 120
シンフォニー第 2 番 Op.36　作曲時期の全面的見直し　「作曲の完了」が**ハイリゲンシュ
タット滞在以前か滞在中かは大議論**　37, 47-54

3　**シンフォニー第 5 番 Op.67**　「作曲の完了」から「創作活動の完了」まで**約 1 年半**
14 段階の作業　59-64

4　**楽譜出版は生計の柱**(耳疾により年金以外の唯一の収入源となる)　76, 108, 755, 971, 988

1289

「生計はペンで維持する」　138, 924, 935, 951, 1136-37, 1151, 1157
コンサート活動からの撤退は経済的打撃　450, 923, 971, 1152
完成にまで至った作品は出来るだけ売ろうとした　76, 108
出版努力が叶わなかった作品　78, 80, 348, 776, 982
出版を意図しない作品
　＝プライヴェート作品　76-78, 80, 83, 755
　＝無償献呈作品　79-80, 82, 755, 759
弟たちに贈与した作品　98, 151
贈与の理由：秘書業務の対価では？　98-99, 101, 498-99

⑤　作品完成後ただちに出版ではない　133, 170-72
出版されればどこでも誰でも演奏が可能となってしまう　410, 532, 702, 791-92, 954
［本人事情］
　大規模作品は出版よりコンサートを優先　172-73, 411, 415, 730, 947
　作曲に没頭の時期には手が回らない　251, 663
　1800 年は作品出版が皆無の年　169, 468, 663
　その結果 Op.14 と Op.15 には 1 年 3 ヵ月の開きが出る　169
　1806/07 年は傑作集中期　出版点数大幅減　251, 618, 663, 684
　出版社との関係構築に時間がかかる　133, 137, 886-87
　1813 年は出版活動が事実上停止した年　130
　Op.86 から Op.90 まで（Op.87〜89 は欠番）2 年 9 ヵ月の開き　194, 257, 790
　期間限定専有権の提供・譲渡し試演機会を得ることも　⇒ B 像／半年専有権
　時間差多発出版の模索・調整　196, 666-67, 937-42, 952, 1079
　試演（初演）後の改訂
　　シンフォニー第 2 番　49-52, 874
　　ピアノ・コンチェルト第 3 番　400, 874
　　《オリーブ山のキリスト》　69, 530, 532-33, 552-53, 555, 651, 874
　　《熱情》ソナタ　621-22
　　《告別》ソナタ　770-72
　　《フィデリオ》　858, 868-74
　　トリプル・コンチェルト　650-52, 874
　　合唱幻想曲　741, 874
　　《エグモントへの音楽》　743, 874
［出版社事情］
　大曲は渋る　69, 116, 179, 205, 215, 531, 764-67, 971
　オラトリオ・ミサ曲はスコア譜で出版　531-32
　エグモントはパート譜で出版　765
　Op.84 〜 86 の連番、オラトリオ・ミサ曲が極度に遅い番号となった理由　765-70
　共同出版の画策　70, 92-93, 195-96, 567, 941
　借金の形　71, 101, 203, 886
　事故　667
［社会的事情］
　なかなかコンサートが開けないので出版も見合わせる
　シンフォニー第 5 番と第 6 番は初演される前にすでに出版社の手に渡るという前例のな
　　いこと　696, 702
　ピアノ・コンチェルト第 4 番　公開初演に先立ち出版という異例　702

キーワード　索引

ピアノ・コンチェルト第5番　**初演問題**（従来説1811年11月にライプツィヒで）に**新見解**
　　1811年1月13日ヴィーンでルドルフ大公が初演　779, 793-94
　　個人が大規模コンサートを催すことが難しい当時の社会状況の反映　794
　　耳疾の悪化が本人自演を不可能にした　795
　　第4番初演（1808年12月）がコンチェルト演奏の最後　795

6　「作曲の完了」と「創作活動の完了」が直結するのはピアノ曲・小規模アンサンブル作品
　　だけ　170, 172, 180
　　Op.106が突然アルタリア社から出版された理由　144, 972

7　ベートーヴェンの出版活動における**最も重要な側面**「時間差多発出版」「国際出版」
　　105, 135, 148
　　時間差多発出版（同時に数社に売り、出版は時間差をおく）　91-92, 101-04, 122-23
　　　経済行為であると同時に海賊版に先手を打つ自衛策　135-36
　　　著作権が外国社から無視されるのを阻止　933
　　　1803年から1824年まで12次に及ぶ　その一覧　136
　　　ヴィーンを訪れたクレメンティの申し出は貴重　大規模に発展　656-62, 663-66, 933
　　　1807〜09年　第1次契約分（Op.58〜Op.62）の出版がOp.59とOp.61だけだったの
　　　　は**輸送トラブル**　663-66
　　　ヴィーンで**BAI社の出版遅延**はそれと関連　666-68, 677
　　　第2次分（Op.73〜82）は1810年5月、クレメンティがヴィーンを去るとき託す　672-74
　　　この時期に**イタリア語歌曲**（Op.82）が書かれた理由を初めて検証　761-62
　　　トムソン（1810年7月以後）とは**ヴィーン代理店にて原稿手渡し時に報酬払い**、この経験が
　　　　教訓となる？　672
　　　Op.58〜82（Op.63〜66は欠番）は**ロンドンを巻き込んだ時間差多発出版の大計画**だっ
　　　　たのでは？　125-26, 668-69
　　　Op.69のアルタリア社版はなぜ「**チェンバロとチェロ**」だったか　127-28, 162
　　国際出版（出版社の主導による国際的同時出版）　135-36
　　　第1次　1816〜17年　Op.91〜93, 95　シュタイナー社　134
　　　第2次　1819年　　　Op.105, 106　　　アルタリア社　144, 908
　　　第3次　1821〜23年　Op.109〜111　　シュレジンガー社　145-46

8　作曲に集中する時期と溜まった作品の出版準備に従事する時期の交替
　　出版集中期には作曲活動が不活発に　68, 106, 251, 747, 835, 917-18, 922, 928
　　　3〜4曲を同時にこなす　473-74, 509, 820
　　　年平均出版点数　1801〜05年約12点に対し、1806〜07年各3点　169, 251
　　　減少は次弟カールの秘書業務終了、および大作への取り組みと関係　663, 928
　　大作への取り組み中に生活の心配が増す／**通俗的な作品を売って凌ぐ**　70-71, 100-01,
　　　115, 183-84, 445, 709, 719, 755, 971
　　2大シンフォニー（Op.67/68）の後、ピアノ作品・歌曲（Op.75-79, Op.82-83）に集中　719
　　　第1歌曲創作期［1809-11］　755-59
　　　第2歌曲創作期［1814-15］　758, 920
　　大作創作中ゆえに実入りのない時期の「パンのための仕事」　754
　　　《ミサ・ソレムニス》作曲の前後　最後の4大ピアノ・ソナタ　35, 146, 971, 975, 980-91,
　　　984
　　《第9》初演前後にピアノ・バガテルの量産　983

1291

⑨ 1813～17年　**生涯全開期はなぜ"沈黙の時代"と呼ばれたのか**　915-25
　1818～19年　**成果物は同様に少ないのに"沈黙の時代"には組入れられず**　927-28
　本当に不活発だったのは病床と裁判対応の 1816 年 10 月からの 1 年だけ　924
　トムソン(民謡編曲)との順風満帆な関係の背景には深い理由　890, 924

⑩ **作曲時の精神状態は作品に反映されるか？**　48, 270, 450, 522, 801-02

⑪ **編曲稿作成にも積極的に取り組む**　221-24, 462, 660-61, 941
　　編曲版蔑視思想を克服する必要　220-23

［5］作品献呈

① **作品委嘱は対価が伴うが、作品献呈は無償行為**　244, 253, 266, 632(例外)
　半年専有権(有償)と同一人に対する出版時献呈(無償)　263
　作品番号は委ねても被献呈者は指示　250, 266
　献呈相手を慎重に吟味(マッチングに腐心)・その裏に隠されたさまざまな意思を読み取る
　　235-73, 405, 408-09, 430, 456-58, 463
　手書き楽譜の献呈と出版タイトルページに献辞は別人のことも　263, 266, 1093
　献呈対象が社会的関係から個人的関係に変化していく　268

② **弦楽四重奏曲の委嘱は献呈と直結した例外(伝統)的ジャンル**　240, 246-47

③ **献呈はタイトルページに記され公的に周知**　267
　ビジネスの意味合いを持つ　268, 272
　献呈行為は内面と大きく関係　269
　内密な相手には出版献辞は書けない　267

④ **《エリーゼのために》はテレーゼのカムフラージュ？**　227-28, 269, 749

⑤ **シンフォニー第 1 番はケルン選帝侯に献呈されるはずだった**　241
　ヴィーンに送り出してくれた選帝侯には深い謝恩の念が　241-42, 262-63
　ヴィーンに蟄居する元選帝侯の最後に寄り添ったのではないか　476-78

⑥ **シンフォニー第 9 番はロシア皇帝に献呈されるはずだった**　262, 272, 1084-85
　ロシア皇帝夫妻との間で繰り返される生涯にわたる関係
　　Op.30(皇帝への献呈)　"Op.89"(皇妃への献呈)　262, 875
　　Op.30 の献呈はなぜロシア皇帝なのか？　244-46, 875
　1795 年以来の知己、ラズモフスキー伯への初献呈が Op.59(1808)とは遅すぎる？　245

⑦ **《遙かなる恋人寄せて》Op.98 は恋愛歌ではない**　273-74

⑧ **オーストリア皇帝フランツ 1 世の聖名祝日のための序曲 Op.115 が皇帝に献呈されなかった理由**　261

⑨ **最後のピアノ作品でついにアントーニエ・ブレンターノに献呈した意味**　271-72

1292

キーワード　索引

10　空想を膨らませる
　　《熱情》ソナタ Op.57 のフランツ・ブルンスヴィク伯(チェリスト)への献呈
　　妹ヨゼフィーネの替え玉ではなかったか　268-70
　　激情的なピアノ幻想曲 Op.77 の同伯への献呈も謎を秘める　268-69
　　ピアノ大変奏曲 WoO 80 の出版譜に献呈の辞がないことはきめて不自然　あえて伏され
　　たのではないか　251, 270, 273

［6］生涯のこと

1　年齢問題
　　ボン時代は他者によって1歳若く、ヴィーン時代は自らによって2歳若く　294-300
　　1787 年 4 月アウクスブルクのシュタイン工房訪問　2 歳違いの初出か？(新説)　318
　　"ハイリゲンシュタットの遺書" 3 歳若く(数え間違い)　504
　　本人はおそらく生涯、1772 年生れと認識していた　その根拠は？　751-52

2　ケルン選帝侯の宮廷がボンにある理由　283
　　権力トライアングル(ローマ教皇・神聖ローマ皇帝[オーストリア]・フランス王)のバランスのなか
　　　284, 300
　　初めてヴィーンから送り込まれた選帝侯によって宮廷の歴史が閉じられる　284
　　竹馬の友ライヒャはパリを選んだ　その違いはどこに　294, 329-30
　　ヴィーンから送り込まれた風　318-20
　　青年たちのヴィーン志向を先導　434

3　ボン時代　3 期
　　1782 ～ 86 年　ネーフェに手ほどき　少年として作曲・出版　294-301
　　1787 ～ 89 年　完成作品ほとんどなし　スケッチ帖使用始まる(ネーフェから自立の証拠)
　　　雌伏期・充電期　301, 332
　　　非完成作品の痕跡がほとんど　332
　　(87年前半)ヴィーン・バイエルン旅行　301-17
　　1790 ～ 92 年　作曲再開　314-37, 347-48
　　　2 皇帝カンタータ　319-46

4　2 週間余りの第 1 回ヴィーン滞在(1787年4月)　実は 5 ヵ月近くに及ぶヴィーン・バイエル
　　ン旅行(1786年末～87年5月初)だった！　自費による武者修行？　301-22
　　モーツァルトにレッスンを受けた(大作曲家の交流を綴る従来音楽史)かどうかが問題なのでは
　　ない　315
　　第 1 回ヴィーン滞在はボンで馴染みのヴィルマンを頼った　307-09, 311, 313
　　1787 年《十字架上の最後の七言》体験　311-12, 314-15
　　　その影響はヨーゼフ逝去カンタータに及ぶ　315

5　本来はタフな旅行家　734
　　1796 年 2 月～ 7 月初　プラハ・ドレスデン・ベルリン旅行　411, 432-33, 434-35, 438-39,
　　445
　　1796 年 11/12 月　ブラティスラヴァ・ブダペシュト旅行　446, 449-50

1293

1800 年 5 月　**ブダペシュト旅行**　450

1801 年 11 月 16 日［BGA 70］「**すでにもう世界半分を遍歴していたでしょう**」　450, 487

1803 年 8 月〜 05 年初　**パリ旅行計画**（政情により断念）　37, 40, 92, 245, 562-67, 574-76, 596, 748

1809 年 3 月　**カッセル**（楽長職受諾）へ、ライプツィヒ経由旅行計画［ヴィーン在留を条件とする 3 貴族の年金支給により実現せず］　378, 685, 698, 707-08

1811 年冬 / 春　**イタリア旅行**［医者が異議］　786

1811 年 8 月 1 日〜 9 月下旬　代わりに**テプリッツ温泉療養**を処方　778-79, 786, 798-99, 801-03

1812 年 6 月 30 日〜 11 月 12 日　**プラハ**（キンスキー侯交渉）・**テプリッツ**（本格的温泉治療）・**リンツ**（末弟訪問）旅行　806-19

1812, 1813-14, 1817-18, 1825 年　**ロンドン旅行計画**　734, 840, 847, 933, 945-50
ロンドン行き破綻の理由　923, 948

6　ハイドンに見せたのは 2 **皇帝カンタータ**のどちら？の議論に新見解　345-46, 351
ヴェーゲラー証言の矛盾　344-45
ボンでのハイドンの行動を整理する　349-50

7　ヴァルトシュタイン伯の「**モーツァルトの精神をハイドンの手から**」との言は古典派三大巨匠を結びつけたものではない　352-54

8　**ハイドンとの関係の全面的な見直し**
　師弟関係伝説はリースに始まり伝記の定番　380
　それはハイドンの**選帝侯宛書簡**［BGA 13］発見以前に形成された師弟関係像　383, 430
1793 年 12 月 24/25 日　ハイドンのシンフォニー・コンサートに列席した傍証　420
ハイドン不在時（1794 年 1 月〜 95 年 8 月）**に独り立ち**　397, 435
ハイドン帰還後はしばしば一緒にコンサート出演　399, 430
1800 年 4 月 2 日　**デビュー・コンサート**にはヴィーン音楽界あげての支援が　454-55, 464
《エロイカ》試演時にハイドンの影　430, 573-74

9　身辺の変化　**リヒノフスキー侯との関係の見直し**　431-33, 526
　リヒノフスキー侯が旅行中にベートーヴェンに借金？　その内実は？　433
　リヒノフスキー侯からの**年金支給**はいつからいつまで　236, 468, 474, 619, 623, 627, 697-98, 707, 784, 893

10　社会権力の支配下にある**公的な音楽**（オペラ・オラトリオ）の比重が軽くなり、**出版音楽・コンサート音楽の隆盛**へと移り変わっていく大きな転換期　431
公的な音楽も立ち向かわなければならない課題であり続ける　431, 480
サリエリにイタリア語歌詞付曲を学んだのはシンフォニー第 1 番の発表後　437-38, 480
イタリア語オペラを書かなかった理由　483-85, 599

11　**1800 年夏ヘッツェンドルフ滞在**　夏季保養地での創作集中の始まりという楽観像の見直し　472, 478, 488
ケルン選帝侯の最後に寄り添う？　476-77
侯の死去（7 月末）後は街中に戻り**難聴改善**のためドナウ温浴に取り組む？　469, 478

キーワード　索引

⑫ **ハイリゲンシュタット滞在はいつから、という難問に挑戦**　495-96
　　戻ったのはいつか　512
　　"**ハイリゲンシュタットの遺書**"改訳の試みと**分析**　500-08
　　創作活動としては何をしていたのか　494, 509-10

⑬ **エルデディ伯夫人宅下宿とルドルフ大公へのレッスンを結びつけたのは本書が初めて**　722
　　1808 年 12 月の大コンサートが不調に終わりヴィーンを去る決意　698, 730
　　カッセル宮廷楽長就任を受諾した経緯　707-08, 718, 732-33
　　　それを阻止するために**年金契約**に向けての急な動き　その理由　718, 722-29, 731, 748
　　締結立て役者はエルデディ伯夫人　718, 723, 730-31
　　ルドルフ大公の王宮通いとピアノ・コンチェルト カデンツァ連作　719-24, 730-31, 733

⑭ **3 者年金支給**　ルドルフ大公へのレッスンとの結びつき　718, 731, 799
　　契約の謎を解く鍵（金額、条件、「**大作品**」に取り組める環境の確保、宮廷登用が叶うまで）　718,
　　724-29
　　相続人の支払い義務の条項を希望するが、**終身契約**との表現に
　　　リヒノフスキー侯との苦い経験から？　725, 729, 731-32
　　年金支給の実態解明　731, 754, 779-84
　　　たちまち**戦時下の超インフレに直撃**　実額は 40％ 以下に　718, 778-79
　　　その上、満額支払いは 2 年半　731, 784
　　契約履行を求めて**裁判**　784, 824-26
　　シュタイナー社から借金の満期が来たことと、年金裁判で減額を受け入れ相解を急いだこ
　　　とは関係があるのではないか　884-85

⑮ **新説**：第 2 回テプリッツ滞在から**リンツの末弟のところに直行**　セイヤーにより歪められた
　　　像の修正　816-19
　　ヴィーンでの晩年も末弟夫婦に支えられる　1000, 1008, 1097, 1102, 1118-21

⑯ **後見権裁判とは何だったのか**　1009-14
　　当時の**ヴィーン社会の構造**が浮き彫りに　1014-15

⑰ **出版収入**のすべてをチェック　119, 475, 662, 673, 677, 785, 1160-73, 1177-80, 1184-86

⑱ **イタリア・オペラ団公演**　実態の分析　1015-18, 1037-40
　　"**ロッシーニ旋風**"だけではない**外来文化への対抗**　1033-37

［7］作品のこと　年代を追って

① **ボン時代の 2 皇帝カンタータ**　機会音楽ではなく自主制作？　コンテクストの読み違え
　　340-41
　　《ヨーゼフ2世の逝去を悼むカンタータ》と《十字架上の最後の七言》との関連　315
　　作品の重要な系列がここに始まる　339-40, 548

② **ハイドンは Op.1-3 を「公刊しない方がよい」と言ったのは出版後**　なぜか考証　391-94

③ **オペラ・アリア作曲への挑戦**　347-48, 435-39

1295

④ **ガッセンハウアー**（流行歌^{ハヤリウタ}）**・トリオ Op.11**　流行歌^{ハヤリウタ}を主題にしたのではない　411-15

⑤ 弦楽四重奏曲 Op.18 以前の三重奏曲・五重奏曲の影が薄い　416

⑥ **シンフォニー・弦楽四重奏曲作曲への挑戦**　440-41
　　Op.18-1, 2, 3 は改訂した？　442, 474

⑦ **ヴァイオリン・ロマンス Op.40 と Op.50 はコンサート活動の幅を拡げるため**　430
　　成立時期の見直し　430, 444-45
　　小規模なオーケストラ編成　439, 444
　　それ以上の編成　481, 482, 646

⑧ **オーケストラ伴奏アリア"Op.65"もコンサート活動と関係**　438-39

⑨ **シンフォニー第 1 番の作曲完了時期の見直し**　464

⑩ 《**プロメテウスの創造物**》は宮廷（皇妃）からの委嘱　450, 463, 478

⑪ **ハイリゲンシュタット滞在中に取り組んだのはピアノ曲**　495, 509-10
　　Op.34 の意義　再考　513
　　Op.35は"ヴィーンでの 10 年"の集大成　509-18
　　《エロイカ》フィナーレは両ピアノ変奏曲 Op.34/Op.35 のそれぞれの新機軸を統合　「フィ
　　ナーレ・アッラ・フーガ」での手法がオーケストラに適用　520

⑫ いわゆる"**傑作の森**"とは器楽曲"**傑作**"の集中的創作について言われてきたこと
　　《オリーブ山のキリスト》（1803年）、《レオノーレ／フィデリオ》（1805/06年）、《ハ長調ミサ
　　曲》（1807年）三大声楽曲を度外視して成立した器楽中心主義史観　20, 522-23

⑬ "**傑作の森**"は中盤まで、オペラを含む大声楽作品の分野でも目覚ましい成果
　　その後、この分野から一時、撤退するのは社会環境の大変化とも関係あり　681
　　生涯、絶えず台本を検討　その数（オペラ）23 にのぼる　743-44
　　「オペラに良い台本を見つけるはたいへん難しく、**私は昨年来、12 を下らず却下した**」
　　　（1811年6月11日）　798
　　オラトリオ台本の検討は《オリーブ山のキリスト》以後 1826 年まで 18 作品　743-44

⑭ **オラトリオ《オリーブ山のキリスト》Op.85 創作について全面的見直し**　522-55
　　それまでの音楽的・精神的軌跡すべての集約点　523, 552
　　《**十字架上の最後の七言**》**との関連**　548-49
　　コンサートに花を添えたにわか作りの凡作（?）　事実はまったくその反対
　　この作品こそ当日のメーンイヴェント　522, 524-26, 555
　　　生前にヨーロッパ各地で約 80 回の上演　**最も親しまれた作品**　522
　　今日では上演機会も稀、録音も少なく、よく理解されているとは言いがたい　522
　　《オリーブ山のキリスト》なくしてもベートーヴェン像は成り立つ？　シンフォニーを基軸とし
　　　た直線的なベートーヴェン創作史の埒外にある　522
　　にわか作りではなく、**8 年以上の歳月をかけて練られていったもの**　69, 533
　　　初演以後の彫琢の経過　552-53, 555

キーワード　索引

"ハイリゲンシュタットの遺書"と《オリーブ山のキリスト》作曲は直結　534-35
　　テクストとの並行関係を実証　553-54
　　シンフォニー第2番から第3番へは大きな飛躍　その間に位置する《オリーブ山のキリスト》
　　を含めて考えると合点がいくのでは？　552

⑮　《エロイカ》がナポレオンを念頭に書かれたのは事実　皇帝即位を知って表紙を破り捨てた
　　のではない　ロプコヴィッツ侯が半年専有権を買取ったことでその言葉をナイフで削いだ
　　558, 571, 573
　　　それにより試演が可能となる　571-72
　　《エロイカ》はイタリア語による長いタイトルを持つ標題シンフォニー　561-62
　　　それに気付かれないよう配慮が必要となった　568-71
　　《エロイカ》等をもってパリに行こうとしていた　後世はその事実になぜ気付かなかったのか
　　562-67, 575-77

⑯　《ヴェスタの火》から《レオノーレ／フィデリオ》着手に切り替わっていく状況を俯瞰した研究
　　はこれまでない　580
　　台本変更は個人的嗜好のように思われている　その前提として、当時のオペラ状況をどう
　　　読んだか、上演の実現には劇場との関係　580-81
　　フランス・オペラ翻案上演の流行をデータに基づき分析　587-90, 593-602, 681
　　全体状況を展望した上でないと書簡内容はよく理解できない　595
　　台本の切り替えは新しい息吹　596
　　タイトルは《レオノーレ》か《フィデリオ》か　その並存はなぜ起こったのか、ベートーヴェン自
　　　身はそもそもどう考えていたのか　598-600, 610-61
　　ベートーヴェンが放棄した後その台本を受け継いだヴァイグルの《ヴェスタの火》　374, 581
　　《レオノーレ／フィデリオ》を遥かに上回る人気　背後に垣間見えるのは戦時下におけるフラ
　　　ンス物に対する風当たり　607, 615
　　ナポレオン第1次ヴィーン占領(1805年11月)の影響は2週間だけ
　　　以後、オペラ劇場は連夜の盛況　606-07, 615
　　第2次ヴィーン占領下(1809年5〜11月)　オペラ上演はフランスの支配下に　719, 738-39
　　《レオノーレ/フィデリオ》初演(1805年11月)・再演(1806年3/4月)が失敗に終わった理由
　　　615-16

⑰　オペラ作曲の合間に気分転換のように取り組んだ《熱情》Op.57　621
　　"傑作"集中期　秘書もおらず出版まで手が回らない　そのうち改訂　622

⑱　ハ長調ミサ曲再考　その人気度は《オリーブ山のキリスト》に次ぐ　644-46
　　　間に合ったのは作品としての完成だけ　相当に無理　生涯に禍根を残す　618
　　　アイゼンシュタットでの初演は大失敗？　642
　　自身と譜面の到着が本番3日前　作曲とパート譜作成に手間取る　パート譜は45部、総
　　　計1594ページ(これほどのオーケストラ・パート譜残存は他になし)
　　　コピスト14人動員　まさに突貫工事　641-42
　　残存パート譜から初演の演奏人員数が推定可能　ヴァイオリン2パート各6名、ヴィオラ
　　　4、チェロ・バス計6名、オルガンと管楽器を加え楽器奏者35名、合唱17名、独唱4
　　　名、総勢56名というところか　641-42
　　誠意と苦労も実らず、エステルハージ侯の受け取り拒否は本当　643
　　　侯との決定的亀裂は避けたかったはず　680

1297

ミサ曲の**教会外での上演**　644, 701-02, 768, 1049

⑲　ピアノ・コンチェルト第1～3番/トリプル・コンチェルト　**自筆譜では鍵盤ソロ楽器が「チェンバロ」と指定されているのはなぜか**　652-53

⑳　トリプル・コンチェルトは《エロイカ》と一緒に初演（1804年6月）　**出版が異常に遅れたのはなぜか**　650-52
　　シンフォニーでは第4番だけが**フルート1本編成**　議論されたことがそもそもない
　　シンフォニーの全体像を解く鍵　618, 627-29
　　　シンフォニー**創作史をめぐる陥穽**　633-35, 684, 689, 691
　　ピアノ・コンチェルト第4番、トリプル・コンチェルトも**フルート1本編成だったのはなぜ**　646-54
　　シンフォニー第4番　**出版遅延の原因**　633, 677

㉑　「序曲ではない序曲」（＝交響詩）はベートーヴェンに**ルーツ**　637-39
　　レオノーレ序曲連作の余波？　638
　　第1弾　コリオラン Op.62　635-37
　　第2弾　（聖名祝日）序曲 Op.115　261, 794-95, 830, 879-80

㉒　シンフォニー第5番と第6番はロプコヴィッツ侯とラズモフスキー伯への二重献呈
　　そこにこの2曲を読み解く特別な意味が隠されている　なぜひとり1曲ずつではなかったのか　このような問いがかつて為されたことはない　684-89
　　《運命》と《田園》は絶対性と標題性の対極を示したひとつのオーパス　687, 689-91, 702
　　「運命はこのように門扉を叩く」は**シンドラー特有の言い回し**にガセネタの刻印　691-92
　　初演大コンサートについて正面から**批評した新聞がないのはなぜか**　685, 705-07

㉓　**合唱幻想曲**は「あと1曲足りない感」から作曲されたのではない　703-04

㉔　シンフォニー第7番の**着手時期見直し**　779, 801-02
　　シンフォニー第8番　**創作の作業スタイルの変化**　820
　　Op.92、Op.93、Op.95　**出版異常遅延の理由**　104-05, 132-34, 195-96, 940-41

㉕　メルツェルに応えて《ウェリントンの勝利》を作曲したのは補聴器製作の見返り　849-50
　　らしからぬ？作品もまた幅広い創作活動の一環　853-56

㉖　3回目の《フィデリオ》上演成功の背景に国際的なベートーヴェン崇拝の機運　874
　　タイトル《フィデリオ》は追認　864

㉗　ヴィーン会議期間中の主催コンサートは大成功　859
　　開催日の延期に翻弄される　違約金の支払いで純益目減り　875-76, 877-78
　　大カンタータ《栄光の時》は機会作品と葬ってしまってよいのか？　876-77

㉘　《ミサ・ソレムニス》はなぜ3年半もの長期戦？　その間を縫う「パンのための仕事」、病い、後見権裁判裁判所提出文書の作成に忙殺　960-61, 971-75, 977-82, 984, 992, 1010, 1012
　　構想が次第に拡大し間に合わなくなったのではない　大司教就任式はミサ・ブレヴィスで

キーワード　索引

間に合わせる選択肢もありだった？　965-68
就任式前倒し、連絡なし　968-69
2人の間では就任式と切り離された存在となっていく　969-70
収入をもたらさない精神的充足　972
生前に上演できなかった理由　986-87, 1049
生前に出版できなかった理由　985, 1079-80
筆写譜頒布の理由　988
トライチュケが行なったオペラ劇場への《**フィデリオ**》頒布に学ぶ？　872

㉙　**イギリス招聘**は2シンフォニーの作曲とコンサート8回で300ギニー（うち100ギニーを旅費として前払い）　ベートーヴェンは旅費分の別途払いを要求
それが**折り合わず招聘計画は断念**される　943, 956
旅行は別にして**1シンフォニー作曲の報酬**を問い合わせ　50ポンドとの回答　949-50
これが**シンフォニー第9番の作曲契約**　「無料で書くところ」と皮肉る　950
ロンドン・フィルハーモニック協会は遅ればせながら臨終の床に100ギニーの見舞金
最晩年の経済的窮状にいささかの救い　1139-43

㉚　**ガリツィン侯の3弦楽四重奏曲委嘱料不払い**　1082, 1088-93
最晩年の経済的窮状の一因を成す　1091
没後30年まで引きずる不払い問題　解決の当事者のひとりとなったセイヤー
ガリツィン侯の対応の不当性は棚上げせざるを得ず　1093
セイヤー以後の**後世**はそれを見直さずにやり過ごしてきた　1093

㉛　《**第9**》はロンドンとの契約がなければ書かれなかったか？　952
フィルハーモニック協会は**18ヵ月の独占上演権**（本人上演とは両立）　953-54
第3楽章第4ホルン・パートは史上初のヴァルヴ・ホルンのためのオーケストラ・パート　1025-30
初演は会場・期日が何度も変更　1048-55, 1062
それに伴い出演歌手も異動　歌手たちが譜面を受け取ったのは本番3日前　1055
終演後の万雷の拍手に気がつかなかったのは本当か？　1075-76
《**第9**》と《**ミサ・ソレムニス**》の価格差　1078

1299

あとがき

　信心など毫もない、根っからの無神論者だが、それでも神の存在を信じたくなる。

　これが、すべてを書き終えての率直な想いである。「新カタログ」が刊行されたのが、私にとって、あらゆる雑事から解放され研究に打ち込める定年退職を4ヵ月後に控えたときであったのは、天の配剤としか言いようのないタイミングだった。

　「書簡交換全集」、「会話帖全集」、「新カタログ」、の3点セットが出揃ったことで、これら絶対的文献が補い合って、ベートーヴェン像のパラダイム転換が現実のものとなった。これからさまざまな新しい議論が起こって来るだろうが、日本語による本書が先着できたとすれば、筆者に吸収の充分な時間がただちに保証されたからにほかならない。

　学生時代に音楽学者を志した頃、大作曲家研究、とくにその資料研究が、花盛りの時代であった（ベートーヴェンに関してはそれに半世紀以上の時間を要したということである）。第2次大戦後、音楽学の本場ドイツで大作曲家の新全集刊行が軌道に乗り始めて、学術誌には新発見の資料に関する論文が掲載され、研究の最先端とはこういうものかと、遠い自分の将来に視線を送っていた。留学の機会を初めて得たとき、それまで細々と続けていたヨーゼフ・ハイドンの、楽譜全集の刊行主体である、ケルンのハイドン研究所にお世話になった。そして1982年、ハイドン生誕250年を記念してヴィーンで開かれた国際会議に参加した。論文を読んで名前だけ知っていた人々と交流し、1週間、100件近い発表を聴いた。内容を真に理解できるのは相互にだけ、と大作曲家個人研究の極度の専門性を改めて実感すると同時に、ハイドン研究とはこの100人によって為される特別な世界なのか、という不思議な感覚に襲われた。一緒にアドバルーンに乗せられてどこか遠くに自分が連れ去られていくような、そしてその先に何が待っているのか分からない、そう

1301

いった奇妙なフィーリングであった。

　そうした体験を経て、日本に戻ると、1980年に出版されたばかりの「ニューグローヴ音楽・音楽家事典」が書斎に待っていた。できるだけ多くの項目に目を通しノートを取り、各分野の最先端の知識を吸収し、自分の視野を広げた。一方、ハイドン研究はそもそも、ハイドン作と伝えられる数多の作品に対し真作性を判定することから出発する。勢い、同時代の他の作曲家との関係のなかで議論される素性を持っている。その反面、後年になって初めてロンドン旅行をするまで、人里離れたエステルハージ宮廷に仕えていたため、周囲との連絡書簡を書く機会は少なく、本人の心情などを探る手掛かりはほとんどない。繰り返される旅行故に数多の書簡が遺されているモーツァルト研究とは大きな違いで、研究が個人の内面によりは、社会的関係に向かわざるを得ない、性向を持っていた。

　関心が次第に社会的問題に向かったことを自己分析してみると、こうした両面があったような気がする。そして、作曲家を「作曲した人」としか見てこなかったのは作曲家・作品中心主義史観の問題であることに気付いていった。

　次の留学の機会をマインツ大学のゲスト教授として得たとき、当時、音楽社会史研究の最先端にあった同大学音楽学研究所で過去の音楽社会全体の研究（といっても西欧社会に限られるが）に大きな刺激を受けた。留学の成果を著わしたのが同研究所所長のマーリンク氏の教授資格取得論文をベースにした『オーケストラの社会史』（1990年）である。次いで『楽譜の文化史』と『音楽演奏の社会史——よみがえる過去の音楽』（ともに1993年）を著わし、さらに全体史の志向は『音楽史の形成とメディア』（2002年）として結実した。並行して、CD時代が本格化して過去の大オーケストラ作品が次々と初録音されていく趨勢に刺激され、シンフォニー文化についての書物をまとめる準備に入った。これらは、雑誌での連載がベースとなった『楽譜の文化史』を除き、すべて大学で講義することによってノートを作成し、夏休みに原稿に起こすという作業の賜物であった。

　『文化としてのシンフォニー　I』（2005年）を上梓して、第II巻に取り組んでいた2006年の晩秋のとある日、研究室に茂木大輔さん［本書345ページ参照］が訪ねてきた。ベートーヴェン・シンフォニーの初演再現シリーズを始めたところで、このたび《エロイカ》をやるから、考証の助けを借りたい、ということであった。それまでベートーヴェンに関して一般的以上の関心は

なかったが、音楽全体史を志向し、職業的音楽史家として注文には何でも応えるという自負があり、即座にお引き受けした。それに引き続き数年の間、彼の企画にアドヴァイザーを務めたが、最初の出会いを思い出すたびに茂木さんは、「あのとき先生はびっくりされて最初、私がエロイカなんて!?」とおっしゃったんですよ、と語るのである。ベートーヴェンの専門家でもない私にやれとおっしゃるのですか、という程度の、注文主に対する驚きの表現にすぎないのだが。

　これが本書の出発点となり、私は最後の仕事に導かれていくなど、そのとき誰が想像できようか。「書簡交換全集」をまともに読み始めてまずパリ旅行計画が本当であることを知った。以後、茂木さん関係でもっとベートーヴェンに取り組まなければならない日々と、20世紀のシンフォニーを片端から聴いて調べる仕事が並行した。『文化としてのシンフォニー Ⅲ』［「20世紀のシンフォニー」というタイトルにならざるを得なかったのが誠に残念］（2013年）の執筆が事実上2010年で終わると、ベートーヴェン書簡に集中し、2011年から13年まで、「ベートーヴェンと楽譜出版」とのタイトルで毎年、日本音楽学会で、「旧カタログ」に基づいた研究発表を行なった。このようにして10年近い書簡との格闘が経過していった。といっても在職中は、夏休みと閉講期間中、会議の少ない時期に、合計すると年に4ヵ月くらいの間に精を出す程度の取り組みに過ぎなかったが、それが退職後の、365日毎日の取り組みの助走となった。「新カタログ」には書簡からの引用が多く、それはすべてすでに日本語データとしてパソコンに入っており、出版楽譜のデータには新情報を追加するだけ［序章10ページ］、という有利さが全貌の把握を一気に実現させた。

　以上が、大作曲家中心主義を揶揄してはオーソドックスな人々の顰蹙を買っていた張本人が最後になぜ大作曲家に辿り着いたのか、の真相である。特大作曲家だからこそ資料は集積し保存され、そして研究が積み重ねられる。音楽史学が大作曲家中心に組み立てられてきたのは必然であったとも言える。出版社とのやりとりひとつ取ってみても、ベートーヴェン以上に関係を跡づけることができる同時代人はいない。そうした基礎研究に70年。これが整わなければ誰もセイヤーの域を超えることは出来なかった。逆に言うと、この業績を踏まえればそれは誰にも可能となったのである。これほどの材料を一挙全体的に手にできる機会はそうあるものではない。そもそもひとりで立ち向かえるわけのない巨大な課題であり、それが、結果的にだが、公にされ

るのを待ち構えるように（もちろんその予感さえなく）それまで細々と続け
ていたことに運があった。天啓としか言いようがないのである。

　叙述は当初の意図（第Ⅰ部執筆の頃）とは違って、第Ⅱ部はさながら大河
物語のように、新しい事実関係の提示と、それに基づく大胆な推論を試みる、
という展開となった。ひとつの章に2週間から1ヵ月、それが積もり重なっ
て、序章を書き始めてからちょうど2年、38の章を一応、脱稿した（ベー
トーヴェンとの比で言えば"出版可状態"＝編集者にお見せできる［試演はでき
る］状態）のが昨年9月のことである。
　新事実の構築や斬新な推論を各章で展開しても、まったく別の章に取り組
んでいる何ヵ月後かになると、以前の章で論述したことが自身のなかに定着
できていないため、その議論展開をいつの間にか忘れてしまっていて、旧い
記憶にある、克服すべき観念から自分自身が抜け切れていないことがある。
ここ7ヵ月、推敲と彫琢に執筆と同じくらいの濃密な時間をかけ、校正作業
で自ら書いたことを何度も反芻し、さらに緻密な索引作成作業を通して、よ
うやく自分は生まれ変わったような気がする。私の再構築は7ヵ月前に完結
したので、言い訳にはならないかもしれないが、この間に出たであろう新し
い文献に目を通す余裕がなかったことはお断りしておかなければならない。

　新しい像に対して著者自身がそうなのだから、どこに何が書かれているか、
読者にも、反芻して内容理解を深め、その定着を計っていだくにはどうした
らよいか。これまでの著作に関して、講義中に自著での参照個所に言及しよ
うとページをめくるも、どこに当該の問題が記述されているのか見つけられ
ず、そのうち学生たちがざわつきだし、という経験も何度かあった。そうし
た体験を経て、自分も含めて、後から再確認するときに役立つような索引作
りを目指し、試行錯誤した。「**人名索引**」についてはベートーヴェンとの関
連性を何層かにグレード化し、「**一般事項索引**」も、アイウエオ順の総索引
ではなく、仮説や推測を積み上げていく音楽史研究・歴史研究・歴史哲学の
問題に始まり、音楽ジャンルや一般名詞を区分けした索引とした。またベー
トーヴェン自身に関わる「**ベートーヴェン像索引**」を設け、そのグレード化
には特別なアイディアをもって臨んだ。「生涯と作品 Leben und Werk」を扱
ってきた全作品・全生涯伝記［序章13ページ］の発想を受け継ぎながら、それ
を換骨奪胎させて、Werk とは人が為す、すべての作業・仕事・営為であり、

ベートーヴェンにあてはめて言えば「創作活動の全局面」のことと再定義した。その場合、Leben と Werk を繋ぐのが、自ら生涯何度も吐いた「パン[Leben] のための仕事［Werk］」という観念で、それを中間に位置させて、関連事項を前後に対比させた。

書物は5回も6回も読み、またはノートを取って咀嚼して、ようやく自身の知識となる。初めて読むとき自分が重要と思った個所には線を引き、2度目、3度目では線が引かれた前後を中心に読み返せば読書効率がよい、と学生たちには指導していた。「キーワード索引」はそうした発想に基づくものである。本書の最重要個所を事典のように後追い確認するためのとっかかりである。

ページ取りは高梨公明さんにお手伝いいただきながら、索引を自ら作成するという初めての体験をした。ここまで導いて下さった高梨さんの仕事ぶりは、このようにして著名編集者となったのだということを実感させられる、お手本のようなものであった。本作りの魂というか、徹底的に良い本に仕立て上げたいという情熱が伝わってくる。ベートーヴェンの誠実さとも通じ、氏とのやり取りはメール交換全集を付録に付けたいくらいであった。

学者を志して半世紀、大学に奉職して42年、たゆまぬ精進だけを取り柄として、本書を著わすことのできるような資質を獲得するための50年だった、と振り返って改めて想う。本書は、ベートーヴェン基礎研究の文献のみならず、私の学問的過去がいっぱい詰まったものである。たとえば、もし茂木さんがベートーヴェン文献を読み始めるきっかけを私に与えてくださらなかったら、無論、そのものが存在しない。その意味で、本著を献げるべき第一の人、茂木大輔さんに、3巻の内、彼が登場する第1巻を献げる。

自分でも信じがたい、この巨大な書物を完成させることができたことで、自らの来たし方に想いを馳せると、中学3年生のとき、角倉先生宅の門を叩いたことにすべての始まりがあったと言わなければならない。今年2月、《ヨハネ受難曲》のコンサートで偶然、氏の元気な姿を十何年ぶりかでお見かけした。以来、立ち上ってきた感慨に素直に従って、ハイリゲンシュタットの遺書改訳や《オリーブ山のキリスト》原典テクスト創訳が含まれている第2巻を、むかし受けたドイツ語原書購読の薫陶を思い出して、角倉一朗氏に献げる。

そして、ベートーヴェンの経済生活の章を含む第3巻は、あと3年で金婚

式を迎える妻、大崎かおるに献げる。私の精進は彼女との生活のためであった。

万感の思いを込めた、ただし許諾は取っていない、一方的な献呈なので、各氏が摂政公ジョージのような対応を取られないことを望む。

「新カタログ」のケアレスミスもいくつか指摘したが、それは我が身に返ってくること。年月日一字一句の完全点検に抜けもあるかもしれない。集中的執筆の最中は人名や用語の不統一など脇目も振らずに書き進んでいったが、それらを丁寧に直して下さり、提案を頂いたり、高梨さんのほか、中川航さんの細かい指摘もありがたかった。彼が、たまたま非常勤で出校していた大学で私の講義を聴いたことのある方だったのも、出会いの確率からすると奇縁としか言いようがない。

最後になるが、拙著を創業100周年の記念出版として取り上げ、刊行に全社あげて取り組んで下さった春秋社に深甚なる謝意を献げ、本書の反響がその栄誉を汚すものではないことを願っている。ベートーヴェンと出版社（者）との関係を鑑みるとき、それに比して自分は幸せだったと思う。

生涯の仕事、最後の最後に、最高の編集者と廻り逢えたことも、神に感謝。

2018年5月25日

2012年に79歳で亡くなられたマーリンク先生の誕生日を思い起して

大崎滋生

大崎滋生（Shigemi Ohsaki）

1948 年生れ。西欧音楽史家（音楽社会史）。
主要著作 『楽譜の文化史』『オーケストラの社会史』（以上、音楽
之友社）、『音楽演奏の社会史 ── 蘇る過去の音楽』（東京書籍）、
『文化としてのシンフォニー』全 3 巻（平凡社）

ベートーヴェン像 再構築

2018 年 6 月 30 日　初版第 1 刷発行

著　者＝大崎滋生
発行者＝澤畑吉和
発行所＝株式会社 春秋社
　　　　〒101-0021 東京都千代田区外神田 2-18-6
　　　　電話　　(03)3255-9611（営業）・(03)3255-9614（編集）
　　　　振替　00180-6-24861
　　　　http://www.shunjusha.co.jp/
装　丁＝本田　進
印刷・製本＝萩原印刷株式会社

Copyright © 2018 by Shigemi Ohsaki　　　Printed in Japan, Shunjusha
ISBN 978-4-393-93211-7 C3073
定価は函等に表示してあります